福建省社科规划社科研究基地重大项目资助
近现代闽籍文化名人年谱丛书
福建省社科基地地方文献整理研究中心成果
广西民族大学中国翻译文献整理研究中心成果

沈葆桢年谱

肖志兵　孙　芳　编著

海峡出版发行集团
THE STRAITS PUBLISHING & DISTRIBUTING GROUP
福建人民出版社

作者简介

肖志兵，毕业于中南大学外国语学院，曾执教于湖南工业大学外国语学院，现为福建工程学院人文学院讲师、广西民族大学外国语学院博士生。主要研究方向为翻译史。先后主持省社科基金 1 项、市厅项目 2 项、其他项目 2 项，已在各类期刊上发表学术论文 20 余篇。

孙芳，毕业于中南大学外国语学院，曾执教于湖南工业大学外国语学院，现为福建工程学院人文学院讲师、广西民族大学外国语学院博士生。主要研究方向为功能语言学、翻译史。先后主持市厅项目 1 项、其他项目 1 项、参与项目多项，已在各类期刊上发表学术论文 5 篇。

丛书总序

福建近现代史上，文化名人辈出，其尤著者如陈宝琛、林纾、严复、陈衍、林语堂等，或从政兴学，或赋诗为文，或研经论道，或译书新民，不仅显名于当时，更能泽被后世，具有深远影响与永久意义。对于这些文化名人的研究，除整理刊布著述、探讨思想学术之外，以年谱形式对其生平事迹、诗文著述做全面系统地梳理、考订，也是一项资料性与学术性兼备的重要工作。在这方面，由胡颂平先生编著多达十册、数百万字的巨著《胡适之先生年谱长编初稿》堪称典范。2010年，“清华大学国学研究院四大导师年谱长编系列”由中华书局出版，在此前后，中华书局还出版了其他文化名人的年谱长编；上海交通大学出版社近年也推出了“晚清人物年谱长编”系列，均取得了较好的反响。“闽人年谱丛书”虽对象有别，但旨趣无异，而通过丛书的编写以弘扬福建地方文化，亦是题中应有之义。

本丛书以闽籍文化名人为对象，主要侧重于近现代，尤其关注尚未有过年谱或已有年谱但内容简略、资料过旧者，初步拟订的对象有陈宝琛、陈寿祺、高澍然、林纾、林语堂、沈葆桢、谢章铤、张际亮、郑孝胥、朱谦之等。资料务求翔实，编排必求妥当，全面展现谱主生平事迹、社会交往与著述情况，以期知人论世，为学界的进一步研究提供基础。

年谱之作，首重资料翔实。举凡与谱主有关之已刊、未刊著述，档案，日记，书信等，都在搜求范围之内。这些著作或藏于国内外各图书馆、档案馆，或藏于私人之手，寻访颇为不易。而且文化名人社会交往广泛，他人著述及日记书信中也往往多有记载，想要将众多资料搜罗殆尽，诚非易事，但尽可能搜寻、发现新资料，乃是本丛书编写的重中之重。在掌握相关资料的基础上，对其进行严格考辨、细致梳理、合理剪裁、逐年编排，以展现谱主之生平事迹与著述大要。

本丛书的出版，将为学界研究这些文化名人提供基础性成果，同时也可展现福建地方文化的多彩面貌和辉煌成就。

目　次

前　言

沈葆桢（1820—1879），榜名振宗，字翰宇，号幼丹，别号希狷子、磐栖，福建侯官（今福州市）人。道光二十七年（1847）进士，官至两江总督，卒谥“文肃”。

沈葆桢出身于寒士家庭。父亲沈廷枫以授徒为生，母亲林惠芳是林则徐的六妹。沈葆桢娶林则徐次女林普晴，是林则徐的外甥、次婿。

沈葆桢二十岁中举，二十八岁成进士，选庶吉士，散馆授编修。咸丰四年（1854）五月，迁江南道监察御史。咸丰五年（1855）二月，出江西九江知府；六月，掌贵州道监察御史；因无任可上，在曾国藩处帮办营务。咸丰六年（1856）调署广信知府，筹饷河口；八月，太平军围广信，林普晴血书乞援于驻扎在玉山的饶廷选，沈葆桢闻警回城死守，因保全广信而名震天下。咸丰七年（1857）闰五月，补授江西广饶九南兵备道。咸丰九年（1859）六月，加按察使衔；九月，奏请开缺回籍养亲。咸丰十年（1860）六月，补江西吉南赣宁道，诏令帮办江西团练，沈葆桢坚辞不受。咸丰十一年（1861）十月，诏令前赴曾国藩大营听候简用；十二月，破格委任，擢江西巡抚。同治二年（1863）因与曾国藩争饷而绝交。同治四年（1865）三月，丁母忧回籍。同治五年（1866）五月，闽浙总督左宗棠奏请在闽设局制造轮船，因调任陕甘总督，推荐沈葆桢出任首任船政大臣。同治六年（1867）六月，服阕，就任船政大臣。同治九年（1870），父沈廷枫去世，沈葆桢在家守制。同治十三年（1874）三月，日军入侵台湾，清廷任命沈葆桢为钦差，办理台湾等处海防兼理各国事务大臣，两次赴台处理危机。日军退去之后，沈葆桢主持“开山抚番”，拉开了开发台湾的序幕，奏请设置恒春县，增设台北府，福建巡抚移驻台湾。光绪元年（1875）四月，升任两江总督兼办通商事务大臣，督办南洋海防；任内整顿吏治、发展民生。光绪五年（1879）十一月初六日卒于任，享年六十。

沈葆桢是晚清名臣，洋务派代表人物，曾与李鸿章、丁日昌并列为办理洋务的三大才，同时也是一位具有战略眼光的政治家。

沈葆桢早年选庶吉士、任御史、出知府、迁巡抚，即显现出勤廉奉公、不畏权贵、忠勇果断、自强自立的独特个性。晚年就任两江总督，修河堤、行海运、缓开关、挖蝗子、筹积谷、拔罂粟、减税收、整盐务、禁厚殓、修炮台、固防务、平冤案、办教案、选贤能，做了不少有益于国计民生的事。

沈葆桢最大的功绩是创办福建船政。面对数千年未有之变局，沈葆桢这一代官员切实开展洋务运动，寻求“自强”。开办船政，引进近代工业，使中国人能自主建造军舰，更培养了一大批制造和驾驶军舰的人才；沈葆桢因此成为中国近代造船、航运、海军建设事业的奠基人之一。

沈葆桢的另一功绩在于抗击日军，开发台湾，是台湾近代化进程的缔造者。同治十三年（1874），沈葆桢在照会日使柳原前光时给出了振聋发聩的声明：“无论中国版图尺寸，不敢以与人。”日军退去，在善后处理过程当中，沈葆桢提出“开山抚番”的政策，实施了开禁、开府、开路、开矿四大措施，为台湾的发展做出巨大贡献。连横在《台湾通史》中评价道：“析疆增吏，开山抚番，以立富强之基，沈葆桢缔造之功，顾不伟欤！”

沈葆桢对署吏非常严苛，一生秉承“不荐一馆，不派一差”

的原则。同治二年（1863），沈葆桢编《居官圭臬》。这是一本官员行为教科书，突出了儒家忠孝合一的理念，提出吏治的重要性和道德准则、法律原则。

沈葆桢曾在遗嘱当中声明后人不得编纂年谱，“我无善行可纪，身后如行状、年谱、墓志铭、神道碑之类，切勿举办，多一谀辞，即多一惭色也。”这大概是沈氏后人迄今没有编纂年谱的原因。沈葆桢所留书信、奏折甚多，还有一些书法作品，著作主要有《沈文肃公牍》《沈文肃公政书》《沈文肃政书续编》《船司空雅集录》《居官圭臬》《夜识斋剩稿》《沈文肃公家书》《沈氏行述四种》等。目前已整理的著作有：《沈文肃公牍》（林海权点校）、《沈葆桢文集》（朱华主编）、《沈葆桢家书考》（沈吕宁、沈丹昆编著）、《沈葆桢手迹》（沈丹昆编）、《沈葆桢信札考注》（林庆元、王道成考注）。研究专著主要有：《牡丹社事件与沈葆桢治台政绩考》（陈守亭）、《沈葆桢传》（苏同炳）、《沈葆桢评传——中国近代化的尝试》（庞百腾著，陈俱译）、《沈葆桢与福州船政》（林崇墉）、《沈葆桢：理学德治　洋务自强》（林庆元）、《沈葆桢传略》（高啸云、方冠英）、《1874年沈葆桢的变革管理》（李清潭）等。

沈葆桢家族世系简表①

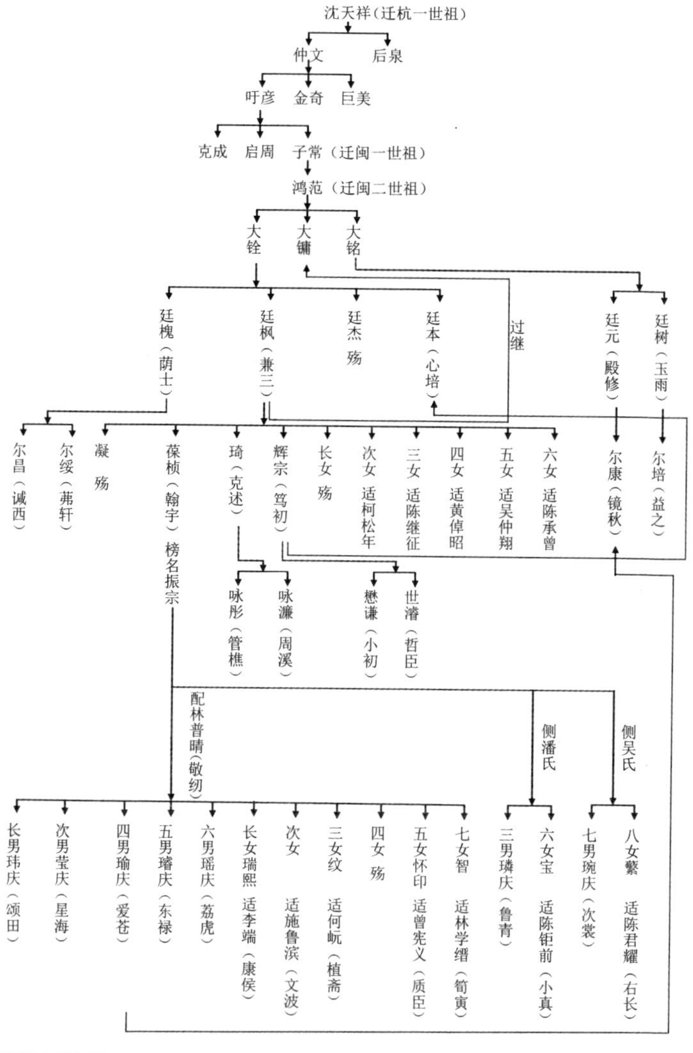

① 本表主要依据沈觐清所修《武林沈氏迁闽本支家谱》、沈葆桢撰《室人林夫人事略》以及林庆元、王道成考注《沈葆桢信札考注》等编制。

嘉庆二十五年庚辰（1820）　1岁

二月廿七日（4月9日），子时，生于福建侯官县城北院前文笔书院隔壁租住之屋当中。【按：据《道光己亥科福建乡试齿录》中沈振宗齿录载，“住省城北院前”，下有毛笔补注“现住省城衣锦坊”。① 据沈葆桢五代孙女沈骏考订，八角楼（今井楼门和汤门一带）不是沈葆桢的出生地，应是其父母所购。② 后与三弟沈琦迁宫巷，四弟沈辉宗仍居八角楼，世称“福州鼓楼宫巷武林沈氏”。③ 另沈葆桢在致长子沈玮庆信中曾说：“我幸有日退休，当携两房居八角楼，较可避喧，不若宫巷为四战之地。”④ 由此可见他对八角楼旧居的偏爱。】榜名振宗，字翰宇，号幼丹，别号希狷子、磐栖。行二。【按：据《道光己亥科福建乡试齿录》，沈振宗，字尔兴，号翰宇。⑤】

据《武林沈氏迁闽本支家谱》记载，沈氏先祖可上溯至宋朝沈绅。沈绅，字子书，宋宝元元年（1038）进士，官至敷文阁大学士，赠少师，谥文肃，原籍河南仓基。自宋朝南渡，其后人中的一支迁至浙江湖州祝墩村。【按：家谱附录《宋敷文阁学士文肃公碑记》和《宋沈文肃公墓表》中又说：“吾先世由四川来寓浙”。沈氏的先世是从河南还是从四川迁入浙江，或是先从河南

---

① ［清］佚名辑：《道光己亥科福建乡试齿录》，道光十九年刻本。

② 沈骏：《沈葆桢的出生地在哪里？——兼谈宫巷和八角楼故居》，《福州晚报》2003年9月2日“闽海神州”栏。

③ 张天禄主编：《福州姓氏志》，福州：海潮摄影艺术出版社，2005年，第771页。

④ 林庆元、王道成考注：《沈葆桢信札考注》，成都：巴蜀书社，2013年，第132页。

⑤ ［清］佚名辑：《道光己亥科福建乡试齿录》，道光十三年刻本。

迁到四川再入浙江？长期以来沈氏族人未曾做出明确的说明。[①]】

明末清初，沈绅后人天祥，从湖州移居杭州，其曾孙也就是沈葆桢高祖子常公在清雍正十二年（1734）“游幕馆于闽”，于是定居福州。此后，沈氏后人多半是以游幕、授徒为生。自沈氏迁闽后的三四代人都租住在福州北门下埕的旧房屋。后又搬到文笔书院附近（即北院前）租赁旧屋，“所居仅一室，室西向，冬则凄风撼扉，夏则烈日在榻”。[②] 再迁井楼门附近八角楼。【按：据《道光己酉科福建拔贡齿录》沈葆桢三弟沈琦齿录载，“居省城内八角楼”[③]，可知道光二十九年（1849）沈家已迁至八角楼，而道光十九年（1839）沈葆桢中举时尚住北院前，故沈氏迁居八角楼当在此十年之中。】

父沈廷枫（1787—1870）字兼三、香墀，号丹林。道光十二年（1832）举人，擅书画，“少诚笃，好读书，寡言语”。[④] 曾就读越山书院，受经于进士吴兰荪（芝圃），与当时名士“以道德文章相厉，风雨晦明无少间”。[⑤] 林则徐读其文，谓之曰：“仁义之人，其言蔼如也。”[⑥] 后其胞妹嫁于沈廷枫，二人结成亲家。

母林蕙芳（1794—1865），是林则徐的六妹，她的父亲林宾日（字孟养，号旸谷），以课塾为业，家境贫困，林蕙芳及其姐

---

① 古清：《沈葆桢的家世与家庭》，载江苏省中国现代史学会等编《沈葆桢生平与思想研究》，北京：中共党史出版社，2004 年，第 372 页。

② ［清］沈葆桢：《先母林夫人事略》，载朱华主编《沈葆桢文集》，福州：排印本，2008 年，第 641 页。

③ ［清］佚名辑：《道光己酉科福建拔贡齿录》，道光三十年刻本。

④ ［清］沈葆桢：《诰封光禄大夫先考丹林公行述》，载《沈葆桢文集》，第 635 页。

⑤ ［清］沈葆桢：《诰封光禄大夫先考丹林公行述》，载《沈葆桢文集》，第 635 页。

⑥ ［清］沈葆桢：《诰封光禄大夫先考丹林公行述》，载《沈葆桢文集》，第 635 页。

妹随母做针线贴补家用。她自幼吃苦耐劳，喜读书，经常旁听父亲讲课或兄长吟诵，久之通晓诗书。林宾日曾感慨："惜哉！其女也，不然，何遽出若兄下哉？"①

五月十六日（6月26日），林则徐出都，赴任浙江杭嘉湖道，结束了京官生涯。②

七月廿五日（9月2日），仁宗嘉庆帝在热河避暑山庄病死。

八月廿七日（10月3日），皇二子旻宁即位于太和殿，是为宣宗，年号道光。

道光元年辛巳（1821）　2岁

二月十九日（3月22日），丑时，三弟沈琦（1821—1859）生。字克述，号滨竹。道光己酉（1849）科拔贡。

七月廿四日（8月21日），林则徐得知父亲在籍患病的消息，当日便以病辞官，奉母回程。

八月十五日（9月10日），亥时，林则徐次女林普晴（1821—1873）生于福建建宁府（今建瓯市）大蒙洲舟中，字敬纫，喜艺兰，因自号馂兰③。自幼熟读诗书，能文善书，喜弈棋。

少善病。

> 母以长姊、伯兄之殇也，怜葆桢异甚。葆桢少善病，屡濒于危。母及庶祖母梁淑人更番抱之，膝行床席间，恒数昼夜不得休息。④

---

① ［清］沈葆桢：《先母林夫人事略》，载《沈葆桢文集》，第641页。

② 来新夏编著：《林则徐年谱长编》，上海：上海交通大学出版社，2011年，第87页。

③ 林崇墉：《林敬纫与乞援血书》，载《"中央"研究院近代史研究所集刊》第七期，第287页。

④ ［清］沈葆桢：《先母林夫人事略》，载《沈葆桢文集》，第641页。

是年，李元度（1821—1887）生。字次青，一字笏庭，自号天岳山樵，晚年更号超然老人，湖南平江人。道光二十三年（1843）举人，官至贵州布政使。沈葆桢姻亲。著有《国朝先正事略》《天岳山馆文钞》《四书广义》等。

李瀚章（1821—1899）生。又名章锐，字敏斾，号筱泉，安徽合肥人。李鸿章之兄，官至两广总督。

道光二年壬午（1822） 3岁

三月初二日（3月24日），林则徐离开福州，北上进京补官，伯父沈廷槐等同行。

> 侄辈、甥辈俱送于舟次，临发时别去。元湘、元雨则同舟而行，尚欲远送。此次邀沈荫士偕往，其令妹亦附伴赴浦城，舟中殊不岑寂。①

秋间，父沈廷枫参加乡试。鳌峰书院山长游光绎（彤卣）索观闱墨，击节称叹："此必第一人矣！"②

是年，杨岳斌（1822—1890）生。原名载福，字厚庵，湖南善化人。行伍出身，曾任陕甘总督，帮办江南军务。著有《杨勇悫公遗集》。

道光三年癸未（1823） 4岁

正月初七日（2月17日），林则徐升任江苏按察使。

---

① 林则徐全集编辑委员会编：《林则徐全集》第九册《日记》，福州：海峡文艺出版社，2002年，第103页。

② ［清］沈葆桢：《诰封光禄大夫先考丹林公行述》，载《沈葆桢文集》，第635页。

体弱多病，四岁“犹尪羸骨立”，[1]祖母梁氏忧之甚，沈母曰：“儿苦肝郁耳。宜令读书，以舒其气，气舒则百脉荣鬯，病自除。”[2]

是年，李鸿章（1823—1901）生。本名章铜，字渐甫、子黻，号少荃，安徽合肥人。道光二十七年（1847）进士，官至直隶总督兼北洋通商大臣，授文华殿大学士。晚清重臣，洋务运动领袖。著有《李文忠公全集》。

丁日昌（1823—1882）生。字禹生，又作雨生，号持静，广东丰顺人。累官至江苏巡抚、船政大臣、福建巡抚（总督衔）兼充总理各国事务大臣。著有《抚吴公牍》《保甲书辑要》《百兰山馆诗》《奏稿》《五洲政要通考》《百将图传》《巡沪政书》《丁禹生政书》等。【按：郭嵩焘曾致信李鸿章论洋务，盛赞李、丁、沈三人：“中堂能见其大，丁禹生能致其精，沈幼丹能尽其实。”[3]】

吴赞诚（1823—1884）生。字存甫，一字秉之，号春帆，安徽庐江人。光绪二年（1876），吴赞诚奉旨督办福建船政兼理台湾海防。光绪四年（1878），以光禄寺卿署福建巡抚仍兼理船政。

王凯泰（1823—1875）生。初名敦敏，字幼徇、幼轩、补帆，号补园主人，江苏宝应人。道光三十年（1850）进士，官至福建巡抚。著有《归园唱和集》《海上弦歌集》《岭南鸿雪集》《三山同声集》《台湾杂咏》等。

---

① ［清］沈葆桢：《先母林夫人事略》，载《沈葆桢文集》，第641页。

② ［清］沈葆桢：《先母林夫人事略》，载《沈葆桢文集》，第641页。

③ ［清］郭嵩焘撰，梁小进主编：《郭嵩焘全集·集部一·书信》，长沙：岳麓书社，2012年，第277～278页。

道光四年甲申（1824）　5岁

正月，林则徐以江苏按察使署布政使任。

闰七月十七日（9月9日），外祖母陈氏逝世，年六十五岁。

八月初九日（10月1日），林则徐次子林聪彝（1824—1878）生于旅途。林聪彝，字听孙。历任内阁中书、六部主事、衢州知府、浙江补用道、署浙江按察使、杭嘉湖海防兵备道。

八月十九日（10月11日），林则徐抵里守制。

是年，开始读《诗经》，能成诵。

> 五岁时，读《卫风·二子乘舟》朱传，见“贼”字、“杀”字，心恶之。强读数百遍，掩卷茫如。母为之逐字讲解，则又以二子之枉死也，恻然悲之。仍不能成诵，母乃以纸作径寸书，葆桢喜而读之，成诵乃止。①

是年，吴大廷（1824—1877）生。字桐云，号小西腴山馆主人，湖南沅陵人。咸丰五年（1855）顺天府乡试举人，官至福建台湾兵备道，加二品服，再加按察使衔。著有《小西腴山馆集》。

道光五年乙酉（1825）　6岁

二月廿四日（4月12日），林则徐离开福州，赴洪泽湖高家偃督办绝口堤坝。

> 未刻出城，至洪山桥登舟，大府以下皆遣使远送，亲友送至舟中，随即别去。②

八月，林则徐回籍调理身体，继续守制。

---

① ［清］沈葆桢：《先母林夫人事略》，载《沈葆桢文集》，第641页。

② 《林则徐全集》第九册《日记》，第144页。

受父教。

葆桢少善忘，先考教之，不拘以绳尺。[1]【按：沈廷枫教人循循善诱，所教学生不多，但成材者众，“讲授垂数十年，前后生徒仅三十余人，魁天下者一，入词林成进士者六，举孝廉拔萃科者十有一，余多名诸生。”[2]】

受母教。

母躬炊爨，躬浣濯，躬缝纫，而未尝一日废儿学。厌坊本漫漶，耗儿目力，所读书，母皆手录焉。葆桢拙于强记，母字字为之讲解，方能成诵。葆桢、琦稍长，随家君适馆。或馆远，就外傅。归则母必考所读书，数岁以为常。葆桢幼苦胆怯，夜见鸟动则惊而呼，闻猫斗而惊，惊辄大病。梁淑人护之，寸步不离，犹孔不及。母问曰：“儿慕古所称忠孝者乎?”曰：“慕之。”曰：“儿知忠孝不可无胆乎?”曰：“不知也。”母随举古之忠臣孝子，出万死一生，百折不回，卒成其志者，为葆桢历历言之，葆桢喜。[3]【按：沈母为锻炼其胆气，还给他讲鬼故事。“故令独往来阒寂窈晦之地，察其神色不变，喜曰：孺子可教也。”[4]】

道光六年丙戌（1826）　7岁

四月廿五日（5月31日），子时，四弟沈辉宗（1826—1891）

① ［清］沈葆桢：《诰封光禄大夫先考丹林公行述》，载《沈葆桢文集》，第638页。

② ［清］沈葆桢：《诰封光禄大夫先考丹林公行述》，载《沈葆桢文集》，第635～636页。

③ ［清］沈葆桢：《先母林夫人事略》，载《沈葆桢文集》，第641页。

④ ［清］沈葆桢：《先母林夫人事略》，载《沈葆桢文集》，第641～642页。

生，字笃初。咸丰九年（1859）举人，大挑二等同知衔，历任长汀、龙溪县学教谕。著《大学参证》《中庸心悟》计四卷行世，《伤寒论注》八卷未刊。①

八月廿六日（9 月 27 日），卯时，梁鸣谦（1826—1877）生。字礼堂，福州闽县人。咸丰九年（1859）进士，官礼部主事，先后入福建巡抚周开锡、总理船政大臣沈葆桢幕，辅佐沈葆桢十余年，光绪二年（1876）回福州鳌峰书院任教。著有《静养堂诗文集》八卷《笔记》二卷《词存》一卷、《梁礼堂文集》二卷。

十二月廿一日（1827 年 1 月 18 日），林则徐三子林拱枢（1827—1880）生。字心北。林则徐卒后以县学生赏举人，补内阁中书。历任兵科掌印给事中，京畿道、山西道、河南道监察御史。

是年，林则徐在家丁忧养病。四月授两淮盐政使，林则徐辞官不就；十一月服阕。时林氏家中长辈纵论戚党子弟之优劣，以此戏问在一旁侍坐的林普晴，林普晴说："以儿所见，无逾沈氏兄者矣。"②

道光七年丁亥（1827）　　8 岁

二月十九日（3 月 16 日），林则徐离闽入京。

三月初八日（4 月 3 日），李桓（1827—1892）生。字叔虎，号黻堂，两江总督李星沅第三子，湖南湘阴县人。历任江西督粮道、布政使、按察使，署江西巡抚。著有《国朝耆献类征》《宝韦斋类稿》《国朝贤媛类征》等。其父李星沅与林则徐为至交好友。

---

① 沈黻清等编：《武林沈氏迁闽本支家谱》，1933 年，沈氏家藏。

② ［清］沈葆桢：《室人林夫人事略》，载《沈葆桢文集》，第 645 页。

五月初一日（5月26日），林则徐授陕西按察使署布政使。

五月廿四日（6月18日），林则徐擢授江宁布政使。

八月廿八日（10月18日），外祖父林宾日离开福州赴江宁就养。

九月廿七日（11月15日），外祖父林宾日病卒于浙江衢州，享年七十九岁。林则徐离陕奔丧，扶柩返福州。母林蕙芳哀毁逾月。

> 丧外祖，母哀毁，瘖不能言者逾月。居恒为葆桢述外祖、外祖母隐德与当日家庭之乐，犹哽咽不成声。①

十月十七日（12月5日），巳时，叔父沈廷本（立斋）卒，年三十一岁，四弟沈辉宗出嗣。

是年，黎兆棠（1827—1894）生。字召民，广东顺德人。咸丰三年（1853）进士，官至光禄寺卿及督办福建船政大臣。

道光八年戊子（1828）　9岁

正月，林则徐扶父柩抵福州，在家守制。到道光十年（1830）三月才离开入京。合上次守制，林则徐在福州前后将近五年半的时间。林则徐居乡期间，立“亲社”，课读戚党子弟，对沈葆桢的教育产生重大影响。

> 由于沈所受的儒家教育，同时按中国常例，双亲以成功的亲戚作为教育儿子的典范，这一点是理所当然的。②

> 一般贫寒家庭的子弟，终能出乎其类，卓尔有立，其必首先有穷而不滥而又教以义方的父母，以身作则，循循善

---

① ［清］沈葆桢：《先母林夫人事略》，载《沈葆桢文集》，第642页。

② ［美］庞百腾撰：《沈葆桢评传——中国近代化的尝试》，陈俱译，上海：上海古籍出版社，2000年，第33页。

诱，使之在历尽艰辛的漫长岁月中养成了卓越坚强的意志，具备了才德兼全的修养，而后成就其为国立功、为民造福的伟大人物。林文忠与沈文肃，先后在我们近代史上之成为伟大人物，确确实实是同样的在上述情况中充分接受父教与母教而造就出来的。[①]【按：林庆铨《楹联述录》记有沈葆桢幼时属对事："沈幼丹制府幼时，家文忠公出'鱼名弹瑟'、制府对'鸟唤提壶'。"[②] 才思敏捷不凡，也可见林则徐对他的影响与熏陶。林崇墉将林则徐和沈葆桢对比，两人相似的成长历程形成了某些共同的性格特征，计有十二种品德：矢忠矢孝、必信必诚、持论严正、处事精明、见义勇为、临难不避、勤以奉公、廉以奉身、爱才如渴、疾恶如仇、虚怀博纳、推贤让能。[③] 郭廷以评价沈葆桢说："其风力才望，忠清弼亮，一若他的外舅林文忠公则徐。"[④]】

是年，鲍超（1828—1886）生。初字春亭，后改春霆，四川奉节（今属重庆）人。湘军将领，官至湖南提督。

道光九年己丑（1829）　　10岁

是年，林则徐在家守制。

席宝田（1829—1889）生。字研芗，湖南东安人。湘军将领，官至云南按察使。

---

① 林崇墉：《沈葆桢与福州船政》，台北：联经出版事业公司，1987年，第15页。

② ［清］林庆铨：《楹联述录》卷一一，载龚联寿主编《联话丛编》第二册，南昌：江西人民出版社，2000年，第1223～1224页。

③ 林崇墉：《沈葆桢与福州船政》，第45页。

④ 郭廷以：《近代中国的变局》，北京：九州出版社，2012年，第230页。

道光十年庚寅（1830）　11岁

正月，林则徐父丧服阕。

三月初二日（3月25日），林则徐离开福州，进京补官。

闰四月初七日（5月28日），林则徐朝觐，知无藩缺可补，在京候补。

闰四月下旬，林则徐致信刘建韶，谈及里中儿辈馆课之事。

弟离家已来，诸凡更虞疏略，夙叨爱恕，尚冀涵容。儿辈能否仰承教泽，时为恳切，统赖严明训迪，铭泐曷可殚言耶？①【按：刘建韶是林则徐聘请课诸儿的塾师，他与沈廷枫是同年，同受业于鳌峰书院山长游光绎。林则徐儿辈，包括沈葆桢在内，师事刘建韶多年。道光二十七年（1847）五月中旬，得知沈葆桢中进士后，林则徐特地致信刘建韶，以示感谢。“前于褒城行次接到京信，知小婿沈翰宇幸捷南宫，良由化雨滋培，曷胜颂水思源之感。”②】

六月廿九日（8月17日），林则徐授湖北布政使。

十一月廿九日（1831年1月12日），林则徐调任河南布政使。

是年，鸦片的毒害已经引起东南沿海疆臣和言官的重视，纷纷上奏。

道光十一年辛卯（1831）　12岁

二月廿九日（4月11日），林则徐至河南省治就任布政使。后，七月初八日（8月15日），林则徐调任江宁布政使。十月初

---

① 《林则徐全集》第七册《信札》，第47页。

② 《林则徐全集》第八册《信札》，第153～154页。

七日（11月10日），擢任河东河道总督。

六月十六日（7月24日），清廷据给事中刘光三所奏，颁布严定买食鸦片烟罪名条款。

秋间，父沈廷枫参加恩科乡试。

> 吾家自汝高祖以来，忠厚朴直之声溢乎闾里。……堪舆家相子常公冢曰："后必有达者。"以祖德推之，当不谬。汝伯父弱冠举于乡，礼闱辄北；我年过四十尚偃仰黉序间，恐无益于世，不足酬先人志。汝其勉之！①

是年起，师事沈秋舲。②

道光十二年壬辰（1832）　13岁

二月十八日（3月19日），林则徐调任江苏巡抚。

八月廿七日（9月21日），清廷命各地严禁兵弁吸食鸦片。

九月，父沈廷枫中式道光壬辰科福建乡试第二十三名举人，时年四十六。

是年，订婚。林则徐长子林汝舟从南京回闽参加乡试，寄居沈家，代为主持文定之礼。

> 壬辰，兄镜帆太史自任所归试，主葆桢家，请于舅父，以字葆桢。③

道光十三年癸巳（1833）　14岁

父沈廷枫进京参加礼部会试，沈葆桢随行，至南京，住林则

---

① ［清］沈葆桢：《诰封光禄大夫先考丹林公行述》，载《沈葆桢文集》，第636页。

② 林庆元、王道成考注：《沈葆桢信札考注》，第586页。

③ ［清］沈葆桢：《室人林夫人事略》，载《沈葆桢文集》，第645页。

徐江宁布政使官署。

奉家君北上，过苏门，舅氏留之节署，始亲侍笔砚。浑金粹玉，虽髫稚亦知其为宝，然尽勤鲜暇，不敢以私好溷之。①

四月放榜，父沈廷枫会试不第。

道光十四年甲午（1834）　15岁

春，父沈廷枫自京师回里，途次南京，偕沈葆桢回闽；此后与岳父林则徐再未谋面。

甲午春告归。遂从此不得一见颜色耶？②

道光十五年乙未（1835）　16岁

三月，伯父沈廷槐大挑未中，林则徐“为之怅惜尔。”③

五月初七日（6月2日），林汝舟从江宁起身回闽参加乡试。④

九月初五日（10月26日），林汝舟中式道光乙未恩科福建乡试第五名举人。

道光十六年丙申（1836）　17岁

三月，父沈廷枫进京参加恩科会试不第。是科福建闽县林鸿

① ［清］沈葆桢：《跋林文忠公墨迹》，载来新夏编著《林则徐年谱长编》，第763页。

② ［清］沈葆桢：《跋林文忠公墨迹》，载来新夏编著《林则徐年谱长编》，第763页。

③ 《林则徐全集》第九册《日记》，第206页。

④ 《林则徐全集》第九册《日记》，第220页。

折》，对黄爵滋的奏疏表示支持，陈述了“禁烟章程六条”，并附上戒烟药方。①

十一月十五日（12月31日），清廷命湖广总督林则徐为钦差大臣前赴广东，查办鸦片事务，兼节制广东水师。

是年，岁试考列优等，由“附学生员”升为“廪生”。

道光十九年己亥（1839） 20岁

正月，林则徐妻郑淑卿携林普晴等回里，后为其完婚。

林妻郑氏率子女归里，祭扫茔墓，并为次子、次女完婚。次子聪彝娶叶申芗胞弟申万之女。次女普晴适沈葆桢。”②【按：沈葆桢母亲特别喜爱这位侄女兼儿媳，林普晴也特别体贴孝顺，“己亥来归，先母爱之笃，动必以相随。儿时目未尝见厨灶，手未尝亲刀匕，试为之，母辄称善，遂日以自娱。”③沈葆桢和林普晴自幼就是玩伴。一直到沈葆桢发迹为止，林普晴经历的困苦生活，前后达十余年之久。“除得自先天的禀赋与后天的家教之外，其造成她那样安贫忘忧而克尽妇道的其它原因，那应是她与葆桢伉俪情感之笃，而又从小相知之深也有以使然。”④林普晴既是家中的贤妻良母也是事业上的好助手。沈葆桢进入仕宦生涯后，林普晴为他处理机密文件，“她试图以委婉的劝告，帮助沈葆桢矫正缺点——心胸狭窄和易怒，但她并不成功。”⑤】

---

① 《林则徐全集》第三册《奏折》，第34～43页。

② 来新夏编著：《林则徐年谱长编》，第303页。

③ ［清］沈葆桢：《室人林夫人事略》，载《沈葆桢文集》，第645页。

④ 林崇墉：《林敬纫与乞援血书》，载《“中央”研究院近代史研究所集刊》第七期，第288页。

⑤ ［美］庞百腾撰：《沈葆桢评传——中国近代化的尝试》，第35页。

三月初九日（4 月 22 日），两江总督陶澍病危，林则徐调任两江总督，但未到任。

四月廿二日（6 月 3 日），林则徐开始在虎门销烟。

九月初七日（10 月 13 日），中式道光己亥科福建乡试第三名举人，其师林昌彝名列第七十七名。是科主考官何绍基，副主考官蔡家玕。闻讯，沈父告诫勿自满。

> 汝进取有基，可喜；年少侥幸易自满，尤可忧。①

九月廿五日（10 月 31 日），林则徐获知福建省乡试结果。

> 晨起由省中永泰栈寄来福州家书一封。系九月初七日所发第十三号，并附闽闱题名录，知沈甥（振宗）中第三名，侄婿王子希（景贤）第二十九名；所识者解元叶宣勤（修昌，次幔子）、俞绍昌（甲子同年开猷子）……林昌彝（香溪）；揭晓在初七日。②

十二月廿二日（1840 年 1 月 26 日），钦差大臣林则徐调两广总督。

年底，北上京师，准备次年会试。林普晴将嫁妆中的金镯子变卖，筹措盘费。③

道光二十年庚子（1840）　21 岁

正月初一日（2 月 3 日），林则徐就任两广总督。

四月放榜，会试不第；后返闽。

五月廿九日（6 月 28 日），英军封锁广州所有河道海口，第

---

① ［清］沈葆桢：《诰封光禄大夫先考丹林公行述》，载《沈葆桢文集》，第 636 页。

② 《林则徐全集》第九册《日记》，第 411 页。

③ ［清］沈葆桢：《室人林夫人事略》，载《沈葆桢文集》，第 645 页。

一次鸦片战争爆发。

八月十五日（9月10日），林则徐宴请沈廷枫等。

祖先前设供，亲友互贺。饭后批呈词。晚邀李春桥、王念湖、丁畅之、沈丹林饭。①

九月初八日（10月3日），林则徐、邓廷桢被革职，林则徐留粤以备查问差委。

九月，襟兄刘齐衔中式道光庚子科福建乡试第九名举人②。

是年，林则徐聘请沈廷枫为塾师，在广州“教诸子”③。

道光二十一年辛丑（1841）　22岁

正月初六日（1月28日），林则徐宴请沈廷枫等。

家古畲明府（星章）、陈棠溪仪部（其锟）先后来对弈，晚留饭，陈秋厓、丁畅之、沈丹林均在座，更余散。④

二月廿九日（3月21日），亥时，长女瑞熙（征卿）出生。⑤

闰三月十三日（5月3日），林则徐奉命离粤赴浙江协办海防。

四月廿五日（6月14日），父沈廷枫抵达福州。

接闽中五月初二日书，知丹林于四月二十五日抵家。⑥

四月，赴道光辛丑恩科会试，再次落榜。是科会试刘齐衔联

---

① 《林则徐全集》第九册《日记》，第422页。

② 《林则徐全集》第九册《日记》，第426页。

③ ［清］沈葆桢：《诰封光禄大夫先考丹林公行述》，载《沈葆桢文集》，第636页。

④ 《林则徐全集》第九册《日记》，第437页。

⑤ ［清］李宗言编：《福州李氏支谱》，清光绪二十三年刻本。

⑥ 《林则徐全集》第九册《日记》，第462页。

捷中式第四十九名进士，福建中额共八名。①

五月初十日（6月28日），道光帝以广东军事失利归罪林、邓“废弛营务”，革去林则徐四品卿衔，与邓廷桢同遣戍新疆伊犁。

道光二十二年壬寅（1842） 23岁

二月初七日（3月18日），道光帝命林则徐自东河仍往伊犁效力。

七月廿四日（8月29日），耆英、伊里布、牛鉴与璞鼎查在英军旗舰“康华丽”号上签订中英《南京条约》十三款，是为中国近代史上外国侵略者强迫清廷签订的第一个不平等条约。

十二月初五日（1843年1月5日），寅时，长子沈玮庆（1842—1880）生。【按：沈玮庆原名颖鉌，字颂田，又字谛乾，号丹孙。附贡生，恩赏举人，世袭一等轻车都尉。】

道光二十三年癸卯（1843） 24岁

六月，广东花县（今花都）塾师洪秀全应试不第，归后初读《劝世良言》，创立拜上帝教。

九月十一日（11月2日），厦门开市。

是年，与父沈廷枫一同北上参加会试。

是年，滞居京师，直至四年以后才中进士。

> 葆桢屡踬礼闱，滞京师不得归。食指繁，举债累千金。室人百计补苴，侍奉无缺。②

---

① 《林则徐全集》第九册《日记》，第453页。

② ［清］沈葆桢：《室人林夫人事略》，载《沈葆桢文集》，第645页。

道光二十四年甲辰（1844） 25岁

三月，与父沈廷枫在京师参加会试，皆不第。这是沈廷枫第三次参加会试，自此遂不复试。

四月初五日（5月4日），洪秀全、冯云山抵广西贵县赐谷村。

五月十八日（7月3日），耆英、顾盛在望厦村签订《中美五口贸易章程》（即《望厦条约》）三十四款。福州开埠。

道光二十五年乙巳（1845） 26岁

四月放榜，恩科会试不第。

九月廿八日（10月28日），林则徐在新疆查勘、开垦卓有成效，朝廷命回京，以四五品京堂候补。

十月廿八日（11月27日），辰时，侄沈咏彤（1845—1882）生。字管樵，又字肖竹，沈琦长子。同治甲子科（1864）举人，同治戊辰科（1868）进士。吏部考功司验封司主事，总理各国事务衙门章京加四级，诰授中宪大夫。

道光二十六年丙午（1846） 27岁

三月初六日（4月1日），英商通事鸣枪打伤民人，福州民愤而捣毁洋馆，地方官前往弹压。

三月三十日（4月25日），林则徐为陕西巡抚。

是年，劝夫人林普晴不要太劳累，“连年举子落蓐，即亲针线。”①

① ［清］沈葆桢：《室人林夫人事略》，载《沈葆桢文集》，第645页。

林普晴则言："君忘母当日之苦倍于我耶？"①

道光二十七年丁未（1847）　28岁

三月初九日（4月23日），会试入场。②

三月十六日（4月30日），会试出场。③

同日，李星沅调两江总督，林则徐调云贵总督。

四月十四日（5月27日），会试取二百二十三人，位列一等第十八名；合计一等取二十四名、二等取五十三名、三等取一百四十名、四等取六名。④

四月上旬，发榜。⑤

四月廿一日（6月3日），与许彭寿等二百三十一名贡士于保和殿参加殿试。

四月廿二日（6月4日），林则徐致信杨以增，请兑五百两给沈葆桢为日用之度。

> 所示题名录，领阅之下，感甚，感甚。弟之次婿沈葆桢，留京四年，幸而获隽，差强人意。……承询兑京一层，小儿春间去时所带，或尚敷衍得半年之用。惟沈婿（即弟外甥）一贫如洗，中后如能馆选，在京之日尚长，所用不少，小儿亦不能一一代垫。既蒙关垂之切，请于存项中代

---

① ［清］沈葆桢：《室人林夫人事略》，载《沈葆桢文集》，第645页。

② 汪荣祖：《走向世界的挫折——郭嵩焘与道咸同光时代》，长沙：岳麓书社，2000年，第11页。

③ 汪荣祖：《走向世界的挫折——郭嵩焘与道咸同光时代》，第11页。

④ 中国第一历史档案馆编：《道光朝上谕档》第五二册（道光二十七年），桂林：广西师范大学出版社，2000年，第107～108页。

⑤ 汪荣祖：《走向世界的挫折——郭嵩焘与道咸同光时代》，第11页。

同时，过从甚密的朋友有李鸿章、李瀚章、陈濬、孙观等人。

以先公公车过夏，为相与定交之始。丁未同出瑞安孙蕖田先生门下，改庶吉士，同居庶常馆。时吾乡陈心泉观察、舒城孙省斋方伯，皆同年翰林之应馆试者，先叔父滨竹公与相国兄，今两广督部筱荃公为己酉拔贡同年，相从居馆中。盍簪之雅，盛于一时。①

是年起，家累更重。

丁未后，亲友仰望者益多，不得已举债，遂累数千金。先考垂老，劬劳于外，不得休息，至是始归，年已七十矣。②

道光二十八年戊申（1848）　29岁

四月十二日（5月14日），清廷命两广、湖南、江西各省督抚饬拿会匪。

八月十九日（9月16日），清廷命广西巡抚郑祖琛认真缉捕广西会党。

是年，假满入都。临行前，沈母勉之。

戊申，葆桢假满入都，母勉以立身行道，无离别可怜之色。③

是年，寓居京城上斜街。

丁未葆桢入词林，挈室人居长安，窘甚于未第时。连年举子落蓐，即亲针线。④

---

① 沈成式：《沈敬裕公年谱》，载《涛园集·附录》，第206页。

② ［清］沈葆桢：《诰封光禄大夫先考丹林公行述》，载《沈葆桢文集》，第637页。

③ ［清］沈葆桢：《先母林夫人事略》，载《沈葆桢文集》，642页。

④ ［清］沈葆桢：《室人林夫人事略》，载《沈葆桢文集》，第645页。

道光二十九年己酉（1849）　30 岁

在翰林院供职。

四月初四日（4 月 26 日），刘齐衔由福州启程，携家眷进京。

> 兹于七月杪得幼丹六月初京中来信，始知荣旌果于四月四日由闽起行。①

五月廿八日（7 月 17 日），顾炎武生日，首次在慈仁寺西顾炎武祠参与祭祀。时恰逢何绍基奉命主广东乡试，并以是日出京，同人在顾祠公饯，凡三十二人。②

七月廿四日（9 月 10 日），林则徐病免，程矞采任云贵总督，张日晸任云南巡抚。

七月廿五日（9 月 11 日），致信林则徐，问及进京居住买房事宜。③

八月初四日（9 月 20 日），林则徐致信刘齐衔，言及在京买屋。

> 愚既怕与异类同壤而居，意中本欲远避，因思一子两婿皆是京官，若住京中，亦甚团聚。……此信阅后，望付与幼丹同看，倘遇折便，并可寄彝、枢两人阅之，缘此间不及多写也。④

八月初，致信林则徐，言今后不再邮寄京报。⑤

---

① 《林则徐全集》第八册《信札》，第 418 页。

② 魏泉：《士林交游与风气变迁——19 世纪宣南的文人群体研究》，北京：北京大学出版社，2008 年，第 241 页。

③ 《林则徐全集》第八册《信札》，第 425 页。

④ 《林则徐全集》第八册《信札》，第 418～421 页。

⑤ 《林则徐全集》第八册《信札》，第 425 页。

九月十五日（10月30日），林则徐自昆明返乡途中致信沈葆桢，言先行回乡祭祖以避是非，在京买屋需再斟酌。

所商进京居住之说，先前本有此意，是以函托厚庵议及诚园，以为菟裘之计。嗣知索价甚重，即不欲再寻。且明知京中应酬更为繁重，不出门则恐致招怪，若出去又与告病名实不符，设转贻拟议之端，尤为不值。且年来在滇过冬，并不用穿大毛衣服，忽受京中如许之冷，恐必老病益增。又想先茔未亲祭者二十年，亦不可不亟图归奠。昨奉谕旨，既有"回籍"字样，理宜直返家乡。目下此意已决，将来果能长住与否，亦不可知，只好随时再酌。住屋亦不得不仍旧，缘买屋之难，尤不可胜言也。①

十月十六日（11月30日），林则徐致信沈葆桢，嘱托寄京报、上谕回闽。

惟信内云此后不寄京报，则我在闽中直成聋聩矣。有吾甥在京，此一事谅不至全不相顾。嗣后每遇闽中折差，如恐太厚之报渠不肯带，上谕总可封入信内寄回，切嘱，切嘱。②

十一月初十日（12月23日），林则徐致信沈廷枫，言及沈葆桢馆课优异。

幼丹馆课工夫，众皆推让，并以奉慰。③

十一月初十日（12月23日），寅时，三女纹出生。④

十一月廿一日（1850年1月3日），林则徐自云南引疾还闽，道经长沙，招左宗棠于湘水舟次，长谈竟夕，一见诧为绝世奇才。⑤

---

① 《林则徐全集》第八册《信札》，第425页。

② 《林则徐全集》第八册《信札》，第427～428页。

③ 《林则徐全集》第八册《信札》，第431页。

④ 林庆元、王道成考注：《沈葆桢信札考注》，第57页。

⑤ 来新夏编著：《林则徐年谱长编》，第706页。

道光三十年庚戌（1850）　31 岁

在翰林院供职。

正月十四日（2 月 25 日），道光帝病死。

正月廿六日（3 月 9 日），皇太子奕詝即皇帝位，以明年为咸丰元年。

二月，林则徐于南昌致信友人，言戚党子弟将参加廷试，令沈葆桢带领拜访。

> 再，弟有胞甥沈琦及胞侄婿陈隅廷，均以己酉选拔进京恭应廷试。兹令小婿沈葆桢带渠两人走谒台端，如有堪以教诲之处，尚望不吝指示，感泐曷可名言。①

三月初三日（4 月 14 日），林则徐抵福州。

三月初八（4 月 19 日），林则徐致信刘齐衔，嘱传阅沈葆桢。

> 所有此次折稿亦抄一份，可于阅过之后送怡处一看，或与幼丹诸人共看可也。此折计在四月初十边到京，幼丹正在散馆之时，恐已搬到园寓，不能得闲，其信亦交姑爷处转致。如散馆有等第单、引见单，均望抄一份寄回。②

四月十八日（5 月 29 日），庶吉士散馆考试结果公布，获一等第十四名。四十八人参考，一等十九名，二等二十七名，三等二名。③

四月廿一日（6 月 1 日），获引见。在京庶吉士教习三年期满。散馆考试及格，授翰林院编修。④

---

① 《林则徐全集》第八册《信札》，第 438 页。

② 《林则徐全集》第八册《信札》，第 440 页。

③ 《道光朝上谕档》第五五册（道光三十年），第 180 页。

④ 《道光朝上谕档》第五五册（道光三十年），第 185 页。

五月初三日（6 月 12 日），林则徐致信刘齐衔，嘱转告折差邮资给付方式。

> 幼丹定已留馆，此函希与同看。……再，此次信件本欲径交尊处，嗣思及贵寓即将移徙，设或搬在内城，则折差无从访问，故仍嘱交上斜街由幼丹转送。其酒钱在闽已付四百文，嘱其到京送后取一回信，仍于信面上写明带信回闽即给酒钱三百文可也。此一节可与幼丹知会，并将两家府报统入愚封内可耳。①

五月初三日（6 月 12 日），兵科给事中曹履泰奏，英国人顽梗不化，林则徐为英国人所敬畏，调令其回京协办交涉。上谕着刘韵珂等转饬林则徐迅速来京。

七月初五日（8 月 12 日），致信林则徐，言朝考失利。②

七月十八日（8 月 25 日），翰林院侍读学士孙铭恩奏，英国人租住福州士民读书公所神光寺传教，士民屡次呈控。清廷命刘韵珂、徐继畬妥办。

八月初四日（9 月 9 日），致信林则徐，附有京报。③

八月初十日（9 月 15 日），林则徐致信沈葆桢，安慰朝考失利、报平安等。

> 甥朝考虽屈，然此途得失无足介怀，仍以乡、会场直上为贵也。……府间一切平安。令伯将乐之缺可压到十一、二月出来销假，则道署今年之馆可以终局。舟官肝病虽较前稍差，然无日不痛，进京之说今年可无庸议。来信有搬寓之意，当亦不必矣。④

---

① 《林则徐全集》第八册《信札》，第 444 页。

② 《林则徐全集》第八册《信札》，第 449 页。

③ 《林则徐全集》第八册《信札》，第 450 页。

④ 《林则徐全集》第八册《信札》，第 449 页。

九月初六日（10月10日），林则徐致信沈葆桢，述邸报收阅、邮资给付方式、京官清贫、护眼等事。

都中累必不免，然用心必不可纷。明年考差自是首要，至度日如有可筹之处，愚再作信寄知也。此间家居情形一言难尽，而出去又有不能之势，焦心劳神，转较在滇为甚，不知如何可了。……目疾忌煤火，食撇蓝似可解也。①

九月十三日（10月17日），拜上帝会蒙得恩等在广西平南花洲团营。清廷起用林则徐为钦差大臣，速赴广西会同郑祖琛、向荣等悉心剿抚。

十月初一日（11月4日），拜上帝会各地会众万余人陆续到金田。杨秀清、萧朝贵、韦昌辉、石达开等主持金田团营事。在花洲山人村胡以晃家藏匿的洪秀全、冯云山遣胡以晃往攻思旺墟清军，遣蒙德恩趋金田。林则徐接到任钦差大臣上谕，次日由福州抱病赴广西。

十月初二日（11月5日），林则徐离开福州。

现即克日束装，并早晚益勤服药，定于十月初二日由福州本籍力疾起身。②

十月十四日（11月17日），清廷申谕两广督抚劝谕士民举行团练。

十月十九日（11月22日），受命前赴广西镇压太平军的林则徐病逝于广东潮州普宁县途次，后归葬福州马鞍山。

十一月十二日（12月15日），徐继畬驰奏林则徐逝潮州途次折到京，诏予林则徐太子太傅衔，照总督例赐恤，任内一切处分悉行开复，旋赐祭葬，谥文忠。命前两江总督李星沅为钦差大臣，驰赴广西剿办；以前漕运总督周天爵署广西巡抚。

---

① 《林则徐全集》第八册《信札》，第450～451页。

② 《林则徐全集》第四册《奏折》，第546页。

六月十六日（7月21日），北伐军南归军攻占罗山县，次日弃城南走。曾国藩遣朱孙诒率湘勇一千二百人援江西；另一千四百人由夏廷樾、罗泽南、郭嵩焘率领继往江西。另由江忠源弟忠淑所募新宁勇千人由浏阳赴江西。合计援赣兵勇三千六百人，是为湘勇出境作战之始。

八月十七日（9月19日），考汉御史；二十三人参考，列第十名。[①]

八月二十日（9月22日），获引见，奉旨记名以御史用。

引见翰林院保送考试御史人员。得旨："边浴礼、周玉麒、宋玉珂、李载熙、呼延桭、袁芳瑛、吴惠元、包炜、孙观、沈葆桢、唐壬森、何璟、尹国珍，均着记名以御史用。"[②]【按：沈葆桢以道光三十年散馆授职，至本年四月已届满三年，符合考选御史之规定，故记名以御史用。】

八月，充顺天乡试同考官，林昌彝有诗记之。

《喜及门沈幼丹太史葆桢分校秋闱》：都讲登堂张一军，河汾大叩振斯文。风檐有泪应如我，冰鉴无花总望君。名下当年思陆贽，经生几辈尚刘蕡。成蓝独对青还愧，雕鹗凌秋信不群。[③]

九月，林昌彝离京返闽，有诗相赠。

林昌彝《将归福州留别及门沈幼丹太史》：苍茫天地易斜晖，万里征尘上客衣。秋色西来山北向，江声东去雁南飞。干戈经岁民方困，关塞惊寒我欲归。策马踌躇与君别，独怜臣朔正呼饥。【按：诗后附有沈葆桢赠别诗云："世变关心意不平，绛帷终夜侍谈兵。九重宵旰忧群盗，三窟经纶美

---

① 《咸丰朝上谕档》第三册（咸丰三年），第294页。

② 《清实录·文宗显皇帝实录》卷一〇三，第四一册，第544页。

③ ［清］林昌彝：《林昌彝诗文集》，第138页。

钜卿。庙算即今容败将，天心终古爱苍生。不须惆怅江南路，百万黄巾识姓名。”[①] 】

咸丰四年甲寅（1854）　35岁

在京任江南道监察御史，记名以知府用。

四月初二日（4月28日），曾国藩自督战船四十号、陆勇八百，合乡团攻靖港太平军，水陆俱败。

五月，补授江南道监察御史。【按：李元度《沈文肃公事略》提及沈葆桢此任。“咸丰四年，改御史，时曾文正公帅师克武昌，有旨命署湖北巡抚。公奏：‘曾某躬典水陆军，宜乘胜东征，不当羁以吏事。’疏上，诏别简巡抚。文正亦具疏力辞，文宗手敕报曰：‘朝廷早见及此也。’公以贼所过无不残灭，疏请令州县吏主兵，而责以战守，部格不行。然文宗特达之知自是始。”[②] 又，《清史稿》本传：“迁御史，数上疏论兵事，为文宗所知。”[③] 】

五月，上《奏请弁兵分隶郡县折》，指出清代兵制的弊端，守令不能捍卫城池的五大原因：守令不知兵、兵不用命、文武不相下、兵勇不相能、兵民不相安。“此五者，皆素不相统摄所由来也。”提出改革兵制的基本原则：“臣窃以为，争胜敌国，责在将帅，将帅得其职，则武功成。诛锄奸民，责在郡县，郡县得其职，则邪源绝。夫郡县有守御之责，必予以守御之资；有守御之资，而后可责以守御之效。”具体改革措施为“千总以下，隶于

---

① ［清］林昌彝：《林昌彝诗文集》，第140页。

② ［清］李元度：《天岳山馆文钞》卷一四，台北：文海出版社，1969年，第879页。

③ 赵尔巽等撰：《清史稿》卷四一三《沈葆桢传》，1977年，第三九册，第12043页。

知县；都司以下，隶于知府。”将地方军队置于详述有十大之便。[①]【按：清代地方文武官员各有所司，不相统摄，知府、知州、知县等地方官无带兵之权，却有守土之责，按例须与城共存亡。沈葆桢认清清代兵制的弊端所在，并提出补救之法，但他的建议并未得到采纳。李元度《沈文肃公事略》云：“公以贼所过无不残灭，疏请令州县吏主兵，而责以战守，部格不行。”[②] 林崇墉认为沈葆桢建议，“上述文武合一、兵民一体的方略，实不失为当时力挽狂澜的一个应变办法。……这益可证明文肃当时的建议绝非书生纸上谈兵之见了。”[③] 但庞百腾认为林崇墉对于沈葆桢此奏折的意义有拔高之嫌，“依我之见，他夸大了沈的作用和影响”。[④]】

五六月间，上《奏请变通钱法折》，指出铸大钱导致毁制钱的各种弊端，及币制混乱引出的对兵、民、政府的巨大危害。“切维军兴以来，需饷孔亟，部臣以乏银之故，请铸大钱，虽一时权宜，无非裕国便民之意，然而理财有道，责效愈急，则从弊愈多，取息愈奢，则致亏愈甚。自私铸繁兴，利薮悉成奸薮，若不急为通变，害将有不可胜言者。”“一则国家受其害也”、“一则旗营受其害也”、“一则郡县受其害也”、“一则商贾受其害也”。最后提出三大解决办法：“酌轻重以敛制钱”、“审虚实以行钞法”、部分钱粮改征实物。[⑤]【按：林崇墉认为沈葆桢的这篇奏折

① ［清］沈葆桢：《沈文肃政书续编》，载《台湾文献汇刊》第四辑第五册，厦门：厦门大学出版社，2004年，第439～445页。

② ［清］李元度：《天岳山馆文钞》卷一四，第879页。

③ 林崇墉：《沈葆桢与福州船政》，第135～137页。

④ ［美］庞百腾撰：《沈葆桢评传——中国近代化的尝试》，第52页。

⑤ ［清］沈葆桢：《沈文肃政书续编》，载《台湾文献汇刊》第四辑第五册，第446～453页。

体现了他的真知灼见，“他所研拟的办法，有的吻合现代货币学的原理，有的适用当时财政上的要求。……足以表现他在少壮时代所已获致的修养，特别是关于财经方面。”[①] 又，庞百腾认为沈葆桢所提出的补救措施“是儒家理想主义和青年监察官天真纯朴的结合”。这篇奏折的意义在于“大胆敢言”，“他的批评虽有原则性，却是失策的。”[②] 最终沈葆桢的意见并未被朝廷采纳，但也没有受到责罚。】

闰七月十八日（9 月 10 日），户部受命覆议《奏请变通钱法折》。

> 内阁奉上谕，御史沈葆桢奏请变通钱法一折，着户部覆议具奏，钦此。[③]

九月初六日（10 月 27 日），以克复武昌、汉阳，清廷实授杨霈湖广总督，赏曾国藩二品顶戴、署湖北巡抚。

九月十二日（11 月 2 日），以曾国藩辞任，清廷改授曾氏兵部侍郎衔办理军务。陶恩培任湖北巡抚。

九月，上《请饬统兵大臣乘胜东下折》，陈述镇压太平军意见和战略选择，建议继续由曾国藩统兵东进。

> 奏请楚省大局既清，请饬统兵大臣仍督水陆精兵，乘胜东下，速清江面，以收全功。……诚令乘此声威，水陆并进，……合无仰恳天恩，仍令塔齐布、曾国藩等，督带水陆官兵，乘贼喘息未定，仓皇无措之时，顺流而下。臣料我军至九江，则安庆、庐州之贼，必且惊心丧胆，不击自溃，然后乘胜长驱，合皖省之兵，直捣金陵，与向荣、托明阿等上

---

① 林崇墉：《沈葆桢与福州船政》，第 159 页。

② ［美］庞百腾撰：《沈葆桢评传——中国近代化的尝试》，第 39～40 页。

③ 《咸丰朝上谕档》第四册（咸丰四年），第 198 页。

下夹攻，贼虽剽狡，正如釜鱼槛兽，何难一鼓荡平哉！至湖北巡抚，可否请旨令杨霈兼署，办理善后，搜捕余匪，责成一手经理，自必裕如。① 【按：在曾国藩辞任湖北巡抚，清廷战略决策未定之时，林崇墉认为沈葆桢此篇奏折"在这紧要关头，他们的同路人，刚在京师补上江南道监察御史的沈葆桢，急急递上了一篇极有意义的奏折，而及时扭转了这个局势。……着实为国藩消除了无尽的困恼。即对清廷而言，文肃那篇奏折，关系更为重大。"② 而庞百腾认为朝廷战略的改变与沈葆桢关系不大，但决策的变更，对沈葆桢意义重大，"他无意中支持了一项新政策，……他对军事形势的估计，和曾国藩不谋而合，曾注意到他，钦佩他的远见，不久就成为他的庇护人。"③ 】

十二月，记名以知府用。④

是年，离京在即，简放实缺，结束京官生涯。离家十年，备尝艰辛。⑤

咸丰五年乙卯（1855）　　36 岁

掌贵州道监察御史，外放杭州知府，旋改任九江知府；因无任可上，从曾国藩管营务，后赴涂家埠抽取盐税。

正月十一日（2 月 27 日），外放杭州知府。

---

① ［清］沈葆桢：《沈文肃政书续编》，载《台湾文献汇刊》第四辑第五册，第 436～438 页。

② 林崇墉：《沈葆桢与福州船政》，第 155～157 页。

③ ［美］庞百腾撰：《沈葆桢评传——中国近代化的尝试》，第 44～45 页。

④ 林崇墉：《沈葆桢与福州船政》，第 88 页。

⑤ 林庆元、王道成考注：《沈葆桢信札考注》，第 4 页。

浙江杭州府员缺紧要，着该抚于通省知府内拣员调补。所遗员缺，着沈葆桢补授。①

正月十二日（2 月 28 日），杭州知府改任，另候简用。

浙江杭州府所遗员缺，着李祥麟补授，昨日简放之御史沈葆桢，着另候简用。②

二月初二日（3 月 19 日），出知九江府。

福济奏请留调任知府等语，调任九江知府林廷选，着准其留于安徽差遣，遇有该省出缺，酌量补用。……江西九江府知府员缺，着沈葆桢补授。③【按：因九江城已为太平军攻下，无任可上，后从曾国藩管营务。】

二月初四日（3 月 21 日），太平军再占江西饶州府，分军至景德镇、乐平县。

三月廿三日（5 月 8 日），太平军范汝杰部占江西广信府，湘军罗泽南率军追击。

三月廿七日（5 月 12 日），湘军罗泽南攻陷广信府城，太平军范汝杰部退据江西玉山。

四月，举家离京，经水路沿大运河南下至江苏，绕道浙西经衢州，送林普晴到闽浙交界处枫岭关分别。④

五月十七日（6 月 30 日），林普晴携子女登船离开枫岭关，往南回闽。⑤

五月十九日（7 月 2 日），北上，冒雨至清湖，在旅舍中写信给夫人。

---

① 沈兆霖等奉敕撰：《清代起居注册·咸丰朝》第二四册，台北：联经出版事业公司，1983 年，第 13749 页。

② 《清代起居注册·咸丰朝》第二四册，第 13750 页。

③ 《清代起居注册·咸丰朝》第二四册，第 13949 页。

④ 沈吕宁、沈丹昆编著：《沈葆桢家书考》，2008 年排印本，第 17 页。

⑤ 沈吕宁、沈丹昆编著：《沈葆桢家书考》，第 17 页。

十九冒雨至清湖，行李多被沾湿。[1]

五月二十日（7月3日），寄信给夫人报平安、诉离情、嘱托家事等。“两地关心，百感交集，西窗剪烛，后会有期，非楮墨之所能罄也。”信中附诗十一首。[2] 因沈葆桢之诗存世较少，兹移录如下：

满地干戈此送君，间关万里一朝分。
只因肠断天南路，不敢回头望白云。

旅馆孤灯梦不长，鸡声无赖月凄凉。
定知南浦销魂夜，百倍梁鸿忆孟光。

两地关心行路难，雁书何日报平安。
万重山色斜阳里，数到溪桥第几滩？

此去高堂进寿卮，承欢佳妇胜佳儿。
独怜宦海飘蓬客，欲问归期不自知。

珍重休教风露侵，十年辛苦已曾禁。
不须更织回文锦，秋月春花共此心。

忽闻犬吠便心惊，望眼如穿万里程。
一穗残灯人不寐，夜深独自听车声。

生生世世许同心，一刻休论十万金。

---

① 林庆元、王道成考注：《沈葆桢信札考注》，第1页。
② 林庆元、王道成考注：《沈葆桢信札考注》，第1～2页。

身似鸳鸯分不得，寒宵况是病中禁。

狮江喜鹊啐新晴，报导云軿下玉京。
恼杀羽书何太急，盈盈一水不胜情。

记否春风乍暖天，莲花朵朵上吟肩。
西窗旧事从头话，辜负蟾光几度圆。

转眼江城玉笛声，锦标得意数归程。
天台有路人重到，莫使榴花碍客行。

别来新梦太分明，说与君知君莫惊。
君处春来春又去，人间天上几书生。

五月廿二日（7月5日），抵达玉山，向张于庭借川费百金。

我于廿二日由清湖抵玉山，该县光景照常，惟城外被焚房屋数百间，现都陆续起盖。向张于庭年伯挪川费百金。①

五月廿四日（7月7日），林普晴等回抵福州。

昨接滨竹五月廿八日安信，知于廿四日眷属抵家，不胜欣慰。②

五月廿五日（7月8日），抵达广信，拜见河口县令袁雪舟。

念四下船，念五抵广信，一路更觉萧然，往拜雪舟太守，其衙署被焚一段，城中居户亦不甚稠密，雪翁因诸事掣肘，焦急成病，现已委耿琴轩署理。③

六月初二日（7月15日），抵达南昌，租住在江西盐法道何

---

① 林庆元、王道成考注：《沈葆桢信札考注》，第4页。
② 林庆元、王道成考注：《沈葆桢信札考注》，第4页。
③ 林庆元、王道成考注：《沈葆桢信札考注》，第4页。

其仁（小麟）家中，月租足纹十一两五钱，自觉房租极贵。[①] 后致信九江署守颜裕峰是否愿意交卸，颜裕峰之子向官场说其父“赔垫年余，只望九江收复，可以开复原官，现在实任已到，恐将来徒劳无功”。【按：沈葆桢难以履任，自觉驻省费用赔垫不起。“九江署守住离城二十里萨家河，一切书办、衙役皆须官自措资招募，州县既不能供应，廉俸及办公经费，藩库概不给领。”[②] 】

六月廿一日（8月3日），托陈梅亭带家书一封。[③]

六月廿九日（8月11日），致信父母，谈任事之难等。

> 儿本拟即行赴任，缘署事者系已革九江同知，希图克城之日开复原官，不愿卸事，因此留省差委。至克城之日，善后之难，百倍于今。署事者既得好处，必求走开，此时本任不能不去。但九江收复，亦恐尚遥遥无期。现在若有府缺可以委署，得稍优者，于家计不无少补，但未悉能如愿否耳。[④]

六月，父沈廷枫赴光泽就馆。

是月，掌贵州道监察御史。[⑤]

七月初一日（8月13日），拜见陈启迈，命赴涂家埠抽收盐税。

> 七月初一日，上院禀见中丞，命赴涂家埠抽收盐税。此地离省城百四十里，向无盐埠，近日因盐商尽行倒闭，遍地私盐。浙私从玉山来，福私或由崇安抵河口，或由光泽抵建昌，淮私由九江贼中来，集于涂家埠。现因军饷孔棘，拟于

① 林庆元、王道成考注：《沈葆桢信札考注》，第4页。
② 林庆元、王道成考注：《沈葆桢信札考注》，第4页。
③ 林庆元、王道成考注：《沈葆桢信札考注》，第6页。
④ 林庆元、王道成考注：《沈葆桢信札考注》，第3页。
⑤ 林崇墉：《沈葆桢与福州船政》，第88页。

此地设卡收其盐税。今与官盐一律售卖，但事属创始，且与贼相去不远，并令乡绅南河候补府刘于淳带勇数百同往。俟其章程议定，当即起行。然此系中丞之意，司、道中尚有意见不合者，果行与否，尚未可知。①**【按：涂家埠位于今南昌西北永修县东南十五里，为上潦水入修水之地。】**

七月初二日（8 月 14 日），陈启迈被革职查办，文俊补授江西巡抚。

七月初二日（8 月 14 日），致信夫人，细述别后路途、抵任情形，谈持家、做官诸事。

我目下无能接济，家中事全仗卿极力扶持。现在为〔光〕景所迫，不能以求人为耻。凡可以稍解亲心者，务祈委曲成就，总以将来不负人，便于此心过得去。亦知事属万难，然家贫思良妻，不能不有所厚望也。十数年艰苦备尝，日甚一日，愚拙之人，诚知无以为报。第汝尽汝心，令人谓双亲积善一生，当得一贤孝媳妇而已。……我在此颇觉岑寂。三弟在家侍奉，四弟亦系独子，万不可令其西来。如将来稍布从容时候，卿能舍儿女从我游否？倘家中、京中之累能一律肃清，稍得养资，我亦萧然远引，宦海浮沉，非所愿也。②

七月初二日（8 月 14 日），致信三弟沈琦，述无任可上、转赴涂家埠抽收盐税、父亲外出就馆等事。

父亲有安信到家否？去就之意若何？我亦有信劝父亲秋凉南旋，第我现尚无驻足之所，未知老人能决然舍去否？三子皆壮，无一可以上慰亲心，如何，如何。……以后有信可

---

① 林庆元、王道成考注：《沈葆桢信札考注》，第 6 页。

② 林庆元、王道成考注：《沈葆桢信札考注》，第 4～5 页。

写，求署盐法道何转交为妥。①

七月十六日（8月28日），表弟锐昌到南昌，跟随赴任。②

七月十八日（8月30日），致信夫人，述叠次寄信、锐昌到、三月兑项、近日行期，论家累等。

> 自贤卿旋里后，谓可周知双亲之〔身〕体实在若何，家中亏累实在若干。乃两次来信中，弗获只字赐教，何以弃之深也？明知儿女累人，刻无暇晷。兼之星（薪）柴数（菽）水，必代老母分忧。③

七月廿一日（9月2日），抵达涂家埠，不收盐税，改为抽取各货厘金。

> 我定于廿一日到涂家埠，现在不收盐税，抽取各货厘金而已。大约总须两三个月方能旋省。若此事办不成，则销差更早，中丞令下去察看情形再办也。④

八月中旬，致信夫人，询前信收悉与否、父亲归否、福州银米价格、诸人信息，述儿女姻事、涂家埠情形、江西民风、近日军情等。

> 此后致询之事，务乞详晰见告，此地易于通盘筹划，我之进退亦略有把握，非好搜寻家事也。……绅民视官，轻如鸿毛，此时恩威并济，颇费苦心。然我办理此事，毫无染指，外议颇好，各宪亦俱闻知。若樟树、河口等处，贸易且二十倍于此，官绅侵蚀，胶葛不清，竟无益于军饷，殊为可惜。现九江、湖口俱未得手，而吉安、赣州、袁州又处处闹事，请饷、请兵，省城几无可调拨，不知如何得了。我托何

---

① 林庆元、王道成考注：《沈葆桢信札考注》，第6页。

② 林庆元、王道成考注：《沈葆桢信札考注》，第7页。

③ 林庆元、王道成考注：《沈葆桢信札考注》，第7页。

④ 林庆元、王道成考注：《沈葆桢信札考注》，第7页。

小麐求委署，各宪总以涂家埠抽厘办理最好，恐骤更生手，又复减色。话甚好听，其实全不关切耳，大约总须过年再看。此事亦不能全无公道，但望家中觅可以常兑之处，则我得地方，便可源源接济，可嘱镜帆为我留心也。①

八月廿二日（10月2日），致信夫人，细述寄家二百金承兑方法，再次嘱托动议父亲辞馆回家，述近日军情、各处动乱、并请林普晴前赴江西等。

家中事总仗吾妹极力张罗，解得老亲日夕焦急。我诚自愧、自恨，无以为养。但望天祖见怜佳妇，庶几万象回春耳。……九江克复无期，抽厘数逾十万，可得候选道。但我急何能择，命该升官，不求而至，倘得一着脚处，虽此地处处风鹤，万不敢迎养，然我公私殊难兼顾，必须吾妹相助为理。家中如时时可接济，则三弟妇亦可支持，当俟得委时，即行劝驾也。②

八月，长女瑞熙出嫁，适闽县李端。

熙官姻事已成，甚好，以后便少却许多心绪。③

九月中旬，致信夫人，谈父亲未能辞馆、家中分爨、治家之法、子弟读书等事。

三弟妇初学理家，吾妹有见到之处，务须明白指点。身为冢妇，承家本其专责，任劳任怨，俱无可辞。家庭恩爱在至诚，不在外貌，分如是，合亦如是也。知吾妹深明大义者，固已早见及此，无俟鄙人饶舌。恃爱之深，故敢为此言，非别有他意也。一筹莫展，致累孟光，若叨庇得有进

① 林庆元、王道成考注：《沈葆桢信札考注》，第7～8页。
② 林庆元、王道成考注：《沈葆桢信札考注》，第8～9页。
③ 林庆元、王道成考注：《沈葆桢信札考注》，第7页。

阶，容当图报耳。①

十月初十日（11月19日），致信父亲，述近况，劝其辞馆回家。②

十一月初十日（12月18日），石达开部败湘军平江营，占领江西瑞州。次日占领临江府。

十一月十三日（12月21日），奉曾国藩札，办理吴城盐饷总局关防一颗，盖印护照一百张，开局，督抽税课，每一斤盐抽厘十文。③

十一月十三日（12月21日），致信曾国藩，谈设卡抽厘事务。

> 以盐抵饷，运办浙盐于淮引地面行销，所有各路私盐侵占淮地者，酌抽税课，以充军饷。每盐壹斤抽钱拾文，给予护照，许作官盐，运于淮地销售。奉委卑府于吴城设局督办盐饷事务，分设小卡，添员巡缉，无许偷漏等因，并奉发章程一纸。卑府遵即驰抵吴城，勘明望湖亭为商船经过要地，当于该处设立总局，河干另设总卡。尚有乌石门等处亦属扼要，现经酌量分设局卡，以期慎密而免疏漏。④

十一月廿二日（12月30日），吴城盐贩绝迹，税课全无。⑤

十一月廿三日（12月31日），致信陆元烺、黄赞汤、曾国藩，办理吴城盐饷总局为转解税盐事。⑥

十一月廿五日（1856年1月2日），致信曾国藩，谈厘务窘

---

① 林庆元、王道成考注：《沈葆桢信札考注》，第10页。

② 林庆元、王道成考注：《沈葆桢信札考注》，第10～11页。

③ 林庆元、王道成考注：《沈葆桢信札考注》，第151页。

④ 林庆元、王道成考注：《沈葆桢信札考注》，第153页。

⑤ 林庆元、王道成考注：《沈葆桢信札考注》，第153页。

⑥ 林庆元、王道成考注：《沈葆桢信札考注》，第152页。

况，入不敷出，建议暂停办理。

开局以来，仅收税钱一千二百余串，核计现在逐日所收之税，入不敷出。卑府督同随办委员蔡令、龚主簿详加筹议，税课情形，骤难力挽，而公局需费，日不可缺，非特于军饷毫无裨益，不成政体，亦且无此闲款弥补经费。悉心体察，未敢因循，可否请将吴城盐饷局务暂行停止，一俟临江等处贼匪歼除，人心镇定，再行酌量开办之处，理合据实禀祈大人迅赐批示遵行。①

十二月初六日（1856年1月13日），查得望湖亭总卡上路有肩贩盐斤绕道偷越，匿不投税，随督饬巡丁往拿，获私盐二担，运卡秤（称），计共净盐一百零八斤。②

十二月初八日（1856年1月15日），郭嵩焘等来访。

辰刻，陈秋翁亦至吴城，同留沈幼翁处早饭。各处留谈竟日。③

十二月初十日（1856年1月17日），致信曾国藩，请再派人员襄理局务。

仰恳大人俯赐札姜佐周驰赴吴城，随同卑府办理盐饷事务，俾差派不致乏人，益昭慎密，实为公便。④

十二月十五日（1856年1月22日），致信曾国藩，禀告查办望湖亭总卡查办私盐过程。⑤

十二月十七日（1856年1月24日），前任广西怀远县知县孙志铭、候选道库大使李熙瑞同日到厘局帮办事务。⑥

---

① 林庆元、王道成考注：《沈葆桢信札考注》，第153页。
② 林庆元、王道成考注：《沈葆桢信札考注》，第154页。
③ 《郭嵩焘全集·史部四·日记》一，第3页。
④ 林庆元、王道成考注：《沈葆桢信札考注》，第154页。
⑤ 林庆元、王道成考注：《沈葆桢信札考注》，第154页。
⑥ 林庆元、王道成考注：《沈葆桢信札考注》，第155页。

十二月十八日（1856年1月25日），致信曾国藩，上报设厘一月来业绩。①

十二月十九日（1856年1月26日），总卡上路有贩绕道偷越，将私盐囤积棚内，匿不投税。随委员带领巡役往拿，查获私盐共计一千二百一十七斤。②

十二月二十日（1856年1月27日），吴城镇同知冯询因奉省局谕委，密赴涂家埠查收盐税，挪借钱一百千文，为一切船只书差饭食等用。③

十二月廿一日（1856年1月28日），致信曾国藩，请将冯询借款由省局拨还。④

十二月廿一日（1856年1月28日），致信陆元烺、黄赞汤，申报孙志铭、李熙瑞帮办厘务。⑤

十二月廿二日（1856年1月29日），致信曾国藩，禀告又一起查办望湖亭总卡查办私盐事。⑥

十二月廿五日（1856年2月1日），致信陆元烺、黄赞汤，谈厘务帮办薪资。

> 自十三开局之日起，至月底止，实用十足制钱一千一百三十二串四百六十九文，遵于所收盐税内动支。理合开具清折，禀呈大人俯赐核销。再，现在税项较薄，所有帮办委员绅募各薪水，量为节省，俟试办数月后，如果税课充裕，事务加紧，再行从优酌定，以示体恤。⑦

---

① 林庆元、王道成考注：《沈葆桢信札考注》，第154页。
② 林庆元、王道成考注：《沈葆桢信札考注》，第156页。
③ 林庆元、王道成考注：《沈葆桢信札考注》，第155页。
④ 林庆元、王道成考注：《沈葆桢信札考注》，第155页。
⑤ 林庆元、王道成考注：《沈葆桢信札考注》，第155页。
⑥ 林庆元、王道成考注：《沈葆桢信札考注》，第156页。
⑦ 林庆元、王道成考注：《沈葆桢信札考注》，第156页。

是年，妹婿吴仲翔中式咸丰乙卯科第二名举人。【按：吴仲翔，原名仲明，字维允，侯官（今福州市）人。同治六年（1867），由船政大臣沈葆桢荐，调船政办理文案，后擢为船政提调等职。光绪五年（1879）三月，代理船政大臣事务。光绪十一年（1885），改任船政提调职。光绪十三年（1887），两广总督张之洞奏调仲翔赴粤委为总办水陆师学堂事务。】

咸丰六年丙辰（1856）　37 岁

广信知府任上。

二月廿二日（3 月 28 日），石达开部占领江西进贤县，并分军占抚州府。次日进占东乡。

二月廿九日（4 月 4 日），秦日纲部合瓜洲太平军由朴树湾过河攻击清军，托明阿由三汊河攻击清军，托明阿由三汊河退至秦家桥。石达开太平军攻占江西建昌府城。时太平军占江西半数以上州县，曾国藩困守南昌。

三月初四日（4 月 8 日），石达开部自江西三路入安徽，回援天京，本日中路军占领安徽祁门县。

三月二十日（4 月 24 日），江西东乡为湘军李元度部攻占。

四月中旬，致信夫人，述获新任，请赴广信，辅佐日常事务，并安排家事。

> 兹意外得广信一席，广信于闽为近，由省城水路至崇安七百六十里，由崇安陆路至广信二百四十里，上水亦十余日可达。该处风声鹤唳，一日一惊。官无眷属，则绅民咸谓其必逃，人无固志，虽极口劝谕，不足以坚其信。欲请吾妹到此，借以镇压人心，冀于时事有济。拙官毫无治术，不足取信士民，致欲以闺中人为质，笑我耶？怜我耶？要汝不吝此

一行也。亲友欲附行者，力却之，告以我有好光景必寄回相助，此时来则必死，即不死亦不留。自知薄情，然有言在先，不得以为我罪也。……儿女必不可来，我两人前生冤孽，生死难分，儿女何罪？行李愈简愈妙，行期愈速愈妙。速则亲友不及知，省却许多唇舌。如决意行，即赶紧雇船。"①【按：沈葆桢守广信，沈母即命林普晴往广信，"桢儿不耐繁剧，汝往佐之。"② 又，沈父得知，来书云："儿当不负朝廷"③ 林普晴赴广信，即在此后不久。】

四月廿一日（5月24日），郭嵩焘到访，留晚饭。

往沈幼丹处，因留晚饭。幕中杨晓亭、□静山、万古愚、黄慎斋并会。幼丹弟笃初，去腊自建河来者。④

四月廿一日（5月24日），曾国藩以江西饷源已竭，补救无术为由，再请拨上海关税十万两，以济急需。⑤

四月廿二日（5月25日），郭嵩焘到访，留晚饭。

幼丹属致书莘公，催其来信。晚仍饭幼翁处。⑥

四月，调署江西广信府（今上饶）知府，上任即命七属乡镇大办民团，以利于战时互相救援。【按：关于沈葆桢到任，同治《广信府志》有两种说法，其一为卷五《武备·兵事》记载："咸丰六年丙辰三月，知府沈葆桢札委七属绅士大举乡团，勿分都

① 林庆元、王道成考注：《沈葆桢信札考注》，第11～12页。

② ［清］沈葆桢：《室人林夫人事略》，载《沈葆桢文集》，第645页。

③ ［清］沈葆桢：《诰封光禄大夫先考丹林公行述》，载《沈葆桢文集》，第637页。

④ 《郭嵩焘全集·八·史部四·日记》一，第73页。

⑤ 李瀚章编撰、李鸿章校刊：《曾文正公全集·曾文正公年谱》，北京：中国书店，2011年，第104页。

⑥ 《郭嵩焘全集·八·史部四·日记》一，第74页。

界，互相保障，防贼窜扰。”其二为卷六《职官》记载：“沈葆桢，福建进士，咸丰六年四月到任。”① 】

五月十八日（6月20日），石达开、秦日纲及天京城内太平军兵分十数路猛攻江南大营，向荣、张国樑败退淳化镇，江南大营全溃，天京初次解围。

六月初五日（7月6日），韦昌辉败江西布政使耆龄及湘军都司毕金科，攻占饶州府（今鄱阳县）。

六月十三日（7月14日），石达开部自天京抵江西湖口附近，回援武汉。

六月廿二日（7月23日），韦昌辉率军退出饶州府。

六月廿三日（7月24日），清廷从怡良奏，不允曾国藩请在上海抽取厘税接济江西军饷。

八月初四日（9月2日），太平军攻陷贵溪。

八月初五日（9月3日），太平军攻陷弋阳，击溃乐平绅士石景芬所部，太平军杨辅清率部万余人逼近广信，“郡城守卒四百人闻风溃”②。此时，沈葆桢正在离广信百余里的河口筹饷，署中兵役尽散，沈家仆从数十人，留者仅七人。林普晴坐处危城，血书乞援于驻扎在玉山的饶廷选。饶廷选是福建侯官人，以贵州安义镇总兵署福建陆路提督，奉命管带闽兵，驻防玉山，负责浙西防务。血书内容如下：

将军漳江战绩，啧啧人口，里曲妇孺，莫不知海内有饶公矣。此将军以援师得名于与天下者也。此间太守，闻吉安失守之信，预备城守，偕廉侍郎往河口筹饷招募。但为势已迫，招募恐无及；纵仓卒得募而返，驱市人而战之，尤为难也。顷来探报，知昨日贵溪失守，人心皇皇，吏民铺户，迁

① 沈吕宁、沈丹昆编著：《沈葆桢家书考》，第34页。
② ［清］沈葆桢：《室人林夫人事略》，载《沈葆桢文集》，第645页。

徙一空，署中童仆，纷纷告去，死守之义，不足以责此辈，只得听之，氏则倚剑与井为命而已。太守明早归郡，夫妇二人，受国厚恩，不得藉手以报，徒死负咎，将军闻之，能无心恻乎？将军以浙军驻玉山，固浙防也。广信为玉山屏蔽，贼得广信，乘胜以抵玉山，孙、吴不能为谋，贲、育不能为守。衢、严一带，恐不可问。全广信即以保玉山，不待智者辨之，浙大吏不能以越境咎将军也。先宫保文忠公，奉诏出师，中道赍志，至今以为心痛。今得死此，为厉杀贼，在天之灵，实式凭之。乡间士民，不喻其心，以舆来迎，赴封禁山避贼，指剑与井示之，皆泣而去。太守明晨得饷归后，当再专牍奉迓。得拔队确音，当执爨以犒前部。敢对使百拜，为七邑生灵请命。昔睢阳婴城，许远亦以不朽。太守忠肝铁石，固将军所不吝与同传者也。否则贺兰之师，千秋同恨，惟将军择利而行之。刺血陈书，愿闻明命。【按：血书乞援的意义重大，林崇墉认为林普晴具有“不凡的慧质、杰出的才华、高度的修养、宁静的脑筋”。正因为此，她才能于危急存亡之际写出这篇正气凛然的血书，“以一篇有胆、有识、有情、有理的文字，扭转了当时几乎无可挽救的危局，为千载留下了出于巾帼须眉的不朽杰作。”① 后沈瑜庆故地重游，关于父母“守广信、寄血书”有诗为记，《宝井堂记成书后寄李氏姊信州》：“一从癸酉来，长罢中秋节。吾母之生辰，忌日此哀绝。诸兄方罢试，归领便永诀。诞降大蒙洲，月望事多缺。每病辄濒危，惊秋如一辙。生固有自来，事往讵忍说。信州方婴城，乞援书刺血。千军煮糜饷，万幕惊烛灭。

① 林崇墉：《林敬纫与乞援血书》，载《“中央”研究院近代史研究所集刊》第七期，第290页。

明月邀相庆，白云望对咽。所讬以为命，酒脯酬井渫。九死而一生，惴惴如临穴。子孙不可忘，寒泉犹凛冽。后来四十年，外孙摄官阅。奉母秉为政，邦人怀远哲。宝井额其堂，题铭刻其碣。寓书属为文，钝笔敢少辍。香花士女欢，旌旆云霄烈。佳序年一逢，痛肠时中结。国典祀双忠，人情欢百折。虀臼信绝妙，蓼莪废悲切。诗以示吾姊，垂老涕应雪。"①】

八月初六日（9月4日），独自回城。

轻骑回，一吏一役无留者。②

八月初六日（9月4日），太平军抵达河口，别部占据兴安。距离广信八十里。

八月初七日（9月5日），饶廷选来函表示即将出兵。但河水干涸，船不能下。是日，太平军暗探潜入广信城中，准备放火。

初七饶公书来，已祭纛，将拔队矣。夫遁觅船，水涸不可下。③

八月初八日（9月6日），半夜广信城南大火。天亮，下大雨，大火被浇灭。士绅杨德渊率舆夫十余人，欲强行抬沈葆桢入乡避祸，被拒。遣散众人，夫妇二人留守内署。是日，太平军听闻广信空城，但没有攻城。

顷之绅士杨德渊率舆夫十余人，强葆桢赴其乡，谢之曰："太守可去者耶？"曰："即尔，于事曷济？且夫人何为者？阖城官眷尽在吾乡，急则入封禁山，保无虞也。"恳仆辈以告，室人指井示之，亦泣而去。室人以小婢付三仆曰：

---

① 沈瑜庆：《涛园集》，第28～29页。

② ［清］沈葆桢：《室人林夫人事略》，载《沈葆桢文集》，第645页。

③ ［清］沈葆桢：《室人林夫人事略》，载《沈葆桢文集》，第646页。

“今日望绝矣，尔等必不能留，顾此茕茕者何辜？尔等挈之行，毋令失所。”自是内署惟两人，形影相对，饥则疗以糜，汲爨皆室人独当之。是夕，贼竟不至，盖得报，知其为空城，不复措意，俟晴乃发也。①

八月初九日（9月7日），大雨，河水暴涨丈余。饶廷选援军前队抵达五十里外的沙溪。

初八雨不止，信江涨二丈余，或言饶军前队至沙溪，未之信也。②

八月初十日（9月8日），饶廷选乘船抵达广信。太平军扎营四十里外的太平桥。

初九，饶公舟抵城下，葆桢徒步迎之。中途遇守备胡再陞，供以马。饶公入城，有负装呼贼至者，执其二，斩之，乃定。玉山把总张明报贼营太平桥，去郡城四十里。③【按：援军入城，林普晴亲自执爨熬粥犒劳士兵，“士感泣争奋”。④】

八月十一日（9月9日），太平军会合杨柳青边钱会起义军攻打广信府。绅民听闻援兵至，运送补给进城。

十一，绅民闻援兵至，各具油、烛、鸡、鸭，间道入城。⑤

八月十三日（9月11日），太平军集结广信城外，广信被围，城外接济断绝，林普晴统筹后勤。

十三，贼大至，围合，接济断，文吏窜伏，薪粮犒劳，

---

① ［清］沈葆桢：《室人林夫人事略》，载《沈葆桢文集》，第646页。
② ［清］沈葆桢：《室人林夫人事略》，载《沈葆桢文集》，第646页。
③ ［清］沈葆桢：《室人林夫人事略》，载《沈葆桢文集》，第646页。
④ ［清］沈葆桢：《室人林夫人事略》，载《沈葆桢文集》，第647页。
⑤ ［清］沈葆桢：《室人林夫人事略》，载《沈葆桢文集》，第647页。

室人会计而出纳之。①

八月十五日（9 月 13 日），广信大战，破围。是日，拒庆中秋。

守备毕定邦、赖高翔身先士卒，自晨至日晷，毁其长围，军声大振。②

八月十六日（9 月 14 日），广信大战。③

八月十七日（9 月 15 日），太平军撤退，广信城得保。士兵争相拜见林普晴，遇林普晴亲自洗物，愕然而退。④

八月廿七日（9 月 25 日），命饶廷选到郡后与沈葆桢合筹防剿，克复被陷各县。⑤

八月三十日（9 月 28 日），曾国藩上《边钱会匪围攻广信浙兵援剿解围折》，详述广信守城之经过、意义并请奖。

迨广义军溃于贵溪，于是逆焰遽张，裹胁愈众。遂敢围逼广信，梗塞江省咽喉之路，大局几不可问。幸知府沈葆桢先驰入城，得以预请援师，与参将荣寿、知县杨陛、千总胡再陛四人者，立志坚守，提调援师，保全要郡，实属危而获安。沈葆桢系原任云贵总督林则徐之甥，又系其女婿，讲求有素。此次守城，吏民散尽。衙署一空，其妻亦同在危城，无仆无婢，躬汲爨具壶浆以饷士卒。沈葆桢与杨陛等徒步登陴，昼夜辛勤。两年以来，江西连陷数十郡县，皆因守土者先怀去志，惟汪报闰守赣州，沈葆桢守广信，独能伸明大

① ［清］沈葆桢：《室人林夫人事略》，载《沈葆桢文集》，第 647 页。
② ［清］沈葆桢：《饶庄勇公事略》，载《沈葆桢文集》，第 633 页。
③ ［清］沈葆桢：《饶庄勇公事略》，载《沈葆桢文集》，第 633 页。
④ ［清］沈葆桢：《室人林夫人事略》，载《沈葆桢文集》，第 647 页。
⑤ 《清实录·文宗显皇帝实录》卷二〇六，第四三册，第 255 页。

义，裨益全局。除汪报闰归于赣州案内奏请外，所有署广信府知府沈葆桢、参将荣寿、知县杨陛、千总胡再陞及饶廷选所带之出力员弁，可否容臣等分别保奖。[①]【按：广信解围一役，使沈葆桢因得援而扬名，“这给了他全国性的形象，从而帮助了他的仕途。他的行动，由此所意味的美德，以及他和林则徐在道德上和实际上的联系，也使他得到庇护，日后免于受到许多保守派的攻击。”[②]】

九月初五日（10月3日），赏总兵官饶廷选巴图鲁名号。[③]

九月初六日（10月4日），因力守广信，升选有差。

以江西广信守城出力，予知府沈葆桢等，升选有差。[④]【按：《清代起居注册·咸丰朝》另有详细记载，“廉兆伦奏请将守城出力各员奖励等语，江西署广信府事九江府知府沈葆桢、知州衔上饶县知县杨陛，当土匪将至之时，城中并无兵勇，乃能矢志固守，以待援兵，地方赖以保全，宜沛恩施，以昭激劝，沈葆桢着以道员归部尽先选用，杨陛着在任以同知直隶州知州归部尽先补用。”[⑤] 经曾国藩力荐，清廷擢沈葆桢为道员，优先选用。唐浩明认为曾国藩因深为佩服沈葆桢守广信，在上奏中还特别指出沈葆桢是林则徐的外甥兼女婿。“这说明曾氏对林则徐的敬重，也由此而对沈更增添一分信任感。”[⑥]】

---

① 《曾国藩全集（修订版）·奏稿》二，第118页。

② ［美］庞百腾撰：《沈葆桢评传——中国近代化的尝试》，第64页。

③ 《清实录·文宗显皇帝实录》卷二〇七，第四三册，第264页。

④ 《清实录·文宗显皇帝实录》卷二〇七，第四三册，第264页。

⑤ 《清代起居注册·咸丰朝》第三一册，第18784～18785页。

⑥ 唐浩明：《唐浩明评点曾国藩奏折》，北京：华夏出版社，2009年，第147页。

咸丰七年丁巳（1857）　38岁

广信知府任上；补授江西广饶九南兵备道，督防广信。

正月廿八日（2月22日），李桓致信宋晋，言及沈葆桢筹饷。

信州一路，年来为通省饷源。幸得沈幼兄坐镇之功，得以易危为安，屹然不动。目前江右全局似可无虞再困，所苦兵多饷少，未能鼓舞尽神。①

二月初七日（3月2日），差轿役徐胜回闽。

前月初七，差轿役徐胜到闽，至今渺未回信，殊深悬系。②

二月廿一日（3月16日），曾国藩自江西回籍奔丧。

二月廿七日（3月22日），清廷以曾国藩丁父忧，赏假三月，麾下兵勇暂交其弟曾国华管带。

三月初九日（4月3日），慎斋自福州到署，带来三弟沈琦所寄物品。

初九日，慎斋到署，所寄信物，均已照数收到。③

三月十一日（4月5日），致信三弟沈琦，谈做官、婚嫁、闽省风俗，述近日军情，遣慎斋带回库纹五百金、洋银四百元，嘱照单开支等。

此间度日如年，我宦海浮沉，只图菽水，断不能以性命易儿女婚嫁资也。……迩来榕城风气日趋浮华，凡自故乡来者，察其举止议论，均非复十数年前所闻所见，不图转移之

---

① ［清］李桓：《宝韦斋类稿》卷二九，台北：文海出版社，1969年，第1292页。

② 林庆元、王道成考注：《沈葆桢信札考注》，第12页。

③ 林庆元、王道成考注：《沈葆桢信札考注》，第12～13页。

速至于如此。各省繁华之地，无不遭劫，焚掠、抢掳，耳不忍闻。每念覆辙，殊为寒心。缙绅家纵不能挽回风气，要当稍自好，不为风俗所移，吾弟以为然否？升途改归江西候补，遥遥无期，告病业已奉驳，未知何日离此苦海也。①

三月十五日（4月9日），藩司耆龄擢升江西巡抚，龙启瑞继任布政使。【按：耆龄有掣肘沈葆桢之意。胡林翼致司道总局信中曾提及江西官场风气污浊："江省拉人强人，则颇有本领，而平日待人，则毫无真性情也。自谓权术冠时，而不知志士早已冷眼窥破。即如涤公在江省，不愿久留，而刘印渠部下有三贤将，防湘防鄂援皖之事，均不欲辞，惟不愿到江西耳。又如沈幼丹，乃江省道府之杰士，亦使之终日郁郁不得其志，即其他可知矣。"② 】

三月十六日（4月10日），李桓致信李元度，谈及沈葆桢劝捐、筹饷事。

近闻河口团卒苦战，不知实在情形。福帅已飞告幼丹兄以守郡之兵分起赴镇，与麾下上下夹击。计日度有捷书，承示口粮一节。……去冬曾为信属七令，通盘筹之。所赢甚巨，即有详函告之幼丹兄，令各于本署用度外概行捐出，予以应得议叙，亦仁至义尽矣。幼丹兄通行知照，乃至今尚寂然。昨与方伯熟商，断难任若辈狡脱，已具详请之中丞勒令助捐，不识究竟何若。③

三月二十日（4月14日），李桓致信沈葆桢，论军情布置、劝捐、筹饷、人事。

---

① 林庆元、王道成考注：《沈葆桢信札考注》，第12～13页。

② ［清］胡林翼撰：《胡林翼集》二，长沙：岳麓书社，2008年，第224页。

③ ［清］李桓：《宝韦斋类稿》卷三〇，第1336～1338页。

日前详请于贵属七君子，勒令捐赀，亦实万不得已。去年曾有书详言之。讫今无一具道及者，亦诚忍矣。统计七邑所余，不下五草，以之捐缴，可供半月清欠之用。昨复详请奏派妥员前赴四川，董劝江西客帮捐助，若能办理得手，不下数十万金。……恽濬翁久住玉山，不能到省。桓以积劳之躯，暂行代办，盼望之切，若旱望云。承示急觅替人一节，中丞以年来东路多事，非长才坐镇，不克战守兼资。近以廷霞舫兄病势可危，奏明开缺，遗席方以阁下兼权，亦为专责成、重事权起见。乞归文字，目前决难邀允。①

四月十二日（5月5日），李桓致信宋晋，谈及沈葆桢守广信。

我军有战则胜，尚不足虑。惟各郡城贼首坚悍死守，以逸待劳，以主待客。围攻之军，智勇俱困，坚城一座，无可如何。益痛恨当日各太守弃城先遁，益佩服幼丹兄之能以死守也。②

四月十七日（5月10日），李桓致信沈葆桢，论及军情布置、人事安排。

乞归之作，中丞迄未允行。比奏明权篆九、饶，一切戎机，端资调度。尚望随时匡衡，善保茷躬，实所心颂。③

五月初六日（5月28日），李桓致信沈葆桢，谈防务、人事、关厘支出等。

省门自九翁坐晋，恽、龙两公先后履新，气象顿形振作。得人之庆，全局可望挽回。惟楚军将领多出曾帅拔识，他人万难统驭，亟盼速来，可弭同室操戈之祸。现已由九翁

① ［清］李桓：《宝韦斋类稿》卷三〇，第1339～1341页。

② ［清］李桓：《宝韦斋类稿》卷三一，第1363页。

③ ［清］李桓：《宝韦斋类稿》卷三一，第1368～1369页。

手函专弁催促登程，或闰月当复来耳。①

五月廿九日（6 月 20 日），李桓致信沈葆桢，论筹饷、河口厘务接替之人。

闰五月初一日（6 月 22 日），奉旨补授江西广饶九南兵备道员缺，辖广信、饶州、九江、南康四府。驻九江。但因九江仍为太平军占领，故仍驻广信。

江西广饶九南道员缺着沈葆桢补授，钦此。②

六月初三日（7 月 23 日），李桓致信沈葆桢，论茶税征收等。

茶事经孙、蔡两令反复议诘，剥蕉抽茧，指事切情。阁下折衷其间，自臻融洽分明也。……全此大局，绥翁自江南来，局面较廓。信州一勺之多，省门犹赖以协济，此中委婉曲折，所望于阁下者甚厚甚秘。想念切全轸，当必有以处此。曾公请终制，未奉允俞。大约月内必回瑞营。③

六月初五日（7 月 25 日），致信父母，谈仕途，述寄回库纹二千两，嘱照单开支，家课事宜等。

儿虽以道员升用，然补缺期实遥遥，兹蒙圣恩简授九江道，固苦累难当，而从此可望升途，亦一喜也。④

六月十九日（8 月 8 日），清廷允曾国藩所请，开兵部侍郎之缺在籍守制。

六月廿一日（8 月 10 日），李桓致信沈葆桢，询关书底稿何处、谢折撰写、封包事宜等。⑤

七月初七日（8 月 26 日），李桓致信沈葆桢，谈处理、善后

---

① ［清］李桓：《宝韦斋类稿》卷三二，第 1399～1402 页。

② 《咸丰朝上谕档》第七册（咸丰七年），第 180 页。

③ ［清］李桓：《宝韦斋类稿》卷三四，第 1482～1483 页。

④ 林庆元、王道成考注：《沈葆桢信札考注》，第 13 页。

⑤ ［清］李桓：《宝韦斋类稿》卷三四，第 1515～1517 页。

玉山局事。①

七月初十日（8 月 29 日），李桓致信沈葆桢，追问谢折封发一事。②

八月廿一日（10 月 8 日）李桓致信沈葆桢，述近况。

> 玉山之行，自难久驻。双坡城工勘毕，所余办法尚易了。……桓初九日泻红数斗，几致血脱，医者谓思虑过度，应速治尤应养心。时事方艰，何从有养心法。③

八月廿七日（10 月 14 日），李桓致信沈葆桢，有交心之语。

> 二十日奉复寸笺，何时可达？顷奉手教，承以谱谊见诘，欣幸无量。缔交三年，乃知有此。桓粗疏不足责，何阁下前此以拘泥官例，久不道及？是诚桓之过，亦美德之累也。信郡军事修明，有备无患，勤施远矣。帅节既顿弋阳，自宜缓图后会，廷卿闻以此日拔行，逼近抚郡，惜璞山病逝乐安，南丰、广昌仍为贼窟。④

九月初五日（10 月 22 日），复信郭崑焘，谈人事及厘局委员薪资等。

> 刘委员明白轩爽，于勾稽诸务亦精能。大帅赏识，自是不错。惟器小易盈，以受特达之知，遂俯视余子，大有公等碌碌之概。遇有公事，多专断，不肯会商，此诸君所以积不能平者。其凌厉从趾高气扬来，尚非有所怏怏，而诸委员亦不无变本加厉之处。经弟诫以和衷，则又通融太过。……厘税丝毫尽解，惟局卡费用数百金，不为多也。自广信解围后，抚藩日借公事挑剔，藩署至连篇累牍，訾河口局费之

---

① ［清］李桓：《宝韦斋类稿》卷三五，第 1552～1553 页。

② ［清］李桓：《宝韦斋类稿》卷三五，第 1557～1558 页。

③ ［清］李桓：《宝韦斋类稿》卷三六，第 1634～1635 页。

④ ［清］李桓：《宝韦斋类稿》卷三六，第 1648～1649 页。

繁。不行厘局而行广信府，申斥若佐贰。①

九月廿一日（11月7日），李桓致信沈葆桢，谈近日军情。

省门自闻张海东崇冈之败，安仁被据，东道不通。但闻廷卿兄一军日日与抚安之贼左右横击，绝不闻信州一路实在情形。……信州人心，得雄威坐镇，自是安谧。省门饷源一线，亟盼疏通。不知帅意若何？②

十月初七日（11月22日），沈葆桢致信父母，谈家课、林普晴行期等。

笃初明岁如肯自课子侄，自较外间延师远胜十倍。笃初在家，则滨竹归期可以听其自便。……如禾儿不加紧用功，可不必令其与试，免为徐寿衡取笑也。慎斋云，母亲望媳妇归颇切，本拟即行束装，因专人到崇安，探明可行与否？得饶梅臣回信，云途中仍尚难行，且婉（娩）期在下月，只得俟春正回去耳。③

十月廿六日（12月11日），李桓致信沈葆桢，论玉局事宜处理、铜炮供应、信防舟师，及李元度东乡之败。④

十一月廿六日（1858年1月10日），李桓致信沈葆桢，论玉局事宜、拨付火炮以及劝勿退职。

昨于中丞坐间，得读乞身公牍，而驳批粘附其上，此时此势，自宜从缓再议耳。若阁下此举如愿，则桓久怀此志，早已举行矣。⑤

十二月初四日（1858年1月18日），李桓致信沈葆桢，劝勿

---

① 林庆元、王道成考注：《沈葆桢信札考注》，第157页。
② ［清］李桓：《宝韦斋类稿》卷三七，第1718～1719页。
③ 林庆元、王道成考注：《沈葆桢信札考注》，第14页。
④ ［清］李桓：《宝韦斋类稿》卷三八，第1780～1783页。
⑤ ［清］李桓：《宝韦斋类稿》卷三九，第1831～1832页。

请辞。

日昨复读廿五续示，备荷因时绮饰，感泐无地。惟念勋勤久著，偶有违和，而乞身之请，势难遽遂。吉人天相，定占勿药之喜。是颂是望。[①]

十二月初八日（1858年1月22日），李桓致信何栻，论及玉局抽厘一事。

抽厘之举，前台从在省时，即有此议，当经善后覆准办理。惟未将原详移知厘金总局，以致接准沈幼兄移查，遂以无案可稽，误为私设。承续示缕缕，始由善后局查明，现已将疏略缘由议详请示。[②]

咸丰八年戊午（1858）　39岁

九江道任上，督防广信。

正月初九日（1858年2月22日），李桓致信沈葆桢，论军情、办火炮、买硝药事宜。

除日奉到赐书，敬悉种切，献岁发春，惟鼎履吉羊。丰功遹骏，是颂是企。临江幸而得复，年终需款，亦已支应无事。统观江省全局，已挽回四成。亟盼吉州早归，则章江以西，一律扫荡。专图东面，事理较顺。……承示信防需用铜炮，嘱筹移缓就急之方。桓亟应遵照委解。惟尽局所存，实难分拨。外江征调，络绎而来。……尊恙近复何如？方春尤宜节劳慎卫，临书驰系之至。[③]

正月十七日（3月2日），李桓致信沈葆桢，论划拨火炮事、

① ［清］李桓：《宝韦斋类稿》卷四〇，第1846～1847页。

② ［清］李桓：《宝韦斋类稿》卷四〇，第1853页。

③ ［清］李桓：《宝韦斋类稿》卷四一，第1867～1869页。

穆如留江被驳事。

初九日甫复寸笺，言拨炮事。越二日，复奉客腊廿六日惠书，诵悉防务绸缪，勤劳懋集。至念至念。……承示穆如留江被驳一节，查部文词意甚为结实，未便再奏。容徐商之。该员在总局时，极为可倚，精细正派，实罕俦匹，诚江省出色之员。闻在信州经手事宜，亦均切实，殊可喜也。①

二月初九日（3 月 23 日），**李桓致信沈葆桢，论军情及举荐之才。**

备谂军容整肃，防务安绥，如颂为慰。省门自闻抚贼东窜，节饬章武、济胜等军，节节进剿。比闻贼自湖口分为两路，一入闽，一入浙，未知是否属实？……梅荪大令尚未到省，连、黄二君均已得见，皆是各班中上选，承属无不留意。②

三月十一日（4 月 24 日），**郭嵩焘复信曾国藩，询问在京旧存书籍去向，言及沈葆桢。**

漱老购书几万卷，旧板为多，可为一时之豪。《皇朝文献通考》存幼丹处，何以在江西时未闻幼丹一语？及俟见陈心泉同年一问之。③

三月十五日（4 月 28 日），**李桓致信沈葆桢，论应对江省东窜之敌。**

兰溪失守之说如果，则杭西再无可扼之险，东南全局，殆不可问。信州得阁下忠义入人，肖然无稍损。迤东要害，未必皆能坚守耳。现在常、衢屯宿重兵，而信州上下，甚嫌空乏。江、开之回窜，抚、建之狂走，皆在信州一路，鄙意

---

① ［清］李桓：《宝韦斋类稿》卷四一，第 1880～1881 页。

② ［清］李桓：《宝韦斋类稿》卷四二，第 1905～1906 页。

③ 《郭嵩焘全集·集部一·书信》，第 25 页。

此时玉防最为吃紧，必须重兵堵截。若有为长驾远驭之说，必欲全力入浙而置后路不顾，幸阁下弗为所摇惑。①

三月十六日（4月29日），**清廷命守卫广信。**

谕军机大臣等，昨因江山失守，谕令福兴等速调兵勇，分投堵剿。本日据福兴奏，沙溪贼匪被击，败退广信，情形较松；现因衢州危急，由玉山退保衢州。昨谕福兴等饬令同知李元度统带平江等兵勇克日赴衢。兹据奏称已饬李元度驻守玉山，并饬九江道沈葆桢布置广信，各军相机堵剿。②

三月十七日（4月30日），**致信父母，述暂缓赴新任。**

定于二十七日遣家丁送眷旋里，初二日起程晋省，而此间人心皇皇，坚留不放。廿五日，数百人入署，求缓行期。夫船均为所约，不准受雇。情既有所不忍，势亦有所不能，只得如其所请，俟曾、何两部堂咨商定局而已。③

三月廿五日（5月8日），**李桓复信沈葆桢，谈军情布置和饷金等。**

昨奉本月十二日惠书，承以绮屏兄资格见示。比得渠函，将以二月中领咨赴江，计午节可抵任矣。常山陷后，军报如何？……东师各军，均奉院札由麾下节制调遣，事权自属专一，骄兵悍将，不知费许多心力。威惠兼施，川饷内匀拨万二千金奉达，或目前可敷衍耳。省门既愁饷绝，又虑蝗灾。棘手荼心，此日殊难过活，可为慨然。④

四月初六日（5月18日），**李桓复信沈葆桢，论谕旨调李廷**

---

① ［清］李桓：《宝韦斋类稿》卷四三，第1939～1940页。

② 《清实录·文宗显皇帝实录》卷二四八，第四三册，第838～839页。

③ 林庆元、王道成考注：《沈葆桢信札考注》，第14～15页。

④ ［清］李桓：《宝韦斋类稿》卷四三，第1958页。

一军赴援衢州、常山。

> 又闻浦城贼将赴处州，其势蔓延，浙事恐无已时。东路不通，江饷无出，实深焦灼。比连奉廷谕，始令于刘刘普田中酌调一军，继复指调李廷兄一军，赴援衢常等因。值此抚建方图攻围，万不得已，举李军以应。……遵旨行事，非属吏所敢妄议阻挠矣。廷兄已来，俟大队全拔，始率以东。军情旦夕不同，自以到信后与阁下及次青兄就近商办，以为进止耳。①

四月初七日（5 月 19 日），李续宾克复九江，催沈葆桢赴任九江道。巡抚耆龄允行，九江道景福坚不答。耆龄将景福撤职，以邓双坡代理九江道。②

四月初八日（5 月 20 日），李桓致信沈葆桢，细述军情变化多端、朝廷衢防调兵不合机宜，江省恐有危急，筹私下留兵应变。

> 国家设立帅臣，非徒责以承接诏令，奉之转发。其谓审量时势，斟酌办理。……凡此皆旬日中桓所披沥言之，卒不见纳。不过以旨意森严，碍难覆奏二语相折。……廷兄尚未成行，桓密与之约，毋轻过怀、玉一步。幸次青兄已有留防明文耳。若刘恭戎者，节下仍留之。③

四月十四日（5 月 26 日），胡林翼上《各军攻剿麻城大获胜仗疏》，论及九江军情布置，请旨派沈葆桢回任办理九江转运粮台。

> 查本任广饶九南道沈葆桢，忠直廉干，才堪应变，现驻广信府城，应请旨特派沈葆桢办理九江转运粮台，并饬速回

---

① ［清］李桓：《宝韦斋类稿》卷四四，第 1973～1974 页。

② 林庆元、王道成考注：《沈葆桢信札考注》，第 16 页。

③ ［清］李桓：《宝韦斋类稿》卷四四，第 1974～1977 页。

九江本任，实于地方军务均有裨益。①

四月十四日（5月26日），致信父母，谈军情局势。

儿若离得广信，便当决意回家。贼不难平，而人心不转，天纵欲福，难为功也。顷又闻邵武失守，闽中既无将，又无饷，奈何，奈何！②

四月十五日（5月27日），李桓复信沈葆桢，论及军情变化迅捷，询李元度能否独支信防。

常城虽有贼退之谣，然江、开未清，难保非揖我师之入而抄剿之，次公自已虑之审矣。廷兄行时，意欲由徽绕严出贼前路，自为有见，但军情旦夕百变，未可豫决于五百里外。……迪安书来，盼台从莅止甚急，北门管钥，必须我寇公镇之。而信防又难遽弛，次公肯独荷之否？③

四月二十日（6月1日），清廷命继续驻守广信。

惟九江道沈葆桢久在广信，深得民心，现在江西贼匪窜入浙境，广信郡城正当吃重，沈葆桢尚未可调回本任，所有九江设立粮台，着官文、胡林翼另派廉干大员妥为经理。④

五月十八日（6月28日），清廷批准《中俄天津条约》《中美天津条约》。命桂良等与英、法约定进京条件，镇江、金陵通商俟军务告竣再议。

五月十八日（6月28日），李桓复信沈葆桢，论广信防务、筹饷及时局。

省门近况甚佳，惟饷项日急，此三四月中，殊难支展。然三年中见惯，亦惟尽力筹之，自有过去之理。英船攻陷津

---

① ［清］胡林翼撰：《胡林翼集》一，第415页。
② 林庆元、王道成考注：《沈葆桢信札考注》，第15页。
③ ［清］李桓：《宝韦斋类稿》卷四四，第1978～1980页。
④ 《清实录·文宗显皇帝实录》卷二五一，第四三册，第898页。

门炮台，僧邸驻军通州，桂、花两星使赴津，仍系抚局。①

五月二十日（6月30日），致信父母，细述官场处境、局势等。

儿到江来，皆处两姑间。未到九江，而两抚先为此事如此龃龉，将来公事如何得了？知难而退，未识能如愿否？儿于胡润翁、李迪翁均未识面，亦向不通信，而两公辄先以信来约，不免益招猜忌。虚名害事，一至此哉！②

五月廿一日（7月1日），清廷命前任兵部侍郎曾国藩前往浙江，办理军务。

五月廿三日（7月3日），复信四弟沈辉宗，请馆家学，谈谋求后路等。

吾弟老母犹子，既远出之难，省城谋生有限，计不如且在八角楼自课子侄，较之外间延师远胜十倍。如我能稍移善地，则吾弟固不患坐食。倘依然故我，则亦将断炊，只得决计归去，与吾弟另谋他策也。③

五月廿三日（7月3日），清廷批准《中英天津条约》《中法天津条约》。

五月廿四日（7月4日），曾国藩致信罗萱，谈及沈葆桢。

沈幼丹兄奉学使命赴建，已会晤否？④

六月十二日（7月22日），李桓复信沈葆桢，谈曾国藩复出、援浙布置等。

适得次青兄函，知弋团滋事，台旌前往弹压，计已帖服无异议。勋勤勚甚，驰念何似。江、常贼复东发，金、严消

---

① ［清］李桓：《宝韦斋类稿》卷四五，第1995～1997页。

② 林庆元、王道成考注：《沈葆桢信札考注》，第16页。

③ 林庆元、王道成考注：《沈葆桢信札考注》，第17页。

④ 《曾国藩全集（修订版）·书信》一，第527页。

息可虑，和帅以疾不果来。上月念一日有旨特派曾帅前往，并饬由江督带萧、张、王诸军进发，洵为中肯。但只系办理军务，未颁关防，亦无悉数节制字样，恐仍系九节度之局，未能画一整齐，于全浙终无济。……虽有曾帅此行，补牢尚未为晚，而合观前后得失，其损益相去霄壤矣。夙钦阁下志在澄清，用缕及之。①

六月廿三日（8月2日），李桓复信沈葆桢，论处理弋团滋事一案、兵出江省等。

弋团滋事一案，省中初闻报，无不谓大力即当了之，万不为大局病。而将军好武，必欲鄷倏全军赴弋，不与总局议遂行，故于公牍中密达此意。后得两次翰示，果如下怀，佩悦无有涯量。好武者则不置一词，忌之一字，大可笑也。比弋东事已就绪，西乡得兵力威之，自无不束身归命者。暑热如此，旌从独任其劳，令人依系无既。曾帅此次不能不出，将由楚省径赴吴城，与雪琴商拨水兵千人，为舁船过山之举，其陆路则萧、张、李三军从之，惟建郡不可无劲军。张军恐难随往，尚须再酌耳。梅臣被劾，深出意外，此即将将之法耶？桂眉何处何从，更不能卜所适。福公闻有回玉之说，其假医一节，盖有深意。骆中丞以"惯于避贼"四字相赠，亦可谓恶作剧矣。②

七月初六日（8月14日），李桓致信沈葆桢，为饶廷选申诉、寄治痢疾神丹等。

弋事经亲临督办，如此得手，比想已就绪矣。浙衢已通，处州亦复，闽患方大，曾帅如来省，必将另有筹策。梅臣镇军受屈如此，桓深为不平。一腔热血，不能强止，兹纵

---

① ［清］李桓：《宝韦斋类稿》卷四六，第2019～2021页。

② ［清］李桓：《宝韦斋类稿》卷四六，第2025～2026页。

笔为一函寄去，缘不知其现在何所，特呈尊处阅后，加封专人赍送确交，是为至感。闻诸军患痢者多，兹呈新制神丹三十封，求麾下分给铅、弋各将领，以资应用。又寄次兄三十封，并函一件，亦望就近饬役走送玉营为荷。如有不敷，再行制寄也。曾帅将会师狮镇，上月廿四抵武昌，廿八尚未起节，闻必来章门一叙。[1]

七月初十日（8 月 18 日），致信郭崑焘，论局势、李元度告假回籍省亲等。

次青此行，何异登仙，只惜其仍须复出耳。[2]

七月十二日（8 月 20 日），杨国宗军攻打广丰，未果。

十二日午刻，逆匪过河，径扑东门，我军诱令近城，从南北二门包裹，该逆惊遁。[3]

七月十四日（8 月 22 日），致信曾国藩，谈广丰军情及应对布置，请饬刘长佑驻防河口等。

现饬调省门派到河镇之职员李秉煊所带飞划八号，令其刻日上驶。拟自郡城至洋口，每十里扎舢板二号；自洋口至广丰，每十里飞划四号，则气脉可以常通，接济不致中断。惟恐贼不得逞志于广丰，必将下窜铅山，……现闻刘道长佑业已到防，合无仰恳宪恩，迅饬此军刻日拔赴河镇，以卫饷源。是否有当？伏乞察核施行。[4]

七月十七日（8 月 25 日），致信曾国藩，谈广丰、铅山等处军情并筹饷。

---

① ［清］李桓：《宝韦斋类稿》卷四六，第 2045 页。

② 林庆元、王道成考注：《沈葆桢信札考注》，第 158 页。

③ 林庆元、王道成考注：《沈葆桢信札考注》，第 160 页。

④ 林庆元、王道成考注：《沈葆桢信札考注》，第 159 页。

广丰城池，万分无虑，惟米盐甚缺。昨已采办浙盐三千余斤，派勇由陆解往郡中。米亦无多，现筹款二千余金，到弋阳采办。……看来逆势万分穷蹙，铤走堪虞。铅山防兵仅千余人，河口尤为可虑。①

七月廿一日（8月29日），曾国藩抵南昌，与江西巡抚耆龄等商军务。

七月廿四日（9月1日），致信曾国藩，谈广丰军情。

自十五夜得李道函，嘱禀催援师后，十六日，迭据探报，是日辰刻，贼复过河，踞十里山，打掳至板桥埠。遥望七里街，西门外火光俱起，平江营似已回顾县城。②

七月廿八日（9月5日），曾国藩收到沈葆桢玉山解围的信。

酉刻接沈幼丹信，知玉山于二十二日解围。③

八月初一日（9月7日），致信曾国藩，谈军情。

今果字已有数营到河口驻扎，……次青闻前驱抵镇，当顺流驰谒。职道应俟次青回营，方能趋叩。慈云在望，孺慕弥殷。④

八月初三日（9月9日），致信曾国藩，谈军情。

窃意洪、杨互戕而贼势衰。今该逆复蹈前辙，天夺其魄，已可翘足待。先剪石逆，则杨逆不足虑。建昌之师，似宜以持重挫其锐。俟崇安得手，会而蹙之，较易为力。⑤

八月初八日（9月14日），曾国藩抵达河口，晤李元度、沈葆桢等。

---

① 林庆元、王道成考注：《沈葆桢信札考注》，第160页。

② 林庆元、王道成考注：《沈葆桢信札考注》，第161页。

③《曾国藩全集（修订版）·日记》一，第325页。

④ 林庆元、王道成考注：《沈葆桢信札考注》，第161页。

⑤ 林庆元、王道成考注：《沈葆桢信札考注》，第162页。

与幼丹论米事。设立粮台各事宜。[①]【按：曾国藩在九月二十日加胡林翼片谈到此次营口会晤："自八月八日得见次青、幼丹后，无刻不共颂阁下近事。幼丹近亦猛进，心地谦而手段辣，将来事业，当不减于其旧，惟刻思引退，亦是书生不耐事气习，次青告假两月，幼丹羡为登仙。"[②]】

八月初九日（9月15日），与曾国藩夜谈至三更。

夜，沈幼丹观察来，谈至三更。[③]

八月初十日（9月16日），曾国藩致信沈葆桢。[④]

八月初十日（9月16日），曾国藩与沈葆桢畅谈，并记录沈葆桢所荐八人：郑元璧、蒋衡、孟际元、杨春蕃、何高慰、傅方驹、杨绍梅、顾飞熊。

巳正，幼丹来鬯谈。[⑤]

八月初十日（9月16日），致信曾国藩，谈军情、局务等。

浙江解到火药万斤，由府收存。省城解来饷银一万，本日派首凌云、葛培因运赴建昌。……次青今日自玉起程，下午可到。惟归省者喜动颜色，益令行不得者黯然神伤。[⑥]

八月十一日（9月17日），晤曾国藩。[⑦]

八月十二日（9月18日），受曾国藩命督办广信粮台。

又派沈幼丹、雷西垣两观察办粮台。[⑧]

八月十二日（9月18日），曾国藩上《设立转运粮台片》，准

---

① 《曾国藩全集（修订版）·日记》一，第329页。
② 《曾国藩全集（修订版）·书信》一，第657页。
③ 《曾国藩全集（修订版）·日记》一，第329页。
④ 《曾国藩全集（修订版）·日记》一，第329页。
⑤ 《曾国藩全集（修订版）·日记》一，第330页。
⑥ 林庆元、王道成考注：《沈葆桢信札考注》，第163页。
⑦ 《曾国藩全集（修订版）·日记》一，第332页。
⑧ 《曾国藩全集（修订版）·日记》一，第332页。

备增设广信、铅山粮台。

臣军除湖口设立转运局外，目下由江入闽，自应于广信府城、铅山县城设立粮台，遴委大员总司其事，以便转运米粮、军火等件。查九江道沈葆桢，现在驻防广信，臣已札委兼理臣军粮台。所有两湖、江西协济之饷银、军火，均由该道员转解。……其余平江勇各营，并交九江道沈葆桢接管，留防广信等处。①

八月十四日（9月20日），与曾国藩商议回驻弋阳等事。

幼丹来，与之商定十五日回驻弋阳之事，旋告知各营。②

八月十五日（9月21日），曾国藩抵达弋阳，与之会晤。

至弋阳，会幼丹一次。③

八月十五日（9月21日），曾国荃攻陷江西吉安府城。至此，太平军所占江西各郡县全失。

八月三十日（10月6日），致信郭崑焘，谈军情，述近况。

弟回郡后病甚，近虽稍愈，而精神益复不支。拟俟景镇肃清，当晋省调理也。④

九月初一日（10月7日），致信曾国藩，谈军情、局务等。

旌节至光、邵，似宜于建昌设转运局，以通接济。……制府廿二日来谕，谓贼将回窜抚、建，帅节似宜先顾西江，盖未知石逆之尚在闽也。夷务闻又成变局，桂、花诸使均已折回析津矣。⑤【按：咸丰八年五月间，清政府命大学士桂良、吏部尚书花沙纳赴天津，分别与俄、美、英、法订立

---

① 《曾国藩全集（修订版）·奏稿》二，第244页。
② 《曾国藩全集（修订版）·日记》一，第335页。
③ 《曾国藩全集（修订版）·日记》一，第335页。
④ 林庆元、王道成考注：《沈葆桢信札考注》，第164页。
⑤ 林庆元、王道成考注：《沈葆桢信札考注》，第164页。

《天津条约》。之后又奉命往上海进行税则谈判，要求作若干条款的修改，英、法代表拒绝，命军舰北上攻陷大沽口炮台，战事再起。】

九月初六日（10月12日），曾国藩致信李元度，谈平江营归属。

歙县老中营既随我以行，其各营从幼丹者，饷项究出何处？亦乞详告。①

九月初六日（10月12日），李桓致信沈葆桢，嘱切忌肝火、爱惜身体。

凤山兄来，询尊恙，得闻详状，似系气分之疾，切忌肝火妄发。然过劳则出于不觉，此中情状，桓数年来颇自体验，百不一爽，诸望撙节爱养，以持全局，至祷至幸。曾帅已由云霁关进兵，闻将改堵邵、光，自是正办。浙师入闽者，现剿何路，兵力已不为单。梓乡联甲甚佳，又得诸道劲旅毕集，蔓延之祸，其有豸乎？②

九月初九日（10月15日），致信父母，谈次子沈莹庆与李元度三女定亲事。

有李次青名元度，湖南平江人，向在江西带勇，现保记名道，有女九岁，欲与源儿结亲，托曾帅为媒。儿以路隔数千里，将来诸多不便辞之，而次青求之甚坚，只得告以须请亲命。兹将其女与源儿八字寄回，惟父母亲酌量可否，再行函复。③

九月十一日（10月17日），曾国藩致信沈葆桢，请解军资。

---

① 《曾国藩全集（修订版）·书信》一，第651页。

② ［清］李桓：《宝韦斋类稿》卷四八，第2067～2068页。

③ 林庆元、王道成考注：《沈葆桢信札考注》，第17～18页。

札沈道解浙江油烛至新城，并解火药。[①]

九月廿二日（10月28日），曾国藩接沈葆桢信，得知扬州失守。

接沈幼丹信，扬州于初四日失守。[②]

九月廿三日（10月29日），曾国藩加沈葆桢片，询问扬州失守确信。

顷接浙抚十三日来咨，尚未言及扬州之失，岂尊处所闻，偶未确耶，诚所愿也。[③]

十月初一日（11月6日），曾国藩加沈葆桢片，告提漕三法，望细筹何者为妥见示。

再，提漕一节，耆中丞专缄来商，嘱弟推广多提。弟以若提本色，则食米无须过多；若提折色，则江西协款，奏明每月在二万两以内。与其自提漕米与州县相交涉，而仍须一一知照抚藩粮各署，不如竟求协款每月一咨抚署为之直捷也。若求每月二万之确有把握，则不如咨商中丞，指定河口厘金由阁下径解敝处，尤为可靠。三者果孰妥善，求细筹见示为荷。[④]

十月初八日（11月13日），曾国藩加沈葆桢片，询可否借以试用其勇夫，告江北、皖南等处军情，望专丁常常送信。

闻尊处养有勇夫百余名，此次解书箱食物，不审可借以试用否？若可，则此后解饷银军火更放心也。江北六、合等处，皖南徽、宁等处军情，敬求专丁常常送信，无惜些小脚

① 《曾国藩全集（修订版）·日记》一，第352页。
② 《曾国藩全集（修订版）·日记》一，第358页。
③ 《曾国藩全集（修订版）·书信》一，第663页。
④ 《曾国藩全集（修订版）·书信》一，第669页。

费。……此间饷项不敷，已缄告两湖请益矣。①

十月初十日（11月15日），李秀成军抵安徽三河镇，合陈玉成大败湘军，李续宾自缢，曾国华等六千余人战死。

十月十二日（11月17日）辰刻，曾国藩加沈葆桢片，询金陵大营如退驻白兔等处，张国樑是否南渡。②

十月十八日（11月23日），曾国藩加沈葆桢片，告屈某之言无据，胡兴仁奏报欠审。

屈令之言，无所考据，不足深推。惟浙中胡中丞奏报有云闽省肃清，曾某将次回浙，又云胜某已至池州，则欠详审耳。浙省近日筹饷何？如有所闻，即祈示悉。当笑仆之无孔不入也。③

十月二十日（11月25日），曾国藩加沈葆桢片，伤龙启瑞死后萧索。

翰臣方伯廉正之风，令人钦仰。身后萧索，无以自庇，不特廉吏不可为，亦殊觉善不可为。其生平好学不倦，方欲立言以质后世。弟昨赙之百金，挽以联云："豫章平寇，桑棒保民，休讶书生立功，皆从廿年积累立德立言而出；翠竹泪斑，苍梧魂返，莫疑命妇死烈，亦犹万古臣子死忠死孝之常。"登高之乎，亦颇有意。位在客卿，虑无应者，徒用累歔。韩公有言："贤者恒无以自存，不贤者志满气得。"盖自古而叹之也。④

十月廿三日（11月28日），三子沈璘庆（1858—1954）生。【按：沈璘庆初名岱云，字鲁青，侧室潘夫人出。光绪戊子

① 《曾国藩全集（修订版）·书信》一，第676～677页。

② 《曾国藩全集（修订版）·书信》一，第681页。

③ 《曾国藩全集（修订版）·书信》一，第688页。

④ 《曾国藩全集（修订版）·书信》一，第689～690页。

（1888）科、己丑（1889）科副举人。历任吉安府临江府知府，诰授通议大夫。】

十月廿七日（12月2日），曾国藩加王庆云片，论及沈葆桢常有退志。

幼丹为国藩办理粮台，情好良笃，惟渠贞白寡谐，无刻不怀引退之志。①

十月廿九日（12月4日），巳时，四子沈瑜庆（1858—1918）生。【按：沈瑜庆初名志雨，字爱苍，号涛园，出嗣堂叔父尔康。光绪乙酉科（1885）顺天府举人。特用主事刑部广西司行走，历任江苏淮扬海道护理，漕运总督淮宿关监督，湖南、山西、广东按察使，顺天府府尹，江西、贵州布政使，护理江西巡抚，头品顶戴，贵州巡抚。又按：沈璘庆、沈瑜庆出生恰逢石达开由广信府入浙，均“寄乳乡间”。②】

十月末，复信郭崑焘，有感太平军在三河镇大败李续宾部等。

奉到廿四日手书，承示三河矢尽援绝情形，令人恸极。次青尚眷恋庭闱，而阁下复浩然归去，益令欲行不得者怅怅如有所失也。干戈满地，再见何时？恭请行安。临颖神往，不尽所言。③

十一月十三日（12月17日），曾国藩于建昌加沈葆桢片，告新任建昌太守正派英明，具陈自古治乱之机，望随时互告文武人才，询可否设法一来相见。

窃观自古大乱之世，必先变乱是非，而后政治颠倒，灾害从之。……赏罚之任，视乎权位，有得行，有不得行。至

① 《曾国藩全集（修订版）·书信》一，第692页。

② 沈成式：《沈敬裕公年谱》，载《涛园集·附录》，第167页。

③ 林庆元、王道成考注：《沈葆桢信札考注》，第165页。

于维持是非之公，则吾辈皆有不可辞之任。顾亭林先生所称“匹夫与有责焉”者也。……此间去信州尚近，不审能设法一来相见否？彼中事如繁重，则亦不欲奉浼也。①

十一月二十日（12月24日），同年李鸿章因公晋省，途经广信，见访，作竟夕之谈。

少荃二十日过此，与作竟夕之谈，次日开船晋省。②

十一月廿二日（12月26日），致信曾国藩，谈近期军情、进军战略等。

职道孺慕之私，非伊朝夕。况膺宠命，敢惮驰驱。惟景、婺未报肃清，去信防咫尺。此去建昌，计程七日，万一有警，诚恐不及回顾，所以欲行中止。此后节钺所至，无论远近，均当常登鲤牍，不敢疏延。惟远瞻冬旭，何如长坐春风，此愿未知酬于何日耳？……节钺径渡江北，窃疑不如先清皖南。皖南肃清，即进剿江北，方步步有接应，有把握也。愚昧之见，未知有当与否。③

十一月廿三日（12月27日），曾国藩于建昌加沈葆桢片，告先调张运兰赴景德镇原因，说明谕旨不令赴援江北，自当留建守岁。

闽贼之回窜南赣者，为数实尚不少。萧、张两军即全赴南路，亦犹不敷。而目下先调张赴景德镇者，实恐景镇之贼会合东流、婺源之贼上犯湖口，则前功尽弃，尤为可惜。不得不先其大者急者。未知卓见以为何如？谕旨不令赴援江北，弟当留建守岁。④

---

① 《曾国藩全集（修订版）·书信》一，第714～715页。

② 林庆元、王道成考注：《沈葆桢信札考注》，第166页。

③ 林庆元、王道成考注：《沈葆桢信札考注》，第166页。

④ 《曾国藩全集（修订版）·书信》一，第718页。

十一月廿四日（12月28日），致信父母，谈家中亲属各自前程、子女命名等。

幼女及十月底所生两男，俱未作名字，兹拟女名怀印。因媳妇有孕时，怀印坐井旁数日也。男大者拟名岱云，小名志雨，因彼时正求雨也，未知可否？①

十一月廿五日（12月29日），李桓复信沈葆桢，恭贺新添二子等。

上月杪连举二男，麟趾振振，德门喜溢，尤为欢抃。桓于月之十日幸得一子，大小平安。……率此奉布，即贺诞麟之喜，余惟珍重。②

十一月廿八日（1859年1月1日），曾国藩于建昌加沈葆桢片，告计李鸿章、李元度、许振祎三人年内可到。

意城于今日回湘，此缄筱泉所代作也。计少荃、次青、仙屏三人皆于年内可到。国藩目花而手钝，不得诸君则事不能了，故常以不得帮手为虑耳。③

十一月三十日（1859年1月3日），石达开军占江西南安府城（今大余）。

十二月初四日（1859年1月7日），致信父母，谈沈琦任事、林普晴回乡，寄兑银两，嘱购漳州印色等。

时事多艰，滨竹虽已报销，可劝其从缓再出，如其尚自就馆则已，倘已回家，可令其先来广信，与之商量，或送到曾帅营中，俾其稍资阅历。盖滨竹既不耐家务，势难强之安居。然佐贰实非人所可为，且世故太浅，易受人愚，反复思

---

① 林庆元、王道成考注：《沈葆桢信札考注》，第18页。

② ［清］李桓：《宝韦斋类稿》卷四八，第2075页。

③ 《曾国藩全集（修订版）·书信》一，第721页。

之，殊放心不下也。……媳妇俟明春道路安静，可以回家。[①]

十二月初六日（1859年1月9日），曾国藩于建昌加沈葆桢片，告捻军势将北犯，其患甚于皖南。

正封函间，又接初二日惠书。邓、戴殉难，此间已早闻之。今日得湘中左季高信，又言江苏之徐州，河南之归德、睢州，山东之曹县，先后失陷。捻匪之势拟将北犯，其患又甚于皖南也。如何？[②]

十二月初八日（1859年1月11日），致信曾国藩，论信防、筹饷等。

今日，贵溪勇到，知饷银二万元已抵建昌，张、王、朱、吴诸将亦先后拔营，从此信防无北顾之忧矣。……营中年内饷款尚短若干？省城能有所接济否？[③]

十二月初十日（1859年1月13日），李鸿章抵达江西建昌，入曾国藩幕。

十二月十二日（1863年1月30日），复信父母，谈及弟、侄学业。

三弟读书，正值吃紧之时，和官亦须令其稍有畏惮之人，免在外间沾染习气，彤官寄来文字，仍是毫无生气，起讲尤劣，皆枝枝节节为之，都是依稀仿佛境界。功名有命，亦未尝不可望进。但于文字门径，殊未梦到，以如许纯粹性情加如许勤苦工夫，竟为天下所限，殊令人懊恼，亦急于功名之心误之也。[④]

十二月十二日（1863年1月30日），致信沈玮庆，责备写信

---

① 林庆元、王道成考注：《沈葆桢信札考注》，第19页。
② 《曾国藩全集（修订版）·书信》一，第726页。
③ 林庆元、王道成考注：《沈葆桢信札考注》，第167页。
④ 沈吕宁、沈丹昆编著：《沈葆桢家书考》，第53页。

错漏，嘱送奠敬，定造皮箱等。①

十二月十五日（1859年1月18日），曾国藩于建昌加沈葆桢片，告李元度行止，询江北信息与宁国近状。

> 次青十一日自南昌起行，计今日可到建昌。前闻徐州、归德及山东之曹县先后失陷，不知尊处曾有所闻否？宁国近状何如？便中均乞示知。②

十二月廿九日（1859年2月1日），曾国藩于建昌加沈葆桢片，忧闽敌回窜瑞金、石城一带。③

是年，林普晴佐理军书，五个月未尝安枕。

> 佐治军书，自正月至于五月，未尝安枕。④

咸丰九年己未（1859） 40岁

九江道任上，督防广信，加按察使衔；后乞告养回籍。

正月十二日（2月14日），曾国藩闻沈葆桢郁闷不舒，致信劝慰。

> 日内心绪不佳，凡事均觉懊郁。闻沈幼丹亦郁闷不舒，添幼丹一片劝慰之。⑤

正月十二日（2月14日），致信父母，询病情，谈局势，告知林普晴回省等。

> 初七日接到四弟来函，内云双亲近体复原，而前信未

---

① 沈吕宁、沈丹昆编著：《沈葆桢家书考》，第53页。

② 《曾国藩全集（修订版）·书信》一，第731页。

③ 《曾国藩全集（修订版）·书信》一，第740～741页。

④ ［清］沈葆桢：《室人林夫人事略》，载《沈葆桢文集》，第647页。

⑤ 《曾国藩全集（修订版）·日记一》，第401页。

到，不知所患何病，殊甚悬悬。……媳妇拟月杪、月初起行。①

正月十二日（2月14日），复信沈辉宗，询问父母何病，论为官、林普晴回省等。

大哥因官途之难，颇有归思。然发财之念尚未尽灰，望摄篆如鸡肋，冀一染指而去。须知及早回头，方得脱离苦海，入其中则满身荆棘矣。……二嫂俟报销账目略有头绪，即行就道。②

正月十二日（2月14日），曾国藩加片沈葆桢，嘱其珍重，慎勿闷损。

顷见筱泉寄少荃书，知玉体不甚和适。世方多故，珍重有用之身，以膺艰大之寄，慎勿闷损，以斫天和。国藩亦郁塞有年，胸次过褊，窃欲以自砭者共砭耳。③

正月十二日（2月14日），曾国藩复信胡林翼，论麾下人才，言及沈葆桢。

意城内耿介而外圆和，论事观人俱有识，却是吾乡一把好手；幼丹与本省上下官多龃龉，日日怄气，深虞其忧闷致疾；建昌王太守明决有才；此三人合之次青，均济时之良器，然皆不宜于统军。名将难得，寤寐求之。④

正月十四日（2月16日），李桓致信沈葆桢，询问病情、述护眼方法、谢获赠印泥等。

缄问久羁，结想无量。史世兄来，谈悉贵恙频频举发，疱疨妨伸屈，正切驰系。思以书奉讯，而多事卒卒，未暇

---

① 林庆元、王道成考注：《沈葆桢信札考注》，第20页。

② 林庆元、王道成考注：《沈葆桢信札考注》，第20页。

③ 《曾国藩全集（修订版）·书信》二，第21页。

④ 《曾国藩全集（修订版）·书信》二，第20页。

也。……桓自客秋大病，继以丧偶，心绪万分恶劣，冬腊间一意将息，近始眠食均复。[①]

正月十八日（2 月 20 日），曾国藩复信沈葆桢，告已札刘守备拔营赴镇，请发檄催之速行。附告萧启江禀请救援信丰，张运兰扎牛角岭一旗被陷。[②]

正月廿六日（2 月 28 日），曾国藩奏，统筹全局，分兵三路由湖北夹江东下。清廷命曾国藩俟南路稍松即赴皖楚交界筹办大局。

二月初四日（3 月 8 日），曾国藩复信沈葆桢，述平江新中营及祥字营先后抵镇，萧军十七日大捷；何栻捐款已添派叶外委前往迎提；并加片。

石逆达开不在江西，弟去年业经入奏，顷萧浚川禀又言石逆实尚在南安一带，将来奏牍不免矛盾。饶梅臣奏调之片，正月十一拜发，又缄招其即来也。[③]

二月初六日（3 月 10 日），复信父母，论时局、人事，劝堂兄沈尔昌莫恋官场等。

大哥官况甚不见佳，如知及早回头，则迷途犹不远也。[④]

【按：沈尔昌，道光二十三年（1843）举人，历任安徽休宁、旌德、歙县知县。咸丰八年十一月二十四日，沈葆桢致信父母，曾细述沈尔昌不适合做官。"诚西到信时，力劝其回去，执意不听。到皖华舆美服，为福老师所训，始改而步行缊袍。厌皖北之苦，乃谋至皖南，来书深以未得保举署事为急，谆谆索先容之信。邓芥翁檄其代理衙缺，文官当武职，

① ［清］李桓：《宝韦斋类稿》卷四九，第 2089～2090 页。

② 《曾国藩全集（修订版）·书信》二，第 31～32 页。

③ 《曾国藩全集（修订版）·书信》二，第 60～61 页。

④ 林庆元、王道成考注：《沈葆桢信札考注》，第 21 页。

殊失体制，然出息最优，诚西固非所计。孰意溧水复后，余逆窜扰宁国，城围甚急，羽檄纷驰。诚西两月以来，并无只字。守兵甚多，援师亦至，大局可以无碍，惟诚西初次经此险途，殊为耽心。”① 】

二月初七日（3月11日），得赣抚耆龄信，催赴九江开关。照原额，一年须赔五十万，视为火坑，欲病辞。②

二月初十日（3月14日），曾国藩复信沈葆桢，虑婺敌并力来犯，告拟即日移驻抚州，惊闽省厘局婪肥之甚。

此间自连城克复，逆党远窜后，人心亦稍安矣。官票停止，珂乡民困稍苏，厘局如此婪肥，江西、两湖均未至于此。陈季牧书来，言闽中领饷千金，须扣去二百，殊骇人听闻也。婺源克后，尊处可移，催江镇军等横截尾追，勿使其麇聚景镇，且与凯章等声势联络，江君或尚能不分畛域乎？③

二月十二日（3月16日），林普晴一行由广信抵福州。④

二月十二日（3月16日），致信曾国藩，论军情、筹饷等。

新中营、祥字营虽抵镇，兵力仍未见厚，以江军在若有若无间也。何守报解之禀，只云七千元，殆有续收者。大营之饷，中丞已饬河口与省局分任之，孙丞必能如数按期解济也。⑤

二月十六日（3月20日），复信父母，述沈尔昌近况、林汝舟获荐、林聪彝前程等。⑥

---

① 林庆元、王道成考注：《沈葆桢信札考注》，第18页。

② 林庆元、王道成考注：《沈葆桢信札考注》，第22～23页。

③ 《曾国藩全集（修订版）·书信》二，第76～77页。

④ 林庆元、王道成考注：《沈葆桢信札考注》，第22页。

⑤ 林庆元、王道成考注：《沈葆桢信札考注》，第167页。

⑥ 林庆元、王道成考注：《沈葆桢信札考注》，第21页。

二月十七日（3月21日），复信曾国藩，论军情布置。

据职道愚昧之见，似宜饬萧道勿乘胜轻进，力顾赣防，俟刘道到，合力进取。调信防中之较健者归张道统领，亦饬坚壁勿战。大营径趋湖、彭以瞰东、建。景逆进不得战，又虑退无所归，可惊而走。然后会师池州，与宁国及以北之兵为犄角，则安庆可图也。是否有当，伏候钧裁。①

二月二十日（3月24日），曾国藩加片沈葆桢，告皖兵之敌有上犯楚疆之意，胡、李已进御蕲水；景德镇尚两军相持。②

二月廿五日（4月8日），数百人入署挽留沈葆桢离开广信赴省城，暂缓行程。

二十五日，数百人入署，求缓行期。③

二月廿六日（3月30日），复信曾国藩，论军情、筹饷，及请辞。

南安光复，可无后顾之忧。刘镇虽小挫，然于楚南无碍。该逆终返故巢耳。景镇之复在目前，即未遽复，亦癣疥之疾，不足为害。惟楚疆捍御，须用全力。大局所关，亦江右之根本也。河局二月之饷，已由府委解，不日当可到营。职道病体，万分难支，另禀乞罢。伏乞逾格垂怜，允如所请，则结草衔环，不足以言报也。④

二月廿七日（3月31日），曾国藩加王庆云片，论及沈葆桢。

幼丹近日见事明确，手段亦辣，较之六年春在敝处办营务时，实已日进无疆，惟襟抱郁郁，时思引退。耿介人类不

---

① 林庆元、王道成考注：《沈葆桢信札考注》，第168页。

② 《曾国藩全集（修订版）·书信》二，第87页。

③ ［清］李桓：《宝韦斋类稿》卷四二，第1905～1906页。

④ 林庆元、王道成考注：《沈葆桢信札考注》，第169页。

耐事，从古以然；更与饱谙世态，当无是虑。①

二月下旬，致信夫人，谈父病，言退志，俟景德镇复后求脱等。

婺源贼虽退而未远，景镇尚负固。……景镇复后，我必须求脱。惟福州光景尚有可为否？务即示我。②

三月初四日（4月6日），曾国藩加沈葆桢片，询已奉檄履九江本任否。

顷闻九江开关征税，奉旨不准缓开，亦不准尽征尽解，将请阁下履浔江本任，不知已奉檄否？上流湖、贵不靖，下游皖、吴未复，关税自难畅旺。景镇官军不少，而气殊散漫，楚军又怀内顾之忧，恐难得手。公牍之件，未能掉臂，仍虑破头，戏语次青曰："幼丹偏激似鄙人，蠢拙亦颇近似。"笑笑。③

三月初五日（4月7日），曾国藩加耆龄片，论沈葆桢须履任九江道。

正封缄间，又接惠书。幼丹须履本任，信防以彭鸿轩接办，即当如咨加委。饶梅臣处已有缄牍前往，春岩制军又欲留之，当再复函，恳其放令来江。此间实为需才起见，非为饶镇解铃也。④

三月上旬，致信夫人，述政事难办、准备称病去职、李元度催订婚等。

此间公事，日益掣肘，事事须与抚、藩攘臂而争。贵溪一案，业已含糊了事，谭星若可以免参。河口茶厘每月提万

① 《曾国藩全集（修订版）·书信》二，第103页。

② 林庆元、王道成考注：《沈葆桢信札考注》，第22页。

③ 《曾国藩全集（修订版）·书信》二，第113页。

④ 《曾国藩全集（修订版）·书信》二，第115页。

五千金接济曾营，我亦将就答应。乃因提祥字营饷，忽据雪筠禀称：茶饷章程已改，无款可筹。阅其章程，令人愤填胸臆，又不得不与之争。一面具禀，一面饬各局仍暂照旧章办理，以候批示。……我但能离却此地，即可以坚称病笃，示断葛藤，虽重谴不顾，自为计良得。……家中不可不添买一小屋以为我课徒之地，归期虽在秋冬后也。李次青又催定婚，吾弟可购庚帖一对及媒帖、拜帖，即交回脚带来。①

三月十一日（4月13日），复信曾国藩，论军情、替人等。

奉到禊日钧答，辱蒙垂爱逾恒，情溢简外。何修得此，自顾增惭。石逆虽复猖狂，终属归寇。得萧军追之，楚事必无碍。惟粤东内外交讧，殊非易了耳。职道拟将报销办竣，即行晋省。此间有彭守斯举接办，可以无虞。惟筹饷一节，非其所处地位所能胜，须得大力者为之主耳。②

三月十六日（4月18日），曾国藩加沈葆桢信尾，询饶廷选可否胜任统领。

新添之勇，营官尚易简择，惟统领实难其选。饶梅臣不审可胜任否？渠颇思急来此间，而王帅留之不遣，足为焦灼。③

三月十七日（4月19日），曾国藩加王霞轩片，论沈葆桢就任九江道的难处。

沈幼丹奉檄履九江道本任，谕旨饬令开关征榷，亦不准尽征尽解，题目颇难着手。然上游湖、湘方忧，下游皖、吴未克，征榷不旺，自可随时奏报。④**【按：赣抚耆龄催开九江**

① 林庆元、王道成考注：《沈葆桢信札考注》，第22～23页。
② 林庆元、王道成考注：《沈葆桢信札考注》，第169页。
③ 《曾国藩全集（修订版）·书信》二，第128页。
④ 《曾国藩全集（修订版）·书信》二，第129页。

关，且要求每年必须定额上解关税，于此战事未平，百业萧条，自然无法办到，估计这是沈葆桢决意离任的主要原因。也由此可知曾国藩对实情十分了解，认为自可随时奏报予以解决。】

三月廿三日（4 月 25 日），复信曾国藩，言及饶廷选近况，述行期等。

饶镇全未知楚军情形，骤膺重任，深虑其扞格不胜也。许久不得饶镇信，职道致饶镇信亦至延平折回。昨忽来漳勇六百，赍饶镇函云：闽勇已全数奉撤，留此数百，荐来报效，信中不及他语。……询其勇目，云饶镇已旋省，病亦渐愈，俟见制台后来江，未知确否？……报销始办到前年，职道行期当在下月。①

四月初八日（5 月 10 日），复信曾国藩，论军情、告行期、谢做媒等。

湖口添陆军往守，更足壮水军声势，浔防固若金汤矣。景镇若须济师，贵溪之宝营实属可用。加三营生力军，会同先取浮梁，景镇或更易为力。职道本定于初二日登舟，为他故所阻，殆须月匝方能成行。前得次青信，以二小儿与其千金缔婚，蒙宠垂逾格，许为执柯，戚族增光，曷胜荣幸。谨肃柬奉呈，干冒尊严，殊深惶悚。②

四月初九日（5 月 11 日），致信父母，述次子沈莹庆庚帖已专人送往抚州李元度处、难以就任九江道等。

九江开关，例应关督自行陈奏，不涉巡抚之事。中丞欲照应杨凤山，故以开关尽征尽解请。当时只虑关不开不成，说得十分容易，致朱谕有不准尽征尽解之说。今欲照办，则

① 林庆元、王道成考注：《沈葆桢信札考注》，第 170 页。

② 林庆元、王道成考注：《沈葆桢信札考注》，第 170 页。

对不住杨凤山，欲再奏，则前后措词自相矛盾，故嘱凤山告病，而令儿前往。凤山当时只图卸事，可以另委别缺，出禀后，始悟一奏则官便做不成，因又翻悔，不知究竟如何。[①]

四月十五日（5月17日），曾国藩复信胡林翼，言及广信绅民攀留沈葆桢赴任九江道事。

耆中臣檄沈幼丹赴九江关道本任，广信绅民攀留，迥异寻常，走制府及敝处具呈者，前后十余起，士人罢考，河口罢市，修房者停工，赁屋者退租。城中为留官事偶设一局，醵微资以备众赴两院之盘川，商民输钱赴局者如蚁，已凑三千余金，约轿夫有舁沈大人者杀之，船户有载沈大人者烧之。中丞持前议颇坚，而商民汹汹如此，亦近来所未见者也。来示以塔公期罗将，塔拙罗巧，绝非其伦。沈君极精明，而其过人处在拙，故不可量耳。[②]

四月十五日（5月17日），曾国藩复信沈葆桢，喜其子嘉礼之成，询是否决然离广信。

广信攀留台驾，至于士人罢考，商贾罢市，卧辙截镫，心悦诚服，此百年以来所未见。来示但云为他故所阻，安得此长者之言乎？是否决然舍去，无亦一为苍生少留？[③]

四月十六日（5月18日），李元度设宴，沈莹庆与李繁祉订婚，曾国藩、李鸿章做媒。

辰正，次青与沈幼丹联姻订庚，请余与李少荃为大媒。次青设宴两席，午初散。[④]

四月中旬，致信夫人，论去留、家事、买屋等。

---

① 林庆元、王道成考注：《沈葆桢信札考注》，第24页。

② 《曾国藩全集（修订版）·书信》二，第153页。

③ 《曾国藩全集（修订版）·书信》二，第154页。

④ 《曾国藩全集（修订版）·日记》一，第430页。

此间赴督抚及枢帅处请留者络绎不绝。虽中丞之意已决，而士民均以观望曾、何两处咨商为辞。我之行止，竟未由自定。……三弟既不便另居，八角楼又太仄，屋自不能不购。兹向彭小山处借三百金，先行兑回，我之盘费只好另作打算。我意所买之屋，姑且留为退步，或有妥善人家，可以先行出租。我家自搬八角楼以来，一切平安，如可迁就，实舍不得挪移。①

四月廿二日（5月24日），清廷以庆端为闽浙总署（原任王懿德病免），以罗遵殿为福建巡抚。

四月廿四日（5月26日），曾国藩加沈葆桢片，询郭霈霖、周腾虎信寄法，并述近况。②

四月廿八日（5月30日），复信曾国藩，论军情，询公文往来投递便利，安慰目疾等。

禔躬每多不适，目疾日增，总由荩劳焦思之故，伏乞加意节宣，是所至祷。③

四月廿八日（5月30日），致信曾国藩，受同年陈濬所托，推荐钟自许。

候选钟令自许，汀之武平人。需次京邸，班次犹滞。其家被扰，无由可归。持愿船比部信，奔投宇下。陈心泉侍御函嘱职道更为转达。职道于钟令，未经识面，而心泉之介介不苟，则所深悉。渠称其立品端粹，定非谀语，可否量材录用之处，出自钧裁。④

---

① 林庆元、王道成考注：《沈葆桢信札考注》，第24～25页。

② 《曾国藩全集（修订版）·书信》二，第158页。

③ 林庆元、王道成考注：《沈葆桢信札考注》，第171页。

④ 林庆元、王道成考注：《沈葆桢信札考注》，第171页。

五月十二日（6月12日），在河口会晤饶廷选。①

五月十三日（6月13日），致信曾国藩，述饶廷选将前赴听调，论曾国荃统领剿景之师、林汝舟病辞等。

今日即买舟西下，趋叩节辕，听从调遣矣。九丈总统剿景之师，各营可不至仍存成见。号令一新，成功在即。霖雨连朝，炮船更当得力矣。镜帆奉召，暂请病假，秋间方可出山。然其意在避闽，不在赴楚也。职道明日仍当返郡。②

五月廿三日（6月23日），复信沈辉宗，嘱治父病，示胡林翼信，论乡试和书法等。

乡试在即，用功须有兴会，过事揣摩，则心灵益滞，而气象萧索矣。寿衡色色俱佳，所取拔贡，必当可观。吾弟近日书法，益嫌软俗，无帖意。作字不可离帖，作文不可离书也。务宜按日摹临，且借以养心为嘱。③

五月廿六日（6月26日），曾国藩上《调饶廷选接防广信片》，言及沈葆桢履九江道本任事。

臣迭准江西抚臣耆龄来函，九江道沈葆桢现拟饬赴本任，惟广信系东路要郡，景德镇尚未克复，防务不可稍松，须得威望夙著之大员，前往接办。拟商调赣南镇总兵饶廷选，赴广信接防。④

五月下旬，致信夫人，谈父病、家事、去留等。

我在此插翅难飞，不知三弟何时可以抵家，我则极快亦须冬间。然无论能遂归田否，总思回家一行也。⑤

---

① 林庆元、王道成考注：《沈葆桢信札考注》，第172页。

② 林庆元、王道成考注：《沈葆桢信札考注》，第172页。

③ 林庆元、王道成考注：《沈葆桢信札考注》，第26页。

④ 《曾国藩全集（修订版）·奏稿》二，第332页。

⑤ 林庆元、王道成考注：《沈葆桢信札考注》，第25页。

六月初三日（7月2日），因广丰解围，获嘉奖。

以江西广丰县城解围，赏都司丁应龙花翎，把总胡清等蓝翎，道员沈葆桢等加衔升叙有差。①

六月初六日（7月5日），未时，三弟沈琦因暑疾病逝，年三十九岁。

六月十八日（7月17日），饶廷选到防广信。②

六月十九日（7月18日），李鸿章致信曾国藩，述江西大致肃清，提及江西防务。

信州刻下较松，幼丹能留防更好，否则请商中丞酌择替手。③

六月中旬，赈灾。

月半信郡北乡蛟灾、山崩数十处，田庐漂没不可胜计。府县不愿赈恤，日延一日。另饬委员查勘，俟其办有头绪，方可走开。④

六月中旬，致信夫人，述近况，询家事，谈去留等。

我于初二日晋省，而士民汹汹，必不肯舍去，只得留待督抚批示，复须耽搁一月。此实迫于势之不得已，否则府试立即罢考也。⑤

六月廿三日（7月22日），致信父母，述行程、景德镇克复、江西肃清等。

故定于二十六日起程，家眷则八月天凉方可行走。景镇

---

① 《清实录·文宗显皇帝实录》卷二八五，第四四册，第174页。

② 林庆元、王道成考注：《沈葆桢信札考注》，第27页。

③ ［清］李鸿章撰，顾廷龙、戴逸主编：《李鸿章全集·信函》一，合肥：安徽教育出版社，2008年，第11页。

④ 林庆元、王道成考注：《沈葆桢信札考注》，第27页。

⑤ 林庆元、王道成考注：《沈葆桢信札考注》，第26～27页。

克后，江西全省肃清。然此后吉凶殊难豫决，盖人事未见可恃也。①

六月廿六日（7 月 25 日），因赈灾，迟至是日动身赴南昌。②

六月下旬，致信夫人，述因赈灾缓行、挪用川费、告病决心等。③

七月初六日（8 月 4 日），致信夫人，哀三弟沈琦之丧，嘱督沈琦之子沈咏彤学业，述去志等。

接到六月十一日手书，痛悉三弟以暑疾弃世。天乎何其酷！十年未得一见，方谓不日赋归，可以长聚，乃从此永诀耶！修短有数，果报原不足言，且亦终必同归于尽，百年皆一瞬耳。惟双亲垂暮，何以为怀。尚幸三弟业已归家，获终正寝。吾弟在室，料理一切，足以稍慰亲心。欲解亲忧，极望彤儿成器。我未到家，彤儿读书，望吾弟先督促诱掖之也。……我本决意回去，复经此狂风逆浪，更无俟再商。十九日期服假满后，即出详请养。回顾饔飧，不无却虑。今念此后纵浮沉宦海，若非变为诡随，终于家用无补。而祖父累代所积阴骘，子孙一旦剥丧之，殊觉可惜。能与吾弟分任艰苦，想亦无过不去处。虽左支右绌，尚得一家完聚，较之行心上过不去之事，訾愆丛积，蒿目伤心者，自当远胜。吾弟以为然否？去任时，万民伞及软匾约得三四箱，德政牌约数十付。虽问心多愧，窃幸可以娱亲。乃稍动得意之念，遂得此意外噩耗，鸰原之惨，未必不从数年造孽来。④

七月初十日（8 月 8 日），往晤曾国藩，久谈至三更。

---

① 林庆元、王道成考注：《沈葆桢信札考注》，第 27～28 页。

② 林庆元、王道成考注：《沈葆桢信札考注》，第 27 页。

③ 林庆元、王道成考注：《沈葆桢信札考注》，第 27 页。

④ 林庆元、王道成考注：《沈葆桢信札考注》，第 28 页。

灯后，沈幼丹来鬯谈，至三更去。①

七月十一日（8月9日），往晤曾国藩，久谈。

夜，沈幼丹来久谈。②

七月十二日（8月10日），赴曾国藩宴。

中饭，请幼丹、霞轩诸人便饭。③

七月十四日（8月12日），往晤曾国藩，久谈。

夜与沈幼丹鬯叙。④

七月十五日（8月13日），曾国藩来访，小坐。

归，过幼丹处小坐。⑤

七月廿六日（8月24日），曾国藩复信郭嵩焘，述沈葆桢告请。

幼丹积不获上，顷已告请终养，无缘强之同行。⑥

八月廿六日（9月22日），曾国藩复信李瀚章，嘱代送程仪。

沈幼丹若果成行，祈代送二百金以助程仪，须待登程之日送去，不必提前为要。⑦

八月廿八日（9月24日），曾国藩加沈葆桢片，请饬祥字营自行将请保单送来。

祥字营在景德镇时，本隶凯章属下，克复景镇，批令归凯章开单请保。兹凯章回籍，去刘胜祥太远，而该营向隅已久，望泽孔殷，请阁下即饬该将，自行开单，径送敝处，较

---

① 《曾国藩全集（修订版）·日记一》，第450页。

② 《曾国藩全集（修订版）·日记一》，第450页。

③ 《曾国藩全集（修订版）·日记一》，第451页。

④ 《曾国藩全集（修订版）·日记一》，第451页。

⑤ 《曾国藩全集（修订版）·日记一》，第451页。

⑥ 《曾国藩全集（修订版）·书信》二，第210页。

⑦ 《曾国藩全集（修订版）·书信》二，第230页。

为简易。[1]

八月，四弟沈辉宗中式咸丰己未、戊午恩正并科福建乡试举人。

九月初，抵里。[2] 时沈廷枫病月余，见沈葆桢回，曰："吾病纵不起，得汝归，尚何憾？"[3]

是年，回福州后，与闽县王景贤过从甚密。

己未某某乞养归里，先生馆于七十二峰楼，晨夕过从，恒剧谈竟日。[4]

是年，开缺回籍养亲至复起任职这段时间，联合福州士绅廖鸿荃、杨庆琛等，为林则徐请恤典，要求在原籍建专祠。**【按：请恤典的呈文草稿，经多方考证，确认是沈葆桢手迹。该呈文分列十七条，对林则徐的人品学问、生平事迹及贡献有全面介绍和评价。[5]】**

咸丰十年庚申（1860）　41岁

告养在籍；后补江西吉南赣宁道员缺，未到任。

正月廿三日（2月14日），李鸿章致信沈葆桢，言接任福建延建邵道，询问闽省官场情形、论及沈葆桢乃曾国藩夹袋中人，遇大事必会起用等事。

弟随涤帅由巴河进驻皖之宿松，接部文，奉延建邵道遗

---

① 《曾国藩全集（修订版）·书信》二，第231页。

② 沈吕宁、沈丹昆编著：《沈葆桢家书考》，第70页。

③ ［清］沈葆桢：《诰封光禄大夫先考丹林公行述》，载《沈葆桢文集》，第637页。

④ ［清］沈葆桢：《夜识斋剩稿》，载《沈葆桢文集》，第613页。

⑤ 林纪焘、沈骏：《有关沈葆桢与林则徐的资料》，载张作兴主编《船政文化研究》第三辑，2006年，第35～40页。

城，不避险艰，不动声色，求之今世，盖亦罕闻。又坪中丞久契丰裁，客夏维絷之情，见于词色，至今谈及，未尝不叹服倾倒。日昨参衙时，筹及江省情形，中丞欲借重威名，虚广、饶防务一席以待，当即出示疏稿，即日具奏。因恐未及椷商，涉于唐突，嘱桓作书相告，并道殷殷奉恳之忱，切勿以谢安高蹈之心，拒而勿纳。民将涂炭，君其忍诸？如谓高堂年老，侍奉需人，果无二陆双丁，亦何敢作不情之请。因思令三弟虽属出继，而服劳奉养，谊本无他。亦可稍纾内顾之情，以慰士民延颈之望。且江、闽两省，情势大略相同，侧闻双侍康强，精神健胜，或竟亲奉版舆，檝屋章门，公私兼尽，亦为至计。天下大矣，海内几人，阁下不出而图吾君，恐于清议亦有未协，其熟思之。

敬再启者，正封缄间，奉到四月十九日廷寄，欣谂涤帅拜两江总督之命，旋又接读涤帅来咨，亦以广、玉防堵，最关紧要，径请中丞奏调台端，仍司信防事务，可见英雄所见略同。亦由大才使人钦佩也。外上涤帅一书，稍摅愚者一得之见，并呈清览。①

五月初三日（6月21日），曾国藩上《请起用沈葆桢折》。

江西之东防即浙江之上游，亦即福建、皖南之关键。是衢、广一路，防兵最为吃重，非得威惠素著之大员，不能得力。查告养按察使衔九江道沈葆桢，明而能断。咸丰六年在署广信府任内，坚守郡城，保全东路，嗣蒙简用监司，仍留防务，筹兵筹饷，吏畏民怀。八年春，石逆自抚、建倾巢窜浙，卒不敢直犯郡城。其后李元度守广丰、玉山，均因该道接济得全。其去广信也，士民遮道攀辕，来臣处递呈请留者

① ［清］李桓：《宝韦斋类稿》卷五三，第2201～2204页。

凡十数次。该道以二亲年老，又事多掣肘，力请告归。现当时局艰难，闻该道双亲尚健，自应先国后家，共励澄清之志。合无仰恳天恩，俯准敕下福建抚臣，传谕该道，迅由本籍驰赴江西，由臣会商抚臣奏委署理地方官，仍办理广信防务，节制在防文武。将来再请简补司道各缺，以期呼应灵通，于大局必有裨益。至该道器识才略，实堪大用，臣目中罕见其匹。谨会同江西抚臣毓科合词附驿具陈，伏乞皇上圣鉴施行。谨奏请旨。①

五月初三日（6月21日），胡林翼上《敬举贤才力图补救疏》，举荐沈葆桢、李元度、左宗棠、刘蓉等。

臣查前任江西广饶九南道沈葆桢，识略冠时，才堪济变。其在广信府城，贼众数万，飙忽乌集，军民震骇，巷无居人。其形势较本年苏、常贼氛更为危迫。沈葆桢登陴设守，效死不去，遂以集援兵而完境土。咸丰九年，与长官不谐，乞假归养，奉身而退。至今广信士民，望如慈父母。臣与沈葆桢未曾识面，官声所播，知为奇才。②

五月初四日（6月22日），曾国藩复信彭玉麟，言及沈葆桢。

特兵勇易而求将难，筹饷尤难，日夜焦思，实无良法。拟将江西通省牙厘包揽办之。广信交与幼丹，九、饶两府交与阁下，附省数府交与筱荃，而赣南数府尚无好手经理，且每月不过十六七万，尚属入不敷出。③

五月初八日（6月26日），曾国藩致信沈葆桢，坚请其出山相助。

四月之季，胡润帅、左季高俱来宿松，与国藩及次青、

---

① 《曾国藩全集（修订版）·奏稿》二，第503页。

② 《胡林翼集》一，第648～649页。

③ 《曾国藩全集（修订版）·书信》二，第554页。

筱荃、少荃诸人畅谈累日，咸以为大局日坏，吾辈不可不竭力支持，做一分算一分，在一日撑一日，庶冀挽回于万一。因屈指海内贤者、朋辈志士，惟阁下高卧林泉，置身事外，因定计坚请台从出山，一奏再奏，以至三五奏、数十函请，总以出而握手之日为止。次青体气羸弱，惫于戎事，本不欲更以介胄之事苦之，因弟初膺艰巨，逆氛日炽，不得不浼其复出御侮，为弟干城腹心之助。阁下若能慷慨投袂，助鄙人即助次青也。且计贼踪若由浙省而蔓及衢、信，即珂乡亦万无独全之理也。而阁下菽水之资，稻粱之谋，固当不足于三年之蓄，早迟终不免于一出，不如趁此时机，犹是贤者众志交孚之时，伏冀上念国家，下念桑梓，中念友朋，翻然遽起，以慰喁喁之望。翘企何既。① **【按：据唐浩明称："曾国藩四月廿八日从军机处的公文中获知代理两江总督的任命后，五月初三日这一天，一口气向朝廷上了三道奏折并附四道奏片。这三道奏折一是谢恩，二是军事部署，三便是起用沈葆桢。四道附片，一是察看海漕保护盐场，二是催调张运兰，三是委李元度另募新勇，四是拟设江西总粮台。四道附片讲的全是调兵遣将粮饷供应等事，从中可略知一个军事统帅日常所做的主要事情。在三道正折中，'起用沈葆桢'居然和向朝廷谢恩、报告用兵计划这样的大事并列，可见曾氏对此事的看重，以及对沈的期望之大。"② 另，曾国藩"在思考对安徽和苏南用兵的时候，把巩固江西一事看得很重，视为东进能否成功的一个关键。曾氏在江西前后六七年，对江西官场知之甚深。历届江西巡抚，从陈启迈到文俊到耆龄，直到眼下的毓科，他都不满意，都不认为他们是称职的巡**

① 《曾国藩全集（修订版）·书信》二，第564～565页。

② 唐浩明：《唐浩明评点曾国藩奏折》，第147页。

抚，而沈葆桢则是他心目中的恰当人选。他之所以在与谢恩、报告军事部署的同一天便上折请起用沈，是因为他是准备把沈作为江西巡抚来安排的。这可从两个月后他在保举李鸿章的折中看出：‘该员劲气内敛，才大心细，与臣前保之沈葆桢二人，并堪膺封疆之寄。’李与沈都是曾氏人才夹袋中的巡抚人选。”[①]】

五月初九日（6月27日），曾国藩复信张芾，谈及奏请沈葆桢督办信防。

奏起沈幼丹，仍守广信，与次青、枚臣三人合办一路，兼顾衢、严，以保浙江之上游，以防江西之东界。事机若顺，则由安吉、孝丰以趋广德州。[②]

五月十一日（6月29日），清廷命沈葆桢赴江西，听候曾国藩差委。[③]

五月十七日（7月5日），清廷从曾国藩请，湘军可设立粮台，另设厘局自行经收。

六月初四日（7月21日），补授江西吉南赣宁道。

咸丰十年六月初四日，内阁奉上谕：江西吉南赣宁道员缺着沈葆桢补授，钦此。[④]

六月十四日（7月31日），清廷命帮办江西团练。

兹据尚书陈孚恩等以江西毗连安徽、浙江、广东等省拟办团练，酌保办理人员，并拟团练事宜八条呈览，自应一律举行。在籍四品衔前任翰林院修撰刘绎着赏加三品京堂衔，作为江西督办团练大臣，并着吉南赣宁道沈葆桢、布政使衔

① 唐浩明：《唐浩明评点曾国藩奏折》，第147～148页。

② 《曾国藩全集（修订版）·书信》二，第569页。

③ 《清实录·文宗显皇帝实录》卷三一九，第四四册，第695～696页。

④ 《咸丰朝上谕档》第一〇册（咸丰十年），第359页。

甘肃安肃道刘于淳帮办团练事宜。①

六月十九日（8月5日），曾国藩复信李元度，请专缄强沈葆桢出任。

幼丹复信，坚卧不起，求阁下再行专缄强之，请其专顾信州之防，而筹尊军之饷。渠若不出，则阁下太苦。②

六月廿四日（8月10日），清廷实授曾国藩两江总督，并命为钦差大臣督办江南军务，大江南北诸军均归节制。

六月三十日（8月16日），李桓复信李鸿章，论及沈葆桢新任。

江省今年，每得绝处逢生之妙，良可慰幸。幼丹奉命分巡，势不能再图高卧，计出月杪即当由崇安橐橐而来，或与亲家适相值耳。③

七月初一日（8月17日），李桓复信沈葆桢，再次劝其就任。

惟时艰孔亟，借箸方殷，大局所关，不能不强为劝驾。旋由冯大令交到赐书，知已奉到行知，仍欲沥情呈恳，以遂循陔之志。东山不出，如苍生何？翘企斋云，正深惆怅。适阅部文，欣谂恭奉宸纶，简授赣南一席。……想闻命之余，必当幡然而改，缓急轻重，自有权衡。但盼旌旆速来，早慰士民之望。④

七月初二日（8月18日），曾国藩复信胡林翼，告沈葆桢似“老猾吏”，当以屡缄促之。

幼丹坚卧不起，当以屡缄促之，奏催亦属无益。薇柏之

---

① 《清实录·文宗显皇帝实录》卷三二二，第四四册，第765页。

② 《曾国藩全集（修订版）·书信》二，第617页。

③ ［清］李桓：《宝韦斋类稿》卷五四，第2263页。

④ ［清］李桓：《宝韦斋类稿》卷五四，第2265～2266页。

说，不可必也。“老猾吏”三字，诚如明训。与公路交欢甚固，指楹之叹，其可去耶。①

七月初七日（8月23日），清廷谕准所请，继续在籍养亲。

前因曾国藩、毓科奏请起用告养回籍道员沈葆桢办理广信防务，当谕庆端等饬令前赴江西，并将该员补授吉南赣宁道员缺。兹据庆端、瑞瑸奏，该员因亲老多病，家无次丁，未能远离，已准其终养开缺。惟此时皖南、浙江贼氛蔓延江西广、饶一带，防务均形紧要，所有带勇督团，抚绥地方各事宜，亟需得力人员办理，着曾国藩、毓科会同商酌，即行拣派熟悉地方情形，素称得力之员，前往广、饶一带办理防务，以固边圉。②

七月初八日（8月24日），曾国藩加沈葆桢片，请其迅出，甄别李元度所用文武各员，以去其无知人之明之患。

阁下知人之明，远胜侪辈。务求台驾迅出，且先在信州小驻，将次青所用文武各员，一一经法眼甄别，位置得宜，优劣得所。次青去此一短，则众长毕露，幸甚。敝处用人，间有不当，亦望阁下时时惠赐箴言，以资质证，至祷至祷。③

八月，曾国藩、骆秉章设东征局于长沙，凡盐茶货物酌抽厘金，所筹饷项分济皖南、皖北诸军。

十一月十二日（12月23日），黄文金分兵攻占江西浮梁（次日退出），曾国藩三面受敌，仅留景德镇一线。

十二月初六日（1861年1月16日），五子沈璿庆（1860—1932）生。【按：沈璿庆初名镜瀛，字东禄。国学生，特用光禄

① 《曾国藩全集（修订版）·书信》二，第635页。

② 《清实录·文宗显皇帝实录》卷三二四，第四四册，第813页。

③ 《曾国藩全集（修订版）·书信》二，第645页。

寺署正，历署嘉兴乍浦同知，开化、桐乡等县知县，加三级，诰授通议大夫。】

咸丰十一年辛酉（1861）　　42岁

擢江西巡抚。

正月初六日（2月15日），太平军刘官芳登分攻祁门，进至历口，逼近曾国藩大营。

正月初九日（2月18日），鲍超、左宗棠败太平军于景德镇，定南王黄文金负重伤。副将唐义训败刘官芳，太平军退出祁门大赤岭外。

正月廿三日（3月4日），李秀成军围攻江西建昌府城，历二十日不克，后撤围西去。

二月三十日（4月9日），太平天国侍王李世贤攻占景德镇。次日左宗棠败遁乐平，驻祁门之曾国藩粮路断绝。

三月初七日（4月16日），太平军李世贤部退出景德镇。

三月十二日（4月21日），太平军再败曾国藩军唐义训、张运兰部于徽州，次日曾国藩退回休宁。

四月十七日（5月26日），咸丰帝命候补三品京堂左宗棠帮办曾国藩军务。

四月十九日（5月28日），李桓复信沈葆桢，述江省近来军情大坏、鄂省饷源顿断、身体患病等。

> 嘻，天下事败坏至此已极，转机何日可得耶？桓去秋患咳血，今春大剧。二月初详请开缺，两顶两驳，竟不允行。此月初间，血少止而漏症又剧，狼狈万状。适省门附近，贼氛四扰，不得不暂起视事，元气过耗，荏弱怯劳，已成废人，不复能稍赞畺事，姑俟贼势稍平，再行乞归。但不知贼势稍平，

此身尚在人间否也。每一不适，异常难受，心血尽矣。①

五月初四日（6月11日），李桓致信沈葆桢，述军情紧急，江境危机。

汀武之贼，悉数窜入建昌各属。日内警报频闻，乏兵往助，深恐不支。金华廿三日失陷，浙益危迫。东南全局，竟无转机，抑亦人事之不臧欤？未必尽关天意也。②

五月十八日（6月25日），清廷命左宗棠速援浙江。

七月十七日（8月22日），咸丰帝病逝于热河行宫，年三十一岁。

八月初八日（9月12日），曾国藩进抵安庆。

八月廿五日（9月29日），以安庆克复，清廷加官文、胡林翼太子太保，曾国藩太子少保，曾国荃布政使衔以按察使记名。

八月廿六日（9月30日），湖北巡抚胡林翼卒于武昌。

十月初九日（11月11日），皇太子载淳即皇位，以明年为同治元年。

十月十八日（11月20日），清廷命曾国藩统辖江苏、安徽、江西、浙江四省军务，所有四省巡抚、提督以下各官悉归节制，并转饬太常寺卿左宗棠赴浙。

十月廿五日（11月27日），清廷命前赴安庆大营听候简用。

前江西吉南赣宁道沈葆桢，经皇考大行皇帝特旨简用，续因吁恳终养回籍，兹当需才孔亟，该员亦当移孝作忠，艰难共济。着庆端、瑞瑸传谕沈葆桢，迅赴曾国藩军营，听候该大臣酌量奏请简用。……又前任吉南赣宁道沈葆桢，上年该大臣曾经保奏，本日已降旨令该员前赴该大臣军营。现在地方军务在在需人，该员到营后，即由曾国藩察看才具。如

---

① ［清］李桓：《宝韦斋类稿》卷五八，第2429～2432页。

② ［清］李桓：《宝韦斋类稿》卷五九，第2440～2441页。

果能胜重任，不必拘守常格，迅速保奏，听候简用。[①]【按：对于此次起因，沈父母训诫沈葆桢："天恩如此，义不容辞。时事如此，势亦不能辞。汝往哉！汝虽非军旅才，尽汝心、竭汝力而已。若以吾二人故，上负天恩，下失民望，吾二人何以自安？吾所不安者，汝安之乎？汝往哉！"[②]】

十一月廿七日（12月28日），李桓复信李鸿章，述获知沈葆桢再起消息。

幼丹奉诏诣军，闻之狂喜。拟即飞书走卒速驾，沪席若得此老，诚空前绝后之作。稍稍爬搜，岁亦一二百万。况莅任既久，熟能生巧耶？以信州计之，沪固更重，江省亦不敢私请，第左公东后，必得一威望久著者相代耳。[③]

十一月廿八日（12月29日），太平军攻陷杭州，饶廷选战死，时年五十八。挽之曰："为千秋万世立此纲常，君恩母训如新，原以臣忠兼子孝；拼九死一生赴予急难，信水灵山依旧，那堪我在见公亡。"[④]

十一月廿九日（12月30日），李桓致信沈葆桢，受命促早赴新任。

适昨夕得少公长至来书，知阁下已奉明诏，起诣曾帅大营，不拘常格请简。中旨以沪席以待，并嘱桓处代为促驾。闻之拍案狂喜，夜不成寐。方今圣明在上，百度惟贞。时事虽极艰难，要在得人而理。闽中两院计已早奉部文行知尊

① 《清实录·穆宗毅皇帝实录》卷八，第四五册，第220～222页。

② ［清］沈葆桢：《诰封光禄大夫先考丹林公行述》，载《沈葆桢文集》，第637页。

③ ［清］李桓：《宝韦斋类稿》卷六四，第2797页。

④ 陈道章：《沈葆桢楹联注评》，载陈道章《船政研究文集》，排印本，2006年，第411页。

处，想不日即当诹吉登程。惟念洁养承欢，上年虔席未应，恐阁下于此尚有踌躇，则南昌食用非昂，尽可亲奉安舆，租屋而居，极为便益，岁时省亲，来往亦极顺速。天眷方渥，江楚人士，方喁喁望之。惟有如此办理，公私兼尽。……公事之难，日甚一日，楮墨不能尽陈，惟乞旌节早临，得以面罄一切耳。[①]

十二月初一日（12月31日），李桓复信李瀚章，谈及函请沈葆桢赴任。

幼丹之召，似沪关不足以尽之。即日三吴建节，冰玉先后相辉映矣。桓已专书促其侍养来此，赁屋而居，未识照办否耳。[②]

十二月初二日（1862年1月1日），李桓复信李鸿章，谈及函请沈葆桢赴任。

幼丹处昨已专足赍函，约其奉养来江，年底可得回书。想此次如何为难，亦必依此办理。[③]

十二月初五日（1862年1月4日），李鸿章复信郭崑焘，对沈葆桢赴任充满期待。

幼丹复奉特旨擢用，恐不能不去，师门又增一帮手。[④]

十二月初六日（1862年1月5日），李桓复信李瀚章，谈请沈葆桢起用益处。

幼丹起用，大快人心，昨已飞书促其迎养来江，赁屋而居。想此次移孝作忠，其济艰难等谕，不能不投袂而起。少公书来，有悬沪席以待之说。此中中饱之利，岁数百万，得

---

① ［清］李桓：《宝韦斋类稿》卷六四，第2799～2800页。
② ［清］李桓：《宝韦斋类稿》卷六五，第2806页。
③ ［清］李桓：《宝韦斋类稿》卷六五，第2806页。
④ 《李鸿章全集·信函》一，第58页。

丹老搜剔之，必月有巨款归饷，糈台受福无穷，恭邸举错，天下称快。今日之事，用人为亟。①

十二月初十日（1862年1月9日），李桓复信李鸿章，谈及沈葆桢新任。

代左者唯幼丹一人。目前婺、景兼防，浙援尚难即发，如幼兄开印时能到此商定，则亦佳事，不过吴中需此才方亟，未必能留耳。②

十二月十一日（1862年1月10日），李桓致信沈葆桢，再促驰赴新任。

朔日专勇走送寸椾，计日内可登青盼。旋读诏书，有"移孝作忠，共济艰难"二语，纶言优渥，万不能辞。前书详陈借筹各情，想高明必以为可。至由崇安出铅山一切船夫，一面函告铅令莫尧蓂大令、向子仲司马妥为照料，总求早赐贲临，以惬众望，非桓一人私幸也。③

十二月十二日（1862年1月11日），清廷寄谕询问沈葆桢现在是否已经启程，令其迅速前往曾国藩军营，听候简用，毋稍迟缓。

前任江西吉南赣宁道沈葆桢，前经降旨令庆端等传谕该员，赴曾国藩军营，听候该大臣奏请简用。现在是否已经起程，未据奏到。着即传知该员，令其迅速前赴曾国藩军营，听候简用，毋稍迟缓。将此由六百里谕令知之。④【按：关于沈葆桢屡辞官不就，郭嵩焘在致刘蓉信中有过论述："鄙人非无意于世者，而不能委曲以事人。涉世数年，誉者或过其

① ［清］李桓：《宝韦斋类稿》卷六五，第2809～2810页。

② ［清］李桓：《宝韦斋类稿》卷六五，第2809页。

③ ［清］李桓：《宝韦斋类稿》卷六五，第2819～2820页。

④ 《清实录·穆宗毅皇帝实录》卷一三，第四五册，第342页。

实，毁者亦损其真，得失颇自知之。可以为知县，而断不可以为府道。史称王安石屡辞馆阁之命，及知制诰，遂不复辞。近沈幼丹中丞亦略似之。士亦各行其志耳。幼丹被命为道而不起，岂非至光明磊落者哉？安石之辞馆职，以有所挟而要也，则君子所必不屑为。幼丹决然以辞，无他望也。后人效之，则断不可。内揆之心，外度之义，无可言者。君子之立身成名，固各有命存焉。”[①]】

十二月十八日（1862年1月17日），破格委任，擢江西巡抚。

前任江西吉南赣宁道沈葆桢，朕久闻其德望冠时，才堪应变，本日降旨超擢江西巡抚。该抚虽系回籍养亲之员，第贼匪一日未平，则臣子之心一日不得自安，况移孝作忠，古有明训。朕以该抚家有老亲，因择江西毗邻省分，授以疆寄，风土不殊，迎养亦近；且系该抚曾经仕宦之区，将来懋建殊勋，尤足光荣门户，以承亲欢。该抚读书明理，经朕如此体恤，如此破格委任，倘仍以养亲等事希冀辞让，朕亦不能允准也。将此由六百里各谕令知之。……擢前任江西吉南赣宁道沈葆桢为江西巡抚，江西督粮道李桓为布政使。沈葆桢未到任前，以李桓暂署。[②]【按：唐浩明认为：“写得如此富有感情的皇帝诏书，大概不多见，这颇有点在恳求沈葆桢出山做江西巡抚了，须知此时的沈不过是一按察使衔的道员，已属超常规的提拔了！难怪沈奉诏后‘感泣赴官’。沈或许不知道，朝廷示他这等异数，是因为曾氏再而三地竭力荐举的缘故。[③] 沈父听闻上谕所提迎养之事，感叹：“天恩至

---

① 《郭嵩焘全集·集部一·书信》，第93页。

② 《清实录·穆宗毅皇帝实录》卷一三，第四五册，第359～361页。

③ 唐浩明：《唐浩明评点曾国藩奏折》，第148页。

矣、尽矣！第吾仆仆风尘数十年，幸得少息；汝母平生足未尝出户，今老矣，皆惮行。汝养志可也。吾令妇往助汝三年。”① 】

十二月十八日（1862年1月17日），酉时，长孙沈翊清（1861—1908）生。【按：沈翊清字丹曾，号澄斋，沈玮庆长子。邑廪生，光绪戊子科优贡，己丑科举人。承袭一等轻车都尉三品衔，历任船政总稽查，船政提调，陆军部练兵处行走，奏派日本阅视兵操学制事宜。著有《东游日记》一卷，《船政奏议》一卷，《八省日记》若干卷，诗文集若干卷。】

十二月廿四日（1862年1月23日），清廷以左宗棠为浙江巡抚，调李续宜为安徽巡抚，严树森为湖北巡抚，以郑元善为河南巡抚，改原皖抚彭玉麟为水师提督（次日改以兵部侍郎候补）。

十二月廿六日（1862年1月25日），李桓复信曾国藩，谈江西筹饷困难情形，引杭州失守为例，论江省未来隐忧。

> 目前除道库扣存二批京饷五万两外，司台两库及牙厘局，现存均不过数千，即日内赶解有款，亦无成数。如天之福，左寺堂席卷而东，俾江境安全，广、饶无恙，以全力专注牙厘、丁漕之内，切实办理，滴滴归公，虽欠项未能弥缝，而月饷可无缺乏，牵萝补屋，实可支持。所虑者省垣无一月之储，边防有备多之患。设一旦烽烟告急，羽檄纷驰，外而宪营饷需，何以转输于不匮？内而省城防守，何以筹画于临时？浙省坚守六旬，卒以粮尽被陷，前车之覆，能无痛心？②【按：李桓新任藩台，专替曾国藩筹饷，但是身为江西布政使，筹防省城亦是职责所在。江西无兵无防，但有筹饷

---

① ［清］沈葆桢：《诰封光禄大夫先考丹林公行述》，载《沈葆桢文集》，第637页。

② ［清］李桓：《宝韦斋类稿》卷六五，第2836～2840页。

之任。“广、饶既为前庭，省垣势同露立”。[1] 由此可见江西的危局，日后曾、沈争饷，也是事出有因。】

是年冬天，法国总理天主教务代全权大臣罗安当及通事方安之，先后执持凭照来到江西省城，置备筷子巷房屋住居传教。

同治元年壬戌（1862） 43岁

江西巡抚任上。

正月初六日（2月4日），曾国藩加李瀚章片，论及江西防务。

江西广、抚、建、吉、赣五城，业已为坚守之计。吉安陈镇处，倘有不时之需，望阁下设法筹济。幼丹新授江抚，更当与之商守瑞、临二城。合省城共守八处，贼虽闯入腹地，亦不能逞志矣。[2]

正月初八日（2月6日），为饶廷选请恤一事致函曾国藩。[3] 后撰写《饶庄勇公事略》、《饶庄勇公遗像题后》。

正月初九日（2月7日），李桓上《升授江西藩司暂署抚篆恭谢折》，论及沈葆桢到任之前的事务办理。

计新任抚臣沈葆桢由闽来江，二月中当可履任。臣惟有力求整饬，将一切军务、地方事宜，振刷精神，悉心经理。断不敢以暂时权篆稍存姑待之见，致滋延误之虞。[4]

正月十一日（2月9日），离开福州赴任。[5]

---

① ［清］李桓：《宝韦斋类稿》卷六五，第2839页。
② 《曾国藩全集（修订版）·书信》四，第4～5页。
③ 《曾国藩全集（修订版）·书信》四，第67页。
④ ［清］李桓：《宝韦斋类稿》卷一，第46页。
⑤ 《曾国藩全集（修订版）·书信》四，第68页。

正月十二日（2月10日），李桓复信李元度，论及催促沈葆桢赴任。

幼帅奉命开府来江，实惬人望。年前一次函促起程，二次汇寄《毛诗》，以备川资，至今尚未回来。如冬月中赴营一节，未经申辞，则来江在花朝前后，否则入夏始得贲临。桓以微才滥膺藩翰重寄，更荷暂权江抚之旨，悚汗万状，谷日受事，一切茫然。①

正月十三日（2月11日），李桓复信曾国藩，言及沈葆桢到任之前的工作。

本司才力短绌，迭权司篆，实已弗胜。乃蒙破格荐陈，遽膺非常重任，极知颠蹶在迩，无以仰副恩知。惟当时事孔艰，自应勉力担荷。除将抚署事宜次第办理外，所有粮台、丁漕、牙厘各务，万不敢以暂权抚篆，稍有歧视。但凡力所能及，必随时与署、司、道等照前通筹商办。论署任多办一件事，即为沈中丞省一件事。论本缺多留一分心，即为回任时省一分心。②

正月十四日（2月12日），李桓致信沈葆桢，谈江省军情、筹饷、筹防，并劝早日到任接篆。

江省自去秋以后，各属尚称安谧，惟广、饶密迩浙氛，防务吃重。……惟库储空乏，岛瘦郊寒，以屡经兵燹之区，供江楚各军之用，虽时形竭蹷，积欠累累，然不至饷匮兵哗，可敷衍以卒岁者。……兹复遽膺非常重任，五中循省，惶悚难名。当兹时事艰难，事关大局，断不敢稍存五日京兆之见，致误事机。然力绌才铨，万难胜任，伏祈节麾迅赐首

---

① ［清］李桓：《宝韦斋类稿》卷六六，第2851～2853页。

② ［清］李桓：《宝韦斋类稿》卷六六，第2853～2854页。

途，俾得早卸仔肩。①

正月二十日（2月18日），李桓致信李鸿章，谈及沈葆桢到任日期。

沈帅十九日复书，抄呈鉴入。大约得桓寄项，即可首途，既开府当奉养前来矣，花朝前后可望到任。②

正月二十日（2月18日），李桓复信李瀚章，论及沈葆桢到任日期。

奉权抚之命，受事旬日，茫无津涯。幸沈帅十九日书来，以奉诏赴营，春初即可就道。今闻开府，行程益速，计花朝可到任。③

正月廿二日（2月20日），抵达建阳。④

正月廿三日（2月21日），在福建瓯宁县途次接上谕，拜江西巡抚兼办广信粮台。

江西巡抚着沈葆桢补授，即行驰赴新任，毋庸来京请训。⑤

正月廿六日（2月24日），致信父母，述行程、获新任等。

庆制军咨知，奉旨补授江西巡抚，闻命殊切悚惶。续奉寄谕，饬令迎养。温纶优渥，旷代所稀。自顾何人，非祖宗余荫，何由得此。第此后必俟军务完竣，方敢再申前请。⑥

正月廿七日（2月25日），清廷命为左宗棠军筹饷。

瑞瑸奏闽省库款空虚，本省各处防剿需费，已属万难措

---

① ［清］李桓：《宝韦斋类稿》卷六六，第2867～2869页。

② ［清］李桓：《宝韦斋类稿》卷六六，第2882～2883页。

③ ［清］李桓：《宝韦斋类稿》卷六六，第2884页。

④ 林庆元、王道成考注：《沈葆桢信札考注》，第29页。

⑤ ［清］沈葆桢：《沈文肃公政书》卷一，台北：文海出版社，1973年，第41页。

⑥ 林庆元、王道成考注：《沈葆桢信札考注》，第29页。

拄，现在左宗棠军营按月协饷，尤为竭蹶，恳饬江西源源拨解，以副支应等语，自属实在情形。左宗棠一军剿办浙省逆匪，亟筹进取所需之饷，闽省既竭力筹解，江西省岂容膜视。着沈葆桢督饬司道，设法源源拨解，以济要需。该抚到任需时，即着李桓力筹接济，毋稍延误。[1]

正月廿七日（2月25日），饶廷选获谥。

予殉难提督饶廷选谥"庄勇"。……均祭葬世职加等，建立专祠，并入祀各本籍昭忠祠。[2]

正月三十日（2月28日），李鸿章复信李桓，嘱二人密切配合工作，并望转告沈葆桢，军事调动方面要听从曾国藩的意见。

幼丹中丞与心泉书云，初八日启程，计尔时当奉恩旨，若迎养挈眷，未省果迁延日否。使相深重阁下与幼兄才略，必能和衷济美。幼公到江，弟必远去，冗次不及陈书，望转告幼兄，军事调度方略禀承帅意，至用人行政，制军亦不遥制。往岁特荐幼公，两次修书奉迓，始不允行，继允入幕，忽又爽约。帅恐幼兄别有意见，且次公近与帅府书问皆绝，幸勿以公事过节，致蹈因人修怨之嫌。弟知幼公最深，坦直君子，又为使相所密荐，共事必无他虑。此中轻重得宜之处，谅阁下能左右调和之也。因有远行，敢布心腹，为大局私谊起见，伏希秘存。省中递署各事，极为公允。衢防饷需，帅与江省自不能不兼筹接济，……命宫磨蝎，公与幼丹真若神仙中人，且羡且妒。[3]**【按：李鸿章细述曾国藩推荐沈葆桢的过程，希望二人能够通力合作，并提醒江西抚、藩，**

① 《清实录·穆宗毅皇帝实录》卷一七，第四五册，第480页。

② 《清实录·穆宗毅皇帝实录》卷一七，第四五册，第481页。

③ 《李鸿章全集·信函》一，第64页。

军事方面要听从两江总督的节制，江西东防仍须筹饷接济。李桓回信对此心领神会，“来谕业经密致，非特军务必须秉承节相，即一切地方事宜，亦皆随时函商也。”①】

二月初一日（3 月 1 日），抵达崇安。②

二月初三日（3 月 3 日），致信夫人，述行程，嘱多带盘费。

昨收拾一日，今日冒雪过山，夫马均自雇，不欲累地方官，吾弟行时当多带盘费也。③

二月初三日（3 月 3 日），清廷授曾国荃为江苏布政使。④

二月初五日（3 月 5 日），抵达铅山。⑤

二月初五日（3 月 5 日），上《补授江西巡抚谢恩折》，论及江西经营要略。

江西为四战之地，贼所必争，兵燹十年，创痍未起。现在衢、严遍地荆棘，广信适当其冲，虽经督臣曾国藩会同署抚臣李桓布署，谨严可无他虑。惟恐该逆绕越闽界，窥伺江右，则由广信以迄抚、建、南赣，延袤几及千里，头头是道，兵单饷匮，防不胜防。臣弗克瞻觐阙庭，跪聆圣训，彷徨中夜，寝馈难安。惟有永矢愚诚，勉竭驽钝，于一切军政、吏治，容俟到任后详细体察情形，会同督臣曾国藩加意讲求，随时奏请，指示机宜，俾不致贻误大局。⑥

二月初五日（3 月 5 日），上《恭报驰赴新任片》，述及过往任事及迎养双亲。

---

① ［清］李桓：《宝韦斋类稿》卷六七，第 2913～2914 页。

② 林庆元、王道成考注：《沈葆桢信札考注》，第 29 页。

③ 林庆元、王道成考注：《沈葆桢信札考注》，第 29 页。

④ 《清实录·穆宗毅皇帝实录》卷一八，第四五册，第 494 页。

⑤ 林庆元、王道成考注：《沈葆桢信札考注》，第 30 页。

⑥ ［清］沈葆桢：《沈文肃公政书》卷一，第 43 页。

臣何人斯，恩遇至于如此？臣父性耽幽静，臣母向未离乡，由闽入江，山高滩险，臣虽遵旨奉迓，能否就养，尚未可知。臣既许国以身，义无旁顾，若藉口于晨昏之恋，以巧饰其趋避之私，不特国典难宽，即父母亦不以为子。伏惟朝廷新政，深惬中外人心，白叟黄童，咸以贼不足平，私相庆幸。谨俟大憝就戮，寰宇廓清，吁恳高厚生成，容臣再申前请。至臣在任一日，必不敢分一日之心。庶几勉竭颛愚，稍图报称。①

二月初七日（3月7日），曾国藩复信沈葆桢，谈替饶廷选请恤。

顷奏前月初八手书，以饶军门请恤谆谆见嘱。……今饶公殉难各情，出自陈弁及亲兵之口，见闻真确，自当据以入告。②

二月初八日（3月8日），曾国藩加沈葆桢片，祈据见闻述庆端之美政劣迹。

庆正轩制军久莅珂乡，近状何似？屡奉寄谕，微词督责，而延访及于鄙人。国藩耳目最隘，比以军事少暇，于邻封得失，尤鲜谙究。阁下息影家园，静者多妙，敢祈将二年有余见闻实事，缕晰惠示。其美政劣迹，不妨拉杂并书，瑕瑜互见，俾得据实胪陈，仰答朝廷殷殷下问之意。……若阁下药笼尚富，请将所知人才一一开示，为惠更大。③

二月十三日（3月13日），抵达南昌。④

① ［清］沈葆桢：《沈文肃公政书》卷一，第47～48页。

② 《曾国藩全集（修订版）·书信》四，第66～67页。

③ 《曾国藩全集（修订版）·书信》四，第68～69页。

④ 林庆元、王道成考注：《沈葆桢信札考注》，第30页。

二月十五日（3月15日），初莅任，筹饷压力大。

十五日篆，兵饷需五百余万，尚一切茫无头绪也。[①]

二月十五日（3月15日），致信父母，述行期、新任，论迎养等。

闽省上游，岭南滩险，老人跋涉，辛苦异常。且衙门之嘈杂，迥异在家之清静。母亲至此，无亲友可以往来，尤觉岑寂。儿甚不愿博迎养虚名。但贼氛糜常，长发艇匪，在在可虑。万一闽省有警，儿既不克分身回顾，和、彤皆少不更事，如之奈何？所以再四思维，莫得一当。似仍不如聚于一处，免心悬两地也。[②]

二月十五日（3月15日），致信夫人，谈署中花费、迎养安排、饶廷选请恤、福建局势等。

途中向松轩借钱二百，到省又向李黼堂借银二百，又将罄矣。养廉月可得现银三百余两，赣关办公之项，不知能到否？漕务改后，办差及门包等件尽数裁革，署内外一切均须自备，家人须给与工食，此时无款可寄。……饶枚翁殉难之奏，曾中堂已允联衔入告，可通知其世兄。[③]

二月十九日（3月19日），李桓复信李鸿章，述沈葆桢上任情形。

沈帅以十三到省，十五莅任。事事须清头绪，事事皆待整饬。来谕业经密致，非特军务必须秉承节相，即一切地方事宜，亦皆随时函商也。桓重睇旧巢，线索略须穿串，大块文章，次第议办。积疲难振，件件烦心。若得筱兄责临，则

---

① 林庆元、王道成考注：《沈葆桢信札考注》，第30页。

② 林庆元、王道成考注：《沈葆桢信札考注》，第30页。

③ 林庆元、王道成考注：《沈葆桢信札考注》，第30页。

诚万幸。此事已将帅函送沈公阅看，并请加函一商。赣局牙厘却非念慈所长，惟此一层尚须费帅府详酌耳。①

二月廿一日（3月21日），曾国藩接沈葆桢长信。

接沈幼丹信，言事甚详。②

二月廿二日（3月22日），上《江省边防妥筹布置折》，论及江西防务吃重及应对布置情况。

前经督臣曾国藩等以左宗棠定议援浙，奏明将广信、饶州各军统归左宗棠就近节制调度，仍步步顾定江西门户。……盖援浙所以保江，而攘外必先安内，臣惟有严饬各该将领，整饬部伍，先固藩篱，然后节节进取。……再，左宗棠现在广信府城设立后路粮台，应行协解饷项、军火，臣已督同司道严檄催提，迅速筹解。③

二月廿二日（3月22日），曾国藩上《参李元度片》，再次奏参李元度。④ 奏参前后，沈葆桢、李桓等多为李元度缓颊。

二月廿二日（3月22日），曾国藩复沈葆桢函，论人事、军务、为饶廷选请恤等。

饶宅讣件收到，请恤之奏，容即速办。尊谢折稿，至情至文，敬佩无已。旧属谦称，万不敢当，大柬谨璧。同馆自有通称，幸勿存客气也。⑤

二月廿六日（3月26日），李桓复信李瀚章，论沈葆桢履新处理赣南道调署、急欲练兵等。

牧如谓沈帅履任，台从当来省小住，旬日以来，尚未闻

---

① ［清］李桓：《宝韦斋类稿》卷六七，第2913～2914页。
② 《曾国藩全集（修订版）·日记》二，第263页。
③ ［清］沈葆桢：《沈文肃公政书》卷一，第49～52页。
④ 《曾国藩全集（修订版）·奏稿》五，第99～100页。
⑤ 《曾国藩全集（修订版）·书信》四，第91～92页。

行旌消息。……甪里互调一节，曾据省门公望，于少兄书中及之。十四日奉节相复谕，深以此说为然，因即禀请沈帅再为函商节相。惟虔南重地，省门议者，或谓甪里亲族子弟，过于暴横，恐地方受伤者；或谓甪里于筹饷万非所长，赣局必不得力者；此二节亦实有理。沈帅处桓已告知，未知于节相前曾否道及。……沈帅急欲练兵，而苦于营务积弊尤甚于吏治。桓以未可操切为请，韩参将训练何如，沈帅想已有书商之阁下矣。东防得左军大力，安谧之至。省门诸大端，如交代报销、旧捐、丁漕变章等事，正在筹议。桓力量薄弱，大惧弗胜，奈何奈何。"① 【按：关于沈葆桢初任江抚，如何处理政务，李桓《甲癸梦痕记·吏事上》有详细记载："江抚沈公，治事甚勇，然偶有轻发处，予尝以宋绶三尚之说婉规之。其初莅任，凭状撤官，凭禀批饷，则往复长言始解，按律，越诉笞五十。非故遏下情也，只以设官分职，政体宜尔。惟事关军国紧急，虽越诉亦当受理，公以求通民情是务，而于民间情伪，或未详察。莅新旬余，有某县乡民，越县、府、道、司拦舆，控其分汛巡检劣迹者。公收其词，立批藩司撤巡检任。予手原批缴还，曰：'是未可行也，以一小民控汛官，不行查即撤任，浸假控知县知府矣。'公曰：'天下无不诈赃之佐杂，君何必护之？'曰：'非护也。必如是，则文职知府、武职副将以下，皆重足惴恐。今日刑责一人，明日即虞上控矣。'公曰：'竟不能撤乎？'曰：'非不能也。公宜批司行查，不能批司撤任，司中亦当以该县印官查复为行止。政体所关，未可率意也。'公从之。各路军营，皆有司文案者，其为营官请领饷项，每多过甚之词，千篇一

① ［清］李桓：《宝韦斋类稿》卷六七，第2922～2923页。

律，决不可信。予三绾藩篆，凡各军支发月饷，均细加衡酌，分主客防剿以及曾否败北六项，定为三等。上者预发，其次下月发，又次欠发。遇库款支绌，则欠发之中，又分月数。综各军为小册，载支放月日，携以自随。盖放期之先后，放数之多少，只以公道行之。故各将领无怨言，而库款得以周转。公莅任，于军营请饷禀至，立批行局，如数如期照放，毋得短少刻延。予亦手原批面缴曰：'司库储款无多，如依批照给，一营如此各营仿效，空空妙手，凭何应付？不出旬日，劫库之事见矣。'公曰：'原禀情形，深恐哗溃。'曰：'危言恐吓，此诸军惯技，有以折服其心，即甚苦亦不变。'因取小册视之。公敛手曰：'若是其公而溥也，然则当如何批行？'曰：'此后但批酌量发给则得矣。'公又从之。"①】

二月下旬，致信夫人，谈迎养、来署、家事安排等。

自奉宠命，眠食不安者累日。自惟一介末吏，擢畀疆寄，且怜其乌鸟私情，为之委曲擘画，无微不至。虽陨身碎骨，岂足仰答天恩。此后非四海廓清，万准再申前请。……此后非若前赴曾营，只参谋议，不耽干系之比。所以急望女诸葛之不吝垂教也。②

三月初一日（3月30日）及初六日（4月4日），复曾国藩长信一封，论人事、练新军、政事处理等。

奉谕另练三千人，备援救腹地之用，感佩无既。至驻防建昌，此时尚无营可调。盖信防既不可抽分王沐之军，则抚、建两不得力。赣防情形尚未深悉，计兵力亦未必甚厚，

---

① ［清］李桓：《宝韦斋类稿》卷七八，第3239～3242页。

② 林庆元、王道成考注：《沈葆桢信札考注》，第31页。

且迁地更恐弗良。万一抚、建有警，即九江等处皆难松劲也。黄印山既以守城自任，谅已有布置。惟此间口口并禀所请之事，尚无从知。应俟钧批到局，嘱黼堂准其所请。防务责成地方官，事权归一，不至龃龉误事。再能用本地之人，加意训练之，则与绅民团练联为一气。平日既免骚扰，临事亦休戚相关，似于城守为宜。不比远征之军，专取健战。①

三月初二日（3月31日），于弋阳舟中致信曾国藩，述军情，论人事。是日抵河口。

江山之逆宵遁，而广德之洪、张二逆复由衢北上窜横山，距常山城四十里。左公拔队回常矣。彼归此者，殆将多方误我耶？王霞轩已放饶州。王之才似胜于吴，论资望则首席重于州郡，论关键则饶州要于南昌。应饬令赴任，抑或照旧之处，伏候钧裁。霞轩系粮台提调，如须赴任，则此席并请示委替人。春水方生，溯流多滞，今日方可抵河口。②

三月初二日（3月31日），曾国藩加沈葆桢片，告饶廷选已奉旨交部从优议恤，无须另奏。拟另募一军，为援剿江西腹地之计。

顷接庆制军咨录正月二十七日谕旨，饶枚臣已交部从优议恤，入祀本籍昭忠祠，殉难地方建立专祠，自可无庸另奏，想尊处亦接到矣。③

三月初二日（3月31日），李鸿章复信沈葆桢，贺新任，谈江西教案、李元度抗命被参劾等事。

西江解员至皖，询闻新政严明，正己率属，足副中外推

---

① 林庆元、王道成考注：《沈葆桢信札考注》，第172～174。

② 林庆元、王道成考注：《沈葆桢信札考注》，第175。

③ 《曾国藩全集（修订版）·书信》四，第112页。

声之望。读谢恩折片，辞意慷慨，钦仰曷任。窃谓明公亟宜求贤以置牧令，练兵以固根本。饷事、吏事有黼公与筱兄相助为理，必蒸蒸日上，为东南数省之冠。鸿章暗弱无似，谬膺朝命，统军赴苏，新集之众，其何能济。来示多方顾画，劝勿亟亟，厚爱深识，铭佩曷已。……西省近有打毁传教公馆之事，虽出自士民私愤，蒙以为非远计也。次青血性用事，始不就胡文忠之招，而往糜烂不可救之浙，继不过帅营请罪，而书问绝不一通，此其大错。昨帅府行知劾疏，怒不可忍，此公何以立于人世。侍谈及此，颇以为悔，然亦难于补救矣。执事迭上使相书，开诚布公，大臣之度，用人行政，使随时商会，当无凿枘。①

三月初二日（3 月 31 日），李鸿章复信李桓，以“勿急”二字诫沈葆桢、李桓。

鸿章素性激直，从事师友贤豪间，皆深知其戆而曲谅之。自兹以往不欲蹈习官样，又未便率性而行。希庵以“从容”二字、节相以“深沉”二字、幼公与执事又以“勿急”相戒，当奉为枕中秘。②

三月初八日（4 月 6 日），曾国藩上《请于广信建立饶廷选专祠片》。

三月初八日（4 月 6 日），清廷命筹防于山、广丰，筹措左宗棠军饷需。

衢州为江、浙、闽三省咽喉，关系甚巨。沈葆桢所称，必广信、衢州一带，先无意外之虞，再由金、严规取杭州，方无绝我粮道、阻我援师之患，与左宗棠所见大略相同。江

---

① 《李鸿章全集·信函》一，第 74 页。

② 《李鸿章全集·信函》一，第 74 页。

西玉山、广丰等处，逼近贼氛，防务倍形吃重。着沈葆桢严饬各属将弁认真防剿，以固藩篱，肃清左宗棠后路。其左宗棠所设广信后路粮台，应行协解饷项军火，并着设法源源筹解，毋令缺乏。①

三月初九日（4月7日），沈葆桢复信曾国藩，谈军事布置、撤王德榜等六事。

各路进剿之兵，须步步回顾，动为贼制，总由江省太不能自立之故。为江省士民感，然而愧益甚矣。……信防有迫不及待之势。各处文报，已冒昧先发，乞恕之。②【按：上任后，对江西省的形势和任务作了全面思考，他认为过去江西防务总被太平军牵制，根本在于不能自立自强，身为巡抚，必须为江西百姓负责。沈葆桢的“冒昧先发”之举，大大出乎曾国藩等人的意料。】

三月初九日（4月7日），左宗棠致信李桓，言江西纳捐事已商之沈葆桢。

浙人捐浙饷一节，拟改为捐米，商之幼丹中丞，未知事可行否？如虑与江西捐事有碍，或示以限制亦好，大约有数万石之米，即可勉敷数月，或数月内别有生机，亦未可知。弟于此等事向不善筹画，请老兄斟酌为之。③

三月初十日（4月8日），曾国藩复信沈葆桢，论军务、人事安排及参劾李元度事。

信防诸军无甚得力者，刘胜祥、段起二人较为彼善于此。鄙意若责诸军以野战，则万不可恃；若责令守城，则刘

---

① 《清实录·穆宗毅皇帝实录》卷二一，第四五册，第582页。

② 林庆元、王道成考注：《沈葆桢信札考注》，第175～176页。

③ ［清］左宗棠撰：《左宗棠全集·书信》一，长沙：岳麓书社，2009年，第439页。

守广信，段守广丰，顾添数百人而守玉山，均已足敷防守。来示谓平江营甚不为众论所许，守城亦甚疏懈，似即可径行裁撤，不必饬归次青。次青袒护平江勇，执迷不悟。前年徽州之役，城未破而全军先遁，其各营官面禀、其侄之函禀少荃，皆称次青先一个时辰出城。诽谤主帅如此，次青不怨恨之，反袒庇之。弟昨据实参奏，意欲与左帅裁撤次青所部平江勇（八千五百人）三分之二。屈道所管一营，不可再拨归渠处也。①

三月初十日（4月8日），夫人率家眷自福州启程。

昨夕拔贡叶澹如昆玉过此，知吾弟已于初十日登舟。②

三月十一日（4月9日），李桓复信李瀚章，论赣粮互易、李元度被曾国藩参劾后平江营能否遵调等。

赣粮互易之说，沈帅已定议，即请曾帅主稿会请，合局一节，曾帅来示亦云然，何英雄所见相同如此。此举桓受福独多。……次公为曾帅痛劾，不知平人可能遵遣否耳。……少彭保道邀允，其留江一层，沈帅亦已函商安庆，兰江上习气已深，自应早加纠劾，容与沈帅商之。芥舟亦允记名道，昨禀请将其留浔帮办通商亦奉允诺。韩参将尚未来省，顷调所部千人，桓以此数是否尚存，未加考究为对，不知来示可带五百人之说，是否可以增添。沈帅求将才甚急，而苦于难得，奈何奈何。③

三月十三日（4月11日），上《教堂被拆查拿各犯折》，呈明江西教案调查情况。

臣查法国与内地通商和好，给有凭札来江传教，早经明

---

① 《曾国藩全集（修订版）·书信》四，第120～122页。

② 林庆元、王道成考注：《沈葆桢信札考注》，第33页。

③ ［清］李桓：《宝韦斋类稿》卷六八，第2929～2930页。

白晓示，务令华洋相安。该教士暨习教之家，究因何事致干众怒，顷刻之间，城厢内外不期而集，将教堂、住房拆毁无遗，以致外属亦闻风效尤，深堪骇异。是否地方士庶误听流言，抑有起衅别故，现饬该府县访查明确，严拿为首传单及纠拆教堂要犯，务获究办，以示惩儆。①

三月十三日（4月11日），上《遵议御史朱潮条陈片》，应答朝议。

且我师克复一处，必分一处防兵，断不能舍已得之城，置孤军于不可必得之地。我之兵力愈进愈单，而贼之避实击虚者，并不必择地而施，但有一隙可乘，便足绕我军后。此楚军之所以不能不步步回顾，而剿堵皆未易轻言者也。方今时事艰难，必求速效于旦夕，诚未见其确有把握。臣惟有慎择守令，苏民困以裕饷源；简别行伍，培将材以励士气。期于渐臻成效，俾曾国藩等可以专意东征。虽非朝暮所能为功，然不敢不竭力以从事。②

三月十三日（4月11日），上《浙逆渐逼添兵协防折》《续据探禀一体严防片》。

三月十三日（4月11日），李桓复信鲍春霆，论及沈葆桢派兵迎击。

近据探称江山之贼，由凤林扰及离广丰三十里地方，意在窜入河口，阻我饷道。昨经中丞派兵往击，不卜能得手否？兵单饷绌，深切杞忧。③

三月十五日（4月13日），曾国藩复信沈葆桢，请主稿奏留蔡应嵩于江省；告曾国荃与鲍超皆系以剿为堵，不可抽动；可否

① ［清］沈葆桢：《沈文肃公政书》卷一，第55页。

② ［清］沈葆桢：《沈文肃公政书》卷一，第58～59页。

③ ［清］李桓：《宝韦斋类稿》卷六八，第2931页。

饬王仍守抚州，刘仍守广信。生童攻逐洋人一案，恐不免于后患。

> 王德榜撤省，原营交段道兼统，甚好，甚好！敝处前日奏商之件，与尊处办法不谋而合。现在贼数甚多，动辄数万。官军若非大支劲旅，不特不能野战，并不能守营，惟守城差有把握耳。广丰紧急，阁下以刘胜祥二千为游击之师，以王沐二千副之，饬扼防排山等处。鄙意贼若来扑，刘、王之力必不能固守营盘，无益于广丰，而有损于抚州，似不甚妥。段道亦非能统刘、王之才，如王沐尚拔行未远，可否收回成命，饬继果仍守抚州，祥营仍守广信？伏候卓裁。弟所以专派诸军守城，不责其野战，并不责其扼要扎营者，深知其不可恃耳。欲求可以野战之师，在广、玉一带，惟望左军；在抚、建一带，惟望鲍军、蒋军。① **【按：曾国藩对沈葆桢所辖诸军的野战能力表示怀疑，惟守城可用。】**

三月十六日（4月14日），曾国藩复信左宗棠，已饬凯军出岭先剿石埭，并致函商止沈葆桢派刘胜祥、王沐扼扎排山。

> 幼丹中丞因广丰告警，派刘胜祥二千、王沐二千扼扎排山一带，而归段道统辖。恐无益于广丰，而徒空抚州之防，顷已函复熟商矣。②

三月十七日（4月15日），曾国藩复信李鸿章，谈及江西教案。

> 前生童打毁天主堂之案，法国将派兵船来浔开仗。幼丹初到，事机不甚顺手，或者先难后获乎？③

三月十七日（4月15日），李桓复信左宗棠，谈及沈葆桢将

---

① 《曾国藩全集（修订版）·书信》四，第133～135页。

② 《曾国藩全集（修订版）·书信》四，第135～136页。

③ 《曾国藩全集（修订版）·书信》四，第136页。

亲赴广信督防。

> 幼丹中丞以信州为东南关键，全省要区，必先争此一着。一经滋蔓，全局动摇，因定于廿四日亲率大军驻节该处，相机堵剿，而又与吾丈声势联络，计诚至善。①

三月二十日（4月18日），**曾国藩复函沈葆桢，阻其出省赴信，应专办省城防守事宜；江西腹地有事，必派鲍军入援。**

> 浙逆由广丰窥犯江西，左军兵单，弟亦深以为虑，惟台旆出省赴信，则断不可。万泰所部浔兵，略可信者不满二百，以之守九江、湖口城或有把握，守省城已难必其可恃，岂可率以野战？韩进春亦未见过大战，特此飞缄，奉劝大纛不可出省一步，专办城防事宜。若能练得兵五六百、勇一二营，居则守城，出则护卫，或再按临列郡。目下无一卒凭借，万不可也。江西腹地有事，弟必派鲍军入援，不敢失信。②

三月廿一日（4月19日），**致信父母，询县考名次，述沈书年束修有限，嘱督家课等。**③

三月廿一日（4月19日），**李桓复信曾国藩，论及沈葆桢督防广信原委。**

> 中丞坚欲赴信，系由信防将领意见参差，亟须亲为镇压。且缘或守或战，或撤或留，所有一切批示，多与左帅来文不符，恐日久转滋轇轕。自十二日即有此议，……且省城根本重地，责成本司督守，本司何敢畏难。第中丞既未在省，即有便宜行事之札，究竟威令难行。以上各情，叠经本司偕同城司道反复直陈，始请暂缓出省。继请先驻抚州，以

---

① ［清］李桓：《宝韦斋类稿》卷六八，第2933页。

② 《曾国藩全集（修订版）·书信》四，第163页。

③ 林庆元、王道成考注：《沈葆桢信札考注》，第32页。

便兼顾信、建，均未蒙纳。窃思中丞此出，联络左帅，布置信防，兵心民心，鼓舞欢惬，极为巡抚义分所当尽，亦为邻省将帅所共嘉，一片血诚，令人钦服。第贼数太众，窜路过多，兵力过单，实在情形，殊觉可虑。今师期已定，军令难更，惟恐局势方长，可否仰恳宪台谆切函致，务于布置信防周妥，即行旋节省垣，以为居中调度，顾全根本之处，敢祈荩画施行。至省门一应事宜，本司惟当实力经理，以求无负中丞责成。①

三月廿三日（4 月 21 日），上《驰赴广信督防折》。

兹准曾国藩函复：曾国荃一军业已下趋无为州一带，以剿为堵，势难折回；其抚州为江省中权要地，王沐一军亦不可轻动等语。而浙氛日逼，出没于江、闽数省之交。探闻侍逆李世贤现又添调金、严等处大股源源而来，其意实在江右。……且左宗棠步步回顾江西，以卫饷源，备多力分，不无牵制。臣受恩深重，若坐视贼势蔓延，实无以对君父。……东路防军虽属无多，而广信为臣旧辖，与该处士民共事日久，拟再号召绅耆实力办团，联络声势，俾贼匪不敢窥伺，以期仰慰圣怀。臣惟知职份所当为，利钝非所敢计。②

三月廿三日（4 月 21 日），李桓复信万篪轩，谈及沈葆桢出省赴广信督防安排。

中丞以信州将领意见参差，又批示一切多与左帅来文不合，定计亲临督办，明日即当成行。浔兵千人已至，则由陆路前进。……中丞此行，原属正办，第兵力过于单薄，巡行则可，若长驻督剿，则战守不能两全。昨禀请节相函速回

① ［清］李桓：《宝韦斋类稿》卷六八，第 2940～2941 页。
② ［清］沈葆桢：《沈文肃公政书》卷一，第 67～69 页。

省，计蒙允行，桓代拆代行。①

三月廿四日（4月22日），离开南昌，赴广信督防。

臣在省防兵勇内挑选精练数百名作为亲兵亲勇，督同万泰所部各营于本月二十四日自省起程，前往广信，暂驻郡城，就近调度。②

三月廿五日（4月23日），《恭报驰赴新任片》获御批。

江西巡抚沈葆桢奏，遵旨驰赴新任。得旨："览奏，具见悃忱，忠孝性成，可嘉之至。"③

三月廿七日（4月25日），清廷命严查江西教案。④

三月廿九日（4月27日），抵达贵溪。⑤

三月廿九日（4月27日），致信长子沈玮庆，嘱定期写家书、学业不可荒废、日日必须临帖，询县考情形、家中用度等。⑥

三月廿九日（4月27日），李桓复信沈葆桢，论办理教案、人事安排等。

适奉廿八日手谕，欣悉行次万福，为颂为忭。教堂一案，总以检验骨殖为凭，连朝阴云，不能早验。所云十年前物，亦恐揣想之词，能据当场仵作喝报，万目共睹，乃能平服人心也。至此案急切不能续奏，好在法酋来文，亦不汲汲。血膏恐无法验法，顷已谆属府县饬仵细询，天晴当速办。英国佛礼赐向景守借兵廿人，护送赴沪。条约未载，已查明批驳。闻罗安当日与佛酋往来，或借重赴沪生事，亦未

---

① ［清］李桓：《宝韦斋类稿》卷六八，第2944～2945页。

② ［清］沈葆桢：《沈文肃公政书》卷一，第68～69页。

③ 《清实录·穆宗毅皇帝实录》卷二三，第四五册，第626页。

④ 《清实录·穆宗毅皇帝实录》卷二三，第四五册，第632～633页。

⑤ 林庆元、王道成考注：《沈葆桢信札考注》，第33页。

⑥ 林庆元、王道成考注：《沈葆桢信札考注》，第32～33页。

可定。[①]

三月，美商旗昌轮船公司在上海设立。是为上海港第一家外商轮船公司。

四月初三日（5 月 1 日），李桓复信沈葆桢，告知广信周边军情、教案检验情形等。

> 花园岗贼巢已经剿绝，常山又得左军截击，从此信防益臻巩固。……参观信防情形，益信福威兼胜，忭慰无似。韩营五百人昨日到齐，已补发军火，催令前进，其饷需已由赣发至本月十五日。目前省库如洗，不得不届期再行匀放。[②]

四月初四日（5 月 2 日），抵达广信。[③]

四月初五日（5 月 3 日），曾国藩复信沈葆桢，言丰、铅、贵、泸之间总须有一大支游击之师，请对屈、段、刘、顾再加细察。因秋间当奏定丁漕永远章程，更求裁定广信漕折价额；沿江军事，近颇顺手。

> 去岁试办丁漕减征一案，发之太骤，条理不密，声明今秋再定永远章程。左公以通省一律，皆巨屦小屦同价，谓宜参差定价，因地制宜。论者亦多以广信科则最轻，即每石征纳五千、六千，较之他府每石完三千者尚属便宜。阁下有德于信州甚厚，绅民无不输情效命。此番更求体察卓裁，是否信属漕折每石可完四千、五千，抑或仍照他郡一律三千之处，伏候详示。今秋当会同奏咨札示，定为永章。[④]

四月初六日（5 月 4 日），李桓复信沈葆桢，述韩营开拔、教案处理等。

---

① ［清］李桓：《宝韦斋类稿》卷六八，第 2953～2954 页。

② ［清］李桓：《宝韦斋类稿》卷六九，第 2962～2963 页。

③ ［清］沈葆桢：《沈文肃公政书》卷一，第 71 页。

④ 《曾国藩全集（修订版）·书信》四，第 195～196 页。

九江英人丈地事，景守以理处断，平安了结。昨芥舟送到薛中丞来文，知照蒲公使赴浔，并有两信，经本司拆阅，照录存之，其原件谨呈鉴入作复，不必再行发还。教堂骨殖，经首府县督同老仵作于城外检验，并非幼孩，亦非近年。外抄仵供呈览，已面告首府将各情由叙禀，由本司详请奏咨。[①]

四月初六日（5月4日），李桓复信李鸿章，论及沈葆桢上任作为，有自立门户之意。

幼帅亲督东防，极欲自立门户。第兵饷二者，皆非江抚得操。岛瘦郊寒，捉襟肘见。殊有万难着手处，莅任匝月，不问地方事宜，汲汲以将才为务，亦可见其用心矣。节相处相得甚欢，第急性人总不免有径遂处，好在节相不以为疑耳。[②]

四月初七日（5月5日），清廷颁谕旨，允许截留蒋益沣部驻防广信。

沈葆桢奏驰赴广信，督办防剿。……蒋益沣军道经江西，沈葆桢即可酌量截留若干，为左宗棠后路应援。[③]

四月初九日（5月7日），致信夫人，述行程安排、注意事项等。[④]

四月初十日（5月8日），离开广信，赴常山见左宗棠，但左宗棠尚驻扎开化未回。

葆桢闻左帅返旆常山，初十日驰赴，面商一切。乃抵玉

---

① ［清］李桓：《宝韦斋类稿》卷六九，第2966～2968页。

② ［清］李桓：《宝韦斋类稿》卷六九，第2969页。

③ 《清实录·穆宗毅皇帝实录》卷二四，第四五册，第656～657页。

④ 林庆元、王道成考注：《沈葆桢信札考注》，第33页。

即闻其尚驻开化，抵常且知下游方议进剿，未敢造扰。①

四月初十日（5月8日），林普晴等家眷抵达南昌。②

四月十二日（5月10日），李桓复信沈葆桢，论江省饷需开支、教案等细节。

倡捐之一千金，已由吕巡捕送库，容即搭解。至信防饷需，连日正在筹画，一俟得有成数，即先行禀闻。库中收数寥寥，如此催提，仍无起色，令人焦灼。③

四月十三日（5月11日），曾国藩复信沈葆桢，江西边围之患犹未已，请将诸军分别除守三城外，概令随左宗棠学习战事，王必达似以留省为宜。

江西边围之患，犹未已也。请阁下将诸军分别除守三城外，概令随同左帅学习战事，仍望大纛迅回省城。欲求自强之术，似须另行选将募练新军。池、徽各属现有重兵，饶州防务尚松，霞轩似以留省为宜。该守若熏陶德教，不急炫长，当可渐跻于大方之域。属吏才品，弟不深知，一切均求主持。④

四月十六日（5月14日），致信曾国藩，细述出省视察情形，论论裁汰军队、信防诸将不愿入浙、丁漕减征不能全省一律、乡堡定议等。

谕令派营随左帅学战，是练之以实境，较之具文操演者远胜。……看来畛域成见，不特兵勇为然，即信防诸将亦皆不愿入浙，只得从缓商酌。……丁漕减征，国与民交受其利。惟通省一律，则窒碍难行；移步换形，又弊端百出。……皖

① 林庆元、王道成考注：《沈葆桢信札考注》，第177页。

② 林庆元、王道成考注：《沈葆桢信札考注》，第35页。

③ ［清］李桓：《宝韦斋类稿》卷六九，第2970～2973页。

④ 《曾国藩全集（修订版）·书信》四，第211页。

南北不日肃清，该逆困于江、浙，粮尽势蹙，必铤而走险，舍江、闽别无去路。入闽者，终亦入江，广信断无高枕之日，便是全省之忧。思设大营，饷既万难，才岂易得？①

四月十六日（5月14日），李桓致信沈葆桢，述军饷筹措、开支，继果营攀留，升营遣散等。

信防各军月饷，计三万有零，连日凑集一万五千余金，先各发半月，委员明日领解起程。……据称自杨道洽告假后，继果军极为整练，本司以夙为濬川推重之人，告以暂留王营帮同训练。伊允候安庆回后，小住抚郡，必为出力。彭、王之意，总以此军未曾见仗，虚糜饷项，急欲拔赴前敌，否则请早撤散。……再据王丞面禀升营已于初六日悉数遣散，安静回籍，于局发遣费四千余金之外，加发二千金了妥。②

四月中旬，致信夫人，述抵南昌安排、收支等。③

四月廿一日（5月19日），上《恭报到防日期倡捐筑堡折》，述抵达广信后的筹防情况。

臣再四思维，惟有仿坚壁清野之法，以辅兵力之不足，而期团务之必成。……就近函商左宗棠，亦深以为便。犹虑士民观望不前，臣谨捐廉千金，以为之倡。饬令该地方官会督委员、绅士，周历履勘，择要兴修，勿任畏难苟安，以仰副圣主绥靖岩疆、有备无患之至意。一俟章程议定，臣即折回省城清理积压事件。④

四月廿一日（5月19日），致信沈玮庆，谈家中用度、持家

---

① 林庆元、王道成考注：《沈葆桢信札考注》，第177～178页。

② ［清］李桓：《宝韦斋类稿》卷六九，第2979～2982页。

③ 林庆元、王道成考注：《沈葆桢信札考注》，第34页。

④ ［清］沈葆桢：《沈文肃公政书》卷一，第74～75页。

之道、须勤习书法、返省日期等。①

四月廿一日（5月19日），李桓致信左宗棠，细述刘培元营军饷解领缘由。

> 奉幼丹中丞来谕，以吾丈函及刘军在湘启行，除欠饷外，资给颇丰，过江时只须济以万五千金，毋庸二万筹语，仰见俯念筹饷之艰，体恤逾恒，至为钦感。……今奉沈帅谕及尊示刘镇一层，不得不将委屈苦忱，缕陈垂誊，惟乞秘密弗宣，是所感祷，肃此密陈。②

四月廿一日（5月19日），李桓复信沈葆桢，论教案办理、饷需、呈请及早回省等。

> 总理函件，于教案反复申明，其咨内修复教堂一层，万难遵办。民与夷为仇久矣，然未与官为仇也。今官与修复，是官为民与夷负荆，民其谓官何？至官以众愤之举，转而乞好于夷，是民与官为仇。人心既离，未可复合，土地何守？政事何施？此万万不可者也。……旌麾往信，兵民颂声翕然。原未可遽言回省，第目下贼氛已稍远，左军已有竹汀三千人到防，似玉防益增巩固，而教堂一案，亟须随时禀商示遵。诚恐一波未平，一波复起，而宪节未回，展转益滋轇轕。应请于月内旋节，诸大政悉多便益，固不独教堂一案已也。③

四月廿二日（5月20日），李桓复信沈葆桢，询问如何处理李元度提借一万金。④

四月廿七日（5月25日），启程回南昌。⑤

---

① 林庆元、王道成考注：《沈葆桢信札考注》，第35页。
② ［清］李桓：《宝韦斋类稿》卷六九，第2986～2988页。
③ ［清］李桓：《宝韦斋类稿》卷六九，第2989～2991页。
④ ［清］李桓：《宝韦斋类稿》卷六九，第2991～2992页。
⑤ ［清］李桓：《宝韦斋类稿》卷七〇，第2999～3000页。

四月下旬，致信夫人，述书斋安排、崇安所留程仪处理等。[1]

四月，曾国荃致信沈葆桢，请拨火药诸件、推荐办厘委员魏瀛等。

凤慕中丞慷慨好施与之名，用敢冒昧乞怜，求惠赐火药三万斤、火绳四万盘、抬小枪子共二万斤、火箭喷筒各二千件，借资敝军战守之用。幸蒙俯允委员赐解皖营，则为惠甚大，感激之私，永矢勿谖。此本非分之奢求，因大君子素抱澄清天下之志，不分畛域，又与家兄气谊相孚，同舟共济，当不厌此琐琐干渎也。侧闻中丞为江右图百年之治，计在树人。[2]

四月，曾国荃致信李鸿章，谈及为沈葆桢营务处调候补知府黄芳一事。

幼丹中丞亲赴信防，昨因解严，仍回省垣矣。小泉先生计早抵章门履新任，国荃近来未接来函也。少彭为幼公营务处调鹤汀札，长公已早发。[3]

五月初三日（5月30日），李桓复信李瀚章，谈及沈葆桢回省等事宜。

中丞出省，又增代行事件。镇日冗碌难名。……中丞念七日起程回省。信防数月来全得左军之力，从此可无虑。[4]

五月初五日（6月1日），曾国藩复信沈葆桢，[5] **谈排兵防守及裁撤屈蟠、王沐二营。丁漕各属不能一律，众论佥同，已无疑**

---

① 林庆元、王道成考注：《沈葆桢信札考注》，第35页。

② 曾国荃：《曾国荃全集》第三册《书札》，长沙：岳麓书社，2004年，第167～168页。

③ 曾国荃：《曾国荃全集》第三册《书札》，第170页。

④ ［清］李桓：《宝韦斋类稿》卷七〇，第2999～3000页。

⑤ 《曾国藩全集（修订版）·日记》二，第288页。

义。兴筑乡堡，坚壁清野，乃团练之本义，而又以择堡主为第一要义。

信防以刘守郡，以顾守玉，以段守丰，局势既定，则此后不轻更张。屈、王二营，王宜早撤，屈可少缓。……左帅撤次青之勇，仅给一月，并不满六两，何能帖服？阁下借银一万，调处熨帖，甚善，甚善。将来撤屈营时，应请主持全发欠饷。江西自邓、耆为政以来，除一二私营外，类皆视将领如寇仇，视士卒如草芥，处处堤防，故客兵、主兵皆不乐为江西用。黼堂虽无私营，而处处堤防之风未改。阁下素为军士所归仰，更望渐革此风。以君子之道待人，或人才自此日兴。①

五月初八日（6月4日），清廷命查办陈乔枞、荣寿互讦案。

沈葆桢奏请将互相禀讦之知府、副将革职惩办一折。……陈乔枞、荣寿着一并即行革职，并将刁徒李清辉等勒限拿获，交沈葆桢提集人证，研讯确情，按律究办。②

五月初八日（6月4日），清廷命妥筹广信防务。

谕议政王军机大臣等，沈葆桢奏驰抵广信并饬属择险筑堡一折。……惟坚壁清野之法，在川陕著有成效，江省地势民情各异，尤当因地制宜，变通尽善，使民不扰。其地方官及派出之委员等，务须择其惬洽民心之员，与该郡绅民妥为办理，毋致藉端扰民。广信为该抚旧治，一切地利民情，知之必悉，谅能斟酌尽善，以慰廑念也。③

五月初八日（6月4日），江西南镇火药局不戒于火，下部议处。

---

① 《曾国藩全集（修订版）·书信》四，第264～265页。

② 《清实录·穆宗毅皇帝实录》卷二七，第四五册，第737页。

③ 《清实录·穆宗毅皇帝实录》卷二七，第四五册，第738页。

以江西南镇火药局不戒于火，巡抚沈葆桢下部议处，轰毙云骑尉朱镇邦等赏恤如例。①

五月初十日（6月6日），病数日后，强起视事。

自信州旋省，卧病数日。初十虽强起视事，而目眩心摇，至今未已。②

五月初十日（6月6日），清廷命办理团练，所需饷项着曾国藩妥筹酌拨。

谕议政王军机大臣等：御史华祝三奏江西、福建情形吃重，亟宜训练土兵以资战守一折。……沈葆桢在江有年，熟悉地方情事。该省何县乡兵最为得力，其绅士中有谋勇兼备者，即着该抚实力访求，激励而鼓舞之，令其招集勇敢乡民数千人，统归该抚训练，俾成劲旅，以备缓急之用，所需饷项并着曾国藩妥筹酌拨等因。③

五月十一日（6月7日），致信沈玮庆，述无寄项、可先筹借，谈处理江西教案、江西军情等。

江西军务颇松，而饷则万难。然尚可想法，惟夷务则无法可想。我到信之后两日，士民将教堂拆为平地，出于义愤，不能说他不是。夷人不敢与民为仇，而在京者以危词恫喝总理衙门，勒令赔偿教堂，拿办人犯。日来总理衙门之檄，雪片而至。然抑民从夷，实于世道人心有碍。于都城实逼处此，内患如是未靖，亦大难为情。我以防范无方，访拿无术，自请严议。将万不宜赔偿拿获情形密函缕陈于议政王，冀拼一官，了此巨案，未知有济否？④

---

① 《清实录·穆宗毅皇帝实录》卷二七，第四五册，第741页。

② 林庆元、王道成考注：《沈葆桢信札考注》，第180页。

③ 《清实录·穆宗毅皇帝实录》卷二七，第四五册，第742～743页。

④ 林庆元、王道成考注：《沈葆桢信札考注》，第36页。

五月十二日（6月8日），上《查明教堂被毁自请严议折》，述江西教案办理情况，因未能捕获首犯，自请严议。

迄今两月有余，不特滋事之犯远扬无踪，即为首为从实系何人，迄无从访出确切名姓。盖缘愚民因疑生愤，万众同心，当时不暇致详，群相附和；一闻访拿，非但滋事真犯畏罪缄默，虽在场旁观之人，亦无由知何人起意、何人下手。故日来诱之以利，怵之以威，百计推求，终无端绪。若使捕风捉影，文致成招，只图罪有攸归，将就塞责，非惟小民含冤莫诉，上负皇仁，抑亦非法国行教劝人为善之初意。惟臣身任疆寄，于关系中外大局，事前既疏于防范，而滋事之犯日久未能访获，办理不善，咎实难辞。相应请旨将臣交部严加议处，以昭儆戒。①

五月十四日（6月10日），致信曾国藩，谈各种事务及江西教案。

教堂一案，再四思维，不得良法，而总理衙门叠次咨催、函催，急如星火，总以有碍抚局为虑。然边衅不可骤开，民心亦万不可失。调停无术，只得据实上陈，自请严议，冀以间执外人之口。②

五月十六日（6月12日），致信曾国藩，谈军事、裁撤、丁漕等。

抚州王沐屡禀，求向前敌，否则宁求遣撤。前以抚防紧要，批饬不准。该王及营务处彭忠信复苦向黼堂力陈养兵不可不用情形。公议欲准其前往，随左军援浙，而以浔、韩两营代戍抚州。祥营坐守信郡。至王、屈两军，前得左公回

① ［清］沈葆桢：《沈文肃公政书》卷一，第79～80页。

② 林庆元、王道成考注：《沈葆桢信札考注》，第180页。

信，先已饬令前往，此时均请暂缓议撤。[1]

五月廿二日（6月18日），曾国藩复信沈葆桢，嘱裁定应否派王沐赴浙学战，酌定陈伯陵所募湘勇可否调省或调抚州，并派员速署赣道；顺告解米进京事拟待十月兴办，丁漕减征案另咨协商。

各军在江者，就弟见闻，或昔时所见而近已改变，或得自传闻而实不相符。如王德榜、段起，弟系咸丰六、七年见之。维时王最陋劣，段亦平平，故于玉山闹饷一案，决计商撤王军。厥后左帅咨留，则似必有可取者。段则二年以来，大洽舆情，经阁下法眼明保，想已迥异吴下阿蒙。屈军弟于十年春间见之，其人才短而有血性，其营系次青亲兵，见仗颇多，在信二年，亦著成效，故弟前缄奖许，而不知其扰民召怨若此之甚。王沐之为人，弟向不知。本年二、三月历询敝同县带勇诸公，均有贬词无褒语，抚州知府曾禀请将该营调开。顷接其帮办杨道洽禀，亦言王沐接家眷来抚，耗千余金，置营务于不问等语（此件另咨冰案）。弟所闻如此。尊处耳目较近，必更真切，应否派赴浙江学战，伏候卓裁。浔、韩两营戍抚，似无不妥之处，统求定夺。弟实以所见不真，不敢遥度臆断，非谦也。此外又有陈伯陵所募之湘勇两营，因饷项不继，呈请归尊处调遣，意在归省局发饷。该营或亦在可造就之列，可否调省或调抚州，亦求酌定速行。[2]

五月廿三日（6月19日），曾国藩复信姚体备，谈及沈葆桢办理之江西教案。

江西二月拆毁教堂一案，京中责令赔修，沈帅虽自请严

---

① 林庆元、王道成考注：《沈葆桢信札考注》，第180～181页。

② 《曾国藩全集（修订版）·书信》四，第309～310页。

议，恐亦尚非了义。以此类推，凡小事苟无大悖，且以宽舒处之。①

五月廿七日（6月23日），清廷谕准将所奏庸劣官员革职。

沈葆桢奏请将庸劣之道府州县等官分别勒休革职一折……均着即行革职，以儆官邪而重吏治。②

五月廿七日（6月23日），清廷命总理衙门办理江西教案，自请严议再行酌定。

沈葆桢奏查明教堂被毁自请严议一折。……此事现经总理各国事务衙门与法国使臣商办，俟该衙门如何定议，再咨行该抚办理。沈葆桢所请交部严议之处，身任其咎，自系为权顾大局起见，着俟总理各国事务衙门与之剖辩，如何办法，再行酌定。至天主教弛禁，原一时权宜之计；此时内患未平，岂容另生枝节。且该国在上海助剿逆匪，不得不暂示牢笼，所赖各地方大吏，曲体朝廷不得已之苦心，当于羁縻之中，默寓防范之意，断不可操之过急，别构衅端，是为至要。③

五月廿八日（6月24日），上《查明九江关实在情形并筹变通办理折》，论述九江关无税可收的缘由及对策。

奏为查明九江尚未开关，奉拨京饷无从筹解，该监督委无隐匿侵吞情弊，据实具奏，并恳天恩逾格准予变通办理，以裕饷源。……臣熟筹再四，与其必符定数，致开关遥遥无期，不如酌量变通，征一分，即得一分之用。可否仰恳天恩，准其仍遵咸丰三年谕旨，暂行尽征、尽解，俟军务告竣

① 《曾国藩全集（修订版）·书信》四，第312～313页。

② 《清实录·穆宗毅皇帝实录》卷二九，第四五册，第789～790页。

③ 《清实录·穆宗毅皇帝实录》卷二九，第四五册，第790～791页。

后，即按照常额征解。①

五月廿九日（6月25日），致信曾国藩，谈丁漕章程，建议以完银为准等。

谨将批语及札稿、示稿再三寻绎，如漕折减为一两九钱，并饬各县督同绅耆定议立案，法良意美，所裨于国计民生者甚大。惟银钱并定额数一节，下私窃有未安，与司道等熟商，所见亦复相同，应请再行核示。②

五月，曾国荃复信沈葆桢，谈信防及金陵围城情形。

月来迭寄寸笺，计已次第上呈钧睐。顷奉四月十九日手教，祗悉种种。伏审威绩茂昭，信防安谧，并议兴筑乡堡，使民自为捍卫，从此边圉当益固矣。③

六月初五日（7月1日），曾国藩依沈葆桢之言，继续修改江西丁漕减征告示。

夜将江西丁漕减征告示再改一次，因沈中丞言宜专收银不可收钱也，写沈信一件。④

六月初七日（7月3日），致信曾国藩，述人事、军事、京米、刘青云案等。

瑞州都司刘青云一案，南昌府详文与原报不符。而核其情节，殊多疑窦。……近来武营讹诈之案，层见迭出，近如义宁州外委陈飞熊，竟捏造白票，串兵勒索。非严惩一二，不足以警其余。江省之弁兵，学战盖十年矣，未闻有成劲旅者。而游勇反□、武营之讹诈，则不学而能，殊可叹也。⑤

---

① ［清］沈葆桢：《沈文肃公政书》卷一，第81～85页。
② 林庆元、王道成考注：《沈葆桢信札考注》，第181～182页。
③ 《曾国荃全集》第三册《书札》，第179～180页。
④ 《曾国藩全集（修订版）·日记》二，第298页。
⑤ 林庆元、王道成考注：《沈葆桢信札考注》，第183～184页。

六月十五日（7月11日），京师同文馆开馆，以英国人包尔腾为教习，华人徐树琳为汉文教习，初有学生十名。浙江提督鲍超败干王洪仁玕、辅王杨辅清，攻陷安徽宁国府。

六月十六日（7月12日），曾国藩复信沈葆桢，谈继果营事、赣局厘务、京米漕运以及刘青云案。

刘青云一案……若非刑幕受有贿嘱，岂肯枉法徇情，代为改重就轻？大抵一省刑幕自有藩篱，一幕错误被驳，则众幕出死力挽救，以必胜为期。此案初驳之际，敝处诸友即料群幕必怂恿首府，求中丞写信来争，恐因此伤和云云。岂知吾辈交契不因小案遽致差池，亦非群幕所能簸弄。弟既批臬署复详，且俟详到再酌，诸希涵鉴。①

六月廿九日（7月25日），上《江省漕粮碍难借用轮船挽运折》，提出以天津洋商采办洋米代替江西漕运。

窃见闽、广年来全恃洋米接济，其价较内地之米仅及十之七八，盖南洋炎荒之地岁多三熟，西人运之大获其利。可否敕下总理各国事务衙门会同户部核议，仿闽、广之法，试令天津洋商采办洋米，以实仓储。米到而易以银，此外毫无胶葛。即使优予价值，较之江楚辗转盘运者必多节省。况漕运尚待明春开兑，南洋米贩兼旬可达津门，庶几航海而来者，多一分养人之洋米，即少一分害人之洋药，而国计民生均享通商之利矣。②

六月，曾国荃致信沈葆桢，言信防无忧、江苏军情、拒华尔等外国人助战。

左帅进薄衢州，刘竺汀率三千人为之后劲。而芗军已得巨饷，入浙必速，相与戮力浙事，其有瘳乎？即信境边防益

① 《曾国藩全集（修订版）·书信》四，第383～385页。

② ［清］沈葆桢：《沈文肃公政书》卷一，第91～92页。

固，更可无烦荩虑矣。……沪上有华尔者，以岛夷内附，积官副将，愿率其所部三千人，挟其火器助攻金陵，云有必克之道，禀恳少荃中丞檄令国荃酌夺以定进止。国荃以中国征战之事，无须借助岛人。鄙弃之将，如令其来而不成功，徒多一番驾驭之劳；即或幸能成功，亦损我中国之威重，顷已婉词谢之矣。①

六月，郭嵩焘致信曾国藩，述及江西教案处理。

闻江西拆毁西洋教堂一案，幼丹中丞挺身任之，至谓此二百年养士之报，蒙心惑焉。国家办理夷务二十余年，大抵始以欺谩，而终反受其陵践，其原坐不知事理。……江西发端已误，势难转旋，要使幼丹中丞通知夷人之情与约束吾民之法，轻重缓急，洞然于心，庶不至激成事端，以增国家之忧。《传》所谓"度德量力"，易知也；所谓"征辞察有罪"，则不专论势之强弱，而论理之是非。愿熟筹之。……主忧臣辱，非臣子气矜为名之时。幼丹中丞敦悫严毅，君子人也，而不能不蔽于所不知。为中丞代撰一疏，所谓臣子之心发于不能已者。未知有当事理否？并呈钧览。②

七月廿三日（8月18日），致信父母，嘱移交董平章字帖、收条等。③

七月廿三日（8月18日），曾国藩复信沈葆桢，谈京米漕运、赣局厘务、团捐请奖、刘青云案以及江西团练。

江西须另练一军，弟久有此意。屡向养素、少仲、子大、竹庄诸君征索本地将将，洎无以应，深以江西腹地空虚为虑。来示欲练额兵为一军，此策最善，鄙意愿急赞成之。岁

---

① 《曾国荃全集》第三册《书札》，第198～199页。

② 《郭嵩焘全集·集部一·书信》，第99～101页。

③ 林庆元、王道成考注：《沈葆桢信札考注》，第37页。

约十万金，不过费养勇千五百人之口粮耳，何足介意？……江西城外苦无扎营之地，若跑大队及枪炮打靶，尤嫌太窄。或令扎驻青云浦，或调兵三千分扎六垒，小操则调之城边，大操则阁下就往，庶几气势较壮，渐成劲旅。①

七月廿三日（8月18日），清廷以庆端为杭州将军，耆龄为闽浙总督。

七月廿三日（8月18日），曾国藩写致沈葆桢信。

写沈幼丹信九叶，申刻始毕。②

八月十八日（9月11日），林普晴生一女。③

八月十九日（9月12日），致信沈玮庆、沈咏彤，谈科场考试注意事项、答题技巧等。时正参加江西乡试阅卷。

场期伊迩，须温理旧书旧文，为习静工夫，不容驰逐。添注、涂改与抬写格式，须留心查点，庶可完场。策虽空疏，亦须有笔以驱遣之。如问何人所撰，对云必有其人，问其说何据，便是笑话。所谓扛轿策者，须扛起前一层说，则绝无行迹矣。岁考亦要紧，不能考一等，亦须得二等。文字虽清薄，但卷字不潦草，诗无疵谬，亦不致落之。策问题目，第二行低一格写，其抬头则应照头行问字双抬，不可认作三抬，乡试应无用三抬者。④

八月廿一日（9月14日），清廷命于漕折项下，按月批解银四万两，协济徽、宁军饷。

曾国藩奏徽宁饷需支绌请饬江西协拨漕折银两等语，现在浙氛仍炽，徽防紧要。着沈葆桢于漕折项下，按月批解银

---

① 《曾国藩全集（修订版）·书信》四，第439～440页。

② 《曾国藩全集（修订版）·日记》二，第311页。

③ 林庆元、王道成考注：《沈葆桢信札考注》，第38页。

④ 林庆元、王道成考注：《沈葆桢信札考注》，第37～38页。

四万两，协济徽、宁军饷，务须源源拨解，毋稍迟误。一俟皖南入款稍充，即由曾国藩酌量奏请停拨。①

八月廿七日（9月20日），致信父母，细述董平章一事处理，嘱分送《十三经集字》等。②

八月下旬，致信沈玮庆，述闽省官场更迭、核查佣人月资、嘱写信字迹不能恣肆等。③

八月，曾国荃致信沈葆桢，言收降、进剿大势、李元度与左宗棠的冲突等。

> 次青迫切之行，亦出于万不得已。季帅若因而复生一波，处英雄以难堪之地，亦又何必。第昔年在楚，季公极力为吁公主谋，次公则极力为长公主谋，有时意见各歧，因而遂有门户之别。在次公出之无心，而季公似不免蓄为芥蒂。今者势位荣悴，事功成败，判然相殊。想仁人君子之用心，或不借以遂其报复之私耳。敝处昨已将二信缮寄安庆，并恳长公且先将此事为之转石，徐再议为之洗涤旧染，使英雄有自白之时，庶于吾辈之心少安耳。④

闰八月初二日（9月25日），李桓复信李鸿章，谈及江省目下较为平静。

> 此间东防，因人之力，得以乂安，地方元气，渐有起色。沈帅一意拊循，所施行皆春风时雨，年收中稔，亦人事有以感召。⑤

闰八月初三日（9月26日），致信沈玮庆，述福建乡试考官

① 《清实录·穆宗毅皇帝实录》卷三八，第四五册，第1015页。
② 林庆元、王道成考注：《沈葆桢信札考注》，第38页。
③ 林庆元、王道成考注：《沈葆桢信札考注》，第39页。
④ 《曾国荃全集》第三册《书札》，第239～241页。
⑤ ［清］李桓：《宝韦斋类稿》卷七三，第3093页。

名单、署中馆学，寄兑库纹五百金等。[①]

闰八月十一日（10月4日），上《请整顿额兵折》，述练勇事有“三善”“四难”“五便”。

> 臣自入江境，接见官绅，咸以“留本地之财，养本地之勇，卫本地之民”为请。……一曰筹饷难。养勇八千，口粮、夫价、马乾、薪水、军械、铅药之费，岁计六七十万，江省民力竭矣。兵燹之后，灾疫间作，方拊循之不暇，岂容于丁、漕、厘税之外再事诛求？皖、浙诸军以江省为饷源，解款愆期，各营皆欠至六七个月不等。若再划协济之数以募新集之兵，万一前途稍有参差，匪惟大局不堪设想，即江省面面受敌，此七八千人者岂足以自固藩篱？强分畛域，坐失事机，非计也。……臣愚以为谋江省自立之策，莫如先练额兵。[②]**【按：沈葆桢欲另练新勇自立，保境安民，不依靠湘军。但牵涉到养兵费用问题，为后续曾、沈决裂埋下了伏笔。】**

闰八月十一日（10月4日），上《韩进春请补抚标中军参将片》。[③]

闰八月十四日（10月7日），清廷谕准所奏裁革江西摊扣各款，以清弊源。

> 近日两江总督曾国藩、江西巡抚沈葆桢请裁革江西摊扣各款，以清弊源。洵能仰体朝廷澄清吏治之意实心办理，各直省自宜仿照举行，嗣后州县解费酬应等项，均着永远裁革。除钦差兵差照例供应外，其余过往差使以及本省上司，

---

① 林庆元、王道成考注：《沈葆桢信札考注》，第40页。

② ［清］沈葆桢：《沈文肃公政书》卷一，第94～97页。

③ ［清］沈葆桢：《沈文肃公政书》卷一，第101～103页。

一概不准应酬，违者以违制论。①

闰八月廿一日，李桓复信钟仲甫，论及沈葆桢开官捐。

彦云“善门难开”。自中丞莅任，一准建郡补保，效尤者纷纷而来。桓为原办之人，未便坚执前说。固知此端既肇，万无了法，今惟纡与委蛇而已。②

闰八月廿四日（10月17日），清廷命处理江西教案。

奉上谕：“总理各国事务衙门奏江西教堂一案久悬未结，请饬妥速办理，并将照会等件照录呈览一折，着沈葆桢悉心酌核，飞速复奏等因。钦此。”当即督同司、道，邀集公正绅士，将抄发照会等件公同阅看，嘱其各自晓谕士民，仰体国家柔远之心，蠲小忿，成大信，务释猜嫌，永缔和好。所议条款，定须一一照行。③

闰八月廿八日（10月21日），复信父母，言局势、官场、科场、家事等。

吾弟即决意会试，亦无道出江右之理。河南贼踪无定，中途忽通忽梗。湖北随州复陷后，此更不可知。以兄意揣之，即幸而中进士，往何处做官？从前乱止东南，今则西北无完土矣。④

闰八月廿八日（10月21日），致信亲友，谈局势、帮项银两等。⑤

闰八月廿八日（10月21日），致信沈玮庆、沈咏彤，寄兑库纹千金，嘱按单分送等。

① 《清实录·穆宗毅皇帝实录》卷四〇，第四五册，第1076页。
② ［清］李桓：《宝韦斋类稿》卷七三，第3099页。
③ ［清］沈葆桢：《沈文肃公政书》卷一，第36页。
④ 林庆元、王道成考注：《沈葆桢信札考注》，第40页。
⑤ 林庆元、王道成考注：《沈葆桢信札考注》，第41页。

兹由新泰厚兑回库纹千金，到时可照单分送，所余留添家用，年底不能再寄矣。每人所得甚有限，亲友必不以为得（德）而以为怨，然不可谓吾力之不竭矣。秋闱获隽，切勿北行，至以为嘱。祖父母大人前为我请安。帮项另单一纸，单内如有遗漏，可请祖父母示酌送。①

闰八月廿九日（10月22日），与曾国藩会衔上《奏请繁简知府互调折》②。

九月初三日（10月25日），曾国藩复信沈葆桢③，谈军情、京米、李元度遭劾诸事。

练兵章程甚为妥善，惟口粮究加若干，大咨尚无确数。加粮、拔缺，二者乃鼓舞弁兵之实用，间或遇案保举，亦不可少。绿营积衰之后，非大加奖率不能振也。……自林、米案定之后，言官又追劾次青，必欲加罪，谕旨饬左帅与弟查办，而未令会奏，现尚不得系解之法。吉云已定之案，更难无端着义，悯默而已。日内望饷甚迫，求查照二十九日敝咨饬催，至感至感。④

九月初三日（10月25日），清廷命旌恤江西殉难士民。

鸿胪寺少卿朱梦元等奏江西殉难士民，未经旌恤，请饬设局查办等语。江西各属被匪蹂躏，该地方士人等，捐躯殉节者甚多，实属深明大义。咸丰九年间，曾经钦奉谕旨，饬令查办。迄今三年之久，历任巡抚并未汇案具报，若再任其迁延，必至日久湮没。着曾国藩、沈葆桢即日严饬各属，设

---

① 林庆元、王道成考注：《沈葆桢信札考注》，第41页。

② ［清］沈葆桢：《沈文肃政书续编》，载《台湾文献汇刊》第四辑第五册，第502～503页。

③ 《曾国藩全集（修订版）·日记》二，第336页。

④ 《曾国藩全集（修订版）·书信》五，第9～10页。

局详查，分别奏咨，请予旌恤，以彰忠节而维风化。①

九月初五日（10月27日），上《请留漕折接济军需折》，论述江西边防军情紧急，留漕折增饷发兵，历数江西进项并湘军协饷。

> 顾增兵必须增饷，以江省目前情形而论，不特增兵之饷无款可支，即原设防军拖欠累累，至八九个月不等。前此冀力持大局，故西江所出先尽皖、浙诸军，而本境坐防之军只能从缓。……所以江省拮据情形有过于被兵省分者。但使军务日有起色，江省何惜忍数时之苦，以济垂成之功？所以臣《议复御史华祝三酌留厘金训练士兵》一折，绝不敢稍存畛域。今则如救焚者，火将及屋，只图扑熄，何暇择水？合无仰恳天恩逾格，俯念军情万紧，关系全局，准将江西本年漕折提解京协两饷暂行停止，以供本省添勇练兵之用。其防军旧欠虽万难弥补，以后亦须按月解济，以固军心。臣非不知部库、皖营皆万分窘急，然留一江省完善之地，尚可徐图挽救收效，将来若相与沦胥，势将求勺水而不可得。……往年江西闻警，恒婴守省城，以待两楚之援，今则两楚亦筋疲力尽，自顾不遑矣。臣不敢谓区区五千人遂确有把握，但有一分可为之事，即有一分当尽之心。病而求艾，尚且恐后，若屏谢医药，庸有瘳乎？此微臣所以再四思维，不得不冒昧干渎者也。应请饬部将江西应提京饷暂由他省匀拨，俟江省防务稍松，即行照旧起解，不敢自昧天良。皖南待饷孔殷，近粤厘已有成效，前月分解皖饷四万金、浙饷三万金，以后解款自当加旺，应由督臣飞檄催提。……贼踪飚忽异常，是以

① 《清实录·穆宗毅皇帝实录》卷四二，第四五册，第1132～1133页。

未及与督臣会商办理，合并陈明。[1]**【按：沈葆桢此折并未与曾国藩商议即行上奏，致使二人决裂。】**

九月初五日（10月27日），清廷谕准练额兵，命与曾国藩妥议熟筹。

沈葆桢奏遵筹守御事宜请先整顿额兵一折。据称江境官绅咸以训练土兵为请，与御史华祝三所奏，可谓询谋佥同。惟养勇有三善，更有四难。不如先练额兵，拟即严汰老弱，增补精锐，分为两班时常训练，练熟之后，轮流带赴皖浙助战各等语。军兴以来，各省均添募勇队以辅兵力之不足。惟勇粮浮于兵饷，以致勇强兵弱，而司兵柄者，遂谓兵不如勇，洵为近来通弊。诚能鼓舞而奋兴之，人同此心，岂有不可振作之理？该抚所称分班练兵，实有五便，并拟于练成后，责成两总兵带赴皖浙助战。俾智勇出众者，得以及时自效。万一本省有警，拔队回援，则士卒皆经战阵，不至畏缩不前，实能言之凿凿，透彻利弊，洞中机宜。即着照议妥为办理，按时认真调操，并酌筹津贴之费，以资饱腾，务令行伍精强，人思自奋，其一切章程，想该抚必能与曾国藩妥议熟筹，以期共济。[2]

九月初七日（10月29日），李桓复信钟仲甫，述及沈葆桢截留军饷。

倾与中丞禀商，刘军去后，信城有戏下亲军，足敷战守。第恐饶、景并急，安贵、弋阳之间，不可不以游兵策应，未审屈见田、王朗清两军能于此时抽回否？中丞嘱飞书尊处斟酌。如必需此二军，请即并禀江浙办理可耳。此间以

---

① ［清］沈葆桢：《沈文肃公政书》卷一，第106～110页。

② 《清实录·穆宗毅皇帝实录》卷四二，第四五册，第1136～1137页。

皖南之警，仓卒无可调遣。已嘱韩万生回兴国召勇五千，计匝月可以举事。截留漕折之议，中丞万不得已而为之，恐它人不能见谅也。[1]

九月初八日（10月30日），曾国藩致信沈葆桢，急求援助火药。

安庆火药现不满四万斤，且北风太大，寸步难行。敬求阁下惠协火药三万斤、群子万斤、火绳万盘，由陆路运至九江，装运民船，用重价雇轮船拖带东下，至金陵大胜关登岸，务请派一贤员专司其事。如骤难足数，少解亦可。昨咨请饬拨之银，能带二三万至金陵，更妙更妙。[2]

九月十一日（11月3日），李桓复信李鸿章，论及争饷一事。

此间门户空虚，饶重于广。中座锐意兵事，而阮囊之涩，自来所无，万不得已，奏留新漕，遣韩万生增勇五千人，为自立之计。徽饷以粤厘补之，出于无奈，想节相必慨然允从。第都中方苦乏食，京饷停解，部中万不能准，为可虑耳。饷源止此，彼此赢绌，不外是区区者。诚为无法，桓方以解厘不多，奉文申饬，今中座忽有此奏，节相能不怀疑？第自问怂既无从，沮又不得，则亦坦然听之可耳。江藩之不可为，早已参透。即两帅和协，而军食亦终索然。矧人自为战，家自为守耶？至饷绌之苦，前禀附陈一段，一字不肯涉虚。计邀洞鉴，惟有屏息以待雷霆而已。[3]

九月十二日（11月4日），曾国藩上《江西厘务整顿情形折》，奏李桓办厘不力，民怨颇多，重申使用江厘的合法性，并要求由皖派员赴江西办厘。

---

① ［清］李桓：《宝韦斋类稿》卷七四，第3110页。

② 《曾国藩全集（修订版）·书信》五，第26页。

③ ［清］李桓：《宝韦斋类稿》卷七四，第3117～3119页。

臣提用江西厘金漕折，中外通知。乃核其所得，不特不如湖北、湖南之厘，而省局尚不如东征局之数，并不如左宗棠经收景镇、河口、乐平三卡之数。臣徒揽江右利权之名，全无供苏、皖饥军之实。该藩司李桓总办粮台，兼管厘局，漫不经心，玩视饷务。如饶州一局，八月收册尚未送到，即据三、四、五、六、七凡五个月报到收册，除以一半解祁门买米外，其一半划解省局者，已有银七千九百四十两零，有钱九万二千九百四十三串零。即此饶卡业经解省之项，李桓亦未转解来皖。同系近五个月之事，饶州一卡分半解省者，为数反多；七属各卡全行解皖者，为数反少，不知各卡是何弊窦？李桓是何居心？……臣统军过多，欠饷太久，今岁疾疫盛行，医药无资，不得不整饬厘章，力求补救。外间皆知上海厘务不实不尽，不知江西厘金疲乏若此，皆臣平日不能稽核申儆之咎。该司李桓经理不善，此次姑免参办，数月后如仍前玩泄，即当从严参奏，并提讯经手员役，以惩积弊。①

【按：李桓在《甲癸梦痕记·吏事下》记录了此事的后续。“当同治壬戌、癸亥，制府以予司厘含混，有姑免参办之劾。朝旨未加究问，而署中公事，十九龃龉，予以壬戌年杪，因病详请奏罢，中丞改为奏假一月，委臬司署篆，约定假满，再请开缺。制府知予将去，旬日中七札行查厘务，巨细备举，均由署藩照案申复。一无缪辖，盖得力于界限手眼两说为多。逾年假将满，中丞来言曰：‘君之去已有成约，某当践言。顾制府督过如此甚急，虽为君疏罢，恐开缺后，仍被奏留查询经手事件。君九年以来，各署各局，一切公务，无懈可击，何不销假回任，竟以一官当之，免致开缺听查。以

① 《曾国藩全集（修订版）·奏稿》五，第122～124页。

去任之官，调在任之案，一切应取案宗，呼应不灵，转多棘手，于意云何？’予拱揖曰：‘公之言是也。某病有间，不再请开缺矣。’二月朔回任，次日奉视师陕南之命，越二日复卸篆行。”①】

九月十二日（11月4日），李鸿章复信李桓，言及江省饷需，及沈葆桢之气度。

江饷分供曾、左二军，自形竭蹶，未敢以下游需用重累邻封，军火即截止可也。幼翁中正和平，有老封疆气魄，后福殊未可量。②

九月十三日（11月4日），曾国藩因沈葆桢奏截留漕而焦虑。

又因沈中丞奏截留江西漕折，银两每月少此四万，士卒更苦，焦虑无已。③

九月十六日（11月7日），上《营员正法以肃军政折》④《审明厅员请旨议处折》。⑤

九月十六日（11月7日），曾国藩致信沈葆桢，谈可留二万金供给韩进春营，以求折衷，兼顾江西实情。

江西本省不可无大枝游击之师，韩进春五千人之举，断不可少。虽微嫌少迟，究胜于终不蓄艾者。到省后须令苦练三个月，乃可调出应敌。幸勿摘未熟之瓜、揠方长之苗，至要！至要！五千人之饷，月须二万八千金，并子药、帐棚共约三万两，此敝处最多之数，若稍少，则二万六千、二万四

---

① ［清］李桓：《宝韦斋类稿》卷七九，第3257页。

② 《李鸿章全集·信函》一，第136～137页。

③ 《曾国藩全集（修订版）·日记》二，第340页。

④ ［清］沈葆桢：《沈文肃公政书》卷一，第111～116页。

⑤ ［清］沈葆桢：《沈文肃政书续编》，载《台湾文献汇刊》第四辑第五册，第505～509页。

千亦可养五千人，敝处愿匀分二万金，月供韩军。或全提漕折，或漕项一万、厘局一万，皆指有着之款。下欠一万，请公或截部漕、或提地丁补之。先此函商，俟尊疏奉到批谕，再行咨商或奏商也。敝处奏定新漕，求饬按月酌解，慎无全行截停，至感至感。①

九月十七日（11月8日），清廷谕准悉数本年提漕银充江西本省军饷。

沈葆桢奏江省边防万紧，拟增募勇丁以资战守，请暂留漕折银两一折。金陵援贼由东坝窜新河庄、东门渡一带，鲍超所统各营退回宁国，皖南军情万紧，豫捻蔓延楚界，上游下驶，一苇可杭，非有精锐之师相机随势，与之相持，则乘隙而来，各防几同虚设。沈葆桢现饬参将韩进春赴兴国募勇五千名，以备折冲，自应如此办理。惟所奏本年漕折提解银两，关系京皖各饷，全行停止，势有难行。现在江省情形急迫，准其悉数提充本省军饷，俟防务稍松，仍应酌量分拨。②

【按：此事清廷未征询曾国藩而遂行核准。】

九月廿二日（11月13日），清廷谕江省漕折四十万两照提。

前因沈葆桢奏江省边防万紧，请暂留漕折银两，以济军需，京协各饷暂停拨解。当以所请情形紧要，暂允所请，仍交户部速议具奏。兹据该部奏称，江西漕折一项，专备京师采买米石之用，现在仓储万分支绌，请仍饬江西将户部奏提漕折四十万两，照常筹解等语。京饷关系紧要，别无巨款可筹，着沈葆桢悉心筹画，按照户部所拟，妥速办理，源源运解。原折着钞给阅看。③**【按：户部又将漕折四十万两照提不**

---

① 《曾国藩全集（修订版）·书信》五，第40～41页。

② 《清实录·穆宗毅皇帝实录》卷四三，第四五册，第1169～1170页。

③ 《清实录·穆宗毅皇帝实录》卷四四，第四五册，第1180页。

误，才答应给沈葆桢的额款转瞬即无，只好另寻他法，但曾、沈已经决裂。】

九月廿五日（11月16日），曾国藩复信沈葆桢，谢解银与火药；金陵业经勉支一月，未知此围何日得解；漕价既已酌减，则各属丁漕皆须严催力督。

差弁归，接奉十三日复示，荷蒙饬局筹解银二万、火药二万等件，委胡令长芝速解，以应急需，感赖曷既。前此之赣局七万，业已到皖分投转解，尚有省局之银二万、钱二万、粤厘之银三万阻风在途，但求数日顺风，则鲍、张、朱、唐各军皆可点缀。……前在抚州见广信士民感念德政，沦肌浃髓。漕价略加之事，既非阁下所能劝导，则鄙人更无论已，只好一律照办。价既酌减，则各属丁漕皆须严催力督。威克厥爱，庶不疲玩。①

九月三十日（11月21日），李桓复信钟仲甫，述沈葆桢患病、曾国藩反制等。

中丞猝感风中腰眼，请假一月，桓当循例代拆代行，益增冗碌。适节相于接准桓处禀复之后，仍照前札附奏姑免参办，中朝必照例撤任，或褫职严行查办。此固桓所深盼，将来仍照原禀具供，不难水落石出也。不问情形，不检卷宗，且置禀复为弗闻，诚不可解。封疆事重，官一日尽一日心，决不因此稍怠，况中丞报恙耶。所苦系旧疾，脉象平正，旬月必可霍然。②

九月，上《浙饷解交广信府左宗棠后路粮台片》，以助左军开拔援浙。③【按：左宗棠率军由江西进浙江，巩固江西东防；江

---

① 《曾国藩全集（修订版）·书信》五，第68页。

② ［清］李桓：《宝韦斋类稿》卷七四，第3135页。

③ ［清］沈葆桢：《沈文肃政书续编》，载《台湾文献汇刊》第四辑第五册，第499～501页。

西则一直支持左宗棠部，粮饷无缺。】

九月，左宗棠复信李概，谈及幸赖江厘得免饥溃。

入浙以来，战事幸尚顺利。惟士卒疾病日多，每出队不能五成。饷缺已久，无可作计。赖幼丹中丞与黼兄极力拯救，时其缓急周之，得免饥溃。此德如何可忘?①

十月初四日（11月25日），曾国藩因江西漕银咨商沈葆桢。

为咨商事。为照本部堂于本年八月间，奏奉谕旨，在于江西漕折项下按月协拨徽、宁军饷银四万两。嗣因江西边防吃重，准贵部院函商，拟令韩进春招募五千人，本部堂当以江西本省断不可无大枝劲旅援应游击。五千人饷需各项共约须银三万两，愿于敝处匀分二万月供韩军，或全提漕折，或漕项一万、厘局一万，皆指有着之款。下欠一万，请于部漕地丁项下酌量提用，其奏定新漕，求饬按月酌解，慎勿全行截停等语，专函商办在案。日下金陵、宁国援贼四集，各军饥疲日甚，望饷孔殷，应请贵部院迅饬粮道，在于江西漕折月解徽、宁军饷四万之内，酌提银三万两，交派去之战船接解安庆粮台经收，其余银一万两，即留供给韩军。俟接到贵部院复函，再于厘金项下截留银一万两，以符原议。②

十月初四日（11月25日），李桓致信其师范宗山，述藩司筹饷之酷，表明支持沈葆桢。

桓两署藩篆，今春奉命真除，就官职论，本有兵民兼顾之责，况良心难昧，不肯括骨敲髓，以快大帅之诛求。……藩司尤无作法，惟不顾功名，无患失之心，乃有敢为之气耳。……沈中丞公正廉明，才大胆大，洵为救时良相。与曾帅小有龃龉，桓两姑间，事事调停，此中受苦尤甚。到官八

---

① 《左宗棠全集·书信》一，第431页。

② 《曾国藩全集（修订版）·奏稿》七，第88～89页。

年，心思气血，自知消耗过度。然时局如斯，岂敢言病？[①]

十月初六日（11月27日），曾国藩因江西争饷忿恚。

日内因江西官场于余处啧有烦言，甚为忿恚，或竟日纠缠于心，未能稍释。甚矣，褊衷之难化也！[②]

十月初八日（11月29日），李鸿章致信曾国藩，认为是争饷一事系李桓指使，沈葆桢落入圈套，建议曾国藩大度相待沈葆桢。

幼丹截留漕折，抑何矇懂，复书婉切中理，渠当自悔前说耳。韩进春经历战事甚少，遽令统五千人防边，不知把握何在。幼兄与黻堂等于兵事似尚隔膜，更不若史士翁甬东一局，专倚外人，不自募军之老到也。……黻堂九月中旬来书讼冤，而自命颇高，其矫强殊为可鄙，至幼丹亦坠其圈套，以后若何融洽，仍求吾师休休之度，曲予包荒，联幼丹为同心，使无隔阂，则黻堂必渐承顺耳。[③]

十月十一日（12月2日），李桓复信钟仲甫，言新漕拨饷致曾、沈生隙事。

京饷四十万，复奉司农奏准仍行提解，根本重地。碍难再乞留用。徽饷则两次准留，仍苦年外不能久支，全赖地丁贴协。而皖文仍有咨提月饷三万之说，中座已咨驳，未知究竟如何。两帅既以此冰炭，桓又无术调停，大局实为可忧。桓解厘之数，未奉指明，遂以入告，不得不禀请撤查。[④]

十月十二日（12月2日），清廷实授李鸿章江苏巡抚。

十月十八日（12月9日），曾国藩因江西争饷愤郁不平，接

① ［清］李桓：《宝韦斋类稿》卷七五，第3142～3143页。
② 《曾国藩全集（修订版）·日记》二，第351页。
③ 《李鸿章全集·信函》一，第154页。
④ ［清］李桓：《宝韦斋类稿》卷七五，第3144页。

沈葆桢信，有挽回之意。

因幕客说及江西掣肘之端，寸心郁郁久之。写对联五付。夜接沈幼丹信，有思挽回前事之意。①

十月廿五日（12月16日），致信沈玮庆，准备具折销假，并安排家事。

行坐业已如常，数日即具折销假矣。②【按：因争饷问题，乞假一月，李桓代署江西巡抚。】

十月廿五日（12月16日），曾国藩复信沈葆桢，述南京解围之后军情、饷事及人事。

幸饷项来数较丰，为今年所未有，差强人意。若能如此月之入款，即全停江西漕折犹可支持，特恐不可为常。且待万过不去之时，再行缄商尊处通融办理。……黼堂于前敌之事，太不关心，今年下游各军疾疫，实属非常灾变，始终无一字慰问。江西厘金，苟经理得宜，亦实不止此数。诸希心鉴。③

十一月初六日（12月26日），李桓复信钟仲甫，谈及沈葆桢销假视事。

此间自中丞销假，官民均觉心安。④

十一月初九日（12月29日），李桓复信李鸿章，谈及曾、沈关系破裂。

江、皖痕迹已深，两贤终恐相厄。两姑之妇，极力调停，乃转以撄节相之怒，今更无从调停，而又不能脱然事

---

① 《曾国藩全集（修订版）·日记》二，第355页。

② 林庆元、王道成考注：《沈葆桢信札考注》，第42页。

③ 《曾国藩全集（修订版）·书信》五，第145～147页。

④ ［清］李桓：《宝韦斋类稿》卷七五，第3152页。

外，苦煞苦煞。[1]

十一月十五日（1863年1月4日），清廷命江西、湖南、贵州、四川各省速将教案办结。

十一月十六日（1863年1月5日），太平军攻陷绩溪县、太平县，进兵与江西毗邻的祁门县，致信毛鸿宾，求援。

皖南巨逆，窜陷绩溪、太平，皆弃而不守，斜趋祁门。江良臣军门望风而溃，糈台所积，大半资贼。其势如疾风骤雨，必并力而西。湖口、景镇虽有防兵，无如头头是道，莫能兼顾。只得以数枝力保上游，俾勿断浙军后路，以一大枝随所向与之相持。惟省储火药，以协济孔多，顿形缺乏。闻东征局所存颇富，不揣冒昧，敢专员备价，驰叩台端，伏恳逾格关□，俾得移缓就急。则江省数百万户均拜仁人之赐，非特官斯土者感激无地也。[2]

十一月十七日（1863年1月6日），上《皖南窜逆西趋酌筹布置折》，述江西布防情形，及捉襟见肘之处。

其韩进春一军本游击之师，非确知贼踪所向，未便轻调，且教练甫经半月，遽临大敌，臣颇以为疑。……至省城仅存标兵千余人，臣饬每兵募一精壮余丁，合二千余人，日夕训练，以资城守。第逆贼号称十数万，惯作流寇伎俩，西江兵力只有此数，即各军幸而获胜，终难杜其纷窜之路。[3]

十一月十七日（1863年1月6日），左宗棠复信李桓，言及曾、沈争饷交恶。

沈帅所患霍然，实符私愿。制贼之计，最重上游，江楚得人，则局势自臻稳固。只此同志数人尽瘁图之，尚未知济

---

① ［清］李桓：《宝韦斋类稿》卷七五，第3154～3155页。

② 林庆元、王道成考注：《沈葆桢信札考注》，第184页。

③ ［清］沈葆桢：《沈文肃公政书》卷一，第119～120页。

否，况可病乎！……涤相才不甚大，量亦不甚宏，至其大段之正，存心之厚，亦实非近世所易得，相处之道，直而无竞可也。天下事非一君子所能济，君子又有所长、有所短，用君子惟用其长，事君子亦宜勿犯其短，僚友之间，所当留意。①

十一月十九日（1863年1月8日），曾国藩加沈葆桢片，谈江西军情，并安抚之。

左帅复敝处信，言江西有事，渠必以全力救援。大约蒋、刘、刘、王四军，左帅必遣两军回援江西，合之味根一军，韩进春一军，总可力扼寇氛。如天之福，江西再得一年安静，皖、浙其终可图乎！②

十一月二十日（1863年1月9日），李鸿章复信李桓，述及曾、沈争饷一事，认为沈、李二人是闲极生事，自惹苦恼。

休文性刚愎，忍俊不禁，正赖大力从中调剂。江局之不能自立，匪自今始。鄙人命蹇，求此卧治之邦而不可得，诸君子乃闲极生事，自惹苦恼，不觉失笑。乖气致戾，仆恐西江一勺，将成泛滥。与公久别，既不得于数千里外排难解纷，惟贡区区愚诚，求两公豁达耳。③

十一月廿一日（1863年1月10日），李桓复信万篪轩，谈及沈葆桢处理政事。

桓孱弱之躯，日不暇给。虽中丞事事肯做主张，究竟署局巨细，无不躬亲，实觉才力不及。④

十一月廿五日（1863年1月14日），上《特参藉捐蒙混之知

---

① 《左宗棠全集·书信》一，第445～447页。

② 《曾国藩全集（修订版）·书信》五，第222～223页。

③ 《李鸿章全集·信函》一，第174页。

④ ［清］李桓：《宝韦斋类稿》卷七五，第3162页。

县折》和《已革都司诈赃酿命循例定拟折》。①

十二月初二日（1863年1月20日），为张应昌（仲甫）所藏林则徐墨迹撰跋。

同治壬戌之秋，张仲甫二丈以舅氏林文忠公墨迹见示，一为芸馆启事，一为伊吾邮书，纸墨如新，不觉愀然悲、肃然敬。忆道光癸巳，奉家君北上，过苏门，舅氏留之节署，始亲侍笔墨。浑金粹玉，虽髫稚亦知其为宝，然尽勤鲜暇，不敢以私好溷之。讵料甲午春告归，遂从兹不得一见颜色耶？是□舅氏墨迹，除函札外，所藏绝少。仲丈家遭兵燹，赀产筐箧，悉付劫灰，千里间关，萧然自发，独于故人手迹，性命相依。信所谓造次必于是，颠沛必于是者耶？信所谓死者复生，生者不愧者耶？文忠公手迹，固与其硕行伟业同垂不朽，而仲丈敦笃交谊，亦照耀千古矣。宜其为鬼神所呵护，历险不渝也。羽书旁午，迁延累月，□克附笔，不胜歉然。同治元年腊后一日，三山沈葆桢志。②

十二月初五日（1863年1月23日），上《教堂一案设法办理折》，奏复江西教案，谓人情汹汹，如强行威迫，恐致大变，并述及对传教的理解。

窃思传教与用兵不同，用兵则以力屈人，传教则以心服人。人何以服？信之，斯服之矣。人何以信？示之以可信，斯信之矣。……查江西前案与湖南、贵州颇不相侔。当滋事之时，教士、教民业经他往，并无受伤、受辱之人。……臣拟由官筹措五千金，俟罗教士抵浔时解与九江道妥交，以为

---

① ［清］沈葆桢：《沈文肃公政书》卷一，第121～134页。

② 杨国桢编：《林则徐书简》（增订本），福州：福建人民出版社，1985年，第316页。

赔修之费。但凡百姓愿卖之地，任凭罗教士自择建造，以壮观瞻。至臣防范既疏，又复调停乏术，致中外大局几起衅端，仍请旨将臣交部严加议处，似可以全该教士之体面，而服其心。①

十二月十二日（1863年1月30日），致信沈玮庆，谈购置房产，并以此告诫十条。

盖八角楼住屋，当时并非力所能置，费祖父母无限心机得来，我必守此终身，一也。江西兵勇欠饷至八九个月，无可筹措，而疆吏购美宅，前此王雪轩在浙被围，其子在庆城寺购宅成券，阖城以为奇闻。我与汝名节两亏，二也。闽中有产业必劝捐，……耆督与我素不相洽，闻之必生心。我果力尚能捐，必不吝惜，其如日食尚且不足，何谓置产有钱而助饷无钱，夫谁信之？三也。②

十二月十二日（1863年1月30日），李桓复信李鸿章，细述于曾、沈之间如何自处。

此案未发以前，即有传言节相以桓禀问过稀，深为疑怪者。盖不知两姑之妇，时有不得已而然之苦。上年毓帅任内，每值疑难莫决，并属桓禀候帅示再定，渠非特不置一词，且得示后断无反悔，是事理仍一线穿成也。本年沈帅莅江，凡军务、地方重件，无不一力担荷，任劳任怨，独肩其难。抚既事事主张，又悉中肯。藩曰必待督命，此万万不能办到。若私行禀示，如沈帅交情何？如鄙人品节何？且或抚东督西，何去何从，面面皆为缺陷。手则甚棘，口不能言，了事无方，措身无地，是以自春徂秋，皖禀至少。实以双峰

① ［清］沈葆桢：《沈文肃公政书》卷一，第138～140页。
② 林庆元、王道成考注：《沈葆桢信札考注》，第44页。

并立，无论事前事后，均无可措之词。两帅和幸也，不幸而不和，总不因桓笔墨，发此大难，此桓反复筹度，而但求以此心对两帅，藉了公事者。区区之愚，未邀节相垂谅，致奉斥是何居心，几不齿于士类。不得不叠禀剖析，然而前后两文，终不及沈帅一语。为两帅同舟之谊，至欲以微官当之，艰苦下忱，我公察之否耶？今两帅意见痕迹，都已消融，即浙与皖亦无龃龉，不得谓非鄙人调停之力。至鄙人虽为节相所摈，而办事悉仍照常，毫无芥蒂，即厘局弊遁于法，亦于旬前缕析禀陈，不肯稍有延护。①

十二月十二日（1863年1月30日），李桓复信郭嵩焘，言及沈葆桢康复。

沈帅病体全复，所募韩营五千，已赴乐平。其中老勇甚多，或可专游剿。②

十二月十五日（1863年2月2日），清廷从沈葆桢之请，谕准刘珏入祀乡贤祠。

予江西故广东按察使刘珏入祀乡贤祠，从巡抚沈葆桢请也。③

十二月，曾国荃复信沈葆桢，述曾国葆归葬、金陵军情等。

昨奉十一月十八日赐示，敬悉我公调段、王诸军分防西路，如星罗棋布，着着争先，敬佩无量。舍弟灵榇已于前月二十四日挂帆上驶。抵安庆时，家兄拟留泊兼旬，再回湘中卜地安厝。来示犹殷殷垂询，无任哀感。④

---

① ［清］李桓：《宝韦斋类稿》卷七六，第3181～3184页。

② ［清］李桓：《宝韦斋类稿》卷七六，第3186页。

③ 《清实录·穆宗毅皇帝实录》卷五二，第四五册，第1434页。

④ 《曾国荃全集》第三册《书札》，第277页。

同治二年癸亥（1863） 44岁

江西巡抚任上。

正月初二日（2月19日），会衔曾国藩上《李桓患病请假折》，替李桓请假一个月。

> 窃据藩司李桓详称，该司素有气痛病症，有感即发，随药而瘳。……臣查该司履任以来，遇事认真厘剔，现在患病，实相应据实奏，恳赏假一月，俾得安心调理，一俟病痊，即饬照常供职。[①]【按：李桓在《甲癸梦痕记一·守分》中言及奏请开缺前后沈葆桢的安排。“癸亥初春，谒假静摄，满拟继请开缺，巡抚沈公以总督督过方亟，坚属回任。乃回任浃日，即奉视师陕南之谕。戎，大事也。自知病体，断弗克任。顾藩司可为，而军务不可办；江西可居，而陕西不可去。于议为悖，与律为辜。遂却沈公之奏留，遵师命而远役。是时陕南兵勇二万余，欠饷六七十万。陕藩毛君震寿，师久无功。朝廷责望予甚迫，因思亲兵千人，必不可少，遂有自捐千人三月行粮之议。沈公曰：‘君在江筹饷甚裕，司库颇充，何不照数动支，某代为疏请。宜无不可行者。’予曰：‘以陕事支江饷，江人其谓某何？且自募亲兵，未奉朝命，是尤不可。自捐不过二万金，廉余数千，变产足之，尚易为力。顾非募之湖南，不克信任。某家长沙，是行也，以江藩治陕事，以欠饷之兵，剿发、捻两逆方张之寇，主客异势，众寡殊形。某将死之，募勇之行，亦欲与家人诀耳。’沈公曰：‘何言之衰也？’曰：‘是不能强也，力不足也。’及

---

① ［清］沈葆桢：《沈文肃政书续编》，载《台湾文献汇刊》第四辑第五册，第510～511页。

抵里一月，变产成军。”[①]】

正月初三日（2月20日），复信父母，述近况。

儿近体都好，药早已歇，惟日饮牛乳两钟而已。军务虽难办，然有法可想，尽心力而为之。洋务则绝无可想法，动辄违碍，进退无适而可，此则史册中未见之难事也。[②]

正月初四日（2月21日），复信父母，述复寄安信缘由。[③]

正月初八日（2月25日），清廷谕准所参劾官员。

沈葆桢奏请将藉办捐输影射蒙混之知县惩处一折。……陆长庆着即行革职，永不叙用。并勒令该革员将前项捐银自行措解，以济军需，不准稍有延宕。[④]

正月初九日（2月26日），清廷谕准所参劾官员。

沈葆桢奏请将不谙文理之同知等官勒休一折。……西九江府同知博恩、南安府同知唐廷铨、瑞金县知县胡长芝、试用知县袁树柄、陈大文、吴光业均属不通文理，着即一并勒令休致。[⑤]

正月十四日（3月3日），曾国藩复信沈葆桢，言江苏、江西军情。姑苏克复，纯系误传；李秀成将率数十万众窜犯大江以北；拟令陈、阎二人同赴省局，请随时导诲；鲍部大获全胜，擒斩近万。[⑥]

正月廿三日（3月12日），李鸿章复信曾国荃，言及沈葆桢反对严锡康赴九江办茶税。

---

① ［清］李桓：《宝韦斋类稿》卷七七，第3218～3220页。

② 林庆元、王道成考注：《沈葆桢信札考注》，第45页。

③ 林庆元、王道成考注：《沈葆桢信札考注》，第46页。

④ 《清实录·穆宗毅皇帝实录》卷五四，第四六册，第10～11页。

⑤ 《清实录·穆宗毅皇帝实录》卷五四，第四六册，第13页。

⑥ 《曾国藩全集（修订版）·书信》五，第375～376页。

严锡康于沪上茶捐条理最熟，前因茶商不至，请赴浔劝办，业经定议，岁可得七万余金。幼丹咨商师相谕阻，敝处不敢越境取利，贵军界苏与江之交，请即转恳提用，作为上海解尊处之饷，不无小补。如江右不准，即以左公在江苏劝浙捐之例绳之，且茶商愿照向章，与江皖无涉，沈帅何必拦禁耶？①

正月廿九日（3月18日），上《权宜对调知府折》，论及良将不如良守。“故得一良将不如得一良守。良将戡乱于已著，良守消患于未萌也。”②

二月初四日（3月22日），李桓卸事，沈葆桢曾挽留李桓，李以“三不可留”拒之。

桓销假回任甫浃日，沈幼丹中丞虑病间之难远行也，代者之难其人也，将疏留。桓瞿然陈三不可之说，受君恩，无择事，不可留一。起寒微、著战绩者多矣，桓世臣也，焉敢后？不可留二。朝命至重，且上在冲龄，稍迟回，人其谓桓何？且谓公何？不可留三。③

二月初四日（3月22日），致信父母，述近况，报平安。④

二月初九日（3月27日），上《截扼浙东败逆片》《请学臣照常按试片》。⑤

同日，上《李桓入秦起程日期折》，推荐孙长绂、沈元泰接任李桓事务。⑥

---

① 《李鸿章全集·信函》一，第203页。

② ［清］沈葆桢：《沈文肃公政书》卷一，第38页。

③ ［清］李桓：《宝韦斋类稿》卷首自序，第12～13页。

④ 林庆元、王道成考注：《沈葆桢信札考注》，第46页。

⑤ ［清］沈葆桢：《沈文肃公政书》卷一，第147—151页。

⑥ ［清］沈葆桢：《沈文肃政书续编》，载《台湾文献汇刊》第四辑第五册，第512～514页。

二月初十日（3月28日），法国传教士罗安当由湖北抵达九江。

二月十九日（4月6日），清廷命防太平军回窜饶、九等地。

沈葆桢奏浙东败逆西趋派兵严防要隘各折片。……江西广信尚可无虞，惟该逆若横窜建德，则与饶、九处处接壤，不可不豫为之防。沈葆桢已饬段起等严扼景镇湖口，并令韩进春侦贼所向，迎头截击。即着督饬该员等严密防剿，毋稍疏虞。[①]

二月二十日（4月7日），曾国藩加沈葆桢片[②]，论江苏、江西军情，目下重点，仍在防敌窜入江西。

左帅抽出刘廉访一军，意在援徽以保江西，其谊可感，其力亦足以了之。惟侍、辅、堵三酋，若从宁邑、旌、太阑入江西，殊觉难于收拾。弟当以全神注重此层，敬告阁下，同此兢惕。[③]

二月廿五日（4月12日），曾国藩复信沈葆桢，言江苏、江西军情。

朱镇呈报堵、孝各酋，已集青阳，将由东、建以犯江西，不得已檄春霆回军，以截此股。能于青石境内驱之东归，斯为至幸。乞饬诸将加严湖口、景镇之防，以固江西之围。[④]

二月廿五日（4月12日），上《教案现办情形片》，述法国传教士罗安当重回南昌一事。

臣以该教士如果执意来省，地方官固未便十分阻留，致

---

① 《清实录·穆宗毅皇帝实录》卷五八，第四六册，第121页。

② 《曾国藩全集（修订版）·日记》二，第398页。

③ 《曾国藩全集（修订版）·书信》五，第438～439页。

④ 《曾国藩全集（修订版）·书信》五，第448页。

疑别有意见。惟两国既敦和好，彼此谊关一体。若不推诚相告，殊失地主之道。省城人心叵测，该教士冒险而来，万一复滋事端，地方官固咎有应得，而传教士已受实祸，何补毫厘？既为劝人为善起见，随处可行，何必急于省城一隅，转多窒碍？臣谨将议覆法国照会条款，札饬九江道，就近向该教士妥而应给赔款五千两，即由该道提银交付，作为抵解藩库之款。其吴城地基，亦由该道札饬吴城同知遵照办理。①

二月廿五日（4月12日），上《严扼窜匪片》《黎兆棠请发江西差委片》。②

二月廿九日（4月16日），曾国藩会见传教士罗安当等。

又大法国传教士罗安当等持恭亲王文一件来见，欲余寄信与江西沈中丞，言去年打毁天主教堂一案，请早为办结。③

二月三十日（4月17日），上《继果营在休宁县境连胜折》。④

二月三十日（4月17日），曾国藩加沈葆桢片，谈处理江西教案。

弟观罗教士之气象，不过如我中国之无赖痞棍，其进京干求迫切，在该国公使不过稍与申理，以应酬外国传教之人，在恭邸不过稍予体面，以应酬驻京之公使而已。弟上年闻尊处办理此案刚劲不挠，恐或激而生变，今观罗教士之言语意象，必不足以取信于该国之酋长，法国亦必不因该教士而兴兵动众，疆吏于此等处，但于刚毅之中，微寓浑涵之

---

① ［清］沈葆桢：《沈文肃公政书》卷一，第153～154页。
② ［清］沈葆桢：《沈文肃公政书》卷一，第155～157页。
③ 《曾国藩全集（修订版）·日记》二，第402页。
④ ［清］沈葆桢：《沈文肃公政书》卷一，第159～162页。

意，不使恭邸独任其难而已。此外，则自以守正不挠为宜。[1]

三月初三日（4月20日），曾国藩致信沈葆桢，敌犯江西，殆难幸免；求严饬段道扼住昌、江；饷绌异常，求拨六万金。

自去秋以来，无日不以贼犯江西为虑，今殆必难幸免。虽曰地广兵单，亦实鄙人调度未善，无所辞咎也。迭次飞檄春霆回援，闻因饷绌，难于拔动，定于初一日起程，不知果成行否？……此间正、二月饷绌异常，盖凡饷皆由江西经过，定蒙鉴察。东征局提饷之船，又于洞庭遭风沉溺，以致愆期。……敬求赐拨六万金，以济眉急。其中以若干为惠协之款，以若干为借款，由厘局归还，均候尊裁。[2]

三月初六日（4月23日），上《江西仍难采办米石折》，述江西无米可购，运费太贵。

约复须三石之耗费，乃能致一石之米于京仓。想由天津招商，其价必不至此。是以漕折归部库，搭发兵饷一两，可得一两之用，而以漕折供采办，徒将仓储之正款，虚糜于舟楫之往来。外省有办米之难，京师无得米之实。[3]

三月初六日（4月23日），上《贼氛逼近调度情形片》。[4]

三月初八日（4月25日），清廷命遵照和约，熟筹妥办江西教案。

沈葆桢务当遵照和约，熟筹妥办。揣该教士晋省之意，无非欲谒见大吏，以为体面。……总之与外国交涉事件，一切须持平办理，该抚断不可稍存成见，致有偏抑。现在军务方殷，沈葆桢务当仰体朝廷不得已之苦衷，晓谕绅民，权宜

---

① 《曾国藩全集（修订版）·书信》五，第457～458页。
② 《曾国藩全集（修订版）·书信》五，第462～463页。
③ ［清］沈葆桢：《沈文肃公政书》卷一，第163～166页。
④ ［清］沈葆桢：《沈文肃公政书》卷一，第167～169页。

时势。如该绅民不遵约束，恃众滋事，是止知逞忿沽名，不知顾全大局，必至又生枝节。沈葆桢身膺疆寄，不为一己利禄计，独不为国家时势计耶？该抚其妥为绥辑，务使中外相安为要。①

三月十二日（4月29日），清廷谕准对调知府的请求，但下不为例。

前因沈葆桢奏请将吉安府知府高延绶与南康府知府曾省三对调。经部议，以吉安府系请旨要缺，对调与例未符。兹据该抚奏称，吉安府为江省第一繁难之区，非熟习情形、恩威并济之才不足以资整顿。曾省三在江年久，且朴直廉明，到任数月，已著成效，以之调补吉安府，实属人地相宜。高延绶明白谨慎，尚非弃材，宜暂予以中简之缺，俾资历练等语。着照所请，曾省三准其调补吉安府知府，所选南康府知府员缺，准其以高延绶对调。此系因人地相需，从权办理，嗣后不得援以为例。②

三月十二日（4月29日），清廷谕准计典延期举行。

江西巡抚沈葆桢奏上年计典因接奉部文已迟，请展至本年五月举行。从之。③

三月十三日（4月30日），曾国藩加沈葆桢片，谈江西军情布置。

春霆为石涧埠所牵制，克庵为徽、休所牵制，景镇苦无游击之师。若席宝田速到，与韩进春合为一路，应可一战，但未接其拔营日期。想尚在袁州一带，到抚尚须时日，祈阁下专弁一催，或酌带银两迎而犒之。……省城虽万无他虞，

① 《清实录·穆宗毅皇帝实录》卷六〇，第四六册，第173页。
② 《清实录·穆宗毅皇帝实录》卷六一，第四六册，第180页。
③ 《清实录·穆宗毅皇帝实录》卷六一，第四六册，第181页。

然亦不可不为之备。……若布置城守事宜，可择一最冲地段，责成詹都司防守。①

三月十四日（5月1日），致信父母，寄兑库纹千金。②

三月十四日（5月1日），致信沈玮庆，嘱按单支出寄兑银两，为翊清种牛痘等。③

三月十四日（5月1日），致信沈玮庆，嘱送笔敬、丁未同年衔名册附撰文用沈桂芬等。④

三月十七日（5月4日），上《拨用洋税片》，请拨九江洋税六万解往安庆曾国藩军营。

遵查前准浙江抚臣左宗棠咨借饷银，情词恳切，臣督同司、道再三商议，而丁、漕各款罗掘已空，且本省戒严，各军待饷若渴，惟九江洋税征有成数，照会监督廷曙解司应用。旋据解到银八万两，以四万两协济浙省，以四万两凑发本省军需。……复准督臣曾国藩函咨，以皖南北同时并警，援军咸因饷尽不能拔营，请饬九江关于洋税项下动拨银六万两，迅委解济等因。臣等非不知部库空虚，亟须筹备，惟目下江、皖情形非常窘迫，事关东南全局。与其稍涉拘泥，致误事机，曷若稍事通融，藉图补救。臣谨饬该监督将前存银四万七千余两并续征洋税，凑足六万之数，即日解往安庆，以速军行。凡此皆系万不得已之举，非敢藉词留拨，任意开销。⑤

三月十七日（5月4日），上《继果营会剿获胜折》《老湘营

① 《曾国藩全集（修订版）·书信》五，第489～490页。
② 林庆元、王道成考注：《沈葆桢信札考注》，第46页。
③ 林庆元、王道成考注：《沈葆桢信札考注》，第46页。
④ 林庆元、王道成考注：《沈葆桢信札考注》，第47页。
⑤ ［清］沈葆桢：《沈文肃公政书》卷一，第175～177页。

在渔亭截剿连胜折》《报明近日军情及布置情形片》《柏溪市会击获胜片》。①

三月十七日（5月4日），曾国藩听闻九江关洋税可解六万，稍慰。

日内深以饷拙为虑，本日闻九江新关可解六万，广东、赣州共解八万，为之一慰。②

三月十八日（5月5日），清廷以耆龄为福州将军，左宗棠为闽浙总督，曾国荃为浙江巡抚，未到任前由左宗棠兼署。

三月十九日（5月6日），清廷命堵剿入江西的太平军。

沈葆桢奏宁国逆匪绕由青阳窜至东流建德，江省现筹堵剿等语。……江省信防稍松，饶防更复吃紧，沈葆桢饬令参将韩进春、副将孙昌国水陆各军，前往鄱阳毗境扼截，并催饬道员王德榜驰赴浮梁防所，以为堵御，所筹尚属周妥。……着曾国藩即饬该提督之军乘机追剿；并着沈葆桢严督饶防各路官军，探踪迎击，与鲍超之军随时联络，毋稍疏虞。③

三月十九日（5月6日），曾国藩复信沈葆桢，谈江西军情及总理粮台人选。

此次徽、祁危急，全仗尊处派心初一军，左帅派克、铃两军，苦战苦守，乃能保全三城。……幸而立解重围。鲍军回援祁、景，总在一月以后。江、席二军由抚州入皖，则当在两月以后。如天之福，此两月内，饶、景、祁、婺皆不决裂，则大幸也。④

三月廿四日（5月11日），上《老湘营迎剿祁西巨股获胜折》

---

① ［清］沈葆桢：《沈文肃公政书》卷一，第171～191页。

② 《曾国藩全集（修订版）·日记》二，第409页。

③ 《清实录·穆宗毅皇帝实录》卷六一，第四六册，第197页。

④ 《曾国藩全集（修订版）·书信》五，第505～507页。

《续报各路军情片》。①

二月廿六日（5 月 13 日），上《继果营协同浙师攻克黟县折》《韩营续获胜仗片》。②

三月廿九日（5 月 16 日），上《访举贤士以励风俗折》《洋船贩卖私盐讯明完案折》。③

四月初一日（5 月 18 日），清廷命堵剿入江西的太平军。

> 沈葆桢奏渔亭先后获胜，及岩寺街会剿获胜饶防吃紧近日布置情形各折片。……沈葆桢已飞饬韩进春等拔队进剿，并饬段起等军进援，布置甚属周妥。着即严饬各军，以剿为防，保固完善地方，毋令匪踪深入腹地。江省团练亦颇得力，该抚仍当激励地方绅团，辅助官军之不足。……逆匪不能逞志于皖，必将上窜江西，恣意蹂躏。沈葆桢身任封圻，责无旁贷。如本省兵力不敷，仍随时与曾国藩、左宗棠筹商调派，毋致稍有疏失，是为至要。④

四月初一日（5 月 18 日），清廷命席宝田军驰赴江西，听候沈葆桢调遣。

> 信防亦形吃紧，该省兵力单薄，不敷防剿，而曾国藩所派赴援景镇之鲍超一军，又因逆贼渡江，改旆北渡，扼守无为州。江省完善之区，为皖浙诸军后路，设有疏虞，大局均为掣动。毛鸿宾前奏新募之道员席宝田一军，谅已整队在途，着毛鸿宾迅速驰檄飞催，令该员即率所部，兼程前进，驰赴江西，听候沈葆桢调遣，毋稍逗留，以固江右而全

① ［清］沈葆桢：《沈文肃公政书》卷一，第 193～199 页。

② ［清］沈葆桢：《沈文肃公政书》卷一，第 201～208 页。

③ ［清］沈葆桢：《沈文肃公政书》卷一，第 209～222 页。

④ 《清实录·穆宗毅皇帝实录》卷六三，第四六册，第 224～225 页。

大局。[①]

四月初三日（5月20日），上《韩字营血战解围折》《浙师连败黟县败匪片》《报获伪孝王尸首片》。[②]

四月初四日（5月21日），曾国藩复信沈葆桢，谈及截剿窜入江西的太平军。

> 下游实无所得食，该逆冒死内窜江西，以营一饱，其势但愿进死，不愿退生，穷寇狠谋，殊无御之之法。然刘、王等军在徽、祁境内，以少击众，屡获大捷，均出意料之外。若留钤峰守祁，而克庵、心初回剿浮、景，合之段、韩二军，或更有意外之捷。全数驱之东窜，亦未可知。此则全仗阁下与左帅大力维持，与苍苍者悯念江、皖子黎而已。[③]

四月初七日（5月24日），清廷命沈葆桢、左宗棠堵剿入江西的太平军。

> 着沈葆桢督饬在防员弁，认真堵剿，并激励各属团勇就近策应，以辅官军所不逮，毋得稍有疏虞。饶、广为浙军后路，关系紧要，此时贼匪分道窜逼江西，王德榜一军尚恐兵力不厚，并着左宗棠妥筹兼顾。如皖事稍松，即饬刘典等军，毋分畛域，随时相机接剿，俾该逆不能窜越浮、景，方为妥善。[④]

四月初九日（5月26日），致信沈玮庆，言及大势、江西军情等。

> 曾节相荷天下重任，而日来名声大减，举动失常，大局不堪设想。……然窜贼数十万，均谓宁战死江西，断不肯饿

---

① 《清实录·穆宗毅皇帝实录》卷六三，第四六册，第225页。

② ［清］沈葆桢：《沈文肃公政书》卷一，第219～228页。

③ 《曾国藩全集（修订版）·书信》五，第548～549页。

④ 《清实录·穆宗毅皇帝实录》卷六三，第四六册，第247页。

死江南。铤而走险，防不胜防，未知能从邀天幸否也。①

四月初九日（5月26日），清廷命左宗棠、沈葆桢飞饬部署祁、黟一带太平军。

着左宗棠、沈葆桢飞饬刘典、王沐等各率所部，四面搜擒，务将祁、黟一带零匪除尽，毋任再有勾结。②

四月初十日（5月27日），传教士罗安当抵达南昌。

四月十二日（5月29日），上《浙师扫清黟境折》《部署饶防片》《彭泽县民团与贼坚持片》。③

四月十五日（6月1日），上《请奖南赣等属剿匪出力人员折》。④

四月十六日（6月2日），清廷命督饬韩进春等乘胜进剿。

仍着沈葆桢督饬韩进春等乘胜进剿，将退屯枫树龙之贼悉数扫除，毋留余孽，所有此次在事出力员弁兵勇，着该抚查明保奏，以示鼓励。⑤

四月十六日（6月2日），清廷谕准解九江洋税抵京饷。

沈葆桢奏请将江海关代征九江洋税抵解京饷等语。京饷为目前要需，现在度支告匮，各该督抚自宜竭力筹拨，以济急需。此项洋税本系应行解江之款，以之抵解江省京饷，诚为两便。着曾国藩、李鸿章迅饬江海关，速将前项税银匀月分批，解京充饷，抵作江省应解奉提地丁之项，毋稍延宕。其尾欠银数，仍着沈葆桢于地丁项下征存搭解，以清款目而

---

① 林庆元、王道成考注：《沈葆桢信札考注》，第47～48页。

② 《清实录·穆宗毅皇帝实录》卷六三，第四六册，第252页。

③ ［清］沈葆桢：《沈文肃公政书》卷一，第229～236页。

④ ［清］沈葆桢：《沈文肃公政书》卷二，第243～247页。

⑤ 《清实录·穆宗毅皇帝实录》卷六四，第四六册，第265页。

裕度支。①

四月廿四日（6月10日），曾国藩复信沈葆桢，彭泽告急，改令申夫由彭赴鄱，会合韩、席等军由内打出；洋酋构怨兴兵，罗安当知难而退，亦自佳事。

味根一军，顷奉四月九日寄谕，又令往粤。三令三更，此军精力光阴，遂全耗于道途之中。敝处不欲再行陈奏，一则恐政令多门，不成事体；二则七千人之饷，毫无可指也。罗安当知难而退，亦自佳事。来示决裂与否，听之于天，以鄙见度之，罗安当之伎俩不能耸听，洋酋构怨兴兵，彼畏难作而自退，并非阁下坚拒不见，当无他虞。②

四月廿九日（6月15日），上《官票碍难停止酌拟办理情形折》，历数官票与银价发放弊处及其对策。

拟请嗣后江省司道关库，无论何款拨解军饷，循照旧章起运实银，不搭官票。至本省司库支收各款，仍将官票按成搭放搭收，以资周转。宝丰局事务无多，应即裁撤，归司库照章办理，以节糜费。③

四月廿九日（6月15日），上《法国教士抵省折回片》，述处理江西教案后续事宜。

昨经委员于城内为该教士置备公馆。因再四晓谕，居民总不听从，只得派役先于船上妥为预备。……百姓复埋怨教民之引诱该教士来省，致将剃发等铺拆去六间等情。随饬该府赶紧委员前往护送，一面访拿滋事为首之人，并札九江道查明该教士如复回浔，仍将前议条款妥商办理。④

---

① 《清实录·穆宗毅皇帝实录》卷六四，第四六册，第266页。

② 《曾国藩全集（修订版）·书信》五，第585页。

③ ［清］沈葆桢：《沈文肃公政书》卷二，第249～251页。

④ ［清］沈葆桢：《沈文肃公政书》卷二，第259～260页。

四月廿九日（6月15日），上《继果营进剿包家墩窜逆获胜折》《廓清鄱境以援都湖片》《拿办会匪片》。①

四月，往年所辑《居官圭臬》刊印，署“三山沈葆桢幼丹编次，闽中王崧辰小希、连江杨谦肄三谨校，豫章吴兰芳谷敬刊”。王景贤、徐宗幹为之撰序。这是一部官员行为学教科书。王景贤序云：

> 盖闻圣门论政，皆本诸心，以心固为政之本，而制治清浊之原也。圣门诸贤亦率于穷居，进求其蕴，诚深窥夫政与心之无二理，不以穷达而有异耳。②

五月初四日（6月19日），堂弟沈尔绥到署帮办笔墨。

> 五叔于初四到此，现办笔墨事，身体尚好，惟烟瘾未断。③

五月初六日（6月21日），清廷谕准曾国藩派大员会办厘金。

> 曾国藩奏沥陈饷需奇绌情形，并请特派大员来南会办，及曾国荃亦有辞浙抚之奏各等语。已严饬晏端书等将广东厘金尽数全解，沈葆桢将九江洋税按月如数批解矣。曾国藩督师九载，运筹决策，屡克名城。该大臣坚忍耐劳，久为朝廷所倚重。近因所辖地方太广，所统水陆兵勇过多，而各省饷银又复不能源源接济，深惧责大任重，稍有蹉跌，则大局立虞决裂，所奏自系实情。④

五月初六日（6月21日），清廷命于九江洋税项下，每月拨银三万两解曾国藩军营。

---

① ［清］沈葆桢：《沈文肃公政书》卷二，第253～265页。

② ［清］沈葆桢：《居官圭臬》，载《沈葆桢文集》，第495页。

③ 林庆元、王道成考注：《沈葆桢信札考注》，第49页。

④ 《清实录·穆宗毅皇帝实录》卷六六，第四六册，第321页。

曾国藩奏兵事迟钝，由于饷需支绌，徽、宁两防月饷全赖江西漕折一项接济。嗣经沈葆桢将漕折银两留供本省防兵，而徽、宁两防，遂无一毫可恃之饷。江西通省厘金又因江浙等处支去八万，致实解皖营者寥寥无几。……沈葆桢亦当念江、皖唇齿相依，保皖即所以保江，力筹接济。着自奉旨之日起，沈葆桢于九江洋税项下，每月拨银三万两，源源解皖济饷。①

五月初九日（6月24日），曾国藩发核定厘金江西批稿。

核定厘金江西批稿发去。②

五月十五日（6月30日），复信父母，寄兑库纹千金，嘱按单支用等。③

五月十五日（6月30日），复信沈玮庆，嘱办理侄子沈咏彤婚事、寄兑银两花费等。④

五月十七日（7月2日），曾国藩复信沈葆桢，谈军情，饷项奇绌，保奖太滥。

江、席额饷六万，善后局详请于地丁浔税项下月拨四万，厘金项下月拨二万，此叨惠最大，鄙人所求之不得者，而弟批并此一万而吝之，又奏请月拨浔三万。黄莘帅两函苦商截留粤饷，弟皆未允许，又奏请敕令无得留粤。左季帅新有援徽大功，而弟遽请索还景、河、乐、婺诸厘卡，此三者俱似不近人情。实因饷项奇绌，军情日涣，迫而出此。私衷愧悚，深惧无以对阁下暨左、晏、黄诸公。⑤

---

① 《清实录·穆宗毅皇帝实录》卷六六，第四六册，第322页。
② 《曾国藩全集（修订版）·日记》二，第427页。
③ 林庆元、王道成考注：《沈葆桢信札考注》，第48页。
④ 林庆元、王道成考注：《沈葆桢信札考注》，第48～49页。
⑤ 《曾国藩全集（修订版）·书信》五，第646～647页。

五月十八日（7月3日），上《上游稳固折》《刘典等进扎枧田街片》《饶郡练勇出奇获胜折》《韩军进逼贼巢获胜折》《水陆会剿片》。[①]

五月廿六日（7月11日），复信沈玮庆，寄兑四千金，谈家事处置等。

以后我不在家，官绅场中或情不可缺者，出公份足矣，不必来往应酬也。家中用度，有此次兑项，自足敷衍。俭是自己的事，省事则自然省费。[②]

五月廿七日（7月12日），上《吁提洋税以济援师折》，请先尽江、席两军解营三万，后按月解济。

兹查督臣曾国藩调援江西之江忠义、席宝田两军月饷约需六万，虽经曾国藩饬两江总粮台提款支发，惟该粮台所入尽数解皖犹苦不足，何从分润客兵？臣职任封疆，岂敢坐视数千里来援之师枵腹从事？……饬九江关道于续征洋税项下动拨银三万两，就近解营。并恳天恩，俯准将此后九江关所收洋税先尽江、席两军按月解济，由江忠义派员住浔，守领其不足者，再由善后局筹补，均归两江总粮台核作收放，俾不致临敌饥溃，以昭主客之谊，而保完善之区。[③]

五月廿七日（7月12日），上《洋税尽数解营片》，请将洋税尽数解江、席两军。

窃臣于三月间准督臣曾国藩函，致以江西军情万紧，急檄鲍超赴援，因饷缺，未克拔营。臣当即飞饬九江道，赶集洋税六万金，星夜解皖。近得曾国藩来信，又深以江、席两军饷无所出，焦灼于心。在督臣虽谓粮台谊不容辞，然臣熟

① ［清］沈葆桢：《沈文肃公政书》卷二，第267～284页。
② 林庆元、王道成考注：《沈葆桢信札考注》，第49页。
③ ［清］沈葆桢：《沈文肃公政书》卷二，第285～286页。

知牙厘更无余款。是以奏请将洋税一项先尽江、席两军，其不足者再由善后局筹补，以分督臣之急，而卫皖饷之源。目下九、饶群盗如毛，米珠薪桂，防兵索饷，急于火煎。虽闽浙督臣左宗棠极谅江省苦情，派来刘典援师，血战于江，转饷于浙。第以本省正杂各款供本省新旧各营，实已朝不谋夕，臣终不敢稍分畛域，上负朝廷。①

五月廿七日（7月12日），上《汇报近日军情折》。②

五月廿九日（7月14日），上《请旨审办重案并自请议处折》。③

六月初五日（7月20日），上《扫清陶家渡贼垒折》。④

六月上旬，左宗棠复信沈葆桢，谈军情、局势和筹饷。

敝部骁将喻可宗遂及于难，殊为惋痛。贼因此窜回石门。彼间有坚垒，恐亦未易得手也。都昌及彭泽、湖口近时光景如何？……造船之说，或未必确耳。皖南群盗纵横，非速与扫除，则江、皖之忧亦即浙之忧也。弟所以迟归浙西者，亦以此。……节相索还景镇、河口、婺源、乐平之厘，已饬各委员回浙矣。⑤

六月十二日（7月27日），清廷谕准提九江洋税解江、席两军。

沈葆桢奏汇报近日军情，并吁提洋税以济援师，仍饬善后局筹补以分督臣之急，而卫皖饷之源各折片。……江忠义、席宝田两军月需饷银六万两，经曾国藩饬两江总粮台提款支发。惟该粮台所入，尽数解皖，犹苦不足，势难分润客

① ［清］沈葆桢：《沈文肃公政书》卷二，第293～294页。
② ［清］沈葆桢：《沈文肃公政书》卷二，第287～291页。
③ ［清］沈葆桢：《沈文肃公政书》卷二，第295～300页。
④ ［清］沈葆桢：《沈文肃公政书》卷二，第301～306页。
⑤ 《左宗棠全集·书信》一，第469～470页。

兵。沈葆现饬善后局，勉措江忠义军营行费，饬九江关道动拨洋税三万两就近解营，并请嗣后九江关所收洋税，先尽江、席两军，按月解济，即着照该抚所请办理。惟皖营军饷近颇短绌，沈葆桢仍应妥筹兼顾，均匀分拨。所有曾国藩前此奏拨九江关税银两，该抚务当严饬该道按月如数拨解，毋误要需。①

六月十三日（7月28日），曾国藩复信沈葆桢，谈军情、筹饷、厘局等。

去冬以来，徽、饶等处，专仗阁下与左帅大力经营，鄙人愧未厝意，此后有事，当通力合作也。……九江洋税一款，国藩于四月二十七日奏提三万，旋于五月八日接到局详，指此项供江、席两军，当时已难于着批。今江、席正当进剿吃紧之际，此项自当先尽渠军，如收数大旺，或可分润皖台，再行酌商。今年一事可以告慰，谷米先事预筹，将来度过荒月，尚可余谷三万有奇。饷银则奇绌异常，厘金亦毫无起色。有米无银，各军可扎老营，难以开差，浙江之索还景、河等卡，广东之不准截留厘项，均不免石交生隙。而湖北大税，川私占尽，淮南引地及希部欠饷太多，皆不免大起论端。今而后知天下之争，皆生于不足也。②**【按：九江洋税三万，沈葆桢尽先解给江忠义、席宝田二军，曾国藩无可奈何。】**

六月十八日（8月2日），李鸿章致信李瀚章，述沈葆桢、曾国藩因争饷事仍在龃龉之中。

幼丹近仍龃龉，欲得兄回任江右调停接济。幼丹昨有

① 《清实录·穆宗毅皇帝实录》卷七〇，第四六册，第411～412页。
② 《曾国藩全集（修订版）·书信》六，第17～18页。

书，亦以彤翁暗中攫去为憾。弟与作梅拟即密商师门，调回为便。①

六月二十日（8月4日），上《攻克石门逆垒折》《报各路贼情片》。②

六月二十日（8月4日），上《教堂案商办完结折》，述法国传教士罗安当与九江道蔡锦春议定，南昌教案以赔款一万七千两银完案。

另拟劝谕示稿，交蔡锦青给与阅看。该教士别无异言。其赔款又经蔡锦青与之反复辩论，议定前后共银一万七千两，禀请由司筹给，准予完案前来。伏思此案，以臣抚驭无方，致多胶葛，今复糜兹巨款，扪心省疚，寝馈难安。惟所毁教堂由教士领款另向他处再造，在教士既感朝廷宽大之意，而居民亦庶可从此相安。③

六月廿一日（8月5日），曾国藩复信李鸿章，谈及江漕四万。

四万之请，实出于不得已，务祈饬催司道，按月满解，至感至祷。……前奏拨浔税三万，旋为幼丹中丞奏罢，先尽江、席二军，江、席亦隶敝部，不忍拂也。④

六月廿五日（8月9日），李鸿章致信曾国藩，述陈鼐新任。

作梅云，师意商令回江筹饷。渠与幼丹甚相得，幼丹来函亦颇以改粤为憾，若一转移，或于皖饷少助，亦未可知，再求妥酌。⑤

---

① 《李鸿章全集·信函》一，第241页。

② ［清］沈葆桢：《沈文肃公政书》卷二，第307～313页。

③ ［清］沈葆桢：《沈文肃公政书》卷二，第315～316页。

④ 《曾国藩全集（修订版）·书信》六，第34页。

⑤ 《李鸿章全集·信函》一，第244页。

六月廿六日（8月10日），复信沈玮庆，谈习字，寄兑库纹千金，嘱代购《画禅室随笔》、詹斗山笔等。

> 字不可离帖，看帖不可不广，而临帖不可不专。临此帖必须一一循其规矩，离貌取神，此英雄欺人之言，非笃论也。晋唐大家书，无不平直者，宋以下则不尽然，力量薄也。①

六月廿八日（8月12日），上《特参挖堤重案姑息贻患之守令折》《覆审诈赃酿命重案片》。②

六月廿九日（8月13日），清廷以郭嵩焘署广东巡抚。

七月初二日（8月15日），上《湖口连获胜仗枪伤巨逆折》《报各路军情片》《老湘营扫清黟城窜逆折》。③

七月初五日（8月18日），清廷谕准依议办结江西教案。

> 沈葆桢奏教堂一案，经署九江道蔡锦春商办完结等语，着即照所议办理。嗣后务当妥为抚驭，持平办理。固不可抑勒居民，致失众志，亦不可于教民有意偏枯，致令该教士因相待之薄，又生枝节。④

七月初八日（8月21日），清廷命督师廓清江西。

> 并着沈葆桢督同江忠义、李榕等军，稳扎稳进，节节扫荡，务将该匪聚歼，廓清江境，庶可移师并力皖南，为规取金陵之计。⑤

七月十六日（8月29日），上《都湖踞逆遁出江境折》。⑥

---

① 林庆元、王道成考注：《沈葆桢信札考注》，第49～50页。

② ［清］沈葆桢：《沈文肃公政书》卷二，第317～324页。

③ ［清］沈葆桢：《沈文肃公政书》卷二，第325～334页。

④ 《清实录·穆宗毅皇帝实录》卷七二，第四六册，第459页。

⑤ 《清实录·穆宗毅皇帝实录》卷七二，第四六册，第461页。

⑥ ［清］沈葆桢：《沈文肃公政书》卷二，第335～344页。

七月十八日（8 月 31 日），曾国藩致信沈葆桢[1]，谈军情、厘务。

此次徽、饶幸保万全，实赖阁下与左帅调派诸军，苦战苦守。敝处仅有钧营会剿，既少且迟，深以为愧。此后鉴于前辙，即派江、席、李军为江皖游击之师，另有公牍奉商。如阁下与左帅意见相符，则一切由三君者自定，进止不复遥制矣。……希庵病重不出，鄙人不得不独执其咎。数月以来，外而苗患日炽，内而饷项日绌，昼夜忧灼。惟此二端，仰仗大力将江西厘务料量一番，庶有补救。[2]

七月十九日（9 月 1 日），曾国藩写致沈葆桢信。

旋写幼丹信，内一清单，未毕。[3]

七月二十日（9 月 2 日），曾国藩写致沈葆桢信。

写一单与沈幼丹，至午正二刻方毕。[4]

七月二十日（9 月 2 日），上《彭泽肃清请破格奖励折》《附褒候补道孙长绂片》。[5] 附驿奏恳赏假一月，后奉旨允行。[6]

七月廿八日（8 月 29 日），致信父母，谈家事、江西军情、开缺等。

江西为东南全局枢纽，儿与涤相为饷事动辄龃龉，恐碍大局。幸教堂之案已结，洋人此后不来省垣。发逆远遁，饶、九肃清。两宗大事，皆已就绪。请病假一月，假满即请开缺。如蒙恩允，则归期即在冬间也。[7]

---

① 《曾国藩全集（修订版）·日记》二，第 449 页。

② 《曾国藩全集（修订版）·书信》六，第 63～64 页。

③ 《曾国藩全集（修订版）·日记》二，第 449 页。

④ 《曾国藩全集（修订版）·日记》二，第 450 页。

⑤ ［清］沈葆桢：《沈文肃公政书》卷二，第 345～347 页。

⑥ ［清］沈葆桢：《沈文肃公政书》卷二，第 359 页。

⑦ 沈吕宁、沈丹昆编著：《沈葆桢家书考》，第 105～106 页。

七月廿八日（8月29日），致信沈玮庆，谈出租旧屋、开缺等。

我归思甚切，归期想亦不远。惟盘费尚无所出，到家后更不知若何。然天不绝人，较身当大任，坐视斯民入于水火，则魂梦稍安耳。①

七月廿八日（9月10日），侧室潘氏卒。

七月三十日（9月12日），上《阵亡恤赏先放五成官票折》，请一体循照旧章，按名放给五成官票，其余五成实银，准其作捐请叙。

臣不得不仰体皇仁，变通办理，饬司将江省阵亡恤赏、祭葬、碑价等项，无论从前欠发及嗣后奉准议恤，一体循照旧章，按名放给五成官票，其余五成实银，准其作捐请叙，俾难裔获免流离冻馁，以期上慰慈廑。②

八月初十日（9月22日），沈葆桢因九江洋税分配咨商曾国藩。

本年八月初八日，据署饶、九蔡道锦青申报，九江关征收洋税，均匀分解江、席二军月饷及皖营军饷，请查核分咨等情到本部院。据此，除批据申已悉该道力筹全局，本部院深愧弗如。且不候批示即行分解，尤见任事之勇。第江、席两军亦阁督部堂调援之师，现责成肃清皖南，似非本部院私设自卫营头无足重轻者。比使该道整顿洋税，十分起色，该营月饷六万之外，尚有赢余，则丝毫悉输江外粮台，本部院亦受赐无量。至丁漕各同治年款，尽给本省兵饷，不敷甚巨，即谓将卒一隶江右便无足齿数，其未能枵腹从事，当亦人情所以不敢求分洋税之余者。原谓洋税所入，只有此数，

---

① 沈吕宁、沈丹昆编著：《沈葆桢家书考》，第105～106页。

② ［清］沈葆桢：《沈文肃公政书》卷二，第351～352页。

尽解江、席两军犹苦不足也，今该道已掺成算，若江、席两军尚有他省协济另款，抑其弁勇只需半饷，绝无异词，孰非效命国家者，本部院何所庸其吝惜？倘仍须于丁漕划补，当何以处本省防军？

本部院受病日深，万难恋栈，原不必妄参末议，自蹈愆尤，况援师已出皖南，稍存畛域之心，尽可借端推诿。惟与江军门握晤之日，口血未干，来往文移亦经行知，该道贼氛朝解，前盟夕寒，江军门得无疑本部院暗中授意为此翻复倾侧之术耶？即江军门不以食言见责，阖营弁勇亦隐忍相安，本部院有腼面目，何堪自问耶？当悍逆环逼，人人自危，若非防军苦守于前，援师血战于后，江右生灵涂炭，乃分之宜，恐未必不牵动全局。试问此时洋税安在？顾大局者至此又当作何议论？且安得浔阳片土为面面周旋地耶？今邀天之福，因人之力，幸而获全，白骨犹新，创痍未起，而累战汗血，遽付东流，本部院欲勉效力，顾大局之一言，无如天良难昧也。①

八月中旬，左宗棠复信沈葆桢，谈病情、军情、人事、筹饷。

十二日接奉前月晦日手书，知尊体违和，深为悬系。呃逆一证，是肝气不调，想非静摄不可。然请假亦是虚文，一肩巨任，则事无大小，均在心头也。弟患疟已两月，……自念身在行间，三军皆属耳目，不敢宣露病状，亦不敢据实人告，即乞假亦无代行之人也。治境肃清，……广信、徽州本浙引地，浙抚清厘引地，并非过分。节相咨覆，虽未禁阻，却以两湖收淮盐厘税为言。其实两湖自咸丰三年以后，并无

① 《曾国藩全集（修订版）·奏稿》七，第89～91页。

淮南片引到境。安庆为贼踞，淮南之盐从何路来？所抽者淮北之盐及川、粤之盐，此皆非其引地，故两湖得而抽之。若徽、信则分明浙绍引地，岂可以辖境为词乎？节相尚气好争，亦可笑耳。①

八月二十日（9月22日），上《江省新漕仍难改征本色折》，请将本年份新漕仍征折色。

查江省漕粮碍难借运轮船及采办米石运京，诸多窒碍情形，经臣先后奏明，奉旨"允准"在案。兹准前因，自应竭力通筹，何敢拘泥前奏，藉词推诿？伏念漕粮为天庾正供，原应征收本色。惟是行之日久，百弊丛生。……此臣与各司道再四商酌，总缘疮痍未起，遽难规复旧章，诚恐无益京仓，转虑贻误京饷。合无仰恳天恩，俯准将本年份新漕仍征折色，源源委解，以备饷需。②

八月二十日（9月22日），上《候选道屈蟠请加恩赐恤片》。③

八月二十日（10月2日），上《吁恳开缺折》，因病奏请开缺，抚篆交藩司护理。

奏为微臣假期已满，病势增剧，吁恳天恩俯准开缺调理，以重封疆事。……惟是巡抚关系匪轻，江省疮痍未起，虽贼氛暂退，而危事殊多。匝月以来，史治民情已恐不无观望，若再以病躯恋栈，则贻误东南全局，获戾滋深。……现在巡抚关防，请旨暂交藩司孙长绂护理。其藩司印务由孙长绂自行遴员接署。臣于二十日拜折后，即将关防委员赍交孙

① 《左宗棠全集·书信》一，第477～478页。

② ［清］沈葆桢：《沈文肃公政书》卷二，第353～356页。

③ ［清］沈葆桢：《沈文肃公政书》卷二，第357～358页。

长绂接受任事，以免贻误。①

八月二十日（10月2日），曾国藩致信沈葆桢，谈军情、厘局、洋税等，并劝慰挽留之。

> 厘局各员，台端固执谦退，不置可否，弟现派至江西办厘者已至十五员之多，日夕兢兢，常恐用人不当，不特贻害商民，亦必有损吏治。厘卡之争端，何一不与州县相交涉？不敢求一一稽查，但求于声名最劣者，以片纸见示，立即撤委，则惠我多矣。……又，大咨中“万难恋栈”一语，似有引退之志。自台端莅任江西，劣员淘汰将尽，仕途为之一肃，门包供应，省垣绝迹。若旌从去位，则继之者恐难如此弊绝风清。即主兵如段、韩、屈、王等，皆能竭诚效命；客兵如刘、王、江、席、李等，亦感激无间言，若另易他帅，亦难必众军之用命。弟恭附同舟，窃欲代皇上一为挽留，代百姓一为攀辕。可否涵纳众流，同支危局，伏候卓裁。②

八月廿八日（10月10日），曾国藩加孙长绂片，请其告知沈葆桢开缺缘由。

> 接到惠函，知幼丹中丞奏请开缺，已将关防送交尊处护理。……幼丹兄玉体想已日就痊愈，勿药有喜。或因敝处调兵筹饷，措置多乖，抑或公牍私函，言词失当，以致贤者不得安其位，是皆鄙人之咎，愧歉何极！朝廷倚畀柱石，计日必有温旨慰留。弟昨亦有密函，略致挽留之忱，不知可勉强絷维否？此外是否别有拂意之事，便中尚祈示及一二。③

八月下旬，复信留办赣防的刘于浔，解释开缺，表明心迹，

---

① ［清］沈葆桢：《沈文肃公政书》卷二，第359～360页。

② 《曾国藩全集（修订版）·书信》六，第127～128页。

③ 《曾国藩全集（修订版）·书信》六，第148页。

托付赣防等。

弟日来病体增剧，不得已而有奏请开缺之举。承足下博征古昔，揣量事势，责之以君臣之义，动之以士民之情，且要之以贤大夫之出处，其所以教之者至矣，所以爱之者深矣。葆桢虽不敏，敢不拳拳服膺，遵行勿失乎？然人苦不自知，自知而不择所以自处，小必辱身，大将误国。……弟少无宦情，为贫所迫，不得已而仕。然一官一邑，窃升斗之禄，犹可言也。巡抚为封疆大臣，江西关东南全局，此岂可以抱关击柝视之？……谓贼退境外，全省未遭蹂躏耳。此天幸也，岂可常哉？善后事宜，一无足恃，昼夜不寐，动辄心悸。继此必有骇浪惊涛，十倍曩昔者。虽精神强固，尚无补于才识之暗昧。况孱病之躯，安能当此哉？自维受恩至重，亦尚不为都人士所弃，恝然舍去，上负天眷，下辜民望。然较之情现势屈，贻误大局，不可挽回，其所以负国负民者，轻重不相悬绝耶？方今朝政清明，人才蔚起，中宫轸念东南，江右实为枢纽，必有超异之选，来抚是邦者。足下正当奋袂而起，共济时坚，岂可视鄙人以为进退耶？①

九月初三日（10 月 15 日），赏假四月，清廷命在任调理。

沈葆桢奏假期已满，病势增剧，恳恩开缺回籍调理一折。沈葆桢自简任江西巡抚以来，察吏安民，事事均臻妥协。本年发逆大股窜入江境，复能督饬在事员弁兵勇，力挫凶锋。现虽贼氛远遁，而一切防守布置，均须该抚力为经画，朝廷正资倚畀，岂可遽请退休？沈葆桢着无庸开缺，赏假四个月，在任安心调理，江西巡抚即着孙长绂护理。②

① 林庆元、王道成考注：《沈葆桢信札考注》，第 185 页。
② 《清实录·穆宗毅皇帝实录》卷七八，第四六册，第 588 页。

九月初三日（10月15日），李鸿章致信曾国藩，言及四处筹饷、沈葆桢遽然奏请开缺等。

> 淮盐经筠仙整饬，月销引数倍增，上下游厘饷顿旺。闻江、鄂口岸添派督销大员，师门当不终穷也。……幼丹久不通问，遽请开缺，且已交卸具题，如此决绝，令人骇诧。①

九月初三日（10月15日），李鸿章致信孙衣言，言及沈葆桢奏请开缺事。

> 幼丹遽请开缺，可谓高蹈。盛名之下，实不易居，惟此着最为藏身之巧，但恐未必如愿。②

九月初七日（10月19日），复信父母，谈子侄姻事、开缺等。

> 儿前月二十疏请开缺，抚篆交藩司护理，约计十五日前后当可奉旨。能如所请，则十日内可到家矣。③

九月上旬，致信沈玮庆，嘱求同乡郑守孟（海邹）书法装订成册、监督家中子弟习字等。④

九月十九日（10月31日），曾国藩复信沈葆桢，再次表示挽留，并谈军务、厘务整顿、漕丁解运等。

> 接奉八月二十七日复缄，敬悉前疏计日将奉温旨，上感君恩，下怜民望，知仁人必有不忍决然者。鄙人无状，亦窃附诸绅耆之列，一致攀辕之忱，想鉴之也。……弟于厘务力求整顿，盖实出于不得已。至于扰累商民，大拂公论，则弟亦不敢出此。……是乃台端所以惠爱商民，亦所以匡助鄙人

---

① 《李鸿章全集·信函》一，第256～257页。

② 《李鸿章全集·信函》一，第259页。

③ 林庆元、王道成考注：《沈葆桢信札考注》，第51页。

④ 林庆元、王道成考注：《沈葆桢信札考注》，第50页。

也。……漕改本色一案，尊疏中“限以成例，官无可赔；准其实销，费无从出”四语，最为破的之论。[①]

九月二十日（11月1日），曾国藩复信李鸿章，述及挽留沈葆桢。

幼丹告病，此间两函挽留，温诏亦必慰留，当不致恝然也。[②]

九月二十日（11月1日），致信沈玮庆，寄兑库纹五百两，嘱遵单开销。[③]

九月中旬，左宗棠复信曾国藩，谈及沈葆桢开缺。

郭筠仙抚粤东，沈幼丹去江西，一益一损，且幸且惧。[④]

九月廿四日（11月5日），上《恭谢天恩折》，谢准假四月，在任调理。

伏念臣奉命抚江，瞬将两载，一筹莫展，负疚殊深。今春逆焰鸱张，虽经各将士勠力同心，克期扫荡，而边隅之被扰，实筹备之多疏。比以病体难支，恳恩开缺。原谓江西系东南全局，巡抚为封疆大臣，非阘茸之才、颓废之躯所能胜任。乃蒙褒嘉，逾格宽予假期，闻命自天，汗颜无地。臣惟有赶紧调摄，务求及早就痊，竭尽愚诚，勉图报效，以期上答高厚生成于万一。所有微臣感激下忱，理合缮折恭谢天恩，伏乞圣鉴。谨奏。[⑤]

九月廿四日（11月5日），上《恭谢颁赏文宗显皇帝御制诗

---

① 《曾国藩全集（修订版）·书信》六，第174～176页。

② 《曾国藩全集（修订版）·书信》六，第177页。

③ 林庆元、王道成考注：《沈葆桢信札考注》，第51页。

④ 《左宗棠全集·书信》一，第486页。

⑤ ［清］沈葆桢：《沈文肃公政书》卷二，第361～362页。

文全集折》。[①]【按：三日后，曾国藩亦因获赐书上《恭谢御赐诗文折》。[②]】

九月廿四日（11月5日），曾国藩加严树森片，因京米苦差提及沈葆桢。

即幼丹中丞之贤，亦因此而不敢办米。弟将窒碍情形一一说出，请特旨准其报销，则外省无赔累之苦。[③]

十月初一日（11月11日），李鸿章致信王霞轩，述奉曾国荃之命慰留沈葆桢疏请开缺一事。[④]

昨接幼丹中丞来咨，已具题交卸请开缺，何决绝乃尔。以江右官民攀留之切，朝廷倚畀之隆，海内仰望之深，知必不遂所请。曾九帅来书，属弟致书慰留，比因军事冗迫，尚未暇及，亦似迟不及事。闻揆帅已殷勤缄阻，成见可少回否。幼帅与鄙人相知，实共心性，稔知其官兴甚淡，不耐呕气，两年已来，为难之处，可想而见。□时势所值，易地皆然，既拥虚名、忝高位，苟可得行其志，求去者岂独幼公一人耶？徒添痕踪，转贻圣主南顾之忧，大义公论，均所不取。忍辱负重，愿为幼公进一解焉。

十月初三日（11月13日），因军情紧迫，提前销假视事。

因西路纷纷告警，臣不敢拘泥假期，谨于本月三日力疾视事。[⑤]

十月初五日（11月15日），清廷正式任命赫德为中国海关总

---

① ［清］沈葆桢：《沈文肃政书续编》，载《台湾文献汇刊》第四辑第五册，第520页。

② 《曾国藩全集（修订版）·奏稿》六，第427～428页。

③ 《曾国藩全集（修订版）·书信》六，第185页。

④ 《李鸿章全集·信函》一，第41页。

⑤ ［清］沈葆桢：《沈文肃公政书》卷二，第364页。

税务司。

十月上旬，左宗棠复信沈葆桢，详述江忠义军安置问题。

江、席构隙，得节相书始悉，亦不审其因何故以致纷纭也？……节相来书，有商味根就食江西之说。不知得各处肃清之报后，又变计否？味根解青阳围后，延不进兵，大约因所部病弱过多之故。现在局势如此，时勿可失，似宜径图宁县、广德、建平，与宣、歙守军合力前进，不必复行引退。譬犹偷儿入室，既已驱之藩篱之间，无折旋自扃卧室之理。若以饷事谕之，则味军在江、在皖无所增减，防剿无所区分，与其就食而退，何如趋利而前乎？想执事于节相函商之时，必有一番酌度。如或味根已班师回石门、洋塘一带，则乞饬王心牧之军由祁门赴徽，渐规宁国县城，北与鲍军、南与敝军联为一气，机局紧密，裨益皖、浙，良非浅鲜。夙仰公忠之谊，敢布区区，惟执事实图利之。①

十月十七日（11 月 27 日），上《恭报筹防西路情形折》《都司朱洪春立按军法片》。②

十月十七日（11 月 27 日），上《李世忠军饷仍请改拨折》，述李世忠军需饷每月二十余万，江西省无可筹款。③

十月十八日（11 月 28 日），清廷劝和曾、沈二人。

御史华祝三奏，抚臣引疾，假期将满，请令照旧供职一折。据称，沈葆桢年甫四十有余，其病非难速痊，所以力求引退者，特以协饷、用人两端与曾国藩意见不合，而营员乘间伺隙，饰非乱是，是以沈葆桢知难而退。现在该抚假期将满，谕令毋庸固辞，并令该二员遇事熟商，即意见偶歧，不

---

① 《左宗棠全集·书信》一，第 494～495 页。

② ［清］沈葆桢：《沈文肃公政书》卷二，第 363～371 页。

③ ［清］沈葆桢：《沈文肃公政书》卷二，第 373～375 页。

妨各据一是，请旨施行等语。沈葆桢与曾国藩意见不合，朝廷早有所闻，此奏不为无因。曾国藩办理东南军务，需饷孔急，而沈葆桢值地方凋敝之余，心存抚字，或致蠲缓多而协饷未能如数。至用人一项，沈葆桢为地方大吏，甄劾不得不严，而曾国藩因军营需才，葑菲无弃，亦恐有耳目难周之弊。该御史所称此辈一经得志，颠倒是非，任意播弄，亦所不免。在该大臣等事属有因，初非自便其私，惟天下事往往以小嫌而误大局，不可不思。曾国藩、沈葆桢皆贤能卓著、公忠体国之臣，如果尚有畛域未化，各怀意见，东南民生何日可奠？朝廷尚安望二臣之共济艰难耶？经此次训谕之后，沈葆桢与曾国藩军营协饷，苟可设法，即当尽力筹措，并着该抚于假满后即行销假任事，毋稍耽延。曾国藩于沈葆桢曾经甄劾前来投效之员，亦当留意摒斥、裁汰，毋开小人幸进之门。彼此函商，共归一是，以古人廉颇、蔺相如，寇恂、贾复为法，同心共事，毋贻朝廷南顾之忧，以全终始，而保令名，于二臣有厚望焉。原折均着钞给阅看。①

十月二十日（11 月 30 日），曾国藩复信郭崑焘，言及解送京米。

顷得渭春、幼丹二君复信，今年决不解京米。②

十月廿一日（12 月 1 日），曾国藩加沈葆桢片，谈军情和厘卡。

研香来此晤谈两次，似是近日各统领中出色之材，可为喜慰。语及韩参将，渠无贬词，并云操守极为廉洁，打仗亦肯冲锋。前惠书言芥舟误听浮言，谓刘、席愤韩饷足，不往救援，真毫无风影之言矣。研香已属深识大体，况克庵之贤

---

① 《清实录·穆宗毅皇帝实录》卷八二，第四六册，第 698～699 页。

② 《曾国藩全集（修订版）·书信》六，第 233 页。

耶？……然江西之患，究在北而不在南，若南赣刻无警信，韩军可否暂留中路抚州一带？可南可北，可广可饶，伏候卓裁。①

十月三十日（12月10日），清廷嘉奖提前视事。

沈葆桢现因席宝田、江忠义两军请假休息，已檄调普承忠带兵千人回顾吉安，并饶防之韩进春一军驰回赣州，相机迎击，布置甚为周密。……该抚因西路有警，不敢拘定假期，现已力疾视事，具见以国事为重，忠荩可嘉。所称"随时参酌，以民力补兵数之阙，以吏治为军政之根"等语，洵能洞中窾要，着即振刷精神，力图整顿，务令治效蒸蒸日上，朝廷纾南顾之忧，方为不负委任。②

十一月初四日（12月14日），曾国藩致信沈葆桢，谈苏州克复、筹措江防等。

弟思洪逆与忠酋大股出窜，除皖南、江西，别无他路。特此飞商，务恳阁下檄调韩军回顾景、饶等处。前函请留该军暂驻抚州，不知已允行否？江军门赴南昌养病，断难速痊，惟席、韩同堵一路，段、刘同堵一路，庶足自固藩篱。凯章所部六千人尚驻郴州，如南赣有警，弟当函商毛、恽两帅，令凯章由桂东上游来援。可否？伏候卓裁。③

十一月初九日（12月19日），曾国藩加吴廷栋片，解释与沈葆桢纠葛原委。

承另函示及江西沈中丞相处之事情，箴规恳挚，纫感实深。弟与幼丹中丞本无嫌隙，惟漕折、洋税之事曾经入奏，略有参差。弟于十一年、元年奏拨江西漕折每月五万，系毓

① 《曾国藩全集（修订版）·书信》六，第236页。

② 《清实录·穆宗毅皇帝实录》卷八二，第四六册，第732页。

③ 《曾国藩全集（修订版）·书信》六，第265页。

中丞经手之事。二年又奏拨每月四万，奉旨俞允。厥后，沈帅奏请以此项漕折全归江西，未经函商敝处，未免稍存意见。弟恐由此生隙，因致函婉商，请其酌分一二万与敝处，又咨商一次，幼丹皆未允许，弟亦即不再索，不复奏矣。至九江关之洋税，弟于六月奏请月拨三万两，奉旨俞允。幼丹旋奏请以此项先尽江中义、席宝田两军，奉旨江、席与敝处酌拨分解。八月间，九江道蔡芥周以三万解江、席，以一万五千解敝处，幼丹咎蔡道不应擅专，严批斥责蔡道，一面咨询敝处，一面告病开缺。弟恐复咨着语稍劲，或致决裂，因不以公牍复之，而手制密缄复之，一面明弟与蔡道并无私托，一面谆致挽留之忱。九月间又致函留之。幼丹接弟两次留函，适奉准假四月之温旨，遂不俟假满，于十月初三日销假视事。国藩德薄能鲜，兄弟皆忝窃高位，谬司兵柄，自问无一善一长堪称斯任，故兢兢业业，不敢稍涉于亢。兹将去年十月致幼丹商拨漕折一函及本年八月慰留沈帅密函，抄呈台览，非欲汲汲剖辩，特使故人知我辞气之间不敢忘逊慎之风耳。其他与沈帅来往函牍暨与各省交际文书，大率与此相类。是否有当？尚祈常锡箴言，匡我不逮，至祷至祷。①

十一月十四日（12月24日），清廷命妥筹调度江、席等军。

沈葆桢现已力疾视事，其于江省饶、信等防经营有素，此时尤当严密设防，不可稍涉疏虞，并与曾国藩、左宗棠随时函商布置。所有江忠义、席宝田等军，现在是否尚驻赣饶境内，亟应妥筹调度，以赴事机。②

十一月二十日（12月30日），上《统兵大员积劳身故请从优

---

① 《曾国藩全集（修订版）·书信》六，第289～290页。

② 《清实录·穆宗毅皇帝实录》卷八五，第四六册，第773页。

赐恤折》。[1]

十一月二十日（12 月 30 日），上《恭谢天恩折》，就朝廷调停与曾国藩之间矛盾事表明心迹。

臣自咸丰五年受文宗显皇帝特达之知，由御史出守九江，即随督臣办事，颇以迂介为督臣所许。迨后宣防广信，亦由督臣指授方略，藉免愆尤。奉命抚江以来，一切机宜，督臣皆不惮焦劳，为之擘画，间有臣所未能通晓，与夫军务、吏治之不及往返商酌者，稍参末议，督臣亦不尽以为非。今秋病不能支，吁请开缺，督臣叠次函问，勉以力疾从公。督臣于臣当无纤芥。督臣之品望、学术，实一代伟人。臣虽不能则效，颇知向往。其协饷一事，物议纷纭者，皆臣筹济无方所致。臣已于十月初三日力疾视事，惟有恪遵训谕，痛改前愆，彼此函商，务求一是。至于心所未安之故，亦不敢雷同附和，上负朝廷。[2]

十一月廿一日（12 月 31 日），曾国藩复信沈葆桢，谈军情及厘务。

李复猷股匪，顷得湖南信，业赴凯章处投诚。将李酋解至粤省，似此江西南境或可暂安，而北境则为虑方长，幸贼势已衰，不似昔年之剽疾。……厘务屡酿巨案，自是办理不善。当嘱筱、云二君蠲除烦苛，崇尚宽大。仍求阁下体访情形，时加训迪，俾得免于大戾，是所至祷。[3]

十一月廿四日（1864 年 1 月 3 日），清廷谕准补铸江西龙池司巡检印信。

---

① ［清］沈葆桢：《沈文肃公政书》卷二，第 377～383 页。

② ［清］沈葆桢：《沈文肃公政书》卷二，第 385～388 页。

③ 《曾国藩全集（修订版）·书信》六，第 308～309 页。

补铸江西龙池司巡检印信，从巡抚沈葆桢请也。①

十二月初五日（1864年1月13日），清廷谕准所请赐恤江忠义。

前署广西提督江忠义，由文员带兵剿贼，屡复名城，战功叠著。……兹据沈葆桢驰奏，该员以积劳伤疾举发，竟于新建县属之吴城病故。中道殒折，未竟其才，披览遗章，殊深悼惜。江忠义着加恩照总督例赐恤予谥。其生平战绩，着宣付史馆立传，并于江西省城、安徽青阳及本籍地方建立专祠，准其入城治丧，任内一切处分悉予开复，应得恤典，该衙门察例具奏。伊子江孝诒，着俟及岁时，由吏部带领引见，候旨加恩，以示笃念荩臣至意，寻予祭葬，谥诚恪。②

十二月初五日（1864年1月13日），清廷嘉奖曾、沈二人和衷共事。

前据御史华祝三奏，沈葆桢假期将满，请令照旧供职。当经谕令曾国藩、沈葆桢各泯畛域，毋存意见，并令该抚于假满后即行销假任事。兹据沈葆桢奏，已于十月初三日销假视事，并沥陈与曾国藩共事情形，尚无意见不合之处。该二臣果能屏除己见，共济时艰，东南吏治军务，均可筹商整理，朝廷亦藉以纾南顾之忧。此后该抚当与曾国藩益加和衷，遇事妥商筹办，以期于事有济。③

十二月十二日（1864年1月20日），上《筹防东路情形折》《请敕总兵江忠朝接统精捷营片》。④

十二月十四日（1864年1月22日），清廷谕准奏请革职勒休

---

① 《清实录·穆宗毅皇帝实录》卷八六，第四六册，第810页。
② 《清实录·穆宗毅皇帝实录》卷八七，第四六册，第830页。
③ 《清实录·穆宗毅皇帝实录》卷八七，第四六册，第832页。
④ ［清］沈葆桢：《沈文肃公政书》卷二，第389～393页。

贪庸不职之知县。

沈葆桢奏请将贪庸不职之知县分别革职勒休一折。江西安远县知县徐德仪，居心贪鄙，声名狼藉；万安县知县蔡迪康，嗜好昏迷，丁胥横恣；前署武宁县试用知县庄祖基，纵容胥役，物议沸腾；前署金溪县试用知县郭庆熙，举动躁妄，不协舆情，均着一并革职。进贤县知县星联，才识昏庸，公事废弛，着勒令休致，以肃官方。①

十二月十六日（1864年1月24日），曾国藩复信沈葆桢，谈军情，议门厘、盐卡诸务，询江忠义替人。

尊见以江省所患，徽、婺为急，东、建为缓，与鄙见相合。……厘局、盐卡叠次滋事，自是办理不善。现将添设分卡、兴办门厘二事次第裁撤，私盐亦但加船载之税，不加肩挑之税。云吉有一长信，敝处逐条议复。如尚未呈阅，则请阁下索取一阅。……此间熟悉盐务者所陈如此。弟于鹾政尚未请究，来示恐利薄难期踊跃，且俟试行数月，再为察酌变通耳。②

十二月二十日（1864年1月28日），上《取具已革都司输服供词定拟具奏折》。③

十二月廿七日（1864年2月4日），清廷谕准江忠朝接统江忠义一军。

沈葆桢奏江忠义一军接统乏人，请饬江忠朝来江统带等语。着恽世临传知在籍总兵江忠朝，迅速前赴江右接统精捷营，以副委任。④

---

① 《清实录·穆宗毅皇帝实录》卷八八，第四六册，第851页。

② 《曾国藩全集（修订版）·书信》六，第358～359页。

③ ［清］沈葆桢：《沈文肃公政书》卷二，第395～405页。

④ 《清实录·穆宗毅皇帝实录》卷八九，第四六册，第890页。

同治三年甲子（1864）　　45岁

江西巡抚任上。

正月初二日（2月9日），清廷命严密布置江防。

江省之防，据左宗棠奏，以严扼昌江，力保上游为主。昌江系属何水，着沈葆桢严密布置，与皖境浙师，相为策应。并遵前旨，将饶、信两防各军妥为调度，豫筹堵截奔牛降人。①

正月初六日（2月13日），清廷命严密布置饶、信两防。

江省饶、信两防，沈葆桢筹之有素，此时更当严密布置，着即懔遵叠次谕旨，妥为调度，毋稍疏虞。②

正月初八日（2月15日），曾国藩致信沈葆桢，谈军情、厘务及筹饷。

总理衙门于关系外省筹饷事件，每与各国公使反复争论，不令利权全归洋商。鄙意洋商较华商更为吃亏，渠固不从，亦当使华商本利与洋人相等，庶免纷纷转买单照冒充洋夥。不审台端以谓然否？③

正月十九日（2月16日），接到同治帝所赐“福”字。④

正月二十日（2月17日），上《遵旨酌议并陈近日筹办情形折》《请敕福建一体严防片》。⑤

---

① 《清实录·穆宗毅皇帝实录》卷九〇，第四七册，第4页。

② 《清实录·穆宗毅皇帝实录》卷九〇，第四七册，第11页。

③ 《曾国藩全集（修订版）·书信》六，第404页。

④ ［清］沈葆桢：《沈文肃政书续编》，载《台湾文献汇刊》第四辑第五册，第521页。

⑤ ［清］沈葆桢：《沈文肃公政书》卷二，第407～414页。

正月廿八日（3月6日），上《发逆分股内窜截剿获胜折》。①

正月廿九日（3月7日），上《颁赏福字谢恩折》。②

二月初五日（3月12日），致信父母，寄兑库纹一千两，偿还购房欠账等。③

二月初五日（3月12日），致信沈玮庆、沈咏彤，嘱炖高丽参给沈母服用等。④

二月十一日（3月18日），上《发逆阑入腹地请旨严加议处折》。⑤

二月十二日（3月19日），清廷命与曾国藩妥筹江防。

> 力固江防，曾国藩仍当随时与沈葆桢商酌，妥筹策应，以期万全无失。沈葆桢即就现有兵力，严饬各路将弁，实力堵剿，毋稍松懈。⑥

二月十六日（3月23日），致信沈玮庆，嘱买洋布，妥藏寄回御赐福字等。⑦

二月十六日（3月23日），复信父母，询侯先生境况，述江西军情等。⑧

二月十九日（3月26日），上《精毅营冒雨血战克复金溪折》《请敕邻省合力防剿片》《分饬相机扼守分道紧追片》。⑨

---

① ［清］沈葆桢：《沈文肃公政书》卷二，第415～419页。

② ［清］沈葆桢：《沈文肃政书续编》，载《台湾文献汇刊》第四辑第五册，第520页。

③ 林庆元、王道成考注：《沈葆桢信札考注》，第52页。

④ 林庆元、王道成考注：《沈葆桢信札考注》，第52页。

⑤ ［清］沈葆桢：《沈文肃公政书》卷二，第421～426页。

⑥ 《清实录·穆宗毅皇帝实录》卷九四，第四七册，第66页。

⑦ 林庆元、王道成考注：《沈葆桢信札考注》，第52页。

⑧ 林庆元、王道成考注：《沈葆桢信札考注》，第53页。

⑨ ［清］沈葆桢：《沈文肃公政书》卷二，第427～437页。

二月十九日（3月26日），清廷谕令曾国藩预筹调派劲旅援救江西。

曾国藩已调席宝田军援广、玉、抚、建等处，又与沈葆桢咨商，添调继果等营，回顾江西腹地。即着沈葆桢从长计议，饬令在防将弁，认真堵剿，勿令一贼阑入腹地。如侍堵等逆接续上窜，江西防兵单薄，曾国藩仍当调派劲旅赶紧援救，以固藩篱而维大局。①

二月廿三日（3月30日），清廷宽免自请交部严议之处。

沈葆桢奏发逆阑入腹地自请严议并各军截剿获胜续筹办理情形一折。……着曾国藩迅速筹商，并随时与沈葆桢会商办理，以保东南大局。沈葆桢自请交部严议之处，着加恩宽免。②

二月廿六日（4月2日），上《江西税厘仍归本省经收折》，认为今时往日情形已变，请暂于江西牙厘、茶税项下分提其半。

查咸丰十年江西全省肃清，苏、皖遍地皆贼，督臣征饷，自不能不专责江西。今皖北阖境敉安，皖南仅有广德未复；江苏之苏、松、镇、太，氛祲全销，金陵、常州功成指日。上海殷富，冠绝东南。而江西水旱连年，横遭兵燹。苏、浙败逆，死中求生，今春以来，入境殆将十万，忠、侍、堵、辅各巨逆，咸思接踵而至。闽越无粮可掳，彼即欲窥楚、粤，亦必借径广、饶，胜则盘踞城池，败亦窜越山谷。前此老巢可恋，小挫即复东归；今则破釜沉舟，虽死绝无返顾。此贼势之不同者也。

咸丰十年，督臣未离江境，征兵可兼防兵之用。本省勇数寥寥，取给钱漕虽蒂欠已多，尚堪敷衍。今则督臣去江远

① 《清实录·穆宗毅皇帝实录》卷九四，第四七册，第76页。

② 《清实录·穆宗毅皇帝实录》卷九五，第四七册，第85～86页。

甚，而督臣所部猛将精兵又去督臣远甚，猝然闻警，虽欲卷甲疾趋，鞭长莫及。且前敌撤动，中贼牵制之计，全局皆翻。咸丰十一年，李秀成直入长驱，几于蹂躏通省，前车可鉴，能勿寒心？是以护抚臣李桓募继果营二千人，臣到任后，募韩字营五千余人，添募继果营一千余人，移调精捷营、精毅营万有余人，各府募守勇五百人，犹觉顾此失彼，疲于奔命。然勇数则倍蓰于昔矣。夫苏、浙肃清，群逆铤走，固无一时尽歼之理，亦断不能使其绝无可窜之路，所望要地均有重兵，步步截杀，使无可掳胁、无可占据，日剿日灭，以至于无；否则死灰复燃，大局何堪设想？今春复饬未到任之赣南道王文瑞募湘勇四千，各府州县报募勇守城者或千余人、或数百人，络绎不绝。将严其失守之罪，不得不予以可守之资。此兵数之不同者也。

咸丰十年以前，江西连岁丰稔，苏、浙路梗，长江未有通商之议，富商巨贾，咸出其途，故团练不患无资，劝捐亦易集事。今则水旱屡告，农鲜盖藏，长江通商，海道畅行，大贾尽趋沪、汉，团务、捐务，动辄窒碍，民穷财尽，丁、漕两款，征解不前，而京饷出其中，协饷出其中，兵饷、勇饷均出其中。闻警以来，各郡县之募勇者均请留用正款，靳之则城邑不保，何有丁、漕？许之而库藏空虚，何从挹注？此民力之不同者也。

夫以事势不同如此，但袖手坐视，不思变通，江省糜烂不堪，闽、粤、两楚亦将波及。纵苏、浙肃清，东南大局其可问乎？圣主痌瘝在抱，出师命将，备极焦劳，苏、皖之民，咸出水火而登衽席，臣虽奉职无状，何敢坐视江右既登衽席之民沦入水火乎？夫使能以江西之饷全力供督臣之兵，以督臣之兵全力顾江西之地，岂不甚善？而势各有不能者，力各有所不逮也。江西为督臣兼辖省分，臣何敢稍分畛域？然如湖南、广西等省，皆总督兼辖省分，其不能协济者无论已；能协济者，亦每月数万金而止。何者？各有应守之地，不敢自荒也。即牙厘、茶税等事，亦归本省自办。何者？各有应尽之职，不敢自旷也。如谓将将不得其人，兵勇亦同虚设；理财不得其道，厘税适以病民。是则抚臣失职，督臣当劾而去之，不当遥为之谋、令其安坐伴食也。方今各营枕戈杀贼，悬釜待炊，薪桂米珠，深虞哗溃。合无仰恳天恩，俯念江右生灵无以自存之苦，察臣万不得已之私，准将茶税、牙厘等款仍归江西本省经收支用；其督臣征饷，酌量江省力所能及者，钦派每月协济数万金，俾征防两无贻误。如臣议窒碍难行，应请旨一面敕下部臣通盘筹画，准臣暂于江西牙厘、茶税项下分提其半，以济急需，而措危局。臣钦奉诫谕，勉以和衷，非敢复蹈前衍，自干罪戾。然事势至此，犹引避嫌怨，任其颠危，则上负朝廷、下负百姓，获咎滋重。理合由驿六百里恭折沥陈，伏乞皇太后、皇上圣鉴。①

二月廿六日（4月2日），上《迭败窥建之贼片》。②

三月初二日（4月7日），闽浙总督兼署浙江巡抚左宗棠进入杭州。

三月初二日（4月7日），郭嵩焘寄沈葆桢信。

寄沈幼丹、程尚斋两信，以江西军事方急属相报闻也。③

三月初三日（4月8日），复信父母，谈子侄功课，述江西军情。

书院此时计已出榜，铢、彤、濂但得有名，亦可多做几

---

① ［清］沈葆桢：《沈文肃公政书》卷三，第445～451页。

② ［清］沈葆桢：《沈文肃公政书》卷三，第453～455页。

③ 《郭嵩焘日记》二，第9页。

篇文字。闻章学台丁艰，则院试较迟，彤、濂正可及时用功。杭州克复，余贼西窜，江西又有一番震动，然大局无碍也。①

三月初三日（4月8日），致信沈玮庆，嘱延医、求药治疗沈母病患，寄兑银千两及端午节帮项名单等。

兹由新泰厚兑回银千两，除购花板帮亲戚外，剩百余金，留以津贴家用。此间旧累未清，难多寄也。五姑夫课徒认真，汝须勉副所望，勿令生厌。彤、濂均此。端节帮项：四叔八十两，五叔四十两，四姑十两，五姑四十两，九姑十两，陈寿甫兄弟三十两，凤展师祖十两，五婶婆十两。②

三月初三日（4月8日），曾国藩听闻沈葆桢奏请截留江西厘金。

闻沈幼丹奏请将江西厘金全归本省，殊以为虑。③

三月初九日（4月14日），致信父母，告女儿取名，寄兑银两等。

五孙女拟名宝字，六孙女拟名智字。数日后再凑千金兑回，五百为五月大庆之用，三百送还熙官，二百为端节帮项，计月底可到矣。④

三月初九日（4月14日），上《会剿发逆折》。⑤

三月初十日（4月15日），曾国藩因江西截留厘金而草奏折，为此郁闷不已。

夜作江西牙厘请仍归本营折稿，约七百字，尚不过三分之一。三更睡，四点成寐，五更二点醒。日来因金陵未复，

---

① 林庆元、王道成考注：《沈葆桢信札考注》，第53页。

② 林庆元、王道成考注：《沈葆桢信札考注》，第54页。

③ 《曾国藩全集（修订版）·日记》三，第25页。

④ 林庆元、王道成考注：《沈葆桢信札考注》，第54～55页。

⑤ ［清］沈葆桢：《沈文肃公政书》卷三，第457～462页。

沅弟焦灼，饷项大亏，江西截留厘金，及杨复成饷［侵］饷见杀等事，寸心郁闷，常不自得。甚矣，任事之难也！①

三月十二日（4月17日），曾国藩因起草奏折内有参劾沈葆桢之语而悒悒不自得。

睡时因本日争厘金疏内有参沈幼丹之语，不知果合乎天理人心之公否，悒悒若不自得。②

三月十二日（4月17日），曾国藩上《沈葆桢截留江西牙厘不当仍请由臣照旧经收充饷折》，具疏力争，奏参沈葆桢。

窃臣接准江西抚臣沈葆桢咨称，以江西军务方殷，请将茶税、牙厘归本省经收，于二月二十六日具奏，抄折咨会到臣。伏查臣军奏拨江西之饷，前后约有三项。臣初任江督，奉旨兼办皖南军务，其时江南六府糜烂，皖南仅存祁门一县，一片贼氛，无处下手。臣于是奏办江西厘金以充东征诸军之饷，奏拨江西漕折五万以充徽、宁两防之饷。逮二年四月，因各军逃亡过多，又奏九江洋税三万以清积欠，先后奉旨允准。沈葆桢到任后，于元年九月奏明将漕折截留，不解臣营。二年六月，奏留洋税专充江忠义、席宝田之饷，并未解过臣营一次。此两项者，臣均未具疏复奏，力与争辩。此次截留牙厘，不能不缕陈而力争者，实因微臣统军太多，月需额饷五十余万，前此江西厘金稍旺，合各处入款约可发饷六成，今年则仅发四成，而江西抚臣所统各军之饷均发至八成以上。臣军欠饷十六七个月不等，而江西各军欠饷不及五月。即以民困而论，皖南及江宁各属，市人肉以相食，或数十里野无耕种，村无炊烟，江西亦尚不至此。请我皇上钦派大员，察看东南数省，果江西之军民较苦乎？抑皖南、金陵

① 《曾国藩全集（修订版）·日记》三，第28页。

② 《曾国藩全集（修订版）·日记》三，第29页。

之军民较苦乎？假令沈葆桢奉使巡视皖、吴一次，果行军于江西较难乎？抑行军于皖南、金陵较难乎？知必有不辨而自明者。臣于三省皆系辖境，非敢厚于皖、吴而薄于江西也。无论何人处臣之地势，不得不出于此也。

今苏、浙之省会已克，金陵之长围已合，论者辄谓大功指日可成，元恶指日可毙。以臣观之，洪酋与忠逆坚悍异常，屡掘地道俱未得手，本无粮尽确耗，又城中新种麦禾，青黄弥望。臣之愚计，谆嘱曾国荃、鲍超等总须力扼窜路，不使逆酋挟大股冲出，贻患他方。至克复之迟速，尚难预计。往昔庚申之春，和春、张国樑大军合围，功败垂成，彼时围师比今日多二万人，饷项存营者尚数十万，徒以迟延未发，尚为军士借口，全局决裂。况今日饷需奇绌，朝不谋夕，安得不争江西之厘以慰军士之心？此臣之隐衷，外人诧为过虑，惟冀皇上鉴亮者也。

前代之制，一州岁入之款，置转运使主之，疆吏不得专擅。我朝之制，一省岁入之款，报明听候部拨，疆吏亦不得专擅。自军兴以来，各省丁、漕等款，纷纷奏留供本省军需，于是户部之权日轻，疆臣之权日重。然疆臣既得专管利权，则督与抚事同一律，不得又有轻重主客之分。臣尝细绎《会典事例》，大抵吏事应由抚臣主政，兵事应由督臣主政。就江西饷项论之，丁漕应归沈葆桢主政，以其与吏事相附丽也；厘金应归臣处主政，以其与兵事相附丽也。

厘金之起，始于咸丰三年，雷以諴倡办于扬州，专为发逆兵事而设，初非国家经制之款。臣忝督两江，又绾兵符，凡江西土地所出之财，臣皆得奏明提用。即丁、漕、洋税，三者一一分提济用，亦不为过，何况厘金奏定之款，尤为分内应筹之饷，不得目为协饷，更不得称为隔省代谋。如江西以臣为代谋之客，则何处是臣应筹饷之地？谓安徽应筹耶？则乔松年亦得执本省隔省之说以相拒。谓江南苏、松各属应筹耶？则李鸿章兵数之多亚于臣处，战事之殷倍于上游，除议定月解四万外，势难再行提用。谓江北淮、扬各属应筹耶？则里下河蕞尔之区，臣与吴棠、富明阿、冯子材四人争剥竞取。其何能给？且畛域之说太明，则镇、扬两防断不足以自存，而僧格林沁、多隆阿等不兼封疆之帅，必有窒碍难行之日，臣窃以为不可。臣所最抱歉者，广东七成之厘金，湖南东征局之厘金，皆非臣分内应得之饷。用兵太久，乞邻救饥，私衷耿耿，如负重疚。然毛鸿宾、恽世临不遽奏请停止者，知臣处入不敷出甚巨也。一俟军务稍定，臣即当奏明先还广东七成之厘，次罢湖南东征之饷，断不肯久假不归，蹈专利之陋习而不自觉，此心筹之熟矣。

抑臣又闻同僚交际之道，不外二端：曰分，曰情。巡抚应归总督节制，见诸《会典》，载诸坐名《敕书》。臣又曾奉特旨节制江西巡抚，臣以才力不逮，再三恳辞。特旨之节制，一时之异数，臣得而辞之；《令典》《敕书》之节制，数百年之成宪，臣不得而辞，沈葆桢亦不得而违分也。军事危急之际，同寅患难相恤，有无相济，情也。沈葆桢于臣处军饷，论分论情，皆应和衷熟商。

元年八、九月间，臣军疾疫大作，死亡无算，而忠逆大举援救金陵，危险万状，沈葆桢乃于是时截留漕折银四万，既不函商，又不咨商，实属不近人情。二年，浔关洋税一案，臣奏拨三万两，奉旨先准，沈葆桢旋奏留专供江、席二军之饷，钦奉寄谕以皖营军饷短绌，饬抚臣妥筹兼顾，如数分拨。逮关道蔡锦青分拨万五千两解至臣营，沈葆桢乃大怒，严札申饬蔡锦青，并移咨诘问臣处，但有峻厉之词，绝无婉商之语。此次截留厘金，亦并未函商、咨商一次，不知臣有何事开罪而不肯一与商酌？以为事势紧急、无暇远商耶？则前年漕折、去年洋税、今年厘金三事中，岂无一事可以先商后奏者？殊不可解。

人恒苦不自知，或臣明于责沈葆桢而暗于自责？臣例可节制江西，或因此而生挟权之咎？臣曾保奏沈葆桢数次，或因此而生市德之咎？几微不慎，动成仇隙？然臣阅世已深，素以挟权、市德为可羞，颇能虚心检点。即如漕折一案，臣曾函商一次，咨商一次；洋税一案，臣接抚臣峻词诘问之咨，曾经密函婉复。兹特抄呈御览，以明臣不敢有挟权、市德之意。自此二案外，臣之公牍、私函，在江西者极多，其中如有挟权、市德、措词失当者，请旨饬下沈葆桢多抄数件进呈。倘蒙皇上摘出指示，或有显过，臣固甘受谴罚；即有隐慝，臣亦必痛自惩艾。若臣返躬内省，则自觉对沈葆桢而无愧，即讯诸大廷、质诸鬼神而无惭。而沈葆桢专尚客气，不顾情理，实有令人难堪者，臣亦不复能隐忍不言矣。

臣处自闻截去江西厘金之信，各军人心惶惶，转相告语，大局实虞决裂。合无吁恳天恩，饬谕江西厘金仍全归臣处经收，以竟将蒇之功。俟金陵克复之日，立即请旨分成匀济，一面派拨重兵回援江西，兼顾湖南。其金陵未克以前，除彭玉麟、刘于浔、孙昌国三军需饷五万有奇，循旧仍由江西厘金供支外；其江、席两军万人，臣亦必于厘金项下竭力分拨，特不可遽改局面，动摇军心，致生功亏一篑之变。所有江西牙厘应归臣营缘由，恭折由驿驰奏，伏乞皇太后、皇上圣鉴训示。谨奏。[1]**【按：曾国藩并附为饷事与沈葆桢往来**

---

① 《曾国藩全集（修订版）·奏稿》七，第83～87页。

信咨抄件，管理户部大学士倭仁奏查曾国藩现在月饷，每月各地济饷，湖北、四川各银五万两，湖南二万五千两，江西三万五千两，此外尚有广东、江西厘金等款，甚数甚巨，“其江西茶税、牙厘拟照该抚所请，即归江西本省经手，分提一半作为本省防饷，其余一半仍归曾国藩军营，以期征、防两无贻误。”[①] 】

三月十五日（4月20日），致信沈玮庆，寄兑库纹千金。[②]

三月十六日（4月21日），清廷从江西巡抚沈葆桢奏，牙厘、茶税由本省分提一半，作为防饷，其余一半仍归曾国藩军营。

前因沈葆桢奏，江右军务紧要，请将茶税、牙厘仍归本省征收，谕令户部妥速议奏。兹据奏称，苏、浙败贼奔突堪虞，倘防御稍疏，不独江西遭其蹂躏，即曾国藩亦添西顾之忧。曾国藩军营各省协饷及厘金等款，为数甚巨，通盘筹画，尚可补苴搘拄，其江西茶税、牙厘，请拟照该抚所请，归本省分提一半等语。江西防剿现在极形吃紧，与其糜烂之后分兵筹饷，不如先事豫防，俾江省得以自固藩篱，即曾国藩亦可专力东南。着照该部议，准如该抚所奏，将江西牙厘、茶税，由本省分提一半，作为该省防饷；其余一半仍归曾国藩军营，俾得各资接济。[③]

三月十八日（4月23日），清廷命拨解皖饷。

谕议政王军机大臣等，通政使司通政使王拯奏，江浙踞逆日就削平，事机至紧，第皖军仰食仍惟江省总台是赖。以两湖捐厘之数为皖军十万养命之原，不特浙饷不能分拨，即曾国藩所部月饷亦止能放数成。粤东情形迥非昔比，厘捐一

① 《曾国藩全集（修订版）·奏稿》七，第93～95页。

② 林庆元、王道成考注：《沈葆桢信札考注》，第55页。

③ 《清实录·穆宗毅皇帝实录》卷九七，第四七册，第130～131页。

项，筹办綦难。近日沈葆桢又因江西剿贼紧要，请将协皖饷银，酌定分数，并于茶税、牙厘项下，分提其半，以为本省之用。诚恐军前将卒，传闻饷源将窒，众心或生觖望，殊于大局关系非轻。请饬江、皖、楚、粤各疆臣，同心戮力，以求共济各等语。……沈葆桢因本省剿贼亟需，暂将税厘提出一半充饷，亦是实在情形。第皖军关系全局，沈葆桢平日公忠体国，畛域不分，仍着于无可筹画之中，力图拨解。皖北地方新复，如有可以设法接济之处，并着曾国藩、乔松年酌度办理。①

三月十九日（4 月 24 日），**曾国藩复信郭崑焘，言与沈葆桢疏争江西厘金事。**

敝处于十二日具疏争江西厘金，与沈幼帅恐遂决裂。今巨股陆续窜江，而不能拨兵往援，问心固已抱愧，而官绅之交口嘲骂，尤为不堪涉想。然众军倚厘为命，有不能不争之势，金陵之役未毕，又有不能拨援之势，此心殆无以求亮于天下也。②

三月二十日（4 月 25 日），**上《精捷营攻克新城折》。**③

三月廿一日（4 月 26 日），**清廷谕准“准其分提一半之请”并上年奏拨轮船回国经费等项银五十万，如果均系实存，即全数拨归曾国藩军营充饷。**

昨日曾国藩奏江西牙厘仍应归该督经收，以竟金陵将蒇之功，并将咨信各件抄呈一折，及报近日军情片；沈葆桢奏贼窜南丰、新城等处现饬各营会剿折；均经览悉。沈葆桢所奏南丰、新城等处剿贼情形，曾国藩片内亦经陈及。即着该

---

① 《清实录·穆宗毅皇帝实录》卷九七，第四七册，第 135 页。

② 《曾国藩全集（修订版）·书信》六，第 523 页。

③ ［清］沈葆桢：《沈文肃公政书》卷三，第 463～471 页。

督抚督饬席宝田、刘胜祥等军并精捷等营赶紧会合，聚歼群丑，速将南丰县克复，使贼前股不能立定巢穴，则后股亦不得跟踪上窜，不致剿办又形棘手。其徽、浙之交，曾国藩与左宗棠所部，节节布置，并着严密堵扼，毋使群贼再行越犯江境。鲍超一军克复句容后，是否饬令进攻丹阳？金陵一有可乘之机，曾国藩自当督令曾国荃激励诸军，迅图攻拔，擒渠扫穴，以成全功。

至曾国藩此奏，以该督所部各军，自闻截去江西厘金之信，人心惶惑，大局实虞决裂，恐致功亏一篑。请将江西厘金仍归该督经收，以竟将蒇之功，自系实在情形。惟所称沈葆桢截留厘金之奏，并未与该督商酌，词气涉于激切；抄录往来文函各件呈览。沈葆桢前因江西军务紧急，恳请将该省牙厘、茶税等款，仍归该省经收支用，如窒碍难行，请分提其半，以应急需。经部臣酌核覆奏，准其分提一半之请。朝廷亦因江西与金陵需饷同一紧急，不能顾此失彼，降旨准行。嗣因通政使王拯陈奏此事，复经寄谕曾国藩、沈葆桢等，仍当同心共济，以维全局而竟成功。今曾国藩所奏，既以江西厘税一归本省经收，恐致军心惶惑，着即照所请，江西省牙厘、茶税，仍旧归曾国藩经收，并准沈葆桢分提一半，以为本省防兵之用。江西防兵席宝田等军，即毋庸曾国藩再筹分给。

此项厘税，本系曾国藩创立章程，抽收有年，若一改归本省经收，事属纷更，亦恐替换生手，必致所收之数不能如前。沈葆桢前奏，未经先与曾国藩商酌办理，似疑曾国藩不允所商而然，事属因公。各督抚臣同膺疆寄，遇有交涉之件，纵意见稍有不同，亦应往复参酌，以归一是，方为同寅协恭之道；若自恃因公，而各执一是，不肯相下，则均属非是。朝廷本无所用其调停，只恐该督等意见各存，被左右所窥伺，从中播弄，贻误事机，届时纵重治该督等之罪，亦已无及。此次所奏，业经朝廷持平定议，曾国藩、沈葆桢务各钦遵办理，毋得各存意见。惟经手抽收厘税之员，必须廉明公正、能知大体者方可派往，着曾国藩慎重选择为要。

本日总理各国事务衙门奏为金陵现在攻剿得手，公同设法筹济饷需各折片。该衙门以金陵功在垂成，而饷需短绌，竭力筹济，以期迅速蒇事。着即照所请，将该衙门总税务司赫德所呈，上年奏拨轮船回国经费等项银五十万有奇，如果均系实存，即全数拨归曾国藩军营充饷。又据声称，此项内有二十万两零，本系现存有着之款，着李鸿章查明，先行尽数拨解曾国藩军营。该大臣亦可暂资散放。以上银两，如已起解来京，即照该衙门所请，作为江、皖邻近各省前奉部拨解充京饷之款，并准于各该省将奉拨京饷照数划抵，拨解曾国藩军营，以期简捷。其各该省应如何划拨之处，着李鸿章俟户部核定，再行谕知办理。此项银两系应解京师归库之款，刻下部库尚不免于支绌，京旗兵饷亦筹放维艰，该衙门只以金陵一篑之功，顾全大局，先其所急，以资转注。江西谊切辅车，沈葆桢更当不分畛域，均匀协济。而曾国藩得此协饷，尤当饬令曾国荃奋力图功，相机稳慎进取，激励将士，速奏肤公，以副厚望。①

三月廿五日（4月30日），上《发逆倾巢西窜酌筹办理情形折》。②

四月初二日（5月7日），因江西军情吃紧，清廷谕准江西乡试展缓举行之奏。

---

① 《清实录·穆宗毅皇帝实录》卷九八，第四七册，第144～145页。

② ［清］沈葆桢：《沈文肃公政书》卷三，第473～475页。

江西巡抚沈葆桢奏防剿吃紧，请将本年乡试展缓举行。从之。①

四月初七日（5月12日），上《缕陈近日军情折》。②

四月初八日（5月13日），致信长女沈瑞熙，勉励女婿继续科考，述江西军务等。

此间军务日难一日，无日不以筹兵筹饷为［事］耳，难得片刻暇。幸获天佑，各路均得胜仗，然贼数多至数十万，虽败不退，未知能终固吾圉否也？③

四月十三日（5月18日），上《报各路军情折》《收复弋阳片》《报西路情形片》。④

四月十四日（5月19日），清廷谕准前江西学政巡抚张芾入祀名宦祠之请。

予故都察院右副都御史前江西学政巡抚张芾入祀名宦祠，从巡抚沈葆桢请也。⑤

四月十六日（5月21日），曾国藩复信李鸿章，述及与沈葆桢私交已绝。

幼丹中丞与敝处私交已绝，自问数年以来，未尝挟权、市德，稍有触犯，此心可质鬼神。阁下不与左帅争意气，远近钦企。此间意气孰盛，则壹听公论耳。

四月十七日（5月22日），李鸿章复信应宝时，谈及江西军情和曾、沈之争。

江西贼氛虽众，究系败溃之余，果有强将劲兵，何至任

① 《清实录·穆宗毅皇帝实录》卷九九，第四七册，第173页。

② ［清］沈葆桢：《沈文肃公政书》卷三，第477～481页。

③ 林庆元、王道成考注：《沈葆桢信札考注》，第55页。

④ ［清］沈葆桢：《沈文肃公政书》卷三，第483～491页。

⑤ 《清实录·穆宗毅皇帝实录》卷一〇〇，第四七册，第200页。

其猖獗。曾、沈二帅张皇怯懦，虑将不测。曾帅饷缺实甚，再四呼吁，昨又委敝友陈虎臣来苏坐催，今赫酋又交出五万八千余两，或可少助鲍军拔营援江西之需。①

四月廿三日（5月28日），清廷命力筹杨岳斌部饷需等。

杨岳斌驰赴江省后，即于江皖交界扼要地方驻扎，督率诸军，实力剿洗。一切军情，有应由杨岳斌专折具奏者，有应与曾国藩、沈葆桢会衔具奏者，均着随时酌度缓急，分别办理。沈葆桢于各该营应用饷需，务当力筹接济。曾国藩、杨岳斌、沈葆桢均受朝廷倚畀，想能和衷商办，共济时艰也。②

四月廿五日（5月30日），上《立解抚州城围折》《贼氛环集建昌片》《附报广信军情片》。③

四月廿五日（5月30日），致信父母，述江西军情，询女儿姻事、兑项收悉与否、福州院试结果等。④

四月廿七日（6月1日），洪秀全在天京病逝。

四月廿七日（6月1日），曾国藩销假视事。

五月初三日（6月6日），洪秀全长子洪天贵福在天京登位，为幼天王，时年十六。

五月初八日（6月11日），上《长左等营血战解围折》《祥营精毅精捷等营分路败贼片》《奏参提督黄仁遗片》。⑤

五月十二日（6月15日），清廷命酌量调派刘典带兵迎剿，不得株守省垣等。

---

① 《李鸿章全集·信函》一，第308～309页。

② 《清实录·穆宗毅皇帝实录》卷一〇一，第四七册，第218页。

③ ［清］沈葆桢：《沈文肃公政书》卷三，第493～505页。

④ 林庆元、王道成考注：《沈葆桢信札考注》，第56页。

⑤ ［清］沈葆桢：《沈文肃公政书》卷三，第507～520页。

恽世临奏审察江西贼情，请力保赣江，遏贼西渡等语。……沈葆桢将刘典一军调回，自系为回顾根本起见。但赣江一带防兵单薄，应否添派劲兵驻扎，与王文瑞分投防守，仍着沈葆桢酌量调派刘典抵省后，即当视贼所向，带兵迎剿，不得株守省垣。江省群贼如毛，势甚岌岌，杨岳斌督办江皖军务，当懔遵前旨，力图扫荡。应如何进剿设防之处，并须通盘筹画，随时与沈葆桢悉心商酌，妥筹办理。①

五月十九日（6月22日），亥时，六子沈瑶庆（1864—1920）生。【按：沈瑶庆字荔虎。邑庠生，特用主事工部都水司行走，驻英使馆参赞，奏保知府，调补商部平均司郎中，诰授通议大夫。】

五月二十日（6月23日）上《老湘等营叠获胜仗折》《图复崇仁会剿各逆片》。②

五月三十日（7月3日），致信沈玮庆，寄兑库平五百金，嘱照单分送。③

六月初八日（7月11日），上《江席两军会剿崇仁叠胜折》《恪遵谕旨视贼所向带兵迎剿片》《王沐中伏失利请予宽免处分折》《水陆各军扫清贵溪地面贼垒折》。④

六月初八日（7月11日），上《席宝田暂行革职片》，并自请议处。

臣查南丰之围，席宝田为各营领袖，未能出奇制胜，速复城池，不无应得之咎。相应请将该臬司暂行革职，责令立功自赎。至臣滥窃疆寄，调度乖舛，致抚、建各属生灵惨遭

① 《清实录·穆宗毅皇帝实录》卷一〇三，第四七册，第259页。

② ［清］沈葆桢：《沈文肃公政书》卷三，第521～529页。

③ 林庆元、王道成考注：《沈葆桢信札考注》，第56页。

④ ［清］沈葆桢：《沈文肃公政书》卷三，第531～556页。

涂炭，上累宸廑，厥咎尤重，相应处请旨将臣从重治罪，以昭炯戒。①

六月十六日（7月19日），清军攻陷天京，太平天国灭亡。

六月十七日（7月20日），忠王李秀成拥幼主洪天贵福冲出天京，被清军截击，彼此失散。

六月十八日（7月21日），清廷对沈葆桢请将席宝田暂行革职、沈葆桢自请治罪之处，加恩宽免。

> 席宝田围攻南丰日久未下，本有应得之咎，惟该员因建昌有警，移军回顾，致兵分见单，未能得手，尚非攻剿不力者可比。沈葆桢请将席宝田暂行革职之处，着加恩宽免，并着该抚传知席宝田感激愧奋，以赎前愆。沈葆桢自请从重治罪之处，着一并宽免。②

六月十九日（7月21日），李秀成在天京城外方山被清军擒获，次日解送至曾国荃军营。

六月廿一日（7月24日），上《克勇会合各军击贼叠胜折》《探闻金溪东乡被扰片》《江席两军力攻崇仁叠胜折》。③

六月廿一日（7月24日），致信父母，询女儿姻事等。④

六月廿一日（7月24日），复信沈玮庆，寄兑四百金，询女儿姻事等。⑤

六月廿五日（7月28日），曾国藩自安庆抵金陵，即行审讯李秀成。

六月廿七日（7月30日），李秀成开始写供词。

---

① ［清］沈葆桢：《沈文肃公政书》卷三，第551～552页。

② 《清实录·穆宗毅皇帝实录》卷一〇六，第四七册，第332页。

③ ［清］沈葆桢：《沈文肃公政书》卷三，第557～570页。

④ 林庆元、王道成考注：《沈葆桢信札考注》，第57页。

⑤ 林庆元、王道成考注：《沈葆桢信札考注》，第57页。

六月廿七日（7月30日），清廷命杨岳斌、沈葆桢饬令官军追击，扫清江省腹地。

着杨岳斌、沈葆桢饬令东西两路官军，同时并举，迅赴事机，以期一鼓歼除，扫清腹地。该督以陆路亲兵单薄，拟添募劲勇八千人，以便督战，即着与沈葆桢妥筹办理。此时江南军事得手，而江右群盗充斥，如有应须添兵募勇之处，沈葆桢尤当力筹全局，毋得以饷糈支绌，致兵力或有不敷，贻误疆事也。①

六月廿八日（7月31日），会衔曾国藩上《奏请陆路守备拣员补缺折》。②

六月廿九日（8月1日），清廷以金陵克复，赏加两江总督曾国藩太子太保衔，赐封一等侯爵；浙江巡抚曾国荃加太子少保衔，赐封一等伯爵。

六月廿九日（8月1日），清廷上谕军务平定之后加恩。

江西巡抚沈葆桢筹解曾国藩饷需，源源接济，均无贻误。现在剿办抚建等处贼匪，调度得宜，劳勩卓著，均着俟江皖浙等省军务平定，再行加恩。③

七月初五日（8月6日），上《官军会剿崇仁扫平贼垒折》《先剿许湾片》。④

七月初六日（8月7日），忠王李秀成在金陵被曾国藩处死。

七月十二日（8月13日），上《黄仁遗并无怨望情事片》。⑤

---

① 《清实录·穆宗毅皇帝实录》卷一〇七，第四七册，第354页。

② ［清］沈葆桢：《沈文肃政书续编》，载《台湾文献汇刊》第四辑第五册，第522～523页。

③ 《清实录·第四十七册》，第361～362页。

④ ［清］沈葆桢：《沈文肃公政书》卷三，第571～579页。

⑤ ［清］沈葆桢：《沈文肃公政书》卷三，第581～582页。

七月，曾国荃复信郭崑焘，论及江西防务。

江西崇仁经鲍军进攻，克庵方伯屡捷于乐安之公陂，荡定当易为力。幼帅用兵筹饷，均有牢不可破之见。天下事处常易而应变难，举一废百，昔贤所虑。比闻明谕，为之喟然。①

八月初三日（9月3日），清廷准其所奏本年十月补行江西乡试。

江西巡抚沈葆桢奏江省军务稍松，拟将本年甲子科并补行辛酉科乡试于十月举行。从之。②

八月初三日（9月3日），致信父母，论女儿姻事、诸子功课等。

陈莲亭辞归乡试，实则因源儿不可教诲之故。现归媳妇自课，虽其钝不可挽回，然有所关阑，不能终日游荡，尚望其不入于下流也。雨钝尤甚，云较爽亮，瀛尤颖悟，或犹可为。先生教源儿数月，必如坐针毯，不可终日。只得撤去此席，将银钱付苇轩管理，儿辈有所忌惮也。③

八月初七日（9月7日），沈葆桢因办案不力，部议沈葆桢降二级留任，准其抵销。

前据沈葆桢奏道员周汝筠禀讦知县石昌猷袒匪杀良，请派大员审办，当经降旨交曾国藩提审。兹据曾国藩审明定拟具奏，……沈葆桢办理此案，虽意在急于除恶，惟因石昌猷呈首忤逆一言，率令回县速办，致石昌猷得将许高鸿一犯专杀，非寻常疏忽可比。李桓因闻周汝筠苛政病民，密令石昌猷详查禀复，固是正办，惟于石昌猷复禀周汝筠得受典商赃

① 《曾国荃全集·第三册·书札》，第383页。

② 《清实录·穆宗毅皇帝实录》卷一一一，第四七册，第456页。

③ 林庆元、王道成考注：《沈葆桢信札考注》，第59页。

银等款，概置不问，辙将不应立决之忤逆一款，草率定案，并函令石昌猷，于请将许高鸿正法之禀，删去奉某札谕等字句，不必具禀总督等语，措置未能正大，实属不合。沈葆桢、李桓著交部分别议处。寻议沈葆桢降二级留任，准其抵销；李桓降三级调用，不准抵销。从之。①

八月十三日（9月13日），上《筹防东路情形折》。②

八月廿一日（9月21日），清廷命廓清江西全境。

江西军事渐平，惟侍、康等逆尚未诛锄，杨岳斌赴任后，鲍超与刘典等分办南北两路，不必另派大员督办。沈葆桢有地方之责，着与鲍超等随时商榷，和衷办理，以靖疆圉。现在湖州、广德克复，余逆窜宁国等处山内，曾否续窜江西？军情旦夕不同，曾国藩仍当会同沈葆桢统筹兼顾。即饬令鲍超等分任南北两路，以专责成，俾收廓清之效。③

八月廿七日（9月27日），上《信防军情吃紧现筹进剿情形折》。④

九月初一日（10月1日），李鸿章复信沈葆桢，论朝廷封赏、江西军情筹饷、为会试房师孙锵鸣谋席等。

此次赏功巨典，优渥逾常，不才因人成事，弥增愧惧。侍、康前队计已入楚粤边界，各路有兵堵遏，当回老巢，殄灭未易，尚为他日萌蘖之患。堵逆兄弟实毙于阵，其悍党剿散，大半流入江境，断无能为，或仍急走粤中也。贵境当冲，而苏浙去路无人遮蔽，致贻执事焦忧，鸿章深为负疚。赖厚帅与大力维持，如浮云蔽霄，转瞬晴明，此后更望慎固

① 《清实录·穆宗毅皇帝实录》卷一一一，第四七册，第466页。
② ［清］沈葆桢：《沈文肃公政书》卷三，第583～585页。
③ 《清实录·穆宗毅皇帝实录》卷一一三，第四七册，第504页。
④ ［清］沈葆桢：《沈文肃公政书》卷三，第587～588页。

边境，俾勿再来，则东南高枕，三数年后，朝廷可勿忧贫耳。厚公秦陇之行能否克期。闻江军集六七万众，财力如何可支？此等况味，非个中人难索解也。……蕖师欲谋馆席，江南无一书院，北岸则客多而主亦多，西江能否借一勺否。①

九月九日（10月9日），干王洪仁玕在江西广昌，被席宝田所俘，幼天王洪天贵福失散走脱。

我军少阻，席宝田斩退者以徇，弁勇争奋，贼尸填山腰，自相践踏而遁。至岭下，喘不能行。席宝田挥大队逼之，伪酋自知其万无生理也，挥死党四散，逾山越涧而逸，不令成队，使我军莫知所追。席宝田令各营分队搜剿，自率轻骑疾进，生擒洪秀全之弟伪干王洪仁玕、黄文金之弟伪昭王黄文英，斩伪凤王、宾天义、瑜天义、忠诚朝将李逆、朱逆等酋。……臣查幼逆亲党护从悉数就擒，仅一黄口小儿，何能独脱？惟必须有实在下落，方释群疑。②

九月十一日（10月11日），上《广信地面一律肃清折》《截追窜逆片》《徐生德请假就医片》《黎兆棠母冯氏优加旌奖片》。③

九月十七日（10月17日），上《查明办理降众情形片》《韩营克复雩都折》《探报各路军情片》。④

九月十七日（10月17日），致信父母，谈诸子功课、治家劳累等。

现五女教雨儿，六妹教瀛儿。雨儿为从来之笨，瀛儿能背诵《三字经》矣。教读最苦，媳妇近亦多病矣，只得将账

---

① 《李鸿章全集·信函》一，第337页。

② ［清］沈葆桢：《沈文肃公政书》卷三，第623～625页。

③ ［清］沈葆桢：《沈文肃公政书》卷三，第589～607页。

④ ［清］沈葆桢：《沈文肃公政书》卷三，第609～619页。

房交茀轩办理，而请戴老八来管笔墨。[①]

九月十七日（10月17日），复信沈玮庆，嘱安葬广姑娘，拟寄兑库平五百两，治家劳累等。

汝母指掌尚麻木，兼多目疾，精神亦迥不如前，太劳故也。我夜以继日，公事仍是积压。亲友来书甚多，俱不能裁答。[②]

九月廿五日（10月25日），席宝田部于石城郊外荒谷中捕获洪天贵福（即洪福瑱）。

席宝田以幼逆之尚无踪迹也，十六日移驻石城，派谢兰阶、唐家桐分带小队，会同石城县曾继勋回山搜捕。二十五日，游击周家良得之荒谷，并得李秀成次子李其祥。[③]

九月廿五日（10月25日），上《席军剪除湖逆搜获伪酋折》《霆营飞援宁都血战解围折》《龙南县文武绅民请奖片》。[④]

十月初二日（10月25日），上《霆营攻克瑞金贼遁出境折》，为鲍超霆营请功。

臣诘讯伪干王洪仁玕，“贼中所最惮者何人?”据供：“文则曾国藩，武则鲍超。”洵不愧中兴名将。现在悍寇屏迹，全省将次肃清，应如何优加恩奖之处，伏候宸裁。[⑤]

十月初二日（10月31日），上《定南厅官绅请奖片》。[⑥]

十月初三日（11月1日），上《席军生擒首逆折》。

窃念洪福瑱黄口小儿，无足介意，惟洪秀全窃号十有余

---

① 林庆元、王道成考注：《沈葆桢信札考注》，第59～60页。

② 林庆元、王道成考注：《沈葆桢信札考注》，第60页。

③ ［清］沈葆桢：《沈文肃公政书》卷三，第649页。

④ ［清］沈葆桢：《沈文肃公政书》卷三，第621～637页。

⑤ ［清］沈葆桢：《沈文肃公政书》卷三，第639～641页。

⑥ ［清］沈葆桢：《沈文肃公政书》卷三，第643～647页。

岁，流毒十有余省，遗孽犹在，则神奸巨憝倚其名号，足以挥召群凶。……而幼逆辗转荒谷十有余日，不为饿殍，卒就生擒。①

十月初五日（11 月 3 日），提审洪天贵福。

初五日，据席宝田派训导唐家桐等将洪福瑱护解到省，臣亲提研鞫。②

十月初五日（11 月 3 日），致信周秀庚，嘱托福建防务。③

十月初六日（11 月 4 日），上《福建军情万紧请令闽浙督臣克日入闽折》。④

十月初七日（11 月 5 日），致信彭玉麟，论袁观寿案、军情、会衔入告等。

承示治散勇游匪宜用重典，名言至理，确乎不移，非但瞻言百里已也。……袁观寿一案，已饬新建遵咨办理，不意袁观寿乃春翁内亲。春翁夫人差弁持帖请领，未之许也。……自江浙肃清后，营勇纪律亦迥异从前，盖缘人各有心也。乃统领倦游思返，日以陕、甘、云、贵四字惴惴于中，求返甚急。⑤

十月十一日（11 月 9 日），清廷命将洪福瑱凌迟处死。

着沈葆桢即将洪福瑱在江西省城凌迟处死，以快人心。⑥

【按：是日，以太平天国幼天王被擒，清廷赏江西巡抚沈葆桢一等轻车都尉世职，赐封浙江提督鲍超一等子爵，记名按

---

① ［清］沈葆桢：《沈文肃公政书》卷三，第 649～654 页。

② ［清］沈葆桢：《沈文肃公政书》卷三，第 657 页。

③ 林庆元、王道成考注：《沈葆桢信札考注》，第 188～189 页。

④ ［清］沈葆桢：《沈文肃公政书》卷三，第 655～656 页。

⑤ 林庆元、王道成考注：《沈葆桢信札考注》，第 190 页。

⑥ 《清实录·穆宗毅皇帝实录》卷一一八，第四七册，第 604 页。

察使席宝田云骑世职。以全浙肃清，赐封闽浙总督兼署浙江巡抚左宗棠一等伯爵，浙江布政使蒋益澧骑都尉世职。[①]】

十月十三日（11月11日），上《讯明首逆供情折》。

据供，原名洪天贵，嗣称洪天贵福，袭伪号后，所刻伪玺横书“真主”二字，故误传为洪福瑱。系洪秀全长子，母赖氏，己酉年生于广东原籍。今岁四月十九日，洪秀全伏冥诛，二十四日，该逆遂袭伪号。所供日期尚沿伪朔，实则洪秀全死于四月二十九日，该逆窃号于五月五日也。大兵下金陵，该逆逃伪忠王府，李秀成等护之从城缺出。[②]

十月十三日（11月11日），上《吁请归养折》。

伏念臣父年七十有八，臣母年七十有一，素体非健，去日苦多。……惟我皇上孝治之隆，光被四表，几有血气，悉在陶冶之中。合无仰恳天眷照临，察臣下私，准予开缺回籍侍养，俾臣父母得以永戴生成，浃髓沦肌，曷其有极！[③]

十月十六日（11月14日），清廷命将洪仁玕、洪仁政、黄汶英凌迟处死。

着沈葆桢即将洪仁玕、洪仁政、黄汶英三犯，就地凌迟处死，以快人心。[④]

十月十六日（11月14日），清廷应沈葆桢之奏请，命派员筹防福建。

沈葆桢既桑梓关情，想断不能坐视，着酌度情形，何处兵勇可以抽拨，即派令得力员弁统带赴闽。鲍超一军，该抚亦可就近咨催入闽，毋得稍分畛域，所有援闽各军，均归左

---

① 《清实录·穆宗毅皇帝实录》卷一一八，第四七册，第604页。

② ［清］沈葆桢：《沈文肃公政书》卷三，第657～659页。

③ ［清］沈葆桢：《沈文肃公政书》卷三，第663～665页。

④ 《清实录·穆宗毅皇帝实录》卷一一八，第四七册，第613页。

宗棠调遣，以一事权。江省防务仍着沈葆桢妥筹兼顾，毋令贼匪得以回窜。[1]

十月二十日（11月18日），**洪天贵福在南昌被凌迟处死。**

十月廿二日（11月20日），**清廷慰留沈葆桢，并赐人参。**

沈葆桢奏沥陈下忱恳恩归养一折。江西巡抚沈葆桢自简任以来，于军务、吏治，事事讲求，殚尽心力。本年江宁逸贼窜扰江西，该抚督军防剿，渐就肃清，功绩昭著，朝廷正资倚畀。兹据奏称伊父母年逾七旬，且多衰病，恳请开缺回籍侍养，情词极为肫挚。本当俯如所请，俾遂孝思，惟江西现在军务虽已告竣，而一切善后事宜，正须妥为经理。该抚久任江西，士民同深爱戴，未便遽易生手。沈葆桢着无庸开缺，并赏给伊父母人参六两，交该抚祗领，用资调摄。该抚其仰体朝廷孜孜求治之心，力图报称，毋再固请。[2]

十月廿七日（11月25日），**上《洪福瑱就地凌迟处决折》《洪仁玕等三犯就地凌迟处死片》《报获木质伪玺片》。**[3]

十月廿七日（11月25日），**因清廷赏沈葆桢一等轻车都尉世职，上《吁恳收回成命折》。**

当贼氛四逼，臣未出省门一步，并以韬略不如诸将，一切调度，未敢遥制，悉令前敌统兵大员相机办理；血战累月，仅足相持。又经曾国藩、左宗棠不分畛域，分以不赀之饷，济以决胜之师，转危为安，庶有今日。……今死伤未收，流亡满野，欠饷动逾百万，赈恤莫展一筹，臣贪天之功，因人之力，先膺上赏，纵军民退无后言，臣已滋愧。[4]

---

① 《清实录·穆宗毅皇帝实录》卷一一八，第四七册，第614页。

② 《清实录·穆宗毅皇帝实录》卷一一九，第四七册，第625～626页。

③ ［清］沈葆桢：《沈文肃公政书》卷三，第667～671页。

④ ［清］沈葆桢：《沈文肃公政书》卷三，第673～676页。

十月廿九日（11月27日），清廷谕准沈葆桢经收江西厘金。

曾国藩奏请将粤厘停止并江西厘务请概归沈葆桢经收等语。本日业经明降谕旨，照所请行矣。……江西厘金自曾国藩奏派鲍超、周宽世两军赴援江西后，其应行解皖之半厘，即留充该两军之饷，是江省厘金虽有协皖之名，已无解皖之实。曾国藩现复请将该省厘务概归沈葆桢经收，其鲍超、周宽世两军自应由该省妥筹供应。现在瑞金等处余股未尽，闽粤之贼尚虞回窜，该两军自难即撤，着沈葆桢将此两军妥为调度，其应给口粮即由沈葆桢给发，以清界限。至江省饶州、景德镇两卡，本系提出作为祁门粮台办米之需，嗣后仍着照旧拨解祁台，以资馈运。①

十一月初二日（10月31日），致信沈玮庆，询各处托寄之物到否、府试情况，告假期即满视事等。

恩旨赏假四个月，为向来所未见。天恩如此高厚，更不知如何方能报称，益增焦灼矣。各官绅力请销假，我亦无可坐食，只得再行接印，明日当视事矣。②

十月初三日（11月1日），销假视事。③

十一月初六日（12月4日），清廷谕准所奏豁免江西民欠、军欠、商欠。

沈葆桢奏遵查节年民欠，暨因灾缓征、带征银米等项数目，开单恳请豁免一折。江西省节年民欠，及军欠、商欠各项银两，既据该抚查明，均系实欠在民，并无丝毫隐混，自应悉予豁免，以清库款而裕民生，加恩着照所请。④

① 《清实录·穆宗毅皇帝实录》卷一一九，第四七册，第639～640页。

② 沈吕宁、沈丹昆编著：《沈葆桢家书考》，第129～130页。

③ 沈吕宁、沈丹昆编著：《沈葆桢家书考》，第129～130页。

④ 《清实录·穆宗毅皇帝实录》卷一二〇，第四七册，第651页。

十一月初六日（12月4日），致信父母，述清廷封赏、家眷行期等。

儿于前月二十日奉旨，赏给一等轻车都尉并头品顶戴。以功非己出，具疏力辞矣。告养未蒙俞允，蒙恩赏父母亲参六两，亦具折谢恩矣。人参多被虫蛀，现晒好，俟有便人寄回。①

十一月初七日（12月5日），清廷对沈葆桢上《吁恳收回成命折》辞赏，着无庸议。

兹据沈葆桢奏，沥陈悚愧下忱，推功诸将，并以曾国藩、左宗棠不分畛域，协饷济师，始得转危为安，恳请收回成命等语，具见该抚退让之忱。惟朝廷论功行赏，一秉至公，沈葆桢于贼匪窜江以来，督率兵勇歼除各巨酋，生擒幼逆，先后肃清疆圉，戡乱之功，深堪嘉尚。至该省兵力不敷调遣，虽由曾国藩、左宗棠拨军援助，究由该抚开诚布公，联络一气，始能将士用命，迅奏肤公。且江西省吏治民风，日有起色，皆由该抚实力实心，克尽厥职所致，允宜殊恩特沛，以奖勋勤。该抚所请收回成命之处，着无庸议。②

十一月初四日（12月2日），上《讯明继果营营官折》《已革补用道王沐免予发往军台片》《遵旨援闽兼防回窜折》。③

十一月十五日（12月13日），致信父母，述近况。④

十一月廿九日（12月27日），上《恭谢天恩折》。

窃臣钦奉上谕："沈葆桢着毋庸开缺，赏给伊父母人参六两，交该抚祇领，用资调摄等因。钦此。"当即恭设香案，

① 林庆元、王道成考注：《沈葆桢信札考注》，第61～62页。

② 《清实录·穆宗毅皇帝实录》卷一二〇，第四七册，第657页。

③ ［清］沈葆桢：《沈文肃公政书》卷三，第677～687页。

④ 林庆元、王道成考注：《沈葆桢信札考注》，第62页。

望阙叩头，祗领讫。①

十二月初五日（1865年1月2日），上《霆营兵不宜分折》。

臣前以江省军饷万分难支，裁撤精捷、继果、仁右、鼓湘等营，兵力立形单薄。霆营拔后，必须另募劲旅，以固边防。其霆营入江以来欠饷三十万，尚须分月清理，俾资行费。②

十二月初十日（1865年1月7日），致信父母，询寄兑到否，述家眷行期等。

媳妇决于正月旋里，早则十六，迟则二十，二月内总抵家也。阖署俱好。恳请收回成命之疏，已奉旨不许固辞矣。③

十二月初十日（1865年1月7日），致信沈玮庆，述家眷行期、乞休未允，嘱代购药品等。

汝母决意正月南旋，拟带五妹、六妹、云弟、瀛弟而行，万一途中不靖，则拟一人就道也。为兵勇多，不敢挟全眷行。汝母手偏（遍）贴膏药则稍愈，揭去膏药则大痛，望春暖可瘥也。我乞养未允，辞赏又未允，弥增焦愧。回首家山，梦魂飞越，惟望汝兄弟等能有以慰亲心而已。④

十二月初十日（1865年1月7日），致信侄沈咏彤、沈咏濂，论功课。

总之，熟读经史，返而求于心，则嬉笑怒骂皆入文章，无往非真趣，若只视为骗功名事，则拾人牙慧，与心何涉？平日尚有可涂抹，至场中情见势屈，只剩了之乎也者，功名亦难得骗也。兄弟辈惟汝二人尚有志向学，其拓开见地，勉

---

① ［清］沈葆桢：《沈文肃公政书》卷三，第689～690页。

② ［清］沈葆桢：《沈文肃公政书》卷三，第691～696页。

③ 林庆元、王道成考注：《沈葆桢信札考注》，第62页。

④ 林庆元、王道成考注：《沈葆桢信札考注》，第63页。

之，勉之！字须临帖，不可一日废也。[1]

十二月下旬，致信王必昌，荐余其升。

守备余其升，本系澄清正营哨官，八年分派来芜湖护卡。嗣因小过，弟函致子初斥革。赋闲数年，弟转觉歉然。今弟行有日矣，知其别无生涯，不得不为之安置一地。无可如何，唯有荐交我兄，酌留当差，俾得啖饭有资，使弟得以补过。感戴之私，不仅身受者已也。[2]

同治四年乙丑（1865）　46岁

江西巡抚任上，后丁母忧回籍。

正月初四日（1月30日），致信毛鸿宾、郭嵩焘，论福建防剿等。

西江自鲍军有关外之行，局面为之一变。现能抽赴闽者，仅长左三营，新湘九营。其霆军留余者参差无纪，非大加整顿，不可用也。据各路探报及逃出难民口供，均云闽省无粮，贼不能久。棠疆筹防严密，将健兵精，贼不敢逼，议春暖仍窜。西江兵饷两穷，绸缪无术，徒切隐忧而已。粤中厘捐，尚有未尽之利，台端扫除而更张之，必日有起色。江右则民力竭矣，虽良懦不敢抗拒，其如輠无可炙何？[3]

正月十四日（2月9日），李鸿章复信沈葆桢，欲为李元度洗罪等。

去冬赴金陵，揆帅每言次青独抱向隅，深自疚悔，秋间曾有密疏引咎而为次青诉冤，不料左帅责望过甚，致有遣戍

① 林庆元、王道成考注：《沈葆桢信札考注》，第63～64页。
② 林庆元、王道成考注：《沈葆桢信札考注》，第191页。
③ 林庆元、王道成考注：《沈葆桢信札考注》，第191页。

之议。次青母老家贫，何能堪此？且论咸丰六、七年保障抚、信之功，足掩皖南失城，浙东乞退之过；论其血性忠诚、才识敏捷、能耐烦苦，又实为近世不易得之人才。圣明在上，我辈曾共患难，相知最深，似不可默无一言，拟将由敝处主稿，会列执事暨彭雪翁、杨厚翁前衔，专疏吁恩，或请旨发往杨制军陕甘军营差遣，未知尊意以为何如。其台费则弟与阁下共出一半，再请揆帅与彭、杨共出一半，容即缄商厚、雪二公，伏祈核夺裁式为幸。①

正月十六日（2 月 11 日），送林普晴回闽。

媳妇于十六日登舟，风雪极大。②

正月廿一日（2 月 16 日），致信父母，述寄兑银两、林普晴启程日期等。③

正月廿一日（2 月 16 日），致信沈玮庆，述寄兑新泰厚三千五百金、家眷行期，嘱照单帮项等。④

正月，得四弟沈辉宗家书，知母愈而复病，复请于朝，后乞假得归。⑤

二月初五日，复信刘于浔，贺广东肃清。

惟闻粤疆已报肃清，幸与江西旧雨，共作不知兵革之民，遥遥相庆而已。⑥

二月上旬，致信夫人，询家事，述李次青案、母病盼归、具疏乞养等。

---

① 《李鸿章全集·信函》一，第 359 页。
② 林庆元、王道成考注：《沈葆桢信札考注》，第 64 页。
③ 林庆元、王道成考注：《沈葆桢信札考注》，第 64 页。
④ 林庆元、王道成考注：《沈葆桢信札考注》，第 64～65 页。
⑤ ［清］沈葆桢：《先母林夫人事略》，载《沈葆桢文集》，第 643 页。
⑥ 林庆元、王道成考注：《沈葆桢信札考注》，第 193 页。

得少荃信，次青发军台，嘱联疏乞恩，兼为匀缴台费，已许之矣。议台费，李、沈匀半，曾、杨、彭匀半，谊不容辞。若都如此，源源而来，不特旧累不清，新逋必竿头日进矣。……昨五鼓接到笃初、质夫、玮儿各信，知母亲病复缠绵，望吾弟到家甚切，悔不从吾弟再疏乞养或请短假之言，质夫议论亦如是，今日拜疏矣。吾弟此时曾否过山，殊深驰系。此疏月底可奉批回，得旨即日可就道。天如人愿，则团聚非遥。①

二月十四日（3月11日），清廷谕准假三个月。

沈葆桢奏请赏假归省一折，沈葆桢因复接家书，知伊母病势加剧，望子之心日切，请给假三个月驰归省视。情词悱恻，出于至诚，沈葆桢着赏假三个月，回籍省亲，以遂孝思，江西巡抚关防，即着交孙长绂暂行护理。惟福建寇氛仍炽，被扰地方多与江境毗连，左宗棠督兵在闽，自可次第得手，该匪不能得志于闽，恐将回窜江境，是江西本省之防万分吃紧，沈葆桢必须妥为布置，以期万全无失，方可启行。此系朝廷曲体该抚之心，不得已而俯如所请。如果驰回省视，厥疾渐瘳，着不必俟假满以后，即行驰回江省视事，以重地方。所请假满陛见一节，俟福建军务平定，再行具奏，候旨遵行。求忠臣者必于孝子之门，该抚当念朝廷为地择人，倚畀至重，不可稍存诿卸，用副厚望。②

二月廿二日（3月19日），清廷命暂缓回籍。

沈葆桢奏闽省踞逆窜动筹备边防情形一折。……前据该抚奏请给假回籍省亲，当已降旨允准。兹据奏称边防复形吃紧，如前折邀允，仍暂缓回闽，悉心调度，实能视国如家，

① 林庆元、王道成考注：《沈葆桢信札考注》，第65～66页。

② 《清实录·穆宗毅皇帝实录》卷一三〇，第四八册，第78～79页。

深堪嘉尚。沈葆桢即着暂缓回籍，俟江省防务稍松，边境无事，再行回家省视。①

二月廿七日（3月24日），清廷命督防江西。

江西、广东之防，仍不可一日或懈，沈葆桢尚未回籍，着饬令派出各军认真防范，毋稍松劲。②

二月廿七日（3月24日），申时，沈母林惠芳病故，时年七十二。③【按：后沈父安慰曰："勿过悲，妇先归，可代汝矣！"是日为沈葆桢生日，自此以后不再做寿。】

二月下旬，致信总署，遵饬防外洋各国设立铜线及开铁路。

饬防外洋各国设立铜线及开铁路等因，仰见樽俎折冲，公忠在抱。回环庄诵，钦佩莫名。查外洋之轮船，捷于中国之邮递。一切公事，已形掣肘。若再任其设立铜线，则千里而遥，瞬息可通，更难保不于新闻纸中造作谣言，以骇观听。至铁路一节，窒碍尤多。平天险之山川，固为将来巨患；而伤民间之庐墓，即启目下争。……葆桢即密饬九江蔡道严为防范。遇有商请举办者，谨遵总理衙门办法，力为阻止，以弭衅端。④

三月初一日（3月27日），卸篆，将巡抚关防交由布政使孙长绂护理，启程回里。【按：沈葆桢离任，风闻"归装四万金"。郭嵩焘在日记中写道："往在军中数年，未尝添置升斗之田，而人动曰所获盈万，吾弗辨也。每岁资助亲友较多于存与，不以人议吾之富遂怀顾忌也。近年劳、李居室，吾倾囊置备其地基，力

---

① 《清实录·穆宗毅皇帝实录》卷一三一，第四八册，第93页。

② 《清实录·穆宗毅皇帝实录》卷一三一，第四八册，第106页。

③ ［清］沈葆桢：《诰封光禄大夫先考丹林公行述》，载《沈葆桢文集》，第637页。

④ 林庆元、王道成考注：《沈葆桢信札考注》，第192页。

亦弗给。彼尚无所瞻顾，而吾十丈之屋乃反怀瞻顾乎？必自谢曰：‘吾无一钱。’左季高、在军日以此为言。沈幼丹江抚归装四万金，而以（买）〔卖〕字为生。皆为此语，吾弗屑也。”①】

三月初四日（3月30日），连同江苏巡抚李鸿章，兵部侍郎、漕运总督彭玉麟，浙江提督鲍超会衔上《李元度请免发遣折》，为李元度求情。

> 李元度以湖南举人集练起军，咸丰五年洎八年，转战抚州、建昌、广信一带，常以数千之勇当石达开、杨辅清数十万之众。军无宿粮，惟以忠义激励士卒。每战则自策马出阵，炮子集于颊，血濡袍袖，危险不顾，臣葆桢实亲见之。弋阳、贵溪、广丰、玉山诸县，卒赖保全。当是时，江西糜烂，微元度力战，大局几坏。咸丰十年守徽之役，贼已逼门庭，空无备御。元度仓猝入城受代，甫数日而陷，非战之罪也。当经曾国藩奏参，革职拿问，臣鸿章实力争之。……臣葆桢前在广信府任内，围城岌岌，赖元度掎角救护。共事数年，见其能耐艰苦、忠勇奋发，遂联为姻亲，矢同心力，以报国家，非为私也。臣鸿章曾在曾国藩军中，知元度颇深，尝谓其血性足以干事，而知人则不甚明；其才识足以谋事，而带勇则非所长。……上年，道员王沐因案发遣，追江西肃清，臣葆桢陈其前功并以母丧未葬，据实吁恳，遂荷恩施，免其遣戍。今李元度前功多于王沐，而有母年衰，情同一例，仰惟锡类之仁，必在矜全之列。所有已革臬司李元度可否仰恳天恩，免其发遣之处，出自高厚鸿施。如蒙俞允，该革员应缴台费银两，即由臣等公同捐廉代缴，合并陈明。谨会同兵部侍郎、署漕运总督臣彭玉麟，浙江提督臣鲍超，合

① 《郭嵩焘全集·集部一·书信》，第169页。

词恭折具陈，伏乞皇太后、皇上圣鉴训示。谨奏。①

三月初七日（4月2日），李鸿章复信沈葆桢，述李元度请赦、孙蕖田治丧银垫付、据提丝税、劝勿与曾国藩断绝私交等。

次青前案，昨会列台衔专疏吁陈，咨呈冰案，谨遵函意办理，不下转语并缄请厚帅勿再奏调。惟思笔浅陋，未能达意。如奉俞旨，即恭录飞咨，请尊处就近行知次公，兹先复函，求阅毕加封饬递为荷。蕖田师回籍治丧，春杪约可来吴，当为垫送奠分二百金，弟前亦以此数奉赙也。……闻揆帅与尊处久不通问，截厘诸事阁下不无过激之谈，揆帅复疏负气亦甚，公事意见，古人常有，何至因此绝交。去冬在金陵曾讼言及之，然我兄回忆在信州时，帅意殷勤保护，实为患难知己，无论出处显晦，平生风义，岂可恝然。仍望一再先施全君子之交，循后进之礼，大局幸甚。②

三月初九日（4月4日），李鸿章致信曾国藩，论及沈葆桢吁辞，冀日后勿阻其再起。

幼丹母病乞假，谅不复回。闽川、豫待人，朝廷亦难于搜择，若各处纷纷请退，局势更欠稳洽矣。前复幼丹书，请于师处再申笺敬，不知其已准假也。即有事故，或令强起，若续行修好，伏冀海量包容，少赐颜色为幸。③

三月初十日（4月5日），清廷谕如遇军情紧急，须提前回任。

沈葆桢奏闽贼去江日远交卸起程回籍一折。沈葆桢前以福建康逆窜至白沙，于给假之后，仍暂缓起程，现因白沙之贼归并漳郡，直趋海隅，去江甚远。该抚已于三月初一日交

① 《李鸿章全集·奏议（二）》，第31～32页。

② 《李鸿章全集·信函》一，第373页。

③ 《李鸿章全集·信函》一，第374～375页。

卸，由江起程。并令娄云庆统所部由会昌前进武平，刘胜祥移扎瑞金，赣南防务，责成席宝田会商各军，相机办理，如逆踪回窜，该抚仍拟星驰回江。足见体国公忠，能顾大局。惟江省兵燹之余，一切军事吏治，刻刻需人整理，如军情稍紧，该抚固须迅即回江，即闽省逆势日衰，无虞回窜，亦当无庸拘泥假满，早行回任，以慰驰廑。①

三月十一日（4月6日），清廷命刑部覆议沈葆桢、李鸿章等上《李元度请免发遣折》。

兹据沈葆桢、李鸿章奏称李元度后此虽有可议之罪，前此究有不可掩之功，将该革员事迹胪列呈览，并声称李元度之母，抚孤守节，年已七旬，家无次丁，情实可悯，恳请免其发遣等语，着刑部再行覆议具奏。②

三月十四日（4月9日），命孙长绂督防江西治境。

沈葆桢已起程赴闽，孙长绂责无旁贷，当督饬前派防军，严扼本境，如被阑入完善，惟该署督抚等是问。③

三月十六日（4月11日），抵达家中。

三月廿四日（4月19日），清廷准假百日，在籍穿孝，假期满后署理江西巡抚。

前因沈葆桢奏请赏假回籍省亲，当经降旨给假三月，嗣据沈葆桢奏，业于三月初一日起程回籍，复经谕令该抚不必拘定假期，早行回任。兹据徐宗幹奏称，沈葆桢之母林氏已于二月二十七日在籍病故。沈葆桢天性醇笃，谅必吁请终制，惟江西地方虽就廓清，而福建漳州等逆未平，防务甚关紧要。沈葆桢自简任江西巡抚以来，筹办剿抚，整饬地方，

① 《清实录·穆宗毅皇帝实录》卷一三二，第四八册，第127页。

② 《清实录·穆宗毅皇帝实录》卷一三三，第四八册，第130页。

③ 《清实录·穆宗毅皇帝实录》卷一三三，第四八册，第136页。

办理悉合机宜，民情素称爱戴，当此边防吃重之时，势难遽令离任。沈葆桢着赏假百日，在籍穿孝，加恩赏银五百两，由福建藩库给发，经理其母丧事，俟假期满后改为署理江西巡抚，即行驰赴署任。该抚当仰体朝廷破格夺情之意，移孝作忠，墨绖从事，以副委任，毋许固辞。①

四月廿三日（5月17日），清廷命曾国藩北征。

四月廿六日（5月20日），左宗棠致信夏芝岑，谈及沈葆桢去后江西鲍营乱象。

幼丹居忧，志不复出，江西军事主持乏人。近闻鲍军因缺饷而噪，行至湖北忽有变叛之事，江西殷观察禀来，足骇听闻。其类云庆一军亦因缺饷肆掠而去。此军多哥老会，又多降卒，鲍公不善抚驭，早虑有此。恐必为江西、湖南巨患也。②

四月廿七日（5月21日），清廷命速回江西督防筹剿。

江省地方紧要，此时叛勇近在楚疆，筹防尤亟。沈葆桢抚江数载，素得兵民之心，自应迅速回江筹办防剿事宜，以副众望。着左宗棠、徐宗幹传知沈葆桢，毋庸俟百日假满，即行前赴江省视事，该抚平日公忠体国，想必不渎词陈请也。③

四月廿九日（5月23日），僧格林沁战死山东，清廷命曾国藩赴山东督师剿捻。

五月初十日（6月3日），已革上海海关通事唐国华等集资四万两购虹口美商旗记铁厂，李鸿章饬改为江南制造总局，责成丁日昌督察筹划。

---

① 《清实录·穆宗毅皇帝实录》卷一三四，第四八册，第155页。

② 《左宗棠全集·书信》一，第604页。

③ 《清实录·穆宗毅皇帝实录》卷一三七，第四八册，第222页。

五月十八日（6月11日），清廷谕准在籍终制。

徐宗幹奏丁忧抚臣请在籍终制据情代奏一折，前任江西巡抚沈葆桢，在江省数年，士民爱戴，吏治军务，均能整饬。前因丁母忧回籍，谕令该抚于百日后驰赴署任视事，兹由徐宗幹代为陈奏恳请终制养亲，情词恳挚，览奏恻然，不得不勉如所请。沈葆桢着准其在籍终制，以遂孝思。①

五月二十一日（6月14日），广西布政使刘坤一补授江西巡抚。

刘坤一补授江西巡抚，现值该省防剿吃紧之际，该抚即着速赴新任，毋庸来京请训。②**【按：刘坤一于闰五月十七日接到任命，八月十八日抵任。】**

闰五月初二日（6月24日），清廷命迅赴江西，督办防剿事务，毋再固辞。

前因江西巡抚沈葆桢丁忧，降旨赏假百日穿孝，俟假满时改为署理江西巡抚，嗣据该抚沥请开缺终制，情词恳切，不得不俯如所请。兹据孙长绂奏称，据在籍绅士侍郎李道生等呈称，该抚莅江数载，德泽及于军民，上年贼犯腹地，该抚调度有方，立时扫荡；今军务未尽平复，邻氛时虞窥伺，请令沈葆桢来江督办防剿等语，自系实在情形。沈葆桢抚江数年，军民爱戴，该省密迩寇氛，防剿实未能稍松，从前曾国藩、胡林翼、张芾、李续宜等，皆以亲丧破格夺情，诸臣虽叠请终制，朝廷以得人为重，未允所请，皆墨绖从戎，肤公克奏。沈葆桢仍当念古人金革毋避之义，迅赴江西，督办防剿事务，毋再固辞。③ **【按：《丹林公行述》中记有此事：**

① 《清实录·穆宗毅皇帝实录》卷一三九，第四八册，第294～295页。

② 《清实录·穆宗毅皇帝实录》卷一三九，第四八册，第307页。

③ 《清实录·穆宗毅皇帝实录》卷一四一，第四八册，第329页。

“已而诏署江西巡抚，辞。又诏督办江西防剿事务，再辞未允。所亲问先考曰：‘将奈何?’，先考曰：‘是事也，儿能自决之，无烦老夫矣。’既又以疾辞，朝廷幸曲许焉。”① 】

闰五月廿八日（7月20日），刘坤一上《谢补授江西巡抚恩折》。

将来到任后，惟有恪访前任抚臣沈葆桢成规，折衷至当；时与两江督臣曾国藩熟计，俾底于纯。②

六月初八日（7月30日），清廷准沈葆桢奏请江西故礼部左侍郎王思轼入祀乡贤祠。

予江西故礼部左侍郎王思轼入祀乡贤祠，从巡抚沈葆桢请也。③

六月十九日（8月10日），李鸿章复信郭嵩焘，论及沈葆桢为官。

公谓幼丹得誉，君子疑其过情，鄙人得毁，自悲伤其非分，可为同病相怜矣。④

七月廿二日（9月11日），清廷命调理身体，一俟稍愈，即行起程前赴江西，督办防剿事务。

闽浙总督左宗棠等奏，沈葆桢患病，未能即赴江西，得旨，即传知沈葆桢赶紧调理，一俟稍愈，即行起程前赴江省，督办防剿事务。⑤

八月初十日（9月29日），未时，沈母葬于福州西关外梅亭

---

① ［清］沈葆桢：《诰封光禄大夫先考丹林公行述》，载《沈葆桢文集》，第637页。

② ［清］刘坤一撰，中国科学院历史研究所第三所编：《刘坤一遗集·奏疏》卷一，北京：中华书局，1959年，第6～7页。

③ 《清实录·穆宗毅皇帝实录》卷一四四，第四八册，第395页。

④ 《李鸿章全集·信函》一，第406页。

⑤ 《清实录·穆宗毅皇帝实录》卷一四九，第四八册，第483页。

和丰山之阳。①

八月初十日（9月29日），清廷批准江南制造总局成立。

八月廿五日（10月14日），清廷准沈葆桢奏请补铸江西信丰县杨溪堡巡检印信。

补铸江西信丰县杨溪堡巡检印信，从巡抚沈葆桢请也。②

十一月二十日（1866年1月6日），郭嵩焘致信沈葆桢，并附挽沈母联。

林芗溪回闽，奉寄沈幼丹一信，并挽其太夫人云："母病怆星奔，空嗟丹旐在门，迂延筹食筹兵日；公归同雪涕，为语苍生属望，珍重事君事父身。"③

十二月廿四日（1866年2月9日），偕王谭体元与左宗棠、鲍超部战于黄沙嶂，落崖而死，至此，长江南部太平军余部败灭。

是年，回籍后，在宫巷住宅西花厅临街开"一笑来"裱褙店，鬻书自给。润格为：写对联一，兼裱潢，钱四百枚；写团扇、折扇、小楷每柄四百枚；行书二百枚。无论何人皆写，但用单款书姓名三字。④【按：何刚德《客座偶谈》亦云："沈文肃自江西巡抚丁忧归，鬻字为生计，每书一联，仅取润资四百文。及起服后升两江督，始致书友人，谓今日皮衣方稍全备。官至总督，其衣服亦未能绰有余裕也。其实贪官污吏，丰衣美食，烜赫一时，竟有不待子孙败落，及身而穷窭者，亦比比皆是也。"⑤】

---

① ［清］沈葆桢：《先母林夫人事略》，载《沈葆桢文集》，第644页。

② 《清实录穆宗毅皇帝实录》卷一五二，第四八册，第561页。

③ 《郭嵩焘日记》二，第173页。

④ ［清］欧阳昱：《见闻琐录》，长沙：岳麓书社，1986年，第82页。

⑤ 何刚德：《春明梦录　客座偶谈》，太原：山西古籍出版社，1997年，第167～168页。

同治五年丙寅（1866）　47岁

丁母忧在籍，后接任船政大臣。

五月十三日（6月25日），闽浙总督左宗棠上《拟购机器雇洋匠试造轮船先陈大概情形折》，请在闽设局制造轮船。

臣愚以为欲防海之害而收其利，非整理水师不可；欲整理水师，非设局监造轮船不可。泰西巧而中国不必安于拙也，泰西有而中国不能傲以无也。虽善作者，不必其善成；而善因者，究易于善创。如虑船厂择地之难，则福建海口罗星塔一带，开槽浚渠，水清土实，为粤、浙、江苏所无。臣在浙时，即闻洋人之论如此。昨回福州参以众论，亦复相同。是船厂固有其地也。[①]

六月初三日（7月14日），清廷从闽浙总督左宗棠奏，于闽省择地设厂，购买机器，募雇洋匠，试造火轮船只，所需经费在闽海关税内提用。

六月，广东巡抚蒋益沣奏陈自强之策，论及开办船政。

总之，固国以人心为本，顺民之情而不遏抑生计，则元气实而外邪自不能侵。御敌以武备为先，利兵之器而复代筹其身家，则义愤发而锋镝有所不避。……臣前路过闽省，督臣左宗棠与臣熟商，拟于沿海一带省分建设铁厂，制造轮船，一面雇觅洋匠指授，一面选择聪明子弟入厂学习。各省不分畛域，合力经营，一遇有事，则如常山之蛇，击首尾应。臣复熟商督臣瑞麟，深以为然，拟即函商左宗棠，或在福建设厂，或在广东设厂，总期计出万全，谋定后动。一俟

---

① 《左宗棠全集·奏稿》三，第53～56页。

左宗棠覆到，再行奏明举办。省冗杂虚糜之费，储有备无患之资；外而虚与委蛇，守汉过不先之约；内而力除积蠹，尽实事求是之心。财用既足，民心既固，外情既熟，器械既精，由是始可以言战，始可以言守矣。[①]

七月初八日（8月17日），因广东巡抚蒋益沣奏请于沿海省分建设铁厂，制造轮船，诏命与左宗棠咨商会筹妥办。

七月初十日（8月19日），江汉税务司法国人日意格和到福州会见左宗棠，并同赴福州马尾选厂址开办船政。[②]

八月十七日（9月25日），杨岳斌以病免，清廷调左宗棠为陕甘总督，以吴棠为闽浙总督。

八月十九日（9月27日），反对办船政的官绅唆使马尾、罗星塔等十三乡农民反对船政圈地，包围来马尾购地的差役。丁忧在籍的沈葆桢赶到马尾劝谕，同遭围攻，足踝中砖石，退往濂浦。[③]

八月二十日（9月28日），营兵三百人包围马尾，派来五艘炮舰，朝天开炮，迫使围攻者交出十八人。后斩二人，贯耳十六人。[④]

九月初六日（10月14日），左宗棠接到调任陕甘总督、率湘军镇压回民起义的谕令。

九月初七日（10月15日），左宗棠致信总署，推荐船政替人。

---

① 中国史学会主编：《中国近代史资料丛刊·洋务运动》五，上海：上海人民出版社，1961年，第12～13页。

② 陈道章主编：《福建船政大事记（增订本）》，北京：中国文联出版社，2010年，第1页。

③ 陈道章主编：《福建船政大事记（增订本）》，第2页。

④ 陈道章主编：《福建船政大事记（增订本）》，第2页。

惟前江西巡抚沈幼丹中丞，在籍守制，并因父老，服阕欲乞终养，近在省城，可以移交专办。沈中丞清望素著，遇事谨慎，可当重任，派办之后，必能始终其事。英桂等意见相同。官绅闻之，亦皆称善。宗棠已两次造庐商请，沈中丞尚在谦逊未遑。宗棠日内即当具折请旨，简派沈中丞总理船政也。……洋人中不必人人皆知造船。即德克碑、日意格两人中，德克碑本系法国水师员弁，长于制造；日意格办事安详，曾充船主，洋务亦娴，但制造不逮德克碑。就两人而论，各有长短，皆不可少也。[①]

九月廿三日（10月31日），左宗棠上《请简派重臣接管轮船局务折》，奏请派沈葆桢总理船政，以便开局试办，并请求暂缓三旬赴任。

臣之不能不稍留［两］三旬，以待此局之定者此也。惟此事固须择接办之人，尤必接办之人能久于其事，然后一气贯注，众志定而成功可期，亦研求深而事理愈熟。再四思维，惟丁忧在籍前江西抚臣沈葆桢，在官在籍久负清望，为中外所仰。其虑事详审精密，早在圣明洞鉴之中。现在里居侍养，爱日方长，非若宦辙靡常，时有量移更替之事。又乡评素重，更可坚乐事赴功之心。若令主持此事，必期就绪。商之英桂、徐宗幹，亦以为然。臣曾三次造庐商请，沈葆桢始终逊谢不遑。可否仰恳皇上天恩，俯念事关至要，局在垂成，温谕沈葆桢，勉以大义，特命总理船政，由部颁发关防，凡事涉船政，由其专奏请旨，以防牵制。其经费一切，会商将军、督抚臣随时调取，责成署藩司周开锡不得稍有延误。[②] **【按：《诰封光禄大夫先考丹林公行述》云：“葆桢自揣**

---

① 《左宗棠全集·书信》一，第659页。

② 《左宗棠全集·奏稿》三，第117～118页。

非所胜任，坚辞。左公强之，函牍至四五反。遂以入告，先考曰：‘左公移督陕甘，船政之成败非其责矣，尤谆谆若此者，为国家耳。汝何得畏难？倘奉旨允行，请释服后莅事可也。’”[①]】

九月下旬，左宗棠复信蒋溢沣，谈及三请沈葆桢出山接办船政事。

总署于轮舟一事，近始注意。观致弟书，深切著明，较闽中公函，尤为透露。……总理船政，惟沈幼丹中丞最宜，以其夙负清望，又在籍绅士，无更替之烦也。兄已三次造庐敦请，渠仍逊谢未遑。现拜疏请之，重以朝命，或无异议。……西行万里，别无系恋，惟此事未成，又恐此时不能终局，至为焦急耳。[②]

九月，福州将军英桂、福建巡抚徐宗幹奏报沈葆桢与闽省绅民恳留左宗棠暂缓赴陕甘总督任。

据在籍前江西巡抚沈葆桢并绅耆百余人联名呈称：“创造轮船一事，关系甚巨，非常之功，非他人任。夫轮船为万世之利，内而枢廷，外而疆吏，谋及乃心，……俟外国工匠毕集，创造一有头绪，再移节西征。”[③]

十月初八日（11 月 14 日），左宗棠上《筹款购买轮船机器请令沈葆桢仍管船政折》，奏请拨船政开办费用共计关平银十三万三千八百六十六两五钱。

续准沈葆桢函称，如果奉旨敕令办理，亦必请俟明年六月母丧服阕后，始敢任事。其未释服以前，遇有咨奏事件，

---

① ［清］沈葆桢：《诰封光禄大夫先考丹林公行述》，载《沈葆桢文集》，第 637～638 页。

② 《左宗棠全集·书信》一，第 660 页。

③ 《中国近代史资料丛刊·洋务运动》五，第 14 页。

可由署藩司周开锡、道员胡光墉详请督抚臣代为咨奏。[1]

十月初八日（11月14日），左宗棠上《船局创始之初未可期以速效片》，论及沈葆桢任事。

沈葆桢清望久著，总理船局实其所宜。将来成一船即练一船。兵将仍应请简用熟谙水战、勇略过人之人，令其拣调将弁，破格用之，而后轮船一事乃臻完备。抑臣窃有所请者。此局创设固已嫌其迟，然所重者在尽洋人之艺事与夫驾驶之方，实未可期以速效。与其速而无成，曷若迟而必效。如有为欲速之说者，不可听也。创始之初，所费必多，不宜过于刻核。任事之人，如果工归实济，自然费不虚糜。[2]

十月上旬，致信左宗棠，谈服除之前难以就任船政大臣。

奉大咨，以船政成否，关系至巨，饬勿固辞。反复再三，公忠体国之诚，溢乎楮墨。某某虽不肖，敢弗凛遵渠诲，勉竭驽材，期副大臣视国犹家，以人（臣）事君之望？使某非在缞绖之中，则奉旨之日，固当趋谒铃辕，详求指示，务期于事有济。更何敢徘徊却顾，自蹈愆尤？而干渎尊严，不惜逾再逾三者，万不得已之苦衷，大君子可以深鉴之矣。……窃恐西行有期，洋将一来，饬令随同要约。不遵则难逃逋慢之咎，遵行则犹是局外之人。不得不先事通辞，俾免进退狼狈。[3]

十月十一日（11月17日），清廷谕准左宗棠暂缓离任，办好交接。

今据沈葆桢等所呈各节，亦属切要之图，英桂现尚未接印，着左宗棠暂缓交卸督篆，克日催督工匠，上紧制造，妥

---

① 《左宗棠全集·奏稿》三，第138～140页。

② 《左宗棠全集·奏稿》三，第150～151页。

③ 林庆元、王道成考注：《沈葆桢信札考注》，第193～194页。

定章程，与英桂、沈葆桢会商办理，并将西征兵将豫为部署。……该督俟吴棠到任后，再行交卸来京。轮船办有端倪，即交英桂、吴棠、沈葆桢认真经理。沈葆桢现既在籍，于此等紧要事件，未可视同膜外，即着帮同该省督抚等悉心区画，以期周密。①

十月十三日（11月19日），清廷命总司福州船政事务，并准专折奏事。

前因闽省设厂制造轮船，事关紧要，特经谕令吴棠接办。复经谕令左宗棠将轮船事务办有端倪，交英桂、吴棠、沈葆桢等经理。兹据左宗棠奏请派重臣总理船政接管局务一折，该督以轮船事在必行，不以去闽在迩，遽行搁置，实属沉毅有为，能见其大。着遵奉前旨，将设局造船事宜，办有眉目，再行交卸起程。沈葆桢办事素来认真，人亦公正廉明，现虽守制家居，惟事关船政大局，必须经理得人。该前抚务当遵奉前旨，出而任事，不可稍行诿卸。所有船政事务，即着该前抚总司其事，并准其专折奏事，先刻木质关防印用，以昭信守，一俟局务办成，再行奏请部颁关防。一切应办事宜，并需用经费，均着英桂、吴棠、徐宗幹妥为经理，仍随时与沈葆桢会商，不可稍有延误。道员胡光墉即着交沈葆桢差遣。②

十月十五日（11月21日），英桂等上《开造轮船请暂动结款折》，言明闽省初办船政预计花费及闽省收入。

臣等再四思维，制造轮船为中国自强之策，久在圣明洞鉴之中，无论如何为难，必须设法办理。所需经费，臣等苟能勉为筹措，何敢妄自渎陈。无如开办之初，需款甚巨，闽

---

① 《清实录·穆宗毅皇帝实录》卷一八六，第四九册，第340页。

② 《清实录·穆宗毅皇帝实录》卷一八六，第四九册，第341页。

省关税、厘税皆无可拨，而事已定议，未便暂置缓图。合无仰恳天恩，俯准由四成结款项下动拨银四十万两，嗣后再由闽海关税拨济。如尚不敷，即提闽省厘税应用，不得再动结款，以重部帑。①

十月十七日（11月23日），左宗棠交卸闽浙总督印信，福州将军英桂兼署闽浙总督，派周开锡（绶珊）、胡光墉（雪岩）为船政提调，叶文澜（清渠）为总监工。②

十月廿七日（12月3日），清廷谕准如数下拨采办经费，命接管船政，在丧服未释之前，准知会闽省总督、巡抚代奏。

前因闽省设厂制造轮船，谕令沈葆桢帮同该省督抚等悉心区画。嗣据左宗棠奏请派重臣总理船政，复谕令沈葆桢总司其事，与英桂、吴棠、徐宗幹会商办理。兹据左宗棠奏，该抚两次呈称，以丁忧人员不应与闻政事，如奉旨饬办，亦必俟明年六月服阕后，始敢任事；其未释服以前，遇有咨奏事件，请由督抚臣代为咨奏等语。制造轮船一节，关系中外，事更重于金革，岂得以引避为辞？沈葆桢办事认真，着仍遵前旨总司其事，一切应办事宜，均着英桂、左宗棠、吴棠、徐宗幹与沈葆桢随时会商办理，署藩司周开锡即着与道员胡光墉，一并交沈葆桢差遣。惟既据该前抚呈称，现未服阕，未敢公然任事，即着俯顺所请。未释服以前，遇有应行陈奏事件，由沈葆桢知会该督抚代为具奏；一俟服阕，仍着会同该省督抚，联衔奏事，以重事权。其购买机器等项，共需银十三万三千八百余两，着照左宗棠所筹，先行动款应付，以便兴办。③

---

① 《中国近代史资料丛刊·洋务运动》五，第20～21页。

② 陈道章主编：《福建船政大事记（增订本）》，第3页。

③ 《清实录·穆宗毅皇帝实录》卷一八七，第四九册，第361～362页。

十一月初一日（12月7日），清廷命曾国藩回两江总督任，授江苏巡抚李鸿章钦差大臣，专办攻捻事宜。谕令各直省停止报捐武职。

十一月初五日（12月11日），左宗棠上《恭报西征起程日期折》，述及沈葆桢接任船政大臣。

兹将船局事务赶紧筹商，已有眉目。十一月初一日钦奉谕旨，船政交沈葆桢总理，尤深幸慰。①

十一月初五日（12月11日），左宗棠上《详议创设船政章程购器募匠教习折》，以日意格、德克碑为正、副监督，并胪列船政事宜十条。②

十一月初五日（12月11日），左宗棠上《船局事件仍必会衔具陈以昭大信片》，言今后将会衔船政奏稿，以安人心。

日意格、德克碑昨次来闽禀称，轮船一切条约皆臣核定，仍请臣主持此事。当即告以业经请简总理船政大臣，事有专属，自可毋庸与顾。且相距万里以外，亦势难与顾也。该洋员仍以为言。窃维洋人素性多疑，骤难譬晓。始事之初，须坚其信。……应先陈明，此后船局遇有陈奏事件，仍由沈葆桢会臣后衔，以昭大信。③

十一月初五日（12月11日），左宗棠上《咨送闽浙官绅交船政大臣差遣片》，荐盐运使衔广东补用道叶文澜、候选同知黄维煊、五品军功贝锦泉、福建候补布政司经历徐文渊，其余人等可由沈葆桢推荐。

至士绅民商中可用之才，应由沈葆桢随时搜访，札调入

① 沈丹昆编：《沈葆桢手迹》，排印本，2008年，第61～63页。

② 《左宗棠全集·奏稿》三，第297～300页。

③ 《左宗棠全集·奏稿》三，第303～304页。

局差遣。①

十一月初五日（12 月 11 日），左宗棠将德克碑、日意格禀稿咨呈军机处，附二人与左宗棠议定的保约一件、条议十八条、清折一扣、合同规约十四条。这些文件均由大法国驻扎上海总理法国通商事务总领事官见约查核，钤印画押。②

十一月初七日（12 月 13 日），致信夏献纶，条列船政学堂章程十条。

昨接轮船监督两禀，一请教习曾来顺薪水，自当照准，一议学堂章程，谨以鄙意参之，条列如左：……以上十条，当否？乞酌定。如属可行，除已见原定章程者毋庸重复示知外，其为原定章程所未及者，应由贵衙门补行示谕。③

十一月初十日（12 月 16 日），左宗棠自福州启程北上赴任，临行前叮嘱日意格、德克碑遵守信诺。

宗棠濒行，语日意格、德克碑曰："条约外勿多说一字，条约内勿私取一文。倘有违背，为中外讪笑，事必不成，尔负我，我负国矣。"日、德唯唯。此幼丹中丞及司道所共闻者。④

十一月十七日（12 月 23 日），福建船政局主体工程全面动工，船政求是堂艺局（学校）开办，招生 105 名。因校舍未建，借址上课。学制五年，后有变动。⑤【按：第一届求是堂艺局招生，作文试题为"大孝终身慕父母"，侯官严宗光（即严复）与试，"成文数百言以进，沈葆桢奇之，用冠其曹，以第一

---

① 《左宗棠全集·奏稿》三，第 306 页。

② 《中国近代史资料丛刊·洋务运动》五，第 34～46 页。

③ 林庆元、王道成考注：《沈葆桢信札考注》，第 195～196 页。

④ 《左宗棠全集·书信》一，第 668 页。

⑤ 陈道章主编：《福建船政大事记（增订本）》，第 3 页。

名录取入学。”①】

十一月廿四日（12月30日），清廷谕准左宗棠所议船政章程并艺局章程，并会衔上奏船政事宜等。

左宗棠奏详议船政章程并艺局章程，各开单呈览，及晓谕日意格等各折片，此次创立船政，实为自强之计。若为浮言摇惑，则事何由成？自当坚定办理，方能有效。……沈葆桢总理船政，其未服阕以前，遇有船局事宜，由英桂等陈奏；服阕以后，由沈葆桢会同该督抚陈奏，均着仍列左宗棠之名，以期终始其事。……其余如有可用之才，即由沈葆桢酌委，务当虚心访求，以期集事。②

十二月廿七日（1867年1月2日），船政局监督洋员日意格到巴黎招募船匠。

十一月下旬，左宗棠致总理各国事务衙门，论船政无蹈虚糜之咎。

日、德力任其成，且言脱有差谬，伊不见信于中国，亦不见容于其国主。……幼丹中丞清望素著，谨慎有余，其无虚糜之事，不用虚糜之人，尤可预决。若必于事前时申儆之曰“无蹈虚糜之咎”，窃恐幼丹将为三字所束缚，不敢任事。而差遣各员，惟求脱卸干系，不肯奋往图功。古云“蓄疑败谋”，又曰“疑事无成”，良足鉴也。香岩、幼丹既均非豪纵之人，苟可节省，自知节省。伏求钧函下逮时，勿以虚糜为戒，庶少一分瞻顾，即多一分担当，而局外浮言，岛人蜚语，均不禁自绝矣。③

---

① 罗耀九主编：《严复年谱新编》，厦门：鹭江出版社，2004年，第18页。

② 《清实录·穆宗毅皇帝实录》卷一九〇，第四九册，第400～401页。

③ 《左宗棠全集·书信》一，第668页。

十二月初三日（1867 年 1 月 8 日），英桂等上奏，请允沈葆桢释服期后任事。

惟现在开设学堂，教习造船、驾驶诸法，并添购船厂地基、建盖厂屋，事系创办，均须详慎经营。臣等于接呈后，商请沈葆桢钦遵谕旨，总理其事，俾期悉臻妥洽。沈葆桢以释服之期相距已仅数月，且此时船政尚未繁兴，仍恳代奏，俟释服后再行接管前来。除将应辨各事宜仍由臣等随时与沈葆桢会商外，所有沈葆桢请俟释服后总理船政缘由，谨恭折代奏。①

十二月底，致信总署，述释服期前万难任事。

窃葆桢苫块余生，蒙恩曲许终制。蓬庐视息，从未敢一入公门。值左制军奉命西征，驺从俯临，坚欲以轮船见属。葆桢亦谓自强之道，无过是者。惟非常之举，必待非常之人。自顾菲材，何以堪此。函辞再四，备陈万难胜任情形。忽准咨称，业经入告。……计葆桢明年六月十六日服阕，是时外国工匠尚未毕集，铁厂之兴，必待秋间。葆桢释服后，即当敬谨莅事。②

同治六年丁卯（1867）　　48 岁

船政大臣任上。

正月十七日（2 月 21 日），法国福州税务司美理登向福州将军英桂递交《议试造轮船有欠妥协》信函，主张中国应向外国买船，反对造船，以免徒费国帑。

具折略为日意格、德克碑前议试造轮船，有欠妥协，合

---

① 《中国近代史资料丛刊·洋务运动》五，第 47～48 页。

② 林庆元、王道成考注：《沈葆桢信札考注》，第 197 页。

具折略申明事。窃本税司，查前日、德二员所与左宫保文函并其合约，俱已详悉。闻当时日、德二员议设艺局，招募十三、十六岁以内幼童，入局学习外国语言文字、算法，以及驾驶轮船，仿造机器，设立船槽，教造大小轮船十六只。冀以五年为限，俾中国人学成外国语言文字，并得造船制机之法，海上驾驶之方。左宫保遂听其言，遽行陈奏，极力担承，即举办学，此最难成功之事。本税司深知西洋定例，外国幼童欲习技艺并学驾驶轮机等事，固系言语已通，必先入艺局学习文字、图史、算法，天文、地志等件，须学至五六年，然后入于本口内轮船之中习看机器，又须学至五六年，始能颇知头绪。是欲学全功者，非数十年难知奥妙。不意日、德二员如何蒙混左宫保，欲使中国素不识外国语言文字之幼童人等，期于五年中能造机器，能驶轮船。本税司深知徒糜巨款，终无成功，故不得不及早申明。……闻左宫保前已有奏，意以五年之后，如中国人学不成功，尚有十六只轮船等语。然自本税司观之，有船而不知驾驶，要船何为？且内地试造之船，势必不及洋来惯造之坚；况试造之船，比诸购买者价尚高三倍。然福州一口，亦不必用此多船，如欲奉公缉盗，有三四只轮船分巡台、厦本口已足。多造十二只，并无所用。……庶几事有共商，可期核实；费有共见，弗致虚糜。如此办理，谅七八十万足敷，不必至三百万之多。①

二月廿二日（3月27日），总理衙门接到英桂为法国福州税务司美理登开具折略事的信函，说明试造轮船并无办理欠妥之处。

正月十七日，接据法国福州税务司美理登申称，此次试

① “中央”研究院近代史研究所编：《海防档》乙，《福州船厂》一，台北：“中央”研究院近代史研究所，1957年，第65～68页。

造轮船，办理欠妥，并开具折略前来。查左前督与洋员日意格、德克碑议定创造轮船诸法，具限五年，保使内地工匠，学习纯熟，并因驾驶外洋，必须兼学天文、地理、算法，方有把握，逐一议定条约在案。窃思制造西洋机器，及天文、地理之学，奥妙无穷，五年之中，固难必其精熟，然断不能不学而成，但能悉心讲求，久之自有成效。……又造船不如买船之省费，上年赫总税司曾有此议，迭经左前督将一切细情奏明并函致尊处，谅已早邀洞鉴。……细察美理登所言各节，名为中国节省经费，实则暗事阻挠。且其词语，前后多自相矛盾。盖因议造轮船之始，美理登原未预闻，及至腊月来闽接办税务司，即谋搀人，希图于中取利。然此事现与日意格、德克碑等既有成约，即有责成，美理登系局外之人，自未便复令干预。英桂当与沈巡抚、周护抚随时酌商，妥为办理。①

二月廿三日（3月28日），总理衙门致信沈葆桢，嘱照章行事，主持船政。

季皋制军苦心孤诣，筹思十余载谋之海疆官绅，诹之外洋将弁，通盘筹画，始的借法自强，为创造轮船之计。甫经手定规模，又复奉命西征，不遑朝夕。以阁下清标素望，豫章耆旧，久洽口碑，为当局思得人，不得不有夺情之请。圣明洞鉴，适慰劳旁求，从兹移孝作忠，尽谋周挚，振中邦之势，即以纾宵旰之忧，固不独区区荐剡为酬知己计也。②

三月初三日（4月7日），闽浙总督吴棠到福州上任。

三月中旬，左宗棠复信周受三，谈及吴棠不赞成办船政。

仆与吴公无交情，不测其深浅。惟杭城初复时，曾于浙

---

① 《海防档》乙，《福州船厂》一，第64～65页。

② 《海防档》乙，《福州船厂》一，第62～63页。

粮道公牍见其批回，意其庸鄙，亦颇知其不以轮船之说为然。上年闻其来闽浙，意数年阅历，才识或当有进；又适得马谷山信，言其人虚公廉明，质之沈幼丹，亦颇赞之，颇悔前此所见之偏。自今观之，则居然故我耳。①

三月中旬，致信总署，述任事日期等。

凡为臣子，其敢意存推诿，自外生成？如果员匠毕来，机器既具，事之济否？环待葆桢一人，有不竭蹶驰驱，冀酬圣恩于万一者哉！葆桢终天抱恨，岂三年缞绖所能赎此巨愆？第日意格之来，以夏为期；德克碑之来，以秋为期。二镇未来，并无可举之船政。葆桢虽贸贸然出，何补时艰？既承提命谆谆，敢复稍事拘泥？谨定于六月十七莅事，断不再有迟延。②

四月廿六日（5月29日），天津机器局建成，开局试机。

五月初五日（6月6日），求是堂艺局迁至马尾新校舍上课，改称船政学堂。

五月初七日（6月8日），船政学堂开始上课，分前、后两学堂。前学堂即制造学校（造船学校），外语采用法文，另有实习课（蒸汽机制造与船体制造实习）；后学堂外语采用英文，专业有驾驶和轮管。③【按：船政学堂前后共开设学堂八所，即造船学堂、绘画学堂、艺徒学堂、匠首学堂、驾驶学堂、练船学堂、轮管学堂、电报学堂。④】

六月十六日（7月17日），释服。

① 《左宗棠全集·书信》二，第29页。

② 林庆元、王道成考注：《沈葆桢信札考注》，第197页。

③ 陈道章主编：《福建船政大事记（增订本）》，第5页。

④ 沈岩：《晚清船政八学堂考》，载张作兴主编：《船政文化研究》第四辑，福州：海潮摄影艺术出版社，2006年，第60页。

六月十七日（7月18日），往晤福州将军英桂、闽浙总督吴棠、福建巡抚李福泰，即驾轮船赴马尾莅事，启用总理船政关防。①

六月十七日（7月18日），复信总署，报告任事情形及美里登企图干预船政，请预为防范。

葆桢于十七日往晤将军、督、抚后，驾轮船驶至马尾工次，即日谢恩任事。时艰任巨，识浅术疏，所有为难情形及不敢固辞之苦衷，恭折具陈，皆出自肺腑之言，无敢丝毫欺饰。……税务司美里登，百计钻营入局，葆桢固却之。……当时议造轮船，美理登并不在场。若令盘踞其中，将事事掣肘。人心一懈，全局中乖，虽有智者，无能善其后矣。②

六月十七日（7月18日），上《船政任事日期折》，述接任始末、船政办理七难及展望。

臣自渥荷生成，优予终制，从未敢一入官署。左宗棠奉命西征，仓卒见访，坚以船政相属。臣知事在必行，自顾材非其任，面辞者四，函辞者三，呈辞者再，且徇本籍士民之意，联名吁留左宗棠暂缓去任。原以创造轮船，关系至巨，非其人莫能胜也，乃蒙圣主特达之知，采及菲材，畀以重寄，始饬会办，继令专司，且感且惧，至于涕零，早夜傍徨，寝食几废。诚以臣之材望迥非左宗棠之比，而所处之地又各不同故也。……船厂根本，在于学堂。臣访闻所派教习咸能认真讲授，生徒英敏勤慎者亦多，其顽梗钝拙者，随时去之，有蒸蒸日上之势。③

① ［清］沈葆桢：《沈文肃公政书》卷四，第709页。

② 林庆元、王道成考注：《沈葆桢信札考注》，第198页。

③ ［清］沈葆桢：《沈文肃公政书》卷四，第703～710页。

六月十九日（7月20日），甄别前、后学堂艺童。①

六月廿七日（7月28日），英桂等上奏船政筹款、进度、沈葆桢上任前后情形。

前以沈葆桢尚未释服任事，先在省城设立船政总局，派委司道随时禀商经理其事。所需经费，节经臣英桂先将海关结款四十万两拨解，嗣自上午十二月起至本年六月，将每月银五万两按月筹拨，共计银七十五万两，先后解由藩司转解应用。……此时沈葆桢亲驻工次，更可无误事机。臣等惟有协恭和衷，愚忱共矢，钦遵谕旨，随时会商办理；所需经费，由英桂按月拨解，断不敢稍有延误，以济要需。②

六月，清廷任用福建布政使周开锡和道员夏献纶、胡光墉三人为船政提调，知府李庆霖和刘国泰等为船政局员，叶文澜为监工道员。③

六月，左宗棠复信沈葆桢，宽慰经营船政的困难。

得五月二十二日手书，敬承释服有期，计此时业已起视船政，荩臣谋国之忠，贤者赴几之哲，天下仰之，鄙人则尤耳属睫展，日夜祷祀，冀其有成，以塞咎责者也。凡有交涉局务者，乞饬局书随时录以见示，俾晓曲折，至荷至荷。闽事甫盼转机，弟即拜西征之命，去时即虑事有反覆，愦愦者必挠其成。然窃睹批答，皆极荷俞允，或无它虑。不料其安心与弟为难，并大局亦不顾惜，允行之疏，亦敢妄持异议如此。屡得闽信，但增慨叹。尊示受三避嫌不肯显然任事，当特疏留之。具见维持世局深心，足破壅蔽而彰公是。惟去位之藩司，终未能多有裨助也。诸所翻异，皆弟任内奏准之

① ［清］沈葆桢：《沈文肃公政书》卷四，第714页。

② 《中国近代史资料丛刊·洋务运动》五，第52页。

③ 陈道章主编：《福建船政大事记（增订本）》，第6页。

件，弟自不能无言，然亦未可出之太易。高明以为何如？闽官之喜造谣言，挟持长官，本是习见之事，竹枝词亦何足据。惟此次从轻了结，恐日后新闻更多，不成事体耳。[①]

六月，改由英国人嘉乐尔任校长的后学堂增设航海专业。

七月初九日（8月8日），闽浙总督吴棠调离，福州将军英桂兼署闽浙总督。

命闽浙总督吴棠驰赴广东查办事件，以福州将军英桂兼署闽浙总督。[②]**【按：沈葆桢虽钦命办理船政，但往往因筹措经费与督抚等难以融洽相处。故清廷将掣肘船政的闽浙总督吴棠调离福州。】**

七月初十日（8月9日），清廷命福建地方官员与沈葆桢同心协力，办好船政。

兹据沈葆桢奏报任事日期并沥陈各情，览奏具见诚悃。船政事宜，本非旦夕所能奏效，左宗棠以事当创始，专折请派，其知该前抚者实深。该前抚清慎之怀，中外共见，朝廷因事择人，亦期任事者以朝廷之心为心，并非浮言可夺。该前抚现已任事，惟当勉为其难，即着督饬周开锡等实力讲求，并将日意格等加意笼络，庶观成有日，用以自强，毋得瞻前顾后，有误钜工。沈葆桢以本地绅士督办船政，必须地方大吏联为一气，呼应始灵。英桂、吴棠、李福泰务当和衷商办，俾该前抚永无掣肘之虞，其应需经费，并着英桂等随时经理，以竟全功。[③]

七月十四日（8月13日），总署致函沈葆桢，提及赫德屡戒

---

① 《左宗棠全集·书信》二，第34页。

② 《清实录·穆宗毅皇帝实录》卷二〇六，第四九册，第684页。

③ 《清实录·穆宗毅皇帝实录》卷二〇六，第四九册，第685页。

美理登不要干预船政，并查询购买机器事宜。①

美里登谬妄喜功，经本处与赫总税提及，据云：屡经戒其不得干预船政及地方公事，以致掣人之肘。此次闽省兴造轮船，尚无欲其入局之意。日后设有此议，亦必坚拒也。②

七月，船政需铁，福建布政司署中官吏循衙门陋规，勾结炼铁户，向船局索贿不成，来文以防私铸及济匪为辞，拒绝采购。沈葆桢为此专札布政使邓廷枏，以阻挠船政，严词诘责。

总理船政大臣为严扎饬覆事。照得该署司咨呈，准船政局移称：发银三千两，交职员李赞尧赴侯官县大湖各都煽铁一案，本署司查钢铁攸关军火，例禁綦严，及以杜藉端私铸济匪之弊。除呈报两院宪并分檄转行查办外，咨请查照前指，转饬确查，幸勿徇混稽延等因。……本总理系钦奉谕旨专办船政大员，并非该署司之属吏，可以任意申饬者，乃凭听蠹吏舞文，侮弄星使。本总理纵以籍隶本省，顾畏后患，奈辱朝廷何？本总理衙门并无例案可循，只知事之当办与否？……此案显系林丰盛串通该署司衙门胥吏，从中弊混，希图阻挠大局，为分肥之地。应着该署司将承办之蠹吏及钻营之炉户，委员提解本总理衙门，听候严讯。合行札饬，为此仰该署司立即通照办理。国家之船政，与书吏之陋规，孰轻孰重？该署司谅亦知之，幸勿徇混稽延，致干重究。此札。③【按：邓廷枏阻挠船政事，《福建编年史》载："葆桢赫然震怒，严词诘复，廷枏大惧，自认受某书吏蒙混。葆桢逮某书吏到局严讯，置之于法。自此之后，内外上下人等，都

---

① 陈道章主编：《福建船政大事记（增订本）》，第6页。

② 《海防档》乙，《福州船厂》一，第78页。

③ 沈笋玉著：《船政编年史》，香港：香港文学报社出版公司，2010年，第35～36页。

震慑于葆桢的风力，丝毫不敢干犯。葆桢在乡里，事事谨慎谦逊，但是当办理公务时候，当官而行，丝毫不能回曲，公私的界限极严。所以令行禁止，马尾船政是在这样严格之下成立的。因此会养成许多轰轰烈烈的人才。”① 】

八月初八日（9月5日），上《察看福州海口船坞大概情形折》，述马尾船厂地形、布置、学堂、采办、工匠等事。

臣又维船政根本在于学堂，因于六月十九日就马尾甄别法学艺童，随及英学艺童，既因其勤惰分别升降；复定章程，每日常课外，令讯《圣谕广训》《孝经》，兼习论策，以明义理。其续招入局者，先扃门考校，择其文理明通，尤择其资质纯厚者，以待叙补。盖欲习技艺，不能不藉聪明之士，而天下往往愚鲁者尚循规矩；聪明之士，非范以中正，必易入奇邪。今日之事，以中国之心思通外国之技巧，可也；以外国之习气习变中国之性情，不可也。且浮浇险薄之子，必无持久之功，他日于天文、算法等事，安能精益求精、密益求密？谨始慎微之方，所以不能不讲也。②

八月三十日（9月27日），清廷谕准豫行练习水勇。

船政大臣前署江西巡抚沈葆桢奏查看福州海口创修船坞工程并豫行练习水勇。得旨：“事属创造，该大臣即当力任其难，妥筹办理，以杜流弊而收实效。”③

八月，船政办公楼、住宅、前后学堂大部建成。④【按：沈葆桢为船政衙门撰写联对多副。头门：“且漫道见所未见，闻所未

① 陈遵统等编纂：《福建编年史》，福州：福建人民出版社，2009年，第1279～1280页。

② ［清］沈葆桢：《沈文肃公政书》卷四，第711～717页。

③ 《清实录·穆宗毅皇帝实录》卷二一〇，第四九册，第736页。

④ 陈道章主编：《福建船政大事记（增订本）》，第7页。

闻，即此是格致关头，认真下手处；何以能精益求精，密益求密，定须从鬼神屋漏，仔细扪心来。”仪门：“以一篑为始基，从古天下无难事；致九译之新法，于今中国有圣人。”大堂：“见小利则不成，去苟且自便之私，乃臻神妙；取诸人以为善，体宵旰勤求之意，敢惮艰难。”①】

九月初十日（10月7日），上《洋将到闽折》。②

九月初十日（10月7日），致信总署，报告日意格到任等。

本月初九日，洋匠日意格带同匠首十二人，女眷四口，幼孩一口，由轮船至闽，同驻马尾工次。询以机器一切，据称：本国及各路商定，制造期于精良。两月一起，分作三起登舟。惟物件繁重，非轮船所能装载，当分配夹板陆续前来，第不能如碾轮之捷耳。至铁厂、船槽，一应如何建造之处，该将征尘甫拂，未及缕陈。③

九月十五日（10月12日），清廷命议覆修约事宜。

总理各国事务衙门奏豫筹修约事宜，请饬滨海沿江通商口岸地方将军督抚大臣各抒所见一折。……左宗棠、沈葆桢筹办船政事宜，于洋务尤有关系，并着悉心酌核，妥筹速奏。④

九月中旬，船政第一座船台开始兴建。⑤

九月廿二日（10月19日），上《洋将购器雇工详悉情形折》，述及法国的态度。

本年六月十四日，经该国主传询中国造船情形，谕令用

---

① 陈道章：《船政研究文集》，第395页。

② ［清］沈葆桢：《沈文肃公政书》卷四，第719～720页。

③ 林庆元、王道成考注：《沈葆桢信札考注》，第198～199页。

④ 《清实录·穆宗毅皇帝实录》卷二一一，第四九册，第752页。

⑤ 陈道章主编：《福建船政大事记（增订本）》，第7页。

心办理，旋饬该国各部行文留驻香港之水师提督随事照料各等情。①

九月廿二日（10月19日），上《船政创始需才折》，述及吴棠反对船政，及船政所遭掣肘。

乃督臣吴棠到后，晤将军臣英桂，即有“船政未必成，虽成亦何益”之语。尝以总理衙门公信示臣，谓臣曰：“此虑我等用钱失当也。”臣逐加披阅，只嘱将所办情形随时函致，并无涉及惜费一语。臣知督臣胸有成见，然尚冀各行其是，彼此两不相妨。讵意周开锡为匿名揭帖所牵涉者，督臣吴棠明知其诬，以业经病痊之员，谕令续假，另委藩司。叶文澜为讼棍陈永禄所翻控，督臣吴棠明知其诬，以业经咨结之案，任听狡展，致滋拖累。周开锡为各员领袖，且甚有功于闽省；叶文澜亦于诸绅中工程较熟、官职较崇。当局者先怀洁身之思，共事者遂有波及之惧。胡光墉在浙坚辞提调，屡展行期，难保非以忧谗畏讥之情，致有观望徘徊之意。伏维国家之任事以人，人之虑事以心，若人人自危，将事事皆废。②

九月廿二日（10月19日），因吴棠弹劾李庆霖，上《李庆霖留局差遣片》，为之申诉，奏请留用。

地方官之贤否，非臣所能周知；封疆大吏之黜陟，尤非臣所得干预。督臣勒令回籍之请，原以预杜留局之阶，臣且自处危疑，何敢更存偏袒？惟船政济否，关系匪轻，人无却顾之心，而后事有告成之日。李庆霖在局襄办，已阅年余，劳瘁不辞，并无劣迹，若听其负屈以去，此后何以用人？臣

① ［清］沈葆桢：《沈文肃公政书》卷四，第721～724页。
② ［清］沈葆桢：《沈文肃公政书》卷四，第725～728页。

顾惜身家，坐视事之颓废，不特终蹈罪戾，即此心，何以上对朝廷？①

九月廿九日（10月26日），复信刘于浔，附寄《先母林夫人事略》。

葆桢垩庐视息，忽忽三年。谨辑先人行述，近方梓竣。笔墨荒陋，不足以阐扬先德。兹乘连敖甫舍甥赴江之便，附呈冰案。伏乞指谬，是所至祷。②

十月十一日（11月6日），致信总署，述船政办理进度及难处。

船政之举，非诸臣之事，国家之事也。吴督身为疆吏，果以为万不可行，命下之日，即宜封牍力争。入闽而后，果深察情势万不能成，亦何妨专衔入告。乃数月以来，不置可否其间，在在阴起而为难。察其举动，事事务与前人相反，船政特其一端耳。夫事涉中外，此心原难遽白，亦何必求白于人。若意在中伤，则纵无可蹈之瑕，终难掩其吹求之术。自古行政，首在得人，人心不固，政将谁举？今日船政，万不能半途中止，以贻笑柄，以启戎心。兴事之初，尤不能不鼓舞人心，赴功策政。所以今日特将实在情形具折吁奏。非不知和衷共济，古有明文。而大局攸关，安忍顾虑瞻徇，以负朝廷委任？③

十月十二日（11月7日），犒劳安置抵达马尾的总监达士博，铁山、煤山监工都逢，英文教习嘉乐尔、医官尉达乐等。

臣随时犒劳安置，该洋员等靡不感戴皇仁。臣一面与日

---

① ［清］沈葆桢：《沈文肃公政书》卷四，第729～732页。

② 林庆元、王道成考注：《沈葆桢信札考注》，第199页。

③ 林庆元、王道成考注：《沈葆桢信札考注》，第199～200页。

意格熟筹应办事宜，并饬各员绅鸠工庀材，务期妥速，以便开工。①

十月十七日（11月12日），清廷支持沈葆桢，谕令周开锡专心任事，着浙江巡抚催着胡光墉赴任，着英桂、李福泰早日断结叶文澜案，李庆霖暂留船政局差遣。

知府李庆霖前经吴棠奏参革职，勒令回籍。兹据沈葆桢奏称，该员在局襄办有年，尚无劣迹，着准其暂留船政局差遣，傥复始勤终怠，即着沈葆桢据实参撤，毋稍回护。所有船政一切事宜，着英桂等俟吴棠旋任后，详细商榷，和衷办理。②

十月十九日（11月14日），左宗棠上《遵旨密陈折》，责问吴棠专听劣员怂恿，船政事务应由沈葆桢体察经理。

吴棠到任后，务求反臣所为，专听劣员怂恿。凡臣所进之人才，所用之将弁，无不纷纷求去；所筹之饷需，所练之水陆兵勇，窃拟为一日之备者，举不可复按矣。臣以吴棠宰清河时曾得时誉，意其为群小蒙蔽所致，即曾寓书规之。吴棠虽仍以萧规曹随见复，而时移势易，废绪难寻。是闽、浙现在应筹之事，臣未能遥揣也。船局一事，蒙皇上天恩，交沈葆桢经理，事有专司。专就船政而言之，沈葆桢自能体察情形，据实具奏，臣亦无庸渎陈。③

十月，左宗棠复信杨石泉，述及吴棠掣肘船政。

闽省自新制军到后，一意更张，一则恶其害己，一则恶其名不自己出；而群不逞之徒，因而肆其狂吠，靡所不至。弟所定诸大政，泯然俱尽。惟轮船政一事，以弟奏定交幼丹

---

① ［清］沈葆桢：《沈文肃公政书》卷四，第180页。

② 《清实录·穆宗毅皇帝实录》卷二一四，第四九册，第785页。

③ 《左宗棠全集·奏稿》三，第422页。

中丞，与渠无预，无从插手。幼丹耿介自持，龂龂不已，其任事一疏，独持正议，足令佥壬夺气，或者此事犹可无恙。余则随风而靡，不堪覆按矣。①

十月，左宗棠复信曾国荃，论及吴棠掣肘船政。

弟自去闽后，所有手定节目，均经吴仲仙更易殆尽。受三既被摇动，桐云不安其位。石泉惶惶亦露求去之意，徒以弟西征之饷取于浙者为数较多，不能不稍委蛇耳。其各提镇道府，纷纷乞随西征，自樊城至潼关，航海专足来者，约四五辈。惟幼丹于释服任事时，曾上一疏，大张公道，颇令正气一伸。②

十一月初一日（11月26日），与抵达马尾的胡光墉熟商一切，后胡光墉请假回浙。

因兼办陕甘转运局务，未便久离，旋于十一月二十五日请假回浙。③

十一月初八日（12月3日），总署告沈葆桢勿以吴棠掣肘为意，并言美理登钻营未遂，应随时提防。

税司美里登方创船之始，即思谋入局中，及用洋将德日二员，未免心存猜忌。此次日意格旋国，几遭褫职。闻由于该税司散布谣言。小春中浣，伊忽贸然来京，本处未令其进署。及往法馆晤公使，适该税司在座，谈次询其来京之故，舌结言钝，莫明所以。不数日即函辞出京。迹其突然而来，飘然而去，即赫德亦深以为不然。大约其来也，思得一机会，行其簧惑。既欲谋入船局，又欲倾轧总税务司，及见本处摈不为礼，又恐冒擅离职守之愆，是以去之甚速。此人在

① 《左宗棠全集·书信》二，第39页。
② 《左宗棠全集·书信》二，第43页。
③ 《中国近代史资料丛刊·洋务运动》五，第69页。

闽，终是一蠹，嗣后总以淡漠遭之；而居心行事，尤宜提防。倘访有劣迹，即知会本处，当有以易之也。①

十一月廿六日（12月21日），福建巡抚李福泰调补广东巡抚，河南布政使卞宝第升任福建巡抚。

十一月，委任“尽先游击”杨廷辉管带船政水师营。②

十二月初一（12月26日），设绘事院，招三十九人学习船图、机器图、船体、机器绘算概要等，学制三年。③

十二月十八日（1868年1月12日），调闽浙总督吴棠为四川总督，以浙江巡抚马新贻为闽浙总督。④

十二月廿四日（1868年1月18日），船厂第一座船台竣工，主持第一号船身开工仪式。

亲率在事员绅并日意格、达士博等祭告天后，出赴船坞，偕提调官周开锡、夏献纶与诸员匠共捧龙骨，安上船台，又到铁厂亲自拽绳下石，均奠以牲醴，以昭慎重。⑤

同治七年戊辰（1868）　49岁

船政大臣任上。

正月初九日，上《造船开工日期并船厂情形折》，奏请开设艺圃、述开工准备、开工仪式及办理船政难处。

臣维轮船之制虽属奇创，而详察洋匠所造，累黍皆依准绳，苟竭中国之聪明，谅不难于取法，惟是工烦费重，厥有

---

① 《海防档》乙，《福州船厂》一，第104页。

② 陈道章主编：《福建船政大事记（增订本）》，第8页。

③ 陈道章主编：《福建船政大事记（增订本）》，第8页。

④ 《清实录·穆宗毅皇帝实录》卷二二〇，第四九册，第881页。

⑤ ［清］沈葆桢：《沈文肃公政书》卷四，第181～182页。

数难。……中外工匠言语未通，目摄手画，事多隔阂；稍习其言语者又染于积习，辄思因缘为奸，且藉以陵其侪伍。外国匠人以精勤自喜，彼则以偷减为能。巡察稍疏，作辍任意；督责少过，怨谤丛生。此需匠之难也。……要工所系，臣不敢浪费以糜帑金，亦何敢惜费以误大局？不敢作威以失众望，亦何敢姑息以媚俗情？[①]【按：附片谈日意格、德克碑二人品级问题："轮船之举，事事出于创见创闻，必有以笼络洋将之心，乃能渐得其要领。西人虽惟利是视，然皆以得天朝锡命为荣。……可否仰恳天恩逾格，以船政开工，特旨将正监督日意格赏加提督衔，并赏戴花翎，副监督德克碑赏戴花翎，总监工达士博赏加三品衔，以泯猜疑而资激劝之处，出自宸裁。"[②]】

正月十九日（2月12日），创办管轮学堂，培养轮机管理人才。[③]

正月廿四日（2月17日），创办艺圃，招收艺徒一百多人，学制五年，培养造船技术人员及监工人才，是中国最早的技工学校。[④]

二月初二日（2月24日），清廷谕准所奏船政办理事宜，着闽省随时拨给经费。

沈葆桢奏报造船开工日期并陈明船厂情形一折。据称，开造轮船，铁厂关系最重。上年十二月间，船台造成一座，所运铁器、木料亦已附舶而来。当亲率在事官绅、工匠，前赴船坞开工，相机酌办。惟需石、需木、需土、需匠，四者

① ［清］沈葆桢：《沈文肃公政书》卷四，第733～741页。

② 《中国近代史资料丛刊·洋务运动》五，第69～70页。

③ 陈道章主编：《福建船政大事记（增订本）》，第9页。

④ 陈道章主编：《福建船政大事记（增订本）》，第9页。

颇难。所奏均中窾要。轮船一事，所难在于经始。现在鸠庀已有可观，尤当矢以实心实力，期于必成。即着沈葆桢督饬周开锡等及日意格各员，尽心经理，毋以畏难自阻，庶日新月异，共观厥成。其巡察、布置一切，均着照该前抚所议办理。沈葆桢以本地绅士督办船政，事非易为，英桂、马新贻、李福泰、卞宝第务当遇事筹商，并将经费随时拨给，俾得一无牵掣，克蒇要工。①

二月初二日（2月24日），清廷谕赏日意格、德克碑、达士博。

以福建开办船厂出力，赏洋将日意格等花翎职衔有差。②

二月十八日（3月11日），郭嵩焘复信曾国藩，谈及沈葆桢换约等事。

幼丹慨然以船务自命，贤者诚不可测，而其保全寿山、桐云以与吴仲仙忤，则固其胜人处也。③

三月十九日（4月11日），德克碑随带诸人报到。④

三月廿九日（4月21日），上《据情代奏谢恩折》，⑤代日意格等恭谢皇恩。

三月廿九日（4月21日），上《德克碑到工及船厂现在情形折》，并附片奏请暂留台澎兵备道吴大廷在船政襄办提调事务，暂留游击杨廷辉管带船政水师营。⑥

三月廿九日（4月21日），致信总署，谈船厂建造事宜。

---

① 《清实录·穆宗毅皇帝实录》卷二二四，第五〇册，第50页。

② 《清实录·穆宗毅皇帝实录》卷二二四，第五〇册，第50～51页。

③ 《郭嵩焘全集·集部一·书信》，第216～217页。

④ 《中国近代史资料丛刊·洋务运动》五，第73页。

⑤ ［清］沈葆桢：《沈文肃公政书》卷四，第742～745页。

⑥ 《中国近代史资料丛刊·洋务运动》五，第73～74页。

铁厂工程尤巨。去冬以来，地底桩基虽竣，地平以上所需瓴甓木石，动计万千。前已四出赶运，无如物质笨重，水道迢遥。百计搜罗，一时坌集。但经动用，数日旋空。洋人以精致为工，即瓦石一端，稍有陊窳，即行弃掷。是以椎凿刮摩之事，十倍寻常。果能到底如斯，将来当无苟且涂饰之患。惟工费甚巨，较往时创造，何止倍蓰。……一切铺排法度，虽有图样，非亲看造成机栝，万难悬揣而知。①

四月初七日（4月29日），命于闽海关四成洋税内，月解一万给陕西。

四月十三日（5月5日），李鸿章复信沈葆桢，述转战年余情形及拨船政款办米等。

弟督军往来由济宁进景德，移开州，昨又回驻德州，相机调派。奔驰累月，猝无制胜良策，徒深焦虑。……昨于公牍中拜读手疏，以北地军食维艰，远关廑虑，暂拨船政巨款，购米运津，以资接济。伟抱公忠，岂胜钦佩。②

四月十七日（5月9日），李鸿章复信沈葆桢，询问船政办理情形，虑及将来船造成后驾驶人才难得。

铁厂机器是否购齐？即船中需用百物亦应由彼国定购。人虑成船之难，弟尤虑将来驾驶得用之难也。中土创始之难，更虑守成推广之难也。③

闰四月廿一日（6月11日），曾国藩复信郭嵩焘，论沈葆桢办理船政。

预筹换约各疏，军机中有与敝处书者，颇言闽中沈公欲以翰林从总理衙门学习洋务，仿学习河工之例，讥其大骇听

① 林庆元、王道成考注：《沈葆桢信札考注》，第201页。

② 《李鸿章全集·信函》一，第607页。

③ 《李鸿章全集·信函》一，第616页。

闻。可见章京之内，亦自是非杂出，言人人殊。[1]

闰四月廿四日（6月14日），致信总署，述因海潮来袭，江岸坍塌，逼近船台，商及对策。

辰下一面先于上流沉舟结坝，以杀怒澜；一面插竹立桩，以缓水势；一面量水储石，筑垒长堤，为保卫全坞之谋。惟是动费殷繁，殊不易易耳。至此番溃决之势，实非人力所能为。然不能先事预防，咎无可诿。现已请旨，将葆桢交部严加议处矣。[2]

闰四月廿五日（6月15日），上《江岸坍塌谨陈筹堵情形折》，[3] 以风浪冲毁江岸，自请处分。

五月初二日（6月21日）夏至前后，莺脰山天后宫落成，上书恳请恩赐御书匾额。同治帝命南书房翰林写“德施功溥”横匾，加盖“同治御笔之宝”。[4]【按：天后宫落成，沈葆桢撰写联对多副。正门：“惟神天亶聪明，愿千秋灵爽式凭，俾倕巧、班工同成宝筏；此地海疆门户；看万顷沧波不动；有冰夷、洛女虔拜云旗。”正殿：“地控制瓯吴，看大江东去滔滔，与诸君涤虑洗心，有如此水；神起家孝友，贯万古元精耿耿，望后世立身行道，无愧斯人。”千里眼金将军：“视远为明，知普渡众生，全凭慧眼；恩溺由已，愿永清四海，上慰婆心。”顺风耳柳将军：“恰当薄海同风，世上痌瘝都入听；幸为苍生请命，个中消息总关心。”[5]】

五月十八日（7月7日），因江岸坍塌，吏部议，照防范不

---

① 《曾国藩全集（修订版）·书信九》，第379页。
② 林庆元、王道成考注：《沈葆桢信札考注》，第202页。
③ ［清］沈葆桢：《沈文肃公政书》卷四，第747～751页。
④ 陈道章主编：《福建船政大事记（增订本）》，第10页。
⑤ 陈道章：《船政研究文集》，第398～403页。

严，例降一级留任。上谕准其抵销。

沈葆桢奏江岸坍塌逼近船台现筹堵御一折。……此次江岸坍塌，该大臣未能先事务防，所请严议之处，姑从宽加恩改为交部议处，嗣后惟当审慎督修，毋稍疏忽，以期无负委任。将此由四百里谕令知之。寻吏部议，沈葆桢照防范不严例降一级留任。得旨："准其抵销。"①

五月，左宗棠致信沈葆桢，谈及船政事宜。

船政可冀有成，以人心翕聚，事理顺平，故知公用心良苦。②

六月初四日（7月23日），江南制造局第一艘木壳船"恬吉"号下水，马力三百九十二匹，是为中国自造的第一艘大型机器轮船。

六月十六日（8月4日），薛福成收到沈葆桢信，得知创办船政花费甚巨。

沈幼丹来信云：闽省铁厂未成，兴工不知何日，而所费已逾百万。造船亦不足，更何能养船。轮船空只岁费约百二十万。③

六月廿三日（8月11日），致信总署，述船政工程进度。

据日意格称，凡造船、造轮之具，均粲然大备。惟形质槎枒笨重，万状千形。安置稍不如法，则窒碍难行；转移稍不经心，则倾压可虑，非可刻日蒇功。营建各厂，处处必求坚固，倍觉材巨工繁，加之创制殊诡，其绳墨尺寸，非中国匠作所素通。因图兴事，因事定名，并力讲求，尚觉疑悟

---

① 《清实录·穆宗毅皇帝实录》卷二三四，第五〇册，第227～228页。

② 《左宗棠全集·书信》二，第95页。

③ 薛福成：《薛福成日记》，长春：吉林文史出版社，2004年，第18页。

参半。①

六月廿三日（8月11日），上《机器到工已齐并船厂现在情形折》，② 述建设船坞、绘事厂、铁厂、增设艺圃情形。并附《周提调请假回籍省亲片》《委员郑应奎积劳病故请予恤典片》。③

六月廿三日（8月11日），上《恭谢天恩折》，恭谢从宽加恩交部议处。④

七月二十日（9月6日），调两江总督曾国藩为直隶总督，闽浙总督马新贻为两江总督，以福州将军英桂为闽浙总督，正蓝旗汉军都统文煜为福州将军。

七月廿八日（9月14日），上《恭谢天恩准抵销降级处分折》，吏部认定沈葆桢所犯系公罪例，上谕准抵销。⑤

九月初二日（10月17日），上《暹罗船木到工折》，述造船进展。

> 机器虽齐，船材未备，斧斤莫施，殊深焦急。⑥

九月中旬，致信总署，述机器安装及日意格采办的“文同梧”木料，木质脆不堪使用。

> 日意格此事委托非人，致良楛不辨。虽辰下谕令截止，稽延之咎，实无可辞。然海外波臣，初知向化，且非有心蒙混，若遽行剔退，责令赔补，殊与招徕之本意不符。是以姑为存储，令俟后日再行设法。究之，该监督所办暹罗楢木，

① 林庆元、王道成考注：《沈葆桢信札考注》，第202～203页。

② ［清］沈葆桢：《沈文肃公政书》卷四，第753～763页。

③ 张作兴主编：《船政文化研究——船政奏议汇编点校辑》，福州：海潮摄影艺术出版社，2006年，第42页。

④ 张作兴主编：《船政文化研究——船政奏议汇编点校辑》，第43页。

⑤ 张作兴主编：《船政文化研究——船政奏议汇编点校辑》，第43～44页。

⑥ 《中国近代史资料丛刊·洋务运动》五，第79～80页。

亦只敷数船之用，此后源源接济，须专员坐运，方不至愒日旷工。①

十月廿一日（12月4日），总署函告沈葆桢等，京、沪、闽三厂应联络一气，俾通缓急，并询问暹罗木已到若干，年内能否成船。

今年四月间，接据雨生处来函，论及制造机器需费浩繁，购材、集工诸多不易。天津、沪上、闽省现计三厂，似宜联络一气，互相知照，俾缓急克相呼应而权衡多寡，庶不致有有余不足之弊。……查三厂自各省言之，则各厂为各家；自全局言之，则各厂仍系一家。尊处一厂，现专制造轮船，将来倘有余力，成造枪炮各机器，似宜与地山、雨生处互相关会，俾得缓急相通之益，彼处两厂亦如之。②

十二月初三日（1869年1月15日），英教士胡约翰强租福州川石山地，乡民阻拦，英军开枪击毙一人。

十二月二十日（1869年2月1日），致信葆亨，述船政进度。③

十二月廿六日（1869年2月7日），上《暹木到工船身告成并铁厂教造起限情形片》，述及合同年限。

查合同内载，五年限期，以铁厂开厂之日为始。今经费如此其绌，成厂又如此其难，为日愈多，则需费愈巨，所幸前者暂搭各厂可以次第兴工。……兹据日意格禀称，所有五年之限，请以明年正月为始。查看省外各匠，日与洋人共事，口讲手画，颇能心通其意，惟轮机之分度、水气之升

---

① 林庆元、王道成考注：《沈葆桢信札考注》，第203～204页。

② 《海防档》乙，《福州船厂》一，第144页。

③ 林庆元、王道成考注：《沈葆桢信札考注》，第204页。

合，非日久融会贯通，莫能尽探底蕴耳。①

十二月廿七日（1869年2月8日），第二号船身开工。②

十二月底，致信总署，认同京、沪、闽三厂应联络一气，述船政进度，乞颁新刊《格物入门》等。

成厂如此其难，经费如此其绌，多延一日之限，即多耗一日之需。焦灼之私，莫能举似。只得严催日意格设法妥速办理。旋据禀称，铁厂关系甚巨，不敢草率图成。幸暂搭之厂，一切规模俱备，可以开工。原约教导五年，请即以明年正月起限。③

同治八年己巳（1869）　　50岁

船政大臣任上。

正月十六日（2月26日），李鸿章抵武昌，于十九日接任湖广总督。

正月廿六日（3月8日），总署致信沈葆桢，应允所示与日意格的约定，再嘱三厂联络一气，并寄《格物入门》五部。④

正月廿八日（3月10日），福建巡抚卞宝第因病乞假，以闽浙总督英桂兼署巡抚。

正月，致信王有树之父王起琇，谈福清教案。⑤

正月，致信王有树，谈福清教案。⑥

① ［清］沈葆桢：《沈文肃公政书》卷四，第188～189页。

② 陈道章主编：《福建船政大事记（增订本）》，第12页。

③ 林庆元、王道成考注：《沈葆桢信札考注》，第204～205页。

④ 《海防档》乙，《福州船厂》一，第154页。

⑤ 林庆元、王道成考注：《沈葆桢信札考注》，第205页。

⑥ 林庆元、王道成考注：《沈葆桢信札考注》，第206页。

二月初二日（3月14日），曾国藩在保定接任直隶总督。

二月廿三日（3月25日），致信总署，述《格物入门》领到、三局互通气息、南洋采购木材等。

从地山侍郎处颁到新刊《格物入门》五部。披文考义，缕析条分，洵制器利用之要领，较之前人所辑《奇器图说》、近人所刊《重学》等书，尤切实晓畅，讵徒借以增广见闻已耶？承允再赐五部，乞掷付差弁领回，俾得广为传布，是所至祷。来谕示及津、沪、闽三局，各制各器，仍联为一气，缓急相通。仰见荩画周详，自当奉为绳矩。以后应与地山、禹生互相知会，着为定章。①

二月廿三日（4月4日），上《委员驰赴暹罗办木片》。②

三月廿五日（4月6日），上《请饬吴道赴闽襄理片》，奏催船政提调吴大廷来厂襄理。③

三月下旬，致信总署，述新船下水日期，请调吴大廷来闽等。

新船端节前后定可下水，训练稍熟，当驶抵津门，听候简派大臣勘验。葆桢腰痛之疾，时作时止，作时则寸步难行，不得不另委熟悉大员管督北上。夏道献纶，现绾藩篆，羁于职守，弗克远离。周前署司开锡，经理一切事宜，亦未能分身前往。是以不得不请旨催调前提调吴道大廷来闽。④

四月廿四日（6月4日），清廷命吴大廷赴闽襄理船政。

沈葆桢等奏前任台湾道吴大廷因病开缺，回籍调理，现在船政需员，请饬仍赴闽省等语。吴大廷告假回籍调治，业

---

① 林庆元、王道成考注：《沈葆桢信札考注》，第206页。

② 张作兴主编：《船政奏议汇编点校辑》，第46～47页。

③ 张作兴主编：《船政奏议汇编点校辑》，第47页。

④ 林庆元、王道成考注：《沈葆桢信札考注》，第207页。

经半载，计早痊愈，着刘昆迅即饬令该员赶紧赴闽，襄理船政，不得迟延。[1]

五月初一日（6月10日），一号木质兵商两用船下水，福州领事巴世栋到厂祝贺，并为船厂开除洋工人博士巴说情，被婉言拒绝。[2]

五月十二日（6月21日），上《第一号轮船下水并续办各情形折》，述及轮船下水情形、工程进度、新船命名及管驾。

第一号船拟名曰“万年清”，第二号船拟名曰“湄云”，暂资号召，应俟抵津勘验，再恳恩旨，宠锡嘉名，以光海宇。[3]【按：第一号木质兵商两用运输轮“万年清”号下水。“万年清”号是福建船厂历年所造六十五艘轮船中的第一艘，也是吨位最大的一艘。】

五月下旬，致信总署，报告第一号轮船下水情形、第二号进展、新船命名及赴津检验等[4]

五月，卞宝第会衔沈葆桢上《奏为新造轮船需用经费可否动拨续征洋药票税银两折》，适值第一艘轮船下水，第二艘轮船建造之中，卞宝第与沈葆桢试图动用税厘局所征用于购买外国船炮的洋药票税，转作造船费用。[5]

六月初九日（7月17日），致信总署，述法国领事越分干涉船政事务。

六月初三日，竟敢具文咨提该监督日意格及匠头博士忙，并中国工人张维新等六名，赴伊处候讯。越分妄为，令

① 《清实录·穆宗毅皇帝实录》卷二五七，第五〇册，第578页。
② 陈道章主编：《福建船政大事记（增订本）》，第13页。
③ ［清］沈葆桢：《沈文肃公政书》卷四，第190～191页。
④ 林庆元、王道成考注：《沈葆桢信札考注》，第208页。
⑤ 《中国近代史资料丛刊·洋务运动》五，第85～86页。

人发指。虽已据理驳斥，彼当无可置辩。然狼子野心，意别有在。……我所急者船工，彼总以构煽洋匠居奇为长策。不特此风一启，洋匠可以挟制匠头，匠头可以挟制监督，上下威令不行，合同置为无用，即目前各洋匠已有恃无恐，相率刁难。……似此情形，不掀翻全局不止，不得不琐屑奉闻。应如何设法办理，使船政不至动摇，祗乞训示为感。①

八月初六日（9月11日），总署致函沈葆桢，对法国领事干预船政事应持正力争。②

八月十三日（9月18日），试演新船时，总监工法国人达士博请用外国人引港。沈葆桢批驳："港道非附近渔船不能熟悉，何以反用洋人引港?"引起又一轮的斗争。达士博以不用洋人引港，各员匠不肯前往，语涉挟制。沈葆桢坚决用中国人引港。"万年清"驶经闽安镇、琯头、壶江等处。试航成功。③

八月十五日（9月20日），酉时，七子沈琬庆（1869—1926）生。【按：沈琬庆字次裳。邑庠生，特用主事兵部武库司行走，广东试用知府，二品衔，江苏候补道，诰授资政大夫。】

八月二十日（9月25日），与日意格、吴大廷乘"万年清"号试航至熨斗岛。次日返航。④

八月廿六日（10月1日），上《轮船监驶入津静候派验折》，⑤ 饬吴大廷督同管驾贝锦泉驾驶第一号轮船"万年清"展轮北上，驶赴天津候验。船上从舵工、水手到管理人员全用中国人。

---

① 林庆元、王道成考注：《沈葆桢信札考注》，第208～209页。
② 陈道章主编：《福建船政大事记（增订本）》，第14页。
③ 陈道章主编：《福建船政大事记（增订本）》，第14页。
④ ［清］沈葆桢：《沈文肃公政书》卷四，第778页。
⑤ ［清］沈葆桢：《沈文肃公政书》卷四，第777～781页。

八月廿六日（10月1日），咨呈军机处“万年清”养船费用，并附“第一号轮船游击贝锦泉造送船上驾驶人等月给薪粮数目清册”，合计九十八人，每月需银一千六百九十两五钱。①

八月廿六日（10月1日），致信总署，谈洋匠心态、新船演练等。

> 数月以来，大自桅舵，小至钉镮，逐件结构。每造一器，由绘图而刻模，由刻模而打铸，由打铸而刮摩，以至配合镶嵌，动需时日。加以洋人随事沾沾自喜，虽极平常之法，亦若不胜珍惜，必几经催促，而后出以示人。品类既繁，彼亦不能事事驾轻就熟，而又深讳所短，惟恐人知。②

九月初四日（10月8日），日意格上报沈葆桢，总监工达士博不承担“万年清”轮船专责，请将其撤回法国，立即获准。③

九月初八日（10月12日），德克碑上书沈葆桢，以被委任担任教练事务，卸却工程之责。④

九月廿一日（10月25日），“万年清”驶抵天津。⑤

九月廿七日（10月31日），清廷派三口通商大臣崇厚验收第一号轮船，并批准“万年清”的命名。⑥

> 沈葆桢奏新造轮船赴津请派大员勘验一折。福建新造第一号轮船，沈葆桢现派道员吴大廷监驶赴津，着派崇厚前往验收，所有船身机器汽炉一切，是否悉臻完善，并着详细勘明，据实复奏。至此号轮船，即着照沈葆桢前拟，名为“万

---

① 《中国近代史资料丛刊·洋务运动》五，第88～90页。

② 林庆元、王道成考注：《沈葆桢信札考注》，第210页。

③ 陈道章主编：《福建船政大事记（增订本）》，第15页。

④ 陈道章主编：《福建船政大事记（增订本）》，第15页。

⑤ 陈道章主编：《福建船政大事记（增订本）》，第15页。

⑥ 陈道章主编：《福建船政大事记（增订本）》，第15页。

年清”。沈葆桢所绘轮船总图，业由军机处呈进，留中备览。沈葆桢原折着钞给崇厚阅看。寻崇厚奏：“遵验新造轮船实系工料坚固，轮机灵捷，教习驾驶亦颇娴熟。”报闻。①

十月初二日（11月5日），未刻，崇厚乘坐“万年清”赴大沽，演验船上铜铁炮位等。②

十月初六日（11月9日），左宗棠于甘肃泾州接陕甘总督任。

十月初八日（11月11日），致信总署，述巴世栋干预船政事。

达士博撤后，洋匠颇知儆惧，工程较胜于前。巴世栋又出而作梗。……闽省向无法国洋商，领事之设，本属赘疣。巴世栋恃领事以阻挠船政，簸弄是非，更有不能不撤之势。惟欲撤巴世栋，则必仰仗贵处与其公使分析言之。如巴世栋已有先入之词，尤望与之据理力争，庶奸谋以戢。③

十一月初八日（12月10日），总署致沈葆桢函，请饬吴大廷将洋面情形编辑成书。④

十一月十二日（12月14日），上《二号轮船下水并续造情形片》。⑤

十一月上旬，致信总署，述第二号船下水等造船进展。

辰下但论船上诀窍，经各匠作等悉心讲求，十已得其五六。铜铁各器，自开厂以来，自行鼓铸打造者，累百盈千。各工匠等亦能随象成形，按图以索。惟轮机分度，总俟来年

---

① 《清实录·穆宗毅皇帝实录》卷二六七，第五〇册，第710～711页。
② 《海防档》乙，《福州船厂》一，第195页。
③ 林庆元、王道成考注：《沈葆桢信札考注》，第211页。
④ 陈道章主编：《福建船政大事记（增订本）》，第16页。
⑤ ［清］沈葆桢：《沈文肃公政书》卷四，第783～785页。

大厂一律告齐，方有把握耳。[①]

十一月廿三日（12月25日），总署收沈葆桢信（附日意格禀），以法国领事越分审讯船政人员，迭次阻挠船政，请照会法公使撤换巴世栋。[②]

十一月廿七日（12月29日），总署复沈葆桢，未便照会法公使撤换巴世栋，以免启其干预船政之门。[③]

十二月初七日（1870年1月8日），“万年清”号安全返回马尾。

十二月初九日（1870年1月10日），率日意格等出洋试航“湄云”号，当晚停泊妈祖澳。[④]

十二月初十日（1870年1月11日），“湄云”号驶出大洋，午后返航。[⑤]

十二月十五日（1870年1月16日），致信总署，述“万年清”回厂、谈巴世栋案影响、达士博归国等。

> 巴世栋干预船政一案，葆桢前者未悉都中情形及川黔等省教案纠缠不清之故，轻率上达，负疚良深。幸荷槃训拳拳，呼寐使觉。钦佩之下，感也何如。现达士博自知无可置喙，已帖耳归国，此事不致再起波澜。惟巴世栋等虎视眈眈，垂涎未已。乘隙尝试，变幻百端。[⑥]

十二月，英国副领事要求在马限山顶英商天裕行永租地与船政官界交叉处建副领事馆。沈葆桢当机立断，尽买其旁的土地入

---

① 林庆元、王道成考注：《沈葆桢信札考注》，第212页。

② 陈道章主编：《福建船政大事记（增订本）》，第16页。

③ 陈道章主编：《福建船政大事记（增订本）》，第16页。

④ 陈道章主编：《福建船政大事记（增订本）》，第17页。

⑤ 陈道章主编：《福建船政大事记（增订本）》，第17页。

⑥ 林庆元、王道成考注：《沈葆桢信札考注》，第212页。

船政界，反对建副领事馆。①

同治九年庚午（1870）　51岁

船政大臣任上。

二月初二日（3月3日），卞宝第赏假三月，英桂兼署福建巡抚。

二月初四日（3月5日），副监督德克碑与正监督日意格意见不合，离闽赴甘谒左宗棠。

二月初七日（3月8日），总署收沈葆桢函，已饬吴大廷等将海上见闻编辑成书；达士博已返法国。②

二月初十日（3月11日），上《船政渐著成效恳择尤奖励折》，述轮船放洋情形，及制造、驾驶进展，船政打、铸、铜、铁、汽炉各厂制造的大小机器及船上需要杂件不下万计。

> 有船不能驾驶，与无船同。曩者官私均购有轮船，因驾驶未得其人，卒之呼应不灵，臂难使指。兴事以来，招中国素习洋舶之人为管驾官，当其任者，皆有奋于功名之念，不敢惟利是视，而以效命圣主为荣，龙窟蛟门，无异轻车熟路，此驾驶之渐著成效也。③

二月初十日（3月11日），致信总署，述造船进展、洋匠请奖、德克碑西行入甘进谒左宗棠等。

> 外国员匠，争以天朝锡命为荣，喁望甚切。故许轮机告成，为之请奖，以责其将来之效，而坚其向化之心。内地在事人员，奔驰于凄风苦雨、惊涛骇浪之中，昕夕无间，其劳

---

① 陈道章主编：《福建船政大事记（增订本）》，第17页。

② 陈道章主编：《福建船政大事记（增订本）》，第18页。

③ ［清］沈葆桢：《沈文肃公政书》卷四，第193～194页。

瘁迥非别项差使可比。是以仰体朝廷有善必录之意，亦不敢壅于上闻。德克碑以西陲用兵，请将新样枪面呈左督。告以汉口而北，民不习见洋人，万一滋生事端，谁职其咎？该监督坚请不已，至于以死自誓。只得嘱上海陕甘转运局胡道，遇有解送军火委员，与之同行。盖巴世栋使之呼冤于左督也。①

三月廿三日（4月23日），外国轮船"德吉利士"号开进闽江，六箱船政进口的飞轮炮被闽海关税务司美理登扣留。②

三月廿七日（4月27日），咨文福州将军文煜请饬美理登交还被扣留的物件。③

三月三十日（4月30日），美理登致函沈葆桢，购买军火应先向总理衙门申请备案，决定给船户罚款五百两了事。④

四月廿三日（5月23日），致函福州将军文煜，由福州将军咨文税务司据理交涉。船政已申请免单，免单与护照有同等效力，要求无条件发还飞轮炮。⑤

四月廿七日（5月27日），美理登呈文煜，拟将飞轮炮送还。⑥

四月，左宗棠复信沈葆桢，谈船政、军情、兵器、德克碑与日意格事。

船局一事，得公主持，遂底成绩。每睹章奏，知筹度之精，运量之广，足拓万古心胸，钦佩无已。……今船局艺堂

---

① 林庆元、王道成考注：《沈葆桢信札考注》，第213页。
② 陈道章主编：《福建船政大事记（增订本）》，第18页。
③ 陈道章主编：《福建船政大事记（增订本）》，第18页。
④ 陈道章主编：《福建船政大事记（增订本）》，第18页。
⑤ 陈道章主编：《福建船政大事记（增订本）》，第18页。
⑥ 陈道章主编：《福建船政大事记（增订本）》，第19页。

既有明效，以中国聪明才力，兼收其长，不越十年，海上气象一新，鸦片之患可除，国耻足以振矣。……德克碑昨来，必求离开船局，以与日意格不协，不甘为其副也。比以船局体面，不宜让人专美，且奏案不宜轻有更易答之。惟飞轮炮既是利器，而新样开花弹药于军火尤为得用，可以代购。渠亦欣然。已备公牍咨达冰案矣。此人倔强，而究是爽直一路。属其听台端指使，勿别生枝节自误，颇能领会。临辞恋恋，大有飞鸟依人之意。回闽后，当无异说也。①

五月初二日（5月31日），文煜咨沈葆桢，已派人领出飞轮炮，即送船政验收。②

五月十四日（6月12日），上《三号轮船下水并续造情形折》，拟将第三号轮船命名为“福星”，第四号轮船命名为“伏波”。并谈及驾驶情形。

臣窃维船成之后，以驾驶为急务，年来招中国之素习洋船者充管驾官，固操纵合法；而出自学堂者，则未敢信其能否成材，必亲试之风涛，乃足以觇其胆智，否即实心讲究，譬之谈兵纸上，临阵不免张皇。③

五月中旬，致信总署，述造船进展、英国领事欲租马尾山地以干预船政等。

查洋船麇集于罗星塔，舍所便而就所不便，其中必有隐情。且通商局积日累月，相择数处地段，无当其意者，其命意所在，不问可知。盖逼处则有交涉，有交涉则有是非，有是非则有调停，而船政可得干预矣。④

---

① 《左宗棠全集·书信》二，第173页。

② 陈道章主编：《福建船政大事记（增订本）》，第19页。

③ ［清］沈葆桢：《沈文肃公政书》卷四，第791～793页。

④ 林庆元、王道成考注：《沈葆桢信札考注》，第213～214页。

六月初二日（6 月 30 日），恭亲王、总署各堂收沈葆桢函述第三、第四号轮船工程情况，提及英国领事欲租马尾山地事。①

六月初三日（7 月 1 日），总署函英使威妥玛，马尾山地问题已咨船政及闽省详查。②

六月十三日（7 月 11 日），总署请文煜转咨沈葆桢，以后购买军火枪炮，均应按条件章程办理。③

七月初二日（7 月 29 日），郭嵩焘在日记中对闽厂造船模式表示异议。

吾与英领事议制火轮船，先造具小者二船，每船银四万，计费银八万，而得二船之用。会予去官，此议亦寝。闽督左宗棠乃承朝廷之议，极力铺张，设立船政大臣，以前任江西巡抚沈葆桢为之，而洋人乃从而欺侮愚玩之以网利。盖逾三年之久始成一船，所费已百余万矣。吾与英领事约，设立船厂，排一广东绅士主之，十九可望其有实际。必以官样行之，候补从未中足充船局委员者尽有，其官愈大则事理愈隔，洋人之舞弄亦愈深，岂徒以恣其网利哉，授之以狎侮之资，损伤国体亦已甚矣。吾言不用，而左君之策行，亦国家气运使然也。此言妙处，在切实还他一个究竟，绝无一语铺张回护，洋人亦遂为之气折。因并推论左君情事，使览者辨其得失焉。④

七月初六日（8 月 2 日），福建巡抚卞宝第开缺养亲，山西布政使何璟升任福建巡抚。

七月上旬，致信总署，谈洋人架设电线。

---

① 陈道章主编：《福建船政大事记（增订本）》，第 19 页。

② 陈道章主编：《福建船政大事记（增订本）》，第 19 页。

③ 陈道章主编：《福建船政大事记（增订本）》，第 19 页。

④ 《郭嵩焘日记》二，第 430 页。

闻电线之设，洋人持议甚坚。如能禁使弗为，则多一事不如省一事；倘其势难中止，不如我自为之。予以辛工，责以教造，彼分其利，而我握其权，庶于海疆公事无所窒碍。若听其自作，则遇有机密事务，彼一二日而达者，我十余日尚复茫然，将一切机宜为之束手矣。①

七月廿二日（8月18日），山西巡抚李宗羲丁忧，调何璟为山西巡抚，王凯泰升任福建巡抚。

七月廿五日（8月21日），刘坤一复信沈葆桢，接纳所荐人才，论天津教案处理。

杨卧云先生既承推奖，自系品学兼优，一俟归抵章门，即于志局量为位置，以副雅属。天津之案，想尊处早有所闻。法人如此披猖，将来难免决裂。江西究属内地，其祸稍舒；惟滨海地方务须严为之备，而畿辅尤为吃重。闻李中堂全军北辕，夷情熟而部卒精，当可以资捍卫。弟承先生之后，于洋务极力支持，数年以来，幸留此一块干净地。天津之事，若过迁就，必然波及江西，当以去就争之，誓不与共处此土也。②

八月初三日（8月29日），清廷调曾国藩为两江总督，李鸿章为直隶总督；以李瀚章为湖广总督，杨昌濬为浙江巡抚。

八月初七日（9月2日），上《请简派轮船统领折》，要求设置海军统领，操练海军，形成战斗合力。并附《水师提督李成谋堪胜轮船统领片》《建造船厂丈买田地请豁应征钱粮粮米片》。③

---

① 林庆元、王道成考注：《沈葆桢信札考注》，第215页。

② 《刘坤一遗集》第四册，第1698页。

③ 张作兴主编：《船政文化研究——船政奏议汇编点校辑》，第54～56页。

八月廿五日（9月20日），清廷命以福建水师提督李成谋为轮船统领。

沈葆桢奏请简派轮船统领一折，据奏，新设轮船约束操演以及稽查联络，其难较战船数倍，亟需知兵大员统率，藉资训练。福建水师提督李成谋，前隶杨岳斌外江水师，叠著战功，着作为轮船统领。英桂、沈葆桢即传谕该提督，务当申明纪律，严加约束，以肃营规。①

八月，左宗棠复信沈葆桢，论总署支持船政办理，述德克碑求给关防、金积堡军情等。

连接两函，敬承所示。复总署函稿，深切著明，令人气壮。六月下旬以后，议论亦渐定矣。数年以来，空言自强，稍有变态，即不免为所震撼，洵可忧也。此次或无他虑。然事过若忘，当如之何？轮船工夫，日见精进，固是可喜，亦须及时留意人才，乃能有此利器。似谟谋诸公尚未暇及此也。德克碑书来，求给关防，意在藉以自重，已篆交小涛刊发。渠意锐以自任，似无意中着笔，亦有益无损。总署虽无信来，然彼自为购办军火回国，不相妨也。②

九月初一日（9月25日），船政轮船首用于运输，沈葆桢在闽买米三万石，周开锡在沪买米七万石，包买包解，本日全部到达天津。③

九月初九日（10月3日），清廷设立江南轮船操练局，命前台湾道吴大廷综理局务。

九月十二日（10月6日），卯时，父沈廷枫去世，年八十四

---

① 《清实录·穆宗毅皇帝实录》卷二八九，第五〇册，第1003～1004页。

② 《左宗棠全集·书信》二，第183页。

③ 陈道章主编：《福建船政大事记（增订本）》，第20页。

岁。丁忧，闽浙总督代奏，船政事宜由提调夏献纶、吴大廷协办。①

九日，葆桢自工次旋，先考欢笑如平时，闻燕陇事渐就绪，以为慰。日将午，忽遍体恶寒，战栗不止，谕葆桢曰："吾此病异于往时。生寄也，死归也。汝勿哭，徒自伤。"人静后，精神顿爽，葆桢私以为幸。翼日委顿如故。越翼日、枯渴甚，唇舌皆焦，进药少许，曰："汝母临终时，病亦如是，药无益也，姑酬汝意耳。吾年七十始家食，颐养十四年足矣。《洪范》以考终命为五福之全，非是虽富寿不为贵，古人岂欺我哉?"又曰："九日问诸小儿以唐人登高诗，惟翊清能历历举以对，读书有种矣。"漏三下，问葆桢曰："今日乡闱揭晓之期，亲党有获隽者乎?"以林文忠公之孙寿鼎对，喜曰："此明德所垂裕也。"自是语不可辨。漏垂尽，痰上涌，竟弃不孝等而长逝矣。②

九月十四日（10月8日），文煜等上奏沈葆桢丁忧一事，请谕旨令沈葆桢于守制百日后仍出任事。③

九月廿七日（10月21日），沈葆桢等奏保水师人才黄联开等，清廷准破格奖叙，并会议《轮船常川行驶章程》。

英桂、沈葆桢务当督饬各该员等实力讲求，以资驱策。国家不惜数百万帑金，创制轮船，原以筹备海防，期于缓急足恃。现在已成之船，必须责成李成谋督率各员弁驾驶出洋，认真操练，技艺愈精，胆气愈壮，方足备御侮折冲之

---

① 陈道章主编：《福建船政大事记（增订本）》，第20页。

② ［清］沈葆桢：《诰封光禄大夫先考丹林公行述》，载《沈葆桢文集》，第638页。

③ ［清］沈葆桢：《沈文肃船工奏稿》第一册，载《沈葆桢文集》，第377页。

用。至所称拣调弁兵分配轮船常川训练之处，即着会议章程，迅速具奏，需用枪炮等件，亦当悉心讲究。认真制造备用。①

九月，左宗棠复信夏献纶，嘱送祭文、奠敬至沈家等。

沈丹林先生之丧，顷于闽牍中见之。当事疏恳慰留船政，想幼丹亦不能过执常制也。船政为时事要着，较之从戎尤有关系。弟拟日内具疏陈之。……致唁幼丹中丞一函，并祭文四幅，希为送去。外需奠敬二百两，乞于解款内划拨，为荷。② **【按：左宗棠撰《祭沈丹林先生文》，载左氏集内。】**

十月初三日（10 月 26 日），清廷仅准丧假百日。

文煜等奏船政大臣现丁父忧请饬守制百日后仍出任事一折。前江西巡抚沈葆桢自同治六年接办船政以来，不辞劳瘁，纲举目张，办理已著成效。该前抚现在丁忧，恳请简员接办，本应俯如所请，以慰孝思。惟船政紧要，未便遽易生手，且非有地方之责，沈葆桢守制在籍，亦非出宦外省可比。即着文煜、英桂传知沈葆桢，于守制百日后，仍将船政事务照常经理，毋得固辞。该前抚平日办事实心，想能仰体朝廷倚畀之重，移孝作忠也。沈葆桢守制百日内应行奏咨事件，并着文煜、英桂饬令夏献纶等，随时禀知该将军、督、抚等代为咨奏，以符体制。沈葆桢百日后遇有应奏事件，仍着照常奏事。③

十月二十日（11 月 12 日），曾国藩抵江宁，接任两江总督。

闰十月廿一日（12 月 13 日），清廷谕令守制百日后照常经理

---

① 《清实录·穆宗毅皇帝实录》卷二九一，第五〇册，第 1029 页。

② 《左宗棠全集·书信》二，第 191 页。

③ 《清实录·穆宗毅皇帝实录》卷二九二，第五〇册，第 1037 页。

船政。

前因船政紧要，谕令沈葆桢守制百日后照常经理。兹据文煜、英桂奏称，沈葆桢具呈固辞，谓前丁母忧时，奉署理江西巡抚及总司船政之命，吁恳终制，皆邀允准，并引李鸿藻从前丁忧之事，仍请终制等语。该前抚恪守礼经，陈情终制，原属出于至诚，惟在籍办理船政，仍可素服从事，非夺情释服者比。李鸿藻侍从禁廷，亦与沈葆桢情形不同。该前抚丁母忧时，船政尚未动工，办理本可从缓，故即允其所请。此时船政正在紧要，沈葆桢经理有年，办有成效，若半途而废，设有参差贻误，关系非轻。是总理船政，事尤重于墨经从戎，着文煜、英桂传知沈葆桢，仍遵前旨，于百日后将船政事务照常经理，事非有悖礼经，毋再拘泥固辞。朝廷因船政牵涉洋务，未便明降谕旨宣布，谅沈葆桢必能领会也。①

十一月七日（12月28日），清廷以曾国藩为办理南洋通商事务大臣。

十一月十三日（1871年1月3日），文煜、王凯泰赴沈宅吊唁，并促沈葆桢守制百日后出理船政，为沈所固辞。

敬谨传旨，促其於守制百日后出理船政。沈葆桢引经据义，仍复固辞。臣等以“船政正在紧要，宜仰体朝廷倚畀之殷，始终其事”再三会劝。②

十二月廿一日（1871年2月10日），沈廷枫葬于福州城西梅亭和丰山之阳。

十二月廿四日（1871年2月13日），函咨文煜，以丁父忧并

① 《清实录·穆宗毅皇帝实录》卷二九五，第五〇册，第1084～1085页。

② ［清］沈葆桢：《沈文肃船工奏稿》第一册，载《沈葆桢文集》，第381页。

及患病，请辞船政之职。

前在江西巡抚任内得咳逆腰痛之症，时作时止，以迄于今；近者日益增剧，加以咯血眩晕，夜不成寐，事过辄忘。若讳疾从公，必至贻误大局，获咎愈重，问心愈不自安。①

十二月廿六日（1871年2月15日），文煜等上奏，以沈葆桢因病不能赴工，呈请派员接办船政。

伏查制造轮船事极繁重，非得威望素著之大员常川亲驻工次，督率中外员匠，悉心经理，设有参差，贻误关系匪轻。臣等身任疆圻，各有责守，会办尚鞭长莫及，总理更兼顾为难。今沈葆桢既以病剧未能赴工，呈请具奏，可否俯如所请，另行派员接办之处，出自圣裁。②

十二月廿六日（1871年2月15日），李鸿章复信王凯泰，询沈葆桢是否百日后接办船政。

幼丹同年百日后是否仍办船政？所造轮船，装粮御侮，果否可靠？外洋枪炮药帽均能仿制否？海防以练兵、制器为急，又以筹饷为先，闽中财力尚能自给，弟处兹窘乡，则在在束手矣。③

同治十年辛未（1871）　52岁

丁父忧在籍。

正月十七日（3月7日），清廷谕令赶紧调理，一俟病痊，迅速赴工。

---

① ［清］沈葆桢：《沈文肃船工奏稿》第一册，载《沈葆桢文集》，第381页。

② 《中国近代史资料丛刊·洋务运动》五，第97～98页。

③ 《李鸿章全集·信函》二，第159页。

文煜等奏船政大臣因病未能赴工请派员接办一折。前因船政紧要，叠经谕令沈葆桢于百日孝满后，将船政事务照常经理。兹据文煜等奏称，沈葆桢百日孝满后以患病未能赴工，呈请代奏等语。沈葆桢管理船政已著成效，现当工程吃紧之时，岂可因病诿卸致误要工，即着文煜、英桂、王凯泰传知沈葆桢赶紧调理，其船政事宜，仍督饬夏献纶等认真妥办，并令随时禀商沈葆桢，以昭慎重，该前抚一俟病痊，即当迅速赴工，照常督率经理，用副委任。①

正月十七日（3月7日），李鸿章复信丁日昌，论及沈葆桢不问国事。

时人伐异党同，殊可诧怪。幼丹函告，不再与闻国事，与公同志，奈无人支拄何。②

二月十二日（4月1日），军机处将文煜等奏《拟轮船出洋训练章程》送达总署。③【按：该章程计有十二条：分派统驾以专责成，添拔弁兵以资练习，酌定保奖以示鼓励，常川巡哨以期联络，定期操阅以明黜陟，合队操练以求精熟，随时整顿以备不虞，广搜舆图以加考证，颁定旗式以归一律，实发口粮以杜虚冒，稽核煤斤以省浮费，分别修理以昭核实。④】

二月廿一日（4月10日），总署收到沈葆桢、英桂等交呈《轮船出洋训练章程》十二条、《轮船营规》三十二条。⑤

三月初十日（4月29日），文煜等上奏船政造船进度，附片论及沈葆桢因病未能赴工情形。

---

① 《清实录·穆宗毅皇帝实录》卷三〇三，第五一册，第17页。
② 《李鸿章全集·信函》二，第175页。
③ 陈道章主编：《福建船政大事记（增订本）》，第21页。
④ 《海防档》乙，《福州船厂》一，第279～284页。
⑤ 陈道章主编：《福建船政大事记（增订本）》，第21页。

伏查沈葆桢沥陈患病之状，期遂终制之请，船工紧要，必须有大员常川驻工督率经理，方免贻误。沈葆桢既因病未能赴工，应如何办理之处，恭候圣裁。①

四月初一日（5月19日），朝廷准沈葆桢服丧期满再回船政，不必因病辞职。

沈葆桢办理船政成效彰彰，现虽病未就痊，仍未可置身事外。着文煜等督饬夏献纶等认真妥办，并令该道等随时禀商沈葆桢，以昭慎重。沈葆桢着俟服阕后，再行赴工督率经理，此系朝廷曲体孝思，俯允所请，该前抚毋再因病固辞，以副委任。②

五月初五日（5月23日），李鸿章复信王凯泰，谈及沈葆桢病辞不就。

幼丹同年决计不出，船政极有关系，是否由地方兼办？闻现造兵船可与西洋中下等比较，亦有用处。③

十二月十四日（1872年1月23日），内阁学士宋晋上《船政虚耗折》，言闽、沪船厂靡费太重，建议暂行停止。

闽省连年制造轮船，闻经费已拨用至四五百万，未免靡费太重。此项轮船将谓用以制夷，则早经议和，不必为此猜嫌之举，且用之外洋交锋，断不能如各国轮船之利便；名为远谋，实同虚耗。将谓用以巡捕洋盗，则外海本设有水师船只，如果制造坚实，驭以熟悉沙线之水师将弁，未尝不可制胜，何必于师船外更造轮船转增一番浩费？将欲用以运粮，而核其水脚数目，更比沙船倍费。每年闽关及厘捐拨至百万，是以有用之帑金，为可缓可无之经费，以视直隶大灾赈

① 《中国近代史资料丛刊·洋务运动》五，第100～101页。

② 《清实录·穆宗毅皇帝实录》卷三〇八，第五一册，第81～82页。

③ 《李鸿章全集·信函》二，第230页。

需，及京城部中用款，其缓急实有天渊之判。此在国家全盛时帑项充盈，或可以此创制新奇示斗智角胜之用，今则军务未已，费用日绌，殚竭脂膏以争此未必果胜之事，殊为无益。且闻制造原归帑项，而一切采买杂料皆须委员四出办理，即官为给价，民间亦不无扰动。闻历任督臣吴棠、英翰、文煜亦多不以为然。江苏上海制造轮船局亦同此情形。应请旨饬下闽浙、两江督臣将两处轮船局暂行停止，其每年额拨之款，即以转解户部，俾充目前紧急之用。其已经成造船只，似可拨给殷商驾驶，收其租价以为修理之费，庶免船无可用之处，又靡费库款修葺也。①

是日，清廷命闽苏两省大员熟虑是否续造轮船。

制造轮船，原为绸缪未雨力图自强之策，如果制造合宜，可以御侮，自不应惜小费而堕远谋；若如宋晋所奏是徒费帑金，未操胜算，即应迅筹变通。着文煜、王凯泰通盘筹画，应否将轮船局暂行停止之处，斟酌情形，奏明办理。其上海轮船应否一律停造，并着曾国藩、张之万、何璟妥筹熟计，据实奏闻。②

是年冬，撰《诰封光禄大夫先考丹林公行述》。

同治十一年壬申（1872）　53岁

丁父忧在籍。

正月十六日（2月24日），曾国藩致函总署，论船局不宜停止。

近奉十二月十四日寄谕一道，因宋雪帆阁学片奏请停轮

① 《中国近代资料丛刊·洋务运动》五，第105～106页。

② 《清实录·穆宗毅皇帝实录》卷三二五，第五一册，第305页。

船局，饬闽苏两省各将应否停止情形议奏。窃思铁厂之开，创于少荃；轮船之造，始于季皋；沪局造船，则由国藩推而行之。非不知造船需费之巨，成事之难，始则有所预知，特以中国欲图自强，不得不于船只炮械、练兵演阵等处入手，初非漫然一试也。刻下只宜自咎成船之未精，似不宜谓造船之失计；只宜因费多而筹省，似不宜因费绌而中止。泰西各国，轮船多而且精固已；日本僻在东隅，新办轮船，闻亦不少，彼岂不惜经费，抑亦谋国者有所不得已也。①

正月廿六日（3月5日），李鸿章去函曾国藩，慨叹闽、沪造船无成效，对造船缺乏信心。

兴造轮船、兵船，实自强之一策。惟中国政体，官与民、内与外均难合一，虑其始必不能善于后，是以鸿章于同治四、五年创议铁厂时，左公已先议造船，鄙意未敢附和。但主仿造枪炮军火，谓可自我发而收之也。即不备于水，而尚有备于陆也。兹闽、沪造船已六载，成器成效，不过如此。前兴之而后毁之，此信之而彼疑之。今及吾师与左公尚存，异议已多，再数年、数十年后，更当如何？财欲其费，效欲其缓，百年或有与洋制争胜之日。今世不欲多费财，又不欲缓收效，士大夫恒情皆然，岂独雪帆？雪翁此奏亦采中外众论而出之也。仲仙之去，芗岩之告，幼丹之辞，皆为船局。补帆又屡来书询官轮处置之法，亟亟求去之。即易疆吏百，而所见则一，人孰不视官为传舍，有忧国如家、视远如近者乎？可悲也。师门本创议造船之人，自须力持定见，但有贝之财、无贝之才，不独远逊西洋，抑实不如日本。日本盖自其君主持，而臣民一心并力，则财与才日生而不穷，中

① 《海防档》乙，《福州船厂》一，第325～326页。

土则一二外臣持之，朝议夕迁，早作晚辍，固不敢量其所终极也。租赁轮船一节，自是经久推广至计。①

正月廿八日（3月7日），总署收到南洋大臣曾国荃函，不赞成停办船政。②

二月初四日（3月12日），曾国藩卒于江宁节署。

二月初九日（3月17日），文煜等上折，对续造轮船并不持以支持。

虽造船尚未逾限，而用款已较原估有增。臣等窃以制造轮船，前督臣左宗棠创议于前，立意至为深远；前江西抚臣沈葆桢总理于后，规画亦极精详。惟现在造成之各号轮船，虽均灵捷，而与外洋兵船较之尚多不及，以之御侮，实未敢谓确有把握。……应否即将闽省轮船局暂行停止以节帑金之处，伏候圣裁。……查已成各船，如租给殷商，殊属可惜。③

二月上旬，左宗棠复信吴桐云，谈及船政所遭非议。

轮船创造，群议其难成，仆毅然肩之，于去闽时昼夜筹议，始定此局，亦虑及后此有隳吾成者，今果然矣。朝士于当时应节之费，不一置喙，独于此龂龂不舍，不解是何居心？然事理明白，效有可睹，经费亦未尝无可设措，只须外间有坚持正议之人详切言之，庙堂亦必知此事之不可以已耳。④

二月三十日（4月7日），清廷命李鸿章、左宗棠、沈葆桢商酌应否裁撤沪闽船局事。

前因内阁学士宋晋奏制造轮船靡费太重，请暂行停止。

---

① 《李鸿章全集·信函》二，第413页。

② 陈道章主编：《福建船政大事记（增订本）》，第23页。

③ 《中国近代史资料丛刊·洋务运动》五，第107～108页。

④ 《左宗棠全集·书信》二，第265～266页。

当谕文煜、王凯泰斟酌情形，奏明办理。兹据奏，闽省制造轮船，原议制造十六号，定以铁厂开工之日起，立限五年，经费不逾三百万两。现计先后造成下水者六号，具报开工者三号，其拨解经费，截至上年十二月止，已拨过正款银三百十五万两，另解过养船经费银二十五万两。用款已较原估有增。造成各号轮船虽均灵捷，较之外洋兵船，尚多不及。其第七、八号船只，计本年夏间方克蒇工，第九号出洋尚无准期，应否即将轮船局暂行停止，请旨遵行等语。左宗棠前议创造轮船，用意深远，惟造未及半，用数已过原估，且御侮仍无把握，其未成之船三号，续需经费尚多。当此用款支绌之时，暂行停止，固节省帑金之一道。惟天下事创始甚难，即裁撤亦不可草率从事，且当时设局，意主自强，此时所造轮船，既据奏称较之外洋兵船尚多不及，自应力求制胜之法。若遽从节用起见，恐失当日经营缔造之苦心。着李鸿章、左宗棠、沈葆桢通盘筹画，现在究竟应否裁撤，或不能即时裁撤，并将局内浮费如何减省以节经费，轮船如何制造方可以御外侮各节，悉心酌议具奏。①

三月廿五日（5月2日），左宗棠上《复陈福建轮船局务不可停止折》，驳斥反对造船的言论，办船政旨在制夷。

窃维制造轮船，实中国自强要着。臣于闽、浙总督任内，请易购、雇为制造，实以西洋各国恃其船炮，横行海上，每以其所有傲我所无，不得不师其长以制之。其时英人威妥玛、赫德有借新法自强之说，思借购、雇而专其利；美里登、有雅芝等亦扬言制造耗费，购、雇省事，冀以阻挠成议。幸赖圣明洞鉴，允于福建设立船局，特命沈葆桢总理船

① 《清实录·穆宗毅皇帝实录》卷三二九，第五一册，第359～360页。

政，而后群喙息而公论明。臣于具奏后旋即去闽，然于船政一事则始终未敢恝置也。西征以后，迭接沈葆桢、周开锡、夏献纶函牍，皆称船政顺利，日起有功。……窃维此举为沿海断不容已之举，此事实国家断不可少之事。若如言者所云即行停止，无论停止制造，彼族得据购、雇之永利，国家旋失自强之远图，隳军实而长寇仇，殊为失算。①

四月初一日（5月7日），上《奏陈船政万难停办折》，逐条反驳宋晋等谬论，全折移录如下。

奏为遵旨通盘筹画，船政万难停止，恭沥愚诚，仰祈圣鉴事。

窃臣于同治十一年三月二十一日，准福州将军兼署闽浙总督臣文煜咨，本月十七日承准军机大臣字寄二月三十日奉上谕："前因内阁学士宋晋奏：'制造轮船，糜费太甚，请暂行停止，当谕文煜、王凯泰斟酌情形奏明办理。'左宗棠议创轮船，用意深远，惟造未及半，用数已过原估。所造轮船既据奏称'较之外洋兵船尚多不及'，自应力求制胜之法，若遽从节用起见，恐失当日经营缔造之苦心。着李鸿章、左宗棠、沈葆桢通盘筹画，究竟应否裁撤并局内浮费如何减省、轮船如何制造方可以御外侮等因。钦此。"仰见圣主慎重周详、力图自强之至意。

伏维自强之道，与好大喜功不同，即使中国船炮远胜西国，我皇上断不肯劳师异域，为汉武、唐宗之所为；至自固藩篱、为民御灾捍患，非惟事势所不容已，抑亦覆帱所不可遗。查宋晋原奏称："此项轮船，将谓以之制夷，则早经议和，不必为此猜嫌之举。"果如所言，则道光年间已议和矣，

① 《左宗棠全集·奏稿（五）》，第211～216页。

此数十年来，列圣所宵旰焦劳者何事？天下臣民所痛心疾首不忍言者何事？耗数千万金于无底之壑、公私交困者何事？夫恣其要挟，为抱薪救火之计者，非也；激于义愤，为孤注一掷之计者，亦非者。所恃者未雨绸缪，有莫敢侮予之一日耳。若以此为猜嫌、有碍和议，是必尽撤藩篱，并水陆各营而去之而后可也。原奏称："用之外洋交锋，断不能如各国轮船之利，名为远谋，实同虚耗。"夫以数年草创伊始之船，比诸百数十年孜孜汲汲、精益求精之船，是诚不待较量，可悬揣而断其不逮。顾亦思彼之擅是利者，果安坐而得之耶？抑亦苦心孤诣、不胜糜费而得之耶？譬诸读书，读之数年，谓弟子当胜于师者，妄也；谓弟子既不如师矣，莫若废书不读，不益妄乎？且各国轮船亦有利、有不利。其创之也各有后先，其成之也互相师法，久于其道、熟能生巧者则利，卤莽从事、浅尝辄止者则不利；加意讲求、兢兢惟恐失之者则利，恃其精巧、疏于防范者则不利。此中人事居其半，天事亦居其半。即如厂中新造之"万年清""伏波"，轮机购诸外国者也；"安澜"，轮机成诸本厂者也。"万年清"船工屡作屡改，"伏波""安澜"渐少更张，而试诸海洋，则"伏波"稳于"万年清"，"安澜"稳于"伏波"，前者生，后者熟也。新造诸船，俱用华人驾驶。夫华人驾驶之技逊于洋人，昭昭也。去岁海上台飓辄作，坏夹板百余号、轮船二十余号，而闽、沪两局华人驾驶之船幸保无事，非我皇上震动恪恭之念上格天心乎？勇猛精进则为远谋，因循苟且则为虚耗，岂但轮船一事然哉？原奏称："捕盗已有师船，运粮不若沙船。"前年浙江成案：师船出则洋盗悍然戕官，轮船出则洋盗弭首就缚。前年运米成案：沙船自沪达津以月计，轮船自沪达津以日计。此其利钝赢绌，尚待辨而明哉？至谓"成造船只拨给殷商，收其租价，以备修理”，不知兵船与商船迥别。商船务高其顶，务广其舱，以受客货；兵船则避枪炮、压风涛，敛之惟恐不密，以兵船畀之商人，即不索其租，彼亦不以为利也。船政采办，洋料购自香港，木料购自暹罗，此皆与洋人交接，不居奇则幸耳，不受我扰也。当设厂之始也，地本水田，所需木桩不可胜数，省城木价为之骤昂，且丈尺不敷，因而委员赴上游采办，嗣木商闻风自至，即时停止。台湾曾委员采办樟木，嗣恐洋人踵至，亦于前年停止。惟鸡笼之煤炭，无日不需，办运亦源源不绝，然价值、水脚均照民间一体由行公平交易，从无派诸官、累诸民者。

当左宗棠之议立船政也，中国无一人曾身历其事者，不得不问之洋将。其约自铁厂开工之日起，立限五年，成船一十六号，估费三百万。虽中外员匠有生熟巧拙之殊，铜铁木料有贵贱之异，零星物件，外国取诸市肆而皆足，中国非一一本厂自造，即购诸重洋，然所估之数不甚相远，至以结款四十万两为购器、募匠、买地、建厂之需，则昔所估与今之所费相去悬绝。专就建厂而论，一椽未立，一瓦未覆，第购民田、钉木桩、培山土，地基甫固，而所费已不赀矣。盖洋将所见者，外国已成之厂，而不知当日经营缔造之艰难，所以臣任事时，即有“应办工程、应发款项，多从前未经议及”之奏也。原议铸铁为一厂、打铁为一厂、模子为一厂、水缸兼铸铜一厂、轮机兼合拢为一厂，合共五厂；后增拉铁、槌铁、钟表、帆缆、火砖、舢板六厂，又立打铁、轮机分厂，共添八厂，添厂则添机器、添匠徒并添工费。原议学堂两所，艺童六十名，后添绘事院、驾驶学堂、管轮学堂、艺圃四所，艺童、艺徒共三百余名。臣察看均系不容已之需，懔遵我皇上“勉为其难，毋得瞻前顾后”之旨，不追绳其原估之疏漏，而务责其全局之必成，所有添设缘由，均经奏明在案。各厂工程，九年夏间甫毕，拉铁、槌铁两厂，十年秋间始毕。此微臣办理不善、工迟费巨之实在情形也。夫办理不善，臣百喙难辞，然不当以承办者之乖方，疑创议者之失策。倘因是而废之，机器所值甚巨，发卖无承售之人，存储有看守之费，积日朽蠹，卒亦归于无用。轮船无一岁不修者，数岁则一大修，且须撤换机器。工停而船无可修，则厂废而船随之俱废，然犹曰“举已费者齐之”耳。骤筹七八十万金，遣散不做工之洋人、清还不适用之物价，海关、厘局未必具此巨款，更挪解部之款、协饷之款以应此急需，是省费而费愈迫也，然犹曰“一劳永逸”耳。外人之垂涎船厂也，非一日矣，我朝弃则彼夕取。始也以借用为言，无辞以却之也；继必于他处故启衅端，勒赔兵费，而以此为抵，枝节横生，有非意料所及者。且当日左宗棠与洋将坚明约束，各国周知，今无故而废之，一则谓中国办事毫无把握，益生其轻视之心；一则谓中国帑项不支，益张其要求之焰。此臣所以反复再三，窃以为不特不能即时裁撤，即五年后亦无可停，所当与我国家亿万年有道之长永垂不朽者也。

臣志广术疏，拙于勾稽，或滋糜费。夏献纶精核远过于臣，接办以来，无日不兢兢以撙节为念，然用款之巨犹昔，非不痛减，此减而彼旋增。臣交卸时尚有存款，储材尤富，今则截长补短，银垂尽，料亦垂尽。海关五万按月解给，且恐万万不敷，欲求减省，或在五年限满洋匠遣散后乎？御侮有道，循已成之法而益精之耳。洋人来中国教习者，必非上上之技。去年曾国藩有募幼童赴美国学艺之举，闽中欲踵而行之，以艰于筹费而止。拟限满后，选通晓制造、驾驶之艺童，辅以年少技优之工匠，移洋人薪水为之经费，以中国已成之技，求外国益精之学，较诸平地为山者，又事半功倍矣。西法虽千头万绪，要权舆于算学；中法与西法，派虽别而源则同。臣尝会同前督臣英桂有请设算学科之奏，部臣因无人可以阅卷议驳。然闻京师之同文馆教习李善兰，通西学者也；前任山西河东道杨宝臣，通中学者也。倘废无用之武科以励必需之算学，导之先路，十数年后，人才蒸蒸日上，无求于西人矣。然而外侮之来，何能待我？但就已成之船、炮，训练精熟，未尝不可转弱为强，否则士卒不习，虽极精之船、炮，亦块然一物耳。前蒙特简福建水师提督李成谋为轮船统领，俾常川训练。惟是训练不能无费，该提督素性廉介，必不思藉润乎其中，而缺瘠家贫，力亦不足以赔垫。臣旋即丁忧交卸，未及奏请。应恳饬下督、抚臣，按月筹解五百金为该提督出洋操费。但凡闽局之船，无论留于福建及分拨外省者，统领均须逐时校阅、第其高下；其药弹等项，则拨归何省之船由何省应付，毋令缺乏，纵事变猝发，不至仓皇无措矣。至养船经费，原不在造船所估之中，若虑兵船过多，费无从出，则间造商船未尝不可，亦不患领者之无人。但兵船为御侮之资，不容因惜费而过少耳。臣丁忧人员，不应奏事，兹奉特旨，饬令与议，不敢引避嫌疑。愚昧之言，自知无当。所有遵旨酌议缘由，理合恭折由驿四百里密陈。伏乞皇太后、皇上圣鉴训示，不胜悚惕屏营之至。

再，洋枪、洋炮、火药等件，系前督臣英桂在城中设局试造，船厂并未兼办。合并声明。谨奏。①

同日（5月7日），附片上奏请新署台湾道夏献纶暂缓交卸，

---

① ［清］沈葆桢：《沈文肃船工奏稿》第一册，载《沈葆桢文集》，第460～463页。

留任至十二月，俟服满莅事。①

四月初五日（5月11日），《京报》刊登文煜所上奏折，二十四日（5月30日），《申报》转载该奏折，《将军文（煜）奏为琉球国夷人遭风到闽循例抚恤该夷伴有被台湾生番杀害现饬认真查办折》。②

四月十一日（5月17日），山东巡抚丁宝桢请调闽省“安澜”轮船赴山东巡防。

四月二十日（5月26日），清廷命船局照常办理，等李鸿章奏折到后，再作决议。

> 前因文煜等奏，闽省制造轮船未能克期蒇工，应否暂行停止，当经谕令李鸿章等妥筹具奏。兹据沈葆桢缕陈船政情形，不可遽行停办等语。着俟李鸿章奏到，再降谕旨。文煜、王凯泰、沈葆桢仍将该厂未成船只，督饬委员照常办理，毋稍玩忽。沈葆桢所请筹拨训练经费，即着文煜、王凯泰按月筹给银五百两，作为李成谋出洋操费。即饬该统领认真训练，无论留闽及分拨外省轮船，均应随时校阅，俾臻娴熟，且驶用日久，船只易致损坏，应如何分年点验修理之处，并着文煜、王凯泰、沈葆桢斟酌会商，奏明办理。③

五月十五日（6月20日），李鸿章上《筹议制造轮船未可裁撤折》，奏称制造轮船未可裁撤，为谋持久可造商船，并论中国变局及自强之道。

> 士大夫囿于章句之学，而昧于数千年一大变局；狃于目前苟安，而遂忘前二三十年之何以创巨而痛深，后千百年之

---

① ［清］沈葆桢：《沈文肃船工奏稿》第一册，载《沈葆桢文集》，第463～464页。

② 台湾银行经济研究室编：《清季申报台湾纪事辑录》上，台北：大通书局，1987年，第6～8页。

③ 《清实录·穆宗毅皇帝实录》卷三三二，第五一册，第390～391页。

何以安内而制外，此停止轮船之议所由起也。臣愚以为，国家诸费皆可省，惟养兵设防、练习枪炮、制造兵轮之费万不可省。求省费则必屏除一切，国无与立，终不得强矣。左宗棠创造闽省轮船，曾国藩饬造沪局轮船，皆为国家筹久远之计，岂不知费巨而效迟哉？惟以有开必先，不敢惜目前之费，以贻日后之悔。该局至今已成不可弃置之势，苟或停止，则前功尽弃，后效难图，而所费之项转成虚糜，不独贻笑外人，亦且浸长寇志。由是言之，其不应裁撤也明矣。……要之，法待人而后行，事因时为变通。若徒墨守旧章，拘牵浮议，则为之而必不成，成之而必不久。坐让洋人专利于中土，后患将何所底止耶？①

五月十七日（6月22日），军机大臣面奉谕旨，将李鸿章、左宗棠、沈葆桢各一折送交总理各国事务衙门议奏。②

五月十九日（6月24日），文煜等上奏造船情形，并附片奏请新授台湾道夏献纶暂缓东渡，俟十二月间沈葆桢服阕到工，再行赴任。③

六月廿八日（8月2日），恭亲王奕䜣领衔，以总署名义奏覆左、沈、李三折，认为船厂不应裁撤，代表当时朝廷处置停造续造轮船的最后决策。

臣等溯查同治五年六月，左宗棠首建设局造船之议，前两江总督臣曾国藩、直隶总督臣李鸿章等又均以力图自强非讲求机器、制造轮船不可，臣等意见亦复相同，是以先后议准，期于事之必成。朝廷行政用人，自强之要固自有在，然武备亦不可不讲。制于人而不思制人之法与御寇之方，尤非

① 《李鸿章全集·奏议（五）》，第106～110页。

② 陈道章主编：《福建船政大事记（增订本）》，第26页。

③ 《中国近代史资料丛刊·洋务运动》五，第126页。

谋国之道。虽将来能否临敌制胜未敢豫期，惟时际艰难，只有弃我之短，取彼之长，精益求精，以冀渐有进境，不可惑于浮言浅尝辄止。臣等于船厂未经亲历，实不知其详。惟李鸿章、左宗棠、沈葆桢诸臣，虑事周详，任事果毅，意见现已相同，持论各有定识；且皆身在局中，力任其难，自必确有把握。其间造商船以资华商雇领一节，李鸿章、沈葆桢俱以为可行，应由该督抚随时查看情形，妥筹办理。至李鸿章等及嗣后添造兵船无可分拨，拟请裁撤各省内外洋红单、拖缯艇船而配以自造兵船，即以各船修造养兵之费抵给轮船月费等语，应由各该省督抚另行奏请谕旨，饬部覆议。①

六月廿八日（8月2日），清廷谕准继续造船。

总理各国事务衙门奏遵议船厂事宜，未可惑于浮言，浅尝辄止，应如李鸿章、左宗棠、沈葆桢所议办理。从之。②

六月廿九日（8月3日），因闽省“安澜”轮船已赴粤东，改拨闽省第八号轮船往山东。

七月下旬，左宗棠复信沈葆桢，谈船政、军情及家常。

轮船经费支绌日甚，领悉之下，殊为愁烦。李子和制军莅任后，恐尚不如前。其在中州时，因西饷屡催罔应，不免芥蒂。到闽能否顾全大局，未敢知也。附片抄阅。此事全仗大力成之。谟谋诸公心知此事万不容已，而必推外间耽承，始肯随同画诺，大约近时风气使然耳。……关内兵事尚顺，现攻西宁（即古湟中），频得好仗。……惟饷项积欠已千六百余万，各营嗷嗷，马队且溃去三百余骑矣。无饷用兵，且用之荒远苦寒、人畜乏绝之地，固料无以善其后耳。尊著《先德事略》，只道家常，而老辈典型毕具，追想风徽，感慕

---

① 《中国近代史资料丛刊·洋务运动》五，第126～128页。

② 《清实录·穆宗毅皇帝实录》卷三三五，第五一册，第430页。

弥笃，载颂安祉。①

九月初九日（10月10日），李鸿章复信王凯泰，谈及李鹤年新任可能会与沈葆桢产生冲突。

和帅冬初计可履新，前过津畅谈，似于洋务少所涉历，船政更无定见，惟属其勿与幼丹过为立异。镇海到津，试验船炮，均甚精坚。②

十月十五日（11月15日），左宗棠上《请敕闽省酌拨轮船经费片》。

闽省轮船经费，经船政大臣沈葆桢、提调道员夏献纶力求撙节，每月尚需实银约七八万两。沈葆桢交卸时存款二十余万两，储料亦多。年来继续支销，银料俱尽。臣接据船局函牍，忧虑殊深。……臣维甘肃饥军待哺甚殷，闽省每月指解五万两，固属力顾大局，然轮船一事，尤全局攸关。臣系创议之人，何敢稍形膜视？合无仰恳天恩，敕下闽省督抚臣行知司道，除每月解臣军银五万两外，或于欠解甘军积饷内酌拨银若干为轮船经费；如实力不能及，或于现解臣军饷项五万两内及甘捐项下，改拨银二万两，交轮船局收支，以免废辍。③

十二月十二日（1873年1月10日），释服。

十二月十五日（1873年1月13日），回船政任事，上《船政任事日期折》。

伏念臣才识腐愚，迭蒙覆帱。三年旷职，圣人鉴读礼之忱；九译输诚，盛世重济川之业。敢辞艰巨，勉效涓埃。臣于本年十二月十二日释服，十五日赴工，恭设香案，望阙叩

---

① 《左宗棠全集·书信》二，第312页。

② 《李鸿章全集·信函》二，第473页。

③ 《左宗棠全集·奏稿（五）》，第322～323页。

谢天恩，敬谨任事。[①]

十二月十九日（1873年1月17日），轮船招商局开局。

十二月，复信陆心源，告知“振威”号即将交付使用。[②]

是年，四子沈瑜庆出嗣沈葆桢堂弟沈尔康。

公从祖母郑氏早寡，抚遗孤尔康公，既冠而夭。母林夫人请于文肃公，以公嗣之。[③]

同治十二年癸酉（1873）　54岁

船政大臣任上。

正月初三日（1月31日），盛宣怀抵达福州，调研船政办理情形。[④]

正月十七日（2月14日），上《七号八号轮船出洋并以次下水酌改船式各情折》《轮船弁兵专习枪炮片》《船政物料仍免纳厘税片》。[⑤]

正月十七日（2月14日），上《船政经费支绌折》，述船政经费与预算有偏差，每月定款五万入不敷出，时常挪用月款。造船越多，养船费用也迭增。

查左宗棠之议立船政也，中国无一人曾身历其事者，不得不问诸洋将，其约自铁厂开工之日起，立限五年，成船一十六号，估费三百万两。……盖每月实不敷银二万余两。合

---

① ［清］沈葆桢：《沈文肃公政书》卷四，第799～801页。

② 林庆元、王道成考注：《沈葆桢信札考注》，第216页。

③ 沈成式：《沈敬裕公年谱》，载《涛园集·附录》，第127页。

④ 夏东元编著：《盛宣怀年谱长编》，上海：上海交通大学出版社，2004，第17页。

⑤ ［清］沈葆桢：《沈文肃公政书》卷四，第803～817页。

无仰恳天恩，准自本年正月为始，每月添拨银二万两，臣等再行极力撙节，以收垂成之功；俟限满洋匠撤回，此二万两之款即行停拨。①

正月二十日（2月17日），清廷命提督罗大春接统福建轮船事务。

正月廿一日（2月18日），盛宣怀回抵上海，并给李鸿章寄去长信，汇报此行观察所得。【按：盛宣怀在闽调研半个月，与沈葆桢多次商谈，除会禀外，盛宣怀自己又写汇报上禀李鸿章。“禀中关于兵船与商船兼造；关于改造兵轮为新式商船，购洋机器邀洋匠亲自送机器来华指授学徒，以学其最新技术；关于洋人教华人学驾驶，以及租价、练兵、开办新式学校学习科学技术知识、出洋留学等与富强有关问题，发表了很好的、较全面的意见。”②】

正月廿六日（2月23日），慈禧太后归政，同治帝亲政。

二月上旬，致信总署，论亟需落实甘饷酌拨船政。

户部议复甘督，请以甘饷酌拨船政一折，饬查轮船每只需银若干，每月薪粮若干；成船后，每月薪粮若干，俟复到再行酌拨。……惟成船每只需银若干，考究月余，迄无端绪。……目下船政之望经费，如久旱之望云霓，苟可以撮其大端，何敢不刻期以应？无如智尽能索，苦无次第可循。固缘拙于勾稽，亦其事过于繁赜，未易求之旦夕者也。③

二月十八日（3月16日），李鸿章复信沈葆桢，明确赞成续办船政。

京朝士夫不顾念中外大局，讼言船政之非，总署心知其

---

① ［清］沈葆桢：《沈文肃公政书》卷四，第807～812页。

② 夏东元编著：《盛宣怀年谱长编》，第659页。

③ 林庆元、王道成考注：《沈葆桢信札考注》，第216页。

理而怵于成效之难，亦遂泄沓依违，若非我公大声疾呼，挺身独任，鲜不隳中道而贻笑柄者。鸿章涉历洋务已十余年，尝苦有倡无和，今季帅与执事业有成局，敢不借事直陈，稍佐远略。和翁前过津时，谓内意不甚以为然，即微露诿阻之辞。弟方劝其与执事同力合谋，以求经久，乃犹若浼焉。人皆视官如传舍，独公不得视局如传舍，一有司事耳。而令长才夙望久羁于此，且时忧度支之告匮，将若之何。司农岂知国计，即奏拨恐亦空文，似宜预为从长计议。俟造船限满，托付结实可靠之人，以善其后，而垂天之翼，经纬六合，仍左右主持之，斯经国之大计也。近世非疆吏不能治军办事，惟所欲为，弟虽为畿省贫瘠所困，仍日盼我公兼圻东南，宏斯远谟，一振颓纲。①

三月初二日（3月29日），户部复沈葆桢增拨船政月款两万两事，请饬闽省将军、督、抚由茶税项下按月付出。

即自同治十二年正月起，由闽省征收茶税项下，除部拨京饷等项外，按月提银二万两解交船政大臣，以充经费。此项添拨银两，一俟原议五年限满后，即行停拨。至轮船经费，业经月拨闽海关银五万两，此次又添拨茶税二万两，并动拨洋药票税，合之每年约有九十余万两。经费既巨，责成宜重，并请饬令船政大臣沈葆桢，懔遵同治九年九月谕旨，国家不惜帑金创制轮船，原以筹备海防，期于缓急足恃，所有未造之船，加意讲求，实力制造；已成之船，督饬员弁驾驶出洋认真操练，以仰副皇上备物制用、绥靖海疆之至意。②

三月十八日（4月14日），奕䜣等奏，沈葆桢请将十二号至十五号轮船改造商船，应如所请。

---

① 《李鸿章全集·信函》二，第505～506页。

② 《海防档》乙，《福州船厂》一，第445～446页。

改造商船，系为撙节度支起见，应如所请办理。惟从第十六号起，应仍一律改造兵船，以无失设厂造船力图自强本意。①

四月廿八日（5月24日），李鹤年奏复闽省茶税下无银可拨解，只能从所协甘饷下划拨两万两给船政事。

是茶税之外，亦无别款可以拨解。伏思船政为久远之规，臣等非不欲顾全大局，无如闽省厘金只有此数，本已入不敷出，何能再筹巨款？惟有仰恳天恩，仍照陕甘督臣左宗棠原议，在于现解甘饷项下划拨，以济要工。俟明年添拨轮船经费停止，仍当照旧解足，庶于边饷要工两有所济。②

六月二十日（7月14日），上《续陈各船工程并挑验匠徒试令自造折》，述及与日意格的约定。

然当时创始之意，不重在“造”而重在“学”。臣与监督日意格约：限满之日，洋匠必尽数遣散，不得以船工未毕酌留数人；如中国匠徒实能按图仿造，虽轮船未尽下水，即为教导功成，奖励优加，犒金如数，必不负其苦心。倘洋匠西归，中国匠徒仍复茫然，就令如数成船，究于中国何益？则调度无方，教导不力，臣与该监督均难辞其咎。该监督请于六月自模厂始，挑选匠徒之聪颖者逐加验试，洋匠头授之以图，令其放手自造。③

六月二十日（7月14日），上《统领随时操演片》，奏请分拨各省的轮船，由罗大春亲赴各口阅操。④

闰六月初六日（7月29日），李鸿章复信沈葆桢，述添设保

① 《中国近代史资料丛刊·洋务运动》五，第137页。

② 《中国近代史资料丛刊·洋务运动》五，第135～136页。

③ ［清］沈葆桢：《沈文肃公政书》卷四，第819～821页。

④ ［清］沈葆桢：《沈文肃公政书》卷四，第823～824页。

定巡抚之议，德克碑议教案无果，闽厂商船造价太高、保险似宜少作价，预筹船政洋员合同到期等事。

> 前黄子穆太守至津，询悉缔造艰难，良工心苦，驰系殊殷。……郭筠仙尝谓，督、抚同城，为我朝弊政，与尊论同，非久于历练者，无此卓识也。……别十五年，蒲柳易衰，须鬓半苍。来示齿落发白，老亦至矣。顾同志愈少，干济须才，公即忘情于世，世非无意于公，俟限满遣散洋人，务祈妥筹善后之法，酌留工匠经费，俾常能营造接济，只须付托得人，必为国家百世之利矣。①

七月十八日（9月9日），李鸿章委盛宣怀、徐润会办轮船招商局。

七月廿四日（9月15日），上《续陈轮船工程并练船经历南北洋各情形折》，述及海军出洋训练，远到香港、新加坡、槟榔屿的情形。

> 去时，教习躬督驾驶各练童逐段誊注日记，量习日度、星度，按图体认，期于精熟；归时，则各童自行轮班驾驶，教习将其日记仔细勘对。至于台飓大作、巨浪如山、颠簸震撼之交，默然察其手足之便利如何、神色之镇定如何，以分其优劣。其驾驶心细胆大者，则粤童张成、吕翰为之冠；其精于算法、量天尺之学者，则闽童刘步蟾、林泰曾、蒋超英为之冠。②

七月下旬，致信总署，述船政经费短缺。

> 船政自增月款二万后，工程不至掣肘。惟洋药票税日绌，今年七个月，所入仅万余金，致造船经费挪为养船者甚

---

① 《李鸿章全集·信函》二，第547页。

② ［清］沈葆桢：《沈文肃公政书》卷四，第202～203页。

巨。此则将来不得不另行想法者耳。①

八月十五日（10月6日），亲友为夫人林普晴庆寿。亥时，林普晴在家中辞世，年五十三岁。【按：沈葆桢悼亡一联云："念此身何以酬君，幸死而有知，奉泉下翁姑，依然称意；论全福自应先我，顾事犹未了，看床前儿女，怎不伤心。"② 】

八月，日本吞并朝鲜失败，佐贺暴动发生。为安抚国内矛盾，转移急进派的目光，日本以台湾土著居民杀害琉球人为藉口，决定出兵台湾。③

十月十八日（12月7日），上《船工将竣谨筹善后事宜折》，述及合同期满后该如何办理船政，提出经费节省和人才培养二事。

> 此后，如为节省经费起见，则停止造船，除修船、养船而外，一切皆可节省。惟既绝难续，不免尽弃前功；而鹊巢鸠居，异族之垂涎，尤为可虑。……前学堂，习法国语言文字者也，当选其学生之天资颖异、学有根柢者，仍赴法国，深究其造船之方及其推陈出新之理；后学堂，习英国语言文字者也，当选其学生之天资颖异、学有根柢者，仍赴英国，深究其驶船之方及其练兵制胜之理。速则三年，迟则五年，必事半而功倍，盖以升堂者求其入室，异于不得其门者矣。其学生中有学问优长而身体荏弱、不胜入厂上船之任者，应令在学堂接充教习，俾指授后进天文、地舆、算学等书。三年、五年后，有由外国学成而归者，则以学堂后进之可造者

---

① 林庆元、王道成考注：《沈葆桢信札考注》，第217页。

② ［清］林庆铨：《楹联述录》卷八，载龚联寿主编《联话丛编》第二册，第1188页。

③ 《晚清治台政策》，第18页。

补之，斯人才源源而来，朝廷不乏于用。[①]【按：总理衙门专就此事函商左宗棠。左宗棠复信总署，言可扩大规模。“幼丹诸疏语语切实，能见其大。……至闽厂与津、沪各处人才，及遣往英、法各国生徒，均宜彼此派拨，以收相观而善之效，于事理均宜，无所窒碍，固不待言。”[②] 又，十一月十八日，奕䜣等具奏，议复沈葆桢所奏，同意将闽厂所造轮船租给轮船招商局。“既可以留造船之基，并可省养船、修船之费……此次沈葆桢等拟遣前后学堂学生分赴英法两国，探究造船、驶船之精奥，与原任督臣曾国藩等遴选学生赴美国学习技艺意见相同，一切章程，应否仿照沪局办理，抑或有酌量变通之处，应请一并饬下南北洋通商大臣并原议开设船厂之陕甘督臣左宗棠与沈葆桢会商熟筹。”[③] 】

十月十八日（12 月 7 日），上《船政教导功成吁恳奖励折》并附片奏请破格奖励日意格、德克碑，述船政制造、驾驶成效，按约如何遣散外籍雇员。

五年限满，中国员匠能自监造、驾驶，应加奖两监督各银二万四千两，加奖外国员匠银六万两；又约明：五年工竣，每名另给辛工两月并匀给回费三百七十八两。照现在洋员匠名数科算，统共犒赏、辛工、回费需银十五万两有奇。[④]【按：十一月十八日，奕䜣等具奏，议复沈葆桢所奏，同意预先筹措遣散外籍雇员费用十五万两。“拟于闽海关福厦二口及内地征收起运运销两项茶税并茶叶加捐、军饷项下提拨银十五万两，相应请旨饬下福州将军、闽浙总督、福建巡抚

---

① ［清］沈葆桢：《沈文肃公政书》卷四，第 829～832 页。

② 《左宗棠全集·书信》二，第 373 页。

③ 《中国近代史资料丛刊·洋务运动》五，第 143～145 页。

④ ［清］沈葆桢：《沈文肃公政书》卷四，第 205～206 页。

即在臣部指拨款内如数筹拨解交总理船政大臣沈葆桢，按原议数目分别给发，依限遣散”。[1] 及“日意格与德克碑前因船厂得力，业经赏予提督衔、花翎，现在工竣，又各给银二万四千两，已足酬其劳勋。惟据沈葆桢以日意格始终其事，异常出力，奏请破格奖励。臣等公同商酌，拟将日意格援照戈登、蒲安臣保奖成案，仰恳天恩，再行赏加一品衔，并准其穿黄马褂，仍与德克碑一体赏给一等宝星，以示优异而昭激劝。”[2] 】

十月廿三日（12月12日），李鸿章致信上海轮船招商局，商议租借、购买闽厂所造商船。

闽厂续造各船，招商局是否合用，能否租领；若由商局租领，运漕载货，较自赴外洋购买轮船，当更合算。前曾面商，一虑闽船装载少而费煤多，须拣择洋船新式，嘱其照造；一虑估价多，保险重，万一失事，商人包赔不起。鸿章前致沈幼帅函，已请其格外体恤，核减作价。此等皆必须妥人前往，面行筹议。景星秋间有赴闽之说，似未果行，即请执事熟商，酌定一人早日赴闽厂察勘，禀商沈帅，妥细定议，禀候核办。至租领闽厂现成之船，只求合用，可省造费。[3]

十二月下旬，致信总署，述洋匠合同即将限满，请预筹善后等。

本年十二月为船工限满之期，中国匠徒均可按图自造，习驾驶者亦能自在游行。教导苦心，业已不负所诺。惟洋员、洋匠渥受天朝豢养之恩，不无久而忘归之意。葆桢与之

① 《中国近代史资料丛刊·洋务运动》五，第145～147页。
② 《中国近代史资料丛刊·洋务运动》五，第147页。
③ 《李鸿章全集·信函》二，第610页。

> 申明约束，此处界限，不得不的实分明。若冀酌留数人，则与成功二字自相矛盾。惟望犒赏辛工、回费，速行筹发，则届期遣散，定可帖服无辞。至船政善后事宜，再四思维，觉惜费与图功两者，断难并行不悖。①

十一月二十日（1874年1月8日），总署函李鸿章、左宗棠、沈葆桢、李宗羲，指出造船应筹消纳之法，派留学生出国也应该充分斟酌。②

十二月初十日（1874年1月27日），李鸿章复信沈葆桢，慰唁丧偶之痛、船政善后事宜、招商局租领船只、分遣学生赴英法学习造船驶船等。

> 借悉年嫂夫人于八月间弃世，回忆芸馆修书，信州誓士，贫贱患难，同心黾勉，吾党艳称。白头失偕老之欢，青山有瘗琴之恨，神伤奉倩，礼亦宜之。惟中年哀乐，人生梦幻，幸付达观，勿扰远志，是所切祷。船政善后事宜，接总署咨函，备聆大略。前迭饬上海局员唐丞廷枢赴闽禀商，以事牵缀，闻冬月杪始附轮船南去。十三、四等号是否合用，果否承领，并租费若干，减价保险若干，经执事面为指示，当有端倪。……分遣学生赴英、法学习造船驶船之法，用意极为深远。总署欲令中国委员管带，操纵自易，而并不计及得力与否，亦非笃论。阁下既与日意格坚明约束，是否议有规条，应否另派厂内与日意格素习之委员同往，学习经费拟由何处筹提，敬祈详晰示知。③

十二月十二日（1874年1月29日），文煜向商行借银八万两交沈葆桢作为外籍雇员遣散费。

---

① 林庆元、王道成考注：《沈葆桢信札考注》，第217页。

② 陈道章主编：《福建船政大事记（增订本）》，第32页。

③ 《李鸿章全集·信函》二，第625页。

十二月十六日（1874年2月2日），未时，夫人林普晴安葬于福州西关外梅亭和丰山之阳。

十二月廿一日（1874年2月7日），李鸿章致信总署，议闽厂善后、招商局租船成本、分遣学生赴英法学习造船驶船等。

> 闽厂善后，定为每年递造二船，令商局随时租领，力求自强兼省养船费用，洵属法良意美。……盖中国自造轮船成本过重，商局租用须向洋人保险，洋人照泰西船价核估，必不及原造之数，万一失事，若责局商赔缴原价，势将倾家败产，必不乐为，不敢为矣。是以迭经缄商幼丹中丞，姑宽其格，诱其自至。①

十二月廿七日（1874年2月13日），文煜上奏筹集遣散费用一事。

> 现已暂向号商挪借银八万两，于十二月十二日移交船政大臣沈葆桢查收，并咨会督抚臣，行令税厘总局、福藩司等速就内地征收起运运销两项茶税并茶叶加捐军饷项下即日动拨银七万两，解交船政大臣，分别给拨，以符应拨十五万两之数。②

同治十三年甲戌（1874） 55岁

船政大臣任上；后任钦差办理台湾等处海防兼理各国事务大臣。

正月十五日（3月3日），复信李鸿章，论招商局、造船养船、聘任洋员、军械制造、电报试办、学生出洋经费，并附日意格船政学生留学章程条议。

---

① 《李鸿章全集·信函》二，第629页。

② 《中国近代史资料丛刊·洋务运动》五，第148页。

我公排群议而创招商局，岂以毁誉撄心。……由津而沪而粤，洋人均有电报，而我无之，外国消息，外国知之，而中国不知，犹之可也。中国消息，外国知之，中国不知，可乎哉？我公何不于近处一试，其有无窒碍否？……承垂询出洋经费，由何处筹提。查船政岁入六十万两，每年造兵船二只，约需四十万两。学生经费、修厂经费、各员绅薪水、各书差工食、水师口粮及一切杂费，约需十万。以十万为出洋经费，甚足敷用。[①]

正月十九日（3月7日），派魏瀚、刘步蟾等五人随日意格往英、法参观学习。[②]

正月廿七日（3月15日），李鸿章复信李宗羲，谈及闽厂善后及学生出洋应由沈葆桢主持办理。

总署议筹闽厂善后事宜，敝处已于去腊二十一日就现办情形，撮要缄复大略。兹读执事复函，统筹预计，利病了然，实与鄙见不谋而合，谨将敝处复函稿内专复一条抄奉鉴核。至闽厂生徒赴英法各国学习驶船造船，管带出洋，实难其人，自应由幼丹中丞主持选派，较为浃洽，亦经缄致幼翁酌办矣。[③]

二月初六日（3月23日），上报管带（舰长）人选，请调派郑渔管驾“济安”，张成管驾“靖远”，叶富管驾“海东云”，林文和管驾“永保”。[④]

二月十八日（4月4日），日本设“台湾番地事务局”，命参

---

① 林庆元、王道成考注：《沈葆桢信札考注》，第218～222页。

② 陈道章主编：《福建船政大事记（增订本）》，第33页。

③ 《李鸿章全集·信函》三，第14页。

④ 陈道章主编：《福建船政大事记（增订本）》，第33页。

议大隈重信为长官，陆军中将西乡从道为都督，在长崎设侵台军基地。①

二月十九日（4月5日），李鸿章将沈葆桢请求支持继续造船的函件送到总署，并呈日意格所拟出洋条议、章程及费用清单。②

三月初三日（4月18日），长崎日军三千六百余人拟向台湾进发。英使威妥玛派梅立辉面告总署，谓日军将开赴台湾生事。③

三月十二日（4月27日），日将西乡从道不顾政府延期决定，派舰进向台湾。④

三月十五日（4月30日），日本兵船到厦门，后转驶台湾琅璚。⑤

三月廿二日（5月7日），日军在台湾琅璚强行登岸。⑥

三月廿二日（5月7日），复信盛宣怀，谈招商局事以李鸿章的意见为准。

> 承寄市李爵相致总署函稿，周匝透彻之至。季帅、雨帅均有书来，并将议复总署函稿寄示。此事总以李爵相处为定盘针，想日来必有成议矣。⑦

三月廿三日（5月8日），日本陆军中将西乡从道以进兵台湾事照会闽浙总督李鹤年。⑧

三月廿五日（5月10日），李鸿章致信总署，论日本图攻台湾，推荐沈葆桢主持办理日军侵台事件。

---

① 苏振申：《中日关系史事年表》，第96页。
② 陈道章主编：《福建船政大事记（增订本）》，第33页。
③ 苏振申：《中日关系史事年表》，第97页。
④ 苏振申：《中日关系史事年表》，第97页。
⑤ 苏振申：《中日关系史事年表》，第97页。
⑥ 苏振申：《中日关系史事年表》，第98页。
⑦ 林庆元、王道成考注：《沈葆桢信札考注》，第222～223页。
⑧ 苏振申：《中日关系史事年表》，第98页。

闽省自制兵轮船及水师船只不少，似应先派往台湾各港口盘查瞭望，如遇日本兵船入境，问其因为何事而来，如船中载有陆兵多名，应即拦阻，勿令进口上岸，俟将公事议明，再听进止。……窃思南洋大臣向难遥制闽事，惟船政大臣管辖新造兵轮船，又系闽人，情形熟悉，似应由钧处知照沈幼丹中丞，会商将军、督、抚密速筹办。日本既有此议，早迟必将举行，若不慎谋于始，坐待兴师，将来无论彼此胜败，恐兵连祸结竟无已时，于沿海大局关系非浅。①

三月廿六日（5月11日），总署照会日外务省，诘责日军侵台。②

三月廿九日（5月14日），奕䜣等上奏与日本等国交涉侵台事宜。

拟请钦派闻望素著、熟悉洋情之大员，带领轮船前往生番一带察看情形，妥筹办理。③

同日（5月14日），清廷命沈葆桢带轮船兵弁前往台湾察看，据实奏报日本兵船动静。

总理各国事务衙门奏，日本兵船现泊厦门，请派大员查看一折。日本国使臣上年在京换约时，并未议及派员前赴台湾生番地方之事。今忽兴兵到闽，声称借地操兵，心怀叵测。据英国使臣函报，日本系有事生番，并据南北洋通商大臣咨覆情形相同。事关中外交涉，亟应先事防范，以杜衅端。李鹤年于此等重大事件，至今未见奏报，殊堪诧异。生番地方本系中国辖境，岂容日本窥伺？该处情形如何，必须

---

① 《李鸿章全集·信函》三，第27～28页。

② 苏振申：《中日关系史事年表》，第98页。

③ 佚名辑：《同治甲戌日兵侵台始末》，台北：文海出版社，1983年，第3页。

详细查看，妥筹布置，以期有备无患。李鹤年公事较繁，不能遽离省城。着派沈葆桢带领轮船兵弁，以巡阅为名，前往台湾生番一带察看，不动声色，相机筹办。应如何调拨兵弁之处，着会商文煜、李鹤年及提督罗大春等，酌量调拨。至生番如可开禁，即设法抚绥驾驭，俾为我用，藉卫地方。以免外国侵越。并着沈葆桢酌度情形，与文煜、李鹤年等，悉心会商，请旨办理。日本兵船到闽后，作何动静，着文煜、李鹤年、沈葆桢据实具奏。南北洋如探有确耗，并着李鸿章、李宗羲随时咨明总理各国事务衙门核办。[1]【按：沈葆桢受命巡台，是年四月十三日，《申报》刊发社论《闻沈钦使将往台湾论》："兹闻朝廷简任沈钦使，不但为得人之庆，且可规久远之模。诚以沈钦使籍隶八闽，督办船政，民情风土，易以周知。况乡党众口交推，中外华洋共信，宏才卓识，闻望声名，诚尤绝乎寰区，超迈于瀛海矣。此次果能前赴，不难迅奏肤功耳。举欣欣然有喜色而相告曰：惟期简任沈公，庶同我太平、保我疆土为亿万年有道之长基，岂不懿哉！[2]】

三月三十日（5月15日），李鸿章致信沈葆桢，谈闽厂学生出洋应由沈葆桢专办、养船费用、命日意格赴闽听调等。

时方入都展觐随扈，将函折转交经笙同年察阅，并代呈邸帅，佥以出洋学习造船驶船一节应由执事主持核办，决不稍有牵掣。至养船及出洋经费不敷，尚冀鄙议裁撤师船以养轮船，旦夕可行，陆续匀拨。经笙谓或由总署奏办，或由外间疏催，若海防无事，似可从容筹度，亦虑江、广各当事未能实力遵办也。今日本忽有兴兵台湾之说，大纛既须先其所

① 《清实录·穆宗毅皇帝实录》卷三六四，第五一册，第822～823页。
② 佚名辑：《同治甲戌日兵侵台始末》，第97～98页。

急，整轮遄行，各省更易借词延诿，欲指抽撤水师分养轮船，竟无岁月可俟。日意格昨来津谒晤，感激恩知，亟图报效，因船差已竣，拟在上海候信。弟知阁下必有澎台之役，属令赴闽静候指挥，无须引避。①

三月，左宗棠复信沈葆桢，论及船政成效，并再三解释德克碑薪水一事。

船政就绪，制造、驾驶，西人所能者，我悉能之，快慰何既。藉非忠于谋国，决理不恇，奚以致此？后此赓续恢张，规模既得，熟极巧生，安知不突过西人耶？……兹展来书，详为指示，始知其误，然已悔不可追矣。若辈嗜利成性，得有话柄，必仍向尊处饶舌无疑。弟因一时疏误，贻之口实，既未能以有意朦混责德克碑，又何可以无谓嘈杂奉渎阁下？兹虽备牍辨正，如其志在必得，尊处亦似无词折之。是此项薪水，应由弟赔出，乃期了事。前接抄示折稿，知船局告蒇，弟前奏拨闽协甘饷每月二万两可停。应请于此款内划出二万五千两，以了赔件。俟即饬司于弟廉项内划兑，作收闽饷。②

四月初一日（5月16日），日军中将西乡从道率军自日本长崎进逼台湾。③

四月初二日（5月17日），李鸿章致信总署，论布置台湾，赞同派沈葆桢带轮船兵弁前往台湾察看。

同日钦奉密谕，派沈幼丹中丞带领轮船兵弁，以巡阅为名，预筹布置，并议及生番如可开禁，即设法抚绥驾驭，俾为我用，藉卫地方，以免外国侵越。大哉皇言，实操长治久

---

① 《李鸿章全集·信函》三，第30～31页。

② 《左宗棠全集·书信》二，第387页。

③ 苏振甲：《中日关系史事年表》，第98页。

安之胜算，不作敷衍苟且之近图，幼丹忠清弼亮，乡望允孚，当能相机擘画，上副委任。[①]

四月初三日（5月18日），台湾土著居民袭击日军。[②]

四月初四日（5月19日），日本政府下令出兵台湾。[③]

四月初六日（5月21日），清廷命福建布政使潘霨驰赴台湾，帮同船政大臣沈葆桢筹划。

四月初七日（5月22日），日军进攻台湾，与土著居民战于石门，死伤二十余人。土著居民死十六人。日本陆军中将西乡从道到台湾琅𤩝。[④]

四月初八日（5月23日），闽浙总督李鹤年照会西乡，抗议日军在台登陆，要求立即撤军。[⑤]

四月十三日（5月28日），新任日本驻华公使柳原前光到上海。英美干涉日本出兵台湾。[⑥]

四月十四日（5月29日），清廷命沈葆桢为钦差办理台湾等处海防兼理各国事务大臣，即赴台到任。

沈葆桢着授为钦差办理台湾等处海防兼理各国事务大臣，以重事权；所有福建镇道等官，均归节制，江苏、广东沿海各口轮船，准其调遣，俾得与日本及各国按约辩论，而于征调兵弁、船只事宜，亦臻便捷。该大臣接奉前旨，计已驰赴台湾一带，着即体察情形，或谕以情理，或示以兵威，悉心酌度，妥速办理，并与潘霨随时慎密筹办。一面会商文

① 《李鸿章全集·信函》三，第32～33页。

② 苏振申：《中日关系史事年表》，第98页。

③ 苏振申：《中日关系史事年表》，第98页。

④ 苏振申：《中日关系史事年表》，第98页。

⑤ 苏振申：《中日关系史事年表》，第99页。

⑥ 苏振申：《中日关系史事年表》，第99页。

煜、李鹤年等，督饬镇道，妥为布置，期于消患方萌，不得稍涉大意；一面将现在办法及台湾如何情形，迅速奏闻，以慰廑系。除江苏、广东沿河各口轮船用款仍由各该省拨给外，所有该大臣需用饷银，着文煜、李鹤年筹款源源接济，毋任缺乏。①

四月十六日（5月31日），清廷命懔遵前旨筹防台湾。

前据总理各国事务衙门具奏，已派令沈葆桢、潘霨前往台湾生番一带察看，与文煜、李鹤年等、会商办理。嗣复授沈葆桢为钦差办理台湾等处海防兼理各国事务大臣。现在日本兵船已有登岸情事，各国船只复驶往福建洋面，较李鹤年所奏情形尤为吃紧，着沈葆桢懔遵前日谕旨，与潘霨慎密筹画，随时会商文煜、李鹤年等悉心布置，毋令日本侵越，并豫杜各国觊觎，方为妥善。②

四月十七日（6月1日），李鸿章致信总署，条复三事，因外国舆论认为中国战舰不敌日本战舰，建议起用日意格助沈葆桢管理舰队。

闽厂监督法人日意格，曾充法国水师参将，前在宁波助剿得力，三月下旬来津谒晤，备述幼丹信任栽培之意，感激图报。缘带工匠出洋学习，尚未定议，不便回闽。鸿章见其语出至诚，正台湾有事之时，多方激励，谓闽厂兵船皆系汝所监造，设将来日本用武，该船抵敌不住，不但中国官民笑骂，即各国亦不好看，汝亦无甚体面。该监督云："如沈大人复用，我当竭力设法帮助。"惟确知闽省枪兵勇太少，日本皆用后门样枪炮，似非其敌。当令其迅速回闽请示，渠欣然允诺而去。鸿章已密致幼丹，以日意格于兵船机宜交涉事

① 《清实录·穆宗毅皇帝实录》卷三六五，第五一册，第831页。
② 《清实录·穆宗毅皇帝实录》卷三六五，第五一册，第832页。

理尚为明晰，现正用人，彼又感奋，似可留心驾驭。窃维闽中当事于夷情既多生疏，文武员弁亦少勇干得力之选。幼丹猝膺艰巨，谅必煞费踌躇。惟冀拊循番族，联络台民，使为我用，而御外侮，则众志成城，彼或不敢妄动而渐思撤退耳。①

四月十八日（6月2日），李鸿章复信沈葆桢，谈李宗羲对台湾兵事的漠视、夏献纶愚庸、日使柳原前光狡狯、日本居心叵测、枪械船炮均不及日军等。

洋人电报谓，日本兵已有二千人在台湾东南登陆，起造土垒、炮台，按兵不动，谅非虚诳。而子和前辈既无奏报，总署两接来函，视若淡漠。夏小陶竟有彼自寻衅番界，势难禁止之语。生番亦中国百姓，初难禁止，则后将占踞逼处，如俄之黑龙江东界、倭之虾夷，骎骎焉大肆蚕食，其若之何。日本自九年遣使来津求约，厥后岁辄一至，弟与周旋最久。其人外貌呴呴恭谨，性情狙诈深险，变幻百端，与西洋人迥异。会订条规内第一、第三条均系鄙见创列，原防其侵越厉疆、干预政事起见。换约甫一年，乃先自乱其例，无信无义，狗彘不食其余矣。春间早有派柳原前光来华为驻京大臣之说。柳原即九、十、十一、二年迭来请成之人，年二十余，无书不读，狡狯异常，迄今未到，或因台湾之举，总署责言，徘徊不决。……日意格已否留营差遣，出洋一事自可稍缓复奏核办。②

四月十八日（6月2日），日军三路进攻台湾番社，焚牡丹、高士滑等社。③

---

① 《李鸿章全集·信函》三，第39页。

② 《李鸿章全集·信函》三，第41页。

③ 苏振申：《中日关系史事年表》，第99页。

四月十九日（6 月 3 日），致信李鸿章，论日军侵台筹防困难、即将赴台等。

尊议制之于事先，今则已登岸矣，已扎营矣，已开两仗矣。生番死四十余人，倭奴死十余人矣。海防陆汛，一无可恃，岂惟台地为然？其如人人知其不可恃，人人不求其可恃何？既事图之，无及也；先事忧之，则众矢之的也。曾文正公云："方今任事者为鱼肉，避事者为刀俎。"……如其侵我土地，戕我人民，则虽利器未齐，不得不伸天讨。师直为壮，古人不我欺也。从来玩岁日者必亡，穷兵黩武者亦必亡。法郎西即倭奴前车之鉴，但未知天之授手何人耳？①

四月十九日（6 月 3 日），与文煜、李鹤年会衔上奏《遵旨会筹大概情形折》，提出了御敌四策，联外交、储利器、储人才、通消息。提请批准福州至厦门、厦门至台湾架设电线。并附《派稽查并提调片》，以固后防。②

四月廿一日（6 月 5 日），李鹤年奏，已派水陆各营分往凤山、澎湖等处屯扎，调集水师防范台境，并附陈台湾地利和日本诡谋，"即使目前不致成衅，日后之隐忧方大。"③

四月廿五日（6 月 9 日），从福州至马尾。

我二十五出城以后，竟无暇再行晋省。④

四月廿五日（6 月 9 日），李鹤年奏，日本兵力约两千人，已与台湾土著居民接仗；另据杨武轮管驾贝锦泉回福州面禀，日本兵船七艘，只有两艘能战。

---

① 林庆元、王道成考注：《沈葆桢信札考注》，第 223 页。

② 张作兴主编：《船政文化研究——船政奏议汇编点校辑》，第 82～84 页。

③ 佚名辑：《同治甲戌日兵侵台始末》，第 11～13 页。

④ 林庆元、王道成考注：《沈葆桢信札考注》，第 66 页。

查各省现有轮船，足以抵御日本到台之船，但恐兵衅既开，该国大举而来，铁船为中国所未有，洋枪、洋炮亦较多，胜负未可逆料。若生番地界任其占踞，各国因而生心，海疆之隐忧滋大。[1]

四月廿六日（6月10日），致信李鹤年，谈台防。

此事大有骑虎之势。日本若得志于生番，必席胜势以陵百姓，图据其地，遂开衅端；若挫于生番，必借口百姓通番，摸风捉影，横生枝节，衅端亦不得不开。中朝断不肯任其鸱张。……窃疑执事调度，不免支绌，然万难中不得不想出办法。谨以鄙见所及，为我公陈之：一曰固民心……一曰联外交……一曰豫边防……一曰通消息。[2]

四月廿六日（6月10日），致信李宗羲，谈台防。

倭奴略晓西人技艺，便欲急试其锋。不戢自焚，机理易见。然非窥我苟安旦夕之意，亦不遽蹈瑕抵隙而来。倘借此而生忧勤惕厉之心，则敌国外患，未始非修省之一助也。台地民心可用，当事能拊循而激励之，足以敌忾。第虑衅端既肇，则海口防不胜防。联络气脉，借在轮船，恐非战无以为守也。[3]

四月廿六日（6月10日），刘坤一复信刘荫渠，谈及沈葆桢筹防四策。

前月于彭雪琴处得见沈幼丹所陈四策：一联外交，一储人材，一备器械，一通消息；虽切中机宜，未知能应手应心否？万一决裂，则江防亦须绸缪，雪琴宫保与雨亭制府深以

① 佚名辑：《同治甲戌日兵侵台始末》，第14～15页。

② 林庆元、王道成考注：《沈葆桢信札考注》，第224～225页。

③ 林庆元、王道成考注：《沈葆桢信札考注》，第226页。

此为虑也。[1]

四月廿八日（6月11日），致信李鸿章，述日军暴行、交涉情形、军事布置等。

现牡丹社已被焚，并殃及民社，狂悖情形，令人发指。昨潘伟如到，云在沪晤柳原，与之辩论，始则一味推诿，继则自陈追悔之意，谓为西人所误，当不日撤兵。揣其情状，或因南风司令，琅𤩝难以泊船，陆兵有孤悬之势，借此收场，以离我中西之交，而懈我绸缪之计。彼退而吾备益修，则帖耳弭首而去；彼退而吾备遂弛，则又蹈瑕抵隙而来。即目前撤兵一言，亦未可据为定论，容俟到台察看，再行奏闻。[2]

四月，左宗棠复信沈葆桢，谈日意格事处理、船政办理、黄维煊一病不起等。

惟船局一事，始终出力者惟日意格，且平日行为，诸近情理。德既朦领遂意，日独缺如，相形之余，恐难免不生他想。伊前次函来，颇有西行之说，弟比以他辞止之。后此若再申前请，弟亦未可固却。而廉泉已涸，无可设筹。一时谬率，遂尔纷纭至此，洵是悔不可追。所幸船局一事，仗精心大力，克底于成，洋防有所凭藉。弟虽小有赔累，究是公家之物，以公济公，不待别事张罗，固所愿也。[3]

五月初一日（6月14日），率潘霨、日意格、斯恭赛格等起身赴台。

初一登舟，晚泊南日。[4]【按：沈葆桢此行聘请英国人斯恭赛格参谋海防，“斯恭者，英国人。星使奏邀渡台，月与

---

① 《刘坤一遗集》第四册，第1752页。

② 林庆元、王道成考注：《沈葆桢信札考注》，第226～227页。

③ 《左宗棠全集·书信》二，第391页。

④ 林庆元、王道成考注：《沈葆桢信札考注》，第66页。

千二百金，用以赞画沿海防务者也”。①】

五月初一日（6月14日），清廷谕准筹防对策，命林寿图稽查船政。

沈葆桢等拟将叠次洋船遭风各案，摘要照会各国领事，其不候照覆即举兵入境与生番开仗各情形，亦分次照会，令其公评曲直，并拟购买铁甲船、水雷及各项军火器械，均着照所议行，并准其将闽省存款，移缓就急，酌量动用。如有不敷，即照所请，暂借洋款，以应急需。……另片奏请派员稽查船政等语，沈葆桢现在赴台，着文煜等传谕前陕西布政使林寿图前往船厂，认真稽查，随时察看海口情形。②

五月初一日（6月14日），李鸿章复信沈葆桢，论购置铁甲船、水雷等，耗费千万，难以筹措，私计借洋款；并日本国内情形，筹防计策等。

前和帅缄商以购置铁船、水雷及诸御敌之具，约须千万，请总署会商敝处奏办。鄙意未敢遽行者，朝贵一闻拨款，则缩项结舌而莫之敢应，即有一应，农部疆吏空文支吾，于事何济？是以曾文正剿粤贼，鸿章剿捻匪，兴师十万，皆自筹饷，但求朝廷不掣肘为幸，何曾预请巨款耶？今事未可知，相忍为国，更无应者，私计只有借洋债一说，幸卓见之适符。③

五月初二日（6月15日），继续南行。

初二遵海而南，泊深沪。是夜放洋。④

---

① 罗大春：《台湾海防并开山日记》，台北：大通书局，1987年，第14页。

② 《清实录·穆宗毅皇帝实录》卷三六六，第五一册，第842页。

③ 《李鸿章全集·信函》三，第48～49页。

④ 林庆元、王道成考注：《沈葆桢信札考注》，第66页。

五月初二日（6月15日），李鸿章致信沈葆桢，调淮军唐定奎所部洋枪队十三营赴台，月饷仍由扬州粮台筹发。

酌调唐提督统带步队十三营，由徐移至瓜洲，派轮船径驶该口，分批航海前去。其马队三营仍令留防北路，其月饷现由扬州粮台分局按关筹发，弟当饬该局照章解济。惟敝军每年仅发九关，若果调台，祈随时酌筹赏恤，一切军情，谅蒙体念周至，将士必能踊跃用命也。如必需用，一面奏咨，一面檄调，乞相机为之。有此六七千人，或者稍壮声援。①

五月初三日（6月16日），至澎湖，与澎湖镇总兵吴奇勋等踩勘地势。②

五月初四日（6月17日），到达台南安平。舰队先后到达台湾，船只全部船政自造，是中国近代最早组成的一支舰队。③

五月初七日（6月20日），致信罗大春，论台防方针、进展等。

诸同事会商应办者三事：曰舌战、曰预防、曰开禁。计改土归流，非旦夕事，且必倭兵退后，乃可举行。舌战则伟翁邀同日军门亲赴琅㟧，定于初八展轮。盖伟翁在沪，已面晤其柳原公使，商允退兵。故将柳原信往面诘西乡，似稍有把握。然恃此而不备，断难戢其贪心，则预防与舌战必同时并举。……公议请节钺驻苏澳，目前以杜彼族窥伺，将来以招抚生番。④

五月初七日（6月20日），致信李鹤年，论台防方针、军情布置等。

---

① 《李鸿章全集·信函》三，第49页

② 林庆元、王道成考注：《沈葆桢信札考注》，第66页。

③ 陈道章主编：《福建船政大事记（增订本）》，第34页。

④ 林庆元、王道成考注：《沈葆桢信札考注》，第227～228页。

吴副戎面禀云：班兵甚不得力，若能改募本地渔人为水师，必远胜之。盖其地酷贫，其人咸没水底以捕鱼，故习于水。该副将甚朴勇可靠，当非虚谬。张奎垣云：全台皆当照此办法，曾禀商执事，奉批准此，拟附片请试行之，尚是不费钱功德。①

五月初八日（6月21日），潘霨偕夏献纶奉命先期抵琅璚，布告土著居民各安生理，定当保护。

五月初九日（6月22日），潘霨偕夏献纶、张斯桂、日意格、斯恭塞格与西乡从道会谈，递交沈葆桢照会及柳原前光信函。②兹列照会如下。

为照会事。照得生番土地，隶中国者二百余年，虽其人顽蠢无知，究系天生赤子，是以朝廷不忍遽绳以法，欲其渐仁摩义，默化潜移，由生番而成熟番，由熟番而成士庶，所以仰体仁爱之天心也。至于杀人者死，律有明条，虽生番亦岂能轻纵？然此中国分内应办之事，不当转烦他国劳师糜饷而来。乃闻贵中将忽然以船载兵，由不通商之琅璚登岸。台民惶恐，谓不知开罪何端，使贵国置和约不顾。即西洋曾经换约各国，亦群以为骇人听闻。及观贵中将照会闽浙总督公文，方知为牡丹社生番戕害琉球国难民而起。无论琉球虽弱，亦俨然一国，尽可自鸣不平。即贵国专意恤邻，亦何妨照会总理衙门商办。傥中国袒护生番，以不肯惩办回覆，抑或以兵力不及，籍助贵国，则贵国甚为有辞。乃积累年之旧案，而不能候数日之回文，此中曲直是非，想亦难逃洞鉴。

今牡丹社已残毁矣，而又波及于无辜之高士佛等社。来文所称殛其凶首者谓何也？所称往攻其心者谓何也？帮办潘

① 林庆元、王道成考注：《沈葆桢信札考注》，第228页。

② 佚名辑：《同治甲戌日兵侵台始末》，第45页。

布政使自上海面晤贵国柳原公使，已商允退兵，以为必非虚语；乃闻贵中将仍扎营牡丹社，且有将攻卑南社之谣。夫牡丹社戕琉球难民者也，卑南社救贵国难民者也，相去奚啻霄壤？以德为怨，想贵中将必不其然。第贵中将照会闽浙总督公文，有佐藤利八至卑南番地亦被劫掠之语，诚恐谣传未必无因。夫凫水逃生，何有余资可劫？天下有劫人之财，肯养其人数月不受值者耶？即谓地方官所报难民口供不足据，贵国谢函具在，并未涉及劫掠一言。贵国所赏之陈安生，即卑南社生番头目也。所赏之人，即所诛之人，贵国未必有此政体。

或谓贵国方耀武功，天理不足畏，人言不足恤。然以积年精练之良将劲兵，逞志于蠢蠢无知之生番，似未足以示威。即操全胜之势，亦必互有杀伤。生番即不见怜，贵国之人民亦不足惜耶？或谓贵国既波及无辜各社，可知意不在复仇。无论中国版图尺寸不敢以与人，即通商诸邦岂甘心贵国独享其利？

日来南风司令，琅𤩝口岸资粮转运益难。中国与贵国和谊载在盟府，永矢弗谖。本大臣心有所危，何敢不开诚布公，以效愚者之一得？惟高明裁察见覆，幸甚。[①] **【按：《申报》于六月二十八日（8月10日）登载该照会，并附评语："此稿系本馆驻台友人日前寄来，理直气壮，言言中肯；本欲即行刊印。因未见日本覆文，恐为局外拟作，致蹈诬罔之咎。现有友人赴宁，托其代向官场探实；兹据回信，言实有其事。然则日本之不覆，想亦难于作覆也。今刊印之，以供众玩；中国之直、日本之曲，一览而愈昭然矣。此作与李制**

---

① 佚名辑：《同治甲戌日兵侵台始末》，第31～32页。

军两次照覆数说日本之谬，令人娓娓可听。于此，见武事之尤赖文告也。然非公忠体国之人，不能言之；亦非有心世道之人，不能录传至沪，令本馆代印也。本馆附识。”① 】

五月十一日（6月24日），西乡从道称病不出，会谈中断。②

五月十一日（6月24日），清廷命沈葆桢等，日本再肆意妄为即当声罪致讨。

沈葆桢已与潘霨起程赴台，邀集各国领事公平曲直。日本兴兵显背条约，固属理曲辞穷，若能就我范围，敛兵回国，自可消弭衅端。傥仍肆意妄为，悍然不顾，即当声罪致讨，不得迁就因循，转误事机，致将来办理愈形棘手。沈葆桢与潘霨当相度机宜，悉心筹办。应如何调拨官兵前往藉壮声势之处，着会商文煜、李鹤年妥速布置，以维大局。③

五月十一日（6月24日），李鸿章致总署，论台湾兵事，主张表面求和而必阴为战备。

幼丹函称，彼退而吾备益修，则帖耳而去，俟到台察看妥办等语，洵属老成之见。谨将原函照钞奉览。粤人有自日本来者，谓该国此役已靡费百余万，雇用西人充兵头皆给重价，约六个月为期，其志殊为叵测。……向来办理洋务，皆为和战两议举棋不定所误。鄙见则谓，明是和局而必阴为战备，庶和可速成而经久。洋人论势不论理，彼以兵势相压，而我第欲以笔舌胜之，此应不得之数也。至柳原如过津时台兵仍未撤退，鸿章自应严词诘责，以副钧属。④

五月十二日（6月25日），李鸿章复信沈葆桢，论预筹日军

---

① 《清季申报台湾纪事辑录》上，第236页。

② 佚名辑：《同治甲戌日兵侵台始末》，第45页。

③ 《清实录·穆宗毅皇帝实录》卷三六六，第五一册，第846页。

④ 《李鸿章全集·信函》三，第57～58页。

退兵后布置、询问台地军情、安排招商局运送淮军及军需等。①

五月十三日（6月26日），会谈议定，中方允约束土著居民，不再杀害外人，日方允暂不添兵。

> 仍坚以生番非中国版图为辞，即将带去《台湾府志》，检出内载生番各社岁输番饷之数，与各社所具切结，令其阅看。彼反变羞成愤。经臣霨及夏献纶厉声晓譬，旋复婉谢，龂龂以所用兵费无着为言。经再据理驳斥，彼请一面致书柳原，一面由厦门电报寄信同国，暂不必添兵前来。即派人搭中国轮船分往厦、沪两处等语。②

五月十五日（6月28日），致信李鹤年，论台防、军需等。

> 台地千余里，竟无一炮，嘱镇道购办，不免以经费踌躇。省垣如有能打十数里开花子之炮，可挪用否？……截留之款，一时难集，乞执事与星翁商酌，合筹二十万解台，以免贻误。③

五月十六日（6月29日），《申报》刊登《钦使请战》，评论沈葆桢的台防策略。

> 通闻馆新报又云：传得简派之沈钦使业经具奏，谓中国与东洋接战，务须先行购办铁甲船二艘，然后始克以从事；又请自台湾府至厦门一带，在海底铺设电线，以期速通音问。其奏折则由李爵相转呈于皇上，而李爵相亦奏恳俯从其议云。愚谓以电线相联二处，固为善策；声势既藉以通，则于策应军务，诚大为一助。然非先购置铁甲船，亦仍为徒多此费耳。盖有制胜之器而无制胜之兵以卫护之，彼东国师船

---

① 《李鸿章全集·信函》三，第58页。

② 佚名辑：《同治甲戌日兵侵台始末》，第45页。

③ 林庆元、王道成考注：《沈葆桢信札考注》，第231页。

何难以截而断之也。铁锁横江，而尚不可恃，况电线云乎哉！[①]

五月十七日（6月30日），日本陆军卿山县有朋为台事上外征三策。[②]

五月十八日（7月1日），日军击破台湾十八土著村社。[③]

五月二十日（7月3日），致信彭楚汉，请借福建水师洋枪队。[④]

五月二十日（7月3日），致信沈秉成，述台防薄弱。[⑤]

五月二十日（7月3日），致信李鸿章，请派淮军洋枪队来台。[⑥]

五月中旬，复信李鸿章，论筹防、军情等。

台南数百里，台飓作时，舍此无可泊船，故为台夏第一关键。而其地之瘠苦平衍，为生平所未见，故守之极难。徘徊久之，迄不知所下手处。……生番为倭奴肆虐，倾心归化，机势颇顺。……倭奴诡计万端，而台地之无备甚于内地，为彼所窥悉，看此情形，终非决战不可。[⑦]

五月中旬，致信吴大廷，论筹防、请援。

将来必不免于一战。营地向来设防，重在弥内患，无足以御外辱者，我公所知也。路勇仅二千，团练、生番能助胜，而不能救败。请景山来，尚未得回信。轮船万不敷周转，乞师于麾下，并祈旌节荣临，以匡不逮。能打仗之船固

① 《清季申报台湾纪事辑录》上，第159页。

② 苏振申：《中日关系史事年表》，第99页。

③ 苏振申：《中日关系史事年表》，第99页。

④ 林庆元、王道成考注：《沈葆桢信札考注》，第232～233页。

⑤ 林庆元、王道成考注：《沈葆桢信札考注》，第233页。

⑥ 林庆元、王道成考注：《沈葆桢信札考注》，第233页。

⑦ 林庆元、王道成考注：《沈葆桢信札考注》，第229页。

佳，即不足打仗，而可以渡重洋者，亦可借通消息，望执事斟酌行之。①

五月中旬，致信李宗羲，述台防窘况。

台地班兵，全不可用，团练可助胜而不可救败。生番固愿助官，奈毫无伎俩。陆勇仅千人。为办廖有富一案，内地调来千人，以御外辱，未免过于单薄。迎罗景山，尚未见到。炮台倾圮，亦无一炮。南北千余里，非轮船，消息全然不通。②

五月中旬，致信张树声，述与西乡从道会晤情形。

伟如、筱涛亲赴琅𤩝，晤诘西乡。始则一味推诿，继且托病谢客。迨二公怫然告归，又再四挽留，重申前说。坚谓生番不隶中国，迨词穷理屈，以兵费无出为言，二公严词拒之而回。彼族未尝无愧悔之心，总窥我警备尚虚，意存观望。再得劲旅胁之，似烽祲可消。③

五月中旬，致信文煜、李鹤年，论筹军费、借款等。

但就辰下言之，勇粮、练费，朝夕必需。购买船炮，得准信即付定银，到时即全数清款，万难刻延。海关四成之内，未知可以指拨者若干；闽省厘金之项，未知可以指拨者若干。祈先示及，以便支领。其不敷者，势不得不于洋款筹之。④

五月廿二日（7月5日），台湾十八土著村社降日。⑤

五月廿四日（7月7日），致信沈玮庆、沈咏彤，述到台始

---

① 林庆元、王道成考注：《沈葆桢信札考注》，第230～231页。
② 林庆元、王道成考注：《沈葆桢信札考注》，第231页。
③ 林庆元、王道成考注：《沈葆桢信札考注》，第232页。
④ 林庆元、王道成考注：《沈葆桢信札考注》，第234页。
⑤ 苏振申：《中日关系史事年表》，第99页。

末、见闻、家课等。

我在此身体俱好，可无挂念。有旁人劝汝来省亲者，切勿听之。此非佳处，愿子侄终身无涉此地也。日本退兵后，招抚生番，粗有头绪，我当即设法内渡。汝等总以诗书治家为最要，不必以外事分心，尤不可为谣言所吓。万事都有定数，徒扰扰无益也。①

五月廿四日（7月7日），李鸿章复信沈葆桢，述谈判进展，法国公使对日意格帮办军务意见，并续拨军火，劝沈葆桢保持克制以待和局。

惟此事关系中外通商全局，各国虽讥倭兵妄动，而实幸其成功。狮子搏象，要用全力，万一决裂，必须备集而后动，谋定而后战。想台端筹之烂熟，无待鳃鳃过虑也。……法国热公使昨由京过津，谈及日意格现赴台湾，如两国交战，照公法应不准帮助。弟谓日某已授中国职衔，久充船厂监督，沈帅优待，若有兵事，理应效劳。该使笑而不答。目下尚是和局，日酋谅未向尊处言及，设将动兵，望察其志趣何如。②

五月廿四日（7月7日），左宗棠致信沈葆桢，谈德克碑事、询筹防日军侵台情形等。

正作函间，接杨石泉、吴桐云来函，知日本有谋取台郡后山之举，朝旨以海防重寄委公，未知现在如何筹画？僻处西陲，见闻寡陋，不敢以臆揣之词，上恩清听。贼图逞志于此，必先上岸作埠头，番力能据险却之否？能不为重币甘言所诱否？我军水陆并力，乃可制此凶锋。一切如何布置，希

① 林庆元、王道成考注：《沈葆桢信札考注》，第66页。
② 《李鸿章全集·信函》三，第60～61页。

于暇中略示一二，以纾远盼。①

五月廿五日（7月8日），上奏到台日期、筹办大概情形，并番目吁乞归化，台湾、澎湖拟另招精壮充补，请将台湾课税等银拨充经费各折片。提议“理谕”“设防”“开禁”宜行三策，从而“驱倭抚番”。②

五月廿五日（7月8日），清廷谕日军侵台处理原则，授权可以开战。

沈葆桢给与日本西乡从道照会，词义颇为严正。……日本藉口他国积年旧案违约称兵，曲直是非，中外共见，沈葆桢等务当与之极力理论，断不可任其妄为。倘该国悍然不顾，亦当示以兵威，不得稍涉迁就，致误事机。……生番本隶中国版图，朝廷一视同仁，叠谕该大臣等设法抚绥，不得视同化外，任其惨罹荼毒。③

五月廿六日（7月9日），日本太政大臣三条实美，通知陆海军卿，准备对华军事。④

五月廿六日（7月9日），李鸿章复信张树声，论及全军侵台，沈葆桢如何对策。

倭兵攻掠牡丹等社，复往招诱山后生番，幼帅抵台后切实照会该酋，并派潘方伯、夏观察偕赴琅𤩝，与之据理辩论，能否得手，殊无把握。惟番族不甘蹂躏，求地方官救护，愿为先驱，此尚是好机栝。幼帅不肯轻定战事，亦虑闽中兵力未足制之，此时沿海各省，惟有密修战备，以静待动，庶临

① 《左宗棠全集·书信》二，第404页。

② 佚名辑：《同治甲戌日兵侵台始末》，第26～30页。

③ 《清实录·穆宗毅皇帝实录》卷三六六，第五一册，第854页。

④ 苏振申：《中日关系史事年表》，第100页。

事不致张皇。①

五月廿七日（7月10日），文煜、李鹤年上《筹办沿海各口防务折》，筹办福、厦各口防务。

臣等查倭人诡谲异常。初攻生番，托言非中国版图，并未失和。乃沈葆桢甫欲巡洋，铁甲船即至福州口外。臣等方派员查察，孟春一船，竟敢自厦门测水直至中岐，虽通商口岸，外国轮船来往如织，何以不先不后相继而来？其意存恫喝，已可概见。②

五月廿八日（7月11日），致信李鹤年，嘱借洋款，述派日意格回福州办采购、折稿泄密等。

借款之举，已成箭在弦上。惟各海关分还，抑闽关独任，前函请执事及星翁裁夺。应恳酌定后，即由尊处选派熟手举行。至祷，至祷。……昨阅新闻纸，竟以我辈奏片刻其中，殊甚诧异。以后折稿及朱批，拟皆抄录函达，乞勿发房咨行为祷。③

五月三十日（7月13日），总署再抗议日军侵台，背信弃义，照会日本外务省及柳原前光。诏命滨海各省筹办防务，严阵以待。④

五月，郭嵩焘致信沈葆桢，述离情，论洋务办理、筹议海防，询问人事等。

大人于是起而任之，力求创始之功，而开古今未有之局，此其功非一时之利，则其事之成，亦必非一时之积也。坚力以持之，徐而俟之。非坚则中挠，非徐俟之亦恐急遽偾

① 《李鸿章全集·信函》三，第62～63页。

② 佚名辑：《同治甲戌日兵侵台始末》，第32～34页。

③ 林庆元、王道成考注：《沈葆桢信札考注》，第234页。

④ 佚名辑：《同治甲戌日兵侵台始末》，第37～39页。

盈，始锐而终怠。凡大人所为，负天下之重，其得力在此。嵩焘私心窃叹以为不可及亦在此。合肥伯相言，同志之难，惟大人与丁雨生中丞，言论风采，高出一时。……乃叹三君子之在今日，如太华三峰高插天际，使人得所仰止焉，殆尤非世俗之所能知也。①

六月初一日（7月14日），致信吴大廷，嘱运送淮军登台、述日军近况等。

倭奴一味闪烁其词，实则毫无退志。潘、夏二君归后，彼即购土人与牡丹社解仇。番目不肯到营，因在保力庄定约。旋将番社各营退扎龟山，日内从其国运农具、树苗、花种而来。扎营之地，优给土人租价，四五倍其值，从不计较，其用意可想而知。非有大枝劲旅，断不肯就我范围也。②

六月初二日（7月15日），台湾道夏献纶至沪尾、鸡笼、苏澳举办乡团。

六月初三日（7月16日），致信李鹤年，述夏献纶回闽募兵、罗大春不愿来台及借洋款等。

洋款极少，似须五百万，方稍足展布。如以为可行，即请执事挈衔咨商各海关。如台端有熟悉经手之人最好，否则托日军门可（亦）可。③

六月初三日（7月16日），致信罗大春，慰问其父病患、述台防。④

六月初四日（7月17日），致信李鸿章，述接唐营渡台、请拨后膛枪、购铁甲船、借洋款、唐营月饷等。

① 《郭嵩焘全集·集部一·书信》，第242～244页。
② 林庆元、王道成考注：《沈葆桢信札考注》，第235页。
③ 林庆元、王道成考注：《沈葆桢信札考注》，第236页。
④ 林庆元、王道成考注：《沈葆桢信札考注》，第236页。

水雷，台港不甚合用，已饬停办，惟铁甲船必不可无。……左公借款，头次分半，二次分二，吃亏太甚，不可为训。日意格云，八厘可办。函商两大吏，尚未得其报书也。沪上办牡丹社之说，自为未杀人焚社言之，今无可再办矣。卑南则本系倭人捏诬，无可办也。倭奴狡诈如鬼蜮，然不可谓无人才，其将甚善驭兵。所云惑于西人及兵端起于顽民之说，皆饰词以为首鼠两端地步，毫不足信。今惟有专意料量，战备一集，而后理或可行。否则，唇焦舌敝无济也。①

六月初四日（7月17日），致信张树声，述台防近况，促武毅十三营来台。

李伯相念台防陆兵单弱，嘱函恳执事，以驻徐州之武毅十三营相助，以济眉急。除一面疏陈外，合恳执事，准其移缓就急，不胜心祷。②

六月初四日（7月17日），致信盛宣怀，述台防近况，嘱统筹安排唐营渡台。③

六月初五日（7月18日），日本兵船在距福州五虎口百余里外游弋，清廷命妥为布置福州、厦门海防。

六月初六日（7月19日），李鸿章复信沈葆桢，谈日军退兵条件、运送淮军唐定奎十三营赴台等。

大疏以贴费通商皆万不可开之端，殊为明断，然以兵威逼令自退，未知果办到否。倭奴情同无赖，武勇自矜，深知中国虚实，乃敢下此险着，但望秋后风涛略静，知难暂退，惟我无自强之人与法，后患殆不可思议耳。前恐台防调队，拟令现驻徐州之唐俊侯铭字武毅步队十三营应召，并函知雨

① 林庆元、王道成考注：《沈葆桢信札考注》，第237页。

② 林庆元、王道成考注：《沈葆桢信札考注》，第238页。

③ 林庆元、王道成考注：《沈葆桢信札考注》，第238～239页。

亭、振轩二公。①

六月初八日（7月21日），接到清廷批准购买铁甲船及各项军火的指示后，沈葆桢等即通过“电线打探”（电报打听）有关军火情形，具折上奏。②

六月初八日（7月21日），文煜、李鹤年、沈葆桢、潘霨合奏同日人西乡从道会谈情形及应对办法。

臣等窃思倭奴虽有悔心，然窥我军械之不精、营头之不厚，贪鸷之念，积久难消。退兵不甘，因求贴费。贴费不允，必求通商。此皆万不可开之端，且有不可胜穷之弊，非益严儆备，断难望转圜。倘恃其款词，日延一日，奸民乘隙构煽，必致事败垂成。班兵惰窳性成，募勇训练无素，拟请于北洋大臣借拨久练洋枪队三千，于南洋大臣借拨久练洋枪队二千。如蒙俞旨，请饬其雇坐轮船来台，乃有剿敌之军，以为各营表率。③

六月十二日（7月25日），清廷命唐定奎统带所部步队六千五百人由徐开拔赴台。

即饬唐定奎统带所部步队六千五百人由徐拔赴瓜洲口，分起航海赴台，听候沈葆桢调遣。由李宗羲、张树声饬调沪局轮船暨雇用招商局轮船驶赴瓜洲，以备该军东渡，并着沈葆桢酌派闽厂兵船入江接载，俾期迅速。④

六月十二日（7月25日），赫德致信金登干，论日军侵台处理结果。

日本人不是在准备“妥协”，就是在施展新的阴谋诡计。

---

① 《李鸿章全集·信函》三，第65页。

② 陈道章主编：《福建船政大事记（增订本）》，第34页。

③ 佚名辑：《同治甲戌日兵侵台始末》，第46页。

④ 《清实录·穆宗毅皇帝实录》卷三六七，第五一册，第863页。

他们的军队已停止了一切作战行动，他们的大臣现已启程来华进行安排；假如中国对他的要求说“行”，事件将暂告结束；如说“不行”，那就要看他是接受这个“不”字，还是以“打仗”回敬。也许双方不能取得一致，那就可能由公使仲裁。据说，他的要求是要赔白银一百万两以偿军事开支，并为下面两点理由向日本道歉：1. 说明日本有必要采取行动；2. 说此次行动并非双方事件安排的。我想日本想从此事件中脱身，我知道中国也不想打仗。我不知道哪方会忍受更大的耻辱——我认为中国会含垢忍辱，但日本会成为最惹人耻笑的一方。等着瞧吧！①

六月十三日（7月26日），李鸿章致信沈葆桢，述唐定奎军待装启程、面晤柳原前光及退兵赔款等。②

六月十四日（7月27日），总署大臣文祥奏，海防至急，请宽筹饷需。清廷命户部通盘筹划。

六月十五日（7月28日），接见番社头领等。

十五日，委员袁闻柝带番目买远等五十六人至，星使抚谕而慰遣之。其目苦求兵驻其社，星使怜其恳切，拟檄袁丞募土人之勇者五百，名其军曰绥靖，无事以之开路，有事以之护番。③

六月十五日（7月28日），李鸿章复信李宗羲，述沈葆桢反对给日方军费结案。

据郑永宁向孙道言，兵费一节，伟如允与幼帅商议，殊为失礼。伟如来折并无此语，未知总署如何主见。此事若以

---

① 《赫德、金登干函电汇编》卷一，第104页。

② 《李鸿章全集·信函》三，第72页。

③ 罗大春：《台湾海防并开山日记》，台北：大通书局，1987年，第23页。

兵费结局，以后觊觎更多，鱼肉更甚。幼翁谓为万不可开之端，极其崭巖。窥柳原等来意，亦知此议难行。但该国既经发兵，但未便空手撤回，颇有进退旁皇之象，台兵不撤则觐礼更难遽定。柳原如幡然回国，事固不可知矣。①

六月十五日（7月28日），致信沈玮庆、沈咏彤，谈家事、家风、闽省学风等。

我不能置产以贻子孙，实不愿更留债累之。惟七月薪水，又为小帆借去百金。我家受舅氏厚恩，他言借，虽窘亦不敢辞，与汝一样见解也。惟其母子志气高远，不能守儒素家风，将来殊难度日。闻展云课规之严过于莱山，信否？果耳，则以后闽中士习文风当有起色。②

六月十六日（7月29日），致信盛宣怀，述购办铁甲船等。

陆路得淮军，台南可恃无恐。然无铁甲船，台北仍在在可虞。陆兵不能疲于奔命也。……闻福州与之议购矣。此间所用，以徐委员单开者为宜。日军门谓必公使居间，则船坚而价廉，否则必难合用。已向总署重申前文，并恳伯相一言矣。③

六月十六日（7月29日），致信吴大廷，嘱运唐营渡台等。④

六月十七日（7月30日），致信李鹤年，论借洋款、购洋炮、罗大春怯战、台防布置等。

洋款八厘，且不扣息，已属便宜。日军门谓外洋六厘者，谓以此国之款购此国之物而得其利故也。四百五十磅钢炮得二尊，便洋洋大观。此为闽海空前绝后之举，胜于养兵

---

① 《李鸿章全集·信函》三，第74页。

② 林庆元、王道成考注：《沈葆桢信札考注》，第67页。

③ 林庆元、王道成考注：《沈葆桢信札考注》，第244页。

④ 林庆元、王道成考注：《沈葆桢信札考注》，第246页。

万人。惟炮台必称之，且须将领常常打放，常常磨擦。置之不理，便成废物。想我公必警觉而提撕之也。景山为外洋探报所吓，心如悬旌。独不思朝廷旰食之时，臣子岂有万全之地耶？日军门需款，似可将洋行所许借者划数兑拨，不必现银，乞嘱颖翁商之。①

六月十七日（7月30日），致信王凯泰，述台防近况、派孙继祖筹办军需等。

台地兵役之疲，为向来所未经见，客兵十三营亦台地所未经见，非有精明强干，素为绅民所信者，恐难措置裕如。闻孙令继祖曾署是邑，极洽舆论，才堪肆应。谨嘱周太守委往料量一是，可否饬司将傅丞量移善地，以孙令暂权是篆，则呼应益灵。恭候卓夺。部民妄议官政，伏祈原宥。②

六月十七日（7月30日），致信沈玮庆、沈咏彤，拒李荣发投奔，嘱学有用之学，述八角楼老屋房契暂不交与四弟沈辉宗的原因。

八角楼屋，汝祖母费尽苦心购之，费尽苦心修之，屋颇吉利。我胞兄弟三房，独四家一房未发，故欲以此屋与之。只因九姑一时难于安插，若言明四家之屋，九姑必不肯住，三少奶亦不相容，且恐契到四家之手，拿去押债，转眼即属他人，则大负老人当日艰难缔造之意，所以将屋契留存未付。……宫巷屋为汝祖父所择，八角楼屋为汝祖母所择，非至断炊，必不肯忍弃之他姓。若八角楼屋至破坏不可住，令我另购一屋与四家，我非不愿，其奈无此力量何？正月见芷庭即有此言，殆四叔祖母所授意也。此事汝二人为我从容酌

---

① 林庆元、王道成考注：《沈葆桢信札考注》，第246～247页。

② 林庆元、王道成考注：《沈葆桢信札考注》，第247页。

之可也。①

六月十八日（7月31日），柳原前光抵达北京。②

六月十九日（8月1日），会衔上《外情叵测续筹防务情形折》，日本新到轮船载兵二百余人、妇女十余人及各种农具；附片论及泄密事件，香港报纸将沈葆桢等四月十九日的奏片刊于其中，奏请加强保密措施。③

六月十九日（8月1日），日本派内务卿大久保利通为全权大臣来中国办理台湾事件。④

六月十九日（8月1日），致信王玉山，论台防策略，不愿分兵。

鄙意陆待淮军，水待铁甲船，方为万全之策。淮军计日可到，铁甲船则未知何日。目下最要者：曰结人心。……曰通番情。……曰审地利。⑤

六月十九日（8月1日），李鸿章致总署，论台防，谈及沈葆桢请调唐定奎军入台。

幼丹商调枪队，原为设防备御，非必欲与之用武。鸿章亦迭函劝其只自扎营操练，勿遽开仗启衅，并密饬唐提督到台后，进队不可孟浪。西乡苟稍知止足，断无以兵驱逐之理。⑥

六月二十日（8月2日），总署抄录中日来往照会，通知各国公使。

---

① 林庆元、王道成考注：《沈葆桢信札考注》，第67～68页。

② 苏振申：《中日关系史事年表》，第100页。

③ 佚名辑：《同治甲戌日兵侵台始末》，第62～65页。

④ 苏振申：《中日关系史事年表》，第100页。

⑤ 林庆元、王道成考注：《沈葆桢信札考注》，第247～248页。

⑥ 《李鸿章全集·信函》三，第76页。

六月二十日（8月2日），清廷处理沈葆桢等奏片泄密事件。

另片奏近阅香港新闻纸，将该大臣等四月十九日奏片刊刻等语。此等紧要事宜，岂容稍有泄漏？前经叠降谕旨严行训诫，该大臣、将军、督抚等应如何加意慎重，此次究由何处泄露，即着该大臣、将军、督抚等确切查明，据实具奏。嗣后遇有中外交涉事件，务当益加慎密，不得稍涉疏虞，致干咎戾。并着照该大臣所请，嗣后奉到谕旨及陈奏折片，除钞寄总理各国事务衙门及应行函寄各处外，其余均不必钞咨，以昭严密。①

六月二十日（8月2日），致信李宗羲，谢助唐营赴台，述台防近况。②

六月二十日（8月2日），致信沈秉成，述唐营渡台轮船使用、柳原入都、约束部下等。

柳原忽欲入都，或者枢机一转。弟函恳总署，邀各使与之评理。伟如致章京诸君，尤剀切言之。飞云展轮之日，适柳原到津，次日当谒伯相。想伯相成算在胸，必不烦言而解。此间必不令衅开自我。惟倭兵渐肆，民情渐不能堪耳。③

六月二十日（8月2日），李鸿章复信沈葆桢，述唐定奎军准备赴台、日军消息等。

敝军月饷如柴薪、车价、油烛等杂款向较湘营略多，每年例给九关，月于正饷内扣给米价（每勇日约一升），其米价、夫价杂款则按年支，故尚可敷衍，尊处饷源未裕，似毋庸再筹，如遇有缓急，借支或酌加一二月，务祈随时咨行，以便转饬扬台扣算。倭将日以招抚番社为事，又运来农器、

① 《清实录·穆宗毅皇帝实录》卷三六七，第五一册，第868页。
② 林庆元、王道成考注：《沈葆桢信札考注》，第248页。
③ 林庆元、王道成考注：《沈葆桢信札考注》，第249页。

树木，意图久踞，即我战备齐集，似未便先与开仗，致启衅端。①

六月中旬，致信李鹤年，论及筹借洋款。

省垣司道可以筹借，自远胜于侍之远隔重洋，辗转托人，遥度焉，仍复翻覆也。洋息未必有定章，左宫保第一次分半，第二次分二，似未免贵些。李伯相云：闻其本国只须三厘，借日本者或七八厘。日军门云：目下似八厘可办，此特其大略耳，固未便刻舟求剑。侍但望船炮到日，有款可以指兑；客兵新兵来时，有款可以支应，则感且不朽。②

六月中旬，致信李鸿章，述台防、谈判照会、在台军力不堪用、威妥玛斡旋等。

倭人告英商云：中国只听一边话，因我兵植树、栽花，以为有久踞之意，不知此辈闲则滋事端，借此使之习劳消遣而已。西洋例，占其地则竖旗，看我于此地并不竖旗，岂有久踞之意，中国纷纷召募何为者？……铁甲船亦不可无，无则过台弁兵军装必为所截掠。倭奴以孤军驻琅璚而无所惧者，恃有此耳。③

六月中旬，致信段清泉，请拨铜炮等军火，论及日军怯志。④

六月中旬，致信文煜，嘱借洋款等。

借洋款一节，总仗大力主持，乞执事与和翁商定，挈衔分咨为祷。倭奴以甘言懈我，实则毫无退兵之意。⑤

---

① 《李鸿章全集·信函》三，第77页。

② 林庆元、王道成考注：《沈葆桢信札考注》，第239页。

③ 林庆元、王道成考注：《沈葆桢信札考注》，第240页。

④ 林庆元、王道成考注：《沈葆桢信札考注》，第241页。

⑤ 林庆元、王道成考注：《沈葆桢信札考注》，第241页。

六月中旬，致信李宗羲，述派三轮船接唐营渡台等。[①]

六月中旬，致信张树声，述派三轮船接唐营渡台等。[②]

六月中旬，致信日意格，论铁甲船、治军、军事等。

铁甲船一事，威公使许极力照应，钦佩奚如。当再函达总署，重申前议。……赫总税司许派凛风来闽训练，甚为可感。……通商口岸，公禁用兵，此议甚好。第一面函商总署，阁下亦一面函商两公使为荷。……请各国公使会同讲理，判断曲直。弟当函请总署裁酌，恰好柳原已由沪入京矣。[③]

六月中旬，致信林寿图，述购小号铁甲船、借洋款等。

承代咨筹巨款，以速采购之行，感入骨髓。我公以为专擅，弟亦何敢猝办？罚六一泉阔局，以消我公抱歉之心，何如？借洋款一事，经大府挈衔奏咨，何幸如之。顷得仲复抄示成案，乃知此事枢纽在总税司。此案关署、藩宪必有之，但不审当时检出否？如其未也，似须补咨总署，转饬赫德遵行，俾免枝节。日军门素与赫德水乳，必能通气，请执事并告之。钞案奉呈，以凭察夺，至各省似不致议驳也。剑南健者，谅不为谣言所动。此地偶见入呈省报，尤光怪陆离。至有请季帅来闽者，付之一笑而已。[④]

六月中旬，致信沈秉成，谈柳原入都、借洋款等。

借洋款一节，读尊示，始知其枢机全在总税司。想此案闽中关署、藩署亦必有之，何省中诸公茫如也？已将抄件寄

---

① 林庆元、王道成考注：《沈葆桢信札考注》，第242页。

② 林庆元、王道成考注：《沈葆桢信札考注》，第244页。

③ 林庆元、王道成考注：《沈葆桢信札考注》，第242～243页。

④ 林庆元、王道成考注：《沈葆桢信札考注》，第243页。

致和帅，请其速办矣。[1]

六月中旬，复信张其光，论水师战力水平、聘英国人训练等。

放洋决战，在炮之有准，尤在将之得人，均属确论。惟十羊九牧，必不免同舟异心，此非教诫所能为力也。炮手为管驾所募，必不舍管驾而从客将指挥。若系客将带来，则人各有党，睚眦小忿，聚斗交讧，前日上船教练之营兵，即前车可鉴。惊涛骇浪中，谁从剖其曲直？果其人通晓轮船战法，洋炮机关并打放各火器度数，此便是上等管驾材料，竟令专制一船可也。倘是艇船好手，易置轮船，则炮械、绳缆无一同者，舍旧图新，仍须一一学起。迂地弗良，无如何也。现借总税司之凛风轮船，来澎湖教练各船战法，不日当到。又订英兵官德勒塞前来，知荷荩垂，谨以附述。[2]

六月廿一日（8月3日），唐定奎致信盛宣怀，细述沈葆桢调淮军赴台经过。

屡奉李爵相密函，以日本与生番构衅，兴兵台湾。沈幼丹中丞，授钺专征。借拨南北洋久炼枪队五千人，藉壮声势。爵相谓，敝部精锐可用，奏派弟统步队十三营航海敌忾，所有轮船饷械等项，已属阁下会同仁兄料理等因。具见器重上游，谋陈前箸。……昨晚幼帅来文，闽省派来轮船三只，沪局并招商局来船若干，想荩虑代筹，部署井井。[3]

六月廿二日（8月4日），致信李鸿章，论台防、开山抚番、训练水师的等。

---

① 林庆元、王道成考注：《沈葆桢信札考注》，第245页。

② 林庆元、王道成考注：《沈葆桢信札考注》，第245页。

③ 王尔敏、吴伦霓霞编：《清季外交因应函电资料》，台北："中央"研究院近代史研究所，1993年，第6页。

通商一节，总署来信及之，而鄙意终以为疑。陆有淮军，水有铁甲，胁之必退。即不得已而用兵，我亦可以相机策应。城下之盟，断断乎其不可为也。晓洋务者，咸谓倭兵挫于台湾，其报复必于他处，沿海防不胜防，患在眉睫。诚哉是言。……柳原晋谒，经令公切实开道，必有悔祸之心。西乡闻淮军来，不能自掩其惧志。得柳原一书，想当归矣。召民、景山同舟东渡。倭奴一去，开山事可三路并举，拟将台地各种物产，破除绳墨，痛快发泄之。虽目前需费甚巨，将来或有补饷需，未可知也。①

六月廿二日（8月4日），致信林寿图，言日军情势、筹借洋款、置办船炮等。

筹借洋款，管榷者殊畏其难。……弟但求船炮到日，有款可以指兑，不失信于外人；客兵、新勇可有支应，则感且不朽。②

六月廿二日（8月4日），致信夏献纶，言台防人事、唐军渡台等。

唐军门已委参将程曾郁来此，明日偕孙绍堂赴凤山。福州已派三船赴沪，候杏荪信，往瓜州迎之。闻每营勇夫七百余人，两船方载一营，七月初七方能到瓜州，则东渡颇费时日也。③

六月廿二日（8月4日），致信沈秉成，述日军疫情、交涉，嘱代付川费等。

倭奴闻淮军来，颇有惮心。近日造垒挖濠，非复如从前之大意。营中常有疫死者，闻美国一将亦染病甚重。昨向坐

① 林庆元、王道成考注：《沈葆桢信札考注》，第249～250页。

② 林庆元、王道成考注：《沈葆桢信札考注》，第250页。

③ 林庆元、王道成考注：《沈葆桢信札考注》，第250～251页。

探委员周有基询柳原有无回信，且问中国四路布兵何意。伟翁与弟商酌，乘其心动，照会劝令退兵。若柳原信来，当不能久矣。①

六月廿二日（8月4日），致信日意格，述日军疫情、交涉，询铁甲船购置等。②

六月廿二日（8月4日），致信李鹤年，述日军疫情、交涉等。③

六月廿二日（8月4日），复信盛宣怀，述唐军渡台线路、预筹饷需等。④

六月廿二日（8月4日），罗大春来谒。

二十二日，次安平。午后舍舟入郡，谒沈星使、潘副帅毕，归宿于行馆。⑤

六月廿三日（8月5日），携斯恭赛格造访罗大春，谈论军情及应对之策。

次日，星使来过，与论南北路军情；既与镇、道及同城文武一一晤谈。寻洋将斯恭塞格来，议论御敌之策，颇中窾要；且以日本恃其兵精，妄图非分为词。余曰："不然。日人虽熟于火器、精于水战，我中国以陆军困之，胜负之势，亦止于得半之机。即如中国长发之变乱者十年，当凶焰鸱张，非不以为难于戡定；卒之一败涂地，以次灭亡。日本之于发逆，不知自视何若。而我则以逸待劳，尚不肯以发逆相视。不然，试于平原旷野，各提千人一角其技、一试其能，

① 林庆元、王道成考注：《沈葆桢信札考注》，第251页。

② 林庆元、王道成考注：《沈葆桢信札考注》，第251页。

③ 林庆元、王道成考注：《沈葆桢信札考注》，第252页。

④ 林庆元、王道成考注：《沈葆桢信札考注》，第252页。

⑤ 罗大春：《台湾海防并开山日记》，第13页。

中国恐亦未必多让。未卜足下以为何如？”斯恭曰：“壮哉言乎！倭人何能哉！倭人何能哉！”一笑而罢。[①]

六月廿五日（8月7日），日使柳原前光赴总理衙门谈判，复称“台湾生番，为无主野蛮，本不必问之中国。”奕䜣等“随责以台湾生番，系中国地方，两国修好条规，大书两国所属邦土、不相侵越，本日照会所称无主野蛮，殊为无礼。”[②]

六月廿五日（8月7日），致信文煜，谢承饬借洋款、唐军渡台、筹办饷需等。[③]

六月下旬，致信李宗羲，述新到军火数量，借炮手若干。[④]

六月下旬，左宗棠复信总署，论台防对策。

日本深入番境，狡谋可知。前接沪上来函，略悉大致。比因有函寄幼丹中丞，便询一切，并以倭性狡很，防其上岸作埠头及重币甘言诱致生番等事，发递后，接幼丹四月二十一日抄折咨会，尚无所闻。比奉钧函，始悉四月十八日倭已三路深入番境，踞牡丹社，并以糖酒饵生番。事在幼丹拜折之时，宜其不知也。计幼丹东渡，必有续报到京。宗棠在闽，正拟渡台察看情形，并筹度一切，适奉西征之命，未果。兹去闽八年，星移物换，往迹难寻。承谕令其罄举所知，以备采择，何敢以悬揣无当之词，上慁清听？惟思台湾天险，所应虑者内讧，而外侮非所患也。兹倭寇既深入番境，夺踞牡丹等社，则陆路之险与我共之，是水陆防剿，均宜兼筹并计，不能专倚轮船。闽中各郡，半滨大海，台防有警，各郡海口均宜设备。台郡地形如梳，延袤千有余里，均

① 罗大春：《台湾海防并开山日记》，第13～14页。

② 佚名辑：《同治甲戌日兵侵台始末》，第99页。

③ 林庆元、王道成考注：《沈葆桢信札考注》，第253页。

④ 林庆元、王道成考注：《沈葆桢信札考注》，第253页。

须严密布置。是本省兵力不敷分布，不能不别有调拨。而滨海各省均须戒备，又洋人通商各处，兵力尤不可分。是幼丹亟宜增调步队劲旅，而可资分起赴调者无多也。①

七月初二日（8月13日），总署照覆日使，重申台湾为中国境地。

以台湾生番均隶郡县，中国向收番饷，载之《台湾府志》，凿凿可考。即云野蛮，亦中国野蛮，即有罪应办，亦应由中国自办。②

七月初二日（8月13日），致信夏献纶，论台防、驳《销兵刍言》、台地开矿等。

各省惟恐台地兵到开仗，致防不胜防，劝令坚忍。信函沓来纷至，伯相寄来仲复所上《销兵刍言》，谨以奉阅。第三条即是献地，必不可行。第二条亦喧宾夺主。惟第一条可师其意用之，亦当变通其法，乞执事察看。好博逊人如明白老成，可托其将开煤铁等矿事宜，切实条陈，责成其为我雇洋师、购机器。此时且勿遽提借洋款之言，盖开矿与造船不同，造船日费日多，开矿即有货可卖，有税可收，事虽极繁，费当不甚巨。鄙意总以利可分诸人，权必操诸我，惟执事神而明之，胜弟臆揣十倍也。③

七月初二日（8月13日），致信李鸿章，论柳原之行、购置铁甲船、各地劝勿开战，驳《销兵刍言》等。

各路劝勿开仗之信，纷至沓来，且有云恐铭军忍不住者，绅民则日以请战为言。晚断不敢贪图战功，即物议亦不敢瞻顾。铭军经我公密授机宜，当亦不轻率从事。惟至有关

---

① 《左宗棠全集·书信》二，第406页。

② 佚名辑：《同治甲戌日兵侵台始末》，第99页。

③ 林庆元、王道成考注：《沈葆桢信札考注》，第253～254页。

国体民生者，则又不能胶柱鼓瑟矣。倭兵冒暑入绝地，有向吾民泣诉者。其君甚恶，其民何罪？闻之亦为恻然。倭奴动以叛镇乱民吓我，天下有叛镇而可假以兵权，乱民亦静听其调度者耶？《销兵刍言》第三条竟是献地，第二条喧宾夺主，亦流弊滋事。第一条似可师其意，而各国分任，又于事体窒碍。……鄙意利可分诸人，权必操诸我。若只图目前了事，台湾作俑，云南等处援以为例，抱薪救火，拒虎得狼，何尝不祸在目睫耶？①

七月初三日（8月14日），致信王凯泰，谈筹防、开发台湾等。

煤矿之利，不容不开，硕画荩筹，佩服无量。鄙见利可分诸人，权不可不操诸我。设立公司，恐喧宾夺主，将来与地方公事有碍。不如购机器、请洋师，经费我支，利害我任，轻易操纵。②

七月初四日（8月15日），郭嵩焘致信沈葆桢，谈电线案处理，并请说服李鹤年，举荐丁晓沧等。

开工期近，兴、泉士绅呈诉纷纷，而讫不能一与定议。洋人以玩弄行其胁持，徒使在官者为百姓任咎，心甚愧之。嵩焘亦知此事为人所不愿与闻，而恰以其时服官斯土，无所逃咎，亦好以一身任其诟怨，以求斡旋于万一。务求大人稍以温言慰藉制军，使各泯其嫌隙，无任大幸。③

七月初五日（8月16日），日本全权大臣大久保利通自长崎来华。④

---

① 林庆元、王道成考注：《沈葆桢信札考注》，第254页。

② 林庆元、王道成考注：《沈葆桢信札考注》，第255页。

③ 《郭嵩焘全集·集部一·书信》，第245～246页。

④ 苏振申：《中日关系史事年表》，第100页。

七月初五日（8月16日），清廷命李鸿章饬令唐定奎所带徐州洋枪队十三营迅速赴台。[①]

七月初五日（8月16日），会衔上《台湾南北路防守情形请饬淮军迅速来台折》，奏交涉、防守布置应对情形，并提及日本人刘穆斋雇佣墨西哥船只在花莲港口被伤一案。[②]

七月初五日（8月16日），李鸿章复信沈葆桢，述唐军拔队、购置铁甲船、筹议和局等。

> 而柳原权位既卑，台事又不欲他人与闻，各使恐不肯多管，莫若中朝派一大员，赴日本朝廷理论，如仍矫强，就近邀集驻日各国公评，较为得劲。言甚有理，惟总署无此勇往任事之人耳。柳原复执事与伟如公文，狡赖可恨，第三条直认琅璚一带为日本地方代管，须酌议其款，不能无故相扰，情现乎词。[③]

七月初六日（8月17日），奕䜣、文祥晤柳原前光，主速结台案。

> 于该使臣未经提及公事之际，即切谕以中国与该国谊切比邻，有辅车唇齿之义。两国无论何国胜负，总非我两国之利。现在不再辩论曲直是非，只应想一了结此事之法，须两国均可下场，开心见诚，相与剖示，并多方设譬，层层启发，原冀其从此悔悟，自为转圜。该使臣亦允彼此同为想法。[④]

七月初八日（8月19日），柳原前光函询恭亲王奕䜣对台事有何定见办法，奕䜣“告以若问中国定见，则曰台湾生番，确是

---

① 《清实录·穆宗毅皇帝实录》卷三六八，第五一册，第872页。
② 佚名辑：《同治甲戌日兵侵台始末》，第69～71页。
③ 《李鸿章全集·信函》三，第79～80页。
④ 佚名辑：《同治甲戌日兵侵台始末》，第100页。

中国地方，惟有该国退兵后，由中国妥为查办”。①

七月上旬，致信林寿图，论台防、人事，荐钟西云，民情汹汹，日军情势等。

绅民促战甚急，而各省劝缓之书沓来纷至，皆恐为池鱼也。柳原经伯相诘责，狡宕如故。知津门无味，入都耳。倭兵向我兵泣诉离情，其君甚恶，其民何罪？闻之亦为恻然。②

七月上旬，致信李鹤年，谢筹借洋款，谈设立电线、置办铁甲船等。

知苦费荩筹，借款大有着落，且感且慰。自厦至省，设立电报，甚于军务有补。第以鄙意揣之，凡世间极便宜事，必有大不便宜者存乎其间。与洋人交，尤必彼分其利，我握其权乃可。似宜一切经费我任之，只准设立一线，商欲通信者，照章计字收费。洋师必与束脩，使其一无所借口，乃免流弊。腐儒瞽说，惟高明垂谅而别择焉。铁甲船守口甚好，驾驶似不甚难。用洋师一人，学习经年可矣。③

七月上旬，致信文煜，述日军情。④

七月上旬，致信左宗棠，述台案原委、军情布置、开山抚番等。

台湾之衅，始于同治六年，花旗商船破于琅𤩝，为龟仔角生番所戕。其领事李让礼控诉，刘简青镇军往办。……倭兵数亦不过三四千，而皆精壮，器械则纯是后膛枪炮，我师断非其敌也。镇道各募勇，均难刻期到。托日意格采办铁甲船，并各样枪炮，三四个月可来。铁甲船尚无确耗。李爵相

---

① 佚名辑：《同治甲戌日兵侵台始末》，第100页。
② 林庆元、王道成考注：《沈葆桢信札考注》，第255页。
③ 林庆元、王道成考注：《沈葆桢信札考注》，第256页。
④ 林庆元、王道成考注：《沈葆桢信札考注》，第256页。

派驻徐铭军十三营来援，已派船迎之，望前头队当到。……侄断不敢喜事以贪战功，亦不敢畏事而伤国体。第才疏术短，万不足以膺此艰巨，惟长者怜而教之。[①]

七月上旬，致信张其光，饬查办屯番枪毙生番案。[②]

七月十一日（8月22日），致信贝锦泉，嘱遵英国人训练驾驶战舰。

前向赫总税司借凌风轮船来澎教练阵势及各项兵法，昨该船已到，即日将赴澎湖。务望我兄饬弁勇，听其指示勤操，以资各船表率。即使洋员有过于认真之处，亦劝各船忍耐遵行。诚以国家多事，正为臣子者卧薪尝胆之秋。务恳我兄谆嘱各船管驾，须念念在朝廷，勿以小嫌，致误大局。[③]

七月十二日（8月23日），日本太政大臣三条实美，命各地方官准备对华军事。[④]

七月十二日（8月23日），唐定奎率淮军抵达澎湖。

七月十四日（8月25日），唐定奎率淮军抵达旗后，驻凤山。

七月十四日（8月25日），会衔左宗棠上《闽厂轮船续行兴造片》，奏请继续造船，以利海防。

似不如仍此成局接续兴工，在匠作等驾轻就熟，当易告成，而厂中多造一船，即愈精一船之功；海防多得一船，即多收一船之效。况由熟生巧，由旧悟新，即铁甲船之法，亦可由此肇端。购致者权操于人，何如制造者权操诸己。除出洋学习一节仍候会议复奏请旨遵行外，合恳天恩准将闽厂轮

---

① 林庆元、王道成考注：《沈葆桢信札考注》，第257页。

② 林庆元、王道成考注：《沈葆桢信札考注》，第258页。

③ 林庆元、王道成考注：《沈葆桢信札考注》，第258页。

④ 苏振申：《中日关系史事年表》，第101页。

船续行兴造，以利海防。①

七月十五日（8月26日），致信李鸿章，述日军近况，建议总署坚持成议，论台镇、道两级事权不一等。

倭奴为天所弃，遘疫甚酷。有窥见西乡疏草一段者，其声哀厉，非他人所能赝作，录呈以博一粲。西乡良将，惜事非其主。倭主别具肝肺，殆自速其亡者欤？倭营貌为整暇，实有不可终日之势。柳原既入，田边接踵而来，即其国亦自知支撑不住。总署能坚持成议，勿迁就之，其归我范围也决矣。台城颓塌过半，洋人侦探之迹络绎，民心摇摇。……台镇甚不得力，只供其下所簸弄。镇、道两大，事权不一，亦吏治军务窒碍之一端也。②

七月十六日（8月27日），上《续陈防务暨抚番开路情形折》，奏明罗大春、黎兆棠已到台，防务安排妥当，已饬张其光等开山等，并附《查办倭人失银案片》。③

七月十六日（8月27日），谕令抚番、布防、筹办兵械等。

沈葆桢等务宜乘此兵衅未开，速为布置。一面抚驭番众，一面厚集兵力，俾壮声威。所有商购船械等事，是否已有端绪？着即迅速筹办，毋失机宜。④

七月十六日（8月27日），李鸿章复信沈葆桢，述台案谈判、大久保北上、日意格建议、台地军情等。

潞公为倭事强起，早欲以通商为归宿地步，却未深求如何通商之法。威使致日意格书谓，通商更有起色者，似注意在内山，如《销兵刍言》第二、三条之意。……英国铁甲

① ［清］沈葆桢：《沈文肃公政书》卷四，第837～839页。
② 林庆元、王道成考注：《沈葆桢信札考注》，第262页。
③ 佚名辑：《同治甲戌日兵侵台始末》，第84～87页。
④ 《清实录·穆宗毅皇帝实录》卷三六九，第五一册，第881页。

船，日君想为订购，计到华亦须半年以后，若即开衅，缓不济急，还以忍耐为是。俊侯率前队已到，其人勇胜于谋，甫当一面，殊不放心，已属令以事鄙人者事节下，犹恐意气稍盛，致有颠蹶，乞随时切实教诲为感。[①]

七月十六日（8月27日），李鸿章致信总署，论台事归宿，提出若是台湾通商，可以让诸强利益均沾，抵销日本强势。

前幼丹钞寄日意格来书，有请各国会同论理之说。威使复日意格密缄有云中国欲使公评曲直，以复台疆，不为无见，诚使台土通商，不特日本不敢垂涎，即他国讵能希冀等语，正与尊旨悬拟将来归着，以落到通商地步为妙适相吻合。昨接幼丹函称，若添琅𤩝为通商口岸，本地既无出产，来货又无销路，各国何利之有。若以内山为通商地面，使各国分握利源，喧宾夺主，番性本属不驯，台湾从此多事；且恐云南、四川等腹地援例要求通商，流弊更大。所虑似亦中肯。惟目前彼此均不得下台，能就通商一层议结，洵是上乘文字。好在台湾系海外偏隅，与其听一国久踞，莫若令各国均沾，但通商章程必须妥立，嗣后管制、兵制似亦略须变通耳。[②]

七月十九日（8月30日），柳原前光再晤奕䜣，无果而散。[③]

七月中旬，致信曾元福，嘱暂管约束新募土勇。[④]

七月中旬，致信李宗羲，谈不能迁就处理台案。

倭人固无理取闹，然天下岂有叛镇而付以兵权，乱民而听起号召者？执事谓为恫喝之词，诚哉洞见症结矣。其将领

---

① 《李鸿章全集·信函》三，第83页。

② 《李鸿章全集·信函》三，第83～84页。

③ 佚名辑：《同治甲戌日兵侵台始末》，第101页。

④ 林庆元、王道成考注：《沈葆桢信札考注》，第258页。

士卒，思归綦切，其主贪心不戢，内变将生。但愿总署坚与相持，彼自情见势屈，倘迁就以图了事，恐愈迁就愈葛藤矣。①

七月中旬，致信额勒格里，对怡记英商阻日本人、美国人租船赴琅璚表示感谢。②

七月中旬，致信林寿图，谈筹防马江等。

鄙意我公只须择一小统领，付以专责，令其自择营官。如意中尚无一人，窃以为即玉臣可。如虑新勇未练，则令玉春统四营，出扎虎门；玉臣募三营，填扎马尾。③

七月中旬，致信日意格，述总署质询代为购买铁甲船、枪炮及处理对策等。

总署来信云，赫总税司来见，据称中国某省托外国洋商购铁甲船，……渠即为中国购之，大抵总系贱价买坏货耳。……铁甲船总须一、二等佳者，若购三、四等仍无用，不如贵价买好货等语，谨以奉闻。窃计日耳曼之船既旧，竟作罢论。如英国有佳者，可购则购之，倘无可购，不如请阁下回闽厂添买机器自造。虽为期甚缓，然成则得其用，高明以为何如？④

七月中旬，致信沈秉成，谈台案。⑤

七月中旬，致信张树声，谈台案。⑥

七月中旬，致信潘霨，谈营地兵房修建不力，派驻支应委

---

① 林庆元、王道成考注：《沈葆桢信札考注》，第259页。
② 林庆元、王道成考注：《沈葆桢信札考注》，第259页。
③ 林庆元、王道成考注：《沈葆桢信札考注》，第260页。
④ 林庆元、王道成考注：《沈葆桢信札考注》，第260～261页。
⑤ 林庆元、王道成考注：《沈葆桢信札考注》，第261页。
⑥ 林庆元、王道成考注：《沈葆桢信札考注》，第261页。

员，建议派土勇修路等。①

七月中旬，致信李鹤年，述唐营抵台。②

七月中旬，致信唐定奎，慰问登台、进扎凤山等。③

七月中旬，致信吴大廷，询是否率舰队来台，述日军近况等。④

七月廿一日（9月1日），会衔上奏向汇丰银行借洋款二百万以充防台经费并由海关偿还一事。

> 现与立约签字，订定先借银二百万两，续有借款，再行另议。其现立约内，议明以付银之日起，按西洋年月三百六十五日为一年，八厘起息，十八个洋月之后，匀作十洋年，本利归清。⑤

七月廿二日（9月2日），致信沈玮庆、沈咏彤，再拒李荣发投效，嘱林洄淑不必来台等。

> 投效者纷至沓来，无敢开端也。小帆以独子奉老母，万无渡台理。如其迫于母命而来，我亦不拒。但使我召之，则必不能。切嘱其子不同来，而令舅嫂之孤子冒险而来，于心忍乎？⑥

七月廿五日（9月5日），奕䜣等奏与日使交涉详细过程，并附往来照会、公函。⑦

七月廿五日（9月5日），带洋员往台湾安平筹建炮台。【按：此即台南“亿载金城”炮台。外门额“亿载金城”与内门额“万

---

① 林庆元、王道成考注：《沈葆桢信札考注》，第262页。

② 林庆元、王道成考注：《沈葆桢信札考注》，第263页。

③ 林庆元、王道成考注：《沈葆桢信札考注》，第263页。

④ 林庆元、王道成考注：《沈葆桢信札考注》，第263～264页。

⑤ 佚名辑：《同治甲戌日兵侵台始末》，第89～90页。

⑥ 林庆元、王道成考注：《沈葆桢信札考注》，第68页。

⑦ 佚名辑：《同治甲戌日兵侵台始末》，第96～113页。

流砥柱"，皆沈葆桢手书。】

七月廿五日（9月5日），致信沈玮庆、沈咏彤，谈家课、旧债、家人工食等。①

七月廿五日（9月5日），致信李鹤年，述日军近况、轮船操练，嘱筹借洋款等。

淮军有灭此朝食之慨，倭奴亦饰怯示强。……倭兵纵知难而退，儆备断不当废于半途。当备者不独倭，乘此时备之，事方有济。在省抠谒时，蒙谕需费当在千万。嗣读来书，定以六百万，自是为舍缓救急打算。兹先请两百万，窃虑将来续陈。②

七月廿五日（9月5日），致信王凯泰，谈柳原图谋，嘱筹借款，述日军近况等。

柳原狡赖，迥异寻常。……倭奴必使绝无可希冀乃肯退兵，若饵之则愈生心矣。开矿之议，俟筱涛向好税司熟商，再行呈候卓夺。铁甲船如有成议，洋款迫不及待，务恳设法筹拨，俾勿决裂为祷。③

七月廿五日（9月5日），致信文煜，述借款二百万不敷使用，述淮军抵台、日军近况等。④

七月廿五日（9月5日），致信李鸿章，论轮船操练、购铁甲船、筹借洋款二百万不敷用、淮军到防等。

铁甲船日军门保现带靖远之张成驾驶（广东人，保千总），购定时，仍以洋人驾之，来华交代。如战事未起，则酌留其酋教练数月。晚之议购铁甲船也，与主人翁申约，不

① 林庆元、王道成考注：《沈葆桢信札考注》，第68～69页。

② 林庆元、王道成考注：《沈葆桢信札考注》，第266页。

③ 林庆元、王道成考注：《沈葆桢信札考注》，第267页。

④ 林庆元、王道成考注：《沈葆桢信札考注》，第267页。

窗十余次，以为询谋佥同矣。日意格到沪，屡议未成。……临行抠谒各辕，和帅自言筹防需款千万。嗣得其手书，已定借六百万。正读会奏之稿，则缩至二百万。[①]

七月廿九日（9月5日），李鸿章复信丁日昌，谈及沈葆桢主理台防。

鄙人精力，近大衰减。海内谈洋务者，舍公其谁与归。幼丹素最倔强，见办台事，刚柔操纵，尚合机宜，究竟船政涉历多年，深知利器远逊彼人。众中佼佼，亦当首屈一指矣。[②]

七月三十日（9月10日），复信李鹤年，催解军饷等。[③]

七月三十日（9月10日），复信李宗羲，言日人诡谲，调派轮船等。[④]

七月三十日（9月10日），致信文煜，述台防近事。[⑤]

七月三十日（9月10日），致信王凯泰，述台防近事。[⑥]

七月三十日（9月10日），致信吴大廷，述轮船划拨、台防近事等。

倭营死病相继，犹勉强支饰。其主以虐济贪，亡可翘足而待。甚望总署之坚与相持，无以欲速为念。[⑦]

七月三十日（9月10日），致信沈秉成，谈大久保进京、台防近事。[⑧]

---

① 林庆元、王道成考注：《沈葆桢信札考注》，第268～269页。
② 《李鸿章全集·信函》三，第87～88页。
③ 林庆元、王道成考注：《沈葆桢信札考注》，第271页。
④ 林庆元、王道成考注：《沈葆桢信札考注》，第272页。
⑤ 林庆元、王道成考注：《沈葆桢信札考注》，第273页。
⑥ 林庆元、王道成考注：《沈葆桢信札考注》，第273页。
⑦ 林庆元、王道成考注：《沈葆桢信札考注》，第273页。
⑧ 林庆元、王道成考注：《沈葆桢信札考注》，第274页。

七月三十日（9月10日），致信李鸿章，论对日谈判。

贴费通商，流弊恐不在台湾，将立见于滇蜀。大久保之来，其中情窘急可想。然必故为狡宕，以示整暇，不肯遽就范围。鄙意坚与相持，不追其既往，便是收束。欲速了结之意，当在彼不在我。若以逸待劳而尚求速了，则一了百了，不待既事而知之矣。巴夏礼十六字，字字刺人心坎，此笔墨必出自华人才智之士。[1]

七月下旬，致信罗大春，述唐军抵台、日军近况等。[2]

七月下旬，致信王凯泰，论《销兵刍言》、借款购舰、了结台案等。

洋款极费苦心，计奏咨入都，回音亦当不远。惟铁甲船必须总署承担，方有把握耳。……倭将、倭兵思归极切，其主贪心不戢，内变将生。暴师日久，非我所患，而彼之患耶？但得总署坚忍持之，必有成议。若冀将就了事，愈将就愈葛藤矣。[3]

七月下旬，致信潘霨，述台防，回复李少珊面述四事。[4]

七月下旬，致信李鹤年、王凯泰、文煜，告知奉到上谕。[5]

七月下旬，致信罗大春，述筹办台防，招募兵勇进展，嘱安排运送兵勇渡台，询问柳原谈判进展。[6]

七月下旬，致信林寿图，述柳原进京谈判、淮军抵台、日军怯战、购铁甲船、借款骤减等。

---

① 林庆元、王道成考注：《沈葆桢信札考注》，第274页。
② 林庆元、王道成考注：《沈葆桢信札考注》，第264页。
③ 林庆元、王道成考注：《沈葆桢信札考注》，第264～265页。
④ 林庆元、王道成考注：《沈葆桢信札考注》，第266～267页。
⑤ 林庆元、王道成考注：《沈葆桢信札考注》，第269页。
⑥ 林庆元、王道成考注：《沈葆桢信札考注》，第267页。

各社来书，谆劝缓战，弟亦甚不欲战，所以必调洋枪队、购铁甲船者，冀彼知难而退耳。然于弟则干系未免过重。何者？铁甲船在外国，非能目睹其优劣，万一购来，群以为劣；万一购定，而抚局已成，群以此为浪费；万一购成，仍无以胜敌；万一胜之于台，而他处被扰，援之无及，此皆弟万不可辞之愆，他人不能分谤也。中旨责弟以海防，未尝责弟以饷款。果铁甲船购成，以无款中废，弟得所借口，脱无数干系，岂不幸甚。数十万金，省垣局库力能办之，并不必仰仗借款。即必需借款，亦权有专属，空手而饶舌，夫谁信之？方伯既不拘利息，不拘限期，何不自借以见付。既胸有成竹，何敢强求。……大府来札以六百万，今忽缩为二百万，必有尼之者。即省厦不需一钱，台防亦不敷用也。①

七月底，致信彭楚汉，嘱筹办厦门海防、毋庸急于渡台等。②

七月底，致信唐定奎，谢遣将前来相助等。③

七月底，致信唐定奎，谈轮船归防、调派等事。④

七月，致信盛宣怀，谈与招商局以“伊敦”换“海镜”。

另示闽防需船方急，许以伊敦，照原价见让，何感知之。第闽中筹款殊难，往往既许之而弗应。日来为购铁甲船之款大费唇舌，所以弟亦不能不事事节啬。窃开海镜耗煤与伊敦埒，而装货更不如伊敦，如以海镜见还，则贵局省赔费之苦，敝处亦免筹费之艰。谨以奉商，伏候裁复，再请勋安。葆

---

① 林庆元、王道成考注：《沈葆桢信札考注》，第270页。

② 林庆元、王道成考注：《沈葆桢信札考注》，第271页。

③ 林庆元、王道成考注：《沈葆桢信札考注》，第271页。

④ 林庆元、王道成考注：《沈葆桢信札考注》，第272页。

桢又顿首。将来购康邦机器，造成以补船数之阙如何？[①]

八月初二日（9月12日），会衔上奏台湾近日防务情形，淮军已到台，北路倭案办结，屯番枪伤生番，现饬严办等。[②]

八月初二日（9月12日），清廷谕准所请修筑安平炮台、购铁甲船、续造兵船等。

安平炮台，并着沈葆桢等设法兴筑。……电线虽可缓图，铁甲船必不可少；即使议购有成，将来仍应鸠工自造，目前尤须讲求驾驶之法。沈葆桢等惟当切实筹办，力图自强。闽厂轮船，即照所请，准其续行兴造得力兵船，以资利用。北路倭案已经办结，沈葆桢等请将税务司好博逊酌给奖励之处，着该衙门议奏。[③]

八月初二日（9月12日），致信罗大春，述饷需、兵力部署、开路、谈判等。

窃谓招抚尚属空谈，开路方有实际。虽进一步，难一步，然铢积寸累，日起有功。碉堡可恃，凶番无所逞其锋；居民渐多，番割亦无所施其技。……倭营病者过半，其国风灾异常。总署意在抚。大久保到京，将有定局，目前必无战事。[④]

八月初四日（9月14日），日全权大使大久保利通偕柳原前光、郑永宁与总署首次会谈台案。总署奏陈辩论过程及对策。

该使臣面递条说二纸，大旨谓生番不服教化，地非中国所属；又生番屡害漂民，曾不惩办。并呈出领事福岛与番地土人笔话。……伏查日本兵扎番社，已逾数月。柳原前光既经狡执於先，自大久保利通到京后，又复游移矫饰，百计强

---

① 王尔敏、吴伦霓霞编：《清季外交因应函电资料》，第26页。

② 佚名辑：《同治甲戌日兵侵台始末》，第115～122页。

③ 《清实录·穆宗毅皇帝实录》卷三七〇，第五一册，第892页。

④ 林庆元、王道成考注：《沈葆桢信札考注》，第276页。

辩，以护其兴兵占地之非。臣等揣测该使臣等用意，总执定面递条说为词。其加兵生番，始终不肯认错，而或想踞地，或冀贴费，一时未能启口。此中谲计阴谋，殊难逆料。前接李鸿章信，谓闽省设防，非必欲与用武。沈葆桢来信，亦有兵端未开，宜防而未宜阻。沈葆桢等奏，又有联外交等语。而英国使臣威妥玛曾于台事初起之日，频来臣衙门传述日本派兵赴台信息，复呈递筹办节略。现法国使臣热福理（Geofroy）自烟台回京，与臣等会晤，亦有愿为调处之意。臣等思兵端不可遽开，既与李鸿章、沈葆桢用意相符，而联外交一节，臣等亦早于六月间抄录臣衙门与日本来往各文函，通行照会各国使臣查照。刻下英、法两国使臣愿为调停，虽不无利人而兼利己之心，惟彼既愿代为斡旋，臣等亦只能一面密与委蛇，以免从中播弄是非，一面喻以正理，使知非空词所能恫喝。纵将来如何收束，大局能否不至决裂，非臣等所能臆度，而理之所在，不能曲徇，亦即从前沈葆桢等所奏坚持定见之意。至台湾各处海口，现俱分兵驻守，防务渐臻周密，彼或能知难而退，亦未可定。除由臣等再向该使臣辩论，并密致沈葆桢等妥商筹备外，谨钞录往来照会，恭呈御览。[①] **【按：中日双方会谈共达七次。八月二十五日，第四次会谈，几破裂；九月九日，第五次会谈允赔款；九月十四日，第七次会谈，商兵费事。】**

八月初六日（9月16日），大久保利通与总署第二次会谈台案。[②]

八月初九日（9月19日），大久保利通与总署第三次会谈

① 佚名辑：《同治甲戌日兵侵台始末》，第140～141页。

② 苏振申：《中日关系史事年表》，第101页。

台案。[1]

八月初十日（9月20日），致信潘霨，嘱查明望祖力社与昆仑社械斗。[2]

八月上旬，致信林寿图，论炮台建造、巴夏礼评语、台案处理等。

巴夏礼"遇柔则刚，遇刚则柔，既无定见，又尠恒心"十六字竟为吾辈定评，读之能无愧煞。……倭事，总署急欲了结，未必求其心之所安。腐儒议论，必束之高阁。弟为伯相所牵率，致累及我公。歉仄下私，萦诸寤寐。倭奴一退，欲求累恐不可得。为日无多，且尽心力焉，此外不得不诿诸数矣。六百万缩为二百万，剑南言不称意可也。陇西口血未干，手书具在，其谓之何？[3]

八月十三日（9月23日），致信潘霨，询淮军开山消息及开山布置等。[4]

八月十六日（9月26日），提督唐定奎部先后自台湾旗后登陆，即赴凤山。

八月十九日（9月29日），会衔上《续陈倭营动静并筹防开路情形折》，言日本兵船久驻龟山，虽死亡相继，仍时有船接济炮械军粮；筹防安平，雇洋匠兴建炮台等。[5]

八月十九日（9月29日），清廷命继续筹办铁甲船、修筑炮台。

铁甲船购买未成，仍着沈葆桢等妥速筹办，以资得力。

---

① 苏振申：《中日关系史事年表》，第101页。

② 林庆元、王道成考注：《沈葆桢信札考注》，第277页。

③ 林庆元、王道成考注：《沈葆桢信札考注》，第275页。

④ 林庆元、王道成考注：《沈葆桢信札考注》，第277页。

⑤ 佚名辑：《同治甲戌日兵侵台始末》，第130～131页。

修筑炮台势不容缓，着沈葆桢等迅速办理，毋失机宜。①

八月十九日（9月29日），李鸿章与法使热福理谈调停中日台湾争端，声明“占番地、贴兵费二者断不可行”。②

八月十九日（9月29日），致信林寿图，述炮台建设情形、筹饷、开山，论陆心源疏稿等。

筹饷如此之难，台地大受勇多之累，然骑虎难下。开山之举，愈进愈难，南北均不得已而用威矣。③

八月二十日（9月30日），英使威妥玛宣布调停台事无效。总署照复大久保利通，重申台湾本属中国，一切应遵守条约。④

八月二十日（9月30日），致信唐定奎，述“大雅”号轮船失事等。⑤

八月二十日（9月30日），致信罗大春，述开山情形、轮船损失、炮台建设等。⑥

八月廿一日（10月1日），李鸿章致信总署，论购办西洋枪弹船炮，提及沈葆桢请购里明敦步枪。

近因日本兴兵台湾，始有议购后门枪者，皆限于经费不敢多购。幼丹请购里明敦枪六千杆，每杆价银二十一元，已属豪举。⑦

八月廿三日（10月3日），郭嵩焘致信沈葆桢，请借“琛航”舰北行。⑧

---

① 《清实录·穆宗毅皇帝实录》卷三七〇，第五一册，第901～902页。

② 《李鸿章全集·信函》三，第93页。

③ 林庆元、王道成考注：《沈葆桢信札考注》，第278页。

④ 苏振申：《中日关系史事年表》，第102页。

⑤ 林庆元、王道成考注：《沈葆桢信札考注》，第278页。

⑥ 林庆元、王道成考注：《沈葆桢信札考注》，第279页。

⑦ 《李鸿章全集·信函》三，第95页。

⑧ 《郭嵩焘全集·集部一·书信》，第253页。

八月廿四日（10月4日），大久保利通照会总署，谓中国政教之实，未及台番，不能以条约为据。①

八月廿四日（10月4日），致信李宗羲，述日军近况、兵船翻覆等。②

八月廿四日（10月4日），致信李鸿章，述购铁甲船失败，日军疫疾、淮军饷需、兵船翻覆等。

> 丹国铁甲船，议垂成而复梗。拟与日军门议自制，未知力能副否？然益旷日矣。……晚调度既乖，命途复舛，安澜、大雅两舶，一旦尽付东流。国帑无着，壮士伤亡，愧恨曷极。尚龂龂然求购制铁甲船，可谓颜之厚矣。③

八月廿八日（10月8日），李鸿章复信彭楚汉，论及沈葆桢允罗大春添募水师。

> 幼帅函称，嗣后轮船拟请洋人名手暂为教练，实缺人员并辖，似少实济，罗景山恐亦不能久统耳。景山移防台北，地段辽阔，所部亦只一营及亲军百人，幼帅允为添募，其人素喜铺张夤缘，亦略有所闻也。④

八月廿九日（10月9日），致信沈玮庆、沈咏彤，嘱送慊莽奠仪，述家教、备何绍基奠仪等。

> 子贞先生为我第一亲切老师，丧已经年，讣尚未至，不可以再缓。我托六姑夫于蕲水中提库纹百金，并素联一副寄湘。百金尚薄，然我实甚窘，无如何也。此地动用，俱向支应处挪借，尚不知何时弥补也。⑤

---

① 佚名辑：《同治甲戌日兵侵台始末》，第155页。

② 林庆元、王道成考注：《沈葆桢信札考注》，第282页。

③ 林庆元、王道成考注：《沈葆桢信札考注》，第282页。

④ 《李鸿章全集·信函》三，第99页。

⑤ 林庆元、王道成考注：《沈葆桢信札考注》，第69页。

八月廿九日（10月9日），郭嵩焘复信沈葆桢，述改乘“济安”轮北上。①

八月廿九日（10月9日），致信文煜，录呈会折朱批。②

八月廿九日（10月9日），致信李鹤年，录呈会折朱批。③

八月廿九日（10月9日），致信王凯泰，录呈会折朱批。④

八月廿九日（10月9日），致信林寿图，慰问病情，谈人事等。

> 省居时，极羡礼堂为福人，今被鄙人牵率入火坑矣。抵台则转而慕桐士也。……进退狼狈，局中人分所应尔。而旷日持久，累我良朋，寤寐均抱不安，奈何，奈何。⑤

八月下旬，致信李鹤年，述淮军登台、日军疫疾、开山遇阻、委任余宏亮等。⑥

八月下旬，致信王凯泰，述领到饷银、日军疾疫、开山开矿、台地风俗、兵船翻覆等。⑦

八月下旬，致信日意格，谈采办铁甲船失利、筹划自造、电线可造等。

> 铁甲船系丹国不肯照办，自当作罢论。……凛风教练甚认真，惜中国船太少耳。铁甲购不成，不如自制。折中略露一语，朝廷未必遽下旨意。应请阁下将厂地须否宽拓，机器须否添置，船槽、船台能否胜任，通盘筹划。约费若干，商定再行奏明请旨。惟此事恐与出洋局难以并行，请与吴、叶

---

① 《郭嵩焘全集·集部一·书信》，第253页。

② 林庆元、王道成考注：《沈葆桢信札考注》，第283页。

③ 林庆元、王道成考注：《沈葆桢信札考注》，第284页。

④ 林庆元、王道成考注：《沈葆桢信札考注》，第284页。

⑤ 林庆元、王道成考注：《沈葆桢信札考注》，第284页。

⑥ 林庆元、王道成考注：《沈葆桢信札考注》，第279～280页。

⑦ 林庆元、王道成考注：《沈葆桢信札考注》，第280页。

诸公会酌之。中外交涉，须得领事，确论至言。以阁下总之，尤可为得人贺。第总署责任，且为从前未创之格，此议发自旁人，颇疑越俎，姑从缓图可也。①

八月下旬，致信文煜，述龟社事处理、兵船翻覆等。②

八月下旬，致信李鹤年、王凯泰、文煜，询福州至厦门电线是否议定。③

八月下旬，致信罗大春，述“安澜”舰损失、开山，论屯垦、军饷等。④

八月下旬，致信张树声，述日军疫疾、淮军损员、购铁甲船不成、开山遇阻、兵船翻覆等。⑤

八月下旬，致信沈秉成，述日军疫疾、淮军减员、兵船翻覆等。⑥

八月下旬，致信陆心源，述兵船翻覆、日军疫疾、淮军减员、开山遇阻等。⑦

八月底，会衔上《淮粤两军到台并南北开路情形折》，述日兵近况，“然内虽多故，外仍示强。买茅竹，盖兵房，日练枪炮，且称大兵万余将至，以耸吓居民。”淮军两起五营已驻扎凤山，张其光与吴光亮所募粤勇两千余人将驻扎郡城。另上《大雅安澜轮船遭风损坏自请议处折》，附《屯番枪伤生番已依律处置片》。⑧

---

① 林庆元、王道成考注：《沈葆桢信札考注》，第281页。

② 林庆元、王道成考注：《沈葆桢信札考注》，第281页。

③ 林庆元、王道成考注：《沈葆桢信札考注》，第282页。

④ 林庆元、王道成考注：《沈葆桢信札考注》，第283页。

⑤ 林庆元、王道成考注：《沈葆桢信札考注》，第285页。

⑥ 林庆元、王道成考注：《沈葆桢信札考注》，第285页。

⑦ 林庆元、王道成考注：《沈葆桢信札考注》，第285～286页。

⑧ 佚名辑：《同治甲戌日兵侵台始末》，第166～172页。

九月初七日（10月16日），致信罗大春，谈劝林维源认垦、驻扎奇莱及军情布置等。[①]

九月初七日（10月16日），致信唐定奎，支持在旗后建炮台。[②]

九月初十日（10月19日），李鸿章与美使艾忭敏商谈台案，艾忭敏认为台湾为中国土地，日如用兵，美国断难坐视。

九月十一日（10月20日），奕䜣等奏陈与大久保利通谈判过程，并附往来公文函件。

> 臣等思兵端不可遽开，既与沈葆桢、李鸿章用意相符。[③]

九月十一日（10月20日），李鸿章复信唐定奎，述及沈葆桢对淮军推诚相待。

> 凤山城西幼帅造成竹屋，将士暂资憩息，现经执事勘定竹港口迤西地面，宽平干燥，足备八营屯扎，仍于城东分驻五营，互相犄角，较为得势。后起四营，本月望后计可到齐。仍望督饬将弁，认真操练，益振军声。幼帅推诚相待，军中进止务须妥细禀商，勿稍孟浪为幸。[④]

九月十三日（10月22日），郭嵩焘致信沈葆桢，述行程、丁日昌南下等。[⑤]

九月十五日（10月24日），中日谈判不协，大久保利通告知英使馆于二日后出京。次日又照会总署，声称即行出京。

> 日本两使臣已悻悻然做登车之计。威妥玛来臣衙门，初示关切，继为恫喝之词，并谓日本所欲二百万两，数并不

---

① 林庆元、王道成考注：《沈葆桢信札考注》，第286页。
② 林庆元、王道成考注：《沈葆桢信札考注》，第286页。
③ 佚名辑：《同治甲戌日兵侵台始末》，第140～163页。
④ 《李鸿章全集·信函》三，第107页。
⑤ 《郭嵩焘全集·集部一·书信》，第253～254页。

多，非此不能了局。臣等一以镇静处之。直至威妥玛辞去时，坚欲问中国允给之数，臣等权衡利害重轻，揣其情势迫切，若不稍予转机，不独日本铤而走险，事在意中，在我武备未有把握，随在堪虞。且令威妥玛无颜而去，转足坚彼之援，益我之敌。遂告以中国既允抚恤，只能实办恤抚，即使加优，数不能逾十万两。该国于此事轻举妄动，现时无以回国，自亦实在苦情。中国不乘人之急，再允将该国在番社所有修道造房等件，留为中国之用，给银四十万两，总共不得逾五十万两之数，愿否听之。[①] **【按：关于赔款，日使遣书记官郑永宁赴总署传达，“须索银洋五百万圆，至少亦须银二百万两”。[②]】**

九月十七日（10月26日），英使威妥玛调停，文祥允给日本恤银五十万两。[③]

九月十七日（10月26日），致信沈玮庆，商拟《室人林夫人事略》题签、嘱购寿木数副，谈十妹出嫁、治家要诀、调理身体等。

《事略》笺题“诰封一品夫人沈母林夫人事略”，或篆或隶均可。文经借款付清，心为释然。岁暮有余款，可为我购寿木数副，寄亲友当店中，不必大，不必旧，但要木质佳者，约三十千上下可矣。……诸弟宜训以俭约，早睡早起，是治家第一诀也。闻汝貌甚清癯，须加意调摄。[④]

九月十七日（10月26日），致信沈咏彤，谈家学、读书、科考等。

---

① 佚名辑：《同治甲戌日兵侵台始末》，第177页。
② 佚名辑：《同治甲戌日兵侵台始末》，第176页。
③ 苏振申：《中日关系史事年表》，第103页。
④ 林庆元、王道成考注：《沈葆桢信札考注》，第70页。

我家子弟皆厄于记性，然但令常读，虽不得其字句，而可得其意味。名文亦在熟不在多。第一文读五六日，未免生厌，不如说一篇新文后，间温数篇旧文，则玩索深而所得远。总之，不求速效，便不致误入迷途。诗关天分，而试帖尤难。盖绳尺步趋，束人太甚。文无腹笥，尚可以意见长；诗则另有一付字眼，无此字眼，虽有极好意思，亦托不出。①

九月十九日（10月28日），因“大雅”舰、“安澜”舰遭风损坏，交部议处。

沈葆桢另片奏“大雅”“安澜”轮船遭风损坏，自请议处等语。此次损坏船只，即着分别设法修理；沈葆桢未能先事豫防，殊属疏忽，着交部议处。②

九月二十日（10月29日），李鸿章复信沈葆桢，述日军退兵条件、开山抚番等。

日来连接总署函，自重阳日大久保始改议彼此两便办法，遂有撤兵回国、索贴费二百万金之说，真情毕露。总署力言不可，姑允被害漂民酌量抚恤，彼又追问抚恤确数。十四日忽又翻覆，柳原因请觐不准亦告辞，与大久保偕行出京。十六英使威妥玛乃为居间调处，多方恫喝，总署恐大久保之速行决裂也，允以从优给恤银十万两；倭兵退后所弃房屋、器具等件归之中国，由尊处会查酌给四十万两。十七威使复称，倭人欲先给一半，文相未准。而五十万之数已经出口，大约总可定局，似援九年津案赔偿法、俄各国人命共五十万，先后一律。……内山开矿为兴利创举，执事锐意行之，良可钦企。此事工本甚巨，非雇洋人、购洋器、用洋法难得兴旺。弟方拟于直属磁州地方筹开铁矿，机器、洋匠约

① 林庆元、王道成考注：《沈葆桢信札考注》，第70～71页。

② 《清实录·穆宗毅皇帝实录》卷三七一，第五一册，第911页。

明年可到，未知果有成否。台地百产，菁英什倍内地，我公在彼开此风气，善为始基，其功更逾于扫荡倭奴十万矣。①

九月中旬，致信罗大春，谈板桥林家认垦、洋炮教习薪水给付、王开俊病情等，并附“夏道答调防兵饷原书”。②

九月中旬，致信夏献纶，请查办弥浓庄一案并购硝药。③

九月中旬，致信唐定奎，答谢督建旗后炮台，送安排炮台图等。④

九月中旬，致信王凯泰，谈谈判结果，谈借洋款、购铁甲船、筹措军饷等。

> 自沪来者，咸言大久保托威使转圜，以赏恤琉球归结，恰与伟如方伯所议吻合，未知确否？……汇丰银款，空谈忽成纸上空谈，殊不可解。得大力主持而补救之，受赐无量。铁甲船丹国者不成，日意格遂无可下手，总署又照会威使，未知其有以报命否？⑤

九月廿二日（10月31日），奕䜣等奏，经威妥玛调停，总理各国事务衙门与日使大久保利通在北京签订《中日台湾事件专约》（另附《会议凭单》一件）。议定同治十三年十一月十二日，日军退出台湾，中国赔款五十万两，其中恤银十万两，偿银四十万两。⑥【按：中日双方经英国公使威妥玛调处在北京达成协议，日本同意撤兵，同时中国亦允诺给予被害琉球渔民之抚银十万两，及收回日本在番社所建营房道路折价银四十万两。综观日军

---

① 《李鸿章全集·信函》三，第114页。
② 林庆元、王道成考注：《沈葆桢信札考注》，第287页。
③ 林庆元、王道成考注：《沈葆桢信札考注》，第288页。
④ 林庆元、王道成考注：《沈葆桢信札考注》，第288页。
⑤ 林庆元、王道成考注：《沈葆桢信札考注》，第288页。
⑥ 佚名辑：《同治甲戌日兵侵台始末》，第174～179页。

侵台始末，并非是为了报复，“其真正目的则为占领，其他列强虽或不致夺取台湾，但以台湾孤悬海中，侵扰较易，亦足以胁制清廷，以达其恫吓讹诈之目的，此件事对清代治台具有划时代意义。”① 此番协议本身有许多可议之处。例如承认本应归属中国的琉球居民为日本属民，对日本在台烧焚番社，残杀、掠夺土著居民等不义行为不予指责，不提出赔偿，反而写明中国自宜设法妥为约束番民等。在沈葆桢率领巡台大军占尽兵力、民心、地理种种必胜之条件下，却与日方缔结和约，为以后甲午战败，清廷被迫割让台湾埋下了伏笔等。②】

九月廿四日（11 月 2 日），上《台湾近日情形并淮军到台折》，言及日军添兵轮换情形。

> ［九月］初十日，四张告白云：新兵之至，乃替换旧兵，并无他意，各庄其安堵如故等语。其营中疫气犹盛，死者日八九人或两三人不等。病者邀医诊治，医云此水土不服所致，皆涕泣思归。③

九月廿四日（11 月 2 日），致信李鸿章，述淮军第三起抵台、台地疫情、近日局势等。

> 新闻纸谓大久保出京，想系所议不合云云。窃思倭奴狡谲，虽不能不为理屈，必故作波澜，以待局外人之转舵，知收台定不远矣。④

九月廿七日（11 月 5 日），奕䜣等上《海防亟宜切筹将紧要

---

① 张世贤：《晚清治台政策》，台北：海峡学术出版社，2009 年，第 20 页。

② 沈吕宁、沈丹昆：《新发现的一封王凯泰致沈葆桢书信》，载《船政文化研究》第五辑，2008 年，第 110 页。

③ 佚名辑：《同治甲戌日兵侵台始末》，第 197 页。

④ 林庆元、王道成考注：《沈葆桢信札考注》，第 291 页。

应办事宜撮叙数条请饬详议折》。

窃查日本兵踞台湾番社之事，明知彼之理曲，而苦于我之备虚。据沈葆桢来函，谓现在兵端未开，澎湖、鸡笼等处，彼以避风为辞，宜防而未遽阻。然现为筹防之计，购买铁甲轮船未成。李鸿章函述，曾致沈葆桢信，并令提督唐定奎只自扎营操练，勿遽开仗。实以一经决裂，滨海沿江，处处皆应设防，各口之防难恃，不得不慎于发端。虽累经奉旨严饬各疆臣实力筹备，而自问殊无把握。今日而始言备，诚病其已迟；今日而再不修备，则更不堪设想矣。溯自庚申之衅，创钜痛深，当时姑事羁縻，在我可亟图振作。人人有自强之心，亦人人为自强之言，而迄今仍并无自强之实。从前情事，几于日久相忘，臣等承办各国事务，于练兵、裕饷、习机器、制轮船等议，屡经奏陈筹办，而歧于意见、致多阻格者有之，绌于经费、未能扩充者有之，初基已立、而无以继起久持者有之。同心少，异议多，局中之委曲，局外未能周知；切要之经营，移时视为恒泛，以致敌警猝乘，仓皇无备。有鉴于前，不得不思毖于后。现在日本之寻衅生番，其患之已见者也。以一小国之不驯，而备御已告无策。西洋各国之观变而动，患之濒见而未见者也。倘遇一朝之猝发，而弥救更何所凭？[①] **【按：此为同治末年海防与塞防大辩论之开端。同日，上谕："沿江、沿海各省防务，经总理各国事务王大臣并各该省将军、督、抚等随时筹划，而备御究未可恃，亟应实力讲求，同心筹办，坚苦贞定，历久不懈，以纾目前当务之急，以裕国家久远之图。该王大臣所陈练兵、简器、造船、筹饷、用人、持久各条，均属紧要机宜。着李鸿**

① 佚名辑：《同治甲戌日兵侵台始末》，第181～182页。

章、李宗羲、沈葆桢、都兴阿、李鹤年、李瀚章、英翰、张兆栋、文彬、吴元炳、裕禄、杨昌濬、刘坤一、王凯泰、王文韶详细筹议，将逐条切实办法，限于一月内复奏。此外别有要计，亦即一并奏陈，总期广益集思，务臻有济，不得以空言塞责，原折单均著钞给阅看。”[①]】

九月廿九日（11月7日），致信沈玮庆、沈咏彤，言寄笔回家、十妹不必渡台、谈李元度学问与处事、沈莹庆妻赴湘等。

李世兄信，付还星海。其泰山学问，我为之五体投地，其做人则非我所知。寒士骤富，老母在堂，儿孙林立，家居奉养，可谓极人生乐事矣。投笔从戎，失意于江，转而之皖；失意于皖，转而之浙；失意于浙，转而之黔，亦既倦而知还矣。复为长子经营知府，已不可解。其次子如许好天分，课之读书，教之立品，无论科名得与不得，的是俊才。乃弱冠之年，买妾、买官，以盈其气，以丧其志。其举动见解，大类小帆之老太。[②]

九月下旬，致信杨学源，询大久保音讯。[③]

九月下旬，致信唐定奎，述台地疫疾，请查大久保音讯等。[④]

九月下旬，致信文煜，论借洋款、台地用兵饷需，询大久保音讯。[⑤]

九月下旬，致信林寿图，询大久保音讯，论虎口海防布置、近日局势等。[⑥]

---

① 《清实录·穆宗毅皇帝实录》卷三七一，第五一册，第915～916页。

② 林庆元、王道成考注：《沈葆桢信札考注》，第71～72页。

③ 林庆元、王道成考注：《沈葆桢信札考注》，第289页。

④ 林庆元、王道成考注：《沈葆桢信札考注》，第289～290页。

⑤ 林庆元、王道成考注：《沈葆桢信札考注》，第290页。

⑥ 林庆元、王道成考注：《沈葆桢信札考注》，第290～291页。

九月下旬，致信杨昌濬，谢筹防南关海口，述近日局势等。①

九月下旬，致信张其光，饬带勇赴昆仑坳办案。②

九月下旬，致信林寿图，述台地疫疾、军务处置等。

此间疫疠横作，倭营死无虚日，我军我民亦受其殃。郡幕两月余死者七人，人人效东坡说法，未知何时艾也。幸同来诸君均健好如昔，足慰注垂。军务可为知者道，其知者虽各有意见，至于忿争，尚于事无碍，以其所执必有一偏道理。其所不知，纵肯十分迁就我，转令我有说不出的苦处，所谓告非其人，虽言亦不着也。③

九月底，致信李鹤年，论筹防福建沿海、无大久保确信、日本人梗阻购铁甲船等。

大久保到京已久，重洋得信极难，闻船到，喜出望外，乃消息仍复茫如，令人焦灼。铁甲船迄不就绪，实有东人作梗于暗中。沪、香购炮，价议定，将立合同，旋为东人购去。如是者非一次，其明验也。④

九月底，致信王凯泰，谢挽留黎兆棠。⑤

九月底，致信日意格，商在法学生转赴英国一事。

承议制造之学生艺徒，本习法国语言文字，若就英厂，恐费时日，自是确论。但揆现在事势，有不得不赴英厂者，非笔墨所得达。且有详细章程，须会议明白，方可函达总署。请台驾偕叶清翁即行东渡，以便与梁礼翁、夏筱翁会商一切。至英法言语不同，文字则一。生徒置诸庄岳，既识文

① 林庆元、王道成考注：《沈葆桢信札考注》，第291页。

② 林庆元、王道成考注：《沈葆桢信札考注》，第292页。

③ 林庆元、王道成考注：《沈葆桢信札考注》，第292页。

④ 林庆元、王道成考注：《沈葆桢信札考注》，第293页。

⑤ 林庆元、王道成考注：《沈葆桢信札考注》，第293页。

字，只学言语，似不甚难。如贵国人学华语颇难，学英语则易，以先通其文字故也。①

十月初四日（11月12日），日本下令日军撤出台湾。②

十月初八日（11月16日），大久保抵达琅㤀。后于十月十九日回抵东京。③

十月初九日（11月17日），致信罗大春，嘱专意开山，述转运饷需、台案议定等。

得总署信，倭议已定，费恤银五十万。大久保已来琅㤀，船到即兵归。④

十月初九日（11月17日），收到总理衙门函。

倭事议定三条办法，已画押互换，大久保即赴台湾会同其中将撤兵，所有修道、建房等件交付中国官员收管，当先期委派妥员驰赴倭营验收，随即派兵驻守，以便将来筹办善后事宜各等因。并钞会议凭单一扣、互换条约一扣、给总税司赫德札一扣寄来。⑤

十月初十日（11月18日），日本驻厦门领事福岛九成带同通事吴硕来谒。

倭领事福岛九成带同该国通事吴硕等来谒，据称大久保已往琅㤀，特令该领事到郡面陈一切，并开事宜五条，大意与总署原约相符，惟中一条称，该国民人被生番杀害者，已于收埋旧址建立墓碑，以后如有该国民人亲友登岸祭扫，请准其拜奠而归等语。盖指其初入番社时阵毙者言之也。臣等

① 林庆元、王道成考注：《沈葆桢信札考注》，第293页。

② 苏振申：《中日关系史事年表》，第103页。

③ 苏振申：《中日关系史事年表》，第103页。

④ 林庆元、王道成考注：《沈葆桢信札考注》，第295～296页。

⑤ 佚名辑：《同治甲戌日兵侵台始末》，第205页。

以为抚局已成，尤其所请，与约来时须有领事官盖印执照，祭毕即归，俾免生事。另由台湾道具文照覆。该领事感谢而去。①【按：罗大春记有细节："次日，倭领事福岛九成谒我星使，称大久保已至琅𤩝，并呈现行事宜五：一则约星使面交割；一则请注销前此文移为罢论；一则请彼国人民死葬于番者，以后许其祭扫；一则于交代讫，速以其情上总理衙门；一则请以后中外交涉之事，以时照会于彼驻厦新设领事。星使一如所请，以台湾府周子玉太守（懋琦）往。以游击郑荣安抚军自赤山拔队会之；事竣，即以镇守琅𤩝。"②】

十月上旬，致信沈秉成，谈购铁甲船、筹措养船经费等。

荷波根铁甲船，如百万元购来，再凑七十万元以成之，价并不昂。较诸前日所议丹国旧船，胜之远甚。……闽中奏准借洋款六百万，本系各海关匀还，并非闽省可私为已有。就中提出百余万成此创举，将来养船修船之费，亦南北洋各关匀摊，俾沿海生灵均受其福，则我兄不朽盛烈也。弟远隔重洋，谋事恒苦落后。兄居冲要之地，如仅以无款可筹为虑，弟当力恳闽中当事，于奏准六百万之数划出百余万，由沪上向洋商借拨，以便取携。惟断乃成，万勿疑虑。③

十月上旬，致信罗大春，请饬轮船接运军火，述杨武操练、王开俊病愈、修筑炮台等。④

十月十一日（11月19日），致信李鸿章，获知台案议定，派周懋琦赴琅𤩝交代一切，述开山难处、黎兆棠去志、潘霨病辞等。

① 佚名辑：《同治甲戌日兵侵台始末》，第205～206页。
② 罗大春：《台湾海防并开山日记》，第30页。
③ 林庆元、王道成考注：《沈葆桢信札考注》，第294页。
④ 林庆元、王道成考注：《沈葆桢信札考注》，第295页。

初九日，沪上委员到，得总署书，知倭事业已定局。倭领事福岛九成旋即来谒。敝处当派周子玉太守赴琅𤩝交代一切。全台开山善后之举，非穷年累世不能告蒇。其根源要在吏治，更非部民所能整顿。远隔重洋，与省垣消息恒经月不通，船政尤难兼顾。此间似须巡抚移驻，次第办理，方能日起有功也。①

十月十三日（11月21日），派台湾知府周懋琦与日军办理交接。

臣等即派台湾府周懋琦带同委员弁兵，定于本月十三日坐永保轮船前赴琅𤩝。随带照会一道，面给倭将西乡，令其按照条约，交代明白。②

十月十四日（11月22日），上《倭使遵约撤兵派往交代情形折》，奏承准总署来函，并接见日军将领，按照条约交代派员前往办理交接，及领事福岛九成呈请事宜五条等。③

十月十四日（11月22日），致信沈秉成，述台案交接善后。④

十月十四日（11月22日），致信李宗羲述台案交接善后。⑤

十月十四日（11月22日），致信李鹤年，谈募兵、裁弱留强，述黎兆棠病及台案交接善后等。⑥

十月十四日（11月22日），致信文煜，力争船政拨款。

洋款停借，四成停拨，贵关支绌情形可想。素蒙挚爱，

---

① 林庆元、王道成考注：《沈葆桢信札考注》，第296页。

② 佚名辑：《同治甲戌日兵侵台始末》，第206页。

③ 尹全海等编：《清代福建大员巡台奏折》下，北京：九州出版社，2011年，第649～650页。

④ 林庆元、王道成考注：《沈葆桢信札考注》，第297页。

⑤ 林庆元、王道成考注：《沈葆桢信札考注》，第297页。

⑥ 林庆元、王道成考注：《沈葆桢信札考注》，第297～298页。

何敢以不情之请，干渎尊颜？惟部议所指数端，与船政毫无干涉，不得不为我长者陈之。……然执事所挪者，必经部核复之款，断非迎合应付者比，似不难据实上陈。若船政未奉谕旨停办，为臣子者何敢擅停？所以不得不吁乞荩筹，源源接济也。①

十月十四日（11月22日），致信王凯泰，言台案善后难以为继、船政拨款恐不能保等。

倭议业已成局，而善后事理，后顾茫茫。洋款停借，四成停拨，以海防饷需责成疆寄。省库岁入，止有此数，执事宜求点金之术，鄙人当勉无米之炊，未审我公何以见教也。星丈以部索四成之款，欲停船政以补之，此局未经奉旨停办，何敢擅停？累年来船政不得下台之处，皆仰承执事及星丈、和帅委曲护持，以至今日。伏冀执事再为缓颊，俾获终始成全，不胜翘祷。②

十月十五日（11月23日），致信沈玮庆、沈咏彤，告所寄棉袄收到，嘱调养身体、送各家奠敬，处理台地善后。

倭兵去矣，善后愈难。人人皆图脱身，我委身任运转，不见其苦也。③

十月十九日（11月27日），清廷命查证李鹤年奏参潘霨事。

本日李鹤年奏参藩司不能称职一折。据称福建布政使潘霨由捐纳佐杂出身，心术阴柔，人品卑琐；差委员缺，多系捐班人员，以致物议沸腾，编造歌谣，黏贴街市；且有袒护同乡，结为朋党及与将军拜认师生各情。近日办理日本事宜，卑词下气，求悦夷人，大失国体等语。该藩司现在台

---

① 林庆元、王道成考注：《沈葆桢信札考注》，第298页。

② 林庆元、王道成考注：《沈葆桢信札考注》，第298～299页。

③ 林庆元、王道成考注：《沈葆桢信札考注》，第72页。

湾，其办理一切事宜，以及平日居官行事，沈葆桢知之必稔，即着按照李鹤年所参各节，秉公详悉查明，迅速据实具奏，毋稍徇隐。①

十月中旬，左宗棠复信总署，论及台防、船政。

宗棠前得幼丹中丞复函，坚持“不贪战功，不伤国体”之言，服其洞达时务，又信其必能了此，三复钧谕，心悦诚服，尚何间然？……以造船论，闽局创设五年，限内效已可睹。兹蒙钧裁，以不停撤为是，则日起有功，凡洋人所长，皆华人之长，实永久之利。至铁甲船一种，上年德克碑来兰，亦曾说及。宗棠以购买维艰，修整必须另办船槽，驾驶必须仍雇洋人，殊非闽局所宜，却之。嗣接幼丹中丞书，必须采购，日意格已由电信往询，未得确信。计台事了，办铁甲船亦必来闽。盖洋人无所要挟，其求售固在意中。颇闻此项船式，质重而坚，不能入口收泊。②

十月廿二日（11月30日），李鸿章复信沈葆桢，询大久保行程、撤兵、抚番，招黎兆棠赴津，派员往英厂定制铁甲，议复海防等。③

十月廿三日（12月1日），清廷命妥筹海防、布置善后事宜。

沈葆桢等奏台湾近日情形并淮军到台一折。日本兵船尚未退出台湾，刻下退兵章程，业经定议。惟此后海防各事宜，亟须认真讲求，以期有备无患。现在淮军三起均抵澎湖，应如何分扎要隘之处，仍着沈葆桢等酌度情形，妥为布置，其南北开路以及郡城修筑炮垒各事，并着该大臣等悉心

---

① 《清实录·穆宗毅皇帝实录》卷三七二，第五一册，第925～926页。

② 《左宗棠全集·书信》二，第431～432页。

③ 《李鸿章全集·信函》三，第132～133页。

经理，毋得以日本事已办结，稍形松劲。[①]

十月廿四日（12月2日），日侵略者全部登船，第二日晨展轮北去。

十月廿四日（12月2日），致信沈玮庆、沈咏彤，述日军退尽、处理善后、议复海防六条等。

闻日本船接踵而来，日内定当退尽。善后大难，踌躕累日，方苦阁笔，而总理又有饬议六条之奏，真唤奈何也。此两卷疏敷衍交卷，或可抽空旋省一行。[②]

十月廿五日（12月3日），日本陆军中将西乡从道率军撤出台湾。[③]

十月廿七日（12月5日），会衔上《日本遵约退兵收回草房营地折》，述日军撤离情形。

窃臣等于本年十月十四日，业将倭使遵约撤兵、派往交代情形奏明在案。嗣叠据台湾府知府周懋琦禀称：十月十三日夜，该府带同委员陈谟、都司沈国先等抵琅𤩝登岸，随即函知倭将西乡从道。十四日，该倭将遣其通事吴硕来请到彼营会晤，即交出臣等前发照会五件，该府亦将倭营前发照会两件还之，且向索倭营与民间交涉字据。倭将允诺。因出酒果相款，排枪队送归。十五日未刻，倭官副岛九成送来本处民人租地合同七纸，并通知十六日先撤风港之兵。是日，游击郑荣所带安抚军适至，该府遂派巡检周有基引郑荣所部把总沈如生前赴风港。迨十八日，该处倭兵始扫数登舟，副岛九成寄缴风港租约呈词十一纸。该府复索民间尚有呈词字迹。旋据西乡函覆，以该管人员内有数员病故，无从寻检，

---

① 《清实录·穆宗毅皇帝实录》卷三七二，第五一册，第927页。

② 林庆元、王道成考注：《沈葆桢信札考注》，第72页。

③ 苏振申：《中日关系史事年表》，第103页。

以后均为废纸，两无异言等语。其遗下营房三十七间，经周有基等接收填扎。二十四日巳刻，西乡从道将龟山老营兵勇五百余人登舟；酉刻，副岛九成复将兵役五百余人登舟，一面开单，遣人交出草房一百零二间，板片一千二百零五片，当即派巡检周有基、千总郭占鳌照数点收，复由郑荣派安抚军四哨赴该营填扎。西乡之船，于是夜亥刻开驶而去。其余倭船，于二十五日尽行放洋等因。现在交代事竣，该府周懋琦已于二十六日坐扬武轮船回郡。龟山、风港两处，留郑荣驻扎，以资弹压。至所有琅𤩝一带善后事宜，容臣悉心妥筹，再行请旨定夺。①

十月廿七日（12月5日），致信李宗羲，述日军撤离情形，嘱饬查《曾文正公诗文集》在何驿站遗失等。②

十月廿七日（12月5日），致信李鸿章，论台湾贫瘠、开山抚番筹费困难、闽抚宜分驻台湾十大益处、船政拨款遭停等事。

善后大难，踌躇久之，迄不知所下手处。滨海设防，内山抚番，筹费之难，人所共见。而吏治、营政、民风积重难返，虽有巨费，目前亦呼应不灵，转瞬又皆成弊窦，此非语言文字之所能达也。……道之于厅县，镇之于将备，能羁縻之，使不大越范围，则善矣。无从彻底整顿，盖重洋阂隔，摸风捉影，疑谤易生。而镇、道两不相统，下各有所恃，上各有所诿。若照从前积习，推行于内山，殊恐利未集而害已随之。欲兴利而杜弊，窃计非闽抚移驻台湾不可。……文星翁得户部不准拨四成之文，竟欲将应拨六成之船政月款停止，局员为之手足无措。故再四筹思，只有请巡抚移驻台湾

---

① 佚名辑：《同治甲戌日兵侵台始末》，第266～267页。

② 林庆元、王道成考注：《沈葆桢信札考注》，第301页。

之一法，未审高深之见以为何如？[①]

十月廿七日（12月5日），致信盛怀宣，述淮军将陆续撤退、台案交接善后、大雅号失事等。[②]

十月廿七日（12月5日），致信唐定奎，述台案交接善后、安抚台湾番民，请调两营前赴琅𤩝一带驻守。[③]

十月廿七日（12月5日），致信沈秉成，述台案交接善后，嘱继续转递消息。[④]

十月廿七日（12月5日），致信文煜，述台案交接善后。[⑤]

十月廿七日（12月5日），致信王凯泰，谈总署筹议海防、王开俊病愈、黎兆棠病重、泄密案、准备报销、铁甲船购置、船政经费困难等。

> 总署饬议六事，……言者须为行者打算，因循非，更张难。仿西法以自强，西法有万不能学者，且有万不当学者。……倭事定矣，铁甲船无人暗阻，购之非难。由威使及赫税司经手，总署当通盘筹画，不致福建独为其难。[⑥]

十月廿九日（12月7日），会衔奏办理交接事宜，并附日本驻厦门领事呈请事宜五条。[⑦]

十月下旬，致信罗大春，谈开山开垦，兵勇可以定居、通婚等。[⑧]

十月下旬，致信王凯泰，述解台经费开支、议海防、黎兆棠

---

① 林庆元、王道成考注：《沈葆桢信札考注》，第301～302页。

② 林庆元、王道成考注：《沈葆桢信札考注》，第302页。

③ 林庆元、王道成考注：《沈葆桢信札考注》，第303页。

④ 林庆元、王道成考注：《沈葆桢信札考注》，第303页。

⑤ 林庆元、王道成考注：《沈葆桢信札考注》，第304页。

⑥ 林庆元、王道成考注：《沈葆桢信札考注》，第304～305页。

⑦ 佚名辑：《同治甲戌日兵侵台始末》，第205～207页。

⑧ 林庆元、王道成考注：《沈葆桢信札考注》，第299页。

求去、开采煤矿等。

部文不准再以关税抵偿借款，真是棘手，而疆事断难诎然而止。倭兵退后，台防须上善后条陈，踌躇累日，正苦无从着笔。而总署又有饬议沿海六条之疏，如此大文，何以交卷？……七月朔，奉手教，开煤必须机器，官办仍多周折，不如用外国法设立公司，有洋行愿办云云。窃思公司如系洋人主持，颇虑喧宾夺主，或致流弊，限定华人，又恐股数拼凑不上。倘有结实可靠之华人出头承当，准其暗搭洋股，似可公私两受其益，应恳卓裁招致。煤利一开，他务尚可推广也。①

十月下旬，致信文煜，谢筹款解台，述台案即了，论琅𤩝设官、福厦电线等。②

十月下旬，致信林寿图，述台案善后，议海防等。③

十一月初二日（12 月 10 日），郭嵩焘致信沈葆桢，述新任，论租借、滇案处理、淮盐复引难办，举荐人才等。

彼之蓄意开通云南一口有年矣，乃使据以相挟，一一遂所请，而本案尚穷于处断。至以年近六十之衰翁，蹀躞数万里之外，而无可多名。封疆大吏不明洋务，为祸之烈如此。④

十一月初四日（12 月 12 日），致信沈玮庆、沈咏彤、沈莹庆，嘱林普晴阴寿不必惊动亲友，指责沈莹庆态度敷衍，谈台案处理、奏复海防等。

汝仰体汝母一生清俭之心，阴寿不惊动亲友，即是古人养志道理。然与俗论相反，亲友不免退有后言，须将此道理

---

① 林庆元、王道成考注：《沈葆桢信札考注》，第 299～300 页。

② 林庆元、王道成考注：《沈葆桢信札考注》，第 300 页。

③ 林庆元、王道成考注：《沈葆桢信札考注》，第 300～301 页。

④ 《郭嵩焘全集・集部一・书信》，第 255～256 页。

所以然处说与诸弟知之。将来我后事能称我心则慰甚矣。莹儿敷衍寸纸，于自己行止，不敢提一只字，何无所用心一至于此。论道理，即乃父碍亲家情面，劝之行，为子亦不忍去。论私心，伊亦本不欲行。母制未终，父隔重海，此岂人子远游之日？何乃搜索枯肠，无从着笔耶？李芝岑闻母病假归，非即人各有亲模样耶？父兄岂一生可长恃者？授室生子矣，仍茫然无所知识，将来何以自立人世？我忧之，非怪之也。答次青信，付之阅，令伊自作回信，强之用心，或者有开悟之一日乎？倭奴人琅𤩝，直是蹈于死地。总署非不知之，无如舍天津而外，处处无备，一决裂则事不忍言，其受病在今口。饬议六条之疏，创巨痛深，我为之徘徊，不能复奏。我俟此奏及台地先后折出，拟暂作归计。①

十一月初四日（12月12日），李鸿章致信总署，论善后事宜并教务厘务，述及台湾开发、巡抚移驻等。

幼丹、伟如来信，以大久保到琅𤩝定约撤兵，该国兵将多已上船，十月杪似可撤尽。……幼丹函称，台境开山善后之举，非穷年累世不能告蒇，其根源要在吏治，非部民所能整顿。远隔重洋，与省垣消息经月不通，船政尤难兼顾，须巡抚移驻，次第办理为妥。幼丹秉性峻洁，又本省绅士，实有为难隐衷，将来如有陈请，尚希亮察。若就办事才具而论，王补帆中丞向在苏营从事，似尚精能妥协也。②

十一月初四日（12月12日），李鸿章复信文详，论及沈葆桢才干。

幼丹于船务颇知梗概，而于不顺手之事肝气褊急，或有

---

① 林庆元、王道成考注：《沈葆桢信札考注》，第73页。
② 《李鸿章全集·信函》三，第139页。

议其不能和衷者，究不失为光明俊伟之君子也。①

十一月上旬，左宗棠复信沈葆桢，谈台防处置。

前奉手复，知台事之详。味尊函"不贪战功，不损国体"两语，非洞属彼己情实，筹度精审，不能为此言。信老谋必足了此也。……海上用兵，议战议款，均之不得机要，求如此举尽善，难矣。铁甲已否购到？计台事定，其来亦可速。论者谓宜画分三洋，分设各局，无论无其费，无其地，且无其人。弟于复总署函备言之。闽局若仿造铁甲，亦须别造船槽，未知能就马尾拓充之否？抑愚怀有未尽者：岛族见闽船制造有成，即谓新造铁甲可制轮船；闻我急购铁甲，即谓新有大炮可击铁甲。究竟曾否试验，未之前闻。西人制器求精，遇事好胜，本其常态。在我以因为创，坐收其益，何乐不为？惟当公私耗竭之余，时绌举赢，如不将经始之费及常年用款悉心筹度，量力为之，正恐后难为继。计老成谋国，必有以处此。②

十一月十一日（12月19日），福建巡抚王凯泰于筹议海防紧要事宜之外，密陈人事推荐。

筹办海防，非镇定坚忍，终于游移。而闻洋人议论，谓中国人无定见，又无恒心，此弊诚所不免。今议用人，必其人先无此弊而后可。……又前江西抚臣沈葆桢，综理船政，实力讲求，其笼络洋员，驾驭洋匠，独具苦心。臣自到闽以来，共事数年，深服其志坚气锐，忠勇过人。以上二员，皆系封疆大吏，非臣所敢擅保。因议洋防用人，不能不举所知。③

---

① 《李鸿章全集·信函》三，第141页

② 《左宗棠全集·书信》二，第442页。

③ 佚名辑：《同治甲戌日兵侵台始末》，第245～246页。

十一月十三日（12月21日），清廷命妥筹善后，抚番开山。

沈葆桢等奏日本遵约退兵收回草房营地一折。日本兵船尽数退出台湾，其遗下营房草房、板片均经点收完竣，该处已派官军填扎。惟琅璚一带善后机宜，亟须悉心筹画，妥善经营。所有招抚生番及修城开路各事宜，仍当妥筹办理，毋得以倭兵已退即形松懈。着沈葆桢、文煜、李鹤年、王凯泰、潘霨懔遵十月二十八日谕旨，妥为布置，毋稍因循。倭人诡谲性成，此次退兵原不可恃，沈葆桢等惟当于此时力图自强之策，以期未雨绸缪，庶几有备无患。另片奏道员黎兆棠因病回籍等语。该员现经简放津海关道，即着沈葆桢传知黎兆棠病痊后迅速赴任，以重职守。①

十一月十五日（12月23日），上《请移驻巡抚折》，述台湾善后、开山、新建郡县、移驻巡抚等事，请将福建巡抚移驻台湾以专责成。

况年来洋务日密，偏重在于东南，台湾海外孤悬，七省以为门户，其关系非轻。欲固地险，在得民心；欲得民心，先修吏治、营政。而整顿吏治、营政之权，操于督、抚，总督兼辖浙江，移驻不如巡抚之便。臣等明知地属封疆，事关更制，非部民属吏所应越陈，而夙夜深思，为台民计、为闽省计、为沿海筹防计，有不得不出于此者，敢不据实上闻，以为刍荛之献？②

十一月十五日（12月23日），致信李鸿章，述筹议海防完稿，呈送台湾善后请巡抚移驻办理疏稿等。③

十一月十五日（12月23日），致信盛宣怀，述筹议海防完

---

① 《清实录·穆宗毅皇帝实录》卷三七三，第五一册，第934页。

② ［清］沈葆桢：《沈文肃公政书》卷五，第875～883页。

③ 林庆元、王道成考注：《沈葆桢信札考注》，第305页。

稿、近日行程等。①

十一月十五日（12 月 23 日），致信林寿图，述筹议海防完稿，呈送请巡抚移驻办理疏稿等。②

十一月十五日（12 月 23 日），致信罗大春，述筹议海防完稿、海路不通，嘱开列保奖出力人员名单，慰久留台地主持开山等。③

十一月十六日（12 月 24 日），致信李鹤年，述近日行程、乞为船政转圜拨款截留一事。

> 兹有恳者，星丈以部文核查四成关款，欲停船政按月经费以弥补之。在星丈自是万分为难。惟船政款指六成，并与四成无涉。廷议方谆谆于自强之说，为臣子何敢擅自停工？历年深荷成全，尚乞再为转圜，俾苏涸辙。抑或于海防经费许为挹注，将来以关款抵偿。总求鼎力周旋，不胜翘祷之至。④

十一月十六日（12 月 24 日），致信文煜，恳请照拨船政月款，或者允为海防经费中挪借。⑤

十一月二十日，（12 月 28 日），清廷谕准文煜挪动四成洋税拨付日本退兵费用，此举导致船政月款无款可拨。

> 文煜奏台防要需及拨给日本国费项挪动四成洋税一折。台防关系紧要，文煜因无款可筹，先后挪移四成银二十八万两，出于万不得已，亦系实在情形，该将军自请交部议处之处，着加恩宽免。此系解部要款，嗣后不得擅自通挪，以重

---

① 林庆元、王道成考注：《沈葆桢信札考注》，第 306 页。

② 林庆元、王道成考注：《沈葆桢信札考注》，第 306 页。

③ 林庆元、王道成考注：《沈葆桢信札考注》，第 307 页。

④ 林庆元、王道成考注：《沈葆桢信札考注》，第 307 页。

⑤ 林庆元、王道成考注：《沈葆桢信札考注》，第 308 页。

> 库储。至六成洋税入不敷出，文煜所陈雷正绾月饷及船政经费均无款可拨，应如何筹画之处，着户部议奏。①

十一月廿五日（1875年1月2日），收到台湾府进士杨士芳等禀，请将郑成功准予追谥、建祠，列之祀典等。②

十一月，创办台湾基隆煤矿。

十二月初一日（1875年1月8日），上《南北路开山并拟布置琅𤩝旗后各情形折》③，台湾南路开山已抵卑南，北路开山已抵岐莱。拟于琅𤩝建城置吏，并在旗后布置设防。

十二月初一日（1875年1月8日），上《拟购挖土机船铁胁新式轮机片》《匪犯陈心妇仔就地正法片》《淮军病故员弁请恤片》《澎湖廪生彭衢亨请恤片》。④

十二月初一日（1875年1月8日），致信李宗羲，慰问病情并述近日行程。⑤

十二月初二日（1875年1月9日），是日起因感风寒，咳嗽不止，至月中旬稍愈。

> 弟初二夜咳逆大作，不能躺卧者三昼夜。⑥

十二月初二日（1875年1月9日），清廷授李鸿章为内阁大学士，文祥为武英殿大学士。文祥为满人，李鸿章居首位，为清代汉人任大学士居首位之始。⑦

十二月初二日（1875年1月9日），致信李鸿章，谈开山、

---

① 《清实录·穆宗毅皇帝实录》卷三七三，第五一册，第943页。
② ［清］沈葆桢：《沈文肃公政书》卷五，第921～922页。
③ ［清］沈葆桢：《沈文肃公政书》卷五，第885～893页。
④ ［清］沈葆桢：《沈文肃公政书》卷五，第895～899页。
⑤ 林庆元、王道成考注：《沈葆桢信札考注》，第308页。
⑥ 林庆元、王道成考注：《沈葆桢信札考注》，第311页。
⑦ 徐泰来：《洋务运动新论》，长沙：湖南人民出版社，1986年，第384页。

兵勇积弊、请移巡抚、挽留淮军、黎召民赴津等。

内山事宜，成骑虎之势。得费得人，宽以时日，奏功不难。而挽回州县营汛积习，非更张不可。请移巡抚一疏，非意存推诿，实事理不得不然。……第惓惓于岘庄旧情，踌躇难却。比得实缺，无可疑矣。其归粤也，实因病甚。晚当函嘱其调理，稍愈即束装北行。是人无他疵累，惟好服药，是其病源耳。①

十二月初三日（1875 年 1 月 10 日），致信沈玮庆、沈咏彤，述祭幛称谓、新请馆学先生、行程、病况，询县考情形，嘱子弟读书等。

子弟辈须勉其读书，第一件要早睡早起。凡见人家早睡早起，无不兴者；及其将败，则日迟一日。以此揣之，百不失一。早饭不可过巳刻，夜卧切勿过二更也。②

十二月初五日（1875 年 1 月 12 日），上《台地后山请开旧禁折》，述旧例严禁内地人民渡台，严禁台民私入番界，请将一切旧禁开豁。③

十二月初五日（1875 年 1 月 12 日），上《台煤减税片》④，请将出口台煤每吨减为税银一钱。

十二月初五日（1875 年 1 月 12 日），上《覆议海洋水师片》，议覆丁日昌所议海洋水师一折。

查丁日昌熟悉洋情，迥非臣等所及，所议修筑炮台、选择干员、联三洋以练兵、分三局以制器，似均允当可行，而第一条兵船之式与第三条陆兵之饷，臣等稍有疑虑。……铁

① 林庆元、王道成考注：《沈葆桢信札考注》，第 308～309 页。
② 林庆元、王道成考注：《沈葆桢信札考注》，第 73～74 页。
③ ［清］沈葆桢：《沈文肃公政书》卷五，第 901～906 页。
④ ［清］沈葆桢：《沈文肃公政书》卷五，第 907～909 页。

甲船终不能不办也。[1]

十二月初五日（1875年1月12日），上《请建明延平王祠折》。

臣等伏思郑成功丁无可如何之厄运，抱得未曾有之孤忠；虽烦盛世之斧斨，足砭千秋之顽懦。……成功所处，尤为其难，较之瞿、张，奚啻伯仲。合无仰恳天恩，准予追谥，并于台郡敕建专祠，俾台民知忠义之大可为，虽胜国亦华衮之所必及；于励风俗、正人心之道，或有裨于万一。[2]

【按：沈葆桢后为延平郡王祠撰楹联五副："开万古得未曾有之奇，洪荒留此山川，作遗民世界；极一生无可如何之遇，缺憾还诸天地，是创格完人。""海上视师，紫阳于五百年前，早为后贤筹结局；天南睎发，缅甸在八千里外，特延闰朔付孤臣。""到此地回首凄然，只剩得江上一些儿流未枯眼泪；将斯人苦心参过，更休说世间有那种做不了难题。"[3]"石井满腔血，瀛台寸草春。"[4]"夫死妇必死，君亡明亦亡"[5]。】

十二月初五日（1875年1月12日），上《请调陈一鹤等片》《遵旨筹商折》《请加封嘉义城隍神折》《补请义民潘缔等恤典片》《请奖开山首先出力人员折》《请奖提督唐定奎片》《请奖洋将博郎等片》。[6]

---

① ［清］沈葆桢：《沈文肃公政书》卷五，第917～919页。

② ［清］沈葆桢：《沈文肃公政书》卷五，第921～923页。

③ 林庆元、王道成考注：《沈葆桢信札考注》，第328页。

④ 沈丹昆：《沈葆桢巡台时留下的五副楹联》，载《炎黄纵横》2013年第5期，第34～36页。

⑤ 沈丹昆：《沈葆桢巡台时留下的第六副楹联》，载《炎黄纵横》2014年第8期，第38～39页。

⑥ ［清］沈葆桢：《沈文肃公政书》卷五，第911～935页。

十二月初五日（1875 年 1 月 12 日），同治帝载淳病逝，立载湉为帝，年号光绪。

十二月初八日（1875 年 1 月 15 日），致信李宗羲，述忽感风寒，附呈近日事宜。[①]

十二月初八日（1875 年 1 月 15 日），致信李鸿章，述忽感风寒，附呈近日事宜。[②]

十二月初八日（1875 年 1 月 15 日），致信文煜，述忽感风寒，附呈近日事宜。[③]

十二月初八日（1875 年 1 月 15 日），致信李鹤年，述忽感风寒，附呈近日事宜。[④]

十二月初八日（1875 年 1 月 15 日），致信王凯泰，述忽感风寒，附呈近日事宜。[⑤]

十二月中旬，复信王元稚，劝其不要辞去教职而去入幕。

> 承示为治生计，将改而习幕，窃以为非计也。……吾兄食指非繁，授经所入，加以致用津贴，当足敷衍。杜陵广厦，白傅长裘，奢愿终属可偿，不当以彼易此。积薪厝火，非挚爱不肯为此言，敢弗书之座右？[⑥]

十二月中旬，致信夏献纶、刘璈，谈开路、僚属退志、近日病情等。[⑦]

十二月中旬，致信黎兆棠，谈于香港招收船员、管驾出身、筹议海防、闽厂英语学堂、招徕开矿，促北行，述近日病情等。

---

① 林庆元、王道成考注：《沈葆桢信札考注》，第 309 页。
② 林庆元、王道成考注：《沈葆桢信札考注》，第 309 页。
③ 林庆元、王道成考注：《沈葆桢信札考注》，第 310 页。
④ 林庆元、王道成考注：《沈葆桢信札考注》，第 310 页。
⑤ 林庆元、王道成考注：《沈葆桢信札考注》，第 310 页。
⑥ 林庆元、王道成考注：《沈葆桢信札考注》，第 311 页。
⑦ 林庆元、王道成考注：《沈葆桢信札考注》，第 311 页。

承命于香港书馆挑选上船学习，洵属法良意美。敝局中如张成、吕翰辈即其人也。但管驾必从学堂出身者，方有以教之。又必管驾自行挑取，然后一气呵成。此时六条复奏甫上，应俟廷议定后，方有把握。闽厂英语学堂尚未曾撤，只以费绌不能如额，言之令人齿冷。磺油有愿办者，乞即为之招徕开矿，以渐推致，当不苦资本之浩大矣。得李伯相书，嘱力劝就道。弟知我公非无情斯世者，已复以稍愈必北行也。①

十二月十三日（1875年1月20日），带同台湾府知府周懋琦、前署台湾镇曾元福由郡城登程，赶赴琅𤩝查勘建城事宜。②

十二月十三日（12月21日），郭嵩焘复信沈葆桢，举荐王元稚，论江北盗匪横行、滇案处理等。③

十二月十四日（1875年1月21日），抵凤山，阅淮军城西八营、城东三营。④

十二月十五日（1875年1月22日），南行，宿东港。⑤

十二月十六日（1875年1月23日），宿枋寮。⑥

十二月十七日（1875年1月24日），过刺桐脚，夕宿风港。⑦

十二月十八日（1875年1月25日），抵琅𤩝，宿车城。接见夏献纶、刘傲，知已勘定车城南十五里之猴洞可为县治。⑧

十二月二十日（1875年1月27日），与夏献纶、刘璈等坐轮

① 林庆元、王道成考注：《沈葆桢信札考注》，第312页。
② ［清］沈葆桢：《沈文肃公政书》卷五，第937页。
③ 《郭嵩焘全集·集部一·书信》，第256～257页。
④ ［清］沈葆桢：《沈文肃公政书》卷五，第937页。
⑤ ［清］沈葆桢：《沈文肃公政书》卷五，第937页。
⑥ ［清］沈葆桢：《沈文肃公政书》卷五，第937页。
⑦ ［清］沈葆桢：《沈文肃公政书》卷五，第938页。
⑧ ［清］沈葆桢：《沈文肃公政书》卷五，第938页。

船自琅𤩝归台郡城。

十二月十一日（1875年1月18日），清廷谕令内阁议覆沈葆桢所奏福建巡抚移札台湾事。

> 沈葆桢等奏，请将福建巡抚移札台湾以专责成一折，着该衙门议奏。[①]

十二月廿一日（1875年1月28日），清廷命继续开山，并准在琅𤩝建城置吏、旗后海口修建筑炮台等。

> 沈葆桢等奏，南北路开山并拟布置琅𤩝、旗后各情形一折。现在台湾南路开山已抵卑南，北路开山已抵岐莱，而时有凶番出没其间。沈葆桢等添军前往分布，声势尚为联络，即着该大臣等将抚番事宜悉心经理，凶悍者立予创惩，驯顺者妥为抚辑，务令怀德畏威，以为一劳永逸之计。至琅𤩝一带屡有洋人前往窥探，亟应乘时布置，以杜觊觎。该大臣拟于琅𤩝建城置吏，并拟于旗后海口建筑炮台，自属因地制宜。沈葆桢现已亲赴该各处勘察形势，着即详细妥筹，奏明办理。所有台湾一切应办事宜，并着随时会商具奏。[②]

十二月廿一日（1875年1月28日），致信文煜，述近日行程，附呈琅𤩝疏稿。[③]

十二月廿一日（1875年1月28日），致信李鹤年，述近日行程，附呈琅𤩝疏稿。[④]

十二月廿一日（1875年1月28日），致信王凯泰，述近日行程，附呈琅𤩝疏稿。[⑤]

---

① 《清实录·德宗景皇帝实录》卷一，第五二册，第83页。

② 《清实录·德宗景皇帝实录》卷二，第五二册，第97页。

③ 林庆元、王道成考注：《沈葆桢信札考注》，第312页。

④ 林庆元、王道成考注：《沈葆桢信札考注》，第313页。

⑤ 林庆元、王道成考注：《沈葆桢信札考注》，第313页。

十二月廿三日（1875年1月30日），上《请琅𤩝筑城设官折》，拟于台湾琅𤩝南十五里之猴洞设立县治（即恒春县治）。

奏为履勘琅𤩝形势，拟即筑城设官，以镇民番而消窥伺。[①]

十二月廿四日（1875年1月31日），乘“扬武”舰自台湾内渡，准备办理船政报销事宜。[②]

十二月廿五日（1875年2月1日），抵福州，晕船，数日始恢复。

二十五日抵省，眩晕数日始定。[③]

光绪元年乙亥（1875）　56岁

船政大臣任上，钦差办理台湾等处海防兼理各国事务大臣，后任两江总督。

正月初六日（2月11日），李鸿章复信沈葆桢，论海防条陈、荐为两江总督、购铁甲船、台湾开发等。

公自谓于船政一无所知，㧑谦过分，弟于海防则真一无所知矣。冬月初，曾摭拾上陈，毫无是处，久思录呈，苦无确便，兹谨抄奉教正。其推戴执事，实出至诚，非敢互为标榜也。刘、张诸君条议，各有见地，张更精核，故知幕下人才济济，非他处捕风捉影者所可几及。巡抚移台之议，洵属经久大计，年前赴京叩谒梓宫，曾力陈于当路，闻吏部主稿复准，小小节目，尚须闽中裁定耳。各省复奏，尚未全到，国有大事，暂无暇及，今春再从容会核。然南洋数省，提挈

① ［清］沈葆桢：《沈文肃公政书》卷五，第937～941页。

② 林庆元、王道成考注：《沈葆桢信札考注》，第315页。

③ 林庆元、王道成考注：《沈葆桢信札考注》，第315页。

纲领，舍我公其谁与归。①

正月初十日（2月15日），清廷谕准所请，允内地人民入台湾耕垦，贩卖铁、竹，并准请调员差委。

沈葆桢等奏，台湾后山亟须耕垦请开旧禁一折。福建台湾全岛，自隶版图以来，因后山各番社习俗异宜，曾禁内地民人渡台及私入番境，以杜滋生事端。现经沈葆桢等将后山地面设法开辟，旷土亟须招垦，一切规制自宜因时变通。所有从前不准内地民人渡台各例禁，着悉与开除。其贩买铁、竹两项，并着一律弛禁，以广招徕。又谕，沈葆桢等奏，请调员差委等语。工部候补员外郎陈一鹤、补用同知文炜、候选知县李益林，着杨昌濬、王文韶饬令该员等即赴台湾，交沈葆桢等差遣。②

正月初十日（2月15日），清廷谕准在嘉义建祠祀阵亡文武员弁、台煤减税、准于台郡建郑成功专祠。

钦差大臣沈葆桢等奏，请饬建祠以祀嘉义县阵亡文武员弁潘恭赞等，并附祀阵亡义民潘缔等。从之。又奏，出口台煤每吨减税一钱，下部知之。又奏，明故藩朱成功，忠烈昭然，有功台郡，请予建祠追谥，下部议，寻予谥“忠节”。③

正月初十日（2月15日），郭嵩焘复信沈葆桢，谈办理洋务的风气、赫德条议、滇案处理、开办实业等。

京师士大夫务为虚侨、横生议论，不一考求事理，视前二十年之见解无以易也。方今各口通商十六，内达汉江，洋人实绾其利权；沿海机器局及学馆，洋人实司其训课。谓宜视彼所长而效法之，视彼之足为利病者而求所以御之。一切

---

① 《李鸿章全集·信函》三，第171页。

② 《清实录·德宗景皇帝实录》卷三，第五二册，第108页。

③ 《清实录·德宗景皇帝实录》卷三，第五二册，第108页。

内自毙焉，而引以为耻，未尝不可及时图功。故日物耻足以振之、国耻足以兴之，殆未易一二。为今时士大夫言也。滇案本易理处，徒为议论所持，濡延至今。倭人近与朝鲜构难，其蓄谋已久，理处较难。①

正月十二日（2月17日），清廷谕准设恒春县，饬速赴台湾督办开山抚番事宜。

沈葆桢等奏履勘琅峤形势拟建城设官一折，沈葆桢于上年十二月，亲往琅峤，详加履勘，拟于车城南猴洞地方建设县治，名曰恒春。先设知县一员，以资治理，系因地制宜起见，即着照所议行。该大臣等即饬令委员将筑城建邑等事实力筹办，其余未尽事宜，并着随时具奏。沈葆桢现在回省，着将船政应办各事，迅速料理，即行前往台郡，督饬该地方官将开山抚番诸务，通筹全局，悉心经理，以副委任。刺桐脚乡民被生番戕害一案，着即妥为办结，毋令滋生事端。②

【按：沈葆桢倡导的开山抚番仅是初创，后继者并没有办理得法。光绪七年十一月十四日，刘璈呈《密禀筹防灯楼防番实以防洋附请会咨由》云：“甲戌，琅峤之役，倭人借名征番，意在侵地。经沈文肃恪遵朝命，创开山抚番之举，为抽薪止沸之谋，弭患已萌，具有深意。适以继起无人，办理又不得法。名曰开山，不过鸟道一线，防不胜防，且有旋开旋塞者。至今地多旷土，兵民无所凭依。名曰抚番，不过招番领赏。滥赏何益？且有旋赏旋叛者。至今杀人如故，番民格格不入。兼以山后阴凝成瘴，防垦兵民，类多中伤，以致开抚踵事虚縻，有名无实。中外人等，共有见闻。非后山之不利开抚，实开抚之有负后山。前有请罢山后之议，未免因噎

① 《郭嵩焘全集·集部一·书信》，第256～257页。

② 《清实录·德宗景皇帝实录》卷三，第五二册，第109页。

废食。我弃人取，势所必至。”[①] 】

正月十三日（2月18日），从福州赴马尾工次。[②]

正月十四日（2月19日），李鸿章复信丁日昌，论及沈葆桢才干。

总署以各省复议到齐，惟幼丹与鄙人两议切实，余多对空策。……幼丹洋务、船政比之时人似胜一筹，其鲠亮公忠，不避艰险，尤为罕伦，中外声望日起。台湾已议准闽抚移驻，想当别有位置。[③]

正月十九日，获悉淮军福靖左营管带、温州右营游击王开俊入剿狮头社番遇伏阵亡，后为之请恤。

满拟将船事清厘一事，再行东渡。不料十九日得玉山噩耗，为之心痛肠断。玉山忠国爱民，诚开金石，防倭极镇定严毅，窃以为远到之才。不图不尽其用，中道以殒也。然马革裹尸，流芳青史，较秋间殁于枕席者，有余荣焉，不得谓非天福忠良也。[④]

正月二十日（2月25日），光绪帝载湉即位，行登极礼。

正月中旬，致信王凯泰，述挪借台饷给日意格、大修“长胜”等。[⑤]

正月中旬，致信朱学勤、朱智，论台案结局，述近日行程。

倭奴未受惩创，清议难逃，扪心滋愧。腊底内渡，料量船政报销。开正得镇道来书，番社复行蠢动。销案草草就绪，又

---

① ［清］刘璈：《巡台退思录》，长沙：岳麓书社，2010年，第133页。

② 林庆元、王道成考注：《沈葆桢信札考注》，第315页。

③ 《李鸿章全集·信函》三，第176页。

④ 林庆元、王道成考注：《沈葆桢信札考注》，第318页。

⑤ 林庆元、王道成考注：《沈葆桢信札考注》，第313页。

须展轮而东。时局既艰，饷源奇绌。材疏任剧，徒唤奈何。[1]

正月中旬，致信文煜，附呈所录批旨。[2]

正月廿三日（2 月 28 日），清廷命办理闽省电线案。

总理各国事务衙门奏，闽省电线购回自办，请饬沈葆桢会同李鸿章等妥筹办理。从之。[3]

正月廿八日（3 月 5 日），致信李鸿章，论来示疏稿中用人一条、古巴招工一事，述林寿图、黎兆棠行程，日意格即将回国并呈铁甲船图纸。[4]

正月三十日（3 月 7 日），会衔左宗棠、文煜、李鹤年、王凯泰上《船工动费解款久停请就闽海关筹拨折》，上报同治五年至十三年的制船、养船费用，请求船政经费仍由海关项下拨给。

惟是自去年九月至今，四月有余，短解之款已二十余万。厂内员、匠、童、徒、工、役方赶办工程，断难责令枵腹从事，只得于台防经费项下暂行移拨。而台地开山筑垒，营饷、工料需用繁兴，又不能挪此而辍彼，进退维谷，苦唤奈何。矧现在采铁、采木之赀，铁胁、卧机之购，一时均难缓于举行，巨款纷罗，计穷智绌。傥议拨无着之款，抑或待挹注于邻封。微臣力无所施，大局必滋贻误。合无吁恳天恩，俯念船政拨款系奉特旨允准，积年遵行成案。只缘续拨之款逐渐增多，致海关入不敷出。请饬部将续款改拨他省，原定船政经费仍于闽海关按月拨解，以扶自强之局。[5]

---

① 林庆元、王道成考注：《沈葆桢信札考注》，第 314 页。

② 林庆元、王道成考注：《沈葆桢信札考注》，第 315 页。

③ 《清实录·德宗景皇帝实录》卷三，第五二册，第 119 页。

④ 林庆元、王道成考注：《沈葆桢信札考注》，第 317 页。

⑤ 张作兴主编：《船政文化研究——船政奏议汇编点校辑》，第 100～101 页。

正月三十日（3 月 7 日），上《船政销案勾稽就绪刻日渡台折》《遣散员匠经费归入造船项下片》,[1]《淮军员弁请恤片》。[2]

正月三十日（3 月 7 日），致信罗大春，嘱与夏献纶商议饷需、抚恤，谈王开俊阵亡等。[3]

正月三十日（3 月 7 日），致信唐定奎，嘱料理王开俊阵亡事。[4]

正月下旬，致信潘霨，述近日行程、奔波之苦、询王开俊阵亡情形等。[5]

正月下旬，致信彭玉麟，述入台始末及近况。[6]

正月下旬，复信左宗棠，谈购铁甲船，呈海防疏稿、闽抚移驻疏稿，述近日行程等。

> 铁甲船实非兵轮船所能敌，惟精与不精，等级甚多，制法亦日新月异。其击铁甲巨炮，则易其开花子用尖顶实心之钢弹而已。御夷于海，此器必不可少。……倭奴狼奔豕突而来，养欲给求而去。扪心清夜，无地自容。乃荷慰藉之词，益悚然汗下。抚番非数十年不能了事，而挽回吏治、营政之弊，尤急于抚番。前有请移驻巡抚一疏，录稿恭呈，伏乞指谬。□□偷空归办船政报销，腊之念五日抵马尾。旋闻鼎湖之变，心胆俱裂。以后公事，更不知如何措手。晋省哭临，旋工，得筱涛书，狮头社番滋事，驻风（枫）港之游击王开

---

① 张作兴主编：《船政文化研究——船政奏议汇编点校辑》，第 101～102 页。

② ［清］沈葆桢：《沈文肃公政书》卷五，第 943～944 页。

③ 林庆元、王道成考注：《沈葆桢信札考注》，第 318 页。

④ 林庆元、王道成考注：《沈葆桢信札考注》，第 318 页。

⑤ 林庆元、王道成考注：《沈葆桢信札考注》，第 315 页。

⑥ 林庆元、王道成考注：《沈葆桢信札考注》，第 315～316 页。

俊阵亡，又须匆匆东渡。①

二月初一日（3月8日），致信夏献纶，嘱派人接任王开俊营，谈诱诛阿必短、饷需供应、建大绣房塔灯、开煤矿未获准等。②

二月初四日（3月11日），赴马尾。

窃于月之初四，趋赴马尾工次。③

二月初八、初九日（3月15日、3月16日），召集省城名流及船政同人数十人，大开吟局，得诗数千首。后黄嘉尔将诗作抄录汇存，择其十之二三，编成《船司空雅集录》，于光绪十一年（1885）在南昌刻印发行。

二月初九日（3月16日），福建布政使潘霨病免，以福建按察使葆亨接任。诏命前两淮盐运使郭嵩焘任福建按察使。

二月初十日（3月17日），率舰队第二次赴台。

初十解缆，晚泊虎门。④

二月上旬，致信文煜，述行程，附呈批旨、折稿。⑤

二月上旬，致信李宗羲，述行程，附呈批旨、折稿。⑥

二月十一日（3月18日），是日在长乐白犬岛候风，夜出海。

候风于白犬，是夜放洋。⑦

二月十二日（3月19日），抵澎湖，登岸勘察炮台修筑进展。

抵澎湖。登岸履勘副将吴奇勋所修炮台工程，颇知力求

---

① 林庆元、王道成考注：《沈葆桢信札考注》，第316页。

② 林庆元、王道成考注：《沈葆桢信札考注》，第319页。

③ 林庆元、王道成考注：《沈葆桢信札考注》，第319页。

④ 林庆元、王道成考注：《沈葆桢信札考注》，第320页。

⑤ 林庆元、王道成考注：《沈葆桢信札考注》，第319页。

⑥ 林庆元、王道成考注：《沈葆桢信札考注》，第319页。

⑦ 林庆元、王道成考注：《沈葆桢信札考注》，第320页。

坚实，惟穷岛荒陬，木料难致，尚未竣工。①

二月十三日（3月20日），抵安平，接见地方官员。

午后，抵安平，接见地方官，知王开俊失利之后，内外狮头等社常结连党羽，在刺桐脚沿海一带伏路伺杀，风港、枋寮各处道路为之不通。②

二月十七日（3月24日），会衔左宗棠上《委蔡国祥驻扬武督操片》，奏请改"扬武"号为练船，以长江水师提督蔡国祥暂任督练，拟派英国海军总兵德勒塞为总教习。③

二月十七日（3月24日），上《游击王开俊请恤片》《请调段起充营务处片》。④

二月中旬，致信李鸿章，述近日行程、攻狮头社、各省难以统一枪炮，附呈折稿、信函。

日意格谓中国师船所用枪炮，宜各省一律，所言不为无见。惟从前购备者，已费巨款，万难弃之。以后成船，当追步尊处所取者，如格购用，可免参差。⑤

二月中旬，致信李鹤年，述近日行程、攻狮头社，请筹二十万款转交船政。⑥

二月中旬，致信段起，述近日行程，请赴台帮办。⑦

二月中旬，致信唐定奎，嘱续攻狮头社、派人赴郡请饷。⑧

---

① ［清］沈葆桢：《沈文肃公政书》卷五，第946页。

② ［清］沈葆桢：《沈文肃公政书》卷五，第946页。

③ 张作兴主编：《船政文化研究——船政奏议汇编点校辑》，第102～103页。

④ ［清］沈葆桢：《沈文肃公政书》卷五，第951～954页。

⑤ 林庆元、王道成考注：《沈葆桢信札考注》，第320页。

⑥ 林庆元、王道成考注：《沈葆桢信札考注》，第320页。

⑦ 林庆元、王道成考注：《沈葆桢信札考注》，第321页。

⑧ 林庆元、王道成考注：《沈葆桢信札考注》，第321页。

二月中旬，致信罗大春，谈开山抚番举措，述闽抚移驻尚未获准、为王开俊请恤等。

添碉堡、加石工、筹储运，此皆必不容已者。……顽悖者，示以威，亦理势之所必然。招垦一节，嘱筱涛催办，城池宜于岐莱，诚属卓见。惟经费奇绌，建城、设官，一时碍难并举。……巡抚移驻一疏，得李伯相书，云经吏部议准，而部文则尚未到。中丞何时可来，亦未有定局。弟号令不明，致玉山罹此奇惨。①

二月廿三日（3月30日），致信沈玮庆、沈咏彤，论郑家葬事、四子沈瑜庆亲事，述行程，询孙长绂节略等。②

二月廿七日（4月3日），礼亲王世铎议复总署海防奏议，认为样枪炮、水炮台、水雷亟须购办。铁甲船船质笨重，耗费百万，应俟沈葆桢购到察看后，再行购买。同日，通政使于凌辰议复海防奏议，谓但修我陆战之备，不必争利海中；但固我士卒之心，不必师洋人机巧。同日，大理寺卿王家璧议复海防筹议，谓造兵船撤艇船，名为设防，实为撤防。铁甲船中国不可一试。③

二月廿七日（4月3日），上《商办狮头社番折》。④

二月下旬，致信总署，谈办福厦电线，述近日行程。

福厦电线一事……丹国公司，素极狡狯，局员率尔与立合同，尤出意料之外。有合同可据，则彼为有词，何怪将军、巡抚斡旋之费手乎？葆桢岁暮晋省，与巡抚晤谈，及于此事。谋桢意以购归官办，方有结局，巡抚深以为然。兹拉

---

① 林庆元、王道成考注：《沈葆桢信札考注》，第322页。

② 林庆元、王道成考注：《沈葆桢信札考注》，第74页。

③ 姜鸣编著：《中国近代海军史事日志1860～1911》，北京：生活·读书·新知三联书店，1994年，第44页。

④ ［清］沈葆桢：《沈文肃公政书》卷五，第945～949页。

使既自愿归之中国，则其机至顺，不致另生葛藤。临行时得巡抚函，商以购费归海防支销，葆桢当即照复。想此事已有眉目，可慰廑垂矣。葆桢十三日抵台，询访狮头社情形，顽抗如故。殆运会至此，迫我以不得不开。法立然后知恩，用威良非得已。总之，毋欲速，毋贪功，进一步是一步，数节而后，自当迎刃而解也。①

二月下旬，致信李鹤年，谈办福厦电线，述近日行程，催饷。②

二月下旬，致信林寿图，述离情、攻狮头社、开矿难办、饷需难筹等。③

二月下旬，致信彭楚汉，嘱运砖赴台。④

二月底，致信罗大春，慰问病情，述攻破草山社。⑤

三月初三日（4月8日），清廷谕准段起赴台帮办营务。

沈葆桢奏请调道员办理营务等语。前江西督粮道段起，着吏部查明，饬令该员前赴台湾，交沈葆桢差遣委用。⑥

三月初三日（4月8日），清廷命审慎进剿狮头社、相机妥办剿抚事宜等。

沈葆桢等奏，筹办狮头社番情形一折。……统着沈葆桢等酌度情形，相机妥办。其余修理炮台各节，并着该大臣等妥慎筹画。中路、北路各处，仍当随时镇抚民番，毋任滋事。沈葆桢另片奏请调道员段起差委，暨请将游击王开俊等

① 林庆元、王道成考注：《沈葆桢信札考注》，第322～323页。
② 林庆元、王道成考注：《沈葆桢信札考注》，第323页。
③ 林庆元、王道成考注：《沈葆桢信札考注》，第323页。
④ 林庆元、王道成考注：《沈葆桢信札考注》，第324页。
⑤ 林庆元、王道成考注：《沈葆桢信札考注》，第324页。
⑥ 《清实录·德宗景皇帝实录》卷五，第五二册，第142页。

优恤各等语。段起现在来京，已谕吏部饬令该员前赴台湾。惟闻该员向有嗜好，着沈葆桢留心察看。王开俊等优恤，已照所请，明降谕旨矣。①

三月上旬，致信罗大春，询病况，嘱继续主持招垦，暂无替人。②

三月上旬，致信林拱枢，谈开山抚番，请查封典事宜等。

朝廷意在抚番，而调度乖方，致成剿局，良自愧恨。然恩极则玩，或痛剿之后，抚局转有实际，未可知也。③

三月上旬，致信文煜、李鹤年、王凯泰，嘱与丹麦翻译商办电线案，预筹罗大春离台替人，催筹饷银二十万两。④

三月上旬，复信王凯泰，述开山战况，催饷。⑤

三月上旬，致信文煜，述开山战况，催饷。⑥

三月上旬，复信吴大廷，谈狮头社居民肇衅、近况，录呈楹联三幅。⑦

三月上旬，复信李元度，谢荐李新圃来台，述郭嵩焘、曾国荃近况等。

闻岛族潜窥，滇海忽起波澜。我亲家曾任滇臬，将有起东山者，不能久以林泉清福傲劳人也。……沅丈抚陕，国家方留意锁钥，我亲家其早自为计矣。⑧

三月十三日（4 月 18 日），上《报明南路剿番情形折》《北路

① 《清实录·德宗景皇帝实录》卷五，第五二册，第 142～143 页。

② 林庆元、王道成考注：《沈葆桢信札考注》，第 324～325 页。

③ 林庆元、王道成考注：《沈葆桢信札考注》，第 325 页。

④ 林庆元、王道成考注：《沈葆桢信札考注》，第 326 页。

⑤ 林庆元、王道成考注：《沈葆桢信札考注》，第 326～327 页。

⑥ 林庆元、王道成考注：《沈葆桢信札考注》，第 327 页。

⑦ 林庆元、王道成考注：《沈葆桢信札考注》，第 327～328 页。

⑧ 林庆元、王道成考注：《沈葆桢信札考注》，第 328 页。

中路开山情形折》《请封苏澳海神折》《报明台郡城工完竣片》《千总李长兴正法片》《台北员弁请恤片》。①

三月十三日（4月18日），会衔左宗棠上《报名艺童随日监督出洋片》，奏请派前学堂学员魏瀚、陈兆翱、陈季同及后学堂学员刘步蟾、林泰曾随同日意格前往英法游历。②

三月十四日（4月19日），复信沈玮庆、沈咏濂，谈就读星海书院、督促沈璘庆和沈瑜庆读书、家用宜极力节省，嘱打扫房间、寄送衣物、赠李荣春五十金，询沈瑶庆读书等。③

三月十五日（4月20日），致信李鹤年，谈电线案了结、滇案继起，催饷，附呈批旨等。④

三月十五日（4月20日），致信王凯泰，谈电线案了结、台地建城设官、催饷、船政缺款、滇案继起、附呈批旨等。⑤

三月十九日（4月24日），致信刘坤一，询江北水灾，述开山进展，附呈折稿。⑥

三月十九日（4月24日），致信李鸿章，述开山进展、福厦电线办理、附呈折稿等。

> 晚生渡台后，始得总署咨电线一事，而番案未了，实无从分身。函嘱省门，就近办理。我既愿购，彼亦愿售，似不难就绪。而通商来禀，大作苦恼之状，未知其所以然也。其初缘当事者不知要领，欲据为己功，私自定议，授人以柄，继欲反其所为，弄巧成拙。总之，皆门外汉耳。与外人交，

---

① ［清］沈葆桢：《沈文肃公政书》卷五，第955～979页。

② 张作兴主编：《船政文化研究——船政奏议汇编点校辑》，第103～104页。

③ 林庆元、王道成考注：《沈葆桢信札考注》，第74～75页。

④ 林庆元、王道成考注：《沈葆桢信札考注》，第330页。

⑤ 林庆元、王道成考注：《沈葆桢信札考注》，第330～331页。

⑥ 林庆元、王道成考注：《沈葆桢信札考注》，第332～333页。

兢兢业业，犹虑入其彀中，乃欲占其便宜，真班门弄斧者矣。①

三月中旬，致信夏献纶，嘱查刺桐脚失火案。②

三月中旬，致信文煜，催解船政协款，述开山进展等。

船政需款，急如星火，截留台防解项，代发台防之军火、砖石、木料、轮船薪粮、煤炭等事，尚属不敷，船工更无从借润。然工程断不能停，应购之料亦不能不购，去年定购两批洋木，据报在途，不日即到，非十余万元无从开发。明知贵关六成一时无款，是实在情形。第此时去茶市不远，若贵关能开解一二批，局中遇有急切不能应手之时，亦可向阜康、文经等处筹借，暂纾眉急，以有解款可抵也。③

三月中旬，致信杨昌濬，述造船进展、粮饷支领、开山进展等。④

三月中旬，致信林寿图，述离情、各人前程、筹款窘相、开山进展等。

船政、台防，需饷万紧，而省门饷源愈窒。奈何，奈何。⑤

三月中旬，致信罗大春，慰问病情、述开山进展、滇案又起、各人前程等。⑥

三月廿八日（5月3日），致信文煜，谢解船政二万金，谈电线案办理，述开山进展、罗大春去志，附呈批谕、折稿等。⑦

---

① 林庆元、王道成考注：《沈葆桢信札考注》，第333页。
② 林庆元、王道成考注：《沈葆桢信札考注》，第329页。
③ 林庆元、王道成考注：《沈葆桢信札考注》，第329页。
④ 林庆元、王道成考注：《沈葆桢信札考注》，第331页。
⑤ 林庆元、王道成考注：《沈葆桢信札考注》，第331～332页。
⑥ 林庆元、王道成考注：《沈葆桢信札考注》，第332页。
⑦ 林庆元、王道成考注：《沈葆桢信札考注》，第335页。

三月廿八日（5月3日），致信李鹤年，论电线案办理，述开山进展，附呈批谕、折稿等。[①]

三月廿九日（5月4日），复信沈玮庆、沈咏彤，述寄还衣物、家中姻事，询沈璿庆病情、致用堂读书情形、奠仪交付等。[②]

三月下旬，复信黎兆棠，慰问病情，述开山进展、罗大春去志，请饬段起赴台并密查烟瘾嗜好。[③]

三月下旬，复信王凯泰，述开山进展、罗大春去志、寻觅替人，论台饷船款难筹、闽抚移驻、电线案办理等。

> 台饷船款，极费荩筹，感刻岂有涯涘。十万已从永保解到台局，又以下月支款请。愧杀急杀。久旱得雨，涸可立待。自知不当为无厌之求，然如无当之卮、无底之壑何？……省、台不能分家，亦天地自然凑泊者也。得蕴石太守信，电缆已有眉目，慰甚。其窾要不在目前之多减价值，而在既事之不生枝节。[④]

三月下旬，致信丁嘉炜，谈电线案办理。[⑤]

三月下旬，复信林寿图，述饷事、开山进展，论闽省省运、请奖名单，书楹帖等。

> 数十年来，吾省膺疆寄者未尝断，亦不能多。一出一入，省运固然也。[⑥]

四月初十日（5月14日），致信沈玮庆、沈咏彤，询郡试结果、植斋功课，述淮军进剿、施和缴还工食，嘱寄课文等。[⑦]

---

① 林庆元、王道成考注：《沈葆桢信札考注》，第335～336页。

② 林庆元、王道成考注：《沈葆桢信札考注》，第75页。

③ 林庆元、王道成考注：《沈葆桢信札考注》，第334页。

④ 林庆元、王道成考注：《沈葆桢信札考注》，第334～335页。

⑤ 林庆元、王道成考注：《沈葆桢信札考注》，第336页。

⑥ 林庆元、王道成考注：《沈葆桢信札考注》，第336页。

⑦ 林庆元、王道成考注：《沈葆桢信札考注》，第76页。

四月初十日（5月14日），左宗棠复信沈葆桢，论台案、海防办理，询购买船炮事等。

前接惠函，敬悉台事布署周妥，一气呵成，收此腴区，为闽疆添一保障，为东南沿海添一外郛，甚盛，甚盛。肇事之初，难免不生波折。究之一番波折，一番绸缪，局势更稳，则亦不幸之幸也。日意格已西归，购船炮事如何？幸便中示及，以广闻见。海防、塞防二者并重，不患无办法，而患无经费。实则通筹合计，相其缓急应之，亦不患无经费也。①

四月上旬，复信李鹤年、王凯泰、文煜，谈电线案处理。

电线价值，有无浮开，敝处亦无从得其底蕴。既据局员称难以再减，虽唇焦舌敝，亦徒费工夫，似不如慷慨许之，加以坚明约束，杜其后来横生枝节之阶。②

四月十四日（5月18日），清廷谕准派艺童随同日意格出洋游历。

督办船政大臣沈葆桢奏，派艺童随同日意格出洋游历。允之。③

四月十五日（5月19日），李鸿章复信沈葆桢，述王凯泰主张沈葆桢留台主持善后、购蚊子船、枪炮采办、拟请郭嵩焘接办船政等。

巡抚驻台之说，何时定案？补帆谓须仿照直督驻津之例，往来兼顾，仍欲攀留大旆主持善后事宜。窃恐事权未能画一，骏足未可久羁，卓裁以为何如。……筠仙同年陈臬珂

---

① 《左宗棠全集·书信》二，第467页。

② 林庆元、王道成考注：《沈葆桢信札考注》，第337页。

③ 《清实录·德宗景皇帝实录》卷七，第五二册，第168页。

乡，欲赴台一谒船政，台务若得此替人，必可胜任。①

四月十六日（5月20日），唐定奎督军攻破内外狮头社。②

四月十六日（5月20日），致信李鹤年，谢解款四十万两，嘱续筹十万两，请饬宋奎芳赴台接任罗大春之职、核议闽抚移驻等。③

四月十六日（5月20日），致信沈璘庆、沈瑜庆，谈作文、读书、经世等。

> 我记性之劣，与汝一般，只是读了又读，故少时所读尚未尽忘。做京官时，亦未尝一日不温书。十余岁时所阅之书，稍能记者，皆曾经用入文字者。盖一经运用，则与心血浃洽故也。前辈看书，皆有笔记。汝试用簿一本，将随时所看书，有所见，则笔之，数言、数十言均可，必于心大有所得。古人著作等身，无不基于此。心思愈用而愈入，书卷愈用而愈出。如讷如并非长于强记者，其推倒一时豪杰，则专心致志于议论也。议论所及，书为我用矣。归震川是八股空前绝后第一家，古文一大家。其《史记》是费尽苦心读者，汝能潜心玩索，必大有所得。……经世之学，亦从读书来，所谓善言今者必有验于古。洋法船炮精矣，而看其训练，并不全恃利器，其微意不出《孙子》十三篇也。人生未到番地，不知其人之情状，不知其地之夷险，所以抚，所以剿，何怪其莫能举。士不可以不知兵，家之死生，国之存亡系焉。士不可以喜谈兵，一将功成万骨枯，能无心痛？生番甚易办，恩威俱可行。惟饷源不继可忧，军士疾疫可悯。④

① 《李鸿章全集·信函》三，第221～222页。

② ［清］沈葆桢：《沈文肃公政书》卷五，第985～986页。

③ 林庆元、王道成考注：《沈葆桢信札考注》，第338页。

④ 林庆元、王道成考注：《沈葆桢信札考注》，第76～77页。

四月十七日（5月21日），复信王凯泰，述宋奎芳接替罗大春、核议闽抚移驻、开山进展、催饷、五月科试等。①

四月十八日（5月22日），致信王凯泰，述攻克狮头社。②

四月十八日（5月22日），复信沈玮庆，嘱送四姑节项、应课致用堂，述患水泻。③

四月中旬，复信罗大春，慰问病情，询宋奎芳底细，以便接替任事。④

四月中旬，致信刘坤一，询水灾、滇案详情，开山进展。⑤

四月廿三日（5月27日），致信沈玮庆，寄回刘氏族谱，嘱仿作三图、送梁礼堂寿礼等。⑥

四月廿三日（5月27日），致信李鸿章，询滇案详情，述左宗棠出关、海防条陈、筹饷困难、郭嵩焘未抵闽、闽抚移驻等。⑦

四月廿三日（5月27日），上《淮军攻破内外狮头社折》《装送王开俊忠骸片》《周维先等请恤片》《提督罗大春请假片》《美德兰等请赏宝星片》。⑧

四月廿三日（5月27日），郭嵩焘抵达福州，廿五日（5月29日）接印出任福建按察使。

> 于四月二十三日抵闽，奉准督臣李鹤年、抚臣王凯泰行知赴任。遵即于二十五日接印视事，恭设香案，望阙叩头

---

① 林庆元、王道成考注：《沈葆桢信札考注》，第338～339页。

② 林庆元、王道成考注：《沈葆桢信札考注》，第339页。

③ 林庆元、王道成考注：《沈葆桢信札考注》，第77页。

④ 林庆元、王道成考注：《沈葆桢信札考注》，第337页。

⑤ 林庆元、王道成考注：《沈葆桢信札考注》，第337～338页。

⑥ 林庆元、王道成考注：《沈葆桢信札考注》，第77页。

⑦ 林庆元、王道成考注：《沈葆桢信札考注》，第340页。

⑧ ［清］沈葆桢：《沈文肃公政书》卷五，第981～999页。

谢恩。[1]

四月廿四日（5月28日），致信文煜，述攻克狮头社，催解台饷十万等，附呈折稿。[2]

四月廿四日（5月28日），复信李鹤年，述开山进展，催解台饷十万等，附呈折稿。[3]

四月廿四日（5月28日），致信王凯泰，述日本觊觎琉球、郭嵩焘即将到任，催饷十万解台等。

冯竹儒致筱涛书，倭复生心于琉球。新闻纸所言，竟非无因。国之好乱，一至于此，欲不亡得乎？然中国所以图自立者愈亟矣。颖叔沪上来书，筠仙已抵申浦，计日当已抵闽。相得益彰，乐可知也。[4]

四月廿四日（5月28日），复信彭玉麟，述开山进展，盼王凯泰早来接任等。[5]

四月廿六日（5月30日），清廷谕令李鸿章督办北洋海防、沈葆桢督办南洋海防。

总理各国事务衙门奏，遵议筹办海防等事宜分别开单呈览各折片。海防关系紧要，既为目前当务之急，又属国家久远之图。……南北洋地面过宽，界连数省，必须分段督办，以专责成。着派李鸿章督办北洋海防事宜，派沈葆桢督办南洋海防事宜。所有分洋分任，练军设局，及招致海岛华人诸议，统归该大臣等择要筹办。其如何巡历各海口，随宜布置及提拨饷需，整顿诸税之处，均着悉心经理。……至铁甲船

---

① 《郭嵩焘全集·史部》一，第784页。

② 林庆元、王道成考注：《沈葆桢信札考注》，第341页。

③ 林庆元、王道成考注：《沈葆桢信札考注》，第341页。

④ 林庆元、王道成考注：《沈葆桢信札考注》，第342页。

⑤ 林庆元、王道成考注：《沈葆桢信札考注》，第342页。

需费过巨，购买甚难，着李鸿章、沈葆桢酌度情形，如实利于用，即先购一两只，再行续办。海防用度浩繁，如何提拨应用，即着户部、总理各国事务衙门妥议具奏。并着总管内务府大臣量入为出，裁汰浮费。户部、工部于应发款项着详细酌核，力杜浮冒。各省公私各费，该督抚务当实力撙节，以裕国用。①

四月廿六日（5月30日），擢升两江总督，兼充办理通商事务大臣。

以前江西巡抚沈葆桢为两江总督，兼充办理通商事务大臣。未到任以前，仍以江西巡抚刘坤一署理。②

四月廿七日（5月31日），李鸿章复信盛宣怀，述及沈葆桢新任、闽抚移驻台湾可以变通办理。

闽厂拨款中止，幼帅独费经营。闽抚移驻台湾，外间尚拟奏改，恐亦骤难定居。顷奉寄谕，幼帅已授江督，饬即赴任，督办南洋海防，另保贤员接办台事，当可斟酌变通办理。江左得人主持，固东南之福也。③

四月廿九日（6月2日），李鸿章复信沈葆桢，询问到任两江总督前，船政、台地交接办理情形。④

适奉二十六日寄谕，知执事晋擢两江，筹防六省，遗大投艰，非过人才力，老成德望，不足以副之。命下之日，朝野庆忭，岂惟桑梓蒙庇，舟楫同心已也耳。而鄙人诸务得有咨商，不至孤立无助，冀幸或免陨越，鼓舞欢跃，尤倍群情。廷旨催速赴任，又兼台事牵掣巡抚移驻之说，能克期往

① 《清实录·德宗景皇帝实录》卷八，第五二册，第177～179页。
② 《清实录·德宗景皇帝实录》卷八，第五二册，第180页。
③ 《李鸿章全集·信函》三，第230页。
④ 《李鸿章全集·信函》三，第231～232页。

替否？闻闽中复奏，请督抚轮驻，若再交部议，固多濡滞，即使照行，亦恐意见难齐，功效莫必，然我公固得大解脱矣。另派大员接办，舍疆吏更不妥洽。至船政一事，或择司道照料，遥为控制，尚无不可，想卓裁自有权宜。

四月下旬，致信宋奎芳，请调来台接替告病的罗大春。[①]

四月下旬，复信段起，促来台帮办营务。

吾辈赤心报国耳，毁誉不足措意。入尘网中，岂能尽如人意？有是非便有恩怨，弟即谤书盈箧者。望君速料量东行，勿复瞻顾，自有云破月来之候。一切尚容面罄。[②]

四月下旬，复信林寿图，述诸人近况、台地情形、办理洋务、左宗棠出关等。

筠仙计当抵闽，应有新人耳目议论。……近来稍知洋务者，诚不免有挟以自重之意。而议其后者，所议又太隔膜，奈何？中华有制胜器械，想必线枪。此最直截，第何秘也。湘阴负气出关，大有长者家儿之感。[③]

四月下旬，致信郭嵩焘，述离情、贺新任等。

别二十年矣，音问隔者亦数年矣。寤寐怀想，彼此同之，不知有相见之日否？闻征书下，闻东山起，为朝廷庆，为天下苍生庆，非敢有所私幸。忽邮报飞来，天子以公帡幪，我与乡之士大夫额手交庆，忘其身之羁海角也。得桐云书，知旌节过沪，得惟允书，知旌节抵闽，乃恍然于不能奋飞之苦矣。迩维福星腾曜，为度维新，至以为颂。合肥自任以天下之重，握晤时必有所倾吐，与卓见合否？[④]

---

① 林庆元、王道成考注：《沈葆桢信札考注》，第 339 页。

② 林庆元、王道成考注：《沈葆桢信札考注》，第 340 页。

③ 林庆元、王道成考注：《沈葆桢信札考注》，第 343 页。

④ 林庆元、王道成考注：《沈葆桢信札考注》，第 343～344 页。

四月底，复信朱智，述台地情形、饷源不继等。①

四月底，复信王凯泰，述台饷匮乏、台地情形、开矿等。②

四月，为晚明宁靖王朱术桂之五妃墓题墓联曰：“凤阳一叶尽，鱼贯五星明。”③

五月初一日（6月4日），李鸿章复信英翰，论及与沈葆桢受命筹办海防。

> 旨派幼丹制军督办南洋海防，而以鄙人谬领北洋，事体烦重，实非棉薄所能胜。总署与农部允为筹拨，然度各省财力，一时难凑巨款。出洋及兵船铁甲人才，尤不敢轻相许可，俟幼帅抵任，当再从长商计。或谓粤东地位尾闾，民气劲悍，非彼族所觊觎，设防购船，尚可从缓。④

五月初一日（6月4日），复信沈玮庆、沈咏彤，评子弟作文，询林聪彝病情，述病已痊愈、秋后能内渡等。⑤

五月初五日（6月8日），盛宣怀致信沈葆桢，道贺。⑥

五月初六日（6月9日），刘坤一致信沈葆桢，论台防、新任等。

> 先生审形度势如聚米画沙，料敌设奇如摧枯拉朽，廓清荡涤，指顾可期。惟种类冥顽，而地方僻阻，将来设城置戍，或虑善后为难，尊疏谓“多杀何为，攻心为上”，固已综计事之终始，而胜算全操矣。时议开矿之利，归重尾闾，大功告成，自可次第举办也。……适钦奉寄谕，欣悉先生补

---

① 林庆元、王道成考注：《沈葆桢信札考注》，第344页。

② 林庆元、王道成考注：《沈葆桢信札考注》，第344页。

③ 沈丹昆：《沈葆桢巡台时留下的五副楹联》，载《炎黄纵横》2013年第5期，第34～36页。

④ 《李鸿章全集·信函》三，第235页。

⑤ 林庆元、王道成考注：《沈葆桢信札考注》，第78页。

⑥ 吴伦霓霞、王尔敏编：《盛宣怀实业函电稿》，香港：香港中文大学中国文化研究所，1993年，第13～14页。

授此缺，不独大江左右伫望来苏，贱躯久病未痊，实宜早卸仔肩，以免贻误。查台事已经就绪，接办无难得人，且有巡抚驻台，此正是其职守。即使刻未移节，则夏观察久于其任，亦可以受责成。台为海外一隅，开山抚番，事属琐屑，以视此间地大物博，为东南半壁所关，孰重孰轻，孰缓孰急，先生自有权衡，无俟弟之劝驾迅赴新任矣。①

五月初七日（6月10日），日本宣布派兵驻扎琉球。②

五月初八日（6月11日），李鸿章致信沈葆桢，询台事交接、筹办海防、荐丁日昌等。③

五月上旬，致信文煜，请赶解船政月款。④

五月上旬，复信王凯泰，询抵台日期，述王开俊后事、淮军日后安排、筹饷等。

淮军节制调渡，诚如明谕，非他营所及。但旗后炮台工竣，必将求去耳。为节饷计，针孔相符；为杜患计，恐不能惜饷。将才之难，甚于筹饷，奈何？星槎挟饷而来，诚大佳事。但十万则到而立尽，须嘱方伯源源解济。催饷之书数见，则易视为具文也。⑤

五月上旬，致信总署，述结电线案。

得省局丁守来信，以电线价值赔款合共十五余万元。舌敝唇焦，势难再减，亦复无多。不如慷慨许之，坚明约束，力杜其事后重生枝节之端。想丁守已仰体荩垂，妥议完结矣。⑥

---

① 《刘坤一遗集·书牍》卷五，第1770页。
② 苏振申：《中日关系史事年表》，第103页。
③ 《李鸿章全集·信函》三，第239～240页。
④ 林庆元、王道成考注：《沈葆桢信札考注》，第345页。
⑤ 林庆元、王道成考注：《沈葆桢信札考注》，第345页。
⑥ 林庆元、王道成考注：《沈葆桢信札考注》，第346页。

五月十一日（6 月 14 日），王凯泰启程由福州东渡台湾。[①]

五月十五日（6 月 18 日），李鸿章致信沈葆桢，论长江各处炮台陈旧、训练轮船水手等。[②]

五月十七日（6 月 20 日），福建巡抚王凯泰抵台，与沈葆桢商谈抚番事宜。[③]

五月二十日（6 月 23 日），复信李鸿章，述台地情形、淮军内渡安排、铁甲船购买、王凯泰抚台、船政替人、海军人才培养、台地开发、洋务办理，吁辞江督等。

> 铁甲船是否先造能进口者两只，抑经费万难，竟作罢论？乞诲示为感。筠仙渡台，恐非首座所欲。来书慷慨犹昔，是能肩难巨者。子寿愿膺出使绝域之选否？台事得补帆接办，足以放心。但愿首席勿靳其饷，勿掣其肘耳。惟船政位置殊难，工程熟者资格太浅，物望重者恐太生疏，须到省方能商定也。……滇边一案，办理不免棘手。洋务似有精实学问，圆软者一味委靡，误指买办、通事辈为熟悉洋情；方正者谓忠信甲胄、礼义干橹，画饼可以充食。皆世道之忧也。晚惰窳性成，久邀洞鉴，况加之以衰朽，倘抠谒时，我公必不识其为故人面目也。他省之督抚，数十年前承平之两江，都非其任，况在此地，况在此日。已具折力辞，幸勿怪其不识抬举也。[④]

五月中旬，致信唐定奎，述淮军归期等。[⑤]

五月廿三日（6 月 26 日），上《吁辞江督折》。

---

① ［清］沈葆桢：《沈文肃公政书》卷五，第 1003 页。

② 《李鸿章全集·信函》三，第 247 页。

③ ［清］沈葆桢：《沈文肃公政书》卷五，第 1003 页。

④ 林庆元、王道成考注：《沈葆桢信札考注》，第 348～349 页。

⑤ 林庆元、王道成考注：《沈葆桢信札考注》，第 346 页。

而犹敢避难就易，问心何以自安？然臣窃闻古人之事君也，量而后入，诚以力小任重，所贻误者非一身一家之故。是以仓卒之际，赴汤蹈火，有所不避，苟非时势之万不得已，则不堪自信之一念，不能不委曲求达于君父之前。……两江本非卧治之郡，洋务尤需就熟之才，倘冒昧以偾辕，虽重谴其所甘心，而大局何从补救？[①]

五月廿三日（6月26日），会衔左宗棠、文煜、李鹤年、王凯泰上《船工告成积年出力员绅请奖折》，[②] 以船政工程完成，奏请奖赏历年出力人员。

五月廿三日（6月26日），上《番社就抚布置情形折》《北路中路情形片》《搜获布袋嘴土匪正法片》《台地无庸另派大员折》，[③]《船政在工病故各员请恤片》《十六号船下水十七号船开工片》。[④]

五月廿六日（6月29日），李鸿章复信沈葆桢，述论唐营安排、面商海防、郭嵩焘不肯接任船政等。[⑤]

五月廿七日（6月30日），复信李鸿章，谈丁日昌海防疏稿、丁日昌遭劾、淮军内渡等。

雨帅疏稿，先于补帅处读之，沉挚之思，精悍之色，谈洋务者，当首屈一指。矢镝猬集，如“托塔天王”李三才，亦足见其伟矣。补帅谓雨翁见仇于僚属，于绅民无与也。何以伯寅忽有是劾，殊为澹然。朝廷求言不可不广，而用人不

① ［清］沈葆桢：《沈文肃公政书》卷五，第1011～1014页。

② 张作兴主编：《船政文化研究——船政奏议汇编点校辑》，第103～104页。

③ ［清］沈葆桢：《沈文肃公政书》卷五，第1001～1017页。

④ 张作兴主编：《船政文化研究——船政奏议汇编点校辑》，第104～105页。

⑤ 《李鸿章全集·信函》三，第259页。

可不专，立定主意，贯注到底，外臣乃有所遵循。若莫适任患，将愈整顿愈粉饰，亦愈废弛。抑大权旁落，将有奸人起而窥伺者。汉文之醇，无过江都，而改弦更张，出于贤良策。兵不改勇，断不能化弱为强。指积弊之绿营以为祖制，何乃诬甚？雨帅未必乐居帮办之名。晚自顾衰庸，引避贤路，若朝廷以此席畀之，则公如汾阳之得临淮，希文之资魏国也。[①]

五月下旬，复信文煜，谈电线案、嘱照料船政等。[②]

五月下旬，致信李鹤年，述郭嵩焘抵闽、台地情形等。[③]

五月下旬，致信吴仲翔，谈王凯泰抚台、淮军求去、南洋大臣职责、船政未来、为官之道等。

廷谕谆谆，以台湾替人为问，而不及船政。台湾得中丞来，以俭矫奢，以勤儆惰，可谓对症下药。但宽以时日，不患其不成功。独饷源万难，未得点金术。目下须将大局若何创建，孰缓孰急，并饷之来路去路，会筹着落，方能交代出去。淮军坚求内渡，中丞坚欲留之，伯相许可，船局不兼顾不是，兼顾亦不是，累夕不寐，思之无恰好处，只得俟内渡时当面求教。罄南山之竹，不能自达肺腑也。惟望阁下致意共事诸公，此非弟一身一家之事，勿以一人去就而有遐心。弟历事长官，谁是素所相得者？吾辈出而任事，国家是为，岂其为朋友私情耶？[④]

五月下旬，致信杨昌濬，述船政造船进展、台地情形等。[⑤]

五月下旬，复信刘坤一，谈淮军内渡及驻地安排、开发台

---

① 林庆元、王道成考注：《沈葆桢信札考注》，第353页。

② 林庆元、王道成考注：《沈葆桢信札考注》，第347页。

③ 林庆元、王道成考注：《沈葆桢信札考注》，第347页。

④ 林庆元、王道成考注：《沈葆桢信札考注》，第347～348页。

⑤ 林庆元、王道成考注：《沈葆桢信札考注》，第348页。

湾、两江新任等。[①]

五月下旬，复信文煜，谢解台饷、船政协款，述台地情形、淮军内渡等。[②]

五月下旬，复信李鹤年，谢解台饷，述台地情形、淮军内渡等。[③]

五月下旬，复信左宗棠，询新疆军情，述台地情形、海军内渡、吁辞江督、购铁甲船、德克碑死讯等。[④]

五月下旬，致信唐定奎，慰病情，嘱静养，述招抚安排等。[⑤]

五月底，复信郭嵩焘，谈赴闽新任、吁辞江督、办理洋务、筹议海防疏稿等。

> 朝廷之以公按闽也，聊示即事有渐之意。眷注所在，夫人知之。闽中官民风气，不论是非而论强弱，非大君子提撕警觉之，安有振聩发矇之一日？……洋务有精实学问，圆软者一味敷衍，谬指买办、通事等辈为谙练之才；而方正者则谓忠信甲胄、礼义干橹，画饼可以充食。皆世道之忧也。后来之秀，必有特出而膺其责者，未知相逢在何日耳。……再，六事复奏，闽中诸大佬閟不见示，枯肠无可挹注，敷衍之苦，至今思之，犹有余汗。及传观少公、雨公二作，如数家珍，见所未见，闻所未闻，拍案大快者久之。顷中丞示以大著，乃知五岳外尚有十洲、三岛，溯河源宜泛槎霄汉。二公详究其末，公力抉其根也。三复焉，安得不五体投地耶？[⑥]

---

① 林庆元、王道成考注：《沈葆桢信札考注》，第351～352页。

② 林庆元、王道成考注：《沈葆桢信札考注》，第352页。

③ 林庆元、王道成考注：《沈葆桢信札考注》，第352页。

④ 林庆元、王道成考注：《沈葆桢信札考注》，第353～354页。

⑤ 林庆元、王道成考注：《沈葆桢信札考注》，第354页。

⑥ 林庆元、王道成考注：《沈葆桢信札考注》，第350页。

五月底，致信丁嘉炜，论办理电线案，岁费太贵，期限太久，嘱可收回自办。①

五月底，复信吴大廷，述台地情形、淮军班师、吁辞江督、船政替人等。

船政付何人？尚须向文、李二帅酌之。此冷局，恐非两帅所乐居也。②

五月，唐定奎致信盛宣怀，论及从台撤兵、出力人员入荐等。

幼帅荣任两江，敝军海外孤悬，胜不为功，诚如尊谕。兄已将此意转达帅听，乃王中丞以淮军得力，坚请留防。中堂亦经心许。嗣中丞抵台后，正在商酌间，适接王子仙病故之信，幼帅惨痛殊深，遂定撤还之议，而王中丞亦恻然不忍固留。拟调兰字闽军数营，前来填扎。并奉幼帅函谕，著敝军料量归计，俟全撤后，始赴两江新任，足知轸念淮军，无微不至矣。③【按：后盛宣怀会同徐文达致信沈葆桢幕府，力求入保。“幼帅濒行，必将保案赶办出奏。弟等仰蒙俯允，恳请另片空保一节，弟等既未东渡，虽蒙阁下谊笃孔怀，力为面求，如能做到，固属大幸，倘实有为难，只好改保题奏花样。”④】

六月初二日（7月4日），彭玉麟致信沈葆桢，知遵旨同心合力筹办江海防务，论及长江防务、炮台布置、将领人选，认为人才乃第一位，力荐江西粮道段起、云南迤南道蔡锦青。

甚矣，办大事之难得人也。不得人，则主政者多受累而

---

① 林庆元、王道成考注：《沈葆桢信札考注》，第350页。

② 林庆元、王道成考注：《沈葆桢信札考注》，第351页。

③ 王尔敏、吴伦霓霞编《清季外交因应函电资料》，第28～29页。

④ 王尔敏、吴伦霓霞编《清季外交因应函电资料》，第36～37页。

事不行；得人，则主政者获益而事多济。我公艰巨素任，当以为然也。弟不才，不能知人，廿余年江上奔驶，独来独往，一手经理，加以秉赋气弱，以此吃暗亏，老来受病日深，职是之故，屡承赐函，亦言柱躬非昔，实以热血满腔，精神心力用过之故。今仔肩愈重，首以得人相助为理，此是第一义功夫。次再讲求治军政、武备各务。①

六月初三日（7月5日），李鸿章致信李瀚章，论及沈葆桢辞疏等。

补帆函称赴台察看，移驻尚未定局。幼丹欲辞两江，不过多一展转。弟前函商总署筹饷，迄无复信。据雨生云，濒行晤文相，谓无饷只可不办，恐又白说一场矣。②

六月初三日（7月5日），复信沈玮庆、沈咏彤，述疏辞江督、料量台事，饬子弟专意读书。③

六月初四日（7月6日），刘坤一致信沈葆桢，请赴新任。

启节当在何日？江左苍山不啻大旱之望云霓矣。④

六月初七日（7月9日），复信吴仲翔，述淮军伤亡、内渡安排、船政办理等。

淮军之来也，备余丁千人，故其数逾万。今则死亡之余，不但无溢额，并不敷额。其甚者，至一营无病之人仅廿七，闻之令人心痛。……淮军非全数内渡，弟断不能离台。其弁勇凯旋，扶杖而行，有委顿中道不能自达凤山者。与人共事，到患难时，不能不彻始彻终也。船政公事，除经费

---

① 《彭玉麟集·书信》，第349～352页。

② 《李鸿章全集·信函》三，第263页。

③ 林庆元、王道成考注：《沈葆桢信札考注》，第78页。

④ 《刘坤一遗集·书牍》卷五，第1777～1778页。

外，执事皆能了之。[①]

六月初八日（7月10日），刘坤一复信刘荫渠，论及台地抚番。

台湾狮头两社已经穴扫渠擒，余应无复着手。接读幼帅先后钞示奏稿，其用兵之地，设奇制胜，无坚不摧。此公近更深于军务，非复吴下阿蒙矣。[②]

六月上旬，致信李鹤年，录呈批旨。[③]

六月上旬，致信文煜，请解船政月款，若不能及时解到，可饬船政提调暂借洋款。[④]

六月上旬，致信总署，述福厦电线案处理，建议购回自办，谈台地情形、吁辞江督，进呈台湾城图一份、安平海门图一份。[⑤]

六月上旬，复信唐定奎，谈淮军内渡安排、善后等。[⑥]

六月上旬，复信唐定奎，慰问淮军患病将领，谈内渡善后可以从容安排。[⑦]

六月十二日（7月14日），日本内务大丞松田道之在琉球首里宣布禁止琉球入贡中国，及受中册封与奉中正朔。命奉行明治年号，遵行日本法律制度，允日本派兵驻屯。[⑧]

六月十三日（7月15日），清廷谕旨不准辞任两江总督，命进京陛见。

前有旨令沈葆桢补授两江总督兼充办理通商事务大臣。

---

① 林庆元、王道成考注：《沈葆桢信札考注》，第355页。
② 《刘坤一遗集·书牍》卷五，第1778页。
③ 林庆元、王道成考注：《沈葆桢信札考注》，第354页。
④ 林庆元、王道成考注：《沈葆桢信札考注》，第355页。
⑤ 林庆元、王道成考注：《沈葆桢信札考注》，第356页。
⑥ 林庆元、王道成考注：《沈葆桢信札考注》，第357页。
⑦ 林庆元、王道成考注：《沈葆桢信札考注》，第357页。
⑧ 苏振申：《中日关系史事年表》，第103页。

兹据该督沥陈悚惧下忱并衰惫情形，难期胜任，请收回成命等语。沈葆桢经朝廷简任以来，懋著勤劳，深资倚畀，正宜力图报称，共济时艰，毋得固辞，并即来京陛见。①

六月十三日（7月15日），清廷命即行启程北上，晋京陛见。

沈葆桢已谕令来京陛见，所有台湾开山抚番事宜，着王凯泰督率夏献纶等实心办理。沈葆桢着俟与王凯泰妥筹具奏后再行内渡，将船政事宜妥为交代，即日启程北上。福建内地并台湾所属各县及各番社，着详细绘图呈览，并着将各种番族形状另行详绘成帙，一并呈进。②【按：清廷命沈葆桢交接台湾、船政事宜，驰赴新任。关于沈葆桢巡台的意义，台湾学者张世贤在《沈葆桢与台湾建设》一文中有过总结："沈葆桢不愧为一有远见、有胆识之政治家，授命苟且仓皇之际，洞烛机先，察晦扬隐，深见台湾之弊病，策经久之谋，以期为台民计、为闽省计、为沿海筹防计，为国家亿万年之计。其建设组织为巡抚驻台湾，以求'事权之统一'，其建设目的为'内治外防，巩固台疆，保障海防'，其建设纲领为'开山抚番、增设郡县、鼓舞士气'；在短短约一年间（同治十三年五月至光绪元年七月），其政策虽因迁就人为因素，未完全实现，然其解除渡台禁令、入番界禁令，建明延平郡王祠，转变清朝之消极预防为积极建设，促台地与大陆内地浑然为一；开山抚番、增设郡县、鼓舞士气，收台地全部悉归府治，永绝'山前''山后'、'化内''化外'之困扰，以杜列强环视之觊觎，其功伟矣。"③】

① 《清实录·德宗景皇帝实录》卷一一，第五二册，第216页。

② 《清实录·德宗景皇帝实录》卷一一，第五二册，第217页。

③ 张世贤：《沈葆桢与台湾建设》，载《中国行政评论》2000年第2期，第135～172页。

六月十八日（7月20日），上《台北拟建一府三县折》，奏请添设台北府、淡水县、新竹县、宜兰县及鸡笼（基隆）通判。

故就今日之台北形势策之，非区三县而分治之，则无以专其责成；非设知府以统辖之，则无以挈其纲领。①

六月十八日（7月20日），会衔上《船政需费万紧海关无款可拨请拨四成洋税折》，船政需费万紧，海关六成无款可拨，上一年短解二十余万两，奏请拨四成洋税以济船政经费。②

六月十八日（7月20日），上《台南抚番就绪淮军陆续凯撤折》《台北议购开煤机器片》《请改驻南北路同知片》《报提督王德成病故片》《催刘璈赴台片》。③

六月十八日（7月20日），致信刘璈，述所部近况、淮军内渡，促尽快赴台。④

六月十八日（7月20日），复信沈玮庆、沈咏彤，谈沈莹庆深入迷途，嘱留意宝、智亲事，管教家中后辈读书，述归期等。⑤

六月十九日（7月21日），致信李鹤年，询电线案进展，述淮军内渡启程日期。⑥

六月十九日（7月21日），致信刘坤一，述淮军内渡启程日期及近况。⑦

六月十九日（7月21日），复信丁嘉炜，谈电线案办理。

弟昨得总署书，已将执事为难情形透彻函复，并以弟有不在目前多减价值，而在约后不生别节两言，迁就之咎，弟

① ［清］沈葆桢：《沈文肃公政书》卷五，第1025～1032页。

② ［清］沈葆桢：《沈文肃公政书》卷四，第845～849页。

③ ［清］沈葆桢：《沈文肃公政书》卷五，第1019～1039页。

④ 林庆元、王道成考注：《沈葆桢信札考注》，第358页。

⑤ 林庆元、王道成考注：《沈葆桢信札考注》，第79页。

⑥ 林庆元、王道成考注：《沈葆桢信札考注》，第360页。

⑦ 林庆元、王道成考注：《沈葆桢信札考注》，第360页。

独任之。请执事于已入合同条款不必更费唇舌，徒增葛藤。而未定约之先，则议论不可不条达痛快。[1]

六月十九日（7月21日），复信李鹤年，述杨廷辉请奖、电线案办理等。

自办洋务以来，未有能以既立之合同作为废纸者。谓既约可翻，则从前影射之端，即以此为切实印证。中国遇事，尚可与彼族争，有时亦挽回一二者，仅赖有此耳。若西人咸谓中国之合同无异废纸，其患非可以言语形容也。翻其成约，正深中其下怀。……总署亦知势成骑虎，并无饬令停办之言。价值昂贵，办理不善，已函达总署，咎在侍一人，参处侍独当之。[2]

六月十九日（7月21日），复信文煜，谈电线案办理。[3]

六月中旬，复信林寿图，谈李瀚章办理滇案，述吁辞江督、台地情形、船政替人难觅等。[4]

六月中旬，致信文煜，请解船政月款，谈电线案办理。[5]

六月中旬，致信李鸿章，谈滇案办理，述淮军内渡、电线案办理、船政替人难觅等。

福厦电线，当事者图占彼族便宜，入其彀中。喜功不效，转而诿过。弄一层巧，添一层拙。奈何，奈何。补帅来，为台之文翁，得刚健者济之，百废可举。惟最窘最冷之船政，恐无人肯受耳。[6]

---

① 林庆元、王道成考注：《沈葆桢信札考注》，第360～361页。

② 林庆元、王道成考注：《沈葆桢信札考注》，第361页。

③ 林庆元、王道成考注：《沈葆桢信札考注》，第362页。

④ 林庆元、王道成考注：《沈葆桢信札考注》，第358页。

⑤ 林庆元、王道成考注：《沈葆桢信札考注》，第359页。

⑥ 林庆元、王道成考注：《沈葆桢信札考注》，第359页。

六月廿二日（7 月 24 日），复信曾国荃，述郭嵩焘抵闽、福建吏治、办理洋务及淮军病亡惨重等。

洋务有精实学问，非剽窃袭取能为功。文正公创出洋局，将来必有后起之秀为国家生色。如侄惰窳之质，又日暮途远，无论镇抚中外，无此方略，即寻常察吏安民，亦茫无端绪。是以力辞督江之命，非敢出于伪饰，想长者必洞鉴其苦衷也。戢影蓬庐，季丈劫之以船政，待罪海堧者九年矣。因人成事，陈机器于前，一一撤卸而合拢之，加以口说，仍毫无所悟。……而淮军病疫，如燎原之火，四小统领只存其一，文员殁者至五十余人。[①]

六月廿二日（7 月 24 日），复信郭嵩焘，谈开发台湾，述淮军病亡惨重、离台内渡安排等。

台湾之利，自当以煤为最，足支台饷。放手办之，数年臻斯境界。眼前兴一利，却便需一副本钱也。朝廷眷顾台湾，注重外防，然其本仍在内治。已辟二百余年之地，吏治军政，置之不讲，虽尽荆棘而阡陌之，尽狂狉獉而衣冠之，无济也。[②]

六月下旬，致信唐定奎，哀吴廷华过世，述第二批淮军内渡安排等。[③]

六月下旬，复信刘坤一，述李宗羲筹饷、滇案办理、威妥玛抵台、日本贪谲、淮军病亡惨重等。

承示滇事颠末，无论为缅为华，杞人之忧则一。筱帅向善斡旋，恐于此事亦殊费手。欲伸大义于中外，尤不当以曲自予。执事杜渐防微，不必如此之论，诚老成谋国苦心，共

① 林庆元、王道成考注：《沈葆桢信札考注》，第 362 页。

② 林庆元、王道成考注：《沈葆桢信札考注》，第 363 页。

③ 林庆元、王道成考注：《沈葆桢信札考注》，第 363 页。

事者所当奉为圭臬也。威使过福州，至台北，却未来郡城。东洋情实，本领不如西洋，而贪谲过之。①

六月底，致信周懋琦，哀吴廷华过世，嘱劝慰唐定奎，毋庸去郡城。②

七月初八日（8月8日），复信英翰，论筹办南北洋海防。

弟未履任，于南洋各省情形，无自周知，何敢臆断？窃就大局揣之，前此廷议指拨南北洋专款，原以沿海数千里口岸延袤，各省即能自固藩篱，非练大枝水军以为策应、合击之师，无以联气脉而慑寇志。所以原奏云，北洋先设水师一军，俟力渐充，逐渐经营，则与各省之防守海口自是两事。若强合为一，则南洋方求助于各省，而各省又待济于南洋。……若必遥制于南洋，是司南洋者未能分诸督抚之劳，先以掣诸督抚之肘，恐于海防转滋窒碍。③

七月初八日（8月8日），复信英翰，述读海防疏稿、吁辞江督不获、会筹南洋海防、北行难定等。④

七月初八日（8月8日），复信李鸿章，谈海军训练、南北洋海防、淮军离台、船政请款、滇案处理等。

炮台与西法一律，谈何容易。轮船操演，非求管驾于学堂不为功。将来厚望，在出洋局矣。北洋军饷，借资东南，此一定之理。然裁无用以济有用，是又在握其大纲者。若以不急之务，为无艺之求，财用焉得不绌？……船政请四成，未卜获邀俞允否？纵如所愿，倘榷使无权衡，一遇添拨之款，而其机又窒矣。左、郭虽积憾未平，然左公于船政毫不

① 林庆元、王道成考注：《沈葆桢信札考注》，第364页。

② 林庆元、王道成考注：《沈葆桢信札考注》，第364页。

③ 林庆元、王道成考注：《沈葆桢信札考注》，第366页。

④ 林庆元、王道成考注：《沈葆桢信札考注》，第366～367页。

干预，似无所未便。惟如此窘局、冷局，又为众怨所归，筠老肯自屈否？殊未易知。滇事诚棘手，然以难兄莅之，必能斟酌适中。但愿贤主人勿掣其肘耳。①

七月初八日（8月8日），上《请改台地营制折》，改革台湾军务。

沥陈台地营伍积弊，拟请裁汛并练，酌改管制，统归巡抚节制，以一事权。②

七月初八日（8月8日），上《岁科两试请归巡抚片》，③援引台湾道台夏献纶意见，改革台湾科试，统归巡抚主政。

七月初八日（8月8日），上《唐守赞等请恤片》《骆春泽请恤片》《报胡国恒等病故片》《吕耀景等请恤片》。④

七月上旬，致信总署，论电线案办理。

与洋人交，兢兢业业，坐三分吃亏，犹惧不免。若班门弄斧，未有不入其彀中者也。今弥缝前阙，只图保全中国，未尝许外国于陆路设立电线界限，已百费斡旋。倘自抉藩篱，不啻为彼族特开利市。葆桢于洋务毫无顿悟，而朴愚之性，久在洞鉴之中。使可以舌战炫长，何乐以一身干清议？壬戌江西教堂一案，法人恫喝，不可谓不力。葆桢不敢稍涉游移者，自反而缩也。若时时以曲自予，是与人争而先立于必败之地，虽贲、育其有济乎？喜事之民，机括一动，何所不至。风流云散，朝廷独任其忧。滇事尚未有端倪，可踵而再误耶？⑤

---

① 林庆元、王道成考注：《沈葆桢信札考注》，第367页。
② ［清］沈葆桢：《沈文肃公政书》卷五，第1041～1046页。
③ ［清］沈葆桢：《沈文肃公政书》卷五，第1047～1048页。
④ ［清］沈葆桢：《沈文肃公政书》卷五，第1009～1059页。
⑤ 林庆元、王道成考注：《沈葆桢信札考注》，第365页。

七月上旬，复信唐定奎，述王凯泰走谢始末、安排廖镇军事等。[1]

七月十二日（8月12日），提督唐定奎部淮军十三营因在台病疫过半，本日全部自台湾撤回江苏。

七月十四日（8月14日），因预筹滇案，清廷谕旨催促就任两江总督。[2]

七月十九日（8月19日），复信彭玉麟，述淮军内渡情形、用人、带段起赴任、炮台设置等。[3]

七月十九日（8月19日），李鸿章复信沈葆桢，催赴新任、唐营回扎、海防筹款、船政替人、滇案处理等。

> 辞两江疏深挚乃尔，温旨慰留，物望允翕。昨因岘帅函属代催赴任，适英国威使为滇案来津要求，颇有决裂之意。念南洋控扼机宜，最关紧要，密恳总署转请饬催，不必迂道展觐，致误事机，未知当轴果见听否。……此军行后，大纛定已内渡。船政既请拨闽关四成，饷可有着，惟替人正复不易。尊论工程熟者资浅，位望重者生疏，洵为切当。商定何员，恐须执事遥领纲维耳。海上水师一军，承示须兵轮十数只，现尚无钱无人无船，从何措手？部拨四百万，有名无实；各关四成，除去协饷借款，所存无几；各省厘金指拨要款，久已入不敷出，断难如数解济，非凑积二三百万，不敢轻言购船置械。少迟拟先由弟备文提催，集有趸款，再商请指示如何择要举办。[4]

七月中旬，复信李元度，述郭嵩焘无意帮办船政、台湾生番

---

① 林庆元、王道成考注：《沈葆桢信札考注》，第365～366页。

② 《清实录·德宗景皇帝实录》卷一三，第五二册，第243～244页。

③ 林庆元、王道成考注：《沈葆桢信札考注》，第370～371页。

④ 《李鸿章全集·信函》三，第291页。

习俗、抚番进程、船政报销等。[①]

七月中旬，复信郭嵩焘，谈滇案、电线案处理等。[②]

七月中旬，复信李鹤年，谈滇案处理，述淮军尽数撤离、即日内渡等。[③]

七月中旬，复信文煜，谈滇案处理，述淮军尽数撤离、即日内渡等。[④]

七月中旬，致信王凯泰，述有晚生递条陈不请见而去。[⑤]

七月中旬，复信吴大廷，论海军操练，述抚番设学、刘坤一促驾、船政善后等。

> 船政无人愿受，虽内渡亦不能北行。每念南洋事，辄为之不寐。盖实不知所下手处，非过执谦退，觊觎林泉也。幸得入都，朝廷见其迂拙衰惫，非出于饰辞，庶不使贻误大局耳。[⑥]

七月廿一日（8月21日），清廷谕准将闽海关洋税四成项下匀拨船政欠款六十万两。[⑦]

七月廿一日（8月21日），致信李鸿章，述近日行程，内渡办理船政事宜。[⑧]

七月廿一日（8月21日），李鸿章复信郭嵩焘，谈及船政仍须由沈葆桢遥控。

> 幼帅谅已回省，面相辩论，冀有归宿。所得番地，果无

---

① 林庆元、王道成考注：《沈葆桢信札考注》，第368页。

② 林庆元、王道成考注：《沈葆桢信札考注》，第368页。

③ 林庆元、王道成考注：《沈葆桢信札考注》，第369页。

④ 林庆元、王道成考注：《沈葆桢信札考注》，第369页。

⑤ 林庆元、王道成考注：《沈葆桢信札考注》，第369页。

⑥ 林庆元、王道成考注：《沈葆桢信札考注》，第370页。

⑦ 《清实录·德宗景皇帝实录》卷一四，第五二册，第248页。

⑧ 林庆元、王道成考注：《沈葆桢信札考注》，第371页。

可开之利，似不必张皇幽眇，致有后艰。言者多以经略台湾可为富强，本属无根之谈，但得重臣坐镇，疏通拊循，求相安无事而已。船政替人，幼帅拟与和公商定，本在南洋辖境，无论何人承办，尚须幼帅遥制为宜。请留闽关四成，已分海防额饷，此后仍要有着之款，乃可扩充。①

七月廿一日（8月21日），上《谢授江督恩折》。

伏念臣以愚暗庸材，仰沐高厚生成，有加无已。凡温纶之下逮，皆旷代所罕逢。草木犹自知春，犬马敢忘报主？倘为再三之渎，不特于义不可，抑问心何以自安？第身命所不敢辞，毁誉所不敢计，而平生之才智与大局之成败，断不敢不合而权之。……计惟有内渡后，速求船政替人，妥为交代，由海道上驶津门，驰叩阙廷，瞻天仰圣，吁求训诲，面领机宜。②

七月廿一日（8月21日），上《报淮军全数凯撤折》《安平海神请加封号折》《提督罗大春请开缺片》《李际泰等请恤片》《吴鼎燮等请恤片》。③

七月廿二日（8月22日），乘“元凯”舰离台，停泊澎湖。④

七月廿三日（8月23日），查阅炮台，阅毕起椗。

二十三日登岸查阅炮台，工程甫及七成，修筑尚均牢固，阅毕起椗。⑤

七月廿四日（8月24日），抵马尾。

---

① 《李鸿章全集·信函》三，第291～292页。

② ［清］沈葆桢：《沈文肃公政书》卷五，第1071～1074页。

③ ［清］沈葆桢：《沈文肃公政书》卷五，第1061～1080页。

④ ［清］沈葆桢：《沈文肃公政书》卷四，第852页。

⑤ ［清］沈葆桢：《沈文肃公政书》卷四，第852页。

二十四日到工，将积牍稍事清厘。[1]

七月廿七日（8月27日），到省与文煜、李鹤年商议船政替人，推荐郭嵩焘接任。

二十七日到省，与臣文煜、臣鹤年晤商船政交代，咸以为无逾于前署广东巡抚现任福建按察司郭嵩焘者，询谋佥同，与臣凯泰所见若合符节。[2]

七月廿八日（8月28日），清廷命商议闽抚移驻台湾事宜，饬令迅赴两江新任。[3]

七月廿八日（8月28日），清廷命郭嵩焘、许钤身出使英国。

命福建按察使郭嵩焘开缺，以侍郎候补。……命候补侍郎郭嵩焘、直隶候补道许钤身为出使英国钦差大臣，许钤身并赏给二品顶戴。[4]**【按：是为中国正式派遣常驻各国公使之始。】**

七月底，复信王凯泰，谈请用洋工事宜。[5]

八月初一日（8月31日），郭嵩焘致信沈葆桢，述出使前后经历、安置王元稚等。

适会合肥伯相，烟台会议已有端倪，洋人邀请行期。去秋九月浮海而北，今又当以是时浮海而南矣。艰烦丛脞，所不敢辞，而内无所倚，外无可援，孤寄一身数万里之外，在洋人不过邀求谢过而已。国家责望多端，又过于所任，念之茫然。[6]

---

① ［清］沈葆桢：《沈文肃公政书》卷四，第852页。

② ［清］沈葆桢：《沈文肃公政书》卷四，第852页。

③ 《清实录·德宗景皇帝实录》卷一五，第五二册，第251～252页。

④ 《清实录·德宗景皇帝实录》卷一五，第五二册，第253页。

⑤ 林庆元、王道成考注：《沈葆桢信札考注》，第371页。

⑥ 《郭嵩焘全集·集部》一，第264页。

八月初二日（9月1日），江西巡抚刘坤一调任两广总督，江西布政使刘秉璋为江西巡抚。

以江西巡抚刘坤一为两广总督，未到任前，以广东巡抚张兆栋暂行兼署。以江西布政使刘秉璋为江西巡抚。①

八月初八日（9月7日），上《段起带赴江南片》。

臣在台时，闻前江西督粮道段起行抵福州，函饬其无庸东渡，臣俟船政移交事毕赴任两江，自当挈之偕行，以便遵旨留心察看。……臣离江右，于今十年，人不易知，臣何敢稍存成见？容俟察看数月之后，如段起实有嗜好，当即据实严参，断不敢以奏调在先，曲加回护；如其并未变节，亦断不敢怀引避嫌疑之意，致负朝廷求贤若渴之诚。②**【按：段起是沈葆桢就任两江总督带去的唯一一位官员。】**

八月初八日（9月7日），上《会筹船政替人侯旨盘交遵赴新任折》，推荐郭嵩焘接任船政大臣。

郭嵩焘学问、经济十倍于臣，人人知之，而忠爱肫挚之忱，尤臣久所佩服。日来虚己苦心以讲求洋务，所见益深。惟船政责重绪繁，且时有关涉中外事件，必躬亲谛审，以威望坐镇其间，臬司碍难兼顾。合无仰恳天恩，逾格俯念船政关海防大局，可否准将郭嵩焘臬司开缺，赏给卿衔，督理船政，俾得专折奏事，以肃中外之观听，而期呼应之灵通。③

八月初八日（9月7日），致信文煜，请解五万金。④

八月初八日（9月7日），复信王凯泰，述近况、船政替人、办理报销，论电线案处理等。

---

① 《清实录·德宗景皇帝实录》卷一五，第五二册，第256页。

② ［清］沈葆桢：《沈文肃公政书》卷五，第953～954页。

③ ［清］沈葆桢：《沈文肃公政书》卷四，第851～854页。

④ 林庆元、王道成考注：《沈葆桢信札考注》，第372页。

船政替人，今日始得拜疏，奉旨当在霜晨。而各厂盘料、造册，亦非月余日不办。欲立即交代，不可得也。……或问我公到台，余怒未息否？对以兴致甚佳。逐渐整顿，怫然也。向泉绅愬福厦电线之议，创自鄙人；向鄙人则愬为蕴石所诬。毁誉不足较，然莠民洞彻底里，有所恃，且有所挟，日以滋事为戏。城门乡、灌口乡波澜迭起。①

八月初八日（9月7日），复信夏献纶，述厦门、京师瘟疫，船政报销等。②

八月初八日（9月7日），致信总署，述内渡行程、船政报销等。③

八月上旬，复信日意格，述采办机器、铁甲船、即赴两江新任、郭嵩焘接任船政等。

铁甲船，俟尊处图到，再与总署及李伯相商定。实办与否，再行奉闻。弟蒙天恩，简授两江总督。自知才不胜任，具折力辞，未邀俞允。近又奉旨，即赴新任。拟奏请前广东巡抚郭公接办船政，俟批谕回后，方能交代起程。郭公人极廉正和平，甚好共事，与阁下相得益彰。④

八月十四日（9月13日），清廷命将船政交代后迅赴新任，毋庸进京陛见。

沈葆桢业经内渡，该督到省后即与文煜等会商，将船政事宜速为交代，前已有旨，令沈葆桢将善后诸务与王凯泰筹商完竣后，即行前赴新任。沈葆桢此次奏报，自系尚未接奉前旨。两江关系紧要，沈葆桢膺此重任，自当实力实心，勉

① 林庆元、王道成考注：《沈葆桢信札考注》，第372～373页。
② 林庆元、王道成考注：《沈葆桢信札考注》，第373页。
③ 林庆元、王道成考注：《沈葆桢信札考注》，第373页。
④ 林庆元、王道成考注：《沈葆桢信札考注》，第371～372页。

图报称，仰副朝廷倚畀之殷。着懔遵前旨，将船政交代后迅赴新任，毋庸来京陛见。①

八月十八日（9月17日），因郭嵩焘将出使英国，与李鸿章相商，奏请改派北洋帮办大臣丁日昌继任船政大臣，上《船政需人甚急请派重臣接办折》。

而船政关系海防根柢，断不容不慎择其人。非无熟悉工程、结实可靠者，然能恪守成法，恐未能式廓前规，且当经费支绌、动辄掣肘之时，非有卓绝之才识、老成之资望、能于万难中出新意以经纬之者，不足为国家巩持久之基，而收自强之效。臣思维再四，计惟有北洋帮办大臣丁日昌，果毅精明，不避嫌怨，近日讲求洋务，罕出其右者。可否仰恳圣恩，推派丁日昌督办船政？②

八月十八日（9月17日），致信总署，论电线案处理、船政替人改任丁日昌。

船政替人之疏甫上，次日即得郭侍郎出使之信。数万里衔命，断非船政之所能留。再四踌蹰，更与郭侍郎往复熟商，不得已而有丁帮办之请。明知盈箧谤书，久为群贤之所诟病，而偏隅冷局，亦非大受者之所乐居。……伏恳函劝丁帮办刻日南来，俾葆桢得以及早交卸，前赴新任。③

八月十八日（9月17日），复信李鸿章，论淮军北旋、船政月款，请促丁日昌驰赴新任等。④

八月十八日（9月17日），致信李鹤年，录呈批旨、疏稿。⑤

---

① 《清实录·德宗景皇帝实录》卷一五，第五二册，第263～264页。

② ［清］沈葆桢：《沈文肃公政书》卷四，第210～211页。

③ 林庆元、王道成考注：《沈葆桢信札考注》，第374页。

④ 林庆元、王道成考注：《沈葆桢信札考注》，第374～375页。

⑤ 林庆元、王道成考注：《沈葆桢信札考注》，第375页。

八月十八日（9月17日），致信丁日昌，力劝早日南来。

疏乞筠老就近作船政替人，次日而筠老使英之旨下矣。深知偏隅冷局，非所以屈范、韩，第顾此为海防一篑始基，非其人则立即隳坏。且国家费帑数百万，以鄙人才短，故因陋就简，负疚于中，非得大力式廓之，无以赎此重疚，故敢冒昧以请。我公方有乡关之思，福去潮数百里，田园咫尺，气候不殊，珍卫褆躬，较北土为便。而南北洋获承师法，叨益良多。务恳奉旨后即从海道南行，弟饬轮船在沽静候，不胜驰企之至。①

八月十八日（9月17日），复信王凯泰，述近况、船政替人、福建乡试、患目疾等。

八月廿七日（9月26日），清廷命丁日昌接办船政。

昨据沈葆桢奏，请派郭嵩焘督理船政。当以郭嵩焘前已派充出使英国钦差大臣，谕令沈葆桢等另选妥员，奏请简派。本日复据沈葆桢奏，郭嵩焘出使英国，请另派重臣接办等语，所有闽厂船政，即着丁日昌认真督办，准其专折奏事，该前抚即迅速起程，毋庸来京请训，到闽后将应办一切事宜，实心经理，用副委任。应拨饷项，着文煜等随时筹解，俾应急需。沈葆桢将船政交代完竣后，即行驰赴两江新任，毋稍耽延。②

八月廿九日（9月28日），致信总署，请核定船政拨款。

前疏如奉恩俞，乞函劝丁帮办迅速南来，以便逐一交代。船政须有可靠月款，接办者乃放手筹画。……船政原定章程，于海关六成按月拨解。从前除船政外，更无急款，是以毫无蒂欠。嗣后提款日增，致所提之款，远出于所征之

① 林庆元、王道成考注：《沈葆桢信札考注》，第375～376页。

② 《清实录·德宗景皇帝实录》卷一六，第五二册，第273页。

款。……若农部不明定章程，俾榷使得所遵循，则船政固不能成无米之炊，海关亦安所得点金之石。敢恳俯念海防根本，会商农部，划清界限，示以的款，使勿废于半途，大局幸甚。葆桢行将去矣，而强聒不舍，冒渎尊严，自知无谓。①

八月廿九日（9月28日），李鸿章复信沈葆桢，述说服丁日昌接任船政、嘱面谈等。②

八月廿九日（9月28日），交卸前，厘清船政欠款，为继任者扫除积欠。会衔上奏《船政欠款饬闽海补解足额以后六成洋税先尽按月解济折》，③ 恳饬闽海关七月以后续征之四成洋税二十五万两拨给船政，以后六成洋税项下每月拨解五万两。

九月初二日（9月30日），清廷谕旨再次催促驰赴两江新任，毋庸等待丁日昌到闽办理交接。

丁日昌奏遵旨迅速启程一折。闽厂船政，关系紧要，丁日昌现拟力疾起程，即着懔遵前旨，迅速到闽，毋庸绕赴广东致稽时日。所有船政事宜，沈葆桢即交李鹤年等暂行兼顾，督率道员吴仲翔一手经理，俟丁日昌到闽后再行交代；并着沈葆桢即行起程，前赴两江新任，以重职守。④

九月初二日（9月30日），日意格派帮办斯恭赛格同蔡国祥等驾“扬武”舰试洋，沈葆桢派“靖远”“振威”二舰随航。⑤

九月初二日（9月30日），复信王凯泰，述近况、诸人新任、郭嵩焘临别嘱托、闱作、台湾士子返程等。⑥

---

① 林庆元、王道成考注：《沈葆桢信札考注》，第376～377页。

② 《李鸿章全集·信函》三，第315页。

③ ［清］沈葆桢：《沈文肃公政书》卷四，第859～862页。

④ 《清实录·德宗景皇帝实录》卷一七，第五二册，第278页。

⑤ 陈道章主编：《福建船政大事记（增订本）》，第39页。

⑥ 林庆元、王道成考注：《沈葆桢信札考注》，第377页。

九月初二日（9月30日），丁日昌致信沈葆桢，论总署办理滇案，述与威妥玛交涉数次、潘祖荫遭劾、病情等。

弟身子瘦苶，滇役势不能往，现看在道中调理如何，但望血能暂止，即当迅速赴闽，以报知己。据医者云，弟肝脉过旺，交春后病必大作。况闻该处饷项毫无可措，弟病躯焉能呕此大气。恐弟此役只能搘撑数月，求公预觅替人，一交春令。医云交春木旺土衰，病必大发。望公速即解铃，千祷万祷。承公以肝胆相照，直抒胸臆，不觉累纸，望乞鉴原。①

九月初三日（10月1日），郭嵩焘离闽北上。②

九月初六日，丁日昌从天津动身，沿运河南下赴任船政大臣。

日昌于九月初六日在津由运河动身，沿途医药，不无延滞。③

九月初九日（10月7日），致信沈玮庆、沈咏彤，言明日抵家。④

九月初十日（10月8日），抵福州家中。

九月上旬，致信奕䜣，谢允丁日昌接办船政，催船政月款，述赴两江行程安排。

丁帮办之请，得荷恩俞，私衷窃慰。比复奉旨，即赴新任，其何敢有所瞻顾，负朝廷惓惓南顾之心？惟船政欠发之款累累，仰屋之嗟，日甚一日。殊恐丁帮办见此局面，不乐久居，则前功尽弃，为可惜耳。葆桢力小任重，方自忧两江

① ［清］丁日昌撰，赵春晨编：《丁日昌集》下，上海：上海古籍出版社，2010年，第930页。

② 《郭嵩焘全集·集部一·书信》，第254页。

③ 《丁日昌集》下，第931页。

④ 林庆元、王道成考注：《沈葆桢信札考注》，第79页。

之不暇，遑以即日卸肩之事，喇喇不休。而服膺钧署持久之一言，不敢不竭其愚诚，以备采择。葆桢素有晕船之病，第计由陆进发，必月余日方达金陵，不得不从海道入江，以期迅速。沿途接见僚属，踩勘炮台，亦不能无数日之稽留。然较之陆行，则仅得半矣。[1]

九月上旬，致信李鸿章，询丁日昌打算，述郭嵩焘行期、船政欠款办理等。[2]

九月上旬，致信李鹤年，录呈批旨、廷谕。[3]

九月十五日（10月13日），李鸿章复信丁日昌，论及诏对情形、船政难办、预留退路、沈葆桢被参等。

望克期赴闽接办，从容研画，以待后命，至属、至祷。吾宗密劾幼翁所造船不得力，虚縻巨款，留中（秘之）未发，窃恐当事未肯代办，幼帅亦未速行，能于途次或入闽后晤商一切为幸。主客本难相洽，况饷无可措，当轴已悉其隐，倘更因循，不得已而求去，亦须筹出长策，乃得卸肩，希留意三思。[4]

九月十八日（10月16日），清廷谕准拨二十五万补船政局之经费。

沈葆桢等请提七月以后之四十万两，以十五万两补解部库，以二十五万两交还船政，符四十万两之数，即着照所议办理，嗣后六成项下每月应解之五万两，着文煜先尽筹解，毋稍延缓，致误要需。船政与海防相为维系，丁日昌日内计可到闽，沈葆桢将该处一切事宜交代清楚，即懔遵前旨速赴

---

① 林庆元、王道成考注：《沈葆桢信札考注》，第378页。
② 林庆元、王道成考注：《沈葆桢信札考注》，第378页。
③ 林庆元、王道成考注：《沈葆桢信札考注》，第379页。
④ 《李鸿章全集·信函》三，第317～318页。

两江总督新任，此后船政各事，仍着沈葆桢、文煜、李鹤年、王凯泰、丁日昌妥为筹画，毋得始勤终惰，致隳前功。[①]

九月中旬，复信王凯泰，述台地养生妙术、所撰《台湾杂咏》诗语关风化、闽闱榜录，慰丧妻之痛等。[②]

九月中旬，复信林拱枢，谈请封事宜、郭嵩焘北上、船政请奖、闽闱等。

筠仙初三展轮，循山而行，初十方抵沪。此老兴致不衰，其肫挚非时辈所及，于左相之隙，则九死不移也。[③]

九月廿八日（10月26日），上《请奖剿番开山出力人员折》《请奖闽防各员片》《黎家本请恤片》。[④]

九月廿八日（10月26日），上《报赴新任起程日期折》。

伏念船政经费万难，经臣叠次缕陈在案。吴仲翔工程熟悉，廉正朴诚，任怨任劳，此臣所素信者。倘费无所出，课虚责有，不特非一道员所能为力，即丁日昌到闽后，亦断不能以空拳赤手从事其间。两江责重事繁，宵旰忧勤，惓惓南顾，臣何敢藉船筹款为口实，稍事迁延？惟是事关自强，中外属耳目焉，若半途而废，则大局全隳。伏恳天恩，饬下将军、督、抚臣设法支持，视如家事，旧欠者弥补足额，按月者解济如期，俾丁日昌得以展其所长，补臣积年固陋之愆，曷胜幸甚。臣拟于十月初一日乘轮船由海道入江，遵旨赴任。[⑤]

九月廿八日（10月26日），丁日昌抵沪，等候面见。

---

① 《清实录·德宗景皇帝实录》卷一八，第五二册，第289～290页。
② 林庆元、王道成考注：《沈葆桢信札考注》，第379页。
③ 林庆元、王道成考注：《沈葆桢信札考注》，第380页。
④ ［清］沈葆桢：《沈文肃公政书》卷五，第1083～1091页。
⑤ ［清］沈葆桢：《沈文肃公政书》卷四，第863～864页。

二十八日到沪，因幼丹函约面商事件，遂在沪守候。①

九月廿九日（10月25日），郭嵩焘致信沈葆桢，述王元稚新任，论吴淞铁路处理等。

上海铁路之议，伯相意已允之，台端致总署书，最为得其窾要。与洋人周旋，止有一直截办法，反复避就，自等歧误，罕能知此义者。嵩焘区区，一不得自申，身辱名隳，颠沛百端，亦命矣夫。②

九月三十日（10月28日），复信李鸿章，述郭嵩焘赴津、丁日昌扶病南来、船政拨款等。③

九月三十日（10月28日），复信林寿图，慰病情，述近况、船政请奖、丁日昌就道等。④

九月下旬，复信王凯泰，述丁日昌南下、船政筹款、赴任行期，巡台经费入船政等。⑤

九月底，复信丁日昌，慰病情，谈入闽线路、滇案处理、船政经费、约沿途会晤等。

滇事入其彀中，断不能脱然无累，得我公与伯相剖析而操纵之，自当徐就范围，想总署亦必坚持初见也。船厂经费，弟抗疏争者数矣，而大农总以含糊答应为长策。前月念九一折，痛切言之，月初方能奉到批旨。弟虽交卸，可以为力之处，断不敢膜视，伯相亦同此心。况朝廷必不仅以船政待公，不至如弟之一筹莫展也。⑥

---

① 《丁日昌集》下，第931页。

② 《郭嵩焘全集·集部一·书信》，第264～265页。

③ 林庆元、王道成考注：《沈葆桢信札考注》，第381页。

④ 林庆元、王道成考注：《沈葆桢信札考注》，第381页。

⑤ 林庆元、王道成考注：《沈葆桢信札考注》，第380～381页。

⑥ 林庆元、王道成考注：《沈葆桢信札考注》，第382页。

十月初一日（10月29日），离开马尾，赴两江总督任。

弟月朔展轮，阻风于妈祖澳。①

十月初一日（10月29日），致信沈玮庆，分配家中用度、馆学先生束脩等。②

十月初七日（11月4日），抵上海，晤丁日昌，商谈船政事宜。

沈葆桢行抵上海，将一切船政事宜略谈大概。③

十月初九日（11月6日），溯江而上，校阅沿江炮台。

初九溯江而行，阅吴淞、江阴炮台，工程均甚结实。④

十月初十日（11月7日），过焦山，咳逆病犯。

初十过焦山，以咳逆大作，不能登岸。⑤

十月十一日（11月8日），抵江宁。⑥

十月十二日（11月9日），丁日昌抵马尾，接关防，就任船政大臣。⑦

十月十五日（11月12日），郭嵩焘复信沈葆桢，述赴英启程日期，举荐人才等。⑧

十月十五日（11月12日），丁日昌上《莅工任事叩谢天恩折》，论及沈葆桢办船政的功绩，表示船政施政概照旧章。

伏念臣赋质愚憨，于工程、制造等事本未窥见一斑，仰蒙圣慈优加策励，谨当力疾图报，稍效涓埃。所幸该厂规模

---

① 林庆元、王道成考注：《沈葆桢信札考注》，第382页。

② 林庆元、王道成考注：《沈葆桢信札考注》，第79～80页。

③ 《丁日昌集》上，第101页。

④ 林庆元、王道成考注：《沈葆桢信札考注》，第383页。

⑤ 林庆元、王道成考注：《沈葆桢信札考注》，第386页。

⑥ ［清］沈葆桢：《沈文肃公政书》卷六，第1098页。

⑦ 《丁日昌集》上，第101页。

⑧ 《郭嵩焘全集·集部一·书信》，第266～267页。

皆由沈葆桢以不计成败利钝之赤忱，创此绝无仅有之事业。船政提调吴仲翔一腔血诚，不避嫌怨，前为沈葆桢所倚信，现更为局中必不可少之人。敬遵前奉谕旨，督率吴仲翔一手经理。其厂内一切程规均率由旧章，无所用其交盘更改。臣仍随时认真讲求，倘有一知半解，容慎发徐图，以求尽美尽善。①

十月中旬，复信王凯泰，询病情，述会晤丁日昌、赴任两江情形等。②

十月中旬，复信夏献纶，谈台地善后开发，述会晤丁日昌、赴任两江情形等。③

十月中旬，致信杨能格，述赴任两江情形。④

十月中旬，复信丁日昌，谈船政拨款、王凯泰病况，述赴任两江情形等。

读九月十八日廷谕，的实分明，此后船政月款，榷使当不以为难。厂中应如何整顿处，万望勿稍避嫌。此国家大局，亦吾辈所借以图报万一者，弟甚不愿自匿所短也。⑤

十月中旬，复信吴仲翔，谈船政拨款、王凯泰病况，述到任两江情形等。

念一方当受篆。每日见僚属百余人，至今尚未毕。各路催饷之员满座，而本省先高不支。官绅均以筹饷、缉匪为言，询以缉筹方术，则莫得定见。闻仪征之十二围，安清道友、哥老会至十余万，他可想已。四顾茫然，不知所下手

① 林庆元、王道成考注：《沈葆桢信札考注》，第382～383页。
② 《丁日昌集》上，第101页。
③ 林庆元、王道成考注：《沈葆桢信札考注》，第383页。
④ 林庆元、王道成考注：《沈葆桢信札考注》，第383页。
⑤ 林庆元、王道成考注：《沈葆桢信札考注》，第384页。

处。且俟视事后，竭力为之，及早获戾以去，则造孽较浅耳。[①]

十月中旬，复信卞宝第，嘱关照船政，述赴任情形。[②]

十月中旬，致信王凯泰，询病情，嘱静养等。[③]

十月中旬，致信谢谦亨，述近况、赴任情形。[④]

十月中旬，致信朱智，述王凯泰病情、会晤丁日昌、赴任情形。[⑤]

十月中旬，复信沈桂芬，述近况、赴任情形。[⑥]

十月中旬，致信林拱枢，述近况、赴任情形、两江难题、丁日昌遭谤等。

> 名为地大物博，实则外强中干。持筹者以匮告，请减灶；缉匪者以难告，请增垒。袒湘阴者，请减淮军；右合肥者，请停边饷。四望茫如，不知所下手处。船政请雨帅，不免为清议所訾謷。然国事所关，非其人不可，不敢不分谤。[⑦]

十月廿一日（11月18日），在江宁接篆视事。[⑧]

十月廿一日（11月18日），刘坤一上《交卸起程前赴新任折》。

> 兹新任两江总督臣沈葆桢抵江宁。臣于十月二十一日饬派江宁府知府蒋启勋、署中军副将谭碧理，恭赍两江总督关防、两淮监政印信、通商钦差大臣关防暨王命旗牌、文卷等件，送交沈葆桢接收任事。臣即于是日交卸，仍将地方应办

---

① 林庆元、王道成考注：《沈葆桢信札考注》，第384～385页。

② 林庆元、王道成考注：《沈葆桢信札考注》，第385页。

③ 林庆元、王道成考注：《沈葆桢信札考注》，第385页。

④ 林庆元、王道成考注：《沈葆桢信札考注》，第386页。

⑤ 林庆元、王道成考注：《沈葆桢信札考注》，第386页。

⑥ 林庆元、王道成考注：《沈葆桢信札考注》，第387页。

⑦ 林庆元、王道成考注：《沈葆桢信札考注》，第387页。

⑧ ［清］沈葆桢：《沈文肃公政书》卷六，第1098页。

事宜，与之逐细酌商。①

十月廿三日（11月20日），申刻，王凯泰在福州病逝。后挽以联曰："文章经术，与多士相切求，天下欢颜归杜厦；悱恻慈祥，济不才所未逮，海东坠泪有羊碑。"②

十月廿三日（11月20日），李鸿章复信沈葆桢，论船政经费划拨、恭贺就任、滇案处理、海防额款暂解北洋等。③

十月廿七日（11月24日），上《奏报接篆日期折》。

> 伏念两江地大物博，任重事繁。盐、漕、河三大端，号称难治。近来时局一变，不尽有成法可循。臣以疏庸当兹重任，五中循省，已切悚惶。至于华洋交涉事件，为中外大局所关，加以创办海防，造端闳远，渥蒙圣恩，特拨专款，分饬南北洋同心经理。朝廷轸念时艰，绸缪未雨，如梼昧尤惧弗胜，惟有仰求皇太后、皇上指授方略，启牖颛蒙。臣当与直隶督臣李鸿章熟思审计，以冀事之有成。其地方应办事宜，容与三省抚臣暨漕臣和衷商榷，实力经营，不敢自是以纷更，亦不敢瞻徇以贻患，庶儿稍答高厚生成于万一。④

十月廿九日（11月26日），左宗棠致信沈葆桢，述陇饷奇绌、续筹进疆军饷、英俄干涉，询是否离开船政，论报刊报道误导办理洋务等。⑤

十月三十日（11月27日），清廷谕准福建巡抚冬春驻台，夏秋驻省。⑥

---

① 《刘坤一遗集·奏疏》第一册，第383页。

② 林庆元、王道成考注：《沈葆桢信札考注》，第80页。

③ 《李鸿章全集·信函》三，第321页。

④ ［清］沈葆桢：《沈文肃公政书》卷六，第1097～1100页。

⑤ 《左宗棠全集·书信》二，第512～513页。

⑥ 《清实录·德宗景皇帝实录》卷二〇，第五二册，第322页。

十月下旬，致信李鸿章，述赴任沿途情形，论南北洋海防筹款、购置铁甲船、训练水师等。

总署所筹巨款，本有分解南北洋之说。窃思此举为创立外海水师而起，分之则为数愈少，必两无所成，不如肇基于北洋。将来得有续款，固不难于推广。万一有急，一日千里，亦召而立至。鄙意得铁甲船两号，若“扬武”兵船者六号，若“镇海”兵船者十号，亦可成一军。……晚请各省关将此款尽解北洋，业已咨达冰案。第诸邻封，未能深悉原委。①

十月下旬，致信左宗棠，述赴任沿途情形，两江局面、西征筹饷等。

尊处饷需，前月与岘帅会商，赶解一批，以后仍饬吃紧筹解。但凡可以为力之处，不敢不尽力。而室如悬磬，遥想大漠将士冲寒忍饥之苦，殊难为情。②

十月下旬，复信孙衣言，贺座师孙锵鸣连举六子，述参劾六安刘县令、刘坤一赴新任、近年履任等。③

十一月初八日（12 月 5 日），上《福建抚臣王凯泰请恤折》。

臣闻信之下，不胜骇悼。计此时闽浙督臣业将出缺日期报闻。所有应得恤典，自当照例奏请，臣何敢更有渎陈？惟抚臣平日之实心实政，臣以在籍绅士且共事日久，知之最悉，有不敢不胪举以闻者。……窃思人臣以死勤事，宜膺祀典；以忠奉国，无忝嘉名。故福建巡抚臣王凯泰，清节遗爱，在人心目，遽以积劳感瘴，在任溘逝，合无仰恳天恩，逾格特赐谥典，并准于福州、台湾建立专祠，以顺舆情，以

---

① 林庆元、王道成考注：《沈葆桢信札考注》，第 388 页。

② 林庆元、王道成考注：《沈葆桢信札考注》，第 389 页。

③ 林庆元、王道成考注：《沈葆桢信札考注》，第 389 页。

励忠荩。①

十一月上旬，复信丁日昌，哀王凯泰逝世，述购康邦机器，谈船政派员留学、船政筹款、日意格请假、台湾开矿、阅《抚吴公牍》、船政报销等。

惊悉补帅骑箕竟去，为之恸绝。天乎，何其酷也？谨遵谕具奏，为请谥法、专祠。此后，台事益不知如何措手矣。……派员带匠徒到外国学习，诚探本之第一义。第经费浩大，即榷使照章筹解，亦断不敷。欲再求益，万无的款。……奏事欲挈贱衔，似只宜附于折尾。至其事一切赖公主持，遥度不足据也。星帅努力京饷，因垫而亏，思停船政以补之。弟在厂时，三五日必哀求一次，急则向阜康挪借，以关款抵之，号与关消息甚通故也。②

十一月上旬，致信吴仲翔，嘱与丁日昌商船政事宜，述两江局面，制王凯泰挽联等。③

十一月上旬，致信吴元炳，论两江协饷、开源筹饷、裁撤营武、江北盗命、海防疏稿、吉林练兵难支等。

岁云暮矣，京协索饷者，雪片飞来，举无以应之。又不得不格外设法，谋所以应之。东涂西抹，寅支卯粮，本省益百孔千疮，无以自立矣。半税行，厘金为之大拙。若租界停捐之说再行，将并半税亦归乌有。函恳总署力持之，未知能挽回否？开关大碍军饷，且非商民所便，人人知之。大农固执力复旧章成见，抑知旧章复，则积弊随之，不特非国与民之利，徒资中饱，万难符额，亦非榷使之利也。④

---

① ［清］沈葆桢：《沈文肃公政书》卷六，第1101～1105页。

② 林庆元、王道成考注：《沈葆桢信札考注》，第390页。

③ 林庆元、王道成考注：《沈葆桢信札考注》，第391页。

④ 林庆元、王道成考注：《沈葆桢信札考注》，第391～392页。

十一月上旬，复信裕禄，述江北命盗案、欲革新风等。①

十一月上旬，复信杨昌濬，商如何疏请开关。②

十一月上旬，复信孙衣言，述六安刘县令被参、江北命盗案、欲革新风等。③

十一月上旬，复信李鸿章，谈农部对船政应拨款项一味敷衍、两江筹饷艰难、治理乏人、滇案处理、吉林练兵、王凯泰逝世等。

鄙意内治急于外防，察吏难于选将。……滇事愈支饰，恐愈葛藤。办得公允，彼无谓之要挟，尚可据理与争。洋界裁厘，沿江、沿湖添口，皆必不可行之事。惟滇边通商一节，授人以柄，势难挽回。恐宜昌一岸，必相连而及。盖所借口者在滇，而所注意者又在川也。陆军固自强根本，然无水军，陆军气脉不贯。北洋一旅，似断不可少者。④

十一月十一日（12月8日），致信沈玮庆、沈咏彤，寄兑库纹二千两，嘱照单分送，述身体病近况、公事繁忙，询四老太病情。⑤

十一月十三日（12月10日），致信沈玮庆、沈咏彤，嘱缴还制王凯泰挽联费用，奠敬无庸家中寄出。

王中丞处，曾托六姑夫做联轴送之，用钱若干，由家中缴还，其奠敬则由此间就近寄宝应也。⑥

十一月十四日（12月11日），因前抚王凯泰卒，清廷任命丁

---

① 林庆元、王道成考注：《沈葆桢信札考注》，第392页。

② 林庆元、王道成考注：《沈葆桢信札考注》，第392～393页。

③ 林庆元、王道成考注：《沈葆桢信札考注》，第393页。

④ 林庆元、王道成考注：《沈葆桢信札考注》，第393～394页。

⑤ 林庆元、王道成考注：《沈葆桢信札考注》，第80页。

⑥ 林庆元、王道成考注：《沈葆桢信札考注》，第80页。

日昌为福建巡抚。[①]

十一月十九日（12月16日），李鸿章复信沈葆桢，哀王凯泰辞逝、述丁日昌退志、海防协款短缺、仿制铁甲船、两江吏治等。[②]

十一月二十日（12月17日），薛福成收到沈葆桢来信，建议海防经费净归北洋，以便集事。

江督沈来咨：北洋开办水师，非巨款不能集事，分之则愈见其少。应将奉拨海防经费，各省前项银两统解北洋，以免展转延误。[③]

十一月中旬，复信郭嵩焘，述诸人近况、两江窘况。

索饷之文，索饷之员，往来梭织，举无以应之，又举无以谢之。不料财赋之区，一窘至此。议节饷者，咸谓宜痛裁营头；忧伏莽者，又谓宜广收员弁。两相窒碍，罔识所从。伥伥夜行，爱我者其烛之。[④]

十一月中旬，致信林寿图，述履任近况、两江窘况、台事难以措手等。[⑤]

十一月廿四日（12月21日），李鸿章复信沈葆桢，谈两江协饷、淮军难以裁撤、王凯泰官声政绩、闽抚丁日昌兼任过多等。

补帆郁郁长逝，闽帅疏中不一言其政绩，赖公表章名德，幽潜亦为感泣。雨生当兼管台事，春间枢府早有此议，但闽抚兼摄船政、台务，未免能者多劳。雨生精核是其专

---

① 《清实录·德宗景皇帝实录》卷二一，第五二册，第333页。

② 《李鸿章全集·信函》三，第329页。

③ 《薛福成日记》，第146页。

④ 林庆元、王道成考注：《沈葆桢信札考注》，第394页。

⑤ 林庆元、王道成考注：《沈葆桢信札考注》，第394～395页。

长，褊急纷更，亦虞丛脞，昨方专缄规谏，未知果采纳否。①

十一月廿四日（12月21日），薛福成收到沈葆桢来信，谈及各处筹款困难。

沈幼帅来信云：船政月款，农部榷使纯用虚与委蛇之法，断难克期应手。洋界裁厘，沿江、沿湖添口必不可行。惟滇边通商，势难挽回，恐宜里一岸，必相连而及。盖所借口者在滇，而所注意者在川也。北洋一旅水师断不可少。吉林练兵饬南北洋会议。大漠无际，敢谓恃此万二千人，遂足制敌，第并此无之，更何堪设想。然六七十万之饷，又责诸南洋数省，又何以应之。②

十一月廿八日（12月25日），复信丁日昌，谈船政存款与钱庄往来、闽省凿币陋习、船政发款等。

至凿伤之弊，闽省积习相沿，每过一店，必加一凿。一极好洋钱，数日即成烂板。其用心殊可恶，然家家如是，非独文经。……台防划归地方官办理，极佩卓见。请执事主稿，挈衔入告为望。③

十一月廿八日（12月25日），复信吴仲翔，谈船政协款难索、关款支取、人员流动、日意格请假、王凯泰专祠等。④

十一月廿八日（12月25日），复信沈玮庆、沈咏彤、沈咏濂，谈沈莹庆不守斋规，嘱送二姨家奠敬，询云婚事，子弟参加县试安排、周溪三子取名、寄项难筹、咳逆依旧等。⑤

十一月下旬，复信丁日昌，论王凯泰请恤、船政办理、铁胁

---

① 《李鸿章全集·信函》三，第331～332页。

② 《薛福成日记》，第146页。

③ 林庆元、王道成考注：《沈葆桢信札考注》，第396～397页。

④ 林庆元、王道成考注：《沈葆桢信札考注》，第397页。

⑤ 林庆元、王道成考注：《沈葆桢信札考注》，第81页。

厂兴工等。[①]

十一月底，复信张兆栋，论协款北洋、粤东防务、荷兰招工、刘坤一即将到任等。[②]

十一月底，致信李鸿章，论开办煤矿、日意格购铁甲船事、沪局请奖、王凯泰宣付史馆等。[③]

十二月初二日（12 月 29 日），左宗棠复信沈葆桢，论及治军。

> 召募流弊固所必至，然若辈伎俩，不过惑众取财。办法在先将各营清理，断其勾结传染，阴察其头目擒治，而宽其胁从。所戮不多，尚可从容就理。若不先靖内讧，遽清外匪，恐反袭救火，所失滋多。[④]

十二月初六日（1876 年 1 月 2 日），清廷谕准查阅营伍展期。[⑤]

十二月上旬，复信左宗棠，论西征筹饷、海防筹款等。

> 侄惟有勉励各司局，筹得一分，即解一分，但凡可以为力之处，不敢留为有余。海防亦断不可停，西洋或隐忍幸和，东洋则终须一战。其伎俩不如西人而狡悍过之。其性如扑灯之蛾，不投诸火不止。舍中国又别无可逞处。倭炽可忧，倭亡而入于俄，尤可忧也。户部派的饷四百万，实则全是画饼。数月以来，惟北洋见江右五万耳。侄意外海水师不能不创设，分之则愈难集事。故议先尽解北洋，尚冀得一篑

---

① 林庆元、王道成考注：《沈葆桢信札考注》，第 395 页。

② 林庆元、王道成考注：《沈葆桢信札考注》，第 395～396 页。

③ 林庆元、王道成考注：《沈葆桢信札考注》，第 396 页。

④ 《左宗棠全集·书信》二，第 517 页。

⑤ 《清实录·德宗景皇帝实录》卷二三，第五二册，第 348 页。

之始，未知能如所愿否也？[①]

十二月上旬，致信彭玉麟，述赴任情形，论长江岸防、两江窘况等。[②]

十二月上旬，致信黄倬昭，询外甥应试结果、鳌峰书院人事变动、转兑三千金利息，述近况。[③]

十二月上旬，复信林拱枢，述近况，寄兑四千两，嘱照单送炭敬，亦可酌情接济同乡等。[④]

十二月十五日（1876年1月11日），致信沈玮庆、沈咏彤，嘱预备县试，谈筹还文经款，述咳逆如旧等。[⑤]

十二月十六日（1876年1月12日），清廷谕准淮关、浒墅关暂缓开设。

两江总督沈葆桢等奏，江南财力凋敝，淮关、浒墅关请暂缓开设。允之。[⑥]

十二月二十日（1876年1月16日），清廷谕准添设台北府，并设淡水、新竹、宜兰等县。[⑦]

十二月二十日（1876年1月16日），李鸿章复信沈葆桢，论武穴、江西乐平开煤矿，拒订铁甲船，沪局请奖折稿，王凯泰原籍专祠请建等。

承抄示日意格函稿。定制铁甲船，似系新式，闽厂想可修理。所称一号，连枪炮各价，共须二十九万磅，计合中国银已近百万两，海防协款半年始解到二十万，尚未及船价四

---

① 林庆元、王道成考注：《沈葆桢信札考注》，第398～399页。
② 林庆元、王道成考注：《沈葆桢信札考注》，第399页。
③ 林庆元、王道成考注：《沈葆桢信札考注》，第399页。
④ 林庆元、王道成考注：《沈葆桢信札考注》，第400页。
⑤ 林庆元、王道成考注：《沈葆桢信札考注》，第81页。
⑥ 《清实录·德宗景皇帝实录》卷二四，第五二册，第356页。
⑦ 《清实录·德宗景皇帝实录》卷二四，第五二册，第359页。

分之一，难遽允订。……补帆中丞，迭荷恩恤，似极优渥，史馆例有列传，无须宣付。雨生徇其世兄之请，欲敝处更请原籍建祠。①

十二月中旬，复信吴元炳，论开关、会衔上奏阻止左宗棠请借洋款，述咳逆病情等。

乞执事将拙稿痛加斧削，务臻妥善，再送尚衣处，请其酌定，赐复为祷。函达政府大农，极纫卓见。第既不惮再三读之，以此策留有余地步，俾将来易于转身，高明以为何如？拙稿所陈，偏重江南，诚如遵谕。浙省情形，未能悬揣，似石帅另具一疏，益见不谋而合，于事易期有济。②

十二月中旬，复信夏献纶，谈为王凯泰请建专祠、台湾开山挖煤，述两江饷绌、咳逆病情等。③

十二月中旬，复信吴仲翔，谈丁日昌兼任福建巡抚、船政报销、两江难任等。

此间那有极乐世界？弟在此之苦，甚于诸君。第言之无益，遂亦置之不言耳。大概除死方休，倘死而有知，则地久天长，又不解苦到若何地步。念及此，怅然又不觉粲然，愿明眼人付之坦然也。④

十二月中旬，复信丁日昌，谈船政筹款、管理、派员出洋无款支撑、接替人选、报销事宜等。

船政替人，似当于通西学者求之，弟非无意于此，而无如限于耳目之隘。我公于珂里及沪上人才知之有素，必有能膺是选者。……前案报销，截至上年六月止，自上年七月初

① 《李鸿章全集·信函》三，第335～336页。

② 林庆元、王道成考注：《沈葆桢信札考注》，第400～401页。

③ 林庆元、王道成考注：《沈葆桢信札考注》，第401页。

④ 林庆元、王道成考注：《沈葆桢信札考注》，第402页。

一以后，至年我公受事前一日止，应由弟续行造报，一切皆惟允经手。……敢恳公派一贤员，代肩提调，令惟允将前款清厘造报，俾弟借释重负，不致日久棼如。推爱云情，感无既极。闻李丹崖部郎深于西学，人极公正和平，似其选也。伏维卓夺为幸。①

十二月中旬，复信丁日昌，贺任福建巡抚，谈船政人事、台防经费使用、两江近况等。

我公既抚闽，则费神处不在一船政，且朝廷所以倚重我公者，尚不止此，望勿生退志也。弟前以养船不足，故奏请于台防开销。请公录奏案，径提台防经费。现在轮船日事风涛，多半因台事。若只指定养船经费，善后局固当以匮告也。近来饷事，不争则不得，闽海关亦刻刻往催而已。江南厘金，全年骤减六七十万，盐亦如之。李、左饷俱绌，机器各局亦百孔千疮，不知如何是好。②

十二月廿二日（1876年1月18日），**致信沈玮庆、沈咏彤，述家中帮项安排，询三子沈璘庆吉期更改，嘱请吴仲翔早来为子侄开学。**③

十二月十八日（1876年1月24日），**上《实缺提镇现带防营请缓赴任折》《提镇张光亮等请恤片》。**④

光绪二年丙子（1876）　57岁

两江总督任上。

---

① 林庆元、王道成考注：《沈葆桢信札考注》，第402～403页。

② 林庆元、王道成考注：《沈葆桢信札考注》，第404页。

③ 林庆元、王道成考注：《沈葆桢信札考注》，第82页。

④ ［清］沈葆桢：《沈文肃公政书》卷六，第1107～1110页。

正月初六日（1 月 31 日），致信丁日昌，谈船政替人、派员赴英舰学习、养船经费、购铁甲船等。

在申江，我公谈及吴京兆、黎观察，鄙意极以为然。二君者，皆精粹之品，可否即以上闻？又闻李部郎精舆图、西学，足膺是选否？此外夹袋尚有何人？但求我公酌定后即主稿挈贱衔入告为幸。惟允人过拘谨，且本地绅士，断难独当一面也。……伯相以铁甲船需款甚巨，且闻克乐博、安蒙士唐两种大炮，皆能洞穿尺余铁甲，恐一击便成废物，意甚游移。鄙意铁甲船固非无可破之物，然较之木船，必难破十倍，且近来船多隔断，即洞穿尚不至于沉没。若并此无之，恐海上事起，专恃水雷、蚊子船枯守一口，迁地弗良，各海疆气脉不通，彼将不择地而噬。高明以为何如？①

正月初六日（1 月 31 日），复信沈玮庆、沈咏彤，谈三子沈璘庆婚事、水饮之病、带回木器、拒帮项亲友、咳逆如故、两难处境、寄兑养廉银等。

我腰痛已愈，咳逆如故。此间所苦者，不仅为劳，欲节之亦无可节。望我以公者曰“为国家办事”，我则一筹莫展；望我以私者曰“为亲友分润”，我则债累满身。徒令子弟辈耽乐是从，不知天日。然时至自当猛省回头，此时虽舌敝唇焦无益也。②

正月初七日（2 月 1 日），因西征紧迫，清廷准左宗棠借洋款一千万两，命沈葆桢妥筹。③

正月初八日（2 月 2 日），致信沈玮庆、沈咏彤，寄兑库纹银

① 林庆元、王道成考注：《沈葆桢信札考注》，第 404 页。

② 林庆元、王道成考注：《沈葆桢信札考注》，第 82 页。

③ 《清实录·德宗景皇帝实录》卷二五，第五二册，第 372～374 页。

一千两，嘱照单度支。[1]

正月十二日（2月6日），李鸿章复信沈葆桢，论船政替人、挑选学员前赴英国铁甲船学习、海防筹款、淮军额饷等。[2]

正月十七日（2月11日），左宗棠致信沈葆桢，谈借洋款一千万两。

拟借洋款之折，昨十六日始奉寄谕，已蒙俞允，谨饬抄胥录递。陇饷艰绌至极，此次始得上达，盖计部素少综核耳。鄂台、陕局商借六十万两，沪局又代借十万两，勉将年关过去。而启行之二十七营不能携带行饷。所幸军粮已运哈密、巴里坤者渐有成数，柴草各局亦已安设，师行不至困踬。留防九十余营有刘克庵拊循，当无它虞。惟积欠太巨，殊费周章，而包头、归化、宁夏俄国粮价、运脚雪片飞催，无以应之，实深焦灼。所盼洋款借到，一苏涸辙。计阁下奉到寄谕，必已借箸筹之。遥望秣陵，九顿以竢。新船政到后，必有一番布置。此君自诩洞悉夷情，观其前后疏议，如出两手，大约亦无确见。[3]

正月二十日（2月14日），上《段道留江南差遣片》，保举段起。

臣内渡后接见段起，当将带同该员前赴江南、以便遵旨察看，不敢稍参成见缘由，奏明在案。臣与同驻船政工次两月有余，同舟驶赴金陵，至今又逾三月。随时随事观其所忽，实见其孜孜讲求吏治，于立身义利之界，辨析尤严。其忠奋有为，与十年前一辙，而退让之度有加焉。兵部侍郎彭玉麟嫉恶之严，世罕伦比，移书论后起人才，首以刚健笃实

---

① 林庆元、王道成考注：《沈葆桢信札考注》，第83页。

② 《李鸿章全集·信函》三，第353～354页。

③ 《左宗棠全集·书信》三，第3～4页。

许之。盖其生同里闬，稔其素行也久矣。合无仰恳天恩，准将段起暂留江南差委，仍令照例坐补江西督粮道原缺，以遂其退让不妄干进之心。倘将来该员有簠簋不饬及世俗烟酒嗜好，臣与同罪，所不敢辞。①

正月廿六日（2月20日），李鸿章复信沈葆桢，谈购置铁甲船、筹办洋务、左宗棠借款等。

所论铁甲船必须购置，头头是道，精凿不磨，深为敬佩。若能添购两号，纵不足以敌西洋，当可与日本角胜于海上。日意格寄到英厂铁甲图式、图说，如已译出，乞寄示一阅。总署惑于浮言，尝疑日酋贪利欺骗，外人亦有附和其说者。弟素与相谤，似其心尚忠实，而才识亦颇亮达，久荷执事恩知，谅不忍相负也。……左帅拟借洋款千万，以图西域，可谓豪举，但冀利息稍轻，至多不得过七厘，各省由额协项下分还，亦未免吃力，何可独诿诸执事耶？②

正月三十日（2月24日），会衔吴元炳，上《筹议出关饷需碍难借用洋款折》，反对左宗棠所请借洋款一千万两。

臣等夙夜不寐，反覆再四，窃虑此举有病于国，关系綦大；即西陲军事稍纾，目前之急，更贻日后之忧。……前届左宗棠借洋款三百万，计息盖七十万，若以此七十万供西征之饷，未必不少有裨补。今以一千万照台湾成案，八厘起息，十年清还，计之耗息，约近六百万，不几虚掷一年之饷乎？若照数乘除，则西征仅得四百余万实饷耳。前届之三百万，至光绪四年始清，而续借之一千万，今年即须起息，明年即须还本，海关应接不暇而西陲之士饱马腾，不及两年，涸可立待。进兵愈远，转运愈难，需饷亦愈巨，将半途而废

① ［清］沈葆桢：《沈文肃公政书》卷六，第1111～1112页。

② 《李鸿章全集·信函》三，第356页。

乎？势必不可将责各省于还债之外另筹解济乎？又不能将再借洋款乎？海关更无坐扣之资乎？亦不应徒令中兴元老困于绝域事岂忍言者。此臣等所以反复再四而不敢为孤注之一掷者也。①

正月下旬，复信夏献纶，谈丁日昌履任、船政替人、台地开山、两江近况等。②

正月下旬，复信李鸿章，谈丁日昌抚闽、海防经费难筹、船政学员出洋、轮船统领人选、两江筹饷、吏治、淮军归属、詹启纶案、郭嵩焘痛訾左宗棠等。

雨帅赴英、德学习造驶之议甚伟，而闽厂则实无可以独当一面之员。总署催保使才，弟至无以应也。……中外大臣，日以争饷为事，勃溪垢谇之声，洋溢四裔，殊非政体。……筠老一腔热血，闻其痛訾老左而有余快，他不遑问也。其怨我公也，谓两江一席，中朝属意于彼，我公夺以畀雨亭，故鄙人见劾，亦在疏辞不获之后。③

正月下旬，复信李鸿章，论丁日昌所议诸事、船政替人、扬武练船、再缓开关、疏驳左宗棠借款、朝日关系、为陈濬遗书求序等。

苏、沪去年裁米厘，收数之绌，尚在意中。金陵总局照旧征收，而收数亦骤减十三余万，则洋票之为害不浅也。开关从缓之请，蒙恩曲允。即司农退后有言，尚不难再四执奏。第看此情形，即永远不更开关，厘金亦江河日下。漏卮无当，奈何，奈何。季丈所当景况，设身处地，殊属可怜。借洋款千万，诚非得已。政府许之，大农许之，而晚竟疏驳

① ［清］沈葆桢：《沈文肃公政书》卷六，第1113～1122页。

② 林庆元、王道成考注：《沈葆桢信札考注》，第405页。

③ 林庆元、王道成考注：《沈葆桢信札考注》，第405～406页。

之，不免疚心。第窃计苟且目前，非国家之利，尤非季文之利。……日本，所谓乱不已必自毙者。无论高丽许其通使与否，终难安贴，不过其衅较迟耳。高丽果上下一心，亦未见非日本之敌也。①

正月下旬，复信李瀚章，谈滇案处理、丁日昌新任、两江近况等。②

正月下旬，复信夏献纶，谈王凯泰身后事、丁日昌新任、两江筹款、近况艰难等。

惟饷万无可想法，海防无从举办，左、李两不讨好。一寒至此，非履其地不知也。③

正月下旬，复信左宗棠，论吏治、滇案、疆防、洋票、鸦片抽厘、外借洋款等。

巡台借用洋款，本无聊之极思。辱荷垂询，敢谬以为长策？千万洋款，十年还清，将费数百万子金，寅支卯粮。明年诸事顺手，后年何以为继？特欲于此外求良法，则又极难耳。鄙意中朝崇节俭，减内府不急之务以济边，一也；农部筹全局，所拨必有著之款，毋使二三大臣争饷垢谇之声闻于四裔，二也；财赋重地，求如刘晏、韩滉之才督之，勿以不才妨贤路，三也。迂阔之论，未知有当否？姑博长者一粲。④

正月下旬，复信丁日昌，拒所荐人才，论船政管理、“扬武”舰借粮、左宗棠借洋款等。

乔君笃实，令人起敬。惟弟与各属约明，不荐一馆，不派一差，殊难前后矛盾。拟送薄赆，以表歉忱。而乔君即日

---

① 林庆元、王道成考注：《沈葆桢信札考注》，第406～407页。

② 林庆元、王道成考注：《沈葆桢信札考注》，第408页。

③ 林庆元、王道成考注：《沈葆桢信札考注》，第408页。

④ 林庆元、王道成考注：《沈葆桢信札考注》，第409页。

解缆，望尘莫及矣。船政替人，想已定议。藻鉴所照，定得伟人。东渡似可从缓，能酌筹饷项与之。筱涛极熟情形，授以机宜，当不误也。……左帅请借洋款千万，原非得已，然实于大局有损。弟拟疏驳之。①

正月底，致信朱智，谈左宗棠借洋款。②

正月，左宗棠复信谭钟麟，谈及借款之事。

商借洋款之请，已蒙俞允。接幼丹书，虽以此为下策，却亦谓舍此别无他策。顷又接总署信，言已详致幼丹。想幼丹必能照办，是此举必有可成。得此千万的饷，再加以各省关点缀，虽投荒万里，亦所心甘。两三日间，餐必加饭，军中闻之，亦沥酒相贺，如获再生也。③

二月初二日（2 月 26 日），清廷谕准所请旌表。

旌表两江第六十三案采访忠义潘箫韶等，从两江总督沈葆桢请也。④

二月初七日（3 月 2 日），议覆西征息借洋款一千万两（年息八厘），以为洋款耗息甚多，海关部库均受其害，应于各省移缓就急。又称海防专款所得亦少，绝无甘饷为海防所占之事。现在咨请各省将海防专款尽解北洋，冀可藉资集事。清廷诏命左宗棠筹划具奏。

沈葆桢等奏筹议关外饷需，碍难借用洋款；暨江苏拟力筹西征协饷各折。据称借用洋款，耗息甚多，海关、部库均受其害。应于各省关移缓就急，并江苏竭力筹借等语。所陈亦属实在情形。西征饷事甚殷，自当通盘筹画，亦国计、军

① 林庆元、王道成考注：《沈葆桢信札考注》，第 410 页。

② 林庆元、王道成考注：《沈葆桢信札考注》，第 410 页。

③ 《左宗棠全集·书信》三，第 4 页。

④ 《清实录·德宗景皇帝实录》卷二六，第五二册，第 388 页。

饷两无妨碍，方为有济。左宗棠公忠素著，自能计出万全，应如何斟酌尽善之处，着该大臣体察情形，妥为筹画，迅速具奏。原折片着钞给左宗棠阅看。沈葆桢所请将湖北、湖南协济江防银两移解西征粮台济用，俟左宗棠复奏到日再行降旨。①

二月初十日（3月5日），总署收到南洋大臣沈葆桢及福建巡抚丁日昌函，请照会英使，将在英国高士堡学堂留学的刘步蟾、林曾泰等人收入英国大战船学习驾驶。②

二月上旬，复信吴仲翔，询船政替人，论船政报销、“扬武”舰欠债、左宗棠借洋款等。③

二月上旬，复信吴元炳，谈左宗棠借洋款、人事安排、拒拨贵州额兵协饷等。④

二月上旬，复信裕禄，谈宁国教案处理。

关涉民教之事，似以速断为主。业经严办，则彼无所用其把持，［若］稍游移，恐益生枝节。窃谓宜许方观察以便宜从事，得首要之犯，审实即予正法，不必往返请示。所惩者不在多而在快，则顽民有所警劝。胁从者知不至株连，而认主认租之事，可次第清理矣。⑤

二月十三日（3月8日），李鸿章复信沈葆桢，请劝阻左宗棠西进，免因西北搅乱东南各省。

惟闻部议初以不借洋债为然，枢廷因季帅锐意出关，未暇顾虑，其后独主斯议，是以闻公言不免逡巡回护，仍令季

① 《清实录·德宗景皇帝实录》卷二六，第五二册，第389～390页。
② 陈道章主编：《福建船政大事记（增订本）》，第41页。
③ 林庆元、王道成考注：《沈葆桢信札考注》，第411页。
④ 林庆元、王道成考注：《沈葆桢信札考注》，第411页。
⑤ 林庆元、王道成考注：《沈葆桢信札考注》，第412页。

帅核复。而季公误于谍报，安集延有待其亲征投降之说，奉俞旨准借巨款，正拟月望后踊跃西行，得此信未免扫兴。渠向不肯服输，恐其仍执前奏，则东南各省行将搅乱，而西事亦断无能善其后之理。但冀季老素尚推重执事，或者能受尽言，若出自鄙人之口，必是一场大讼案矣。[①]

二月十五日（3月10日），上《奏覆唐定奎并无克扣勇粮折》《设法严拿哥老会匪片》。[②]

二月十七日（3月12日），清廷谕内阁议覆筹借洋款。

沈葆桢等奏，筹议关外饷需，碍难借用洋款，暨江苏拟力筹西征协饷各折片，着该衙门议奏。[③]

二月十七日（3月12日），复信沈玮庆、沈咏彤，嘱子弟用功读书。[④]

二月中旬，复信吴仲翔，谈日意格薪水、购置铁甲船、船政考校、船政替人，述近况、两江难办、去志等。

铁甲船图样，即管寄来，惟伯相意甚游移，盖以经费浩大，急切难筹。又闻克乐卜、安蒙士唐大炮，均能洞穿尺余铁甲，恐一击便成废物。弟函争之，未知能挽回否？各船及各学堂得雨帅认真考校，必有起色。……船政命会筹替人。雨帅在沪时，曾谈及吴京兆、黎观察二君，皆精粹之品，似均可以上陈。与雨帅赴闽之李部郎，长舆地之学，似亦中选。未知此外夹袋中尚有人否？我兄本地绅士，难独当一面，亦雨帅所谅也。……弟腰疼虽愈，两脚无力，拜起需人扶掖。咳甚则晕，迎风即呕，断非能恋栈者。吏治、洋务之

---

① 《李鸿章全集·信函》三，第361页。

② ［清］沈葆桢：《沈文肃公政书》卷六，第1123～1131页。

③ 《清实录·德宗景皇帝实录》卷二六，第五二册，第393～394页。

④ 林庆元、王道成考注：《沈葆桢信札考注》，第83页。

难，且不必言。至筹饷，虽三头六臂，亦无法可想。子弟辈以有所恃而酣嬉，又以不遂所欲而怨望。害于而家，凶于而国，何所图而作此大孽也？望尾案报销清楚，船政替人脚跟立定，此间及福州债累还清，便决然舍去矣。①

二月中旬，复信李鸿章，论开矿、海防协饷、购置铁甲船、学生出洋、滇案办理、左宗棠借洋款等。

铁甲船非无可破之炮，然较之木壳铁皮者，难易迥殊。且船有隔断，纵受伤不至沉没，尚可以战。且我船上所用，亦阿摩士庄、克罗卜之炮。彼能及我，我亦能及彼。……至出洋学生，宜源源不绝，不当以少有所得而止。鄙意勉成此事后，稍有余赀，即当挑学生赴德国学习枪炮及陆路兵法。窃意西洋或可不用兵，日本必无三、五年能不用兵之理。②

二月中旬，复信吴大廷，谈吏治、左李矛盾、船政替人等。

湘阴、合肥，各有所见，两边各有所难，亦两边各不肯设身处地。使二公者互易其境，则必互易其言。诟谇之声，无从据为典要。弟居丛怨之地，怨所不敢辞，亦无从辞。惟以两无所袒之心，他日与二公相见而已。③

二月中旬，复信左宗棠，述炮台建设、两江筹饷窘况等。

李、雨帅奏请江、皖、两楚协济江防。江、皖所解已空，两楚则咨催、守催而不见允。岁饥米贱，民以大困。仓谷空虚，有警可虞。④

二月中旬，复信郭嵩焘，论出使暂缓，荐王元稚，缅怀王凯泰等。

---

① 林庆元、王道成考注：《沈葆桢信札考注》，第412～413页。

② 林庆元、王道成考注：《沈葆桢信札考注》，第413～414页。

③ 林庆元、王道成考注：《沈葆桢信札考注》，第414页。

④ 林庆元、王道成考注：《沈葆桢信札考注》，第415页。

弟履新后，仍守西江故步，不荐一馆地，不委一局员，颇艰于为小樵破格，故留之衙斋，月送十金，以待台命。如我公能挈之以行，迟速不敢拘，渠必静候。倘自奋绝域者多，乞以片言见示，即当橐已投之笔，以猎名场。躁心人于策事，摸不着头脑。楚帅防淮之念极坚，徒滋唇舌无济，只得恪守文正公绳墨，不敢喜新。①

二月中旬，复信林拱枢，嘱补送炭敬，谈刘齐衔被查，左、李失和等。

抚江时，于左、李均颇龃龉，家居后，均极引重，一履新，又为丛镝所集。盖米汤络绎而来，可悟长枪大戟之相向矣。二公持一偏之论，互相诟谇，倘互易其地，亦必互易其辞。均不能如其意，惟以两无所袒之心，留天上人间相见之地。平心论之，二公者均极可邻（怜），鄙人非不谅之，特苦无能为役耳。②

二月中旬，复信李元度，拒所荐人才，谈左、李失和等。③

二月中旬，复信李元度，再拒所荐人才。④

二月中旬，复信左宗棠，承诺按月协饷。

奉正月二十日谕言，以西征饷源，惓惓提命，且感且惭。恭审节钺即日出关，西域喁喁，想望丰采。惟戎劳之暇，加意节宣，至以为祷。玉门转运之苦，亦所深知，况长者许效驰驱，有事为荣，正在趋承恐后。第念关外事断非一二年所能了，不可不通盘筹画，谋出万全。是以摅其所疑，

---

① 林庆元、王道成考注：《沈葆桢信札考注》，第415页。

② 林庆元、王道成考注：《沈葆桢信札考注》，第415～416页。

③ 林庆元、王道成考注：《沈葆桢信札考注》，第416～417页。

④ 林庆元、王道成考注：《沈葆桢信札考注》，第417页。

以求宸断，伏乞鉴而谅之。月饷定当按期解济，不敢迟误。[①]

二月中旬，复信李鸿章，论闽、沪局之异同，续聘洋员，购置铁甲船，船政学生出洋，反对左宗棠借款等。

闽局尚有今日局面者，则日意格为功首，晚不敢掠其丝毫。若德克碑开口甚窄，至交卷，费无数葛藤，则非鄙人所能用也。进退洋人，自须总署主政。晚只谓铁甲船不可不办，非敢谓办铁甲船，必须用日意格也。……带学生出洋，雨生已派李部郎凤苞。此款断非船政所能兼营，似应由海防划拨，此正七省公共受益之事也。……千万洋款，论理并不须七厘，然息轻亦非长策。此疏必为季老嗔怪，无如何也。[②]

二月中旬，复信郭嵩焘，述近况，谈论用人、自强、两江难治等。

控驭外人，去猜嫌之见，以礼自守，要言不烦，即是言忠信、行笃敬之意也。赫德之议，非无中窾处。但我无自强之实，而有变法之名。权不在我，益足以为民病。[③]

二月中旬，复信沈桂芬，述近况，谈江南欠收、出使英国、台事等。[④]

二月廿六日（3月21日），复信沈玮庆、沈咏彤，嘱沈咏彤三月北上，谈文波薪水、送六妹贺仪、植斋用功、准备祖墓祭典等。[⑤]

二月下旬，复信谢谦亨，谈左宗棠借洋款、朝鲜境况、詹启纶案、滇案处理等。

---

① 林庆元、王道成考注：《沈葆桢信札考注》，第417页。

② 林庆元、王道成考注：《沈葆桢信札考注》，第418～419页。

③ 林庆元、王道成考注：《沈葆桢信札考注》，第418～419页。

④ 林庆元、王道成考注：《沈葆桢信札考注》，第419页。

⑤ 林庆元、王道成考注：《沈葆桢信札考注》，第83～84页。

湘阴所处极难，原当为尽力。第借洋款，是下下策，且以后无可收束，故不能已于言。朝鲜能上下一心，固守两月，倭奴便无以为继，不足虑也。①

二月下旬，复信林寿图，述近况，言两江财赋不足等。②

二月下旬，复信林拱枢，嘱按单送炭敬，言督抚难做、疏驳左宗棠借洋款等。

湘阴尚非拥兵自重者，其所处甚可怜。然洋款实为害匪浅。此间驳之，必为所怒，然无如何也。此信到京，正阳范入谏垣之日。雄鸡一声天下白，洗耳以听。疏不贵多而贵精，夫人不言，而后言必有中。建白须关系全局，弹劾须有实迹，勿摭拾细故，勿播扬风闻，高明以为然否？③

二月底，复信林洄淑，述李鸿章允作序等。④

二月底，复信吴元炳，谈人事、办理洋务、詹启纶案等。

承办洋务之员，每以洋人不可理谕，遂惮于措辞。抑知我隐忍一分，彼便借口一分。铁路之案如是，四明公所之案亦如是。竹儒经执事一番提撕，当有所警觉，力筹所以补救也。⑤

二月底，复信卞宝第，谈接办盐岸。⑥

三月初一日（3月26日），清廷谕准左宗棠借洋款五百万两，其余户部拨给二百万两，各省应解西征协饷提前拨解三百万两，合计一千万两。⑦

---

① 林庆元、王道成考注：《沈葆桢信札考注》，第419～420页。

② 林庆元、王道成考注：《沈葆桢信札考注》，第420页。

③ 林庆元、王道成考注：《沈葆桢信札考注》，第420～421页。

④ 林庆元、王道成考注：《沈葆桢信札考注》，第422页。

⑤ 林庆元、王道成考注：《沈葆桢信札考注》，第422页。

⑥ 林庆元、王道成考注：《沈葆桢信札考注》，第423页。

⑦ 《清实录·德宗景皇帝实录》卷二七，第五二册，第401～402页。

三月初四日（3 月 29 日），上《遵旨覆讯已革总兵詹启纶折》《覆讯陈国瑞片》《覆讯刘福兴片》《覆讯萧诚片》。①

三月初六日（3 月 31 日），因上年六月三十日上谕要求详绘台湾全图并各土著居民情况，上《进呈台湾全图并各番族形状风俗折》。

> 适船政委员张斯桂随臣驻台，曾派往南北各路番社，全台地势情形颇为熟悉，因令其督率船政艺生等，按道里，考山川，略照西法测量远近，分别向背，内极番寮，外周海口，区分界画，旁注地名，凡数阅月而全图成。复将南、北、中路各番族状貌、风俗以及出产花果详细分图，凡三十有六幅，每幅俱缀说其旁。②

三月初六日（3 月 31 日），复信沈玮庆，谈子弟读书、家中亲疏帮项，嘱送吴仲翔寿联、保养身体、寄兑千金等。

> 五姑夫大庆，可送寿敬二十四千，取其二十四节平安也。联句云："蔬酒三巡，贺客如逢真率会；萱帏一笑，寿翁正舞老莱衣。"款题："五妹夫、五妹双庆，愚兄沈葆桢撰句拜祝。"③

三月初六日（3 月 31 日），复信李鸿章，谈丁日昌筹款助左宗棠、船政替人、黎兆棠抚台、铁路案、詹启纶案等。

> 雨帅竟筹六十万以济西征，可谓心灵手敏，较鄙人之只托空谈，不能力辟生面者，度量相越远矣。船政替人，久未奉旨，不审何故。④

---

① ［清］沈葆桢：《沈文肃公政书》卷六，第 1133～1151 页。

② 陈支平主编：《沈文肃政书续编》，载《台湾文献汇刊》第四辑第五册，第 515～517 页。

③ 林庆元、王道成考注：《沈葆桢信札考注》，第 84 页。

④ 林庆元、王道成考注：《沈葆桢信札考注》，第 426 页。

三月初七日（4月1日），清廷命顺天府府尹吴赞诚开缺，以三品京堂候补，督办福建船政。①

三月初七日（4月1日），在下关，阅金陵、淮阳两水师。②

三月初八日（4月2日），在浦口，阅庆字营。③

三月初八日（4月2日），复信冯焌光，谈吴淞铁路案，询事态进展。

> 知麦酋函称铁路一事。该使来札，饬候与总署商办，惟仍不肯停工。虽万分狡狯，然其理屈词穷，亦可概见。而吴桐翁来信，则是麦酋函称得威使信，总署已允其在吴淞开路等语。是否麦华陀函中果有此语，抑系外间谣传？乞续行见示。至此事，总署断无不候外间商办私自应允之理。愿阁下仍持定见，勿庸疑虑也。

三月初九日（4月3日），阅乌龙山炮台、机器局并演水雷。晚泊六濠口。④

三月初九日（4月3日），复信吴大廷，谈吴淞铁路案办理，述近日巡阅行程。

> 总署来信，在省已录寄竹儒，断无不分皂白，私行应允之理。身命相徇，殊可不必。而据理议论，则万不可厌烦。竹儒请律师商办，已得窾要。执事劝令刊之《新报》，尤探骊得珠。万一彼仍不理，我三数日必照会一次。勿动气，勿灰心，人忙我闲，以谈笑出之，必有就我范围之一日。弟毫无胆识，至此事系弟责成，断未有执事及竹儒导我先路，而

① 《清实录·德宗景皇帝实录》卷二七，第五二册，第406页。

② 林庆元、王道成考注：《沈葆桢信札考注》，第427页。

③ 林庆元、王道成考注：《沈葆桢信札考注》，第427页。

④ 林庆元、王道成考注：《沈葆桢信札考注》，第427页。

弟不观感兴起之理。总署亦必相与有成，万不致掣肘也。①

三月初十日（4 月 4 日），阅焦山、象山炮台，并都天庙利用营，再看瓜洲水师。②

三月上旬，复信吴元炳，谈吴淞铁路案、詹启纶案。③

三月上旬，复信吴仲翔，述近况，嘱送济款等。④

三月上旬，复信丁日昌，言船政报销、西征筹款、学生出洋、日意格之长、德克碑之短、海军操演、李丹崖出访等。

鄙意挑学生出洋，须兼办铁甲。此款宜于海防经费开销。弟当函恳伯相，俾事有实际，不致以惜费附会。……以弟之疏阔易欺，然日意格每办一事，皆有以交卷，心思周匝能入，是其长处；手笔之辣，诚如尊谕，弟不能为之讳，却未尝以赝鼎搪塞。若德克碑则价并不昂，而物不适用。处处想赚，皆赚不到手，而吾事为其所误，则非弟之所能用矣。……叶道未必能离家，且与日意格亦未十分浃洽，似以李部郎为最好。⑤

三月十二日（4 月 6 日），清廷谕准所奏江北漕粮仍办河运及章程。⑥

三月十五日（4 月 9 日），过高邮，致信沈玮庆，嘱拨百金与四叔以备九妹嫁妆，询管樵是否启程、县试日期，述巡阅行程、身体状况等。

我自初七登舟，沿途阅兵勇及炮台，今日始过高邮，大

---

① 林庆元、王道成考注：《沈葆桢信札考注》，第 427 页。

② 林庆元、王道成考注：《沈葆桢信札考注》，第 427 页。

③ 林庆元、王道成考注：《沈葆桢信札考注》，第 423 页。

④ 林庆元、王道成考注：《沈葆桢信札考注》，第 424 页。

⑤ 林庆元、王道成考注：《沈葆桢信札考注》，第 424～425 页。

⑥ 《清实录·德宗景皇帝实录》卷二七，第五二册，第 412～413 页。

约端午后方能回署。①

三月十九日（4月13日），总署奏，上海铁路如不能禁止，必设法归中国自主，操纵由我。诏命沈葆桢相机收回，并禁止美国在虹口马路添租地亩。②

三月十九日（4月13日），致信吴大廷，抄示吴淞铁路案往来信函，嘱与冯焌光协商办理。③

三月十九日（4月13日），复信冯焌光，嘱办理吴淞铁路案。

吴淞即宝山地界，该使故牵缓其词，纵使全系租界，亦不应擅自兴工。若谓租出之地，便应惟所欲为，譬如租作教堂者，忽而兴筑炮台，中国能不过问耶？器具、工料皆已齐备，如果照会在先，今忽变卦，曲诚在我；若暗自购备，则我正以力敦和谊，深信不疑，谁曲谁直，不待烦言而决矣。……而执事用心之苦，任事之力，则已深知之而深佩之，断不至有所掣肘于其间。选延好手律师，饵之以利，使说出几句公道话，则解铃不至费手，此固执事所优为也。④

三月中旬，复信丁日昌，谈阻借洋款、筹措台饷、开发台湾等。

阻借洋款一疏，剀切详明，胜弟所陈十倍。而能为筹出路，识远力卓，尤非寻常意料所及。……第鄙意肩台任不宜脱离巡抚。盖台湾所难者，仍在吏治、营政。若置吏治、营政于不问，虽垦辟无数疆土，仍都成化外境界。官先化外，民安得不化外也？⑤

---

① 林庆元、王道成考注：《沈葆桢信札考注》，第85页。

② 《清实录·德宗景皇帝实录》卷二八，第五二册，第418页。

③ 林庆元、王道成考注：《沈葆桢信札考注》，第428页。

④ 林庆元、王道成考注：《沈葆桢信札考注》，第429页。

⑤ 林庆元、王道成考注：《沈葆桢信札考注》，第427～428页。

三月中旬，复信刘坤一，论粤海防务、詹启纶案等。①

三月廿四日（4月18日），抵达彭城，患病。

> 大苦腹疾，似痢非痢。服萃峰药两剂，尚不能下校场也。②

三月廿五日（4月19日），致信裕禄，述巡阅行程、两江旱灾，请展年终考期，请密示皖中文武长短。③

三月廿五日（4月19日），复信梅启照，嘱押解官犯，述巡阅行程等。④

三月下旬，复信吴大廷，言与法使罗淑亚谈判，及巡阅行程等。⑤

三月底，复信冯焌光，论吴淞铁路案办理。

> 上海铁路与福建电线，名相似而实不同。福厦电线，陆道实禀命，制军允许之，虽未立合同，而有复信在其掌握。上海铁路，则我毫无曲处。但欲勉敦和谊，不得不出权宜。第体恤洋商，不使其亏折，由中国承买则可。若仍须火车开行，托怡和洋行管理，似未见其可。盖我既任其经费，复授权于人，于自主二字已背。且明知其亏折，更从何处筹款津贴之？一经允许，不特将来万难中止，且官民枝节殊多。卓见以为然否？鄙见备价买来，或束之高阁，或用之煤厂及机器局，均听从吾便，彼不得过问，然后其事可行。⑥

三月底，致信方宗诚，请提五百金。⑦

---

① 林庆元、王道成考注：《沈葆桢信札考注》，第428页。
② 林庆元、王道成考注：《沈葆桢信札考注》，第430页。
③ 林庆元、王道成考注：《沈葆桢信札考注》，第429页。
④ 林庆元、王道成考注：《沈葆桢信札考注》，第430页。
⑤ 林庆元、王道成考注：《沈葆桢信札考注》，第430页。
⑥ 林庆元、王道成考注：《沈葆桢信札考注》，第431页。
⑦ 林庆元、王道成考注：《沈葆桢信札考注》，第431页。

三月底，致翁同爵，谈赔偿鹅生一案。①

四月初二日（4月25日），李鸿章复总署，议复赫德条陈，论及沈葆桢建议延请律师参与通商诉讼案件。

幼丹制军来信亦以延订律师堪以试办。查中西律例迥殊，本难合一，若如所议另立通行章程，详细规条，势须舍中就西，欲参用中律，西人必不能遵，似可向英、美等国索取律例成书，派人译出，斟酌损益。凡通商各口交涉讼案，皆按西律判断，其内地交涉重案，亦可比照定谳，则罪名轻重，均归一律，华民可免吃亏，西人亦无借口。②

四月初九日（5月2日），复信冯焌光，谈吴淞铁路案，述巡阅行程。③

四月初十日（5月3日），抵达苏州。致信沈玮庆、沈咏濂，谈子弟课学、管教，嘱送受业师林昌彝奠敬和挽联，述巡阅行期、在徐州患痢疾等。

哭夫子大人寝右：总角侍龙门，风雨啸歌，许以传心如昨日；轻装归马渎，波涛咫尺，失之交臂竟终天。受业沈葆桢泣百拜。④

四月中旬，致信吴仲翔，述与吴赞诚在苏州会面。

春帅由黄浦入苏，畅叙移时，即解缆夜渡。其人真挚明允，粹然儒者气象，迥异恒流。于洋学亦加意讲求，知其要领。极倾倒执事，托为通诚，勿萌退志。弟极言执事体气之劣，才具之短，性情之迂执，而春帅恳之不已，不能不许为

---

① 林庆元、王道成考注：《沈葆桢信札考注》，第432页。

② 《李鸿章全集·信函》三，第386页。

③ 林庆元、王道成考注：《沈葆桢信札考注》，第432页。

④ 林庆元、王道成考注：《沈葆桢信札考注》，第85页。

转达。究之进退去就，执事自主之，非鄙人所敢赘一词也。[①]

四月廿三日（5月16日），吴赞诚在马尾接任船政大臣。[②]

四月廿八日（5月21日），回抵江宁。[③]

四月廿八日（5月21日），复信左宗棠，述已经遵嘱带筹借洋款等、巡阅见闻等。

承委代筹洋款，其何敢辞？已敦嘱桐云、竹儒竭力商办，并嘱其稍有眉目，即径行飞报台端，以慰荩系。[④]

四月，左宗棠复信谭钟麟，言沈葆桢不肯协饷。

此时陇饷奇窘，宜先济陇。以后如稍有生机，关中或急需应用，陇亦何敢私为已有？弟于从前幼丹船政告匮时，举闽协的饷二十六万畀之，宁忍饥分食，以船政无事权，而陕甘尚握兵符耳。其时幼丹复函，亦谓使督抚均能如此，何事不办？不谓闽中上座自此即不解陇饷，而幼丹建节两江，亦顿忘厥初也。[⑤]

四月，左宗棠复信刘典，谈及沈葆桢奏驳借洋款。

所言沈幼丹杯蛇之疑，不知何指？弟于沈实无可致疑之处，此次奏驳洋款，非弟所逆料，亦非天下人所能逆料，盖贤者不可测，固如此。[⑥]

四月，左宗棠复信谭钟麟，谈及沈葆桢奏驳借洋款。

幼丹此次奏驳洋款，颇闻由人指使。此公性颇偏执，断不认错，恐将来护前如故，仍费唇舌耳。苏抚协饷不解，并历年

---

① 林庆元、王道成考注：《沈葆桢信札考注》，第433页。
② 陈道章主编：《福建船政大事记（增订本）》，第43页。
③ 林庆元、王道成考注：《沈葆桢信札考注》，第434页。
④ 林庆元、王道成考注：《沈葆桢信札考注》，第433页。
⑤ 《左宗棠全集·书信》三，第28页。
⑥ 《左宗棠全集·书信》三，第42页。

解湘营之款解至上年八月止，即未报解。现在湘营出关，均由弟挪移垫发，固不待言。即垫解四个月满饷，余月盐、菜、马干、粮价亦已积成巨款。此非吴公本意，可知幼丹立意与弟为难，诚不解其是何居心也？现已咨催，且听下回分解。[1]

四月，左宗棠复信刘坤一，谈及沈葆桢奏驳借洋款。

幼丹自奏驳洋款后，书问遂疏，殆亦有不慊于中者耶？堂堂正正之旗，忽露此色相，亦可惜矣。[2]

五月初四日（5月26日），总署奏，闽省拟行《保护轮船章程》五条，请饬下南北洋大臣及各省将军督抚晓谕所属沿海地方通行办理。[3]

五月初六日（5月28日），刘坤一复信沈葆桢，论詹启伦案。

詹革镇京控一案，钦奉谕旨，颇以冤狱为疑，非蒙先生亲讯廿余堂，莫能得其实际。伏读覆陈一疏，委曲详尽，物无遁形，俾区区惩奸除暴之心，得以上白于朝廷以及天下后世，凡任事者不复畏强御而虞反噬，魑魅魍魉之徒销声匿迹于光天化日之中，所关诚非浅鲜。至于抉摘案情之细，推敲刑律之精，多为原审所未见及，唯有倒地百拜而已。[4]

五月上旬，致信林拱枢，嘱照顾在京参加会试的船政同人，述巡阅见闻等。[5]

五月上旬，复信吴仲翔，询近况，请寄送台防咨奖，及船政诸人会试消息等。[6]

---

① 《左宗棠全集·书信》三，第43～44页。

② 《左宗棠全集·书信》三，第47页。

③ 姜鸣编著：《中国近代海军史事日志1860～1911》，第49页。

④ 《刘坤一遗集·书牍》第四册，第1803页。

⑤ 林庆元、王道成考注：《沈葆桢信札考注》，第434页。

⑥ 林庆元、王道成考注：《沈葆桢信札考注》，第434页。

五月上旬，复信林鸿年，谈正谊书院购置房屋事，述近况。①

五月十一日（6月2日），上《两淮盐价仍难议增折》，细述两淮盐政情形，盐价难以议增。②

五月十四日（6月5日），嘱补束修、月款、居家力戒铺张，勖子弟奋志苦读等。③

五月中旬，复信丁日昌，言船政新任、报销，安纳案，闽省吏治，嘱日意格直接北上，述巡阅情形等。

弟扶病巡阅江北，凋敝情形，目不忍睹。一筹莫展，徒唤奈何。淮、徐数月不雨，愈北而旱愈剧。抢案迭出，户鲜盖藏，亦无可掳，至以妇女为奇货。牛疫、蝻蘖间出，人情汹汹。四月朔，得大雷雨，麦魂苏，秋粮亦下种，民心乃稍靖。④

五月中旬，复信丁日昌，言基隆开矿、两江筹饷困难等。

淡北矿务，我公既以清渠为可，弟自当附骥。但须我公常加提命，颇虑其资望浅而性太坦直，又在桑梓之地耳。……江南库竭，一如闽中，而索债者之多，则倍蓰无算。奈何，奈何。《申报》极力与季老为难，殆花门泰西之交合，与云中借手脱卸，此行何异登仙。其庇护非为人，实为己耳。⑤

五月十八日（6月9日），复信林拱枢，谈会试，汇寄冰敬，嘱撰文祥挽联等。⑥

五月十八日（6月9日），致信沈玮庆、沈咏濂，询官课与师

① 林庆元、王道成考注：《沈葆桢信札考注》，第435页。

② ［清］沈葆桢：《沈文肃公政书》卷六，第1155～1159页。

③ 林庆元、王道成考注：《沈葆桢信札考注》，第86页。

④ 林庆元、王道成考注：《沈葆桢信札考注》，第435～436页。

⑤ 林庆元、王道成考注：《沈葆桢信札考注》，第436页。

⑥ 林庆元、王道成考注：《沈葆桢信札考注》，第437页。

课功夫，嘱拨两媳二百贯放息等。①

五月十八日（6月9日），致信沈璘庆、沈瑜庆，寄送《松阳讲义》，嘱与诸人细读。

我朝陆清献公，于人为大儒，于官为循吏，于文为名家。所著《松阳讲义》，为从来《四书》说之冠，极精微，又极雪亮，非徒作文章之机栝，实做人之根基。索诸吾乡书肆数年，亦不可得。今白下有之，寄去两部，汝兄弟及骏甥、钜甥互换而圈点之。先看用朱，后者用墨。熟得此书，触类旁通，无不达之书理矣。②

五月二十日（6月11日），致信沈玮庆、沈咏濂，言置宗族基金，并列规章条目十八项。

我家由湖而杭而闽，宗祠至今阙然。我历官日浅，薪俸到手辄尽，未尝有余，故愿焉而未逮。恐后嗣子孙有相见不相识者，兹将可缓之债，姑留后图，努力筹三千金发典生息，一以为祖墓及各墓祭典，一以为致远堂家课，寓合族之谊，卜宗祠、义田一篑之基，以待来者。产业难于收租，别项生理，尤靠不住，惟典肆尚稍耐久，第其利甚微，只宜八厘，方可择善地。汝两人禀明大伯父，如大伯父愿存自己典中，则最直截。否则查明新典帑少者寄之，分寄两三处亦妥。家课文字，仍求五姑夫校阅。汝辈本出门下，且于卷折在行，评定甲乙，无所回护，是尤相宜。酌拟大概条目如左。未尽者，汝禀商大伯父、五姑夫及四叔定夺，账目暂交藻官管理可也。③

---

① 林庆元、王道成考注：《沈葆桢信札考注》，第86页。
② 林庆元、王道成考注：《沈葆桢信札考注》，第87页。
③ 林庆元、王道成考注：《沈葆桢信札考注》，第87～88页。

五月廿三日（6月13日），清廷谕准所请举、劾武将。①

五月三十日（6月21日），复信丁日昌，因福州忽遭水灾，寄三千金赈灾。

知福州水患为向来所未见。我公日夜倚城，拯援饥溺，寝食几废，闻之泣下。又承垂念儿辈无知，饬义从护其蓬荜。……感公勤恤民隐，激发天良，搜索悭囊，得三千金，谨托维允奉呈，叩恳赏收，以备一馑之赈。②

五月三十日（6月21日），致信吴仲翔，嘱转呈三千金赈灾，慰与吴赞诚相处甚洽，谈闽中举业等。

缘前数日搜括三千金，交海镜寄闽，为寒族墓祭、家课生息。今思此事较可从缓，乞谕玮儿，将此款交阁下转呈雨帅，以资散赈，并恳勿奏为荷。……春帅与阁下极相得，又事事肯躬亲，闻之且羡且慰。③

五月三十日（6月21日），致信沈玮庆，询子弟院试情况谈诸人帮项、福州大水捐赈、仆俾年节等。④

五月下旬，致信黎兆棠，谢筹二千金于敬节堂。⑤

五月下旬，复信吴仲翔，慰问病情，询船政诸人近况。⑥

五月下旬，复信李元度，论淮盐复引等。

文忠督楚时，两淮引地，金瓯无缺。贩私者自知其为私，所谓明其为敌，贼乃可灭也。自文正构衅，筱帅延川入楚，不特反客为主，几于使淮鹾反官为私。……近咨函并

---

① 《清实录·德宗景皇帝实录》卷三二，第五二册，第461页。

② 林庆元、王道成考注：《沈葆桢信札考注》，第438页。

③ 林庆元、王道成考注：《沈葆桢信札考注》，第439页。

④ 林庆元、王道成考注：《沈葆桢信札考注》，第89页。

⑤ 林庆元、王道成考注：《沈葆桢信札考注》，第437～438页。

⑥ 林庆元、王道成考注：《沈葆桢信札考注》，第438页。

进，哀吁翁玉帅赏还襄阳、安陆、澧州，未识怜而许之否？窃谓上策莫如自治。楚岸被侵，固缘筱帅过分畛域，亦由淮商太自暴弃。场员除坐吃陋规外，不知盐政为何物。……饷绌极矣，厘金不可救药，甚望盐有转机，其如限于才力何？①

五月，左宗棠致信刘典，论及沈葆桢又允借洋款。

顷接沈制军书，又诺为商借洋款，前后两人，亦殊难测。原函抄览。昨接雪岩信，说威妥玛前此阻借，系由吴人怂恿。俗云家鬼弄家神也。沈幼丹前奏，或亦由若辈撺掇而成耶？不然何今是昨非乃至于此。②

闰五月初一（6 月 22 日），清廷命密查威妥玛在沪举动，并就近设法转圜。③

闰五月初二日（6 月 23 日），李瀚章到金陵。④

闰五月初五日（6 月 26 日），清廷命李鸿章、沈葆桢等密筹海防。

侍郎袁保恒奏，夷情叵测，请简拨劲旅以备调遣一折。中外交涉事务原宜力维和局，衅端不可自我而开，惟夷情叵测，亦不可不思患豫防。前谕南北洋大臣筹办沿海防务，现在办理情形如何？着李鸿章、沈葆桢妥慎筹商，认真布置，以期缓急可恃，不致临事周章，方为妥善。⑤

闰五月初七日（6 月 28 日），上《江苏厘源日竭拨款日增折》。

江苏厘局，向分三处：一为金陵厘捐局，前督臣曾国藩

---

① 林庆元、王道成考注：《沈葆桢信札考注》，第 439～440 页。

② 《左宗棠全集·书信》三，第 49～50 页。

③ 《清实录·德宗景皇帝实录》卷三三，第五二册，第 470 页。

④ 林庆元、王道成考注：《沈葆桢信札考注》，第 458 页。

⑤ 《清实录·德宗景皇帝实录》卷三三，第五二册，第 471 页。

奏明，每月专供甘饷三万两，不足则由运库拨补；一为苏州牙厘局；一为松沪厘捐局，向来收数较多，供应湘淮各军月饷及京外各处协饷、本省善后等用，款目纷繁，久已入不敷出。现在收数日绌，拨款日增。……江苏各局厘金，从前军务初平时抽收极旺，嗣则逐年减少，有江河日下之势。①

闰五月初七日（6月28日），上《奏覆唐定奎被讦折》《奏覆江北旱蝗情形折》。②【按：沈葆桢两江总督任上，蝗灾频发，灭蝗乃其主要政事。】

闰五月初七日（6月28日），陈讷如到江宁就馆。

讷如初七到，初八即上学，瀛、瑶寸步不敢离矣。③

闰五月初九日（6月30日），英商在上海修筑之吴淞铁路举行通车典礼。该铁路长五英里，是外国人在中国建筑和经营的第一条铁路。

闰五月初八日（6月29日），致信沈玮庆，嘱送九妹三百千、付沈莹庆书房费用。④

闰五月上旬，在江宁晤杨岳斌。

厚帅过此，留煦园三日，晨启节而东。⑤

闰五月上旬，在江宁晤彭玉麟。⑥

闰五月上旬，复信彭玉麟，慰问病情，谈洋务办理、两江旱情稍缓等。⑦

闰五月上旬，致信谢谦亨，谈唐定奎被诬案、吴淞铁路案、

① ［清］沈葆桢：《沈文肃公政书》卷六，第1161～1167页。

② ［清］沈葆桢：《沈文肃公政书》卷六，第1169～1170页。

③ 林庆元、王道成考注：《沈葆桢信札考注》，第90页。

④ 林庆元、王道成考注：《沈葆桢信札考注》，第89页。

⑤ 林庆元、王道成考注：《沈葆桢信札考注》，第440页。

⑥ 林庆元、王道成考注：《沈葆桢信札考注》，第440页。

⑦ 林庆元、王道成考注：《沈葆桢信札考注》，第440页。

两江旱情等。

唐营实无克扣，其子方八岁，而捏以强奸，其虚诬概可知矣。惟食米每石折银三两，此款是实。……现饬营务处后路粮台密查，业已逐款登复，皆的实分明。惟米价一层，置之不复。盖以章程定自合肥，未经奏闻，于官话终说不去也。其人沉毅有为，实将才中不可多得者，当函致宛平详述之。①

闰五月上旬，致信沈桂芬，谈两江旱情、唐定奎被诬案。②

闰五月上旬，致信李鸿章，谈四明公所、吴淞铁路案处理、营武归属、厘税日绌等。

四明公所、火车路两案，至仍无归宿。彼太不讲理，我实无从迁就。……罗使已许不动义冢，而人命未肯认偿。彼纵万分为难，然地方官岂有慨然许其不偿之理？火车路不肯停工，竹儒搜索枯肠，乃出于招律师西行具控之一着。其初意欲以华官同律师前往，晚思华官非奉旨不应外交，若请旨遵行，万一事体决裂，殊难收拾。故商令外办，即使万一决裂，晚当其咎，藉可下台，不识此意有当高深否？③

闰五月上旬，致信冯焌光，密饬关注英使威妥玛举动。④

闰五月上旬，复信程桓生，谈淮盐复引、两江蝗灾、水患等。

藉谂酌复引地一事，阁下为玉帅剀切言之。玉帅亦以为销淮、销川，同是公家之利，毫无偏袒，佩慰殊深。此间所着意者，专在澧州。至安、襄两府，不如监利一县。阁下就

① 林庆元、王道成考注：《沈葆桢信札考注》，第441页。

② 林庆元、王道成考注：《沈葆桢信札考注》，第441～442页。

③ 林庆元、王道成考注：《沈葆桢信札考注》，第442页。

④ 林庆元、王道成考注：《沈葆桢信札考注》，第443页。

近察看情形，灼见真知，自远胜遥度者十倍。划江而守，用功少而成功多。请阁下即以此意商诸琴丈，婉求玉帅。厘课应如何津贴鄂饷，惟卓裁是从。场灶能否更生，在此一举。①

【按：程桓生，字尚宰，安徽歙县人。贡生。时任职湖北督销局。】

闰五月十三日（7月3日），致信沈玮庆，嘱让吴仲翔勿带病授课，延请他人替代，细述家课安排、陈讷如到金陵就馆等。②

闰五月十三日（7月3日），致信沈玮庆，嘱送各家遭灾帮项，院试可饮普洱茶解渴等。③

闰五月十三日（7月3日），致信沈莹庆，谈家教，嘱寄科考文章、试帖等。

凡人家庭，都有难言之隐，岂能都学我家祖父、祖母之慈爱。若论其窘，则犹未至汝母当日之甚。我家非祖父、祖母积德累仁，无以有今日，然此数十年支撑门户，亦煞费汝母苦心。至家景稍舒，而汝母病矣。汝两姐能以汝母之心为心，亦处困而亨，无所怨悔矣。④

闰五月十四日（7月5日），复信胡裕燕，谈威妥玛来意，嘱转交致吴赞诚信件。⑤

闰五月十四日（7月5日），复信吴赞诚，谈养船经费、滇案处理等。⑥

闰五月十四日（7月5日），复信吴仲翔，谈福州水灾、诸人

---

① 林庆元、王道成考注：《沈葆桢信札考注》，第443页。
② 林庆元、王道成考注：《沈葆桢信札考注》，第90页。
③ 林庆元、王道成考注：《沈葆桢信札考注》，第90页。
④ 林庆元、王道成考注：《沈葆桢信札考注》，第91页。
⑤ 林庆元、王道成考注：《沈葆桢信札考注》，第446页。
⑥ 林庆元、王道成考注：《沈葆桢信札考注》，第447页。

新任等。[①]

闰五月十五日（7月6日），清廷命继续缜密察访威妥玛在沪活动情形，以及麦华陀赴扬州一带采访盐价事。[②]

闰五月十五日（7月6日），李鸿章复总署，论赫德劝结滇条议，述威妥玛不愿与沈葆桢商办滇案。

幼丹制军初七日来函，未提及威使至沪之事。沪上密报，谓威使不愿与南洋商办，未知确否。[③]

闰五月十六日（7月7日），安徽建平县（今郎溪县）发生教案，并波及多地，史称“江南教案”，后由沈葆桢会同皖抚裕禄处理，赔偿教会损失银33356两。[④]

闰五月十八日（7月9日），上《孝感县蔡炳荣恳照前保注册片》。[⑤]

闰五月十八日（7月9日），复信林拱枢，谈外甥吴聘侯新任之谬举、寿甫为人、滇案处理等。[⑥]

闰五月十九日（7月10日），赫德抵上海，无意前往会见。[⑦]

闰五月二十日（7月11日），李鸿章复信沈葆桢，述与威妥玛谈判、铁甲船无钱购买等。

月来威使轩然大波，不才焦头烂额，究无丝毫补救，意绪颓沮，以致音问阔疏，歉甚念甚。顷阅沪上新报，执事将赴沪商论，启行果有日否？威使至沪后，日肆谣诼，其势甚

① 林庆元、王道成考注：《沈葆桢信札考注》，第447页。

② 《清实录·德宗景皇帝实录》卷三三，第五二册，第478页。

③ 《李鸿章全集·信函》三，第431～432页。

④ 黄传新主编，《安徽历史系年辑要》，合肥：安徽人民出版社，2013年，第335页。

⑤ ［清］沈葆桢：《沈文肃公政书》卷六，第1181～1183页。

⑥ 林庆元、王道成考注：《沈葆桢信札考注》，第449页。

⑦ 林庆元、王道成考注：《沈葆桢信札考注》，第452页。

张，不可向迩，全仗大力旋乾转坤，解此纷结，否则将不免兴师动众矣。……日意格闻已赴宁，是否带同入沪？铁甲船恐无款定购，亦来不及，奈何。①

闰五月中旬，致信翁同爵，论淮盐复引。

川盐借销楚岸，阅二十余年，非特鄂中饷源所出，即楚民亦习为故常。弟在闽时，早知淮盐色不如川，难强楚民舍美而就恶。莅任数月，凡条陈盐务，以争楚岸引地为请者皆却之。诚以事苟得已，销川、销淮，同一国家税课，何敢存畛域之见，苦为规复之谋？……是欲疏场盐，非拓销路不可；欲拓销路，非复引地不可。②

闰五月中旬，复信冯焌光，谈与梅立辉谈判。

梅辉立既愿见阁下，自当见之。鄙意晤谈时，总以开诚布公为第一要义。彼之所欲，我已如见肺肝，不妨尽情说破。中国虚实，彼一一周知，亦无所用其粉饰。彼无非以决裂吓我，又以不愿决裂饵我。闻决裂而恐，闻不决裂而喜，未有不坠其术中者。可告以中国积弱至于如此，岂有自愿决裂之理。然以英国之强，而必欲决裂，断非中国之力之所能阻也。……弟并不虑其决裂，甚虑归结之后，各条绝不再添。我国家已不知如何过得日子。③

闰五月中旬，致信程桓生，转抄致翁同爵信，论淮盐复引，述近况等。④

闰五月中旬，致信孙衣言，转抄致翁同爵信，论淮盐复引，

① 《李鸿章全集·信函》三，第436页。

② 林庆元、王道成考注：《沈葆桢信札考注》，第444页。

③ 林庆元、王道成考注：《沈葆桢信札考注》，第444～445页。

④ 林庆元、王道成考注：《沈葆桢信札考注》，第445页。

述近况等。[1]

闰五月中旬，致信彭玉麟，述会衔上万寿折，论滇案处理等。[2]

闰五月中旬，复信谢谦亨，谈福州水灾、淮北蝗灾、唐定奎案等。[3]

闰五月中旬，复信布彦泰，拒所荐人才。[4]

闰五月廿三日（7月14日），以滇案能否转圜尚不可料，清廷命李鸿章、沈葆桢实力整顿海防江防，有备无患。[5]

闰五月廿四日（7月15日），次子沈莹庆抵达福州，参加乡试。[6]

闰五月廿七日（7月18日），李鸿章复信丁日昌，言沈葆桢未与威妥玛会商。

> 威使赴沪后，调兵集船，谣诼四起，幼丹见其势张甚，往商无益，遂亦听之。[7]

闰五月下旬，复信冯焌光，论滇案谈判。

> 晤威、梅，不着色相，老谋深算，佩服岂有涯量。英果攻华，何至求助于倭？上海屯兵，何待租屋？德强于英，英指全台，德岂能以定海满志？至封关之为伪说，更不待言矣。……此时熟知洋务者，必曰中国事事不及西人，内顾一无可恃。纵明知其决裂非真，然不予以转圜，则彼成骑虎之势。弄假成真，前车可鉴。此诚确论。然亦思厘税一断，饷

---

① 林庆元、王道成考注：《沈葆桢信札考注》，第446页。
② 林庆元、王道成考注：《沈葆桢信札考注》，第448页。
③ 林庆元、王道成考注：《沈葆桢信札考注》，第448页。
④ 林庆元、王道成考注：《沈葆桢信札考注》，第449页。
⑤ 《清实录·德宗景皇帝实录》卷三三，第五二册，第482～483页。
⑥ 林庆元、王道成考注：《沈葆桢信札考注》，第461页。
⑦ 《李鸿章全集·信函》三，第440页。

源立绝，兵勇即须全数遣撤。无论此后事事听命西人，不能成自主之国。且伏莽四起，何待外侮，天下事尚忍言哉？如其万不能调停，亦中华气运使然，虽万分忍辱，亦无从求活。当华盛顿初起，其军实岂足以敌英国？不过迫到万无生路，战亦死，不战亦死。人人存必死之心，幸而得死中求生之一着，岂能策及万全哉！①

闰五月下旬，致信李鸿章，述刘秉章抵达江宁，拆分淮军，滇案处理等。

仲良中丞到，……传钧谕，欲将贵部劲旅，直隶、金陵各分其半，饷亦如数匀摊。既佩谦挹之风，复感委任之意，荣幸何如。惟是时事多艰，一柱擎天，非公莫属。卸一分担荷，即减一分事权。似当待中外乂安，再申前议。奉廷旨饬赴申江，挽商滇案。窃思彼既作悻悻之态而去，愈即之则愈离。贸贸而行，非徒无益。谨致竹儒，俟其有愿□□调停口气，乘机利导，乃有可下手处。②

闰五月下旬，复信吴大廷，谈滇案处理等。③

闰五月下旬，复信唐廷枢，谢赈灾福州，请日意格先入天津拜会李鸿章。④

闰五月下旬，复信冯焌光，谈赫德赴沪调停、长江防务等。

厘务大有不堪设想者。倾天下大局，以赔补一隅之案，彼尚以为不足，奈何，奈何。……乃威使南来，申江谣言四达，而闽中遂靳之。似外海水师之议，断不容缓。而饷源愈匮，虽智者不能为无米之炊。天下事从何措手乎？半税抵

① 林庆元、王道成考注：《沈葆桢信札考注》，第450页。
② 林庆元、王道成考注：《沈葆桢信札考注》，第451页。
③ 林庆元、王道成考注：《沈葆桢信札考注》，第451页。
④ 林庆元、王道成考注：《沈葆桢信札考注》，第452页。

厘，不啻一可当百。二赤撮合，势在垂成。恃吾辈三寸之舌，极知无济。然安危所系，不能不力争。[①]

闰五月下旬，复信冯焌光，谈如何应对赫德。

威使明知赫德南来，不患无转身地步。所以愿弟赴沪者，不过多一人撮合，可望多一事迁就，即多占一份便宜耳。其又若迎若拒者，则图议定复翻，将外间所许者束置一边，更向总署另作要挟耳。赴沪而于事无济，犹可言也；赴沪而反占后日总署转圜地步，使总署又须另求一吃亏之事以偿之，更无谓也。彼且谓外人不当以私信邀请，是明白透亮，不肯以丝毫话柄予我，此岂容入其彀中耶？此事大段已定，赫德晤商后，仍挽之入都，以两全总署及公使体制，灼然无疑。有来探询者，以弟并无行意告之可也。[②]

闰五月下旬，复信丁日昌，谢为福州赈灾，向船政局索船赴沪，谈滇案处理、林达泉才能、两江天灾等。[③]

闰五月下旬，复信吴赞诚，言调船政轮船赴沪、滇案处理、两江天灾等。

威酋借滇案要挟，每得一次便宜，必翻脸一次。弟如赴沪，急欲就绪，不能不曲意将就。而将就之后，势必复翻。所将就者已入其囊中，是转占总署转圜地步也。事当决裂，有定数在焉。果人人怀必死之心，纵器械不敌，亦安见无死中求生之一法？若饷源尽断，坐以待毙，更何堪设想乎？[④]

闰五月下旬，复信吴仲翔，述滇案处理、诸人近况等。[⑤]

---

① 林庆元、王道成考注：《沈葆桢信札考注》，第452页。

② 林庆元、王道成考注：《沈葆桢信札考注》，第452～453页。

③ 林庆元、王道成考注：《沈葆桢信札考注》，第453页。

④ 林庆元、王道成考注：《沈葆桢信札考注》，第454页。

⑤ 林庆元、王道成考注：《沈葆桢信札考注》，第454页。

闰五月下旬，复信梁鸣谦，嘱偕沈氏家眷赴署，述近况。①

六月初一日（7月21日），复信李鸿章，言赫德到沪调停、创建外海水师、筹建海防陆防、王培恩案、两江蝗灾等。

然外海水师决不可不创，铁甲船决不可不办，不可不学。购款陆续应付，似尚不至十分掣肘。若滇案归结后，中外仍若无事然，则事无可为者矣。筱坞一疏，想入非非。一人智而天下皆愚，于今见之。防海而可无陆师，纵船炮之精，过于彼族，风平浪静时，处处可以登舟岸，其谁御之？有陆师便可不防海，则必遍天下郡县尽数有坐待御敌之劲旅则可。否则一二号兵轮窥我南北洋，终岁疲于奔命，不知其所守矣。况铁甲封港，只求消息不可得耶？讲求陆战，先妒湘、淮。然则平发捻者，伊谁之力？非惟眯目，毋亦丧心。陆军而病其用洋枪，独不闻器械不精，以卒予敌耶？中国长技，真白战不持寸铁邪？十四五年身履行间之人，其议论必为辇下士大夫所倾信，时事尚忍言哉！②

六月初一日（7月21日），日意格抵达江宁拜见，商议铁甲船购买事宜。

本月朔日，日监督来金陵，云奉春帅面谕，李部郎丁忧，西行乏人同往，无须急赴津门，是以抽空来此一谒。③

六月初二日（7月22日），复信文彬，论海州农民起事、两江蝗灾等。④

六月初四日（7月24日），上《迭擒著名巨匪并会筹徐海情

① 林庆元、王道成考注：《沈葆桢信札考注》，第455页。

② 林庆元、王道成考注：《沈葆桢信札考注》，第455～456页。

③ 林庆元、王道成考注：《沈葆桢信札考注》，第457页。

④ 林庆元、王道成考注：《沈葆桢信札考注》，第456页。

形折》。①

六月初四日（7 月 24 日），致信李鸿章，述日意格到金陵、李凤苞丁忧，询日意格所呈铁甲船图纸是否合用，论外海水师必办、两江蝗灾等。②

六月初七日（7 月 27 日），复信沈玮庆、沈咏濂，谈馆学安排、各家帮项、期待子弟秋闱获隽等。③

六月初七日（7 月 27 日），致信沈咏濂，言秋闱注意事项，嘱为家中子弟改文字等。④

六月初七日（7 月 27 日），致信沈咏濂，议宗族基金规章，嘱兄弟相互勉励。⑤

六月初七日（7 月 27 日），致信沈璘庆，指点读书，嘱寄功课，开列书单。⑥

六月初十日（7 月 30 日），李鸿章复信沈葆桢，论处理滇案进退两难。

> 威使初不愿在津商办，至沪后其气愈张。执事向未与谋面，冒然前往，绝无裨益，卓识定力，钦仰奚似。此事相持愈久，愈难收拾。赫德乃乘机怂恿鄙人赴烟会商，总署又迫令敝处据情入告，遂被特旨。应有者从前已有，应无者以后仍无，不知有何新样办法。彼族以便宜行事求朝廷，弟岂敢以便宜行事应付彼族，稍不如愿，恐兵端随其后；若使其如愿，天下之恶皆归焉，此所谓进退两难者也。⑦

---

① ［清］沈葆桢：《沈文肃公政书》卷六，第 1185～1189 页。
② 林庆元、王道成考注：《沈葆桢信札考注》，第 457 页。
③ 林庆元、王道成考注：《沈葆桢信札考注》，第 91 页。
④ 林庆元、王道成考注：《沈葆桢信札考注》，第 92 页。
⑤ 林庆元、王道成考注：《沈葆桢信札考注》，第 92 页。
⑥ 林庆元、王道成考注：《沈葆桢信札考注》，第 93 页。
⑦ 《李鸿章全集·信函》三，第 449 页。

六月初十日（7 月 30 日），左宗棠致信谭钟麟，述沈葆桢承借洋款又有反复。

沈公奏驳洋款，分明以协款自任。不料其前后异词如此，贤者固不可测也。前接沈信，忽自任代借洋款，而以属之吴桐云、上海冯观察。昨接桐云及冯观察禀，则又以洋商扣本过多为言，仍作罢论。①

六月上旬，致信林拱枢，嘱代为转交遗漏冰敬、翰林院修署费，谈福州水灾、淮盐复引难办等。

为盐政而台谏水火，周为淮贩，吴为川贩，此等折大有嫌疑，断不可为人怂恿，致落圈套。②

六月上旬，致信吴赞诚，嘱分拨“登瀛洲”舰赴沪，言沪上人心稍定、滇案处理、袁保恒请罢海军等。③

六月上旬，致信吴仲翔，述滇案进展、日意格所荐铁甲船，论办理船政报销等。④

六月上旬，致信梁鸣谦，谈福州院试，嘱收沈瑜庆、沈璘庆于门下，述诸人近况等。⑤

六月上旬，致信黄倬昭，劝少服药，嘱颐养，述去志等。

鄙人大事已毕，能早死一日，则少坏一日国事。而心境太宽，不足以致死。奈何，奈何。⑥

六月上旬，致信曾光斗，贺其子中院试第五名，述两江灾荒等。⑦

---

① 《左宗棠全集·书信》三，第 153 页。
② 林庆元、王道成考注：《沈葆桢信札考注》，第 457 页。
③ 林庆元、王道成考注：《沈葆桢信札考注》，第 458 页。
④ 林庆元、王道成考注：《沈葆桢信札考注》，第 458 页。
⑤ 林庆元、王道成考注：《沈葆桢信札考注》，第 459 页。
⑥ 林庆元、王道成考注：《沈葆桢信札考注》，第 459 页。
⑦ 林庆元、王道成考注：《沈葆桢信札考注》，第 460 页。

六月上旬，致信刘寿铿，嘱寄闱作，贺院试上榜等。[①]

六月上旬，复信李端，评外甥文字，嘱寄闱作。[②]

六月上旬，致信李元度，述淮盐复引遇阻、炮船缉私不成，嘱撰吴长庆所托传记，谈沈莹庆赴科试等。

> 乞复引地，鄂省坚不之许；炮船缉私，二帅亦不以为然。孤掌难鸣，然终不敢不尽力。[③]

六月十三日（8月2日），派兵赴宿州镇压余捻。

六月十四日（8月3日），吴淞铁路压毙一人，民众大愤。苏松太道冯焌光照会英国领事麦华陀，请停驶。

六月十五日（8月4日），上《奏报豫东江皖交界土匪肆扰剿办情形折》。[④]

六月十七日（8月6日），复信裕禄，谈两江剿匪进展、建平教案处置等。

> 建平一案，尚谓事出有因，而延及宣城、宁国，可谓目无法纪。……弟嘱其饬地方官先将起衅缘由详细切实照会该总教士，使将来无可借口。若以事属两难，且置之不论不议之列，任彼先发难端，则我无可置喙矣。凶手不可不认真拿办。[⑤]

六月十九日（8月8日），复信李鸿章，谈滇案条款、停厘改税等。

> 宣旨及芜湖二事，均无碍大局。我公成[竹在]胸，彼族定当心折。卓儒以厘金终为洋票所蚀，不如改正子并交而

---

① 林庆元、王道成考注：《沈葆桢信札考注》，第460页。

② 林庆元、王道成考注：《沈葆桢信札考注》，第461页。

③ 林庆元、王道成考注：《沈葆桢信札考注》，第461页。

④ ［清］沈葆桢：《沈文肃公政书》卷六，第1191～1195页。

⑤ 林庆元、王道成考注：《沈葆桢信札考注》，第465页。

停厘。晚恐与厘必不相敌，不如改为什一之税。赫德来金陵，以此语告之。渠云商之各国，似当应允。轻率之见，未知有误大局否？[①]

六月中旬，致信吴元炳，谈滇案谈判、两江蝗灾、剿捻进展、盐道人选等。

极盼实缺盐道来，而至渺然。道员颇多，而科甲者少。[②]

六月中旬，复信文彬，述剿捻进展、两江蝗灾等。[③]

六月中旬，复信吴大廷，谈滇案谈判，述晤日意格等。[④]

六月中旬，致信裕禄，谈盐道人选、剿捻进展、建平教案、两江蝗灾暂缓等。[⑤]

六月中旬，复信文彬，述剿捻进展、滇案谈判等。[⑥]

六月中旬，复信彭玉麟，述镇压会党进展、两江蝗灾等。[⑦]

六月廿二日（8月11日），上《首匪就擒余党解散仍饬搜捕折》。[⑧]

六月下旬，复信丁日昌，谈水师管理、诸人近况、台地开发、建平教案、学生出洋、滇案谈判等。[⑨]

六月，左宗棠复信沈应奎，述沈葆桢允借洋款未果。

借用洋款一事，昨得桐云与上海马观察来信，外国各银行均以折扣借本为言如九儿扣之类。比告知幼丹制军，亦以

① 林庆元、王道成考注：《沈葆桢信札考注》，第465～466页。
② 林庆元、王道成考注：《沈葆桢信札考注》，第462页。
③ 林庆元、王道成考注：《沈葆桢信札考注》，第462～463页。
④ 林庆元、王道成考注：《沈葆桢信札考注》，第463页。
⑤ 林庆元、王道成考注：《沈葆桢信札考注》，第463～464页。
⑥ 林庆元、王道成考注：《沈葆桢信札考注》，第464页。
⑦ 林庆元、王道成考注：《沈葆桢信札考注》，第464页。
⑧ ［清］沈葆桢：《沈文肃公政书》卷六，第1197～1200页。
⑨ 林庆元、王道成考注：《沈葆桢信札考注》，第466页。

太吃亏却之，惟未接雪岩复我之信耳。幼丹前次书来，诺为认借，云已嘱桐云、竹儒商办，或亦逆料洋人必作祟也。①

七月初三日（8 月 21 日），致信沈玮庆，述聘馆学先生、诸人近况，嘱信件寄上海道最快。

七月初五日（8 月 23 日），上《收回淮南引地应遵部议迅速举行折》，② 论淮盐复引。

七月初六日（8 月 24 日），因清廷和沿路民众反对，吴淞铁路停驶。

七月初八日（8 月 26 日），复信沈玮庆，谈李端不北行、曾兆鹏纵酒、梁鸣谦收子弟、藻官荫生之请、腰痛复作，询水灾捐款三千两是否为洋银等。③

七月上旬，复信吴元炳，言滇案谈判，梅立辉、赫德所议条款，及剿匪进展、两江蝗灾、吏治等。

梅辉立来此言三事：一镇江之太古趸船，一铁车路，一租界厘金。据理谢之，不提滇事而去。赫德来，议完子口半税，停各路厘金。告以如此军饷必不够，能将新关加到值百抽十，鸦片格外加重，或有可商。……官贵久任，署事一年期满，并非部例。各省何以不约而同？视官如传舍，非民之福，亦非官之福，可否饬司停止？④

七月上旬，复信丁日昌，论滇案谈判、江防、台地开发、建平教案等。

滇案未结，伯相心绪无聊，恐不遑及于铁甲，尊议容当函致。……台事无十分费手，惟人到辄病，此最为难。计招

① 《左宗棠全集·书信》三，第 64 页。
② ［清］沈葆桢：《沈文肃公政书》卷六，第 1201～1212 页。
③ 林庆元、王道成考注：《沈葆桢信札考注》，第 94 页。
④ 林庆元、王道成考注：《沈葆桢信札考注》，第 466～467 页。

徕日多，使人气胜于地气，瘴当渐息。天主教处处生事，建平一案，教固可恶，而客民报之亦太酷。地方官均各置身事外，奈何，奈何？①

七月上旬，复信吴赞诚，询“登瀛洲”舰配置火炮数量，论滇案谈判、两江蝗灾等。②

七月上旬，复信林鸿年，谈丁日昌为官，述陈讷如近况、腰疾增剧等。③

七月上旬，致信吴长庆，谈建平教案如何了解。④

七月上旬，复信李元度，论为官之道、淮盐复引艰难，述子侄举业、腰疾等。

求志者不寐以忧国，尸位者素餐以养疴，愧何如矣。谆谆勉之学林文忠，鄙人难逃自弃之愆。爱我得毋分失言之谤耶？卓议侃侃，想见借箸留侯、聚米伏波气象。而一步一蹶，所谓非不悦子之道者。⑤

七月上旬，致信李鸿章，论滇案谈判，述铁路案进展、教案叠出、腰疾增剧等。⑥

七月上旬，复信梁鸣谦，谈诸儿、外甥举业，嘱闱后偕后辈到署等。⑦

七月上旬，致信林寿图，询近况，述腰疾、处境、蝗灾、教案等。

弟病体支离，入秋仅数日，便袭棉衣。日日言违心之

---

① 林庆元、王道成考注：《沈葆桢信札考注》，第467页。

② 林庆元、王道成考注：《沈葆桢信札考注》，第468页。

③ 林庆元、王道成考注：《沈葆桢信札考注》，第468页。

④ 林庆元、王道成考注：《沈葆桢信札考注》，第469页。

⑤ 林庆元、王道成考注：《沈葆桢信札考注》，第469页。

⑥ 林庆元、王道成考注：《沈葆桢信札考注》，第470页。

⑦ 林庆元、王道成考注：《沈葆桢信札考注》，第470页。

言，事违心之事。死为上策，归即下策。若迟于此，则无策矣。①

七月上旬，复信林拱枢，谈淮盐复引艰难、民生艰苦、建林则徐专祠等。②

七月十一日（8月29日），上《苏省防营饷项拟请循旧支放折》《安徽怀远县擒图城巨匪剿办情形折》《凤台县匪徒胡志瑞等聚众起事情形折》。③

七月十三日（8月31日），清廷命李瀚章、文格、翁同爵、王文韶商议淮盐复引。

沈葆桢奏收回淮盐引地应遵部议迅速举行一折，据称以淮盐原有之楚岸仍令归淮，于楚省饷需大有裨益，非仅毫无所损，现滇黔肃清，正宜移侵楚之川引，复从前之旧额等语。所奏甚是，即着李瀚章、文格、翁同爵、王文韶遵照部议，迅速办理。其应如何剔除积弊，严杜私销之处，并着沈葆桢等会商妥办，原折着钞给李瀚章等阅看。④

七月十四日（9月1日），致信沈玮庆，嘱毋将信件交由兑局发送，询梁礼堂是否愿往金陵就馆，嘱购羊毫、收存诰轴等。⑤

七月十四日（9月1日），致信沈瑜庆，无需托购小本，科场文字毋逐时趋。⑥

七月十九日（9月6日），致信吴元炳，述滇案谈判、蝗灾后果、属下入觐安排、内帘监试人选等。⑦

---

① 林庆元、王道成考注：《沈葆桢信札考注》，第471页。

② 林庆元、王道成考注：《沈葆桢信札考注》，第471页。

③ ［清］沈葆桢：《沈文肃公政书》卷六，第1213～1226页。

④ 《清实录·德宗景皇帝实录》卷三六，第五二册，第524页。

⑤ 林庆元、王道成考注：《沈葆桢信札考注》，第95页。

⑥ 林庆元、王道成考注：《沈葆桢信札考注》，第95页。

⑦ 林庆元、王道成考注：《沈葆桢信札考注》，第472页。

七月二十日（9月7日），复信裕禄，嘱催新任内监试启程，述建平教案处理进展。①

七月廿一日（9月8日），上《续获匪首马小绕等正法片》。②

七月廿一日（9月8日），致信沈玮庆，谈李端已到上海、兑回银二千两、送场卷等。③

七月廿一日（9月8日），致信沈莹庆，述应试要诀，嘱试后北上金陵、劝七哥尽孝、留心名师。④

七月廿六日（9月13日），《烟台条约》签订。

七月廿七日（9月14日），李鸿章复信沈葆桢，述烟台谈判，已将吴淞铁路案并入在内。⑤

七月廿八日（9月15日），清廷命查赣榆知县吴蕊元案，又命吴元炳查沈葆桢家丁挟妓饮酒案。

> 许诵宣呈递禀函，内叙前赣榆县知县吴蕊元案，并胪列署铜山县知县蒋志拔多款，请旨办理等语。该县意存挟制，刁风断不可长，即着沈葆桢、吴元炳确切查明，从严讯办。至该员禀内所称沈葆桢家丁在徐州有挟妓饮酒情事，着交吴元炳查讯办理。⑥

七月下旬，复信彭玉麟，论海防、江防，述诸人近况。⑦

七月下旬，复信文彬，述两江近况、滇案处理、知县调换等。⑧

---

① 林庆元、王道成考注：《沈葆桢信札考注》，第473页。

② ［清］沈葆桢：《沈文肃公政书》卷六，第1227～1228页。

③ 林庆元、王道成考注：《沈葆桢信札考注》，第96页。

④ 林庆元、王道成考注：《沈葆桢信札考注》，第96页。

⑤ 《李鸿章全集·信函》三，第473页。

⑥ 《清实录·德宗景皇帝实录》卷三七，第五二册，第534页。

⑦ 林庆元、王道成考注：《沈葆桢信札考注》，第473页。

⑧ 林庆元、王道成考注：《沈葆桢信札考注》，第474页。

七月下旬，复信李元度，述家中近况，谈淮盐复引艰难。

鄂中袒川贩，牢不可破，丝毫不肯通融。董大农攘胁争之，似是一大机会。然上策莫如自治，必场商能讲求盐质，运商能体恤水贩，使楚民稍以为便，事方可行。否则官挟民以拒我，利未集而害先见，虽部议炬足恃哉？……天下岂有为盐务而废吏治者耶？①

七月下旬，复信程桓生，谈淮盐复引、江西德安分局被毁、两江蝗灾等。②

七月下旬，复信文彬，述久旱逢雨、蝗灾惨重、会衔入告等。③

七月下旬，复信彭玉麟，述吴家榜暂署长江水师提督、杨岳斌回省，论吏治等。④

七月底，复信裕禄，谈内监试人选、进剿营务、访察职责、人事安排等。⑤

八月初三日（9月20日），致信沈玮庆等，谈吴仲翔不收谢礼，询藻官是否入闱，嘱寄闱作，拨付濂官场费，沈璘庆、沈瑜庆北上等。⑥

八月初三日（9月20日），致信沈璘庆，嘱练字、读书、专心应试。

汝字近日反不如从前，仍须学《圭峰碑》，晋字境界太高，不易趋步。我六月学《圭峰碑》十余日，甚有味，嗣以

① 林庆元、王道成考注：《沈葆桢信札考注》，第474～475页。
② 林庆元、王道成考注：《沈葆桢信札考注》，第475页。
③ 林庆元、王道成考注：《沈葆桢信札考注》，第476页。
④ 林庆元、王道成考注：《沈葆桢信札考注》，第476页。
⑤ 林庆元、王道成考注：《沈葆桢信札考注》，第476～477页。
⑥ 林庆元、王道成考注：《沈葆桢信札考注》，第96～97页。

忙甚而止。寄陕西拓百张尚未到。瑶近日于帖颇有会心矣。多读经书、古文，则八比自有进境。[①]

八月初七日（9月24日），上《匪徒散播流言民情惊扰现筹查办情形折》。[②]

八月初七日（9月24日），李鸿章复信程桓生，论淮盐复引不可行。

两淮争复引地，幼帅力主其说，而川盐在鄂行销已久，公私均有利益，遽议改章，殊多窒阂，诚如来函所云，多费笔墨，恐事终不行耳。[③]

八月初八日（9月25日），李鸿章复信丁日昌，述沈葆桢迭催购置铁甲船。

幼丹迭函商催，兹来缄复谆谆及此，想因日本新置铁舰一二只，我亦不可无备也。然海防拨款，既属子虚，又无管带铁甲之将，权衡轻重，仍以选派子弟赴英国学习驾驶为急务。[④]

八月初，法国驻华公使白来尼就“江南教案”来南京谈判。[⑤]

八月上旬，致信吴长庆，嘱派人护送法国传教士。[⑥]

八月上旬，复信梁鸣谦，询乡试情形，谈及吴仲翔丧子、船政办理成效等。[⑦]

八月上旬，致信吴仲翔，慰丧子之痛。[⑧]

---

① 林庆元、王道成考注：《沈葆桢信札考注》，第97页。

② ［清］沈葆桢：《沈文肃公政书》卷六，第1229～1232页。

③ 《李鸿章全集·信函》三，第480页。

④ 《李鸿章全集·信函》三，第482页。

⑤ 林庆元、王道成考注：《沈葆桢信札考注》，第469页。

⑥ 林庆元、王道成考注：《沈葆桢信札考注》，第477页。

⑦ 林庆元、王道成考注：《沈葆桢信札考注》，第477～478页。

⑧ 林庆元、王道成考注：《沈葆桢信札考注》，第478页。

八月上旬，致信吴元炳，述段起赴苏常、对调县令、内监试人选、吴淞铁路案处理等。

铁路一事，威使夹入滇案以挟我，伯相恐牵动全局，允其派员会商。前此买断停工之说，如其可行，并无须作此转折。然则名为会商，终于尽如其意而后可也。购费已不知出于何地。费钱购之，且必费钱续之，又必用其人，每年之亏累，尚未知何所底止。尚曰保我自主之权，欺人耶，抑自欺耶？①

八月上旬，复信吴大廷，述筹饷苦难、吴淞铁路案处理等。

沪局得大才擘画，合肥亦必无间言。第花样翻新，无论他项奉拨之款，即淮军月饷，亦不知归于何所矣。左、刘索饷之文，语含诮责，只有返躬自疚，不敢支饰一词。商务定后，合肥必复申分兵之说。丛镝被体，虽三头六臂亦不能胜。幸为忝员所讦，已奏乞解任候讯矣。②

八月上旬，复信彭玉麟，述剿匪情形、《烟台条约》后果等。③

八月上旬，致信吴仲翔，谈子弟以荫应举事。④

八月十三日（9月30日），致信沈玮庆，述兑局之款、邓表姑娘娶媳、张寿南归、藻官录送等。⑤

八月十七日（10月4日），梅辉立到上海会商吴淞铁路案。⑥

八月十七日（10月4日），致信谢谦亨，述建平教案办理、

① 林庆元、王道成考注：《沈葆桢信札考注》，第478～479页。

② 林庆元、王道成考注：《沈葆桢信札考注》，第479页。

③ 林庆元、王道成考注：《沈葆桢信札考注》，第480页。

④ 林庆元、王道成考注：《沈葆桢信札考注》，第480页。

⑤ 林庆元、王道成考注：《沈葆桢信札考注》，第97～98页。

⑥ 林庆元、王道成考注：《沈葆桢信札考注》，第486页。

吴淞铁路案谈判等。[①]

八月中旬，复信冯焌光，论吴淞铁路谈判。

梅辉立到，自应仍持原议，买断停工，方与“自主”二字不背。第彼族肯如此结局，则此事早已就绪，何待借滇案胁我？伯相既有买回自办之说，则保我自主者其名，而不能中止者其实。既不能中止矣，任彼自造害也，我买而续之亦害也。两害相形取其轻，孰轻孰重，此间殊难臆度。姑以管窥所及，约略言之：洋商于中国之地，不问中国之官，违约兴工，中国不问其专擅之罪，转偿以营造之款，即遵命停止，固已大伤国体，大拂舆情。乃动巨款购回，又须仰体其意，续其未竟之工，用其违约之人，曰以保我自主之权也。向来掩耳盗铃，无至于此极者。……然我处处不能负约，彼则时时可以违约。[②]

八月中旬，复信吴赞诚，谈船政工艺、吴淞铁路案办理，述江南乡试情形。[③]

八月中旬，复信李鸿章，谈滇案结果、吴淞铁路案办理、彭玉麟函催购铁甲船等。[④]

八月中旬，复信林拱枢，谈丁日昌、李鹤年构衅，赈灾，诸人近况，两江吏治等。

丁、李构衅，何以怨及林宗？所谓林宗者，远公耶，抑筠老耶？……扰扰者，各事其事，亦所谓行乎其所不得不行，止乎其所不得不止耶？此间道、府、州、县，有载在官册，而其人去如黄鹤者；有日夕相见，而官册并无其名者；

---

① 林庆元、王道成考注：《沈葆桢信札考注》，第486页。

② 林庆元、王道成考注：《沈葆桢信札考注》，第481页。

③ 林庆元、王道成考注：《沈葆桢信札考注》，第481～482页。

④ 林庆元、王道成考注：《沈葆桢信札考注》，第482页。

有忽去忽来，若隐若见者；有或宁或苏，或扬或淮，依依何之，忽而各适其适者。所谓地大物博欤？[①]

八月中旬，复信李端，劝应乡试。[②]

八月中旬，致信黄敬熙，馈赠五十金，助船政局员参加乡试等。[③]

八月中旬，复信林洄淑，因久未复信，致歉。[④]

八月中旬，复信李元度，论淮盐复引，收到所托《吴贞女传》，述筹京饷等。[⑤]

八月中旬，致信周溯贤，述两江灾荒、晤故人兰谷情形等。[⑥]

八月中旬，致信裕禄，请派大员讯问建平案犯，各处处理灾荒事宜等。[⑦]

八月中旬，复信郭嵩焘，述近况等。[⑧]

八月中旬，致信林拱枢，谈同乡试北闱、督抚空缺等。[⑨]

八月廿五日（10月12日），致信沈玮庆，评所寄闱作，嘱送两人奠敬，述筹宗族基金、程三哥北上弊端等。[⑩]

八月廿七日（10月14日），李鸿章复信沈葆桢，谈滇案处理细节、烟台议和条款实施、吴淞铁路归属、日意格等人薪资等。[⑪]

八月，左宗棠致信胡雪岩，述沈葆桢允借洋款未果。

---

① 林庆元、王道成考注：《沈葆桢信札考注》，第482～483页。

② 林庆元、王道成考注：《沈葆桢信札考注》，第483页。

③ 林庆元、王道成考注：《沈葆桢信札考注》，第483页。

④ 林庆元、王道成考注：《沈葆桢信札考注》，第484页。

⑤ 林庆元、王道成考注：《沈葆桢信札考注》，第484页。

⑥ 林庆元、王道成考注：《沈葆桢信札考注》，第484～485页。

⑦ 林庆元、王道成考注：《沈葆桢信札考注》，第485页。

⑧ 林庆元、王道成考注：《沈葆桢信札考注》，第485～486页。

⑨ 林庆元、王道成考注：《沈葆桢信札考注》，第486页。

⑩ 林庆元、王道成考注：《沈葆桢信札考注》，第98页。

⑪ 《李鸿章全集·信函》三，第490～491页。

> 两江沈制军又有饬吴桐云、上海道商借之事，卒以先扣借本太重终止。阅桐云信，知阁下并未预闻，当由觑破此中圈套之故耳。闻威妥玛自回沪后，情形较前复又改观，于借用洋款一事，必不再持异议。然我断无与英商借之理，亦断不必向两江饶舌矣。[①]

九月初四日（10月20日），致信沈咏彤，谈李端应试北闱、子侄乡试之文，述寄刘镌山奠敬等。[②]

九月初五日（10月21日），上《海州改隶淮阳道管辖折》。[③]

九月初八日（10月24日）苏松太道冯焌光及李鸿章所派道员朱其诏、盛宣怀与英国汉文正使梅辉立议定以二十八万五千两银购回吴淞铁路，仍准行驶一年，至光绪三年九月十五日（1877年10月21日）由中国接管。后于九月十七日（11月2日），冯焌光与英领事麦华陀将条款签押盖章。

九月上旬，复信李端，慰试北闱，述家人近况。[④]

九月上旬，复信吴元炳，述吴淞铁路谈判过程，谈昭文案处置、缉私等。

> 梅辉立来矣，舌敝唇焦，词穷则更端而进。……反复数百言，总谓中国如果愿买，必须照旧办去。告以买来仍须办去，与“自主”二字相悖而驰，非中国不愿买，乃英国不愿卖也。彼云：本有绝妙法子，并不要中国费钱，只须给以官照，即将来赔垫，亦英国之事，与中国无干，且可酌缴捐项。告以民所不愿，官贪捐项而给照，必无此办法。[⑤]

---

① 《左宗棠全集·书信》三，第91页。

② 林庆元、王道成考注：《沈葆桢信札考注》，第98页。

③ ［清］沈葆桢：《沈文肃公政书》卷六，第1233～1235页。

④ 林庆元、王道成考注：《沈葆桢信札考注》，第487页。

⑤ 林庆元、王道成考注：《沈葆桢信札考注》，第487页。

九月上旬，复信何璟，怅过金陵未晤，述到任两江病况、子弟无心向学等。①

九月十四日（10月30日），李鸿章复信丁日昌，谈及沈葆桢与李鹤年因轮驻台湾一事不和。

筱宋过津时与言驻台经略应任之闽督，幼丹前议，系与和翁不协，亟亟应随时变通，筱帅亦意见以为然。②

九月中旬，致信吴元炳，请会衔上奏改河运为海运，并寄题名录等。③

九月中旬，致信文彬，请会衔上奏改河运为海运，并寄题名录等。④

九月中旬，复信彭玉麟，谈为官，述病况等。⑤

九月中旬，复信丁日昌，谈滇案结果、购置铁甲船、船政学生出洋经费筹措、科场规矩、养生等。

滇案了矣，而此间转因之不了。总之，将我利权一网打尽耳。铁甲事，弟进言于伯相者，不可以次数计。亦自厌其烦数，无如其不可以已也。现出洋业已定议，固是铁甲权舆。然专以经费责诸闽省，恐闽省颇难为力。⑥

九月中旬，复信林鸿年，谢寄药方，询福州米价等。⑦

九月中旬，复信吴仲翔，劝慰丧子之痛。

悲伤人生所难免，惟心有所着，便不至一往莫解。……死自定分，与医亦复何涉？今日所谓庸医，固往日所谓良医

① 林庆元、王道成考注：《沈葆桢信札考注》，第488页。

② 《李鸿章全集·信函》三，第497页。

③ 林庆元、王道成考注：《沈葆桢信札考注》，第488页。

④ 林庆元、王道成考注：《沈葆桢信札考注》，第489页。

⑤ 林庆元、王道成考注：《沈葆桢信札考注》，第489页。

⑥ 林庆元、王道成考注：《沈葆桢信札考注》，第489～490页。

⑦ 林庆元、王道成考注：《沈葆桢信札考注》，第490页。

也，安知不复他日之庸医，为今日之良医乎？须知天下无不死之人，亦断无一生无病之人，扁鹊当前，漠然无所动于中，庶几天君泰然、百体从令矣。①

九月中旬，复信黄倬昭，谈骏甥闱作、述诸人近况。②

九月中旬，复信吴赞诚，谢拨"登瀛洲"舰，述出洋经费筹措、两江蝗灾、寄呈两江《题名录》等。③

九月中旬，复信梁鸣谦，谈其弟梁济谦从医，述诸人近况、两江难治。④

九月中旬，复信吴大廷，述藩库垫拨丝捐、灾区种麦、吴淞铁路案办结等。⑤

九月中旬，致信刘秉璋，请补段起缺，述诸人新任。⑥

九月中旬，致信刘瑞芬，谈以工代赈、疏通两淮运道。⑦

九月中旬，复信程桓生，论淮盐复引，述病况等。⑧

九月廿一日（11月6日），复信沈玮庆，劝慰诸子侄乡试不第，嘱送林老太奠敬、毋托兑局寄信、帮李梦吉家三十千等。

功名自有定分，何须抑郁乃尔？我闻汝兄弟辈和气便喜，闻汝兄弟辈肯读书便喜，至名场得失，如云烟过眼，久不措意矣。⑨

九月廿二日（11月7日），上《借黄济运徒耗经费拟请暂行

① 林庆元、王道成考注：《沈葆桢信札考注》，第490～491页。
② 林庆元、王道成考注：《沈葆桢信札考注》，第491页。
③ 林庆元、王道成考注：《沈葆桢信札考注》，第491页。
④ 林庆元、王道成考注：《沈葆桢信札考注》，第492页。
⑤ 林庆元、王道成考注：《沈葆桢信札考注》，第492页。
⑥ 林庆元、王道成考注：《沈葆桢信札考注》，第493页。
⑦ 林庆元、王道成考注：《沈葆桢信札考注》，第493～494页。
⑧ 林庆元、王道成考注：《沈葆桢信札考注》，第494页。
⑨ 林庆元、王道成考注：《沈葆桢信札考注》，第99页。

海运折》。①

九月廿八日（11月13日），寅时，侄婿陈讷如在江宁逝世，后撰挽联曰："孝友且年悭，追论他造化忌才，文章憎命；亲朋先泪尽，忍想到母兄感梦，嫠稚招魂。②

九月下旬，致信吴元炳，谈海运京米、河工疏浚、开牛厂、赈灾、吏治等。③

十月初一日（11月16日），致信陈子厚、陈子余，述陈讷如患病、逝世情形及后事安排。④

十月初一日（11月16日），复信沈玮庆，嘱用功，述陈讷如病逝、李端患病，请陈嘉燮赴金陵就馆等。⑤

十月初二日（11月17日），致信沈咏彤，述陈讷如病逝、请陈嘉燮赴金陵、李端患病、诸人帮项、林拱枢请办封典，请寄同乡在京炭敬名单等。⑥

十月上旬，复信吴大廷，谈各地提款、积弊、拨款赈灾等。⑦

十月上旬，复信林拱枢，述诸人近况、陈讷如病逝、疆吏不职等。⑧

十月十八日（12月3日），清廷谕准吴城、金陵两处船厂变通采办樟板等涨价物品。⑨

十月中旬，复信郭嵩焘，转交王元稚函，谈出使英国。

---

① ［清］沈葆桢：《沈文肃公政书》卷六，第1237～1241页。
② 胡毅雄：《沈葆桢对联的爱国思想及艺术特色》，第339页。
③ 林庆元、王道成考注：《沈葆桢信札考注》，第494～495页。
④ 林庆元、王道成考注：《沈葆桢信札考注》，第495～496页。
⑤ 林庆元、王道成考注：《沈葆桢信札考注》，第99页。
⑥ 林庆元、王道成考注：《沈葆桢信札考注》，第100页。
⑦ 林庆元、王道成考注：《沈葆桢信札考注》，第496页。
⑧ 林庆元、王道成考注：《沈葆桢信札考注》，第496～497页。
⑨ 《清实录·德宗景皇帝实录》卷四一，第五二册，第590页。

我公许国驰驱，与富郑公、苏颖滨媲美。乡曲毁誉，何足介怀。数万里壮游，激发其志气。异日著作，龙门当亦避席，何况余子？望善自珍摄，以系中外人心，是所至祷。①

十月中旬，复信吴仲翔，述陈讷如病逝、续聘教习、乞假一月，嘱照料陈讷如及陈宗廉夫人灵柩。②

十月中旬，复信李端，问行止，述病况。③

十月中旬，复信吴元炳，述赈灾、河工、营务整顿等。④

十月廿三日（12 月 8 日），致信沈玮庆，述金陵馆学安排、具疏乞假，嘱筹百金助沈咏濂北上、藻官二十千、寄购书籍等。⑤

十月廿四日（12 月 9 日），李鸿章致信李瀚章，谈及沈葆桢请假。

幼丹请假一月，久无书问，或有退志。⑥

十一月十三日（12 月 28 日），致信沈咏彤，谈诸子弟举业，家人近况、封典办理、近日行程、奏请开缺，兑寄炭敬四千二百金，请按单分送等。⑦

十一月十七日（1877 年 1 月 1 日），上《请开缺条理折》，述病情近况。

窃臣于本年十月十一日因旧疾增剧，具折驰陈，蒙恩赏假一月。钦感之余，悉心调理，原冀日渐轻减，即可奏明销假，无如臣所患之症系历年积受寒湿，肺家受伤甚酷，每交冬令喘，已成痼疾。然向来必至深冬极寒之时，始畏风不能

---

① 林庆元、王道成考注：《沈葆桢信札考注》，第 497 页。
② 林庆元、王道成考注：《沈葆桢信札考注》，第 497～498 页。
③ 林庆元、王道成考注：《沈葆桢信札考注》，第 498 页。
④ 林庆元、王道成考注：《沈葆桢信札考注》，第 498 页。
⑤ 林庆元、王道成考注：《沈葆桢信札考注》，第 100～101 页。
⑥ 《李鸿章全集·信函》三，第 508 页。
⑦ 林庆元、王道成考注：《沈葆桢信札考注》，第 101 页。

出门，若天气温和，虽冬令尚可勉强撑拄。今年十月，江南并不甚冷，咳逆已觉比前加甚。近则节逾冬至，仍未严寒，而臣畏风如虎，胸膈冰冷，痰咳不出，即汗脱眩晕，饮食锐减，精力万分难支。目前盼雪甚殷，理应率属虔诚祈祷，臣腰脚软弱，不能出户，五中愧悚，何以自安？每遇紧要之事必须与僚属面商者，不能不于卧室接见，而酬酢之顷，喘息良久，方能接谈，仍苦气弱力微，词不尽意。往来文牍，勉力披阅，虽不敢稍涉大意，深恐心气不聚，堕坏无形。一月以来，夜不成寐，往往一夕数起，危坐达旦。询诸医家，佥云病根已深，断非一时所能痊愈。①

十一月十八日（1877年1月2日），盛宣怀来南京商定招商局事。

十一月十九日（1877年1月3日），清廷命李鸿章、沈葆桢筹议台湾管理、开发事宜。②

十一月十九日（1877年1月3日），复信李鸿章，论长江征厘、招商局合并，述近日病况等。③

十一月十九日（1877年1月3日），复信沈玮庆，述寄兑二千金、家中月费供给章程、两江灾情、亏空甚多、疏请开缺等。④

十一月中旬，复信林拱枢，纵论时下大吏、台事办理、闽闱墨等。

小宋守洁心细，诚如冰镜，而才却不大。曾文正病其琐屑多疑，似非虚语。香相不平，非爱子和，恶星崖也。人人各自为恩怨，触机则发耳。政府本以鄂督待小宋，缘雨生排

① ［清］沈葆桢：《沈文肃公政书》卷六，第1243～1245页。

② 《清实录·德宗景皇帝实录》卷四三，第五二册，第609～610页。

③ 林庆元、王道成考注：《沈葆桢信札考注》，第501页。

④ 林庆元、王道成考注：《沈葆桢信札考注》，第102页。

击子和，疑其欲攘闽督，乃移小宋于闽，还小泉以鄂，财归财阵，信哉是言。岂知闽督固子和所唾弃，亦断非雨生所垂涎。醉翁之意，皆别有在，徒令小宋入窘乡而已。筠老一味懵懂，任人簸弄。以雨生之机警，何至为其替人。[①]

十一月中旬，复信吴赞诚，谈出洋款项筹措、丁日昌渡台、两江灾情等。[②]

十一月中旬，复信丁日昌，谈台地开发、颂其在闽政绩等。[③]

十一月廿七日（1877 年 1 月 11 日），上《上海铁路会议买断办理情形折》，[④] 述吴淞铁路办理事宜。

十一月廿七日（1877 年 1 月 11 日），因江北旱灾较重，兼以山东、安徽灾民前赴苏常就食、江南岁仅中稔，恐赈费不敷，清廷命沈葆桢、吴元炳截留漕粮一万石，并从苏郡丰备仓存谷及生息银两酌提十分之三，以备赈需。

十一月廿八日（1877 年 1 月 12 日），薛福成见到沈葆桢商办招商局并购旗昌案之咨文。

南洋大臣沈咨称：旗昌公司甘心归并，招商局批饬准行，毫无疑义。续据该局盛道等禀称，所需二百二十万之巨款，该洋商允暂存百万，分五年拨还。湖州顾、陈二姓有旧股廿万，可以仍劝充股。此外须筹银百万，约分三四个月交清。惟事机仓猝，非官助商力不可。拟恳由江南筹借五十万，浙江、山东、江西、川、鄂合筹五十万。可否免支利息，分作十年缴还云云，仍咨南洋商办。[⑤]

---

① 林庆元、王道成考注：《沈葆桢信札考注》，第 499 页。

② 林庆元、王道成考注：《沈葆桢信札考注》，第 500 页。

③ 林庆元、王道成考注：《沈葆桢信札考注》，第 500 页。

④ ［清］沈葆桢：《沈文肃公政书》卷六，第 1247～1250 页。

⑤ 《薛福成日记》，第 175 页。

十一月廿九日（1877年1月13日），与李鸿章、丁日昌、吴赞诚会衔上《闽厂学生出洋学习折》，奏派道员李凤苞为华监督，原船政洋监督日意格为洋监督，率随员马建忠、翻译罗丰禄、文案陈季同，及福建船政学堂学生三十名，分赴英法学习驾驶与制造，学业三年，并附《选派船政生徒出洋肄业章程》十条及经费预算清单。①

十一月底，复信林鸿年，述何璟过金陵不入、两江官场风气、近日病情等。②

十一月底，复信吴仲翔，述延名医治病，谢照拂陈讷如灵柩等。③

十一月底，复信梁鸣谦，贺主讲鳌峰书院，述病况、疏请病辞、署中西席人选等。④

十二月初一日（1877年1月14日），李鸿章复信丁日昌，述与沈葆桢四月不通消息。

> 幼公退志甚坚，已四月无信，两函驰问，尚未见答，情绪可知。督办重臣，舍公其谁，惟何处筹借二三百万，陆续应手，此则千思百虑而无从着笔者也。⑤

十二月初二日（1877年1月15日），清廷谕准闽厂学生出洋留学。⑥

十二月初四日（1877年1月17日），复信沈玮庆，询梁鸣谦不肯出山，嘱送各家帮项等。⑦

---

① 《李鸿章全集·奏议》七，第256～262页。
② 林庆元、王道成考注：《沈葆桢信札考注》，第501页。
③ 林庆元、王道成考注：《沈葆桢信札考注》，第501～502页。
④ 林庆元、王道成考注：《沈葆桢信札考注》，第502页。
⑤ 《李鸿章全集·信函》三，第520页。
⑥ 《清实录·德宗景皇帝实录》卷四四，第五二册，第620页。
⑦ 林庆元、王道成考注：《沈葆桢信札考注》，第103页。

十二月初五日（1877年1月18日），清廷谕准所奏将美国旗昌公司并归招商局，并着各省筹拨官本银一百万两。[①]

十二月十四日（1877年1月27日），上《缕陈抚恤灾黎竭力筹款情形折》。[②]

十二月十六日（1877年1月29日），盛宣怀致信沈葆桢，反对徐润拟加长江运费。

> 昨奉宪台行知疏陈归并“旗昌”一折。扣读之下，仰见荩谟独断，实兼强中制外、裕国保商之至意，私衷钦服，莫可名言。惟据沪局（徐道等）函称，拟与“太古”会议，酌加长江水脚。职道管见，甫经归并，即议加增，已非收拾人心之计；万一“怡和”、“禅臣”等行派驶数船转跌价以尝试，则我复蹈驱鱼从爵之弊。似不如稍缓议加，顷已切实函致沪局矣。[③]

十二月十七日（1877年1月30日），复信沈咏彤，贺得子，取名“威灿”，述炭敬补开、续兑百金、咳嗽未愈等。[④]

十二月十八日（1877年1月31日），上《冯焌光乞假出关迎柩归葬折》。[⑤]

十二月中旬，复信彭玉麟，劝早日莅事，述近日病情、疏请开缺等。[⑥]

十二月中旬，复信谢谦亨，谈近日闽、苏官场风气，淮盐难复引地等。

---

① 《清实录·德宗景皇帝实录》卷四四，第五二册，第621页。

② ［清］沈葆桢：《沈文肃公政书》卷六，第1251～1256页。

③ 吴伦霓霞、王尔敏编：《盛宣怀实业函电稿》，第16～17页。

④ 林庆元、王道成考注：《沈葆桢信札考注》，第103页。

⑤ ［清］沈葆桢：《沈文肃公政书》卷六，第1257～1259页。

⑥ 林庆元、王道成考注：《沈葆桢信札考注》，第502页。

雨帅原非粹精造诣，然其勤民，非人所及。官恶之，民许之。苏如是，闽亦如是。较一味诈妄如子和者，自远胜之。大李归楚，盐务万无可商量。衅为文正裁匣费而起，今成骑虎之势矣。倭使变局，想有弹章，斯人入闽，船政扫地矣。①

十二月中旬，复信林拱枢，贺新任，谈官场更迭、台湾开发等。②

十二月中旬，复信林寿图，论赴山西新任，述资助许肇基、近日病情、疏请开缺、晤何璟等。③

十二月廿八日（1877年2月10日），丁日昌信致沈葆桢，谈台地开发、办理军需、西班牙窥视台南等。

小吕宋毗连台南，颇有侵并之志，近克苏禄，志气尤骄，固未可全视为虚声。现已由其本国驶到兵船数号，暂驻该岛。我有备而彼之实者可虚，我无备而彼之虚者将实，公以为然？箕山南来，船务必散，公将何以挽回？弟吐血日剧，须俟西班牙波澜平后方敢乞身。④

十二月廿八日（1877年2月10日），上《研讯皖南教堂滋事确情分别示惩折》《皖南人心稍定洋教士迭请雪冤并拟现办情形折》，述及对待传教态度。

臣伏念教民、客民无非天朝赤子，其为善，宜一体劝之，其为恶，宜一体惩之。教之不同，亦不自泰西始，民间与僧、道，鲜闻其不相安者，无胜负角立之心，则习而相忘故也。教民良莠不一，倘教士必惟教民之言是听，地方官又

---

① 林庆元、王道成考注：《沈葆桢信札考注》，第503页。
② 林庆元、王道成考注：《沈葆桢信札考注》，第503页。
③ 林庆元、王道成考注：《沈葆桢信札考注》，第503～504页。
④ 《丁日昌集》下，第945页。

惟教士之言是听，则所以厚待教士教民者即所以贻害教士教民，何者？众怒难犯，变生不测，地方官自保不暇，如教士教民何？……臣讯办此案，如稍存偏袒之见，明有国法，幽有天谴。伏恳饬下总理衙门将臣一折两片并各供结录送法国驻京公使，请其劝谕各教士力充与人为善之心，凡从教者，待其自来，勿强人以所未晓；并谕各教民，不损人，正是利己，庶几中外敦睦，上下蒙福矣。①

十二月廿九日（1877年2月11日），李鸿章致总署，议洋商运钱入内地，述及沈葆桢反对洋商运钱入内地。②

十二月下旬，复信彭玉麟，谈处理西班牙挑衅、海防调兵，述近日病情。

日国即西班牙，又名大吕宋，负债甚巨，穷到无以复加，乃见英国、德国以兵船恫喝，各如其意以去，见猎心喜，学步邯郸。但望总署能坚与相持，久之自情见势屈。即使决裂，亦气数前定。断无人进一步，我退一步，退到无可复退，犹以为照例应退之理。船械固无一可恃，苟人人拼得一死，虽并此船械无之，亦当以赤手空拳从事。盖计无复之，非敢以国事为孤注也。高明以为然否？③

光绪三年丁丑（1877） 58岁

两江总督任上。

正月初二日（2月14日），复信李鸿章，述筹款赈灾、会晤何璟、河运京米，论台湾开发拨款、西班牙挑衅、建平教案后

① ［清］沈葆桢：《沈文肃公政书》卷六，第1261～1278页。

② 《李鸿章全集·信函》三，第534～535页。

③ 林庆元、王道成考注：《沈葆桢信札考注》，第504页。

果等。

庸吏殃民，宜其至此。筹款虽搜刮不遗余力，而灾区广远，分之则巨款皆成涓滴，甚虑无以为继，奈何，奈何？……台事不可不办，然未必咄嗟立办。此间许以十万，期以下半年，盖筋疲力尽之余，强作体面。谨将折稿呈览。西班牙事，总署能坚与相持，彼当废然而返。惟鄙人开缺之疏，因此不敢续上。而假期眴满，畏风如虎，气喘欲奔，断断不能销假。建平之案已结，法人必大有违言，晚愿以身当之，或竟脱离苦海欤？①

正月初六日（2月18日），清廷知悉所奏皖南建平教案处理进展。②

正月初七日（2月19日），复信丁日昌，谈西班牙挑衅、海防布置，述近日病情等。

西班牙起衅，太无情理。不过以英国、德国各如其意以去，姑尝试焉。冀中国照例退让，不无小补。总署能坚与相持，渠亦废然返矣。……第长城在望，岛族不得志于赤嵌，必改而窥长江。务恳饬扬武诸船，席全胜之威，展轮北来，以拯旧治，不胜翘企之至。③

正月初七日（2月19日），复信吴赞诚，述两江灾情、西班牙挑衅、海防布置、船政催饷方法等。

弟在局时，遇解款逾期，必竭诚抠谒榷使。今日不得请，明日再往，必不虚此行而止。阜康与海关相表里，解款少宽其平色，急时向挪数万，则海关解款必至，较催将军尤

---

① 林庆元、王道成考注：《沈葆桢信札考注》，第504～505页。

② 《清实录·德宗景皇帝实录》卷四六，第五二册，第642页。

③ 林庆元、王道成考注：《沈葆桢信札考注》，第505页。

正月十一日（2月23日），复信彭玉麟，论筹防长江等。

鄙意长江若得轮船数号，与水陆各军相辅，甚足以一战，特目下不能不先顾台湾耳。所喜者，各营将领、弁勇，无不摩拳擦掌，愿得一试，鲜有犹豫狐疑者，则人心之大可恃也。①

正月十七日（3月1日），美旗昌公司正式并归招商局。

正月十七日（3月1日），李鸿章复信沈葆桢，谈招商局并购案、河运改海、长江六处停泊章程、台湾请改巡抚等。

招商局买并旗昌股分，迭经咨复，旋奉寄谕，窃谓当世无此风力，但冀在事诸人禀承荩略，善持其后。河运改海，仅就局员原禀咨请总署转商农部，乃惹出许多议论。江都一生经济，惟力主江北十万石河运而已。长江六处停泊章程，言人人殊，几如筑室道谋。惟卓论与九江沈道续议切中事理，简当可行，未知总署如何核定，已据鄙见转陈。……台事昨始议复，与尊疏大意略同。筱坞请改为台湾巡抚，凡与雨生龃龉者皆附和之，为一时计，固非妥策；为百年计，更非常局，不敢不引伸及之，以待廷臣决议。②

正月二十日（3月4日），复信沈玮庆，嘱备大姑奠敬，述择师难、子弟无远志、续请病假等。③

正月中旬，致信李鸿章，反对许钤身去船政局任职。④

正月中旬，复信吴仲翔，述续请病假、居家往事、西班牙挑衅，谈治病道理、船政报销、诸人境况等，吐交心之语。

西班牙妄肆恫喝，不过狃于英、布之得所欲，冀染指于

① 林庆元、王道成考注：《沈葆桢信札考注》，第510页。

② 《李鸿章全集·信函》四，第6页。

③ 林庆元、王道成考注：《沈葆桢信札考注》，第104页。

④ 林庆元、王道成考注：《沈葆桢信札考注》，第508页。

鼎。其国仅兵轮三号，而曰调十四号，何其诬也？……销册何以须亲送到金陵，若人人知其为诳语，何必多此一诳？送到金陵之后，由金陵具奏耶，断无前任代后任报销之理。由船政具奏耶，岂不仍须折回船政？各销各案耶，是否更须送册过台？……厚字是足下一生本色，逆亿非君子所忍言。然志在出山，进身亦自有道。如果售其所言，足下之可忧者方大。数十年爱同骨肉，苟有所见，不敢不尽。恕其妄，怜其戆可也。弟于足下，何时何地不借重，苦累二字，非应所出诸口者矣。率臆干渎，窃祈原宥。①

正月中旬，复信林拱枢，拒所荐潘敦严。②

正月中旬，复信丁日昌，述筹措火炮兵器、筹防台湾、阻许钤身赴任、续请病假等。

生番不足虑，外患亦不在西班牙，所患者我不能自力。许仲弢所到，令人不寒而栗。弟已函乞总署及伯相阻其勿来，谅必见听。弟为台防消息，不敢复申前说。然畏风如虎，万万不能销假，只得续请一月，以观后效耳。③

正月中旬，复信夏献纶，谢筹军火、馈赠螺柑，述续请病假等。④

正月中旬，复信谢谦亨，述筹款困难，谈袁保恒《密陈夷务疏》、阻许钤身赴任、皖南官场风气、长江防务等。

旗昌、荒赈两事，皆箭在弦上。然库局扫地，资遣尚不知款在何处？幸而今年丰稔，或者过一日是一日。倘再踵前辙，索我于枯鱼之肆矣。承奖饬，愧到无所容身。小午所

---

① 林庆元、王道成考注：《沈葆桢信札考注》，第508～509页。

② 林庆元、王道成考注：《沈葆桢信札考注》，第510页。

③ 林庆元、王道成考注：《沈葆桢信札考注》，第511页。

④ 林庆元、王道成考注：《沈葆桢信札考注》，第511页。

陈，理顾不错，然须知雪耻非可空言从事。宜力节无益之费，使得筹及防务。若司局只以力顾处分为急，疆吏尽是债帅，窃虑其愈趋愈下。使才宜取忠诚，可谓卓识。乃许仲弢被弹，而剂以船政，致吴春帆欲避贤路。鄙人函致总署及合肥阻之，未卜见听否？……人不负我否不敢知，我不敢负人也。①

正月廿二日（3月6日），总署函复沈葆桢，婉拒其要求暂勿派许钤身到船政任职的提议。②

正月廿二日（3月6日），因风闻西班牙因船只遭风灾在台湾被抢一案，有调拨兵船来台之信，清廷命丁日昌妥筹，并令沈葆桢等派兵船、火炮前往。③

正月廿三日（3月7日），致信沈咏彤，谈家中子弟功课，述补诸人炭敬、程三哥去世、续请病假，嘱多看书，熟悉业务条例等。④

正月廿四日（3月8日），上《请饬浙抚提张顺昌勒缴原信及早结案片》。⑤

正月下旬，复信林拱枢，述安徽无缺可补、诸人近况、续请病假等。⑥

正月下旬，复信黄敬熙，述诸人近况。⑦

正月下旬，复信李元度，述淮盐复引艰难、各地盐政办理不顺。

---

① 林庆元、王道成考注：《沈葆桢信札考注》，第512页。

② 陈道章主编：《福建船政大事记（增订本）》，第45页。

③ 《清实录·德宗景皇帝实录》卷四六，第五二册，第649页。

④ 林庆元、王道成考注：《沈葆桢信札考注》，第104～105页。

⑤ ［清］沈葆桢：《沈文肃公政书》卷六，第1279～1285页。

⑥ 林庆元、王道成考注：《沈葆桢信札考注》，第512页。

⑦ 林庆元、王道成考注：《沈葆桢信札考注》，第513页。

淮南复固有之引地，本自理直气壮，无如盐政疲癃残疾，奄奄一息，欲以折满腹精神之劲敌，人人知其不行。而垣商、票商，又人人只图自利，不特垣票不能一心，而垣与垣角，票与票角。总之，以作弊为上策，盐色愈趋愈下，徒使邻收渔人之利。不自治，徒攘臂以争，无益也。将来必有健者了此宏愿，恐非鄙人所及见矣。……弟总以不能自整顿盐色为愧，不敢一味怪人也。①

正月下旬，复信李端，嘱及时寄科考试题，述近况。②

正月，盛宣怀致信李鹤章，托其转请李鸿章说服沈葆桢留任。

幼帅赏假两月，而退志颇决。诚如公谓，南洋舍此公亦无胜此任者。究竟公忠体国，任事沉毅，且自知此出，为北洋所引翼，尚能合为一家。事上官如事姑嫜，全在下僚克尽为妇之道，而后嫌疑悉泯。中堂如一个臣，人之有技若已有之，人之彦圣其心好之，而于幼帅尤为深契。在庇下者正喜南北相联一气，徐徐广布，或即转弱为强之始。万一正值吃紧，易一迂拘局执之人，未免气又一懈。窃窥我公居家而有以人事君之志，曷不函请中堂，与一亲笔以挽留之，则以后之气愈交融矣。③【按：易惠莉认为“盛氏该函作于接沈葆桢拒其辞差札文的次日，他试图影响李鸿章主动作出对沈氏友好姿态，其中包含沈葆桢札对盛氏构成的压力，以及对沈氏离江督任后其前景的不安。”④】

---

① 林庆元、王道成考注：《沈葆桢信札考注》，第513页。

② 林庆元、王道成考注：《沈葆桢信札考注》，第514页。

③ 陈旭麓等编：《湖北开采煤铁总局·荆门矿务总局》，上海：上海人民出版社，1981年，第153～155页。

④ 易惠莉：《易惠莉论招商局》，北京：社会科学文献出版社，2012年，第84页。

二月初三日（3 月 17 日），清廷命切查许厚如擅自议借洋款事。

总理各国事务衙门奏，道员在沪议借洋款，请饬确查虚实，严密究办一折。……经沈葆桢函称：许厚如系金顺派令守领沪饷委员等语。借用洋款，必须奏明请旨办理，何得由委员擅行议借？是否实有其事，亟须严密确查。着沈葆桢密派委员前往上海，会同江海关道确切查明。许厚如倘有在沪招摇撞骗情事，即行奏请革职，严行审讯，按律惩办，不得稍有泄漏，致该员乘间远飏。①

二月初六日（3 月 20 日），清廷获知沈葆桢饬“登瀛洲”舰回闽防堵。

两江总督沈葆桢奏，遵饬“登瀛洲”兵轮回闽防堵，并由南洋拨借各项炮械。报闻。②

二月十七日（3 月 31 日），李凤苞、日意格率福建船政学堂学生郑清廉、罗臻禄、刘步蟾、林泰曾等三十人从马尾启程，前往英、法留学，此为船政学生第一届留学生。

二月二十日（4 月 3 日），是夜，始能伏枕数刻。③

二月廿一日（4 月 4 日），复信谢谦亨，论建平教案、查办许厚如案、官盐被劫案，述久旱不雨、续请病假等。④

二月廿一日（4 月 4 日），复信林拱枢，述无缺可补、官场沉浮、久旱不雨、续请病假等。⑤

二月廿一日（4 月 4 日），复信沈咏彤，述高延富往来京城快

---

① 《清实录·德宗景皇帝实录》卷四七，第五二册，第 656 页。

② 《清实录·德宗景皇帝实录》卷四七，第五二册，第 659 页。

③ 林庆元、王道成考注：《沈葆桢信札考注》，第 514 页。

④ 林庆元、王道成考注：《沈葆桢信札考注》，第 514 页。

⑤ 林庆元、王道成考注：《沈葆桢信札考注》，第 514～515 页。

速、亲友赴金陵、寄兑四百金照单分送、船政诸君失落、重袭风寒，请寄诰轴等。①

二月廿二日（4月5日），上《筹防经费不敷再拨而成洋税一年折》。②

二月廿五日（4月8日），复信何璟，嘱查看长江防务，论唐营窘况、各营武战力、陆防布置等。

> 不知有所谓海防，似各省同病，非但福建。即如节钺过江时，察看长江所谓筹防者若何也？唐俊侯所部，殁于台者多，得归者烟瘾过半，逐渐裁汰，怨声载道，而元气未复，抚恤死事家属，债累满身。所部马队三营，闽中无所用之。步队十三营，拆散诸多不便。若全数挈之以行，纵月饷仍归合肥，而供亿犒赏已费不赀。淮军向过阔日子，迥不若楚军之耐苦。③

二月廿六日（4月9日），复信吴赞诚，述近日病况、江北旱情、唐营不愿赴闽、船政频遭掣肘等。

> 船政月款如此其难，同深焦灼。伯相来信云，仲弢才不足以为恶，与经相商定，令到闽局一行，调回津门云云。弟思既可调回，何必多此往返，欲函请径留津门，而迁延至今日方能作信也。④

二月廿六日（4月9日），复信李鸿章，述近日病况、河运办理、赫德抵沪、何璟催唐营赴闽、许钤身回调、上海道员人选等。

> 西班牙断无能为，闽帅以水火为例，不无可忧。小宋奏

---

① 林庆元、王道成考注：《沈葆桢信札考注》，第105页。

② ［清］沈葆桢：《沈文肃公政书》卷七，第1295～1298页。

③ 林庆元、王道成考注：《沈葆桢信札考注》，第516～517页。

④ 林庆元、王道成考注：《沈葆桢信札考注》，第517页。

促俊候赴任，并选带数营，大枝劲旅一分，顿改旧观。此数营入闽后，尚不能合扎一处。适俊候在省，求为请开缺。虽无此办法，其暗中难处，不言可知。我公其何以调护之？仲弢赴闽一行，极仰顾全大局，摩励人材之盛意。第鄙见，如仲弢可省此一行，则尤直截也。①

二月廿六日（4月9日），致信沈玮庆，嘱预筹沈秋舲师后事，述病情等。②

二月廿六日（4月9日），致信沈玮庆，询某戚友出走一事。③

二月廿七日（4月10日），致信沈玮庆，述添两孙女、欲为沈璿庆完婚、预筹沈秋舲师后事等。④

二月下旬，复信林鸿年，谈闽省冰炭成例、两江赈款不可再筹，述病假已销等。⑤

二月下旬，复信郭嵩焘，祝安抵伦敦，述诸人近况、销假任事等。⑥

二月下旬，致信杨晓亭，婉拒来江宁，赠银六十两。⑦

二月下旬，复信吴仲翔，嘱查验兵船，不得载无关人等；论文人本色、筠轩新任；述近日病情、勉强销假等。⑧

二月下旬，复信梁鸣谦，劝出山任事，述筹款赈灾困难、近

① 林庆元、王道成考注：《沈葆桢信札考注》，第517～518页。
② 林庆元、王道成考注：《沈葆桢信札考注》，第105～106页。
③ 林庆元、王道成考注：《沈葆桢信札考注》，第106页。
④ 林庆元、王道成考注：《沈葆桢信札考注》，第106页。
⑤ 林庆元、王道成考注：《沈葆桢信札考注》，第515页。
⑥ 林庆元、王道成考注：《沈葆桢信札考注》，第515～516页。
⑦ 林庆元、王道成考注：《沈葆桢信札考注》，第516页。
⑧ 林庆元、王道成考注：《沈葆桢信札考注》，第518～519页。

日病情等。①

二月，因勉强出见客，重感风寒，病势加剧。

> 二月初稍痊，勉出见客，重感风寒，误服峻剂，因而大剧，彻夜不寐者兼旬。②

三月初四日（4 月 17 日），上《奏留唐定奎暂缓赴任另筹劲旅入闽折》。③

三月初八日（4 月 21 日），致信沈玮庆，嘱拨敬成月钱。④

三月初八日（4 月 21 日），致信沈玮庆，嘱送奠敬、买燕窝、清算黄淇彬息钱，寄兑库纹三百两等。⑤

三月上旬，复信李元度，论淮盐复引，述沈莹庆平安归来、近日病情、勉强销假等。⑥

三月上旬，致信吴元炳，述与赫德议六处起卸章程、海门知县人选等。⑦

三月十三日（4 月 26 日），李鸿章致信沈葆桢，谈与赫德商议，询病况，述丁日昌去志、台饷筹措、唐营去向等。

> 昨又奉二月二十六日手示，知已力疾销假，惟气喘无眠，尚未深减，焦系莫名。春暖气和，喘嗽定可渐止。内意必不肯释手，似只能以武乡尽瘁为期，卧治更不待言矣。不才暗弱，未敢言退，然每羡人之勇退，公则欲退不能，莫如不必言退，更为直捷，卓见以为何如。筱宋致召民书，深怨雨生只知有己，不知有人。雨生去志益决，接总署议复台饷

---

① 林庆元、王道成考注：《沈葆桢信札考注》，第 519 页。

② 林庆元、王道成考注：《沈葆桢信札考注》，第 109 页。

③ ［清］沈葆桢：《沈文肃公政书》卷七，第 1299～1302 页。

④ 林庆元、王道成考注：《沈葆桢信札考注》，第 107 页。

⑤ 林庆元、王道成考注：《沈葆桢信札考注》，第 107 页。

⑥ 林庆元、王道成考注：《沈葆桢信札考注》，第 519 页。

⑦ 林庆元、王道成考注：《沈葆桢信札考注》，第 520 页。

之疏，稍为有著，未识幡然变计否。[1]

三月十八日（5 月 1 日），复信沈玮庆，嘱准备四老太后事、拨五十千助五妹家、做祭幛等。[2]

三月十九日（5 月 2 日），吴赞诚会衔李鸿章、沈葆桢、何璟、丁日昌上《学生出洋起程日期折》，详述留学人员名单及出行状况。[3]

三月中旬，复信孙衣言，贺迁任江宁布政使，述旱情、筹饷无源、赈灾耗费巨大等。[4]

三月中旬，复信谢谦亨，谈吴赞诚退志、船政困局、丁日昌筹饷、福州米价、何璟批丁日昌等。[5]

三月中旬，复信林拱枢，述淮盐复引困难、刘锡彤糊涂、诸人新任、闽省举业、福州米价、何璟批评丁日昌等。

> 淮盐畅销，以文忠公督楚为极盛。然读当日奏议，盖亦力尽筋疲，其价贵色低，本不为楚人所喜。自曾文正以私憾首裁匣费，遂以师生结不共戴天之仇。大李去任，犹谆谆以拒淮嘱其僚属，其创深痛巨可知。虽据理力争而获胜，终于有名无实，猛虎奈地头蛇何？……天地间有糊涂县令如刘锡彤者，真可为官场一哭。……小帅过此，甚訾雨帅所用非人，乃履新后委一提督，则反出其下矣。[6]

三月中旬，复信沈咏彤，慰会试失利，嘱送寿敬、元卷，谈廷本公家累等。[7]

---

① 《李鸿章全集·信函》四，第 17～18 页。
② 林庆元、王道成考注：《沈葆桢信札考注》，第 107 页。
③ 张作兴主编：《船政文化研究——船政奏议汇编点校辑》，第 130 页。
④ 林庆元、王道成考注：《沈葆桢信札考注》，第 520 页。
⑤ 林庆元、王道成考注：《沈葆桢信札考注》，第 521 页。
⑥ 林庆元、王道成考注：《沈葆桢信札考注》，第 522 页。
⑦ 林庆元、王道成考注：《沈葆桢信札考注》，第 108 页。

三月廿八日（5月11日），上《监哨越境伺劫讯明分别示惩折》。[①]

三月下旬，致信何璟，述改调霆庆两营赴闽、两江春耕、近日病情等。[②]

三月下旬，致信梁鸣谦，慰病情。[③]

三月下旬，复信吴仲翔，论诸人近况，请赴江宁就馆，两江春耕等。[④]

三月下旬，致信毕某，拒其为孙求官，赠二百金。[⑤]

三月下旬，复信彭玉麟，述西班牙暂无消息、福州米价高涨、两江蝗灾、近日病情等。[⑥]

三月下旬，复信沈咏彤，述收到寄件、种牛痘、中额、咳喘未复，请购题名录等。[⑦]

四月初四日（5月16日），复信沈玮庆，询祭典安排，嘱入致用书院，论屋之吉否，寄兑库纹二千两，需开账单等。[⑧]

四月上旬，致信刘秉璋，述长江五口起卸章程、普靖堂过世、章作堂替人、两江蝗灾等。

> 沿江五处，起卸已议有定章，大抵税归关，厘归卡，各不相溷为准。惟湖口不能代浔关收税，正筹另章。适二赤得其属报，华洋商均安土重迁，且留为后图。此事本中国万不

---

① ［清］沈葆桢：《沈文肃公政书》卷七，第1303～1309页。

② 林庆元、王道成考注：《沈葆桢信札考注》，第522～523页。

③ 林庆元、王道成考注：《沈葆桢信札考注》，第523页。

④ 林庆元、王道成考注：《沈葆桢信札考注》，第523～524页。

⑤ 林庆元、王道成考注：《沈葆桢信札考注》，第524页。

⑥ 林庆元、王道成考注：《沈葆桢信札考注》，第524页。

⑦ 林庆元、王道成考注：《沈葆桢信札考注》，第108页。

⑧ 林庆元、王道成考注：《沈葆桢信札考注》，第109页。

得已之举，能竟作罢论，固省一处是一处也。[①]

四月上旬，复信吴元炳，谈长江五口开关、铜山知县补缺、两江蝗灾、陵工筹款、淮军调遣等。[②]

四月上旬，复信沈秋舲，慰病情，婉辞其为两孙谋职等。

老年为子孙计，人情之常。门生数十年所见所闻，仕宦挟巨赀归，子即与饿莩邻者，比比皆是。而寒素遗息，或奋发崛起，否亦守其清门。以天道言，则盛衰往复，如环无端。以人事言，则忧患生，安乐死。门生尚得微禄，断不敢漠视师门。至于沧海桑田，夫岂意料所及。愿我师澄怀观世，含饴绕膝，孰非玉树、芝兰？安见门生退休林泉，不返受其赐耶？署中颇有人满之苦。人情耐贫难，闲尤难。人满必贫，贫则思别寻乐趣。日日窃议裁汰，碍于有所出无所归而止。夫子所许可者必佳士，容俟疏通时，再行罗致为幸。[③]

四月上旬，复信黄姑太，慰病情，辞拒写赠诗，述近日病情、两江蝗灾等。[④]

四月十三日（5月25日），复信沈玮庆，述收到燕窝，嘱致用书院不可缺课、结黄淇彬利息、拨四老太葬仪，论福建会试中额等。[⑤]

四月中旬，复信吴仲翔，询船政恤案办理，谈夏献纶求去、诸人新任，述撤盐政人员、梁鸣谦病情、唐定奎不愿赴闽、辞秋舲师所请、近日病情、两江蝗灾等。[⑥]

---

① 林庆元、王道成考注：《沈葆桢信札考注》，第524～525页。

② 林庆元、王道成考注：《沈葆桢信札考注》，第525页。

③ 林庆元、王道成考注：《沈葆桢信札考注》，第526页。

④ 林庆元、王道成考注：《沈葆桢信札考注》，第109页。

⑤ 林庆元、王道成考注：《沈葆桢信札考注》，第110页。

⑥ 林庆元、王道成考注：《沈葆桢信札考注》，第526～527页。

四月中旬，复信蒋锡璠，劝静待梅启照、卫荣光招募。[①]

四月中旬，复信李鸿章，论征厘、江防、丁日昌回闽、唐廷枢去留、唐定奎新任，述两江蝗灾、退志难酬等。[②]

四月中旬，致信吴大廷，请派员送褚兰生巡查长江厘卡。[③]

四月中旬，致信文彬，询蝗灾情形，谈赈灾款项再难筹措，请将吴世熊、段起对调等。[④]

四月中旬，复信吴元炳，述蝗灾情形、陵工筹款、霆营行程、唐廷枢拒南来、吴世熊与段起对调等。[⑤]

四月中旬，致信刘齐衔，嘱怡情养性，述晤孙琴西、闽省榜录、两江蝗灾等。[⑥]

四月廿六日（6月7日），因江南久旱无雨，遍地蝗灾，设坛求雨。

> 设坛祷雨，仅于念六夜得数阵而止。[⑦]

四月廿八日（6月9日），上《徐州凋敝谨拟互调道员折》《江南垦荒未便克期从事折》《皖南急于和民不急于招垦片》《闽省现无军务前调霆庆二营拟请仍留江防折》。[⑧]

四月廿九日（6月10日），盛怀宣由上海乘船赴江宁进谒沈葆桢。[⑨]

---

① 林庆元、王道成考注：《沈葆桢信札考注》，第527页。
② 林庆元、王道成考注：《沈葆桢信札考注》，第527～528页。
③ 林庆元、王道成考注：《沈葆桢信札考注》，第528页。
④ 林庆元、王道成考注：《沈葆桢信札考注》，第528～529页。
⑤ 林庆元、王道成考注：《沈葆桢信札考注》，第529页。
⑥ 林庆元、王道成考注：《沈葆桢信札考注》，第530页。
⑦ 林庆元、王道成考注：《沈葆桢信札考注》，第530页。
⑧ ［清］沈葆桢：《沈文肃公政书》卷七，第1311～1324页。
⑨ 夏东元编著，《盛宣怀年谱长编》，第65页。

四月下旬，复信吴元炳，述两江蝗灾情形、霆营行止、浙省盐务、裁汰淮军、借洋款，谈仆从挟妓调查等。

营县报捕蝗数目，殆将百万。而循生迭起，其焰不为少衰。昨暮竟飞蔽天，自省愆尤，为之心悸。设坛祷雨，仅于念六夜得数阵而止。坐误分秧之期，恐蝗亦将无可觅食。……弟素性宽泛，致仆辈往往有逾闲荡检之举。所讦挟妓饮酒，虽该参令自认误听，弟终不敢信其必无。倘以失察去官，正心安理得。如该参令转以此获重谴，则隐微之负疚将无已时。耿耿天良，难自昧也。该参令投函之意，不过欲以挟制免参。其列入此款也，不过借以锻炼蒋故令之短，非屑屑与奴辈为难也。①

四月下旬，复信吴赞诚，贺奉命巡台，嘱驻台细节等。②

四月下旬，复信何璟，请免淮军霆、庆两营南行，述洋务文案里手、两江蝗灾等。③

五月初二日（6月12日），复信沈玮庆，述补寄帮项，嘱留意宝、智亲事，续购燕窝等。④

五月初五日（6月15日），梁鸣谦过世。后嘱沈玮庆送奠敬百金。

礼师处为我送奠敬百金，六月后，按月送十六千，交其世兄，为其家伙食。⑤

五月初五日（6月15日），应安徽巡抚裕禄之邀，为《重修安徽通志》作序。

---

① 林庆元、王道成考注：《沈葆桢信札考注》，第530～531页。

② 林庆元、王道成考注：《沈葆桢信札考注》，第531页。

③ 林庆元、王道成考注：《沈葆桢信札考注》，第531～532页。

④ 林庆元、王道成考注：《沈葆桢信札考注》，第110页。

⑤ 林庆元、王道成考注：《沈葆桢信札考注》，第111页。

圣人嗣极之三年，皖重修通志成。寿山抚军咨予为之叙。余维皖于春秋特吴楚间隙地耳，一彼一此，惟强者是从，求信宿之安不可得。自汉迄唐，代有伟人，而淮南、淮西反复多变。生斯土者，或逞其聪明材力，囿于风气而不自知。宋之南，新安朱氏出，挈洙泗邹绎渊源而归之皖，举三代而下，率土之滨以豪杰自命者，鞠躬屏息莫之敢争，则其山川之所孕育，明德之所积累，有知其必有异也。有明龙兴，攀鳞附翼之英，里闬相望，与丰沛南阳比烈。我朝中叶，发捻事起，贤士大夫以兵燹余生为天下御灾捍患者，湘始之，皖继之。皖之才系海内安危者垂数十年，岂不盛哉！

而寿山抚军犹孜孜汲汲于征文考献，与都人士穷年累月、远绍旁搜者，其非网罗散失、震铄古今之谓。其谓道统所寄，前哲非遥，敛刚健于粹精，实节制以仁义，举智名勇功之士，纳诸贤关圣域，优焉游焉，读紫阳之书而有余思焉，登紫阳之堂而无愧色焉。呜呼，远矣。

光绪三年丁丑五月五日侯官沈葆桢谨叙。[1]

五月初五日（6月15日），李鸿章复信沈葆桢，谈沿江五处起卸章程开办、美轮“高桥”案、吴赞诚接办台防、淮商包完川、鄂厘饷等。

淮商包完川、鄂厘饷，是否确有把握，事关全局利害，尚乞审慎行之。[2]

五月初十日（6月20日），清廷谕准段起调补江南徐州道。

沈葆桢奏请调补道员以资治理一折。段起着准其调补江

---

① 安徽省地方志编纂委员会编：《安徽省志·附录》，北京：方志出版社，1998年，第483页。

② 《李鸿章全集·信函》四，第44页。

南徐州道，所遗江西督粮道员缺着吴世熊调补。①

五月十二日（6月22日），复信沈玮庆，嘱送四老太丧费、沈秋舲丧费、干脩、帮项等。②

五月十二日（6月22日），郭嵩焘复信沈葆桢，论禁洋烟、铸造银洋，述伦敦博物院宏大、建造上海博物院等。③

五月十六日（6月26日），将议断“高桥轮事件”、“朋生案”两案写清节略，交洋务委员送美国参赞何天爵处。④【按：原常胜军白齐文投奔太平军后，同治二年六月二十日约曾在常胜军小炮艇“高桥号”任船长的钟思，在青浦抢夺“高桥号”。同年八月二十九日攻无锡时，“高桥号”爆炸。事隔多年，美国公使与总署交涉，无结果。总署命两江总督与何天爵交涉。】

五月十七日（6月27日），曾纪泽抵达江宁，来访。

> 未正，舟抵金陵之下关，登岸拜谭青岩、沈幼丹、孙琴西、黄昌岐，各一谈。⑤

五月十八日（6月28日），丁日昌致信沈葆桢，谈闽中大水，筹款赈灾、兴修水利、私借洋款买米赈灾、官场失意等。

> 弟在此受气，一言难尽，操守胜，而疑忌无定见，善掣肘亦过之。若到台靠为后路，必致偾事。本定节后乞身，乃因大灾，又复中止。惟劳忧交逼，病更加重，刻下两足肿已至股，每日呕血数碗，恐不能久。⑥

五月十八日（6月28日），复信沈咏彤，谈王仁堪中进士，

---

① 《清实录·德宗景皇帝实录》卷五一，第五二册，第710页。

② 林庆元、王道成考注：《沈葆桢信札考注》，第110～111页。

③ 《郭嵩焘全集·集部一·书信》，第279～281页。

④ 林庆元、王道成考注：《沈葆桢信札考注》，第537页。

⑤ ［清］曾纪泽：《曾纪泽日记》，长沙：岳麓书社，1998年，第663页。

⑥ 《丁日昌集》下，第965页。

述诸人近况，寄兑京纹四百两，嘱按单分送等。①

五月十九日（6月29日），宴请曾纪泽。

> 未正登岸，往莫愁湖，沈幼帅、福桂清率司道一下官设席饯余也。酉初席散回船，见客多次。②

五月二十日（6月30日），复信吴仲翔，述听闻梁鸣谦去世、水灾噩耗，宋长庆为官，筹三千两赈灾，两江蝗灾等。

> 该勇口传两噩耗，曰水灾甚于去年，曰礼堂端午谢世。……谨借廉三千，托荔丹呈雨帅，备一粥之用。时事方棘，燥湿不时，我公务加意节宣，为国自玉。人之病都从心起，家庭难言之隐，尤易伤及膏肓。礼堂以司马牛之忧，溘然长逝，何其速也。往年丧讷如，今年失礼堂，吾闽文运之厄，恐殿撰不足以补之。③

五月二十日（6月30日），复信沈玮庆，寄赈灾款三千两，述两江大雨，嘱送梁鸣谦处奠敬帮项等。④

五月中旬，复信丁日昌，谈舰队会操、台饷难筹、裁汰绿营、督抚轮驻台湾，嘱爱惜身体等。⑤

五月中旬，致信彭玉麟，慰受篆视事，询杨岳斌是否乞养，述两江蝗灾、设坛求雨等。⑥

五月中旬，复信吴仲翔，谈闽省赋税、吴赞诚新任、船政筹款局面、船政恤荫、梁鸣谦家事，述两江蝗灾、参淡水厅文武、台防筹备、不荐一馆之约等。

---

① 林庆元、王道成考注：《沈葆桢信札考注》，第111页。

② 《曾纪泽日记》，第663页。

③ 林庆元、王道成考注：《沈葆桢信札考注》，第536～537页。

④ 林庆元、王道成考注：《沈葆桢信札考注》，第111～112页。

⑤ 林庆元、王道成考注：《沈葆桢信札考注》，第532页。

⑥ 林庆元、王道成考注：《沈葆桢信札考注》，第533页。

纲税如垂街桃李，使人见猎心喜。数年来，入阱者指不胜屈，非吴仲仙大发慈悲，祸不止此。求染指而三番五次不可得，因而幸免者，谨道纪司耳。荔丹履历，于春帅信到日时即自寄去。第库中数百金，鸠此捐项，亦殊为难。船厂经费，只得耐性苦索，所谓债怕讨也。庆将军清俭之名，著闻海内，当能力顾大局乎？①

五月中旬，复信吴元炳，述两江蝗灾、浙江盐务、裁汰淮军、驳左宗棠借款、王葆辰新任等。

淮军汰营，殊非长策，而无如饷源之竭何？左相国为洋款事与弟交绝，然悬军绝域者，固大有难处，不敢安坐而议其非，特苦爱莫能助耳。②

五月中旬，复信黎兆棠，谈开办公司、郑藻如留任、何天爵抵金陵谈判等。

久闻台端以西学、公司自任，来信果然。窃谓天下无不专而能精者。既立西学，复骛公司，非一人聪明材力之所能堪也。尊意欲以公司所赢，供西学之费。鄙见必将倾西学之橐，以济公司之穷，而亦终无济也。以我公之才，外而封疆，内而枢廷、总署，足以推倒一世豪杰。至贸易一途，窃谓公不如我。何者？我尚知其难，公并不知其难也。西学为富强之基，诚如尊论。计我公所蓄，尚未足以了此，必有同志众擎，方克有济。若西人之添口岸，勤远略，自以为得计，历久而观，皆为中国效劳耳，何足法焉？早欲有言，恐缴公必成之志，今蒙明示，敢不竭其愚？③

① 林庆元、王道成考注：《沈葆桢信札考注》，第534页。
② 林庆元、王道成考注：《沈葆桢信札考注》，第534页。
③ 林庆元、王道成考注：《沈葆桢信札考注》，第534～535页。

五月中旬，复信林拱枢，述诸人近况、在台从未劝捐、两江蝗灾等。①

五月中旬，复信刘秉璋，请调兵驻扎乐平。②

五月中旬，致信何璟，荐办理洋务人才。③

五月廿一日（7月1日），致信沈玮庆，嘱寄细管羊毫笔、留意智亲事，择沈瑨庆婚期等。④

五月廿二日（6月22日），拟遗嘱。⑤

五月廿二日留示儿孙遗嘱

一、我生平荡检逾闲之事，不胜枚举，居官尤多不堪自问者，死后切勿谋以乡贤名宦上请，增泉下内愧，违者非我子孙。

一、我无善行可纪，身后如行状、年谱、墓志铭、神道碑之类，切勿举办，多一谀辞，即多一惭色也。

一、我安于固陋，而无著作之志，身后不得将我疏稿及他文字妄付传刻，以贻口实。

一、汝等或方为秀才，或并未为秀才，丧我葬我，须按照秀才所以丧父葬父者乃谓之称，亦养志之一端也。

一、我除住屋外，无一亩一椽遗产，汝等须各自谋生，究竟笔墨是稳善生涯，勿嫌其淡。

一、同族无论远近，自祖宗视之，皆一体也，缓急相恤，惟力是视，切勿以其远也而疏之。

五月廿四日（7月3日），复信丁日昌，述筹赈灾钱米、河道

① 林庆元、王道成考注：《沈葆桢信札考注》，第535页。
② 林庆元、王道成考注：《沈葆桢信札考注》，第536页。
③ 林庆元、王道成考注：《沈葆桢信札考注》，第536页。
④ 林庆元、王道成考注：《沈葆桢信札考注》，第112页。
⑤ 林庆元、王道成考注：《沈葆桢信札考注》，第129页。

疏浚、两江蝗灾、沿江网捐乱象等。[①]

五月廿四日（7 月 3 日），复信何璟，谈宋长庆营赴闽周折、厘税减色、蝗灾难灭等。[②]

五月廿四日（7 月 3 日），复信林拱枢，谈馆选结果，述诸人近况、淮盐积弊、网捐乱象、两江蝗灾等。

> 淮鹾积弊，非一朝夕之故，相沿成习，遂以骫法为心安理得之事。去岁已宽其既往，今年不得不以一撤警动之。以后必不能如此便宜，欲呼冤者，听之而已。其中曲折，罄竹难书。洋务无日无波澜，所谓平静，自局外观之耳。[③]

五月廿四日（7 月 3 日），复信吴仲翔，述王葆辰行程、丁日昌处事、宋长庆营赴闽等。

> 雨帅于黄牛面前骂白马，意在远老诸公欤？……雨帅妒杀礼堂，斯言岂欺我哉？[④]

五月廿五日（7 月 4 日），复信沈咏彤，寄兑京平六百五十两，嘱按单分送，谈勿入总署为官、林拱枢谋官，述寄上谕片、闽中大水赈捐、两江蝗灾等。[⑤]

五月廿八日（7 月 8 日），复信沈玮庆，嘱拨各家水灾帮项、寄燕窝等。[⑥]

五月下旬，复信李鸿章，详述高桥一案谈判过程，谈淮军裁撤、淮盐复引等。

> 筱帅之怪鄙人甚于怪雨帅。身处富庶之地，不能面面周

---

① 林庆元、王道成考注：《沈葆桢信札考注》，第 538～539 页。

② 林庆元、王道成考注：《沈葆桢信札考注》，第 539 页。

③ 林庆元、王道成考注：《沈葆桢信札考注》，第 539～540 页。

④ 林庆元、王道成考注：《沈葆桢信札考注》，第 540 页。

⑤ 林庆元、王道成考注：《沈葆桢信札考注》，第 112～113 页。

⑥ 林庆元、王道成考注：《沈葆桢信札考注》，第 113 页。

旋，固宜无所逃罪也。裁营颇疑非善策，顾不能为公筹饷，敢赘一词乎？包完川鄂厘饷，淮商咸称情愿。灶户或从此稍有生机，而事之济否，与将来之能否支持，则仍全仗难兄广厦之庇。更乞竹报中代陈衷曲，以拯万灶灾黎。①

五月底，复信程桓生，述山西、福州、两江灾荒，嘱从严稽查盐场等。②

六月上旬，致信何璟，荐蔡锦青。③

六月上旬，致信丁日昌，荐林洄淑。④

六月上旬，致信林聪彝，询诸人近况，述病情、两江蝗灾等。⑤

六月上旬，复信薛敬堂，贺添孙子。⑥

六月上旬，复信姚蔚皋，述订婚事宜，谈福州水灾。⑦

六月上旬，复信勒方琦，述蝗灾剧增、两江人事更迭。⑧

六月上旬，复信吴大廷，述蝗灾剧增、诸人近况。⑨

六月上旬，复信吴仲翔，述诸人近况、蝗灾剧增，论闽省赈灾等。⑩

六月上旬，复信曾光斗，劝勿出任鳌峰书院讲习。

鳌峰为吾乡书院第一，然脩膳仅七百金耳。一年之舆

---

① 林庆元、王道成考注：《沈葆桢信札考注》，第537～538页。
② 林庆元、王道成考注：《沈葆桢信札考注》，第541页。
③ 林庆元、王道成考注：《沈葆桢信札考注》，第541页。
④ 林庆元、王道成考注：《沈葆桢信札考注》，第542页。
⑤ 林庆元、王道成考注：《沈葆桢信札考注》，第542页。
⑥ 林庆元、王道成考注：《沈葆桢信札考注》，第543页。
⑦ 林庆元、王道成考注：《沈葆桢信札考注》，第543页。
⑧ 林庆元、王道成考注：《沈葆桢信札考注》，第543页。
⑨ 林庆元、王道成考注：《沈葆桢信札考注》，第544页。
⑩ 林庆元、王道成考注：《沈葆桢信札考注》，第544页。

从、应酬耗去其半，同辈者指而目之，有得者即有失者。吠影吠声，谣诼四起。课文动辄千余，断不能毫无错误。纵精心较阅，绝无百密一疏。然岂能有优等而无劣等？优等未必以为德，劣等则未有不怨者。客岁闻礼堂就此席，飞书阻之，已无及矣。我亲家无瑕之玉，不值为此戋戋者招致众忌。如谓薪米艰难，以我亲家之文名，肯设帐授徒，岁亦可得三四百金，较讲席之徒有其名者，远胜之矣。①

六月十三日（7月23日），李鸿章复信周家楣，谈及沈葆桢回购吴淞铁路意在拆毁。②

六月十四日（7月24日），李鸿章复信沈葆桢，询与何天爵商议情形，论淮盐复引不可行等。

淮商包完川、鄂厘饷之说，鄙意窃虑不甚可靠。向尝周历楚蜀之间，非但鄂民喜食川盐，蜀民之倚煎、运为生活者，实不下亿万户，其势断难骤禁。停厘后私盐更贱，枭贩与土豪勾结，到处洒卖，若循旧例，责地方以缉私，直掩耳盗铃而已。家兄于此事持之颇坚，盖亦确有见地。若尊处不少参活笔，将来淮销不旺，包完仍是虚名，川、鄂固受实祸，即淮灶亦未能拯救也。愿公三思行之。③

六月十七日（7月27日），清廷谕毋庸再议沈葆桢家丁行止不端案。

吴元炳另片奏，查明该革员所称沈葆桢家丁在徐州挟妓饮酒一节，实系误听传闻，其为虚捏无疑等语，即着毋庸置议。④

---

① 林庆元、王道成考注：《沈葆桢信札考注》，第545页。

② 《李鸿章全集·信函》四，第86页。

③ 《李鸿章全集·信函》四，第87页。

④ 《清实录·德宗景皇帝实录》卷五二，第五二册，第731页。

六月廿四日（8月3日），复信沈玮庆，嘱信局寄信稳妥、拨各家帮项、修祖屋、交敬节堂库纹二千两等。①

六月廿八日（8月7日），上《铭军剿番阵亡员弁勇丁请列入祀典折》《江宁府属拟请酌减漕粮折》。②

六月廿九日（8月8日），致信郑云友，问候起居，捐二千两入福州敬节堂。③

六月廿九日（8月8日），复信沈玮庆，嘱送信给郑云友，寄兑二千两为中秋节帮项，嘱按单分送、常往郑世恭处请安、寄燕窝与漳州印色等。④

六月下旬，致信林拱枢，问候起居，谈为林洄淑向丁日昌谋职等。⑤

六月底，复信彭玉麟，述多地遭灾、乐平剿匪、裁汰营武、会奏船政事宜等。⑥

六月底，复信林鸿年，述多地遭灾、蝗虫肆虐、今日病情等。⑦

六月底，致信沈桂芬，述多地遭灾、蝗虫肆虐，奏请减则。⑧

六月底，致信董恂，述两江蝗灾，奏请减则。⑨

六月底，致信吴大廷，请另派一船接霆庆营赴闽。⑩

---

① 林庆元、王道成考注：《沈葆桢信札考注》，第114页。
② ［清］沈葆桢：《沈文肃公政书》卷七，第1325～1334页。
③ 林庆元、王道成考注：《沈葆桢信札考注》，第550页。
④ 林庆元、王道成考注：《沈葆桢信札考注》，第114～115页。
⑤ 林庆元、王道成考注：《沈葆桢信札考注》，第549页。
⑥ 林庆元、王道成考注：《沈葆桢信札考注》，第545页。
⑦ 林庆元、王道成考注：《沈葆桢信札考注》，第546页。
⑧ 林庆元、王道成考注：《沈葆桢信札考注》，第546～547页。
⑨ 林庆元、王道成考注：《沈葆桢信札考注》，第547页。
⑩ 林庆元、王道成考注：《沈葆桢信札考注》，第547页。

六月底，复信黎兆棠，论招商局合并案、西学者多空言从事、为林洄淑谋职等。

招商局兼旗昌有之，固是胜算。太古、宝昌毫不足虑。所可虑者：一在官商不能一体，官欲独居其利，使商任其责，商又欲各私其利；一在五贤相厄，互有违言，于招徕一道自相矛盾。若去此二病，虽十倍太古者，亦无如我何。……近日，訾西学者全抱空言从事，而务远略者又爱博不专。招商局亦蹈此病。创始甚难，不当易视也。[①] **【按：光诸二年，美商旗昌轮船公司因经营亏损，拟转让给上海轮船招商局。八月，盛宣怀向李鸿章提出购并旗昌轮船公司。十一月廿三日，盛宣怀等到南京与沈葆桢反复商议，决定购买。十二月三十日，唐廷枢与旗昌签定正式合同，旗昌并入招商局。】**

六月底，复信谢谦亨，述筹饷艰难、洋货免厘、上奏减则等。[②]

六月底，复信李鸿章，论何天爵谈判、霆庆营赴闽、淮盐复引等。

某某自遵旨复奏，经难兄疏驳后戢翼噤口，不敢赘一词。今部议如此，灶情如此，已成骑虎之势。倘鄂中复有条例，不敢不静以待命，否则贸贸然往，蒙居停主人破格推爱，俾获瓦全，固所愿也。即不才办理乖方，获戾以去，亦分所应得，敢他怨乎？明知便于淮者，颇不便于鄂，然在鄂为苦乐关头，在淮为生死关头。成败利钝，有所不暇择矣。不才一生，事事赖公以济。敢恳竹报之便，为达苦衷。谨率千余里数百万白叟黄童，九顿首鹄跂以俟。[③]

① 林庆元、王道成考注：《沈葆桢信札考注》，第548页。
② 林庆元、王道成考注：《沈葆桢信札考注》，第548～549页。
③ 林庆元、王道成考注：《沈葆桢信札考注》，第549～550页。

六月底，复信沈咏彤，论谋官不易，嘱宽慰林拱枢，述林毓良品性、请减江南赋税，嘱联系折拆、代制杨能格祭幛等。

我放知府，去截取仅弥月，卿堂缺用第二三人皆常事，不过时候不同耳。心北巡城系保，选科系特简，亦两不相涉也。边固伟器，将来是好封疆，其出试差时，善约束其下，可见一斑矣。忧能伤人，须力劝四表叔宽心处之。京官二三十年，家中一切安堵，子弟亦读书有成，似亦足矣。①

七月初七日（8月15日），复信吴仲翔，述诸人近况，谈官场过节、霆庆营赴闽、出贴例题捐、洋务风气、沈璿庆婚期等。

官场讲过节，楚失齐亦未为得。阻雨绝粮，在内山为常见事，与居停何涉焉？霆营去必不讨好。宋军门此行颇怏怏，鄙怀亦复歉然，自惭对伊不住也。……近日风气，稍习外事者，力图创局以耀所长。即其所定局面，且见异思迁。船政之颓唐何待问耶？②

七月八日，清廷准丁日昌回籍调理，葆亨署理福建巡抚。

七月上旬，致信翁学本，嘱照料宋长庆。③

七月上旬，致信吴仲翔，嘱照料宋长庆营属。④

七月上旬，复信程桓生，述淮盐复引不获支持等。

鹾局寄人篱下，卑亢皆难。执事于波涛震撼之交，挟舵引帆，因时操纵，各适其宜，然而心则苦矣。伯相两次移书，劝勿收回引地，谨将复函录呈冰案。各商尚未具切结，殆怵于鄂中不肯缉私之言，然骑虎何能下耶？果票运诸商能

① 林庆元、王道成考注：《沈葆桢信札考注》，第115页。
② 林庆元、王道成考注：《沈葆桢信札考注》，第552～553页。
③ 林庆元、王道成考注：《沈葆桢信札考注》，第550～551页。
④ 林庆元、王道成考注：《沈葆桢信札考注》，第551页。

力顾大局，安见川盐之不可敌，如其各沾沾目前何哉？①

七月上旬，复信何璟，述霆庆营上船赴闽、台米不再出口、两江再难办赈、船政轮船失事、近日病情等。②

七月十五日（8月23日），清廷命督饬淮北盐场各员，扫除积弊，将盐纲提前趱办。③

七月中旬，复信吴仲翔，谈台事局面、吴赞诚折稿、提调职责、沈瑨庆读书懒散等。④

七月中旬，致信丁日昌，羡请假回籍，谈购置土耳其战舰，嘱搬迁吴淞铁路等。

> 顷得惟允书，述公所谕三事，感入骨髓。忧国之忠爱，忧时之悲悯，虽顽石亦当动情。惟土耳其之铁甲船，据两监督来报，议价二十五万磅（镑），且须全付，似非虚语。赫德殆舍炮而专言船耶？当如命函催伯相。若此事可成，则蚊子船限于经费，碍难并举，且从稍缓。倘铁甲无成，只得先索水炮台以守长江。海防经费，已并归北洋，江南万无从另筹出款也。铁路承莞纳，乞嘱春帅届期拨船迎提，不胜翘祷。⑤

七月廿二日，复信林泗淑，嘱勿因丁日昌回籍而灰心，不再涉猎西学；送二百金修李公祠等。⑥

七月廿二日，复信沈玮庆，嘱毋缺致用堂课、分拨各家帮项，述沈瑨庆行期与婚事办理、四叔校阅会课等。⑦

---

① 林庆元、王道成考注：《沈葆桢信札考注》，第551页。

② 林庆元、王道成考注：《沈葆桢信札考注》，第552页。

③ 《清实录·德宗景皇帝实录》卷五三，第五二册，第745页。

④ 林庆元、王道成考注：《沈葆桢信札考注》，第553页。

⑤ 林庆元、王道成考注：《沈葆桢信札考注》，第554页。

⑥ 林庆元、王道成考注：《沈葆桢信札考注》，第554页。

⑦ 林庆元、王道成考注：《沈葆桢信札考注》，第116页。

七月廿六日（9月3日），李鸿章致信沈葆桢，论淮盐复引、丁日昌病辞获准、曾纪泽入上海机器局等。

鄂盐一事，本非职分所应言，以见爱之深，不敢不效忠告。尊意既谓成败利钝所不暇择，转自悔其多口，谨将来函抄寄家兄酌核，以后不复与闻矣。雨生请假回籍，居然邀准，马首誓不回顾，将来台防托付何人，未知廷议若何趋向，卓见恍然于林泉，大非良策，是打破后壁之论，一瞑不视，则非人力所能为。近时诸贤，惟曾文正修到恰好地位，其余福分皆所弗逮。微闻上海机器局日就颓靡，颉刚以四五品京堂候补，雅不乐久居京师，其心精力果，能调令督办该局否。①

七月下旬，致信林拱枢，谓谊属至亲，偶有接济，无需不安于心；谈郭柏荫因贫谋讲席，左宗棠弹劾林寿图等。

人生不能无盈虚，即不能无酌剂。假令易地以处，某某必视如外府，以为取之无禁，我棣台其谓之何？捐赈闹此笑话，不能不两任其疚。两大府皆远老旧属，尤不近情。第向若辈苦索讲席，且必令腾出致用堂，得毋因其自侮而侮之耶？以督抚归里，即使真到断炊地步，宁向亲友乞米，何至诉当路以贫，且诉于素为所玩弄之人耶？高明以为然否？凡人一生擅长处，即其一生受病处。……季老以短饷劾欧斋，不啻为剖析其赈灾之不力也者。政府断不能予以重谴，各关道、各藩司咸兢兢以协饷不到八成为虑，此篱抉破，甘饷益不可为矣。②

七月下旬，复信郑云友，论敬节堂章程、息钱及钱法之弊，述诸人近况、两江吏治等。

---

① 《李鸿章全集·信函》四，第116页。

② 林庆元、王道成考注：《沈葆桢信札考注》，第555页。

敬节章程，似仍旧贯为美。息止宜八厘，多则愈险。匀数家作半年期，操纵由我，最是胜算。钱法愈趋愈下，以月计之，各有忽贵忽贱行情。若合数年观之，似未必有银贱钱贵之日。存款似以实银较有把握。狂瞽之说，高明以力然否？……不才在此，专管诛杀参劾，至委差、委缺，则藩司责任，向不下侵。①

七月下旬，复信彭玉麟，嘱保重身体，述人事整顿、军政办理、淮盐复引等。

军政弟从未办过，恐终不免闹出笑话。淮南引地，弟得部议后，实成骑虎之势。我公过鄂时，乞为婉求筱帅，俯念灶户百万性命，予之一线生路。鄙人办理不善，虽重谴不敢辞也。②

七月底，复信吴大廷，转呈部文，述两江秋收情形等。③

七月底，复信彭玉麟，贺奉旨内用，述两江蝗灾等。④

七月底，复信曾国荃，论山西办赈捐输困难，述两江蝗灾等。⑤

七月底，复信黄倬昭，谈养生、受业师沈秋舲身后事、闽省赈灾不力，述诸子孙功课等。⑥

七月底，复信何璟，谈丁日昌请假、两江蝗灾、疏浚河道、移建正谊书院购房始末等。⑦

七月底，复信吴仲翔，知霆庆营抵闽，述调解正谊书院地

---

① 林庆元、王道成考注：《沈葆桢信札考注》，第557页。

② 林庆元、王道成考注：《沈葆桢信札考注》，第557～558页。

③ 林庆元、王道成考注：《沈葆桢信札考注》，第555页。

④ 林庆元、王道成考注：《沈葆桢信札考注》，第556页。

⑤ 林庆元、王道成考注：《沈葆桢信札考注》，第556页。

⑥ 林庆元、王道成考注：《沈葆桢信札考注》，第558页。

⑦ 林庆元、王道成考注：《沈葆桢信札考注》，第558～559页。

争、购铁甲船、丁日昌办赈、沈玮庆到署等。

筱帅函嘱以一纸书释正谊之斗，鄙人敬谢不敏。诚自愧从前办理之不善，饶舌以激人怒，不如袖手以候人参也。……铁甲诚要图，无如款不在握。赫德所开船价，大约除炮言之。伊深知丁、李好便宜，以此为引人入胜秘诀。两监督亲履其地勘过，所禀必不甚谬。①

七月底，复信程桓生，论淮盐复引纷争、杜弊方法等。

引地之议，为鄂帅极力疏争，大农或有转念，川帅则只能以川灶生计为辞，农部岂能以淮灶为非生计也者。鄂帅不肯担承缉私，此开诚布公之言，并非虚词恫喝。以如此坚忍之意推之，万一移节两江，必胼手胝足以为淮民谋，何至如鄙人之泄泄沓沓？所谓易地则皆然也。……总之，上策莫如自治，圣人复起，不易吾言。讲求盐质，招徕水贩，无论引地复否，均是吾辈分所应为。盐质有坏于场灶者，有坏于船户者，有坏于店者，然皆可责承通商以警之。草堰已饬记过，若再愦愦，非参不可耳。②

七月底，复信沈咏彤，论丁日昌处理乌石山教案、正谊书院之斗，述两江减漕获准、沈玮庆抵江宁、沈瑨庆婚期等。

丁雨生自以为浑身机械，抑知此数公者，谁能胜疏瀹之任。现由外人议论，似乎打输官司，实则政府为之解无尽纽结，否则作茧自缚有已时耶？故乡事，阳羡鹅笼，幻中有幻，不但隔数千里捉摸不住，即近在咫尺，亦未易月旦乎其间。何小宋将刘鲁汀、郑叔言条陈寄来，又函请为释正谊之斗，我皆谨谢不敏。盖本有成见在其胸中，又以多疑为小人所中，多一议论，徒多一葛藤，不如其已也。此后闽事益不

---

① 林庆元、王道成考注：《沈葆桢信札考注》，第560页。

② 林庆元、王道成考注：《沈葆桢信札考注》，第560～561页。

可问，反使不满人意之雨帅增去后之思，是可痛也。[①]

八月初八日（9月14日），清廷谕准段起与吴世熊对调，嗣后不得援以为例。[②]

八月上旬，复信郭嵩焘，论禁烟一疏、博物院开设、喀什葛尔使节言论，述两江蝗灾、何璟与丁日昌相互猜忌等。

禁烟一疏，谋国血诚，溢乎言表。朝廷断无歧念，但士大夫染于所习，日积月深。素以豪杰自命，堕其中犹可言也。至素以道学自命者亦坠其中，且不为怪，天下事尚可问哉！圜府仿西法，诚国之利，取形式而易其花样，尤为要诀。其平色能一律到底，关税钱粮能发能收，亦可杜私铸。第库关之向来中饱者，从此如水洗净，不知于公事有碍否？博物院为将来必开之境，日前似不能无所待。……小宋、雨生互相猜忌，雨生竟如其志以去，福何厚也。[③]

八月十四日（9月20日），复信刘秉璋、李文敏，论两江协饷艰难，请分担饷需。[④]

八月十五日（9月21日），复信李鸿章，谈丁日昌所托、筹建外海水师，商调曾纪泽任上海机器局等。

雨生此行，何异登仙。临去谆谆以铁甲船为言，嘱晚坚求我公。其议论深切著明，似亦非能忘情于世者。窃思水炮台、水雷，守口之利，迥异寻常。然海上防不胜防，断不能逐口有之。仓卒事起，又迁地不能为良。惟立外海水师，则南北气脉可以联络。此事非我公通盘筹画，力任艰巨，断不能有成。赫德所陈，经李、日两监督验过，公意以为何如？

① 林庆元、王道成考注：《沈葆桢信札考注》，第116页。

② 《清实录·德宗景皇帝实录》卷五五，第五二册，第764页。

③ 林庆元、王道成考注：《沈葆桢信札考注》，第562～563页。

④ 林庆元、王道成考注：《沈葆桢信札考注》，第561页。

上海机器局之颓靡，似由经费太绌，非才之疚。若得劼刚京卿莅事，临淮壁垒，耳目一新，其受益夫岂浅鲜？①

八月十六日（9月22日），李鸿章复信程桓生，论沈葆桢力主之淮盐复引不可行。

淮盐规复引地，幼帅力主其说，而包认川鄂厘课，商力是否能支。且川盐免厘后成本过轻，必更易于充斥，缉私未能周到，疏销恐难畅行，似不可不慎之于始也。②

八月中旬，复信杨浚，论捐款难筹、著书立说、闽省文运、为官心得、林寿图被劾等。

不才自入宦途，未尝有所颠踬，世之所谓得意者矣。自揣生平，亦非全不知人间有耻事者。然孜孜汲汲，无非日日事违心之事。佐不才之幕者，亦孜孜汲汲，无非日日言违心之言。……欧斋开藩山右，颇有疑其澹灾之不力者。自左相痛劾其误饷一疏，乃将其为难处和盘托出。欧斋恐仍不得脱身，而西征之恼，从此抉破藩篱，将愈不能踊跃耳。③

八月中旬，致信吴赞诚，慰病情，嘱运送吴淞铁路，论淮军抚恤等。④

八月中旬，复信吴仲翔，谈吴赞诚渡台、运送吴淞铁路、淮军抚恤等。⑤

八月中旬，复信夏献纶，询接替台防人选，谈运送吴淞铁路、台煤开挖、林达泉行程、蝗灾难灭等。⑥

---

① 林庆元、王道成考注：《沈葆桢信札考注》，第562页。
② 《李鸿章全集·信函》四，第122页。
③ 林庆元、王道成考注：《沈葆桢信札考注》，第563页。
④ 林庆元、王道成考注：《沈葆桢信札考注》，第564页。
⑤ 林庆元、王道成考注：《沈葆桢信札考注》，第564页。
⑥ 林庆元、王道成考注：《沈葆桢信札考注》，第565页。

八月中旬，复信梅启照，述京漕减免、丝捐大绌、筹款苦难、蝗灾深重等。[①]

八月中旬，复信卞宝第，论断案、蝗灾深重等。

> 宜居集一案，因流溯源，其弊不始于民，而始于官；不始于下，而始于上。初履任时，见有报盗案者，书吏拟批，必痛诋之，不解其故。既而披阅旧案，无不尽然。且条教綦严，月有三起必撤任，一夜连劫两家亦撤任。若徐海无日不劫，却未闻撤一牧令。反复推求，乃恍然于用意之所在。于是州县有数等办法，最刁健不破案不休者，赔赃了案，或倍其值；次则知其必上控者，以盗报，届三参，转借以求优调；次则勒改曰窃，即拒伤二三命者，亦可曰临时行强，次则吓之使自不敢报案，甚者事主自行舍命捕送，收押数日，以病取保；又其甚者，则捕役唆使反噬事主之子弟，以破其家。总之，以民之强弱，定事之是非，欲民不趋于强，其可得耶？[②]

八月中旬，致信徐文达，嘱密查甘泉县令办案被殴一事。[③]

八月中旬，复信丁日昌，述佩服所呈三策、月汇二百金、福州口碑、吴仲翔将来安排、两江蝗灾等。[④]

八月中旬，复信吴仲翔，述诸人近况、两江蝗灾、福州时疫等。[⑤]

八月中旬，复信沈敦兰，索回托寄法国公使信件。[⑥]

---

① 林庆元、王道成考注：《沈葆桢信札考注》，第565～566页。

② 林庆元、王道成考注：《沈葆桢信札考注》，第566页。

③ 林庆元、王道成考注：《沈葆桢信札考注》，第567页。

④ 林庆元、王道成考注：《沈葆桢信札考注》，第567页。

⑤ 林庆元、王道成考注：《沈葆桢信札考注》，第568页。

⑥ 林庆元、王道成考注：《沈葆桢信札考注》，第568页。

八月廿五日（10月1日），复信林拱枢，述病情、诸人近况、丁日昌赈灾滥用捐款、疏浚河道停工、沈玮庆回闽、林洄淑入学堂等。①

八月廿八日（10月4日），上《请旨通饬各省搜挖蝻子折》《刘璈请留江苏补用片》《开采贵池县境煤铁援案减税折》。②

八月下旬，复信沈书年，赞其书法，述各地灾情、诸人近况等。③

八月下旬，复信彭玉麟，谈李翰章驳淮盐复引，述两江蝗灾、翁同爵去世。④

八月下旬，复信郭嵩焘，论禁烟，开办铁路、电线等。

> 于禁烟一事，有味乎其言之。仁人君子之用心，突出于寻常万万也。承示此事万非官法所能禁，当鼓励人心，使自禁之，洵洞澈本原之论。但使未食者不再沾染，即已食者全不回头，三十年后亦可一洗空之。借公至诚，能于吾辈中以苦口防其未然，则亦思过半矣。电线、铁路，皆中国数年后不能自已之事，而吴淞则非其地。洋人所以不患亏本者，冀中国许其起卸进出口货物耳。不告而权为之，于国体有损，既买归中国，断无自乱关章，以开漏税之端。仅载行人，修费且无所出，望有赢余耶？⑤

八月下旬，复信沈桂芬，谢减漕之助，述两江蝗灾、收成、何天爵北返等。⑥

---

① 林庆元、王道成考注：《沈葆桢信札考注》，第570～571页。

② ［清］沈葆桢：《沈文肃公政书》卷七，第1335～1345页。

③ 林庆元、王道成考注：《沈葆桢信札考注》，第568～569页。

④ 林庆元、王道成考注：《沈葆桢信札考注》，第569页。

⑤ 林庆元、王道成考注：《沈葆桢信札考注》，第569～570页。

⑥ 林庆元、王道成考注：《沈葆桢信札考注》，第570页。

八月下旬，复信林寿图，论西北局势、左宗棠与李鸿章之争，述三策：同城督抚宜裁、武科宜停、外省捐照宜禁。

看回疆举动，不久可告成功。俄事为日方长，季老健在，尚能了此，需饷则仍故也。方今袒合肥者指西征为失策，袒湘阴者訾淮军为坐食。皆一面之词，不宜偏听。下怀以为补救时务，去无益者，勿使其害有益而已。窃有欲言者三事，而非外吏之所能越职也。一曰同城督抚宜裁。……一曰武科宜停。……一曰外省捐照宜禁。[①]

八月下旬，复信林洄淑，述七妹遽寡，谈修忠定公祠等。[②]

八月下旬，复信沈咏彤，慰威灿病殇，述昔日在京患病情形，论林寿图辞官，述沈玮庆返闽、沈瑨庆行期，嘱抄寄同乡京官名单、购己亥同年录等。[③]

八月底，复信谢谦亨，述两江蝗灾、对俄谈判、德国索要大沽码头、疏浚河道、诸人近况、病情加重等。[④]

九月初三日（10月9日），复信沈玮庆，嘱平日功课要身为表率，述病况等。[⑤]

九月初三日（10月9日），郭嵩焘致信沈葆桢，述参劾案、刘锡鸿构陷、李兰生攻揭等。[⑥]

九月初十日（10月16日），清廷谕准收买蝻子，以绝蝗灾。[⑦]

九月初旬，复信黄姑太，慰病情，述孙辈早夭、四叔母去

---

① 林庆元、王道成考注：《沈葆桢信札考注》，第571～572页。

② 林庆元、王道成考注：《沈葆桢信札考注》，第572页。

③ 林庆元、王道成考注：《沈葆桢信札考注》，第117页。

④ 林庆元、王道成考注：《沈葆桢信札考注》，第573页。

⑤ 林庆元、王道成考注：《沈葆桢信札考注》，第117页。

⑥ 《郭嵩焘全集·集部一·书信》，第293～294页。

⑦ 《清实录·德宗景皇帝实录》卷五七，第五二册，第788页。

世，寄书联等。①

九月上旬，复信林鸿年，论福州样楼、贡院修葺，述两江蝗灾、西北灾民入境、诸人近况等。②

九月上旬，复信吴仲翔，论福州样楼、贡院修葺鞭长莫及，霆庆营月饷停拨，“登瀛洲”舰饷需、查处煤款吞匿等。③

九月上旬，复信卞宝第，谈案件处理、赈灾艰难、各省合力挖蝻等。④

九月十四日（10月20日），清廷谕准于江苏徐州府城建立曾国藩专祠之请。

> 追予原任大学士两江总督曾国藩，于江苏徐州府城建立专祠，从两江总督沈葆桢等请也。⑤

九月十四日（10月20日），赎购吴淞铁路款项如数兑清，吴淞铁路停车。其铁轨拆运台湾。

九月十六日（10月22日），李鸿章复信沈葆桢，言三年来各省解到海防经费仅二百万两，谈土耳其旧舰购买、曾纪泽谋沪局、聘伍廷芳等。

> 铁甲船自台湾事起，中外迭经议购，迄无成局，一由费绌，一由无驾驶训练之人，无修理合式之坞。雨生屡疏催购，而于前三项并未着实措意，棉力实不敢独任。……三年以来，各省解到海防专款将及二百万，弟不敢滥用丝毫，除开销赫德所购炮船四号杂项外，枢部迭次饬提，现存约敷购土船一只，购到后支用更繁。自本年七月分解津、闽，各省

① 林庆元、王道成考注：《沈葆桢信札考注》，第118页。
② 林庆元、王道成考注：《沈葆桢信札考注》，第573页。
③ 林庆元、王道成考注：《沈葆桢信札考注》，第574页。
④ 林庆元、王道成考注：《沈葆桢信札考注》，第574页。
⑤ 《清实录·德宗景皇帝实录》卷五七，第五二册，第788页。

关观望尤甚，近三月仅收二万，以后来源将竭，何能作此豪举。非有贝之才与无贝之才辐辏并至，外海水师恐难应手奏效，尊意以为何如。[①]

九月十八日（10月24日），清廷以御史董俊翰奏招商局关系紧要，目前亏损过多，着李鸿章、沈葆桢通盘筹划整顿。[②]

九月中旬，致信李鸿章，述查复土耳其军舰价值、两江旱灾等。[③]

九月中旬，复信林寿图，谈及与左宗棠关系，商请路过金陵勾留，述两江蝗灾、官场不振、病情加重、不能言退等。

客岁，湘阴疏揭不才，有咨商函恳，均置不复之语。天下有靳饷者并靳及一纸耶？日月以冀，欲读其续编文字，不料其偏厚我公也。抑鄙人孽债未满欤？……官场则于橐于囊，此外无所事事。其束身名教者，则以养痈为子孙积福。天时如此，人事如此，此尚可以卧治者积薪其上哉？入秋来，咳疾复作，喘甚则不得伏枕。不敢觊觎林泉清福，但求一瞑不视，勿见此不堪寓目情状，则一瓣心香所虔祷者耳。[④]

九月中旬，复信吴仲翔，述为林洄淑做破格事、派“登瀛洲”舰装拆卸铁路、船政人事、垫高船政衙门、两江旱灾、唐营窘境、霆庆营饷需、李翰章派饷、昌旗筹款、提五千元代汇伦敦等。[⑤]

九月中旬，复信刘秉璋，谢岁协款十万金，请续解款南洋海

---

① 《李鸿章全集·信函》四，第140～141页。

② 《清实录·德宗景皇帝实录》卷五八，第五二册，第796页。

③ 林庆元、王道成考注：《沈葆桢信札考注》，第575页。

④ 林庆元、王道成考注：《沈葆桢信札考注》，第575页。

⑤ 林庆元、王道成考注：《沈葆桢信札考注》，第576页。

防，月济万金。[①]

九月中旬，复信吴赞诚，述捕蝗情形、旱灾持续、台湾开发，请再派二船装卸铁路，置旗后再行建造等。[②]

九月中旬，复信何璟，慰病情，嘱勿操劳，述两江旱情等。[③]

九月廿二日（10月18日），复信黄倬昭，述诸人近况、两江旱情、二子启程赴闽参加县试，嘱照料约束。[④]

九月廿二日（10月18日），复信沈玮庆，嘱送各家奠敬，述作梁鸣谦墓志、沈瑨庆住吴仲翔家等。[⑤]

九月廿八日（11月3日），致信丁宝桢、李瀚章、王文韶，咨商议复包税提案。[⑥]

九月廿八日（11月3日），上《江苏饷源日竭兼筹酌剂折》《阵亡总兵陈胜元请于死事地方捐建专祠折》。[⑦]

九月廿八日（11月3日），上《淮商遵完川鄂饷银恳立限收复楚岸折》，述恢复淮引三策。

> 一曰包饷宜信。……各该商仰体朝廷德意，情愿每引摊缴银二两。鄂、湘两岸，近年本可销淮盐二十万引。禁川以后，以增销十五万引计之，共可销三十五万引。每引二两，可得银七十万两。加以原奏课厘九十万两，共合一百六十万两。拟以一百万贴鄂，六十万贴川。……一曰定限宜豫、淮。……淮南应于鄂之宜昌、樊城，湘之沣州等处酌设督销。淮盐分局仍归总局统辖，俟到岸川盐售销过半，方将淮

---

① 林庆元、王道成考注：《沈葆桢信札考注》，第577页。

② 林庆元、王道成考注：《沈葆桢信札考注》，第577页。

③ 林庆元、王道成考注：《沈葆桢信札考注》，第578页。

④ 林庆元、王道成考注：《沈葆桢信札考注》，第580页。

⑤ 林庆元、王道成考注：《沈葆桢信札考注》，第118页。

⑥ 林庆元、王道成考注：《沈葆桢信札考注》，第581页。

⑦ ［清］沈葆桢：《沈文肃公政书》卷七，第1347～1352页。

盐运往各分局先行储备，全数封存，俟川盐限满销竣，方准接售淮盐。如此宽以两年，则川商旧欠可陆续收回，川井新盐可陆续减运。彼时开办边引，官运商销，必已著有成绩。此遵部议不求速效、次第就理之办法也。……一曰用人宜慎。既禁川盐，必停川厘。川厘既停，贩则利其本轻，民则贪其价贱，难保私枭不乘间抵隙而来。引地既经收回，责商包饷，淮商命脉所系在此，川、鄂饷源所系亦在此。关系既极重大，筹划不厌精详。大概以不扰民为第一要义，而关键在乎用人。用人当，则缓急、张弛悉中肯綮，自能民怀德而枭畏威。[①]【按：在沈葆桢提出包饷之时，正值四川总督丁宝桢续办滇边官运之日。户部遂令淮商筹银五六十万两，作为丁宝桢续办滇边官运的运本，沈葆桢亦应承下来。在此情形之下，户部又令两江总督、湖广总督与四川总督会商。湖广总督李瀚章反对淮盐复楚，力陈包饷之议“困运商，病场商，误国计，蹙民生，激事变”，提出待川省滇黔课收如额之日，为禁川立限之始。丁宝桢更是一针见血地指出：“以包饷立限，有名无实”，进而指出，到滇黔销路渐开的时候，则川商济楚之盐自然而然地就退出了楚岸，到那个时候“不亟议复淮，而淮自复，并自筹滇边运本，不欲以累邻商”。果如丁宝桢所言，两年之后，丁宝桢办理黔边卓有成效，岁人日赢，沈葆桢包饷之议自然也就无从再提了。其后虽然也有一些针对川盐的限制政策或措施出台，但却不能改变川盐在楚岸的地位。因淮盐质劣无法与川盐抗衡，故成滞销之货，久而绝迹。于是，鄂西民众之食盐概由川盐供给，川淮并销遂变为川盐独销，楚岸亦为川盐专岸，这种状况一直持

① ［清］沈葆桢：《沈文肃公政书》卷七，第1353～1361页。

续到清政府倒台。[1]】

同日，附《淮商包完川鄂饷银请俟淮盐开售之日为始片》。

令淮商先行筹银五六十万两解赴川省，以备开办滇引之用。……惟有俟荆、宜等府川盐销竣、开售淮盐之日，为包完川、鄂饷银之始，以昭公允而顺商情。[2]

九月下旬，复信郭嵩焘，劝任满三年再行回国，述两江蝗灾、查禁罂粟、搬迁吴淞铁路、扶病求雨不得等。[3]

九月下旬，复信程桓生，述淮盐复引已成骑虎之势、翁同爵丧过金陵、扶病求雨不得等。[4]

九月下旬，复信吴仲翔，述“登瀛洲”舰抵沪装载霆宋营，请增派商轮，寄回梁鸣谦讣文，潘霨、黎兆棠奠敬等。[5]

九月下旬，复信林拱枢，谈林寿图不愿回闽、阎敬铭与曾国荃未必相得、淮盐复引势成骑虎、李元度贩盐等。[6]

九月下旬，复信沈咏彤，论林寿图、刘齐衔辞官，述沈玮庆抵家，沈璘庆、沈瓘庆启程赶县考，炭敬稍迟等。[7]

九月，谢章铤到江宁，留其住衙斋三日[8]。

十月初一日（11月5日），李鸿章复信沈葆桢，谈维持招商

---

① 沈涛：《第一次川盐济楚与楚岸之争》，载曾凡英主编《盐文化研究论丛》第3辑，成都：巴蜀书社，2009年，第120页。

② ［清］沈葆桢：《沈文肃公政书》卷七，第1363～1364页。

③ 林庆元、王道成考注：《沈葆桢信札考注》，第578页。

④ 林庆元、王道成考注：《沈葆桢信札考注》，第579页。

⑤ 林庆元、王道成考注：《沈葆桢信札考注》，第579页。

⑥ 林庆元、王道成考注：《沈葆桢信札考注》，第580页。

⑦ 林庆元、王道成考注：《沈葆桢信札考注》，第119页。

⑧ ［清］谢章铤：《赌棋山庄全集·课余偶录》卷三，台湾：文海出版社，1975年，第2843页。

局，询能否会衔上奏官款缓缴利息等。[①]

十月初二日（11 月 6 日），清廷命劝捐以助山西赈灾。[②]

十月上旬，复信程桓生，述上《淮商遵完川鄂饷银恳立限收复楚岸折》、山西赈灾捐款筹措等。[③]

十月上旬，复信李鸿章，谈购铁甲船、军备更新、筹措经费，请查招商局附船事等。

> 铁甲之难，诚如明谕。第鄙意窃以为，知其难而不可以已也。津门经擘画有年矣，炮垒之固，陆勇之精，枪炮之良，蚊子船、水雷之备，不特非他口所不敢望，即洋人亦不能不叹服。然颇虑海上事起，异族以一铁甲阻大沽之外，将接济立断。畿辅人心为之动摇，则可虞者不仅在无备之各口。土耳其之船既不合用，可否令定制新式者，其银可陆续应付。生徒随厂学习，船成而学亦成。驾驶、修理似尚无乏才之患，或缩其尺寸，以就闽沪之坞，或于浙东辟大船坞，是在卓裁。天下安危，专恃我公。若不独任，谁更任之？[④]

十月上旬，致信林寿图，述信件转邮鄂中、刘齐衔被劾、两江补种麦苗等。[⑤]

十月上旬，复信吴赞诚，请续派船只装载吴淞铁路，述“登瀛洲”舰仍归江南管理、船政人事、两江补种麦苗等。[⑥]

十月上旬，复信李鸿章，论招商局事等。

> 该局所以难于支拄者，不在官息之重，而在商股之薄。

---

① 《李鸿章全集·信函》四，第 151 页。

② 《清实录·德宗景皇帝实录》卷五九，第五二册，第 810 页。

③ 林庆元、王道成考注：《沈葆桢信札考注》，第 581～582 页。

④ 林庆元、王道成考注：《沈葆桢信札考注》，第 582～583 页。

⑤ 林庆元、王道成考注：《沈葆桢信札考注》，第 583 页。

⑥ 林庆元、王道成考注：《沈葆桢信札考注》，第 583 页。

商股之所以裹足者，多半由局中之掊击，致生局外之狐疑。似宜在事诸君推诚相与。局中人相信，而后局外人从而信之。然其要在和，其原尤在专。盖世之能为创举者，皆自命有兼人之才者也。既创之局，不足以见功，则思别开生面，而在局斤斤讲求者，转相形见绌。鄙见如此重大之事，萃一生精力研之，尚恐莫究莫殚，相视为无足轻重，乌有不日颓废者乎?①

十月十五日（11月19日），清廷谕准所奏江西每月协济江苏库平银一万两。②

十月十六日（11月20日），复信沈玮庆，询致远堂考题，县试临近，嘱劝兄弟用功，拨各家帮项等。③

十月中旬，复信吴仲翔，论“登瀛洲”舰、霆庆营饷需归属，述退志等。④

十月中旬，复信李端，嘱毋庸再寄燕窝，俭以持家。⑤

十月中旬，致信刘瑞芬，嘱查收鹰洋五千元以备船政采购。⑥

十月中旬，致信林鸿年，谈受业师沈秋舲往事，慰病情。

秋师去矣，尚有宗匠惓惓于其遗墨，九京可以无憾。至陶叟所述，则孟仲子之权词，非事实也。晚以十二龄事秋师，前后仅两年半，除《七十二明珠楼选》中《阿芙蓉》一赋外，从未窥见其整篇文字，游戏笔墨，则自题《九分禅小照》数语耳。……客岁，病中书遗嘱，不许摭拾一字付梓，

① 林庆元、王道成考注：《沈葆桢信札考注》，第584页。
② 《清实录·德宗景皇帝实录》卷五九，第五二册，第816页。
③ 林庆元、王道成考注：《沈葆桢信札考注》，第119页。
④ 林庆元、王道成考注：《沈葆桢信札考注》，第584～585页。
⑤ 林庆元、王道成考注：《沈葆桢信札考注》，第585页。
⑥ 林庆元、王道成考注：《沈葆桢信札考注》，第585页。

违者非我子孙。始第为自己藏拙，今而知其所庇者远也。秋师最窘在四五十间，所作八比，必于此时尽数卖去。晚年笔迹，则王桢臣必知其详。传询之必有实话，远胜于向其家索《封禅书》。第《阿芙蓉赋》及题像数语，皆必传之作。[①]

十月中旬，复信何璟，称曾国荃索六十万金赈灾令人咋舌，述诸人近况、承办霆庆营粮饷三月、山西遍种罂粟、运粮困难等。[②]

十月中旬，复信吴元炳，谈陕西协款、预筹饷需，述曾纪泽不愿就任上海机器局等。

甘省协款，关系大局，固当惟力是视。连刘毅斋四万五千陕饷，改拨西征一万，通盘并计，何尝限以八成？湘阴好以笔墨陵人，徒多扰扰耳。洋债层累，各司局极力挪凑，幸未愆期。惟利归于西，鄙怀不无以为可惜。……合肥复书，劼刚似难因陋就简，只得作为罢论。[③]

十月二十日（11 月 24 日），上《江北新漕暂由招商局轮船海运折》。[④]

十月廿一日（11 月 25 日），李鸿章复信沈葆桢，谈定制铁甲船、谋曾纪泽差事、查招商局附船等。

铁甲船本应定购，惟南北洋面万余里，一旦有警，仅得一二船，恐不足以往来扼剿，或有失利，该船不能进口，必先为敌人所攫，转贻笑于天下。即仅以一铁甲扼大沽海面，以他船附之，亦虑立脚不稳，进退失据。弟每悬想海上战事，辄用危心。至尊意缩其尺寸以就闽、沪之坞，铁甲至小

① 林庆元、王道成考注：《沈葆桢信札考注》，第 586 页。
② 林庆元、王道成考注：《沈葆桢信札考注》，第 586～587 页。
③ 林庆元、王道成考注：《沈葆桢信札考注》，第 587 页。
④ ［清］沈葆桢：《沈文肃公政书》卷七，第 1369～1373 页。

者，吃水必一丈六七尺以上，沪坞固不能进，闽坞亦未必能容。另辟船坞则需巨款，为购一船，创建一坞，既无指项，亦觉不值。李丹崖等濒行时，曾属其考究新式，斟酌得宜，再行绘图订价来商，并察酌出洋学习生徒果能驾驶、修理，确有把握，无待求助于人，即议定办，正与尊旨略同。此事端赖执事与雨生复出合力图维，分任其责，鄙人精神才力实不堪此艰巨也。①

十月廿七日（12月1日），清廷谕准所劾劣员，一律革职。②

十月廿七日（12月1日），清廷谕准将江北冬漕暂行海运。③

十月廿七日（12月1日），复信沈玮庆，嘱购毛笔、寄福所临字等。④

十月廿八日（12月2日），上《仵作马快请免禁锢折》。⑤

十月下旬，致信林拱枢，贺新任，述诸人近况、上《仵作马快请免禁锢折》作不平之鸣、运粮入晋赈灾艰难等。⑥

十月底，复信吴仲翔，述五千鹰洋已到刘瑞芬处、霆庆营第二次三个月饷需已解、递折请假一月等。⑦

十月底，复信吴大廷，慰病情，荐药方，询林寿图是否到沪，述递折请假一月等。⑧

十月底，复信彭玉麟，述各处灾情丰歉、米价转涨、运粮入

---

① 《李鸿章全集·信函》四，第158页。

② 《清实录·德宗景皇帝实录》卷六〇，第五二册，第832页。

③ 《清实录·德宗景皇帝实录》卷六〇，第五二册，第832页。

④ 林庆元、王道成考注：《沈葆桢信札考注》，第120页。

⑤ ［清］沈葆桢：《沈文肃公政书》卷七，第1375～1378页。

⑥ 林庆元、王道成考注：《沈葆桢信札考注》，第589页。

⑦ 林庆元、王道成考注：《沈葆桢信札考注》，第588页。

⑧ 林庆元、王道成考注：《沈葆桢信札考注》，第588页。

晋赈灾艰难等。[①]

十月，曾国荃致信沈葆桢，借十万金赈灾。[②]

十一月初六日（12月10日），致信沈玮庆，嘱寄燕窝，述担心宝、智亲事，言子弟须养其廉耻等。[③]

十一月初六日（12月10日），复信沈咏彤，述诸人近况，谈家中子弟功课，嘱为李鸿藻之母制祭幛、送奠仪，述两江久旱、请假获准等。

> 李兰生之太夫人，尚未得其讣文，为我制祭幛一幅，字用“两宫垂念”，俟奠敬兑到，一并送去。[④]

十一月上旬，复信程桓生，论山西赈灾应对方法、淮盐销路，嘱请张岳龄出山等。

> 山右赈捐，不宜求多，只宜求快。快则涓滴皆有实际，多则徒费唇舌，转致迁延也。奏复为部催孔棘，不及往返细商，知必有遗漏。半年无着之饷，经明眼人拈出，踌躇累日，竟无良法以处之。令淮商未卖盐先出饷，势必不能；令鄂省自筹半年之饷，亦必不肯。若以盐停运后，许川、淮各半分销，恐非川商所愿，亦流弊滋多。执事耳目较亲，另有良法可图否？得倪司马来信，谓丁宫保改章，川运近日利微，甚不踊跃。果尔，似尚有机可乘。察今年淮销能否较旺，可以觇其言之虚实矣。[⑤]

十一月上旬，致信程桓生，嘱兑银两千两交寓居武昌的林

---

① 林庆元、王道成考注：《沈葆桢信札考注》，第589页。

② 《曾国荃全集·第三册·书札》，第506～507页。

③ 林庆元、王道成考注：《沈葆桢信札考注》，第120页。

④ 林庆元、王道成考注：《沈葆桢信札考注》，第120～121页。

⑤ 林庆元、王道成考注：《沈葆桢信札考注》，第590页。

寿图。①

十一月上旬，致信林寿图，候起居，寄兑银两千两，托程桓生转交等。②

十一月上旬，致信洪汝奎，嘱兑银两千两交湖北督销局程恒生。③

十一月上旬，复信李元度，论淮盐复引曲折。

> 复引地竟成犄角之势，商情疑虑，姑因势导之。成败利钝，固有数存焉。而察看事机，往往适逢其会。非无利便可乘，但愿各商勿贪小便宜，于盐色极力整顿，自当天不负人耳。江甘食岸，去年潘玉泉赤手空拳欲攫之以去，方子箴已为上详。鄙人据理驳之，不料其本商竟狡狯如此也。此名一出，更无从于宦海中侥幸，其恋鸡肋也必愈坚。五岸皆销，可畏恃乎？近来贸迁萧索，挟微资以图生计者，茫然四顾，竟无奇货可居。似鹾策一途，较丝茶稍稳，遂众流赴壑，不谋而同。客秋彭芍庭京兆过金陵，坚求增淮北之引，弟坚拒之。后芍庭过袁浦信来，方深幸不为人所误也。此事该商殊出情理之外，施之于父执，尤堪发指。然在伊则惟利是视，自绝于天，在公则塞翁失马，安知非福，当不以此介介于怀也。④

十一月上旬，致信吴元炳，询是否可以由庞省三接任淮扬道，述请假一月等。⑤

十一月上旬，致信文彬，询是否可以由庞省三接任淮扬道，

---

① 林庆元、王道成考注：《沈葆桢信札考注》，第590页。

② 林庆元、王道成考注：《沈葆桢信札考注》，第591页。

③ 林庆元、王道成考注：《沈葆桢信札考注》，第590页。

④ 林庆元、王道成考注：《沈葆桢信札考注》，第590～591页。

⑤ 林庆元、王道成考注：《沈葆桢信札考注》，第592页。

述请假一月等。①

十一月上旬，致信吴仲翔，询梁鸣谦身后家境，谈叶文澜近况，述请假一月等。②

十一月上旬，致信三婿何植斋，谈家课。③

十一月上旬，复信李鸿章，谈蚊子船分配、郭嵩焘被劾、招商局整顿等。

> 从前以铁甲船横亘胸中，海防、江防，一无措置。万一风涛起于意外，悔何可追？尊处所购三十八吨炮蚊船，务恳分赐数号，俾可暂顾藩篱，以补初见之谬戾，想我公必怜而许之也。……筠叟心口如一，着实可怜。而进退维谷，亦半由自取。凡事各尽心力，其余只得付之千秋定论。必欲家喻户晓，如口众我寡何？劾言者，乞朝廷予以处分，除张江陵外，殆无人做得到矣。招商局得我公匡之、翼之，必顿改旧观。④

十一月十一日（12月15日），致信沈玮庆，询病况，县试日期，沈璘庆、沈瑢庆是否用功，嘱寄红糟米等。⑤

十一月十二日（12月16日），李鸿章复信丁宝桢，论淮军协饷、淮盐复引等。

> 淮军向恃苏省为命脉，近因税厘收数过绌，幼帅虽关顾大局，而解额大减，势非得已，每年八、九关竟放不出，南北海防赖此支持，又不敢大加裁减，不得不乞怜于执事。……惟鹾政既改，必须成本筹足，一气呵成，未知东盐余利

① 林庆元、王道成考注：《沈葆桢信札考注》，第592页。

② 林庆元、王道成考注：《沈葆桢信札考注》，第593页。

③ 林庆元、王道成考注：《沈葆桢信札考注》，第593页。

④ 林庆元、王道成考注：《沈葆桢信札考注》，第593～594页。

⑤ 林庆元、王道成考注：《沈葆桢信札考注》，第121页。

存项能否借济。幼帅遵照部议，停止济楚，家兄已专疏沥陈请缓，俟黔、滇销畅，自是正办，望执事合力坚持之。①

十一月十一日（12月15日），致信沈玮庆，寄兑库平纹一千两，嘱照单分送，论郡试日期等。②

十一月十八日（12月22日），致信沈玮庆，嘱补给漏掉年项。③

十一月中旬，复信郭嵩焘，劝慰被劾事，论答平安会一书、山西困境等。

人心之不同也，如其面焉。所见既殊，何能强之使合？各行其是，各尽其心之所安，以俟千秋之论定。目前之毁誉，于我公何加损焉？朝廷方开言路，未必因措辞失当，遽绳以法。所倚重我公者甚大而远，何肯听我公之去？离家数万里，年六十矣，岂容更以幽忧自伤？纵极无可奈何，再隐忍二年，亦当瓜代。愿扩光霁襟怀以受之，勿使中朝为难。处处为两宫及圣主设想，则拂郁之念自平，遑恤悠悠之口哉。素承我公爱如骨肉，敢以狂瞽之言进，惟垂察焉。④

十一月中旬，致信薛敬堂，慰病情，致歉伊珊。⑤

十一月中旬，复信吴赞诚，述铁路分装进展、唐营恤赏、郭嵩焘弹劾刘锡鸿、山西赈灾运米艰难等。⑥

十一月中旬，复信李端，谈县试考题、述病况等。⑦

---

① 《李鸿章全集·信函》四，第165页。

② 林庆元、王道成考注：《沈葆桢信札考注》，第121页。

③ 林庆元、王道成考注：《沈葆桢信札考注》，第122页。

④ 林庆元、王道成考注：《沈葆桢信札考注》，第594页。

⑤ 林庆元、王道成考注：《沈葆桢信札考注》，第594页。

⑥ 林庆元、王道成考注：《沈葆桢信札考注》，第595页。

⑦ 林庆元、王道成考注：《沈葆桢信札考注》，第595页。

十一月中旬，复信吴大廷，慰病情，述退志、诸人近况等。①

十一月中旬，致信勒方琦，请阻谣传续开田捐。②

十一月中旬，复信吴仲翔，述被诬、福州赈灾款未解、衙斋赏雪等。③

十一月中旬，致信林拱枢，问候起居，述刘齐衔即将南行。④

十一月中旬，复信李端，评县试答题等。⑤

十一月中旬，复信沈咏彤，述家中子弟县试结果、诸人近况，嘱补送遗漏炭敬等。⑥

十一月廿一日（12月25日），上《商贩运赴灾区米粮照旧完厘折》。⑦

十一月廿五日（12月29日），李鸿章复信沈葆桢，谈招商局人与事、另购置铁甲船两号、苏省吏治等。⑧

十一月廿七日（12月31日），致信沈玮庆，述信件遗漏，询病情，嘱毋沾染鸦片等。⑨

十一月廿九日（1878年1月2日），台湾兵备道吴大廷逝世。

十一月下旬，复信何璟，述闽中无雪、林达泉新任、煤厂获利等。⑩

---

① 林庆元、王道成考注：《沈葆桢信札考注》，第596页。

② 林庆元、王道成考注：《沈葆桢信札考注》，第596页。

③ 林庆元、王道成考注：《沈葆桢信札考注》，第596页。

④ 林庆元、王道成考注：《沈葆桢信札考注》，第597页。

⑤ 林庆元、王道成考注：《沈葆桢信札考注》，第597页。

⑥ 林庆元、王道成考注：《沈葆桢信札考注》，第122页。

⑦ [清]沈葆桢：《沈文肃公政书》卷七，第1379～1382页。

⑧ 《李鸿章全集·信函》四，第177～178页。

⑨ 林庆元、王道成考注：《沈葆桢信札考注》，第122页。

⑩ 林庆元、王道成考注：《沈葆桢信札考注》，第597～598页。

十一月中旬，复信吴仲翔，谈“登瀛洲”舰务、叶文澜处事等。①

十二月初三日（1878年1月5日），复信沈玮庆，述治疗脾胃不健、孙辈加紧读书，谈郑家兄弟反目等。

郑氏家祸，本意中。九姑之次女一瞑不视，殊有先见之明，不得妄以轻生目之。子达固禽兽之不若，其弟如稍有智识，亦断不出此。总之，钱有余则为害。做官之钱，尤不宜有余，其中必有冤孽也。此辈闻此等事，当生警惕心。谚曰：毋过乱门，切勿轻易插入调处也。子达、燕九皆有信来，皆是讼棍笔墨，我均置之不理。惟林老姨太信，则不能不复耳。②

十二月初四日（1878年1月6日），五子沈璿庆在福州完婚。

瀛婚期十二月初四，如年内无县试，则令其长至前后南旋。③

十二月初七日（1878年1月9日），清廷谕准所奏，上海机器制造局支款两年一报销。④

十二月初十日（1878年1月12日），上《病势日甚吁请开缺折》，再请赏假两个月。⑤

十二月初十日（1878年1月12日），复信刘齐衔，询问南下行程。⑥

十二月初十日（1878年1月12日），复信黄倬昭，述儿辈不

① 林庆元、王道成考注：《沈葆桢信札考注》，第598页。
② 林庆元、王道成考注：《沈葆桢信札考注》，第123页。
③ 林庆元、王道成考注：《沈葆桢信札考注》，第116页。
④ 《清实录·德宗景皇帝实录》卷六三，第五二册，第873页。
⑤ ［清］沈葆桢：《沈文肃公政书》卷七，第1383～1386页。
⑥ 林庆元、王道成考注：《沈葆桢信札考注》，第598页。

愿读书、诸人近况、退志等。[①]

十二月初十日（1878 年 1 月 12 日），复信吴仲翔，谈“登瀛洲”舰不出航、郑氏兄弟反目、具疏乞退、刘齐衔病情，询问诸人奠敬寄兑等。[②]

十二月初十日（1878 年 1 月 12 日），致信沈玮庆，述治疗肝郁吐水，嘱毋庸再考致用堂、致远堂。[③]

十二月十二日（1878 年 1 月 14 日），复信曾光斗，拒举荐人才，嘱转交鹰洋五十元。[④]

十二月十二日（1878 年 1 月 14 日），复信沈玮庆，述知家中添丁、喜事吉期、沈璿庆不愿就馆处置、县试通过奖励，嘱帮项亲友等。[⑤]

十二月十九日（1878 年 1 月 21 日），清廷命筹议何璟所奏购买铁甲船事宜。[⑥]

十二月中旬，复信施鲁滨，嘱转交《同善录叙》，谈戒除酒瘾等。[⑦]

十二月中旬，复信吴赞诚，述“登瀛洲”舰行期、诸人近况、资遣流民等。[⑧]

十二月中旬，复信林老姨太，谈郑葆中二子反目。[⑨]

十二月中旬，复信林拱枢，述刘齐衔病情、李庆祥请借洋

① 林庆元、王道成考注：《沈葆桢信札考注》，第 599 页。
② 林庆元、王道成考注：《沈葆桢信札考注》，第 599 页。
③ 林庆元、王道成考注：《沈葆桢信札考注》，第 124 页。
④ 林庆元、王道成考注：《沈葆桢信札考注》，第 603 页。
⑤ 林庆元、王道成考注：《沈葆桢信札考注》，第 124 页。
⑥ 《清实录·德宗景皇帝实录》卷六四，第五二册，第 884 页。
⑦ 林庆元、王道成考注：《沈葆桢信札考注》，第 600 页。
⑧ 林庆元、王道成考注：《沈葆桢信札考注》，第 600 页。
⑨ 林庆元、王道成考注：《沈葆桢信札考注》，第 601 页。

款、郑葆中二子反目、两江大雪等。[①]

十二月中旬，复信吴大廷，述转交信函、诸人近况、疏请开缺等。[②]

十二月中旬，复信吴仲翔，谢照顾沈璿庆，谈郑葆中二子反目等。[③]

十二月中旬，复信沈咏彤，述中州更动、刘齐衔女过金陵、不敢恋栈、诸人近况、郑家祸事、两江大雪、五女许配给陈钜前等。[④]

十二月廿四日（1878年1月26日），丁宝桢抗辩淮盐复引，清廷命议复李、丁所奏。

> 前据李瀚章奏，复核沈葆桢奏收复淮盐引地，立限截止川盐、包完鄂饷等节，当经谕令沈葆桢悉心复核。兹据丁宝桢奏禁川之举，以时势筹之，实难遽行，惟有俟黔边销路渐畅，使川商暂归本岸，而淮引自复。皖西本两淮专岸，官票不及私贩之多，不若先行整理，则淮盐销路自畅，引课自增各等语。着沈葆桢汇入李瀚章所陈，一并复核，妥筹办理。[⑤]

十二月廿六日（1878年1月28日），曾纪泽致沈葆桢信。

> 加写答沈幼帅函二纸。[⑥]

十二月廿七日（1878年1月29日），复信沈玮庆，谈福州粮价上涨，述听闻张元鼎任闽县县令、藻官买婢等。[⑦]

十二月廿九日（1878年1月31日），复信沈玮庆，述邱书勋

---

① 林庆元、王道成考注：《沈葆桢信札考注》，第602页。

② 林庆元、王道成考注：《沈葆桢信札考注》，第602页。

③ 林庆元、王道成考注：《沈葆桢信札考注》，第603页。

④ 林庆元、王道成考注：《沈葆桢信札考注》，第123～124页。

⑤ 《清实录·德宗景皇帝实录》卷六四，第五二册，第891页。

⑥ 《曾纪泽日记》，第717页。

⑦ 林庆元、王道成考注：《沈葆桢信札考注》，第125页。

逝世需另择亲事，嘱帮项林彝庵，沈璿庆从陈承曾学等。[①]

十二月下旬，复信程桓生，谈淮商筹饷、酬捐窘境。[②]

十二月下旬，复信梅启照，谈外海水师建设、来年筹饷困难，述病情。[③]

十二月下旬，复信吴仲翔，述吴大廷去世，嘱转交奠敬，谈船政宜煤铁并举、山西赈灾。[④]

十二月下旬，复信林寿图，询旅居生活，述刘齐衔病重、福州样楼工程、具疏乞退、吴大廷遗托等。[⑤]

十二月下旬，复信李鸿章，谈招商局整顿、购炮船两艘、何璟与丁日昌嫌隙、郭嵩焘窘境，述山西流民渡江、饥荒难解、病情加重等。

> 商局荷通盘筹画，壮华商疑虑之胆，折异族窥伺之心，此后宜风平浪静矣。……筱帅、雨帅所见，颇难融洽，能分道扬镳，则皆所愿也。筠老意所不惬，未易以口舌争，但怜其徒自苦耳。[⑥]

十二月下旬，复信黄倬昭，谈沈璿庆乖张、平日教子无方。

> 瀛儿之乖张，不才知之熟矣。其不敢托他人而以累我公者，谓为父之责不容不尽耳。内子在日，儿辈尚少有忌惮，今则已矣。此行意不在考试而在完姻，讵料其忽而沮滞耶？人生困顿拂郁，遭历险巇，往往生贤子，固天道，亦人事也。某某少事慈父母，长窃禄养，几不知人世有所谓逆境

---

① 林庆元、王道成考注：《沈葆桢信札考注》，第125页。
② 林庆元、王道成考注：《沈葆桢信札考注》，第604页。
③ 林庆元、王道成考注：《沈葆桢信札考注》，第604页。
④ 林庆元、王道成考注：《沈葆桢信札考注》，第604页。
⑤ 林庆元、王道成考注：《沈葆桢信札考注》，第605页。
⑥ 林庆元、王道成考注：《沈葆桢信札考注》，第606页。

者。从古无百全事，于此少留缺憾，亦固其所。且平日好摘人短，谐谑纵欲，不自检束，义方之训阙如，甚有经月与子不相见者，此而望有贤子，毋乃太不自量。伊等横亘胸中十二字：曰昔之人无闻知，曰惟其言莫予违。而病根则全非伊等之过。……公与某某皆年逾半百，宜喜不宜怒，宜乐不宜忧。不为之择师，或择师而不贤，某某之责也；来学而不教，教之而不尽，我公之责也，过此则皆有以自谢矣。愿善护问安视膳之躬，毋太焦灼是祷。①

十二月下旬，复信周秀臾，致歉未能照料聘候。②

十二月下旬，复信陈宗濂，述梁鸣谦之子处事有主见、奠仪未兑回、沈璿庆难教等。③

十二月底，复信吴仲翔，谈县试结果、煤铁同产、述诸人近况、遭劾、病体难愈等。④

光绪四年戊寅（1878）　59岁

两江总督任上。

正月初三日（2月4日），李鸿章复信丁宝桢，反对淮盐复引。

幼丹制军遽缓以为禁川复淮张本，包饷立限，实则毫无把握。经执事与家兄先后条陈，均奉旨交幼帅复核妥议，廷论亦不谓然。闻江左可暂缓办，农部或不至从中挑剔耳。此议本由淮商勾串部友为之，内外不明事理者遂并为一谈，几

① 林庆元、王道成考注：《沈葆桢信札考注》，第606～607页。

② 林庆元、王道成考注：《沈葆桢信札考注》，第607页。

③ 林庆元、王道成考注：《沈葆桢信札考注》，第607～608页。

④ 林庆元、王道成考注：《沈葆桢信札考注》，第605页。

将两省岁入百数十万一笔勾除，更恐酿出许多事变，若非大力终始维持，庙堂俯采众论，其患何可胜言。①

正月初七日（2月8日），李鸿章复信沈葆桢，谈挪用海防赈灾、丁日昌与何璟不和、督抚轮流驻台等。

袁、李两公又欲挪借海防存项，并搜索各省库储，以晋、豫京协并归东南，已不堪其扰，乃赈款之外兼营度支，民穷财尽极矣。穷无复之，乱将复起，天时人事，尚可问耶？公以寒喘旧疾再请开缺，岂有托而逃焉。雨生回籍，尚逃不出，在官可不作是想，仍俟春融销假为幸。雨、宋分道扬镳，俾各尽其才，惜中朝无知其义者，惟督抚轮驻台之说稍可调停。②

正月上旬，复信李元度，述张岳龄到访，谢荐督销湘局。③

正月上旬，复信鲍源深，谈皖省漕银征收定章。④

正月中旬，复信梅启照，论朱明亮为官，述病情，荐蒋锡璠、范继声。⑤

正月中旬，致信总署，述查办丹麦大北电报公司私设吴淞至上海电线。⑥

正月中旬，复信李瀚章，谈所寄疏稿，述病情、两江蝗灾依旧。⑦

正月中旬，复信李鸿章，谈晋捐过重、海防协款挪借、台湾督抚轮驻，述两江灾情依旧、病入膏肓等。

---

① 《李鸿章全集·信函》四，第207页。

② 《李鸿章全集·信函》四，第213页。

③ 林庆元、王道成考注：《沈葆桢信札考注》，第608页。

④ 林庆元、王道成考注：《沈葆桢信札考注》，第609页。

⑤ 林庆元、王道成考注：《沈葆桢信札考注》，第609～610页。

⑥ 林庆元、王道成考注：《沈葆桢信札考注》，第610页。

⑦ 林庆元、王道成考注：《沈葆桢信札考注》，第610～611页。

督抚轮驻台湾，深虑朝令夕更，益费调停，徒耗巨款。鄙意欲闽事起色，必督抚裁去一缺，台湾自然责无旁贷，通省亦运掉皆灵，然后再议用人之得当不得当。若必互相擒制，恐范、韩亦成连鸡。特此论不当发自疆吏耳。①

正月廿一日（2月22日），李鸿章复信丁日昌，谈及沈葆桢获假。

幼丹请开缺，亦奉给假两月。贤者大率无用，不贤者更无知矣。②

正月廿六日（2月27日），李鸿章复信郭嵩焘，批评沈葆桢处理吴淞铁路偏愎、好名。

幼丹识见不广，又甚偏愎，吴淞铁路拆送台湾，已成废物，不受谏阻，徒邀取时俗称誉，究竟官场亦置之不论不议之列，时誉并未邀到也。③

正月三十日（3月3日），清廷命督催赶办红黄飞金。④

二月初三日（3月6日），上《覆核淮南规复引地折》，对李瀚章、丁宝桢所陈一一辨驳。李瀚章"曰困运商、病场商"，"曰误国计"，"曰蹙民生、激事变"。"丁宝桢正折与李瀚章大致相同，附片谓宜清西皖岸私，洵金石之论。无论楚岸何时收复，西皖皆当实力整顿。"⑤ 并附《奏覆部议请由楚省增引片》。

可否以定议复淮之日，按照川、淮现销引数，除旧商已认外，应增新复楚岸引票若干，饬由湖广督臣定价掣签。所缴之捐与其按年所得课厘，两江不敢私其丝毫；应否分润四

① 林庆元、王道成考注：《沈葆桢信札考注》，第611页。

② 《李鸿章全集·信函》四，第226页。

③ 《李鸿章全集·信函》四，第232～233页。

④ 《清实录·德宗景皇帝实录》卷六六，第五三册，第22页。

⑤ ［清］沈葆桢：《沈文肃公政书》卷七，第1387～1391页。

川，亦由湖广督臣酌办。或者事权一而上下之情孚，新商无隔阂之虞，鄂垣无停饷之虑。臣但求场灶得一线生路，绝不敢护前。①

二月初三日（3月6日），上《原拨海防经费现拟照案仍行分解南洋折》，索回南洋海防经费。

夫以饷项如此之绌，海防如此之重，而派定南洋海防经费若仍悉数解归北洋，似臣博推让之美名而忘筹防之要务，使后之人无可藉手，臣心何以自安？……是应解南洋之银，本已迭有变通，不如仍照初议，划开分解，各清款目。南北洋海防或分或合，李鸿章本无成见，臣亦何敢自胶前说？现拟将粤海等关洋税及浙江等省厘金应解南洋之款，查照总理衙门暨户部原议，分解南洋，庶几以有着之款为不时之需。②

二月初十日（3月13日），清廷命户部介入，筹议淮盐复引。

前据李瀚章、丁宝桢先后陈奏淮南规复引地窒碍难行，当经谕令沈葆桢复核筹办。兹据奏称引地当复与否，请旨定夺，或饬部通筹等语。淮南规复引地一事关系商民利害，必须疆臣各就地方情形，通盘筹画，互相熟商，期于办理无弊。且各该省均有为难之处，朝廷亦所深知，乃彼此各执一说，往复辩论，迄未定议，殊失政体。李瀚章前次所奏不免措词过当，沈葆桢叠次所陈语意亦多不平，均非大臣和衷共济之义。所有规复淮南引地，各该省如何办理不致为难之处。着户部再行妥议具奏。俟该部议定后，仍着沈葆桢、李瀚章、丁宝桢妥商筹办，总期于公事有裨，不得稍存成见，致误大局。……至沈葆桢奏应增新复楚岸引票，由楚督定价

---

① ［清］沈葆桢：《沈文肃公政书》卷七，第1393～1395页。
② ［清］沈葆桢：《沈文肃公政书》卷七，第1397～1400页。

等语，请毋庸议。从之。[①]

二月初十日（3月13日），请假到期。

二月上旬，复信吴仲翔，述诸人近况、“登瀛洲”舰归属、造报船政销册，论叶文澜不能独当一面等。[②]

二月十三日（3月16日），上《道员操练轮船积劳病故请照军营病故优恤折》。[③]

二月十三日（3月16日），上《假期已满病势难痊再吁开缺折》。

> 臣生平志在不欺，若以病躯苟且因循，上不能为朝廷分忧下，下不能为闾阎捍患，抚衷循省，太负初心。辗转筹思，不得不将锢疾情形沥陈于君父之前，伏求逾格鸿慈，俯准开缺调理。[④]【按：光绪十八年（1892年）三月廿四日，郑孝胥应沈瑜庆之请作《夜识亭记》，述沈葆桢晚年退志。“沈文肃公晚在金陵，常有退志，从容语僚属曰：士君子之操行，惟以不贪为主，则所持者简而易全，所取者淡而易置。以吾所见，当时功名之士，类皆嗜多务进，莫知所止，其于事为行止之间，坐是溃决而不竟，歧出而不收者众矣。某之去江西，行李囊橐，一如始来时，非矫以名取也，亦聊以检制吾心，使不得放云尔。见今世卿大夫家居者，率得有园林亭榭之乐。使某遂得请，亦欲买小园，葺木为亭，植忍冬覆之，取杜诗‘不贪夜识金银气’之语，题之曰‘夜识’，庶以粗完平生之意。”[⑤]】

---

① 《清实录·德宗景皇帝实录》卷六七，第五三册，第33～34页。

② 林庆元、王道成考注：《沈葆桢信札考注》，第611～612页。

③ ［清］沈葆桢：《沈文肃公政书》卷七，第1401～1403页。

④ ［清］沈葆桢：《沈文肃公政书》卷七，第1405～1407页。

⑤ 沈成式：《沈敬裕公年谱》，载《涛园集·附录》，第217～219页。

二月十四日（3月17日），复信郭嵩焘，贺兼任法国大使，述吴淞铁路已全部渡台、灾情依旧、再请病假等。

比闻巽命重申，兼护英、法驿马，发动至此，可不谓壮哉！忆鄱湖舟中，承谈及在申江所见西人，以法朗西气魄为最大，此游必有以称夙愿者。虽其国新挫，想卧薪尝胆，精神益坚韧，非苟安旦夕得过且过者也。①

二月中旬，复信丁日昌，慰病情，谢劝捐，述西北灾情、流民入皖、再请病假等。②

二月中旬，复信郑云友，谈赈灾、劝宽心、述再请病假等。③

二月中旬，致信林鸿年，谈赈灾、晋豫吏治，述诸人近况、再请病假等。④

二月中旬，复信彭玉麟，慰病情，谈西北治理、两江灾情、禁烟、段起官声、流民入皖、再请病假等。⑤

二月中旬，复信吴仲翔，述诸船海运任务、停丁日昌干修、请假获准、两江灾情等。⑥

二月中旬，复信沈书年，谈为官之道、辞馆任职，述两江灾情、请假获准等。⑦

二月廿一日（3月24日），上《淮南运商恳请免捐豫赈片》。⑧

二月廿三日（3月26日），总理衙门奉旨议福建巡抚丁日昌

---

① 林庆元、王道成考注：《沈葆桢信札考注》，第614页。
② 林庆元、王道成考注：《沈葆桢信札考注》，第612～613页。
③ 林庆元、王道成考注：《沈葆桢信札考注》，第613页。
④ 林庆元、王道成考注：《沈葆桢信札考注》，第613页。
⑤ 林庆元、王道成考注：《沈葆桢信札考注》，第614～615页。
⑥ 林庆元、王道成考注：《沈葆桢信札考注》，第615页。
⑦ 林庆元、王道成考注：《沈葆桢信札考注》，第615～616页。
⑧ ［清］沈葆桢：《沈文肃公政书》卷七，第1409～1411页。

所上《拟遵旧章轮赴台湾巡查片》，奏请仍遵旧制，由福建督抚将军隔年轮赴台湾巡查，不再遵沈葆桢之议。①

二月廿五日（3月28日），清廷命吴元炳署理两江总督。

沈葆桢因病赏假三月，以江苏巡抚吴元炳署理两江总督，江苏布政使勒方锜护理江苏巡抚。②

二月廿五日（3月28日），清廷谕准予前任福建台湾道吴大廷优恤之请。

以积劳病故，予前任福建台湾道吴大廷优恤，从两江总督沈葆桢请也。③

二月下旬，复信李朝斌，谈兵船管驾设置、船员薪水、人员裁汰、严办杨益富等。

一船两管，惟上海为然，并非西法。当时似因熟驾驶者，多由引水及商船出身，无从与言营制；而谙纪律者，又不知驶船，是以两相通融，期于人材之易得。而十羊九牧，弊遂不可胜言。其实西人所谓船主，即中国之管带。所谓大副、二副、三副，即中国之帮带。上海所以参差者，在多一委员。台端设立管带，俾事权归一，可谓要言不烦。但管带必通晓风涛沙线，能看洋图，方不为大众所轻，可以令自己出。若暗中不免仰借他人，则仍恐有名无实也。④**【按：吴大廷逝世后，沈葆桢于光绪四年正月中旬奏请由李朝斌（质堂）接办外海水师。李朝斌向沈葆桢请教，沈以此函作复。】**

三月初三日（4月5日），左庶子黄体芳、编修吴观礼、给事中李宏谟分别奏请，将海防经费、制造机器各项用款移作赈款。

---

① 《丁日昌集》上，第188页。

② 《清实录·德宗景皇帝实录》卷六八，第五三册，第54页。

③ 《清实录·德宗景皇帝实录》卷六八，第五三册，第54页。

④ 林庆元、王道成考注：《沈葆桢信札考注》，第616页。

清廷命李鸿章、沈葆桢、吴元炳妥善奏明。①

三月初五日（4月7日），复信黄倬昭，谈居家难处、人情不能自已，述诸人近况、退志、浙江官场，询院试能入彀者几人等。②

三月初五日（4月7日），复信沈玮庆，嘱不必勉强应试，述赏假三个月、筹措五月节项、各子妇回闽等。③

三月十四日（4月16日），上《筹议海防经费并机器局未便停工折》，述经费窘迫局面，反对将海防经费挪作赈款，以免贻误海防。④

三月十四日（4月16日），上《苏皖招垦晋豫流民为难情形片》。⑤

三月十六日（4月18日），上《请豁除高淳县田地虚粮折》《已故儒臣请宣付史馆立传折》。⑥

三月十六日（4月18日），沈莹庆、沈瑜庆携家人回闽。

> 桃、雨十六日挟眷归，十七日必抵沪，计此时当到闽矣。⑦

三月二十日（4月22日），苏松太道冯焌光因劳瘁卒，年四十九岁。冯焌光（1830—1878），广东南海人，字竹儒。后会衔李鸿章、吴元炳为其请恤。

三月二十日（4月22日），李鸿章致信李瀚章，论及沈葆桢因淮盐不能复引乞退，直言其刚愎任性。

---

① 《清实录·德宗景皇帝实录》卷六九，第五三册，第71页。
② 林庆元、王道成考注：《沈葆桢信札考注》，第616～617页。
③ 林庆元、王道成考注：《沈葆桢信札考注》，第126页。
④ ［清］沈葆桢：《沈文肃公政书》卷七，第1413～1416页。
⑤ ［清］沈葆桢：《沈文肃公政书》卷七，第1417～1418页。
⑥ ［清］沈葆桢：《沈文肃公政书》卷七，第1419～1426页。
⑦ 林庆元、王道成考注：《沈葆桢信札考注》，第126页。

金陵人来，询知幼丹实因淮岸不济，幡然乞退。旨竟准离任，以吴子健暂署，似亦不宜其讼端，渠更不欲为冯妇矣。刚愎任性，终误大局，不如其已，惟接手难得其人。左公与弟已三年不通音问，向无手书不复之事。①

三月中旬，复信涂宗瀛，贺新任，述解赈款、米厘，流民入彭城，两江灾情等。②

三月中旬，致信潘霨，贺新任湖北巡抚，述两江灾情、慰留南下灾民、赈款难筹、续请病假等。③

三月二十日（4月22日），清廷命吴元炳核查被沈葆桢参劾人员。

都察院奏，已革江苏知县曾绍勋以被参冤抑等词，赴该衙门呈诉。据该革员称并未沾染嗜好，前被沈葆桢以吸食鸦片参劾革职，请熬验伸雪等语。着该部将曾绍勋解往江苏，交吴元炳查验。该革员究竟是否吸食鸦片，据实具奏，毋稍回护。④

三月廿二日（4月24日），致信沈玮庆，述沈莹庆、沈瑜庆行期，疑所寄燕窝遭镇江洋关查扣等。⑤

三月廿五日（4月27日），上《遵筹节省银两折》《请停止武闱片》《微湖海州厘句仍旧抽厘片》。⑥

三月廿六日（4月28日），致信沈玮庆，述镇江洋关所扣物品原委，嘱查陈与炯是否附寄家信，述挂念沈莹庆、沈瑜庆，病

① 《李鸿章全集·信函》四，第277页。
② 林庆元、王道成考注：《沈葆桢信札考注》，第617页。
③ 林庆元、王道成考注：《沈葆桢信札考注》，第618页。
④ 《清实录·德宗景皇帝实录》卷七〇，第五三册，第86页。
⑤ 林庆元、王道成考注：《沈葆桢信札考注》，第126页。
⑥ ［清］沈葆桢：《沈文肃公政书》卷七，第1427～1436页。

假得休，资陈与炯百金等。[①]

三月下旬，致信谭钟麟，谈资遣各地流民，嘱斟酌处置等。[②]

四月初一日（5月2日），复信沈玮庆，述得燕窝、家信，沈莹庆、沈瑜庆月费发放，寄兑库纹一千两等。[③]

四月初二日（5月3日），李鸿章复信沈葆桢，谈俟李凤苞比较后再购置外洋军火、子弹自造、翻译兵器操作手册等。[④]

四月初三日（5月4日），清廷谕申饬沈葆桢请停武闱。

> 沈葆桢奏，请饬停武科以节经费等语。国家设立武科，垂为定制，其中不乏干城御侮之材，沈葆桢辄因撙节经费请将武闱停止，率改旧章，实属不知大体，着传旨申饬。[⑤]

四月初六日（5月7日），上《提督周志本请恤折》。[⑥]

四月初六日（5月7日），准丁日昌因病开缺，次日命吴赞诚署理福建巡抚。

四月初六日（5月7日），交卸，由吴元炳署理江督。

> 今日交卸，喧嚣转甚，不识明日后能稍宽闲否？[⑦]

四月初六日（5月7日），致信林拱枢，慰劳苦，述灾情缓解、郑氏家难、续请病假等。[⑧]

四月初六日（5月7日），复信吴仲翔，述年岁已老、穷官强富、勒捐旧事、交卸静养等。[⑨]

---

① 林庆元、王道成考注：《沈葆桢信札考注》，第126～127页。
② 林庆元、王道成考注：《沈葆桢信札考注》，第619页。
③ 林庆元、王道成考注：《沈葆桢信札考注》，第127页。
④ 《李鸿章全集·信函》四，第286页。
⑤ 《清实录·德宗景皇帝实录》卷七一，第五三册，第96页。
⑥ ［清］沈葆桢：《沈文肃公政书》卷七，第1437～1439页。
⑦ 林庆元、王道成考注：《沈葆桢信札考注》，第620页。
⑧ 林庆元、王道成考注：《沈葆桢信札考注》，第620页。
⑨ 林庆元、王道成考注：《沈葆桢信札考注》，第621页。

四月初六日（5 月 7 日），复信沈咏彤，论林鸿年性情、中州入徐难民减少，述交卸放假、丁日昌过上海，嘱制祭幛等。①

四月初七日（5 月 8 日），清廷命船政大臣吴赞诚署福建巡抚，仍督办船政。

四月初八日（5 月 9 日），李鸿章复信丁日昌，谈沈葆桢辞任后官场安排。

> 幼丹乞身，亦经派署。所劾烟瘾，曾绍勋赴京控冤，交吴子健验讯，刘受廷必即接踵而来。又请停武科，奉旨申饬，使更速其去也。公等皆去，我不能从此逝自恨复自伤耳。台湾轮驻，总署想必议驳，何至中以规避。或谓筱宋将调江督，自在意中。惟督抚同时离开，承乏颇难其选。现□鄂两抚皆署篆，枢廷亦知才难，夹袋中岂尚有堪闽席者。乱世之君，各贤其臣，徒付诸庸庸万辈而已。②

四月初十日（5 月 11 日），李鸿章复信吴赞诚，贺署闽抚，论及何璟可能接任两江。

> 幼丹同年决志乞退，恐朝廷亦难固留，现既派人接署，而其参劾烟瘾属员、条陈暂停武科，迭奉诘责，见色斯举，不待崇朝。江左任巨事烦，非筱帅熟手，其将奚属。倘筱翁去闽，得执事坐镇岩疆，可称屹然柱石，无论何人作督，定可相与有成。③

四月上旬，复信彭玉麟，慰病情，述长江防务、灾情缓解、交卸静养等。④

---

① 林庆元、王道成考注：《沈葆桢信札考注》，第 127～128 页。
② 《李鸿章全集·信函》四，第 291 页。
③ 《李鸿章全集·信函》四，第 292～293 页。
④ 林庆元、王道成考注：《沈葆桢信札考注》，第 619 页。

四月上旬，复信沈桂芬，谈任事之难，述灾情缓解、续请病假等。①

四月十六日（5月17日），复信沈玮庆，谈家中分爨，述陈与炯到署，嘱拨五十金交其家。②

四月十八日（5月19日），清廷谕准展缓查阅江苏营伍之请。③

四月三十日（5月31日），复信沈玮庆，述陈与炯帮项处理、燕窝延迟事原委、文笔社公信答复等。④

四月三十日（5月31日），致信沈瑜庆，嘱筹画智姻事、不可缺课，述属内读书情形，并附遗嘱等。⑤

四月下旬，致信许钤身，致歉未能面晤，嘱“琛航”舰直驶天津。⑥

四月下旬，复信吴仲翔，慰病情，述蚊子船弊端、四管带到金陵、休假情形等。

> 仲弢云：蚊子船上重下轻，在外海不无流弊，第可作炮台用。此语甚确。⑦

五月初三日（6月3日），时任苏松太道刘瑞芬蒙慈禧召见，谈及沈葆桢。

> 皇太后问：尔往江南，见沈葆桢否？对：臣至江南见沈葆桢。问：他如何病？对：沈葆桢向有咳痰喘旧疾，交冬即发。上年江南雪大，冬令严寒，沈葆桢发病，畏风畏寒，较

① 林庆元、王道成考注：《沈葆桢信札考注》，第620页。
② 林庆元、王道成考注：《沈葆桢信札考注》，第128页。
③ 《清实录·德宗景皇帝实录》卷七二，第五三册，第112页。
④ 林庆元、王道成考注：《沈葆桢信札考注》，第128页。
⑤ 林庆元、王道成考注：《沈葆桢信札考注》，第129页。
⑥ 林庆元、王道成考注：《沈葆桢信札考注》，第621页。
⑦ 林庆元、王道成考注：《沈葆桢信札考注》，第622页。

向年更甚。问：沈葆桢几何年岁？对：将六十岁。谕：沈葆桢办事忠心，尔到江南见他，只说皇上冲龄，国事艰难，大小臣工，要尽心报效朝廷，不要告假。对：臣谨当传谕沈葆桢钦遵。①

五月初六日（6月6日），林聪彝逝世。

得福州信，听孙三哥竟于端六捐馆，闻之一恸。三哥居心极厚，以敦尚勤俭，不为俗见所喜。脱离尘网，未尝不羡其得所。然中年而后，何堪日见少于我者日舍我去耶？回忆二姊，益愀然无以为情。②

五月上旬，复信吴仲翔，慰病情，述仲弢到江宁、四管带亦到、卸篆仍有公务、操演对联等。③

五月十四日（6月14日），复信程桓生，谢助赈中州、述淮河涨水、蝗灾严重、盐市销售起色等。④

五月十六日（6月16日），复信张斯桂，劝勿言退，谈郭、刘冲突，述退志、视事日期等。

第人到晨夕聚处，虽兄弟夫妇，是非岂能绝无参差。但能多言情，少说理，纵极纠纷事，顷刻亦雪消冰释矣。时艰至此，忍辱负重，两宫且有说不出苦处，况在吾辈。郭、刘二使，一形诸奏牍，一分咨各路。无论孰非孰是，朝廷视之，均于国体不无少妨。知公断不出此。然三年一弹指间耳，何可言退。⑤

五月十六日（6月16日），旧交记名提督宋国永在闽去世。

① 林庆元、王道成考注：《沈葆桢信札考注》，第131页。
② 林庆元、王道成考注：《沈葆桢信札考注》，第629页。
③ 林庆元、王道成考注：《沈葆桢信札考注》，第622页。
④ 林庆元、王道成考注：《沈葆桢信札考注》，第626页。
⑤ 林庆元、王道成考注：《沈葆桢信札考注》，第626页。

后嘱沈玮庆前往吊唁，并专书何璟建议为其请恤。[1]

五月十七日（6月17日），销假回任。

五月十七日（6月17日），上《洪泽湖水势并蝗孽各情形片》。[2]

五月十七日（6月17日），复信彭玉麟，论其所撰墓志铭，询李元度养勇开支，述淮河涨水、蝗灾严重、视事日期等。[3]

五月十七日（6月17日），复信林天龄，述推荐实夫、淮河涨水、蝗灾严重、视事日期等。[4]

五月十七日（6月17日），复信林寿图，谈王家璧主事、粮米入晋转运困难，述淮河涨水、蝗灾严重、视事日期，询问郑氏家事处理等。[5]

五月中旬，复信刘子忱、刘少如兄弟，悼其父刘齐衔之死，慰问家属，述各地因雨灾情缓解、赈务渐有规模、蝗灾严重、视事日期等。[6]

五月中旬，致信何璟，述两江米价未降、江淮涨水、蝗灾严重、山西赈灾等。[7]

五月中旬，复信潘霨，述病情、淮河涨水、蝗灾严重等。[8]

五月中旬，复信梅启照，贺新得帮手，述淮河涨水、蝗灾严重、近日病情等。[9]

---

① 林庆元、王道成考注：《沈葆桢信札考注》，第130页。
② ［清］沈葆桢：《沈文肃公政书》卷七，第1441～1442页。
③ 林庆元、王道成考注：《沈葆桢信札考注》，第627页。
④ 林庆元、王道成考注：《沈葆桢信札考注》，第627页。
⑤ 林庆元、王道成考注：《沈葆桢信札考注》，第628页。
⑥ 林庆元、王道成考注：《沈葆桢信札考注》，第623页。
⑦ 林庆元、王道成考注：《沈葆桢信札考注》，第623页。
⑧ 林庆元、王道成考注：《沈葆桢信札考注》，第624页。
⑨ 林庆元、王道成考注：《沈葆桢信札考注》，第624页。

五月中旬，致信黎兆棠，贺新任，述未晤姚君、江南捐赈难筹、淮河涨水、蝗灾严重等。①

五月中旬，复信庞际云，述淮河涨水、抢险预备资金提用、蝗灾严重等。②

五月中旬，致信文彬，嘱拨庞际云抢险资金，述蝗灾严重、视事日期等。③

五月中旬，致信涂宗瀛，询中州疫情，谈辖境盐卡乱象，述淮河涨水、蝗灾严重、视事日期等。④

五月廿二日（6月22日），致信林拱枢，哀林聪彝过世，慰家中所失，述视事日期，寄奠敬二百金。⑤

五月廿八日（6月28日），复信沈玮庆，哀林聪彝过世，嘱按单送各处奠仪，述两江蝗灾，询家中子弟读书情况等。⑥

五月下旬，致信吴元炳，谈蝗灾严重、宋长庆去世、徐州道请补、病情依旧等。⑦

五月下旬，复信文彬，述淮河平稳、蝗灾严重、徐州道请补、晋豫催饷等。⑧

五月下旬，复信吴仲翔，谈吴赞诚辞让奏折、筠轩得吴赞诚赏识、何璟奏索已解经费，述蝗灾严重、所收对联纸黏合、何璟悔调霆庆营、外国使者笑柄等。⑨

---

① 林庆元、王道成考注：《沈葆桢信札考注》，第625页。
② 林庆元、王道成考注：《沈葆桢信札考注》，第625页。
③ 林庆元、王道成考注：《沈葆桢信札考注》，第628页。
④ 林庆元、王道成考注：《沈葆桢信札考注》，第629页。
⑤ 林庆元、王道成考注：《沈葆桢信札考注》，第629页。
⑥ 林庆元、王道成考注：《沈葆桢信札考注》，第130页。
⑦ 林庆元、王道成考注：《沈葆桢信札考注》，第630页。
⑧ 林庆元、王道成考注：《沈葆桢信札考注》，第630页。
⑨ 林庆元、王道成考注：《沈葆桢信札考注》，第630页。

何小帅从前将运入库之台湾经费解还北洋，今复奏索，殆亦万不得已欤？……吾乡竟免水患，真足额庆。此间则遍地蝗孽，捕者自捕，飞者自飞，其害不知伊于胡底？我公苦莫从解脱，鄙人又恋恋栈豆矣。……闻宋长庆捐馆，为之恻然。小帅其悔调此军也，弟心不免耿耿矣。打官司非吾辈所长，一人斪筒，不苦死，亦气死。[①]

五月下旬，复信彭玉麟，望早日回抵江宁，细述彭城补缺一事、宋长庆去世等。[②]

五月下旬，致信林拱枢，慰丧兄之痛，述福州幸免水患、两江蝗灾严重等。[③]

五月底，致信沈咏彤，述贡差带去冰敬、两江蝗灾、子弟不上进、寄兑四百两购貂褂和厢绒靴，嘱送各处奠敬等。[④]

五月，应南汇县令顾思贤之请，为《南汇县志》作序。[⑤]

圣门论政，既庶之后，曰富曰教，固循序渐进之全功，实防弊未然之微旨也。何以言之？庶而不富，转徙流离，无以保庶矣；富而不教，饱食暖衣，骄奢淫佚，无以保富矣。南汇析自上海，蕞尔邑，市廛栉比，乱后旋定安集，户口日滋，较旧志有过无不及，庶矣。然而积储有经，沟洫有利，为民闲有无缓急之通、旱干水溢之剂者，虽粗具规模，非再求美且备焉，吾惧无以应于猝也。若夫讲孝弟，敦节俭，次第设施于既富后者，则视良有司之自致，民何容心焉。海宇

---

① 林庆元、王道成考注：《沈葆桢信札考注》，第631页。

② 林庆元、王道成考注：《沈葆桢信札考注》，第631页。

③ 林庆元、王道成考注：《沈葆桢信札考注》，第632页。

④ 林庆元、王道成考注：《沈葆桢信札考注》，第130页。

⑤ 金福曾等修，张文虎等纂，《南汇县志》，台北：成文出版社，1960年，第1～2页。

幸而无事，其绸缪牖户时乎！九重旰食宵衣，孜孜求治，有土有民者，咸如父兄之谋，其子弟庶无戾圣门论政之旨，而朝廷以身作则，为不虚矣。续修县志成，邑令顾君思贤以序请，为书数语，进顾君，且以自励也。光绪戊寅夏五，督江使者侯官沈葆桢谨叙。

五月，受娄县县令程其珏之请，为《娄县续志》作序。[①]

光绪三年，娄县重修邑志成。县令程君其珏举其略以请，曰："娄志旧出陆耳山，体例谨严，采取赅备。今志因之者多，其较前志加详者，曰赋税，曰节义，曰学校。盍叙其义，以示来兹？"余惟前明吴赋之重甲天下，娄其一也。我朝休养生息，一再议减而未已。固各大吏宣上德，达下情，然非国家深仁厚泽，乌可望也？粤匪事起，娄被蹂躏，其时抗贼而死者，虽妇人孺子，咸致命遂志，相戒以草间偷活为耻。盖德意之涵濡久矣。饥食渴饮，习而忘之，一旦猝被兵革，乃知吾祖若父以养以诲，以长我子孙者，悉出高厚覆帱之赐，忠义之气，有勃勃不可遏抑者矣。抑又闻之，士习与民风，相表里者也。书院即乡学遗意，储才宽则收效远。今日之士，皆异日之临民者也。诸生以时弦诵，揖让其中，必知朝廷之待士者，实别异于凡庶，而因深思夫君上兴养立教之意。学古入官，克自树立，无为邑中妇孺羞。俾后之秉笔者有所取以润色，是篇庶乎得之矣。光绪戊寅夏五，督江使者侯官沈葆桢谨叙。

六月初二日（7月1日），收到刘瑞芬来函，转述被慈禧召见情形。[②]

---

① 汪坤厚等修，张云望等纂，《娄县续志》，台北：成文出版社，1974年，第1～2页。

② ［清］沈葆桢：《沈文肃公政书》卷七，第1447页。

六月初六日（7月5日），上《道员冯焌光请宣付史馆折》《奏覆淮南岸销碍难增引折》《刘编修议加淮盐赈厘窒碍难行片》《查明淮北课厘情形片》。①

六月初六日（7月5日），上《谢恩折》。

窃臣于本年六月初二日接据江苏苏松太道刘瑞芬自都门函称，五月初三日召见，仰蒙皇太后垂询微臣病状，并荷天语褒嘉，复谕以国事艰难，大小臣工要尽心报效，不要告假等因。臣何人斯，膺兹殊眷。闻命之下，感极涕零。②

六月初九日（7月8日），复信沈玮庆，谈陈嘉燮馆学、七女智姻事，述苏松太道刘瑞芬诏对内容。

雨来信，言子臧荐翊卿之子可以相攸。现子臧奉讳，可托伯通探翊卿口气，如其不拘妆奁，可请开乾造八字，向命店合婚寄来。想我家向来嫁女之俭，亦翊卿所知也。我自知不久，甚欲早了此愿，泉下有以对汝母，求妥当而已，不求超群轶伦也。③

六月上旬，复信吴元炳，述蝗灾渐稀、补种禾苗、薛世香补徐州道等。④

六月上旬，复信黄倬昭，贺其侄一鸣惊人，谈读书成材之法。

庸滑臭烂，诚不可向迩。第同辈并庸滑臭烂无之，则庸滑臭烂者脱颖而出矣。再经挫折，可激厉成材。颂祷之词，洵属美善。抑知能乐其乐者，得过且过，心气和平，虽百折漠然无以动于中，似卓见未必尽合。大抵读书全靠读出来，

---

① ［清］沈葆桢：《沈文肃公政书》卷七，第1443～1460页。

② ［清］沈葆桢：《沈文肃公政书》卷七，第1447～1449页。

③ 林庆元、王道成考注：《沈葆桢信札考注》，第131页。

④ 林庆元、王道成考注：《沈葆桢信札考注》，第632页。

铢积寸累，毫无捷径，非玩愒者所能剽窃，亦非数日发愤便有成效也。鄙人簿书鞅掌，然稍闲亦温习旧书，盖非是无以度日矣。①

六月上旬，复信裕禄，查复人事调动。②

六月上旬，复信文彬，述薛世香补徐州道、江流盛涨、蝗灾渐稀、登坛祈雨等。③

六月上旬，复信曾宪义，叹邮传之难，询近况，赞其书法之佳。④

六月上旬，复信梅启照，谢所荐药方，述两江蝗灾景象、登坛祈雨等。⑤

六月十四日（7月13日），李鸿章复信李瀚章，谈沈葆桢刚愎不近人情、淮盐复引对策等。

幼丹五月二十一来函云，包完川、鄂厘饷，淮商咸称情愿，灶户或从此稍有生机，而事之济否与将来之能否支持，则仍全仗难兄广厦之庇，更乞竹报中代陈衷曲，以拯万灶灾黎等语，只知有己，不知有人，淮南灶户可悯，川、鄂井夫游民借盐为活者独不可悯乎？子和谓幼翁不近人情之奸慝，向方疑其过，当今乃确知其为任情偏执之刚愎人也。若令小宋为江督，尚不致鸱张纷更至此，弟于此诚不能无悔焉。彼固知兄不以为然，故数月不提此事，然部复既令川、楚会商，果幼丹径奏奉准，川、楚自应合词上陈，或先后具奏，

① 林庆元、王道成考注：《沈葆桢信札考注》，第632～633页。

② 林庆元、王道成考注：《沈葆桢信札考注》，第633页。

③ 林庆元、王道成考注：《沈葆桢信札考注》，第633页。

④ 林庆元、王道成考注：《沈葆桢信札考注》，第633页。

⑤ 林庆元、王道成考注：《沈葆桢信札考注》，第634页。

冀可缓期开办。①

六月十五日（7 月 14 日），清廷谕准所请，以冯焌光事迹宣付史馆。②

六月中旬，致信何璟，请为宋长庆请恤，述两江蝗灾、求雨得雨等。③

六月中旬，复信吴仲翔，请就馆学，述代为宋长庆请恤、两江旱灾等。

> 诸公子在署并未读书，家居酒食、游戏相征逐，致有深意。其父误国殃民，愆尤丛积，诸公子借此为稍除罪孽，亦仁人孝子之苦心欤？果能解组径去，父子牛衣对泣，相依为命，或者尚有心回意转之一日。今既为衣食计，复欲为书香计，揆诸人情天理，其谓之何？公子书味淡而名心则浓，瞬即童试，瞬又乡试，仆仆道途，更属无谓。公许相助为理，感刻深入骨髓。敢恳销案竣后，设绛寒舍，月奉馆脩百金。倘厌斋政之繁，则改削讲说仍归锡九，公只督其坐功。但愿从此稍知人理，固不必汲汲禀见也。公其许之否？人虽至愚，未有不望其子之读书者。然有命焉，不可幸而致也；亦有阴德焉，非可力征经营也。平生无一事敢窥古人，惟子息官则仿佛郭汾阳。数既相当，材亦相埒。自诸公子归后，两女公子忽有志于书，晓日初升，即书声琅琅，此固鄙人一生未历之境，亦足弥补缺憾矣。④

六月中旬，复信姚蔚皋，慰窘况，勿虑举债过重。⑤

---

① 《李鸿章全集·信函》四，第 338～339 页。

② 《清实录·德宗景皇帝实录》卷七五，第五三册，第 156 页。

③ 林庆元、王道成考注：《沈葆桢信札考注》，第 634 页。

④ 林庆元、王道成考注：《沈葆桢信札考注》，第 635 页。

⑤ 林庆元、王道成考注：《沈葆桢信札考注》，第 132 页。

六月廿二日（7 月 21 日），复信沈玮庆，述江淮交涨，嘱送李兆熊家帮项，寄兑四千二百金并开支安排等。①

六月廿二日（7 月 21 日），李鸿章复信沈葆桢，喜其回任、述调郑藻如、采办军火等。

闻五月十七日已销假回任，想因芝田入对时，天语传询，倚畀弥切。际此国步艰难之会，大臣义应致身，况江左重任，实无能替公者，士民皈依，更不待言，一得投袂之信，父老僚属皆欣欣然，喜色相告。鄙人望于下风，不觉神气增旺矣。②

六月下旬，致信李鸿章，谈郑藻如新任，嘱推荐人材，述江淮交涨、蝗灾依旧、病体未愈等。

玉轩久困盐车，从兹得展骥足，大可为贤士同声一快。惟上海机器局责任綦重，从前玉轩北上，仓卒不及奉商，今玉轩既荷奏留，则代者须为久计。暂委之蔡倅汇沧，能胜任与否，殊未易知。敢恳我公于夹袋中，筹一全才，俾南北洋均受其益，不胜厚幸。③

六月下旬，复信程桓生，谈盐政办理，述蝗灾依旧、江淮交涨、病体未愈等。

江、皖销引稍跄，实缘闽、浙暂时阙产故，则亦非可久恃者。惟愿场运各商，极力讲求盐色，俾销局可借手招徕。切实自治，较仰面求人，或微有把握欤？④

六月下旬，复信庞际云，谈为官之道、案件办理，述蝗灾依旧、江淮交涨、草书写信等。

---

① 林庆元、王道成考注：《沈葆桢信札考注》，第 132 页。

② 《李鸿章全集·信函》四，第 340 页。

③ 林庆元、王道成考注：《沈葆桢信札考注》，第 636 页。

④ 林庆元、王道成考注：《沈葆桢信札考注》，第 636 页。

承示天下事不办则若无事，愈办转见多事。旨哉言乎！然则上享无事之福，下以多事为忧，逮火发于积薪之日，事不可为矣。亲往审办，百姓受无穷之赐，案且易结。但劳勚太甚，不敢以请耳。古大臣匪躬之义，何以加兹？第为民驰驱，兼须斟酌缓急，珍慎国家有用之身，至祷，至祷。①

六月下旬，复信何廷谦，述退志、秋收尚可、蝗灾依旧、晴雨难测等。②

六月下旬，复信潘霨，谢荐针灸治疗，述捕蝗成果、江淮交涨、晴雨难测、赈灾筹款困难、病情如故等。③

六月下旬，复信吴仲翔，谈家教、裙带关系、李元度贿赂沈莹庆索销盐口岸、家学不振等。

儿辈辱承谠论，感刻至不可言。第两害相形，则取其轻，在家恐荡检逾闲，在此恐作奸犯科，非有万分为难者，不敢委隆谊于草莽也。论天道盛极必衰，况小人乘君子之器，尤理无久享。若世家子弟均能向上，则寒畯何由崛起？论人事则造孽者固当见报，无所逃于天地之间。殃咎在躬，遑恤我后。舍间自内子亡后，无所谓家政，就令子弟日夕侍侧，如其身不正，虽令不从何？前谓得赋遂初，子弟少尝饥寒，贱躯与共笔砚，或可少有转机，今无望矣。……防微杜渐，非过刻矣。不才初莅任，李次青来视女，实则为索口岸而来，且赂桃桃以空头股，桃桃虽婉辞之，外间不以此为铁案耶？今年其子芝岑有求不遂，至以死要我，至今谣琢未已。世路之险，可以常理测耶？予以名师而不肯读，分以月费而不肯俭，子弟负我也，若强令处嫌疑之地，使抱不白之

① 林庆元、王道成考注：《沈葆桢信札考注》，第 637 页。

② 林庆元、王道成考注：《沈葆桢信札考注》，第 637 页。

③ 林庆元、王道成考注：《沈葆桢信札考注》，第 638 页。

冤，则我负子弟矣。宁子弟负我，勿我负子弟。既此身不能干净矣，不愿更以后人为影射之的。生性好酣读，自咳疾甚，不能读而好听人读。从前儿辈在此，求书声殊不易得，今则足之所到，耳之所到，无往非书声。至幼莲之黄黄，嫩弟之张张，亦日诵《左氏》数百言。不才案牍劳形，焦心蒿目，无可奈何时，如饿鬼坐无间地狱中，闻宣佛号，心为豁然。子弟事尚不敢干预，况馆甥耶？各行其是而已。①

六月下旬，复信林鸿年，叹其书法峻整，述近况、两江蝗灾捕获千余万斤等。②

七月初六日（8月4日），复信沈玮庆，述家中姻事办理、不再招子弟赴金陵、令沈璿庆北上、读书无捷径，嘱送叶上桐帮项等。

自诸弟南旋后，亲友与我关切者，均促我再召之来。我老矣，实无能为役，且自计万不能久，即苟延残喘，亦必获戾以去，仆仆道途何为者？子弟立品植学，视各人志气何如，岂父兄所能强？我先造孽，何敢苟求子弟。故有信来，皆婉谢，而诸君见责不已，飞函雪片而至，甚苦无辞以却之。然来此仍是嬉戏，于伊等毫无受益。在家舍明师、益友而亲善柔、便佞，系自作之孽。在衙门则日与僮仆亲兵为伍，更何好处？姑徇众论，瀛年最少，且令其挟眷北来，应用盘费若干，汝酌付之。余皆二十余岁矣，能怜念其老父，早应砥节励行，既无关痛痒，多费唇舌何益？须发尽白，尚日日与子弟为仇，非我所忍为，听之而已。③

七月初八日（8月6日），李鸿章复信沈葆桢，商上海机器局

① 林庆元、王道成考注：《沈葆桢信札考注》，第638～639页。
② 林庆元、王道成考注：《沈葆桢信札考注》，第639页。
③ 林庆元、王道成考注：《沈葆桢信札考注》，第132～133页。

替人等。①

七月上旬，复信吴仲翔，谈舐犊情深，召沈璿庆北上，述郑藻如抢手、上海机器局亏损、两江晴雨不定、江淮骤涨、陈宗濂作诗，请购藤竹杌子十二张等。②

七月上旬，复信彭玉麟，述西江水患、湖北转丰为歉、高淳围破、两江遭灾等。③

七月上旬，复信任道镕，谈吏治、期满考核、梅启照为官、厘税收取，谢解海防经费，述两江遭灾等。④

七月上旬，复信吴元炳，谈淮营裁撤、述徐州秋粮歉收、高淳围破、两江遭灾等。⑤

七月十六日（8月14日），复信沈咏彤，述江淮交涨、九妹产后病逝、弟子不上进、林拱枢新任等。⑥

七月十九日（8月17日），复信庞际云，赞抢险救灾，准提运司存款三万等。⑦

七月中旬，复信庞际云，赞抢险救灾，催拨运司存款等。⑧

七月中旬，复信欧阳正墉，催拨运司存款救灾。⑨

七月中旬，复信沈桂芬，述两江灾情严重、病躯未愈等。⑩

七月中旬，复信李鸿章，谈郑藻如新任、采办军器，述两江

---

① 《李鸿章全集·信函》四，第348页。
② 林庆元、王道成考注：《沈葆桢信札考注》，第640页。
③ 林庆元、王道成考注：《沈葆桢信札考注》，第640页。
④ 林庆元、王道成考注：《沈葆桢信札考注》，第641页。
⑤ 林庆元、王道成考注：《沈葆桢信札考注》，第641页。
⑥ 林庆元、王道成考注：《沈葆桢信札考注》，第133页。
⑦ 林庆元、王道成考注：《沈葆桢信札考注》，第644页。
⑧ 林庆元、王道成考注：《沈葆桢信札考注》，第642页。
⑨ 林庆元、王道成考注：《沈葆桢信札考注》，第643页。
⑩ 林庆元、王道成考注：《沈葆桢信札考注》，第643页。

灾情严重、病躯未愈、任事艰难等，婉拒所荐李兴锐。①

七月廿四日（8月22日），复信沈玮庆，嘱留意智姻事、送九妹家奠敬、家中婚事简办等。②

七月下旬，复信文彬，赞抢险救灾，准提运司存款三万，述高淳围破等。③

七月下旬，复信庞际云，述水灾退去情形、力修西堤、视察河道、徐州赈余请办等。④

七月下旬，复信吴元炳，谈淮营裁撤，述蝗灾去向、淮扬道泄洪、淮水减退，询上海机器局人选等。⑤

七月下旬，复信曾光斗，赞其家学，述两江蝗灾、水灾、病体难愈、上贡临水夫人等。⑥

七月下旬，复信何璟，谈宋长庆请恤，述两江蝗灾、水灾等。⑦

八月初三日（8月30日），致信沈玮庆，嘱印刷《事略》、送干脩，述沈瑜庆疟疾痊愈、来年六十不庆寿等。

> 明年我六十岁，亲友中必有劝我作寿筵者，汝兄弟等须知此为我抱恨终天之事，断不可惑于人。即祖父、祖母在日，我从未散帖、走单称觞。盖以此日为生我劬劳之日，借此鸣豫，非所以仰体亲心也。惟正月十五春酒，则照年例耳。⑧

---

① 林庆元、王道成考注：《沈葆桢信札考注》，第644页。
② 林庆元、王道成考注：《沈葆桢信札考注》，第133页。
③ 林庆元、王道成考注：《沈葆桢信札考注》，第645页。
④ 林庆元、王道成考注：《沈葆桢信札考注》，第645页。
⑤ 林庆元、王道成考注：《沈葆桢信札考注》，第646页。
⑥ 林庆元、王道成考注：《沈葆桢信札考注》，第646页。
⑦ 林庆元、王道成考注：《沈葆桢信札考注》，第647页。
⑧ 林庆元、王道成考注：《沈葆桢信札考注》，第134页。

八月初十日（9 月 6 日），复信沈玮庆，嘱寄鞋子、买鳁鳀、分送奠敬，论诸子弟文字等。①

八月上旬，复信梅启照，谈长兴案处理、海防经费、西域销丝，述两江蝗灾、水灾，赈捐办理，询上海机器局人选等。②

八月上旬，复信勒方琦，询宝山、崇明县令补缺人选是否妥当。③

八月上旬，复信庞际云，述视察河道、参劾名单、考校官员、丰鱼河道讼案处理等。④

八月上旬，复信程桓生，谈水灾影响销盐，述两江灾情、运河漫水、下关浸透等。⑤

八月上旬，复信卞宝第，谈为官之道、补缺困难，述开坝放水、续修运河，询入学老师吴伯新籍贯等。⑥

八月上旬，复信林洄淑，羡林聪彝脱离尘网，述林拱枢任事、拒为少甫谋官等。⑦

八月上旬，复信梅启照，谢寄中药于术，述江西晚稻丰收、苏皖水灾、病情依旧，论裁撤营伍等。⑧

八月上旬，复信吴仲翔，谈裁撤军队、郭嵩焘与刘锡鸿之矛盾，述两江蝗灾、水灾等。

> 江南且患贫，何况福建？部催裁勇，为饷起见，当不留一人。若为地方起见，区区万余人，尚不敷布置，其可裁

---

① 林庆元、王道成考注：《沈葆桢信札考注》，第 134 页。
② 林庆元、王道成考注：《沈葆桢信札考注》，第 647 页。
③ 林庆元、王道成考注：《沈葆桢信札考注》，第 648 页。
④ 林庆元、王道成考注：《沈葆桢信札考注》，第 648 页。
⑤ 林庆元、王道成考注：《沈葆桢信札考注》，第 648 页。
⑥ 林庆元、王道成考注：《沈葆桢信札考注》，第 649 页。
⑦ 林庆元、王道成考注：《沈葆桢信札考注》，第 649 页。
⑧ 林庆元、王道成考注：《沈葆桢信札考注》，第 650 页。

耶？裁之，所省之饷仍是竭于外输，于本省何益？万一莠民因而生心，各省饷源立断，大局何堪设想？此迂拙之见，未敢随众转移者也。郭、刘互诟，剧于乡里小儿。朝命以曾代郭，以李代刘。东使闻之，庶几隐忍相安，静候瓜代耶？①

八月上旬，复信任道镕，谈各省停捐、用人之道、部漕额度、裁撤军队等。②

八月十一日（9月7日），李鸿章复信丁宝桢，谈及淮盐复引、淮军裁撤。

幼丹虽已销假，兴致似甚颓唐。川盐济楚一节，即有条议，或不独执成见，如三省会奏，当可折衷定论，否则时地所值，岂能禁人之无言。滇事奏结，极为持平。……昨因部议酌量裁遣，与幼帅咨商，南北海防虽不可无人，而饷力过艰，亦不得不少为裁汰，年内拟再遣十余营，合计各处协款，勉可敷衍，庶稍支久，我公亦必鉴此苦衷也。③

八月十一日（9月7日），沈瑋庆偕其妇抵江宁。④

八月十五日（9月11日），清廷命严处沈葆桢所劾知县曾绍勋。⑤

八月十七日（9月13日），致信吴仲翔，述沈瑋庆夫妇到署、勿为公事动气、沈咏濂得疟疾、诸子好功名不愿读书等。

闻纪纲云，临行时，为芝田事，执事复大呕血，何所见之不达也。吾辈既出而任事，嫌怨所不能辞，只求我无愧于

① 林庆元、王道成考注：《沈葆桢信札考注》，第650～651页。

② 林庆元、王道成考注：《沈葆桢信札考注》，第651页。

③ 《李鸿章全集·信函》四，第360页。

④ 林庆元、王道成考注：《沈葆桢信札考注》，第135页。

⑤ 《清实录·德宗景皇帝实录》卷七七，第五三册，第187页。

人，何必人都谅我？各行其是，自苦奚如。①

八月十七日（9月13日），致信沈玮庆，嘱送奠敬，询子修馆何处，述沈瑜庆患疟疾、劝阻陈幼莲搬眷等。②

八月十九日（9月15日），复信李鸿章，谈上海机器局人选，述两江蝗灾隐患、陵工筹款、淮军裁撤。③

八月中旬，复信黄倬昭，慰病情，谈天厨禄不领也罢、陈承妫为官、黄敬熙辞任、贤师尚须佳弟子等。④

八月中旬，致信总署，报请禁止美商慕利那设电报公司。

> 顷据江海关刘道来禀，美商慕利那欲设电报公司，由旧金山通至檀香岛，再通至日本以达上海，该道已将线端不准上岸决绝回复等情。查各国条约，均无在中国准设电线之文。上海乃中国地方，岂能听凭洋商在我地设线谋利？同治十二年，丹国大北电报馆在吴淞口擅立电线，直通上海。迭饬该关道照会拔除，至今尚未办结。乃美商慕利那又欲在上海牵引电线上岸，该道切实拒绝，自属正办。⑤

八月中旬，复信吴元炳，嘱筹款三万，建议分段修复西堤，会衔参劾劣员等。⑥

八月廿七日（9月23日），复信沈咏彤，嘱少吃药，述沈瑜庆患疟疾、家课废弛、养生忌熬夜、入都招亲等。⑦

八月廿八日（9月24日），上《宋国永宣付史馆入祀霆军昭

---

① 林庆元、王道成考注：《沈葆桢信札考注》，第651～652页。

② 林庆元、王道成考注：《沈葆桢信札考注》，第135页。

③ 林庆元、王道成考注：《沈葆桢信札考注》，第652～653页。

④ 林庆元、王道成考注：《沈葆桢信札考注》，第652页。

⑤ 林庆元、王道成考注：《沈葆桢信札考注》，第653页。

⑥ 林庆元、王道成考注：《沈葆桢信札考注》，第653页。

⑦ 林庆元、王道成考注：《沈葆桢信札考注》，第135页。

忠祠折》。①

八月下旬，复信林鸿年，谢录示叶大焯信，述戒时鲜、诸人近况、两江蝗灾水灾、咏彤家事等。②

八月下旬，复信文彬，询问是否可以分任修理运河河堤。③

八月下旬，复信林拱枢，谈京官收入太少、捐输分配不合理，述两江丰歉参半、来年仍有蝗灾隐患等。④

九月初七日（10 月 2 日），李鸿章复信沈葆桢，谈上海机器局人选、淮军饷需、乌石山教案、淮盐复引、漕运等。

淮盐为尊处主政，鄂、皖分运，商情是否愿遵。漕运则仓场与农部主之，一切依例而行，恐未便挪移数月，然此举关系中外大计，即亏亦不能中止也。⑤

九月上旬，复信程桓生，谈食盐销路、盐价复旧，述两江蝗灾隐患等。⑥

九月上旬，复信吴仲翔，谈办理销案、刘锡鸿与郭嵩焘龃龉事、上司与下属关系、如何办理销案等。

筠仙抚粤，檄办团练，以好杀结怨于乡，湘阴劾之，乃遁入海，以达省城。筠仙之将出使也，为仲韬倾轧，于召对时，请云生为副，自以为卵而翼之也。到英即龃龉，总署改云生使德，以为可以调停也，而难乃愈急。廷臣交章劾筠仙，筠仙谓皆云生授意，遂劾云生，云生亦反噬之。互詈之酷，甚于乡曲小儿，不得已乃有瓜代之议。而所召三君皆坚

① ［清］沈葆桢：《沈文肃公政书》卷七，第 1461～1465 页。
② 林庆元、王道成考注：《沈葆桢信札考注》，第 654 页。
③ 林庆元、王道成考注：《沈葆桢信札考注》，第 653～654 页。
④ 林庆元、王道成考注：《沈葆桢信札考注》，第 654 页。
⑤ 《李鸿章全集·信函》四，第 367 页。
⑥ 林庆元、王道成考注：《沈葆桢信札考注》，第 654 页。

辞不去，因而旋议旋止。筠仙急函致合肥，谓许我归固归，不许我归亦归。于是而曾、李不得不行矣。我公试搜索枯肠，能当此任，又愿当此任者，约有几人？则知朝廷用心之苦矣。①

九月十五日（10月10日），复信施鲁滨，欣闻戒酒，述文从到台。②

九月十五日（10月10日），复信沈玮庆，嘱送奠敬，谈诸子择师，述多人患疟疾等。③

九月二十日（10月15日），沈葆桢奏请派遣第二批船政学生留洋。④

九月廿七日（10月12日），复信沈咏彤，述诸人近况，论乌石山教案处理，嘱寄京官名单，述多人患疟疾、觐见日期等。

林应霖呈控，雨生所招，当事不能加之以罪。此事彼曲我直，除花钱外别无疑难。合肥借此为雨生谋再起，太不留小宋地步，然小宋似将为湖广替人矣。⑤

九月廿八日（10月23日），上《议修扬属运河东堤折》。⑥

九月廿八日（10月23日），李鸿章复信沈葆桢，谈乌石山教案、海军操练、漕运等。⑦

九月下旬，复信彭玉麟，询杨岳斌巡阅长江消息，谈钱子密所示节略等。⑧

---

① 林庆元、王道成考注：《沈葆桢信札考注》，第656页。
② 林庆元、王道成考注：《沈葆桢信札考注》，第657页。
③ 林庆元、王道成考注：《沈葆桢信札考注》，第136页。
④ 陈道章主编：《福建船政大事记（增订本）》，第49页。
⑤ 林庆元、王道成考注：《沈葆桢信札考注》，第136页。
⑥ [清] 沈葆桢：《沈文肃公政书》卷七，第1467～1471页。
⑦ 《李鸿章全集·信函》四，第369～370页。
⑧ 林庆元、王道成考注：《沈葆桢信札考注》，第657页。

九月下旬，致信李鸿章，谈乌石山教案，调游击张成管驾，述两江旱情、修理运堤等。

闽中复轩然一波，彼曲我直，人人知之。然异族从无循理认错之事，总署函催速结，疆吏不免搜索枯肠矣。①【光绪三年，巡抚丁日昌拟将福州城外电线局官屋官地与乌石山教堂互换。英领事答应，旋即反悔。光绪四年五月，传教士胡约翰于租界外添造洋楼，当地士绅禀告官府。福州将军庆春令福州官员与英官员于八月初三日会议勘合。举人林应霖与民众上山与胡约翰理论，并将房屋烧毁，引起严重交涉，是谓乌石山教案。】

九月下旬，复信卞宝第，谈民间婚娶、修理运堤、革除盐宦积习等。

堤工之说，尚在聚讼。方伯注意东堤，漕帅则欲并将西堤见委。鄙人于此事未窥门径，难遽折衷。芑堂云：非但所费不赀，土石已万难猝办。弟只得先派员采取小石，再令方伯详询熟于工程之牧令，果能一气呵成，民之福也。……再恳者，盐宦积习甚于地方，然亦有能自树立者，非激浊扬清，不足以挽回风气。第苦于耳目有限，倘是非颠倒，则为害滋甚。我公家居邗上，见闻必确，伏乞逾格关注，将贤奸两途，择尤密示。弟断不宣泄，使我公招怨也。②

九月下旬，复信庞际云，谈整顿绿营、严惩魏席珍、修理运堤等。③

九月下旬，复信何璟，谈乌石山教案处理，述江宁苦旱等。④

---

① 林庆元、王道成考注：《沈葆桢信札考注》，第657页。

② 林庆元、王道成考注：《沈葆桢信札考注》，第658页。

③ 林庆元、王道成考注：《沈葆桢信札考注》，第658～659页。

④ 林庆元、王道成考注：《沈葆桢信札考注》，第659页。

九月下旬，复信文彬，述催饷无果、蝗灾又起，询问淮扬镇一缺能否由欧阳健飞继任。①

九月下旬，复信吴元炳，述工赈余项、淮盐销售较畅、修理运堤、臬台人选、徐防勇不可再减等。②

九月下旬，复信吴赞诚，慰足病，羡渡台，谈乌石山教案处理、驻台注意事项等。③

九月下旬，复信潘霨，述灾情，询问明年祝母寿举办时间、林寿图近况等。④

九月下旬，复信林拱枢，询近况，谈“修守”二字，述黎兆棠过金陵、吴棠旧案等。⑤

十月初一日，得孙，取名“永清”。

> 玮儿阅之：得朔日书，知汝得男，喜甚，可名永清。⑥

十月初三日（10月28日），复信林鸿年，嘱寄《上元县志》，述林寿图到访、久居室内等。⑦

十月初七日（11月1日），致信沈玮庆，述信物如数收悉，嘱《事略》俟不敷用再印刷等。⑧

十月上旬，复信文彬，述欧阳健飞接署淮扬镇、运堤修理筹款、各处司库无款等。⑨

---

① 林庆元、王道成考注：《沈葆桢信札考注》，第659页。

② 林庆元、王道成考注：《沈葆桢信札考注》，第660页。

③ 林庆元、王道成考注：《沈葆桢信札考注》，第660页。

④ 林庆元、王道成考注：《沈葆桢信札考注》，第661页。

⑤ 林庆元、王道成考注：《沈葆桢信札考注》，第661页。

⑥ 林庆元、王道成考注：《沈葆桢信札考注》，第137页。

⑦ 林庆元、王道成考注：《沈葆桢信札考注》，第662页。

⑧ 林庆元、王道成考注：《沈葆桢信札考注》，第137页。

⑨ 林庆元、王道成考注：《沈葆桢信札考注》，第662页。

十月上旬，复信薛敬堂，述金陵上下轮船极难、沈璘庆患病等。①

十月上旬，复信姚蔚皋，谈杭垣家媳持家、福州风节等。②

十月上旬，致信裕禄，谈办理皖北保甲、人事调配等。③

十月十一日（11月5日），上《江北新漕再办海运一年折》。④

十月十六日（11月10日），复信沈玮庆，述新生孙取名“永清”、商请赵立斋赴江宁就馆、选刻祖母及林普晴手抄书，嘱分送奠敬等。⑤

十月十九日（11月13日），致信谢谦亨，谈科道官选拔将近、乌石山教案处理，述江南筹饷艰难、年岁丰歉参半等。⑥

十月十九日（11月13日），复信沈咏彤，述诸人近况、官声、子弟纨绔习气日盛、寄兑炭敬五千金等。⑦

十月十九日（11月13日），复信沈咏彤，述近况，谈乌石山教案处理、丁宝桢为官、山西官场，开列炭敬单，寄兑五千金。

> 乌石山案，总署畏威使来，急欲速结。合肥乘此为雨生谋，然此事愈急则愈将就，愈将就则所望愈奢，虽雨生无由速也。⑧

十月中旬，复信吴元炳，谈裁撤淮军、陵工太费、张松明伏法等。

① 林庆元、王道成考注：《沈葆桢信札考注》，第662～663页。
② 林庆元、王道成考注：《沈葆桢信札考注》，第663页。
③ 林庆元、王道成考注：《沈葆桢信札考注》，第663页。
④ ［清］沈葆桢：《沈文肃公政书》卷七，第1473～1476页。
⑤ 林庆元、王道成考注：《沈葆桢信札考注》，第137页。
⑥ 林庆元、王道成考注：《沈葆桢信札考注》，第664页。
⑦ 林庆元、王道成考注：《沈葆桢信札考注》，第137～138页。
⑧ 林庆元、王道成考注：《沈葆桢信札考注》，第137～138页。

首郡量调毗陵，权衡至当，再加历练，定更上一层。洋款架屋叠床，用者不为筹者设想，然所糜则国家之息也。奉安后，陵工似难遽竣，而万年吉地当又兴工，必有万不能支之一日，奈何，奈何。①

十月中旬，复信周秀臾，谈读书、八股文之法，述送次坚葬母奠敬等。②

十月廿一日（11月15日），上《三年任满入都述职折》，③因痰咳痼疾，畏风如虎，恳请准许明年春融时再行进京觐见。

十月廿一日（11月15日），上《江苏防营从缓裁减折》。④

十月廿二日（11月16日），吴赞诚因病开去闽抚缺，仍督办福建船政事宜，清廷以裕宽为福建巡抚。

十月廿九日（11月23日），复信沈玮庆，述沈莹庆擅自赴平江，嘱制祭幛、查致远堂账目等。⑤

十月下旬，复信曾纪泽，论出使人员才情，述已饬陈莘耕启程、因病不能送行等。⑥

十月下旬，复信吴仲翔，述沈璿庆夫妇近况，请派管驾赴江宁，询康邦机器如何，述病情依旧，递折请觐等。⑦

十月下旬，致信吴赞诚，谈治理台湾、请派吕翰赴江宁以换郑渔。⑧

---

① 林庆元、王道成考注：《沈葆桢信札考注》，第664页。

② 林庆元、王道成考注：《沈葆桢信札考注》，第664～665页。

③ [清] 沈葆桢：《沈文肃政书续编》，载《台湾文献汇刊》第四辑第五册，第524～525页。

④ [清] 沈葆桢：《沈文肃公政书》卷七，第1417～1480页。

⑤ 林庆元、王道成考注：《沈葆桢信札考注》，第138页。

⑥ 林庆元、王道成考注：《沈葆桢信札考注》，第665页。

⑦ 林庆元、王道成考注：《沈葆桢信札考注》，第665～666页。

⑧ 林庆元、王道成考注：《沈葆桢信札考注》，第666页。

十月下旬，复信夏献纶，谈治理台湾、硫磺价值、开采煤矿、乌石山教案处理等。①

十月下旬，复信陈夔嘉，谈儿辈不爱读书，恳请留馆等。

儿辈之不悦学，实由不才恋梭所误。伊等亦自知非计，无如溺于酣豢，莫能自强。若至饥寒交迫，或当猛省回头，计期亦不远矣。一毡兀坐，阒然无声，此境殊未易耐。惟弟有不能不作不情之请者，正如明知膏肓之不可治，却难舍和缓而他求。敢恳九方，姑再予驽骀以鞭策。舐犊之爱，尚荷曲全，亦望犊等鉴其择师苦心，哀怜老牛，少减其破车之性耳。明岁计偕，为挈儿辈过此，当扫煦园之榻，以待高轩。②

十月下旬，致信林拱枢，谈乌石山教案处理、科道选拔将近，询问诸人近况，述春融即将请觐。③

十月下旬，复信彭玉麟，论添购船只经费不足，养船费用难筹，陵工、洋债接踵而至等。

经费支绌，固难添造，但能添养，亦不患无船。奈陵工、洋债叠床架屋而来，求十数万金，岁添养两三船而不可。得合肥书，许代购蚊子船两号，明秋可到，福建明春亦有下水轮船，此皆不要船价者。而薪粮出自何地，则尚无把握。承示随机应变，务在得人。④

十一月初七日（11月30日），清廷命明年春融进京觐见。

两江总督沈葆桢奏，任满请觐。得旨：着俟来岁春融，病体痊愈，再行来京陛见。⑤

---

① 林庆元、王道成考注：《沈葆桢信札考注》，第666页。

② 林庆元、王道成考注：《沈葆桢信札考注》，第667页。

③ 林庆元、王道成考注：《沈葆桢信札考注》，第667页。

④ 林庆元、王道成考注：《沈葆桢信札考注》，第668页。

⑤《清实录·德宗景皇帝实录》卷八一，第五三册，第239页。

十一月初十日（12 月 3 日），复信沈玮庆，询祖母手抄书去处，述于汉口找回沈莹庆，寄兑二千金，嘱按单分送等。①

十一月上旬，致信梅启照，述病情，荐盛恺庭。②

十一月上旬，复信林寿图，询何璟是否请假，为何李明墀暂署闽抚，谈吏治、财源、漕运，述病情等。③

十一月上旬，致信翁学本，谈淮盐不振、楚岸难复，惟河南有转机，述病情、两江丰歉参半、灾情不断，恳请严饬沈家子弟勿插手盐务。

> 再有恳者，弟一官留滞，年复一年。子弟家居，皆少不更事。诚恐耳目不到，致令荡检逾闲。如有倚借交情，以鹾务干求者，务乞大君子以德爱人，执法从事。是所至祷。④

十一月上旬，复信吴赞诚，赞其抵台政绩，贺其以光禄寺卿署福建巡抚仍兼理船政，请拨“靖远”舰及管驾入江。⑤

十一月上旬，复信吴仲翔，述赠百金与玉春，谢赠笔，谈乌石山教案、吴赞诚力辞不就，述请拨“靖远”舰及叶伯鋆、诸人长短之处、康邦机器如何搭配兵船、叶文澜德才、林海泉之死、陈钜前入赘等。

> 不才与季老绝交二年半矣，玉春数奇若此，不可再以书酰之。赠以百金，函请景山收录。嘱以见收则奈苦，否则归农，官不足恋也。赐笔，谢谢，然甚苦无用处，颇为羊惜之。乌石山案，急则居奇，缓则就绪，虽伯宗若之何？文公岂以一祠为重轻，扰扰者未免太不知量。得寄谕，无春帅

---

① 林庆元、王道成考注：《沈葆桢信札考注》，第 138～139 页。

② 林庆元、王道成考注：《沈葆桢信札考注》，第 668 页。

③ 林庆元、王道成考注：《沈葆桢信札考注》，第 669 页。

④ 林庆元、王道成考注：《沈葆桢信札考注》，第 669 页。

⑤ 林庆元、王道成考注：《沈葆桢信札考注》，第 670 页。

衔，大为错愕。嗣始知其又力辞，闽中添一好好先生矣。[①]

十一月上旬，复信曾光斗，慰丧孙，述病况依旧、两江丰歉参半、冬后大水等。[②]

十一月二十日（12月13日），上《请豁除快籍折》，建议准将江、兴二卫所属快丁暨海州隐军永远豁除快籍，以杜扰累。[③]

十一月中旬，复信吴元炳，哀林天龄殁于松江试院，派江小梅前去料理后事，述无银拨往马兰镇兵房、东堤三坝未竣等。[④]

十一月中旬，复信林鸿年，述林海泉、林天龄之死、林寿图到访、裕宽抚闽、林肇元抚黔，谈沈咏彤人品，可结亲家，允做媒人。

> 咏彤事其伯如事父，奉令惟谨。如其必不可从，亦必缕析上陈，断无应之于先，而背之于后者。婴儿闻将离母，涕泗滂沱，乃天理人情之至。即其恋母之诚，可决其事姑之孝。求忠臣于孝子之门，择妇亦如是矣。天所报贞节者，捷如影响。转瞬令外曾孙飞黄腾达，京宦侍奉安舆，其妇与焉。再见正复不远。鄙意吉期宜在三四月，归期宜在九月。[⑤]

十一月中旬，复信吴仲翔，谈乌石山教案处理、述王锦堂求差、林天龄之死等。[⑥]

十一月中旬，复信李鸿章，谈乌石山教案处理、船政海员不堪重用，述江淮入冬大水、借黄济运之害、漕运弊端、读批招商局语、淮饷益绌、劝林寿图回鄂、春融入都等。

---

① 林庆元、王道成考注：《沈葆桢信札考注》，第670～671页。

② 林庆元、王道成考注：《沈葆桢信札考注》，第671页。

③ ［清］沈葆桢：《沈文肃公政书》卷七，第1481～1485页。

④ 林庆元、王道成考注：《沈葆桢信札考注》，第671～672页。

⑤ 林庆元、王道成考注：《沈葆桢信札考注》，第672页。

⑥ 林庆元、王道成考注：《沈葆桢信札考注》，第673页。

借黄济运，为运河之害，尤为黄河之害。黄河旁注则下流缓，缓则淤，淤久则决。南决则珂乡受之，北决则棠治受之。商之诸公，谓国计民生无善于此者，诚非钝根人所能领悟。谓不行河运，东省水利便废，若闽、广本无漕，江、楚目前亦不运漕，不为之川竭也？都中之议，似竟欲复全漕。指积弊为旧章，换回不遗余力。支绌至此，何堪更作无益以害有益乎？①

十一月中旬，致信文彬，嘱东堤三坝修缮尽快开工，述春融入都等。②

十一月中旬，复信林拱枢，谈丁日昌病辞，述江淮冬后交涨、林天龄之死等。③

十一月中旬，复信夏献纶，谈所呈裁兵节饷各款、番学不可惜费，述林海泉之死，荐吴佳宾等。④

十一月中旬，复信程桓生，述东堤三坝堵闭愆期、伦敦银行倒闭、病情反复难愈等。⑤

十一月中旬，复信庞际云，述东堤三坝已经施工、蝻孽复多、刘海诗案已批提省、病情依旧等。⑥

十一月中旬，复信林鸿年，述购《上元县志》、杨泗孙寄《筹济篇》、《申报》字迹太小、诸人近况、林寿图举债等。⑦

十一月三十日（12 月 23 日），复信沈玮庆，嘱可缓赴金陵、购燕窝，寄《中庸注》《诗经》抄本，述收到天后宫联对拓片、

---

① 林庆元、王道成考注：《沈葆桢信札考注》，第 673～674 页。
② 林庆元、王道成考注：《沈葆桢信札考注》，第 674 页。
③ 林庆元、王道成考注：《沈葆桢信札考注》，第 674 页。
④ 林庆元、王道成考注：《沈葆桢信札考注》，第 675 页。
⑤ 林庆元、王道成考注：《沈葆桢信札考注》，第 675 页。
⑥ 林庆元、王道成考注：《沈葆桢信札考注》，第 676 页。
⑦ 林庆元、王道成考注：《沈葆桢信札考注》，第 676 页。

沈瑢庆暂缓县考、奉旨觐见、沈瑜庆行期等。①

十一月下旬，复信沈咏彤，述黄敬熙过江宁、女儿姻事、分送炭敬、林天龄之死、六十寿辰不办筵席等。②

十一月底，复信吴仲翔，嘱修理靖远号，谈新建兵船跑位设置、林天龄之子赏举人、乌石山教案处理等。

> 乌石山事，一误于总署之畏葸妥玛，再误于合肥欲借此荐贤。欲速不达，确乎其不可易。小宋于此事，用心甚好，第不将此事万不能速处争诸总署，所以进退维谷也。我公胸有成竹，须奉以终始，勿为俗论所摇。至嘱。③

十一月底，复信李朝斌，谈海军操演、兵船跑位设置，述调靖远入江等。④

十二月初八日（12月31日），李鸿章复信沈葆桢，谈乌石山教案、漕务、招商局浮费、淮军饷需、入都请觐面叙等。

> 招商局用费浮滥，由徐雨之精神不能贯注，前饬景星、杏荪等回沪，与叶、徐通盘筹画，妥定章程，现尚未据禀复，将来官利固归乌有，官本亦恐子虚也。陵工、洋债两项，竟将东南各省累倒，转瞬惠陵奉安，以后工需较减。西域行省未定，洋债正无已时。……来春请觐，谅奉俞允，启节约在何时。弟拟二月杪赴津，三月初入都，料理随扈办差事宜，或与公相遇于路，一叙二十余年契阔耶。⑤

十二月上旬，复信程桓生，感叹鄂岸畅销，谈犒劳局员、设活牌价以励盐色、试用泰属重淋之盐，述病情依旧等。

---

① 林庆元、王道成考注：《沈葆桢信札考注》，第140页。

② 林庆元、王道成考注：《沈葆桢信札考注》，第139页。

③ 林庆元、王道成考注：《沈葆桢信札考注》，第677页。

④ 林庆元、王道成考注：《沈葆桢信札考注》，第677页。

⑤ 《李鸿章全集·信函》四，第381页。

鄂岸鬯销，全赖大才擘画，果能蒸蒸日上，则不争收复引地之名，转操制胜邻私之券，幸何如之。犒劳德、安、浙、河局友，具征激扬妙用，自当遵行。活牌价以励盐色，已札司栈照办。鄙见泰属重淋之盐，近益得法，似有胜于余吕者，于德、浙各路一试之何如？如其可用，似无不接济之虑也。①

十二月上旬，致信李秋槎，谈办理广德两案、调办皖南保甲遭驳，请暂遏退思。②

十二月十六日（1879 年 1 月 8 日），复信沈玮庆，谈翊清场作，述抄本收悉、帮项曾兆鹏后人、沈璿庆县试延迟等。③

十二月中旬，复信曾国荃，寄呈海岑收条，述三晋大雪、长淮入冬交涨、扬属三坝难堵、曾纪泽抵达法国、郭嵩焘归期等。④

十二月中旬，复信林洄淑，赞其书法，谈安贫乐道、领袖群英等。⑤

十二月廿一日（1879 年 1 月 13 日），清廷命督饬两淮盐运使欠解牧群办公银两。⑥

十二月廿五日（1879 年 1 月 17 日），前任户部右侍郎温葆年近八十，着赏头品顶戴，重赴鹿鸣宴，代上《据情代奏折》，以谢恩典。⑦

十二月下旬，复信林拱枢，谈裕宽政声、何璟不切实上报乌

---

① 林庆元、王道成考注：《沈葆桢信札考注》，第 678 页。

② 林庆元、王道成考注：《沈葆桢信札考注》，第 678 页。

③ 林庆元、王道成考注：《沈葆桢信札考注》，第 140 页。

④ 林庆元、王道成考注：《沈葆桢信札考注》，第 679 页。

⑤ 林庆元、王道成考注：《沈葆桢信札考注》，第 679 页。

⑥ 《清实录·德宗景皇帝实录》卷八四，第五三册，第 282 页。

⑦ ［清］沈葆桢：《沈文肃政书续编》，载《台湾文献汇刊》第四辑第五册，第 528～529 页。

石山案处理进展、丁日昌不知足、陈承妫之死、游天宁寺可以怡情，述债台高筑、口音或影响诏对等。

小宋不将案难速结之故切实上陈，亦自取病之道。合肥为雨生谋，至矣，尽矣，雨生以为未足也。……债台司空见惯，甘之如饴。惟心则健忘，口则土音，膝则发抖，召对殊难为计耳。就道当在闰月，抵都当以孟夏。①

十二月下旬，复信文彬，谈修复运堤，请于年内堵合三河坝，述江北蝗蝻余毒可畏、病情稍好等。②

十二月下旬，复信梅启照，谈决狱之难，述苏省盗案甚多、缉盗苦难、饷绌派多、病情稍好等。③

十二月下旬，复信庞际云，谈整顿绿营，述三河坝来年可以合龙、坐镇清淮、金陵祈雪无果、奉商张小和尚案等。④

十二月下旬，复信李元度，述盐务运转得人、安置余魁梅、平江销盐甚畅、金陵祈雪无果等。⑤

十二月下旬，致信沈玮庆，述得参桂联对，俟来春应命，赵立斋到署、陈承妫过世、林鸿年欲悔婚等。⑥

十二月底，复信吴元炳，谈甘饷协款、两江支绌、筹饷艰难、宜兴县令人选，述祈雪无果、病情依旧等。

甘饷成骑虎之势，洋款尤附骨之疽，能按部就班，尽心力而为之，尚属幸事，否则何堪设想也。奉拨晋饷，已照大咨转行。今年金陵厘局多入二十万金，淮鹾亦多二三十万，

---

① 林庆元、王道成考注：《沈葆桢信札考注》，第679～680页。
② 林庆元、王道成考注：《沈葆桢信札考注》，第680页。
③ 林庆元、王道成考注：《沈葆桢信札考注》，第680～681页。
④ 林庆元、王道成考注：《沈葆桢信札考注》，第681页。
⑤ 林庆元、王道成考注：《沈葆桢信札考注》，第681～682页。
⑥ 林庆元、王道成考注：《沈葆桢信札考注》，第141页。

而支绌转甚于往年。明岁为大比之期，厘务、盐务向来减色，其何以支拄耶？提督府、内务府随扈之款，纷至沓来。皆有成案可循，不啻山阴道上。而他处协饷，亦急如星火，不能借此稍宽。总之大农不肯算账耳。①

十二月底，复信黄倬昭，谈做学问，述幕僚闲暇功课、黄敬熙旧事等。②

光绪五年己卯（1879）　60岁

两江总督任上。

正月上旬，复信丁日昌，慰病情，谈乌石山教案处理、就近治病，述两江得雪、司库枯竭、病情依旧、准备觐见等。③

正月上旬，复信彭玉麟，谈百病皆从心起、治理地方，述祁门首犯拿获、两江得雪、司库枯竭、与农部意见相左、病情依旧、准备觐见等。④

正月上旬，复信梅启照，论裁撤浙勇、皖南办理客民保甲、徐州禁种罂粟，述盗案层出、荐盛恺庭原因、两江得雪、病情依旧、准备觐见等。⑤

正月上旬，复信程桓生，论淮盐入鄂，恐销数不逮往年、农部反复、整顿盐政、曲线复引，述两江得雪、病情依旧等。

重淋之盐，已批饬尽重鄂岸，俾收敌川之效。但试办伊始，为数无多。倘前者获赢，后者自当闻风兴起，庶几争相

---

① 林庆元、王道成考注：《沈葆桢信札考注》，第682页。

② 林庆元、王道成考注：《沈葆桢信札考注》，第682～683页。

③ 林庆元、王道成考注：《沈葆桢信札考注》，第683页。

④ 林庆元、王道成考注：《沈葆桢信札考注》，第683页。

⑤ 林庆元、王道成考注：《沈葆桢信札考注》，第684页。

仿效，不令而行。以人事言之，重淋卤耗似必较轻，以其经第二道火也。今年大比，殊恐销数不逮去年，饬场垣尽收，以清其源，未卜做得到否？农部以稚帅黔引之奏，又议复准，亦姑言焉而已，非志在必行者也。如各场能仰体执事之意，极力整顿盐色，船户、子店，恪遵功令，无所搀和，则无争岸之名，而有销引之实，快何如之。①

正月上旬，复信吴仲翔，询叶伯鋆去向，谈陈钜前荫监、卧机船壳改造无果、倡捐千金、丁日昌履任、刘寿铿新任，述准备觐见、沈瑨庆暂缓归试、病情依旧等，录责问“靖远”舰管驾未按要求修理船只即赴江南完成任务，船只水缸破裂，未进槽检修船底。

“靖远”之调，谆谆修理，冒渎者至再至三，无非恃爱之故。逮闻管驾丁忧，以为人则守孝百日，船则从容修理，两便也。得念三日信，谓船已开行，以为必修理完竣，否则船本一切完好者也。乃日夕以冀，望眼欲穿，初七晚始到，问管驾以船之长短、广狭，炮之轻重、大小，一切茫然。谓新丧之人，固宜颠倒错乱，不忍穷诘也，传问大伴，此船一点钟走多少？以两迷卢对。诘其何以迟滞至此？曰一水缸裂矣。诘以何故不请修？曰请过提调，蒙谕江南需船甚急，且去再说。诘以我有信托提调结实修理，汝若回明水缸欲裂，岂有强汝出洋，以五六十条性命，付诸东流之理？再诘以船底有无损坏？曰：船未上槽，无从察看，实遵提调谕令速行，并非敢于附会等语。此辈忘恩背义，其言极不足凭，然既有所闻，不敢以告，伏乞示复为望。②

正月上旬，复信任道镕，谈黄老之学、停捐效应、司库枯

① 林庆元、王道成考注：《沈葆桢信札考注》，第684页。

② 林庆元、王道成考注：《沈葆桢信札考注》，第685页。

竭、入冬祈雪等。[①]

正月上旬，复信卞宝第，谈安定书院掌教一职，不敢越俎推毂辞之。[②]

正月十五日（2月5日），复信沈玮庆，询县试结果，嘱家中毋庸散帖、垫付陈钜前袭荫费用、寄叶文澜贺信，述赵立斋教书得法、立夏北上、力求节俭、择婿甚难等。[③]

正月十七日（2月7日），复信沈玮庆，谈男女婚姻，嘱李端毋庸借道金陵北上，询李氏诸甥读书情况等。[④]

正月十七日（2月7日），致信李作梅，述淮盐销路、沈咏彤之女吉期等。[⑤]

正月十七日（2月7日），致信李端，告待身体痊愈即将觐见，约在京晤谈等。[⑥]

正月十八日（2月8日），清廷命迅将欠解金块星夜起解，限于二月初十日以前赴部交纳。[⑦]

正月十八日（2月8日），复信吴仲翔，谈吴赞诚病，不能求去，办洋务需坚忍，述诸人近况等。

> 知春帅卒中风痰，至以为念。我公此时不能去，不可去，亦不当去，何必作此退让之言，以摇动人心？新姑见过许多，不过尔尔，何所用其长虑却顾耶？凡事总以“尽其在我”四字为定盘针，我不自尽，何尤于人？若因人为转移，则举足都无是处矣。执事倡捐如前书所云，部中固已议奖，

---

① 林庆元、王道成考注：《沈葆桢信札考注》，第686页。
② 林庆元、王道成考注：《沈葆桢信札考注》，第686页。
③ 林庆元、王道成考注：《沈葆桢信札考注》，第141页。
④ 林庆元、王道成考注：《沈葆桢信札考注》，第142页。
⑤ 林庆元、王道成考注：《沈葆桢信札考注》，第687页。
⑥ 林庆元、王道成考注：《沈葆桢信札考注》，第687页。
⑦ 《清实录·德宗景皇帝实录》卷八六，第五三册，第303页。

纵肯花钱，亦无由重复议奖，似惧字幸字均无所着。办洋务总以坚忍为主。好见长，避处分，无往不自诒伊戚。治病亦复如是，愿春帅勿求速效，自当徐徐奏功也。①

正月廿三日（2月13日），三载考绩，获优叙。

三载考绩，为国家激扬大典，中外满汉诸臣有能恪共职守，劳绩最著者，固宜特加甄叙；其有年力衰迈者，亦难曲予优容。兹当京察届期，吏部开单题请详加披阅。……大学士、直隶总督李鸿章，宣力有年，实心任事；大学士、陕甘总督左宗棠，肃清边塞，懋着勤劳；两江总督沈葆桢任事精勤，不辞劳怨，均着交部从优议叙。②

正月廿四日（2月14日），上《粮道移扎江北窒碍情形折》。③

正月廿四日（2月14日），上《曾毓衢拟补陆路守备折》《御赏福字谢恩折》《密陈文武考语折》。④

正月廿四日（2月14日），致信林拱枢，谈停捐、征厘弊端，述诸人近况、家累太重等。⑤

正月廿四日（2月14日）复信沈桂芬，慰病情，谈换约，述两江得雪两次、拟由海道入都、约在京晤谈等。⑥

正月廿四日（2月14日）复信沈咏彤，嘱送奠敬、顶珠等存于都寓，述送陈承妫灵柩回闽，谈停捐输、复全漕、朝对等。

名器之滥，不知伊于胡底。其实宦途之杂，不能专怪捐

① 林庆元、王道成考注：《沈葆桢信札考注》，第687～688页。

② 《清实录·德宗景皇帝实录》卷八六，第五三册，第305页。

③ ［清］沈葆桢：《沈文肃公政书》卷七，第1487～1490页。

④ ［清］沈葆桢：《沈文肃政书续编》，载《台湾文献汇刊》第四辑第五册，第526～535页。

⑤ 林庆元、王道成考注：《沈葆桢信札考注》，第688～689页。

⑥ 林庆元、王道成考注：《沈葆桢信札考注》，第689页。

班。若督抚不激浊扬清，虽科甲军功中，无庸恶陋劣者耶？曰资格，曰调剂，皆近日所谓公道者也，而国与民隐受其祸矣。大农锐意复全漕，可谓梦梦。我北行负债，是司空见惯事，即拜跪之蹇，奏对之拙，天恩高厚，或亦可望含容。惟诸大老欲向我谈经济，则搜索枯肠，不知所对耳。①

正月下旬，复信林鸿年，述诸人近况，叹何渭臣之死等。②

正月下旬，复信庞际云，谈缉捕安东贼匪、人事调拨，述金陵得雪未透、徐州禁种罂粟等。③

正月下旬，复信梅启照，谈州县改供就例、海防经费划抵养船、“超武”舰来江、浙江采用缫丝机器、各省停捐、朱其昂条陈，述金陵得雪未透、病情依旧等。④

正月下旬，复信李鸿章，谈乌石山教案处理、复漕积弊、招商局太奢侈、两江筹款太多、马兰镇兵房无款可拨，询林寿图是否获讲习，述病情依旧、四月北上、约见津门等。⑤

正月下旬，复信潘霨，谈邵亨豫为官，述江宁得雪未透、病情依旧、四月北上、程恒生聘张岳龄、接济林寿图等。⑥

正月下旬，复信吴赞诚，慰病情，谈海防经费拨补船政协款、船政兵船划拨，请派两船入江差遣，述江宁得雪未透、病情依旧、入夏北上等。⑦

正月下旬，复信吴仲翔，谢督修“靖远”舰，就近入沪漕勘

---

① 林庆元、王道成考注：《沈葆桢信札考注》，第142页。
② 林庆元、王道成考注：《沈葆桢信札考注》，第688页。
③ 林庆元、王道成考注：《沈葆桢信札考注》，第689～690页。
④ 林庆元、王道成考注：《沈葆桢信札考注》，第690页。
⑤ 林庆元、王道成考注：《沈葆桢信札考注》，第690页。
⑥ 林庆元、王道成考注：《沈葆桢信札考注》，第691页。
⑦ 林庆元、王道成考注：《沈葆桢信札考注》，第691～692页。

验，慰因吴赞诚病休独任其难。①

正月下旬，复信曾国荃，述解运费六万金，述禁种罂粟、金陵得雪未透、病情依旧、入夏北上入夏北上、诸人近况，请筹垫陈承妫灵柩回闽川费等。②

正月，曾国荃致信沈葆桢，请主稿提输捐核奖案。

惟当事诸君子远筹晋赈，勤事年余，贤劳备极。前经会同合肥相国、丹初星使奏准照河工海运章程核奖之案，当经咨陈，务求查明出力诸君衔名并应奖官阶，或由尊处主稿，挈同贱衔入告，或掷交弟处会办，均无不可，统乞示复是祷。③

正月，曾国荃复信沈葆桢，请筹六万金赈灾。

昨请尊处及苏台共凑六万金，俾作协款，实万不获已为此涸辙之呼。尚望大君子拓民胞物与之怀，尽救患恤邻之谊，迅于新春筹解大批，拯兹眉急。早到一日，晋民即早沾一日之惠，鄙人亦早宽一日之忧，为德真无涯涘。④

二月初一日（2月21日），致信沈玮庆，述陈钜前荫生资格办理等。⑤

二月初八日（2月28日），上《海防成案碍难掣动船政支绌设法通融折》，对船政大臣吴赞诚请以闽海关应解南北洋海防经费拨补欠解船厂之款项表示异议，提议用南洋海防经费养船。

目前船政经费，制船居其半，养船居其半，船日多，则费日增。与其留南洋之费为养船之需，不如移闽厂之船就南

---

① 林庆元、王道成考注：《沈葆桢信札考注》，第692页。
② 林庆元、王道成考注：《沈葆桢信札考注》，第692～693页。
③ 《曾国荃全集·第四册·书札》，第1～2页。
④ 《曾国荃全集·第四册·书札》，第7～8页。
⑤ 林庆元、王道成考注：《沈葆桢信札考注》，第143页。

洋之饷，江南操练轮船本苦不敷，如果多拨数号赴江应用，其养船之费即于南洋经费项下开支，庶船政用款稍可从容，海防全局不至掣动，彼此两无所损，而于自强之道稍有裨益，且使从前奏定之案不致废于半途。①

二月上旬，复信郭嵩焘，谈自强之道、时事多艰、难以言退，盼能面晤，述病情依旧、入夏北上、金陵得雪未透等。②

二月上旬，复信曾光斗，嘱远离药炉，祝其子科考顺利，述病情依旧、入夏觐见等。③

二月上旬，复信李元度，谢荐张岳龄督销湘局；述邵亨豫、段起各荐人选，李繁祉安抵江宁、南生随咏濂读书等。④

二月十六日（3月8日），清廷准沈葆桢所请，移闽厂之船，就南洋之饷。⑤

二月中旬，复信裕禄，请主笔缮发奏折，询安庆是否得雪。⑥

二月中旬，致信徐文达，请移借船只运石修运堤。⑦

二月中旬，复信梅启照，谈海防、左宗棠请款、余杭客民犯案、《申报》不足信、郭嵩焘被诬、禁种罂粟，述金陵得雪、兴修水利经费拮据等。

部檄急如星火，何怪司局之为难。惟吾辈坚忍持之，方不致因噎而废食。左侯未尝不知江浙之支绌，十成云者，加倍写法，冀尚可得八成耳。垂老穷边，独为其难，吾辈非万分无可奈何，敢度外置之？……都中早知《申报》之不足

① ［清］沈葆桢：《沈文肃公政书》卷七，第1491～1493页。
② 林庆元、王道成考注：《沈葆桢信札考注》，第693～694页。
③ 林庆元、王道成考注：《沈葆桢信札考注》，第694页。
④ 林庆元、王道成考注：《沈葆桢信札考注》，第694页。
⑤ 陈道章主编：《福建船政大事记（增订本）》，第50页。
⑥ 林庆元、王道成考注：《沈葆桢信札考注》，第695页。
⑦ 林庆元、王道成考注：《沈葆桢信札考注》，第695页。

信，近筠仙星使请穷其诬揑之所由来，已照咨行关道。筠叟意不在《申报》，人人知之。然殊不谅中朝之心苦矣。①

二月中旬，复信吴元炳，述北上觐见准备、公事安排、马兰镇兵房与东河经费难以筹措、推荐人才等。②

二月中旬，复信施鲁滨，盼获院试喜讯，述病情依旧、疏乞入觐等。③

二月中旬，复信吴仲翔，谢主拟船政疏稿，谈时势、海关补水、择轮船管驾等。④

二月中旬，复信海门，寄兑束脩，询子弟读书情况，嘱督课不必过急等。⑤

二月廿五日（3月17日），上《谢议叙恩折》。⑥

二月廿五日（3月17日），英国领事星察理至福建侯官县观审乌石山教案，旋将此案了结。

二月下旬，复信李端，盼院试消息，请寄闽县题名录，述立夏前后北上觐见。⑦

二月下旬，复信林鸿年，赞其书法，已请沈咏彤关照其北上外曾孙，述不欲干涉李子嘉家事、李扬材叛乱、诸人近况、病况依旧、海路北上等。⑧

二月下旬，致信孙文起，请查杨鹤汀参王懋宝案。⑨

① 林庆元、王道成考注：《沈葆桢信札考注》，第695～696页。
② 林庆元、王道成考注：《沈葆桢信札考注》，第696页。
③ 林庆元、王道成考注：《沈葆桢信札考注》，第696页。
④ 林庆元、王道成考注：《沈葆桢信札考注》，第697页。
⑤ 林庆元、王道成考注：《沈葆桢信札考注》，第143页。
⑥ ［清］沈葆桢：《沈文肃公政书》卷七，第1495～1496页。
⑦ 林庆元、王道成考注：《沈葆桢信札考注》，第697页。
⑧ 林庆元、王道成考注：《沈葆桢信札考注》，第698页。
⑨ 林庆元、王道成考注：《沈葆桢信札考注》，第698页。

二月下旬，复信李鸿章，告启程北上日期，盼偿二十年契阔之愿等。[①]

二月下旬，复信沈咏彤，获知林拱枢出守，嘱兑三千金相赠；述近况、北上行期、租住贤良寺等。

> 知四表叔一麾出守，喜甚。文忠公后人，亲友最易视此房，今则物极必反矣。惜乎汝祖母及汝伯母之不见也。……我既累数万金，则区区者不关轻重，故特由谦吉升兑三千付之，汝可劝表叔收用，切勿客气。我无非望其畅胆做好官以继先志也。[②]

二月下旬，复信林拱枢，贺出守汾州，请尽快上任，汇寄三千金，谏言三事，述北上日期、体弱难以久跪等。

> 谨上僭言三：曰禁手谈、棋局、钓竿。均废时失事，非但自己宜禁，阖署皆宜禁之。曰少爷不可管账房。非但误其读书，往往因之偾事。少如人并不坏，而腾谤者皆其贴身之仆，其召怨皆从精核来。用友人管之，则无此嫌疑。其弊不过偷漏，随时易置，不致掣动大局。曰弼士宜辞船政，归理本业。前此为糊口计，原非得已，荒功实所不免。名场蹭蹬，能无美人迟暮之伤？伊于兄弟中最鞭辟近里，宜有以成就之。即一时汾州难顾家用，然家中尚不至无可张罗也。狂瞽之说，高明择焉。[③]

二月下旬，复信庞际云，述三河合龙困难、南河修复款已解、要案处置、人事安排、禁种罂粟、六合蝗灾复现等。[④]

二月下旬，复信吴赞诚，谈奏参船政欠款。

---

① 林庆元、王道成考注：《沈葆桢信札考注》，第699页。

② 林庆元、王道成考注：《沈葆桢信札考注》，第143～144页。

③ 林庆元、王道成考注：《沈葆桢信札考注》，第699页。

④ 林庆元、王道成考注：《沈葆桢信札考注》，第700页。

谚云，债怕软讨。经费不继，缕陈艰窘情状，间月奏催，亦不为烦。若必重之曰参，将激而相持，反成无可转身地步。奏催必有谕旨，催急则谕旨必加严。威命待诸朝廷，切勿轻下尽头一着也。部文倘实万难酌拨防费一语，似为每月五万外尚有急需之言，非放松闽海关，舍额拨之款而它顾也。阜康细心笼络，随时可挪动五六万金，关库亦借此通气。旧船鲜堪倚恃，极佩我公实事求是之意，谨遵命以待新船之成。①

二月下旬，复信吴仲翔，谈其弟吴叔章任凤山县令，述沈璿庆功课等。②

二月下旬，复信曾国荃，谈晋捐停办、速办奖叙，谢助运送陈承娀灵柩等。③

二月下旬，复信任道镕，谈保举不宜滥、为官之道、筹措征西饷银、两江支绌、厘税剔弊等。

捐务既停，保举断不宜滥。卓哉言乎！然必正途能争自濯磨，庶几国家收数百年养士之报。而所以诱掖而激励之者，则自督抚、藩臬之举劾始矣。今之正途者，曰不要钱，不多事，可以奉身无过；而讼狱付之幕友，催科付之吏胥，闾阎受害，有甚于贪酷者矣。……季老以垂暮之年，独为其难于万里外，吾辈可以为力之处，不为尽力，夫岂人情？第饷源所在，务竭其饷，不养其源，到竭无可竭时，岂仅东南任其患？④

二月下旬，复信林寿图，谈求治堂冷淡、林拱枢新任，述具

① 林庆元、王道成考注：《沈葆桢信札考注》，第700页。
② 林庆元、王道成考注：《沈葆桢信札考注》，第701页。
③ 林庆元、王道成考注：《沈葆桢信札考注》，第701页。
④ 林庆元、王道成考注：《沈葆桢信札考注》，第702页。

疏求代、立夏即可成行等。①

二月下旬，复信硕斋，贺县试、郡试报捷，述北上日期等。②

三月初三日（3月25日），日军侵入琉球，占那霸。

三月初六日（3月28日），清廷命入觐。

命两江总督沈葆桢来京陛见，以江苏巡抚吴元炳署两江总督并兼署办理通商事务大臣，以江苏布政使勒方锜暂护江苏巡抚。③

三月上旬，复信老姨太，贺林拱枢新任，述北上日期等。④

三月十三日（4月4日），日本吞并琉球，改置冲绳县。

三月二十日（4月11日），郭嵩焘复信沈葆桢，述何天爵请晤上海，谈日本废琉球应对。⑤

三月中旬，复信庞际云，谈禁种罂粟、严惩耽误堤工、疏浚河道方式，述病情依旧等。⑥

三月中旬，复信彭玉麟，慰病情，述江宁雨水过多，病情依旧，卸篆北上，顺道巡视堤工、炮台等。⑦

三月中旬，复信曾宪义，赞其书法，述不做寿之由。⑧

不才初度之日，即先慈弃养之辰。抱恨终天，百身莫赎。一承齿及，不觉悲从中来，此后幸垂谅焉。⑨

---

① 林庆元、王道成考注：《沈葆桢信札考注》，第702～703页。

② 林庆元、王道成考注：《沈葆桢信札考注》，第703页。

③ 《清实录·德宗景皇帝实录》卷八九，第五三册，第343页。

④ 林庆元、王道成考注：《沈葆桢信札考注》，第703页。

⑤ 《郭嵩焘全集·集部一·书信》，第262～263页。

⑥ 林庆元、王道成考注：《沈葆桢信札考注》，第703～704页。

⑦ 林庆元、王道成考注：《沈葆桢信札考注》，第704页。

⑧ 林庆元、王道成考注：《沈葆桢信札考注》，第704页。

⑨ 林庆元、王道成考注：《沈葆桢信札考注》，第704页。

三月中旬，致信徐文达，嘱再派百船运石修堤。[①]

三月中旬，复信林拱枢，请速赴任，谈曾国荃可以共忧患、禁种罂粟，述江南雨水过多、病情依旧等。[②]

三月廿三日（4月14日），致信沈玮庆，述收悉所寄物品、获知沈翊清过县试，嘱送硕斋贺仪、沈璘庆北上路费等。[③]

三月廿四日（4月15日），复信郭嵩焘，谈日本侵占琉球，述即将入觐，不能赴吴淞面晤等。

> 倭之鄙诈，与西人尚顾体面者不同，未必可以德感之。二使若不令其归国，殊难为情。总署似当筹一到底主意。[④]

三月廿六日（4月17日），复信沈璘庆，责其读书不专，一意求科名，不准言捐。

> 廿五接汝信，以名场蹉跌，耿耿于中。我所望于汝者，读书立品耳，傥来之物，何足介意。谓不足以慰我，误矣。我甚不欲汝等沾染捐字。汝既不肯自专，以父命为重，我若不以正告汝，是大负汝一腔孝谨之心。同一入场，监生与秀才相形而愈见拙，其难堪之处，甚于童生，何如还我本来面目，作开门节度耶？汝只知其无益于己，不知其大有损于己。从今算到下次岁考，至多不过年半。纵分阴虽惜，夜以继日，所得才有几何？乃复耗无谓之征逐，无谓之惊疑，无谓之希冀，无谓之悲愤，日月蹉跎，到年半依然故我耶？……汝等须有此气概，若较得失于毫末，只求为庸耳俗目所重，是自欺也。读书志在圣贤，豪杰且不足为，他何论焉？无“坚忍”二字，天下事一点担当不来；无特立独行之思，

① 林庆元、王道成考注：《沈葆桢信札考注》，第705页。

② 林庆元、王道成考注：《沈葆桢信札考注》，第705页。

③ 林庆元、王道成考注：《沈葆桢信札考注》，第144页。

④ 林庆元、王道成考注：《沈葆桢信札考注》，第706页。

则步步落人圈套。能于书中寻出安身立命境界，炎凉世态，岂足撄吾心哉！①

三月廿八日（4月19日），清廷以日本废琉球置县，情况叵测，命沈葆桢、吴元炳筹划南洋防守事宜并探明该国情形。

沈葆桢奏，接出使日本大臣来信，该国废琉球为县等语。琉球久属中国，日本竟敢阻其入贡，夷为郡县，狡焉思启，情殊叵测，亟应妥为备豫，力图自强，以固藩篱。著沈葆桢、吴元炳将南洋防守事宜悉心区画，实力筹办，固不可稍涉张惶，亦不得稍存大意，并着随时探明该国情形，密速具奏。②

三月下旬，复信吴元炳，述奉派今年京饷、赈饷，虑盐局、厘局减色等。③

三月下旬，复信薛敬堂，嘱收贺仪，资助三姐等。④

三月下旬，复信吴仲翔，谈时势、吴赞诚开缺、沈璘庆南下等。⑤

三月，孙沈翊清县试获隽。

得荔丹致幼莲信，知翊获隽，添一代书香矣。⑥

三月，曾国荃致信沈葆桢，请将协晋欠款充东漕运费。⑦

三月，曾国荃复信沈葆桢，述漕事、筹款、郭嵩焘回国等。

筠叟本韩、苏一辈人，其名满天下，而往往无事得谤，亦大略相似，岂固命宫磨蝎耶？然潮州、儋耳，皆以迁谪而

① 林庆元、王道成考注：《沈葆桢信札考注》，第145～146页。

② 《清实录·德宗景皇帝实录》卷九〇，第五三册，第363页。

③ 林庆元、王道成考注：《沈葆桢信札考注》，第705～706页。

④ 林庆元、王道成考注：《沈葆桢信札考注》，第706页。

⑤ 林庆元、王道成考注：《沈葆桢信札考注》，第707页。

⑥ 林庆元、王道成考注：《沈葆桢信札考注》，第144页。

⑦ 《曾国荃全集·第四册·书札》，第28～29页。

去。�叟万里皇华，周历海国，其境遇丰啬迥殊，不可谓非天之厚待斯人也。满腹牢骚，盖亦可以释然矣。①

闰三月上旬，复信吴赞诚，请勿言退，谈船政困局，请暂罢续派兵船入江，述已卸篆，即行北上等。

时事多艰，两宫焦劳，甚于吾辈，似非可以求遂初服之时。衰朽若某，朝廷明知其病而未许其去，况我公哉！退志一萌，则所见闻，无非钩心棘手，不可终日，所请断难如愿。多一番苦恼，又增一番病痛，何如屏绝此念，转觉天空地阔，绰绰有余耶？筱涛、维允，我公相处日久，赏识非虚。然目下之难，首在筹款。二君地望，非我公之比，则其难必有十倍于公者。纵京秩如愿相偿，未见便灵于呼应。万一进退维谷，如大局何，如二君何？弟宁以梗议为公所訾，万不敢违心附和也。“扬武”“威远”，既未与院司商定，此时倭球搆衅，闽海不免戒心，竟作罢议可也。②

闰三月上旬，复信夏献纶，论开发台湾、吴赞诚开缺，述已卸篆，即行北上等。③

闰三月上旬，致信吴元炳，述孙衣言请开缺处理办法、刘秉厚病重预筹接替人选。④

闰三月二十日（5月10日），复信李鸿章，谈吴赞诚与何璟冲突、预筹何如璋与张斯桂撤出日本、士林风潮、安抚郭嵩焘，述北上日期、刘秉厚之死等。

乌石山之案甫结，而春帅、筱帅笔墨遄起官司。鄙意力劝春帅勿去，则诸事熨帖矣。何、张二星使似有不能不归之

---

① 《曾国荃全集·第四册·书札》，第29～30页。

② 林庆元、王道成考注：《沈葆桢信札考注》，第707页。

③ 林庆元、王道成考注：《沈葆桢信札考注》，第708页。

④ 林庆元、王道成考注：《沈葆桢信札考注》，第708页。

势，究竟此局如何应付，总署似须通盘筹画到底，使臣、疆吏乃有所遵循。国帑之难，至于如此，岂可复作无益以害有益。复河运，复关税，欲之宜也，士大夫群然和之，又何故耶？筠叟归矣，来书恳切之至，无非欲强人以所不知。情则可怜，意极可感。台端有以慰之否？①

闰三月二十日（5月10日），**复信李成谋，论调各省兵轮赴吴淞，请督操备战等。**

缘船政告窘，请其分船来苏。春帅复书，谓平时为之代养，有事仍当还闽。某转觉难于裁答。今倭球搆衅，则向日弃之如遗者，今必以为异宝，不得不作罢议矣。拟奏请将各省兵轮，间月调赴吴淞，归执事督操，操毕仍旧原处。何处有警，则执事督之以向何处，则声势较为联络，未卜各省肯俯就否？②

闰三月二十日（5月10日），复信林鸿年，论乌石山教案处理、日本吞并琉球，述北上行程、体弱难以跪起如仪等。③

闰三月二十日（5月10日），复信黄倬昭，贺其侄入泮，代书小松索书等。④

闰三月中旬，复信林鸿年，拒做寿而忆丧母之痛，询近况，述北上日期、未能面晤林拱枢等。⑤

闰三月中旬，复信彭玉麟，谢赐寿字，忆丧母之痛，述督销局仲京丁忧、北上行程、刘秉厚之死、孙衣言病假等。⑥

---

① 林庆元、王道成考注：《沈葆桢信札考注》，第710页。

② 林庆元、王道成考注：《沈葆桢信札考注》，第711页。

③ 林庆元、王道成考注：《沈葆桢信札考注》，第711页。

④ 林庆元、王道成考注：《沈葆桢信札考注》，第712页。

⑤ 林庆元、王道成考注：《沈葆桢信札考注》，第709页。

⑥ 林庆元、王道成考注：《沈葆桢信札考注》，第709页。

闰三月中旬，复信黄倬昭，述刘秉厚之死、拟接任人选、北上行程等。[①]

闰三月廿一日（5月11日），卸篆。

闰三月廿一日（5月11日），会衔李鸿章奏，吴淞口为南北洋适中之地，请饬江南提督李朝斌为外海兵轮船统领，各省兵轮两月一赴吴淞口，听该提督合操，以期联为一气。

闰三月廿一日（5月11日），上《各省兵轮船由李朝斌督率合操折》《刘典请于三省建立专祠折》，[②] 上《释遣朝鲜商民片》。[③]

闰三月廿一日（5月11日），复信梅启照，谢寄中药于术；咨轮船合操一疏；谈蚕茧滞销，协饷可推脱、本省催饷则不可推；述北上行程等。[④]

闰三月廿三日（5月13日），清廷命丁日昌充总理各国事务大臣。[⑤]

闰三月廿四（5月14日），乘船北上。顺途阅下关、乌龙山炮台，即入扬河。[⑥]

闰三月下旬，复信吴仲翔，述误荐人材、楚材晋用胜于不用、分船未允、合操尚未有结果等。[⑦]

四月初八日（5月28日），抵京，入居贤良寺。[⑧]

---

① 林庆元、王道成考注：《沈葆桢信札考注》，第710页。

② ［清］沈葆桢：《沈文肃公政书》卷七，第1497～1503页。

③ ［清］沈葆桢：《沈文肃政书续编》，载《台湾文献汇刊》第四辑第五册，第532～533页。

④ 林庆元、王道成考注：《沈葆桢信札考注》，第712页。

⑤ 《清实录·德宗景皇帝实录》卷九二，第五三册，第382页。

⑥ 林庆元、王道成考注：《沈葆桢信札考注》，第710页。

⑦ 林庆元、王道成考注：《沈葆桢信札考注》，第712～713页。

⑧ 沈成式：《沈敬裕公年谱》，载《涛园集·附录》，第173页。

四月初十日（5 月 30 日），慈安、慈禧两宫太后召见，后迁居侄沈咏彤处。①

四月上旬，致信吴元炳，转交批折，述轮船会操李鸿章已奉寄谕。②

四月十一日（5 月 31 日），清廷命在紫禁城内骑马。

命两江总督沈葆桢在紫禁城内骑马。③

四月十一日（5 月 31 日），慈安、慈禧两宫太后召见。

四月十二日（6 月 1 日），慈安、慈禧两宫太后召见。

四月中旬，复信曾国荃，述诏对情形、听闻禁种罂粟、两江赈灾筹款有限、将请训出都等。④

四月廿五日（6 月 14 日），请训，诏对。

四月廿七日（6 月 16 日），复信梅庵，致歉未能面晤，购《伯翁文集》，代送吴元炳信及《石余朱集》。⑤

四月廿八日（6 月 17 日），离京。

五月初七日（6 月 26 日），抵达南京。

五月初八日（6 月 27 日），授篆。

五月初九日（6 月 28 日），上《奏报回任日期》。⑥

五月十三日（7 月 2 日），李鸿章致信沈葆桢，谈丁日昌力辞会办南洋海防、婺源茶捐资助书院等。⑦

---

① 沈成式：《沈敬裕公年谱》，载《涛园集》附录，第 173 页。

② 林庆元、王道成考注：《沈葆桢信札考注》，第 713 页。

③ 《清实录·德宗景皇帝实录》卷九三，第五三册，第 391 页。

④ 林庆元、王道成考注：《沈葆桢信札考注》，第 713 页。

⑤ 林庆元、王道成考注：《沈葆桢信札考注》，第 714 页。

⑥ ［清］沈葆桢：《沈文肃政书续编》，载《台湾文献汇刊》第四辑第五册，第 536～537 页。

⑦ 《李鸿章全集·信函》四，第 444 页。

五月十六日（7月5日），致信林庆炳，请代购佛山止哮喘断根丸。①

五月十七日（7月6日），因丁日昌病辞，清廷命李成谋即赴闽台一带总统水师，将船政轮船先行练成一军，归南洋大臣节制；并着李鸿章、沈葆桢妥速筹购铁甲船、水雷。②

五月十九日（7月8日），复信沈玮庆，嘱沈瑶庆北上，谈家中学风不振、子弟不喜读书、沈辉宗不愿捐教、沈咏濂得邵武府学，述出京行程等。③

五月二十日（7月9日），李鸿章复信丁日昌，谈及海防办理、船政替人、沈葆桢不满夏献纶等。

> 铁舰一节，责在南北洋，仍在政府。政府先不设法，又屡次减分海防经费，又但准西域以重利借洋债，此外，则峻拒严禁，孰敢冒天下之不韪而力任此役，为众箭之的耶？今经执事大声疾呼，不过空文一行塞责。试问数百万巨款，出于何处，总署尚无片纸询商，岂我辈真有点金之术？水部空待调好缺，偏值无地可调。若必择人先择政府而后可，非鲰生所能妄干。春帆早决计求退，若以筱涛作替人，船务不致废弛否。幼帅甚不满于筱涛，在京方力陈春帆不可遽离，此意见不合之一端也。④

五月中旬，致信丁日昌，贺督办南洋，述诏对情形、离京回任等。

> 于津门闻执事督办南洋之命，起舞者久之。召见时，太后问：当今通晓洋务者何人？对曰：大员中公推丁日昌。太

---

① 林庆元、王道成考注：《沈葆桢信札考注》，第715页。

② 《清实录·德宗景皇帝实录》卷九五，第五三册，第412～413页。

③ 林庆元、王道成考注：《沈葆桢信札考注》，第146页。

④ 《李鸿章全集·信函》四，第447页。

后问：他洋务实办得好，只是他说有病，究竟能出来不能？对曰：丁曾致臣书，欲来江南就医。今奉此旨，自当仰体圣意，力疾前来。枢府问执事应驻在何地？对以执事定有成算，以鄙见度之，似应驻上海，水口消息易通。健帅则谓，向来各领事就近与关道辩论，多一层门户则其气舒，若驻沪则事事径达督办，恐洋务转有时费手，似不如驻浙等语。谨述之以备采择。……第四月八日抵都，初十、十一、十二召对三次，念五请训，念八就道，初七抵金陵。①

五月中旬，致信彭玉麟，述入都请觐往返行期、诏对情形。

召对三次。太后亟询彭玉麟病状，眷注极深，且谓长江断不可无此人。我公宜极力自珍，以慰圣念。②

五月中旬，复信吴元炳，谈谭钧培入觐不可再缓，询运河险情、筹款八万金修堤是否合适。③

五月中旬，复信梅启照，谈美国前总统格兰德调解日本吞并琉球、会操闽省怠慢、开关不可行、各省经费使用，转述请训得谕等。

琉球一事，总署托美之旧总统格兰德往致公评，终恐骑虎之势。吾辈惟将疆吏应办之事，办一分是一分而已。会操事不见信于闽督，已奏驳矣。大抵相依为命者，其惟江、浙乎！开关必不可行，已向政府农部说过，但外间肯执奏，则堂司可告无罪于胥吏也。经费之难，各省皆然，而用之则各有见解，不为吏议所动，乃能为百姓做些微基业。请训时，太后谕以“汝出去仍须任劳任怨，凡事总以百姓为主”。洋

① 林庆元、王道成考注：《沈葆桢信札考注》，第714页。

② 林庆元、王道成考注：《沈葆桢信札考注》，第715页。

③ 林庆元、王道成考注：《沈葆桢信札考注》，第716页。

洋圣谟，至矣，尽矣。①

五月中旬，复信吴仲翔，询吴赞诚是否能够强抑归心，转述李鸿章问是否可由林寿图接任船政，谈洋药加厘，述诏对情形、离京行程等。②

五月中旬，致信沈咏彤，述回抵金陵，嘱寄止喘丸、还李端借款等。③

五月廿八日（7月17日），上《关税尚难开征折》《林达泉、李炳涛请宣付史馆折》。④

五月下旬，复信谭钟麟，请缮发折稿，述谭钧培入觐，孙嘉臻暂署徐州等。⑤

五月底，复信吴元炳，请具折由孙嘉臻暂署徐州，述黄河旱灾、丁日昌不出，抄寄密呈折稿等。⑥

六月初一日（7月19日），复信彭玉麟，述会衔上奏巡阅复沿江炮台、日本船入长江测量水文、江南丰年可望、吴元炳奏参怀宁县令、南旋后案牍堆积等。⑦

六月初三日（7月21日），上片，就吴赞诚请求筹拨十万两用于船政造巡海快船，提出“船政为海防第一关键”，奏请拨足船政经费，还清旧欠，“以壮军声而扶窘局”。

> 臣维船政为海防第一关键，闻该局以解款悬宕，银钱料物毫无存储，即不创造此船，亦将有匠散工停之虑。江南如有可挪之款，臣何惜以公济公。无如各库竭于原拨京协各

---

① 林庆元、王道成考注：《沈葆桢信札考注》，第716页。

② 林庆元、王道成考注：《沈葆桢信札考注》，第717页。

③ 林庆元、王道成考注：《沈葆桢信札考注》，第146页。

④ ［清］沈葆桢：《沈文肃公政书》卷七，第1505～1513页。

⑤ 林庆元、王道成考注：《沈葆桢信札考注》，第717页。

⑥ 林庆元、王道成考注：《沈葆桢信札考注》，第717～718页。

⑦ 林庆元、王道成考注：《沈葆桢信札考注》，第718页。

饷，扫地无余，本省自固藩篱，且力不从心，夏何能推之弥广？因思船政经费专指闽海关洋税，本非无着之款。况时事孔亟，尤当共济艰难，合无仰恳天恩，饬下闽海关将军，于各路续增拨款，暂行停解，船政经费，按月接济，其旧欠亦匀期清还，以壮军声而扶窘局。①

六月初七日（7 月 25 日），清廷以都察院代递贵州候补道罗应旒折，请整学校以新吏治，练兵民之武技以自强，精机汽之器械以利用，参西国之法例以谋远，握朝野之利权以储费各条，着李鸿章、沈葆桢悉心妥筹。

六月初十日（7 月 28 日），因将李金镛送部引见之请与定章不符，遭议处。

此次沈葆桢等及周恒祺先后奏称知府李金镛及胡光墉等办赈出力，自为鼓励起见，惟沈葆桢等请将李金镛送部引见，系照胡光墉所禀入告。现经吏部查明核，与定章不符，请旨更正，并请将胡光墉、沈葆桢议处。业经照准。②

六月上旬，复信李朝斌，述不懂所陈海战阵图，嘱各管带遵循，谈金泽镇案办理、福建水师提督人选、考察“扬武”舰和“威远”舰管驾等。③

六月上旬，复信傅庆贻，请遴选推荐人选接办安徽布政使。④

六月上旬，致信吴元炳，述丁日昌不出、荐李成谋任福建水师提督、闽沪兵船应该好于招商局之船、谭钧培欲先履新后觐见等。

得伯相书，谓雨帅不出，而海防有条陈当发议。昨奉廷

① 《中国近代史资料丛刊·洋务运动》五，第 216 页。
② 《清实录·德宗景皇帝实录》卷九六，第五三册，第 434 页。
③ 林庆元、王道成考注：《沈葆桢信札考注》，第 718 页。
④ 林庆元、王道成考注：《沈葆桢信札考注》，第 719 页。

寄，饬议者又不似出自雨帅，或闽督所奏与？闽中舍眼前之彭纪南不用，而来索李与吾，颇觉两不便。然已奉旨，不得不密咨与吾，再将河防亦未可轻视情形复奏。倘与吾不能不去，则雪帅必意在纪南，又不知其能来否也？闽沪兵船，纵不甚好，何至不如招商局之船。①

六月上旬，致信李瀚章，述静待淮盐复引决策，询长江水师提督人选等。②

六月十一日（7月29日），清廷命李鸿章、沈葆桢刻意讲求海防。

沈葆桢奏，复陈海防事宜一折，所筹尚为切实。……铁甲船需费浩繁，即着量力筹办，将来钢甲船能否购制，并由李鸿章、沈葆桢随时酌度。购器固系要着，但目下不能举办，自当先筹备御，以期有恃无恐。李鸿章、沈葆桢务将用人、行政、练兵、裕饷诸大端，刻意讲求，以为自强之计。两江总督往来金陵、上海，既多不便，即着毋庸置议。③

六月十七日（8月4日），复信沈玮庆，为新得曾孙取名“觐平”，许配智、繁，送程仪等。④

六月十八日（8月5日），清廷命休整完固长江沿岸炮台。⑤

六月中旬，致信潘莲舫，请寄止咳丸，述近况等。⑥

六月中旬，复信何璟，谈结乌石山教案、美国前总统格兰德调解日本吞并琉球、日本船到沪、水师合操澎湖、丁日昌病退、

---

① 林庆元、王道成考注：《沈葆桢信札考注》，第719页。

② 林庆元、王道成考注：《沈葆桢信札考注》，第720页。

③ 《清实录·德宗景皇帝实录》卷九六，第五三册，第436～437页。

④ 林庆元、王道成考注：《沈葆桢信札考注》，第147页。

⑤ 《清实录·德宗景皇帝实录》卷九七，第五三册，第443页。

⑥ 林庆元、王道成考注：《沈葆桢信札考注》，第720页。

林寿图调办海防、南洋防务难办、无款造快船等。

乌石山案，势屈而理已伸，当不至复滋后患。倭球构衅，总署托美之旧总统东渡调停，想亦徒悬虚愿。福州之倭船近已到沪，外甚恭顺，来意不问可知。轮船无多，分防俱不得力。中旨派与吾统领，似宜于澎湖合操。每月以一船分巡各口，何口有警，则飞报澎湖合而搏之，则声势较雄，运棹亦活。[①]

六月中旬，复信吴赞诚，述无法筹措十万金造快船、咨招商局造商船、澎湖会操，盼路过江宁面晤等。

知将创造巡海快船，距跃三百。委筹十余万金，极当遵命。而遍索司局各库，均扫地无余。力不从心，徒呼负负。因思船政经费，出自闽海关，谨代附片奏催，冀少赎愆咎。第竟隔靴搔痒，仍乞执事猛着先鞭。[②]

六月中旬，致信吴仲翔，谈生员切己之事。[③]

六月中旬，复信李鸿章，谢相送情谊，论丁日昌所上条陈、吴赞诚病辞、船政替人、林寿图调办海防，述查复婺源茶捐、回任公事堆积、设坛求雨等。

雨帅足疾稍间，似当勉强一出，以上慰两宫宵旰之心。密寄奏议条陈，似不尽出诸雨帅。晚率意缴卷，自知不足以答升平，姑将疏稿录呈，伏乞指谬。春帅有就医孟河之请，是即事有渐平，窃以为非其时也。何筱帅书来，惓惓于船政之替人，某不敢赞一辞。谨以原函呈览，惟公裁之。颖叔调办海防，中旨谅当见允。第不官不绅，不大不小，将来作何

① 林庆元、王道成考注：《沈葆桢信札考注》，第720～721页。

② 林庆元、王道成考注：《沈葆桢信札考注》，第721页。

③ 林庆元、王道成考注：《沈葆桢信札考注》，第722页。

收束，窃为良友优之。[1]

六月中旬，致信彭玉麟，论李成谋新任，密寄奏复疏稿，转述刘芝田转日本领事书，哀林海泉、李秋槎之死，疏请入循吏传等。

与吾奉命，想当即日下驶。于闽固轻车熟路，惟望筱帅能假以事权，优予经费耳。……刘芝田得在倭华领事书，美之旧总统格兰脱为倭王言，中国武备不亚欧洲，其相李鸿章之才，为素所罕觏。现球王已因病还国，惟冲绳县则未撤云云。所言未必足据，而球王因病还国，则不诬也。[2]

六月中旬，复信孙毓汶，慰行程，请及时上受篆谢折，述祈雨未足、丰歉难料等。[3]

六月中旬，复信何如璋，述密字底本遗失，请重录一本，论处理日本吞并琉球事件，述南旋后公牍累积、雨旱不均等。[4]

六月中旬，复信丁日昌，慰病情，论闽省捐务、招新闻馆司笔、格兰特调解无果，谢抄示各稿等。[5]

六月中旬，致信李朝斌，询兵船吴淞阅操情形，述密寄奏复疏稿、金陵旱灾、军政办理、会衔彭玉麟留任李成谋等。[6]

六月中旬，复信彭玉麟，述缮发留任李成谋、力保彭楚汉折稿，谈蔡国祥与吴奇勋官声、彭楚汉才干等。[7]

六月中旬，致信邱镜泉，谈林廷禧入祀福州西湖宛在堂，请

---

① 林庆元、王道成考注：《沈葆桢信札考注》，第722页。
② 林庆元、王道成考注：《沈葆桢信札考注》，第723页。
③ 林庆元、王道成考注：《沈葆桢信札考注》，第723页。
④ 林庆元、王道成考注：《沈葆桢信札考注》，第724页。
⑤ 林庆元、王道成考注：《沈葆桢信札考注》，第724页。
⑥ 林庆元、王道成考注：《沈葆桢信札考注》，第725页。
⑦ 林庆元、王道成考注：《沈葆桢信札考注》，第725页。

代付入祠费用等。[①]

六月中旬，复信李瀚章，述缮发留任李成谋、力保彭楚汉折稿，谈蔡国祥贪名等。[②]

六月中旬，复信林寿图，谈筹防闽海、川盐官运积弊、阎敬铭上疏、丁日昌不出、周麟章得子，述阅《松筠雅集》、请寄《启东录》、诸人近况、江南酷热、晨起穿棉等。

> 得何制军书，已奏请执事筹防闽海，此间未见明发谕旨，当是廷寄。以我公才略，固无所施而不可，然治桑梓事，必较难于他省也。川盐官运，无非官办，一引得一引之课，中饱者失业，宜其谤声四起，而两官则知之。星使打输官司，奇矣。……雨帅不出，似非心之所安，朝命不再促矣。[③]

六月廿四日（8月11日），李鸿章致信沈葆桢，论海军人才培养、借洋款购置铁甲船、船政替人等。

> 尊论外海水师人才一条，品评精确，非深知甘苦者不能，将来即购有铁甲、钢甲，管带已难其人，统领更无其选。日本兵船之将，闻俱赴英、法学成，且由公使在西国水师部内选请好手来日教练，其武学院与练船规制一仿西法，大有日进益上之机。中国办法似尚未臻美善，李、彭诸君皆所素稔战阵，虽有阅历，西法茫然不知，又未肯虚心求益。张成辈虽尚可造，而战事未经，难遽大用。弟所以徘徊四顾，未敢力倡铁甲之议，一无巨款，一无真才也。然使公与鄙人在位，此事终无端绪，负疚于国家者滋大。……各省关海防经费停缓居多，即奏咨催索，断不可靠，或谓宜仿公前

① 林庆元、王道成考注：《沈葆桢信札考注》，第726页。

② 林庆元、王道成考注：《沈葆桢信札考注》，第726页。

③ 林庆元、王道成考注：《沈葆桢信札考注》，第727页。

在台湾借洋款，左帅甘饷由部借拨，各省关于本款内分起解还之案，皆非中朝大官所愿闻，倘经驳斥，又须中止，伏希卓裁明示，以定从违。……春帆退志既坚，无论何人接办，一蟹不及一蟹。选将练兵及重造船坞等事，孰与商量主持耶。筱帅来书亦惓惓于颖叔、召民二人。渠固取其气谊素合、呼应较灵，究之而公于此道实系门外汉。颖叔地位难处，召民恬退自高，犹其末也。①

六月廿八日（8 月 15 日），上《淮北额引碍难骤增折》《漕项无从划拨海运难以议分折》《挖土机器于运河未甚相宜片》《请京师办积谷片》《营员逞凶谨按军法示众折》。②

六月三十日（8 月 17 日），致信沈玮庆，嘱沈璘庆、沈瑜庆北上，询问九姑家之鉴鉴是否愿意北上读书，嘱寄家中奏折，述沈瑶庆婚期等。③

六月下旬，复信文彬，述上告运河挑淤情况，询浚治运河有无把握等。④

六月下旬，复信孙毓汶，述已转递恭贺万寿节折。⑤

六月下旬，复信吴元炳，述彭玉麟、李瀚章嘱留李成谋保彭楚汉，诸人新任、勒方锜不愿赴闽、江宁得雨等。⑥

六月下旬，复信李朝斌，论吴淞会操结果，述何璟不愿派闽省兵轮、彭玉麟嘱留李成谋保彭楚汉等。⑦

---

① 《李鸿章全集·信函》四，第 463～464 页。

② ［清］沈葆桢：《沈文肃政书续编》，载《台湾文献汇刊》第四辑第五册，第 538～540 页。

③ 林庆元、王道成考注：《沈葆桢信札考注》，第 147 页。

④ 林庆元、王道成考注：《沈葆桢信札考注》，第 727 页。

⑤ 林庆元、王道成考注：《沈葆桢信札考注》，第 728 页。

⑥ 林庆元、王道成考注：《沈葆桢信札考注》，第 728 页。

⑦ 林庆元、王道成考注：《沈葆桢信札考注》，第 728～729 页。

六月下旬，致信吴元炳，询何时得入典签、苏松是否得雨，请暂缓上奏高邮、高淳两缺等。①

六月下旬，复信勒方锜，贺新任，述折弁未返、江南苦旱、飞蝗再起等。②

六月下旬，复信庞际云，论讼狱与河工，询文彬何时归任、疏浚河道可有把握等。③

六月，曾国荃致信沈葆桢，请协赈款。

> 廷旨不主于捐而主于协，弟亦无能再计，惟有叩恳台端，俯念晋省更生之民，有地而不能耕作，有食而不能自谋，展转沟壑，仍苦同归于尽。弃以前援救之劳，酿后来雕残之局。想仁贤恫瘝在抱，必为恻然深念。务望函到以后，迅速饬司设法筹解。④

六月，曾国荃复信沈葆桢，请协赈款三万金。⑤

七月初三日（8 月 20 日），复信沈玮庆，述收到所寄物品，嘱改沈瑶庆婚期、寄《皇甫碑》等。⑥

七月初四日（8 月 21 日），复信李朝斌，转呈彭楚汉统领福建水师，建议兵船改作按月合操，述金陵得雨不透、折弁未返等。⑦

七月上旬，复信丁宝桢，论整顿滇黔盐务、楚岸复淮艰难等。

> 楚岸复淮，既难刻期，弟何敢坚作不情之请？第淮鹾分

---

① 林庆元、王道成考注：《沈葆桢信札考注》，第 729 页。

② 林庆元、王道成考注：《沈葆桢信札考注》，第 729 页。

③ 林庆元、王道成考注：《沈葆桢信札考注》，第 730 页。

④ 《曾国荃全集·第四册·书札》，第 80～82 页。

⑤ 《曾国荃全集·第四册·书札》，第 82 页。

⑥ 林庆元、王道成考注：《沈葆桢信札考注》，第 148 页。

⑦ 林庆元、王道成考注：《沈葆桢信札考注》，第 731 页。

地最广者，原为出产独多。灶民既有此益，必不肯弃诸无用之地。缩楚岸之销路，其患小；而将楚岸失销之盐回灌近岸，全局皆为牵动，其患深。但能将入楚之川盐，按包稽其斤数，使国家一引可得一引厘课，既于奏销有益，而滇、黔与楚岸较利，不致轻重悬绝，无所庸趋避于其间。①

七月上旬，复信曾国荃，述江南奉派筹解三万金赈灾、金陵苦旱、祈雨无果等。②

七月上旬，复信何璟，谈乌石山教案了结、闽省支绌、吴赞诚病辞，询林寿图是否入闽，述勒方锜意在京官，“扬武”舰、“威远”舰南驶，金陵苦旱等。③

七月上旬，复信吴赞诚，赞何璟励精保障，饬“扬武”舰、“威远”舰南驶，嘱改装兵船，述金陵苦旱等。④

七月上旬，复信吴元炳，述彭楚汉统领福建水师、勒方锜尚未到任、慰留孙衣言、沈筠生任高邮县令、匀派晋赈三万、金陵苦旱、上下江试差等。⑤

七月十二日（8月29日），复信李鸿章，详论水师建设，请定船政替人，述夏献纶病逝、江南得雨未透等。

日本以西法练水师，既成效卓著，则日本即中国之师也。谓日本学之便日进益上，中国学之便无大益处，并须阻其蝉联，非某某所敢附和者矣。铁甲、钢甲竣事，管驾必取诸出洋诸生，统领则仍宜曾经百战忠勇之大将。小者取其才，大者资其望，切劘久之，自有才望并美者出焉。若枯坐

① 林庆元、王道成考注：《沈葆桢信札考注》，第730页。

② 林庆元、王道成考注：《沈葆桢信札考注》，第731页。

③ 林庆元、王道成考注：《沈葆桢信札考注》，第731～732页。

④ 林庆元、王道成考注：《沈葆桢信札考注》，第732页。

⑤ 林庆元、王道成考注：《沈葆桢信札考注》，第732页。

以待，才无可试，望则老矣。求其相辅而行，亦万不可得。自强在何日乎？一举便握万全之券，以资谈柄则可，若指为实事，恐旷古所无。发、捻之萌芽也，何从得一曾经大敌之将？曾文正公初起，蹉跌者屡矣，卒以有志竟成。即如我公抱不世出之才，当其崎岖乡党间，何尝不以成败利钝付诸度外？倘当日以为无益而舍之，今当作何世界耶？……其经手人似用赫德为最稳，盖用中国人必贪便宜，以炫所长。天下明便宜者，暗必吃亏。且中间必多辗转数人，将来归结时，必生出许多枝节。其病在门外汉而强充解事也。洋人不从中取利，理所必无。然取利而能了事，我又何求？无意外便宜，斯无意外吃亏，高明以为然否？出洋学习，日本以千数，中国以十数，人才同宜不敌。若并此废之，是面墙也。以后求益，更从何处下手？学生拔十得五，已是难事。抑十而得一，亦所费不虚。若责以人人出色，苛矣。①

七月十八日（9 月 4 日），致信林拱枢，述晋民以罂粟遭天谴、两江协济三万金、江南苦旱、周麟章病逝等。②

七月中旬，复信潘霨，述格兰特调解已有端绪、夏献纶病逝、“龙骧”舰等船只能守口不能出战、铁甲不可无、金陵剧旱等③

七月中旬，复信李瀚章，述留李成谋获准、寄呈奏复海防疏稿、格兰特调解已有端绪、两楚丰收、金陵剧旱、吴赞诚抵上海治病等。④

七月中旬，复信何如璋，论日本吞并琉球等。

---

① 林庆元、王道成考注：《沈葆桢信札考注》，第 733～734 页。

② 林庆元、王道成考注：《沈葆桢信札考注》，第 736 页。

③ 林庆元、王道成考注：《沈葆桢信札考注》，第 733 页。

④ 林庆元、王道成考注：《沈葆桢信札考注》，第 734 页。

台湾与琉球中间岛屿，华离之地尚多，一并置戍，力必不及；弃之则颇涉忽近图远之嫌，终于无所归宿。某某窃谓前事如有成议，似宜听倭人得其所应得，而以中国所应得者，还诸球人，俾晓然于我朝廓然大公，绝非有所歆羡。①

七月中旬，复信曾国荃，述两江协济三万金已分派、晋民以罂粟遭天谴、江北禁种罂粟、江南苦旱等。②

七月中旬，复信吴元炳，述孙衣言销假、筹山西赈款、高淳县令补缺、大挑规则等。③

七月中旬，复信钱应溥，问候旅途，谈广开言路、海防经费筹措，述两江苦旱、淮扬尚有飞蝗等。④

七月廿三日（9月9日），复信李鸿章，论赫德条陈海防司一事，呈何如璋信。

赫德所丁宁反复再三致意者，在一权字。总署所十分慎重，难于立断者，亦在一权字。天下无无权而可以集事者，倘用之而不予以权，是絷其手足而责以奔走。靳彼之权，实则误我之事。使其人终为我用，如汉之金日磾，唐之契苾何力，岂以异族为嫌？畀之以权，又何惜焉？若一旦有事，仍须各归其国，则仓皇扰攘之际，统领属之何人？属之会同督办之大员耶？则平日固深以干预号令为戒，各船视若赘疣，其人亦虚与委蛇，以赘疣自待者也。若于各船之管驾择统领，则畴昔皆比肩屏息以听教习号令，忽分轩轾，其谁甘之？是徒与之以权而莫得其用也。且赫德岂能尽保一举一动事事可对圣贤者？为海防司，中国亦岂能尽选如脂如韦、胸

① 林庆元、王道成考注：《沈葆桢信札考注》，第735页。

② 林庆元、王道成考注：《沈葆桢信札考注》，第735页。

③ 林庆元、王道成考注：《沈葆桢信札考注》，第736页。

④ 林庆元、王道成考注：《沈葆桢信札考注》，第737页。

中毫无泾渭者为督办大员？万一海防司所去所留，督办大员极以为颠倒，驳之则与约不符，听之则非特于心不安，而对此各船之员弁、水手，脸亦难下，是其窒碍处并不待海上有事时也。且中国统兵大员，咸自视为无与于得失之数，又何从振作而兴起之乎？即赫德所练者尽成劲旅，恐无补于大局之废坠矣。[①]【按：光绪五年，总税务司赫德向总署提出《海防章程》，要求购买英国炮艇和巡洋舰来建立中国海军，并设立总海防司，由他担任总海防司一职。消息传出，引起朝野普遍反对。】

七月廿五日（9月11日），复信沈玮庆，嘱送各处帮项，乡试在即，保养身体；述周麟章病逝；询家中子弟县试是否有补等。[②]

七月廿八日（9月14日），上《南洋定购蚊子船四号派定管驾片》。[③] 南洋向英国订购之四艘炮船，命名为“镇东”“镇西”“镇南”“镇北”，派赴英留学生刘步蟾、林泰曾、何心川管驾，尚缺一人于未出洋学生中遴选。

七月下旬，复信彭玉麟，述留李成谋获准、江防海防无事、朝廷广开言路、金陵苦旱、转呈海防书信等。[④]

七月下旬，复信梅启照，述读所示疏稿、朝廷广开言路、金陵苦旱、转呈海防书信等。[⑤]

七月下旬，复信吴仲翔，赞复修船碍难依限一疏，谈仿造快船、索管驾、“康济”舰归属矛盾，哀夏献纶之死，述蚊子船命

① 林庆元、王道成考注：《沈葆桢信札考注》，第737～739页。

② 林庆元、王道成考注：《沈葆桢信札考注》，第148页。

③ ［清］沈葆桢：《沈文肃公政书》卷七，第1535页。

④ 林庆元、王道成考注：《沈葆桢信札考注》，第739页。

⑤ 林庆元、王道成考注：《沈葆桢信札考注》，第739～740页。

名、管驾人选、张梦元任台澎道、周麟章病逝等。

快船愈窘愈振作，定有志竟成。……蚊子船谨当具文请领。其名当拟“镇东”“镇西”“镇南”“镇北”。管驾末座补以许寿山何如？船政人才，自有主者。老夫罪戾是惧，更何敢上累我公？……台澎一席，此间亦拟�轩。此君未尝不精明，病在太圆，然闽中眼前固宜不作第二人想矣。①

八月初三日（9月18日），复信沈玮庆，述繁女姻事、沈瑶庆得痢疾、出幼日期等。②

八月初六日（9月21日），李鸿章复信丁日昌，论及琉球一案沈葆桢主战，有沽名钓誉之意。

幼帅大言炎炎，似于战事确有把握。或明知无战，故作欺人沽名之举耶？筱宋焦急欲死，亦殊可怜。③

八月初十日（9月25日），李鸿章复信总署，论及沈葆桢不支持赫德所议海防章程。

赫德所议海防章程，顷接幼丹制军来函，甚不谓然；经费现存无多，添购蚊船一节，似须定议后再行商办。④

八月上旬，复信林鸿年，谈闽中丰收、林寿图不愿回闽办海防，述两江大雨、读《启东录》等。⑤

八月上旬，复信王崧辰，谈梅启照官声、安插垦户，述杭州大雨、两江苦旱。⑥

八月上旬，复信吴仲翔，谈优奖刘步蟾和林曾泰、蚊子船管

---

① 林庆元、王道成考注：《沈葆桢信札考注》，第740页。
② 林庆元、王道成考注：《沈葆桢信札考注》，第148～149页。
③ 《李鸿章全集·信函》四，第481页。
④ 《李鸿章全集·信函》四，第483页。
⑤ 林庆元、王道成考注：《沈葆桢信札考注》，第741页。
⑥ 林庆元、王道成考注：《沈葆桢信札考注》，第741～742页。

带人选，述沈瑶庆得病、诸人近况、唐定奎需炮兵教官等。[①]

八月上旬，复信林寿图，述读《启东录》、周麟章病逝、金陵苦旱、畏风如虎等。[②]

八月上旬，复信沈咏彤，述止喘药收悉，不必再寄，别敬不再补送及诸人近况，论李金墉保案被劾等。[③]

八月十一日（9月26日），李鸿章复信沈葆桢，详议赫德所呈海防条陈。[④]

八月十四日（9月29日），清廷命继续饬令各属随时挖剔遗蝻。[⑤]

八月十七日（10月2日），崇厚在克里米亚半岛的里瓦几亚擅自与俄国签订《交还伊犁条约》（又称《里瓦几亚条约》），割让伊犁以西以南等处土地，偿付“兵费”五百万卢布，并增开口岸多处。

八月十八日（10月3日），李鸿章复信总署，论海防，反对赫德担任总海防司，述与沈葆桢驳议往来，言沈葆桢刚愎，日后南北洋防务难以相商。

> 适幼丹来函，复龂龂执论，鸿章当即复信，微有驳正，与尊意大略相同，谨抄稿附呈钧览。论中国现在各口布置，局势稍散，海上有事未必即能克敌制胜确有把握。赫德既以操练蚊船、碰船自任，果可以制铁甲，尚非必不可行。是以七月十七日复钧署书内，仅参酌数条，略予限制，其余姑从迁就。幼丹函意尤以中外人员共事不易，倘海防司所去所

---

① 林庆元、王道成考注：《沈葆桢信札考注》，第742页。

② 林庆元、王道成考注：《沈葆桢信札考注》，第743页。

③ 林庆元、王道成考注：《沈葆桢信札考注》，第149页。

④ 《李鸿章全集·信函》四，第484～485页。

⑤ 《清实录·德宗景皇帝实录》卷九九，第五三册，第479页。

留，督办大员以为不合，未便违约驳论，此则即有窒碍，钧处如意在必行，似其原议第二十五、六条尚须斟酌改定，以免太阿倒持之患。幼丹素性刚愎，于此事既不谓然，即由尊处剀切函劝，亦恐意见未能尽化。①

八月中旬，复信何璟，谈“扬武”舰赴日本、乌石山教案处理，述林寿图近况、闽省水师操演建议等。②

八月中旬，复信吴仲翔，谈刘步蟾和林曾泰北上、曾纪泽力诋出洋生徒之劣、船政学生培养，述吴赞诚抵沪、欲上病情开缺等。

春帅书，意在抬高二生，用意良厚。伯相则得侯使信，力诋出洋生徒之劣，急宜议停，其询验也，遇便北来，若有意，若无意，益有成竹在胸矣。管驾业经奏明，尊处不妨照派。俟其船到秣水，再由弟饬令北行。此行转万万不容已，良谓非考验无以间执人口也。万一伯相将二生一并留住，此乃大好事。同是国家之材，同是供国家之用，何分彼此？且伯相所以位置之者，必远优于金陵。二生拔宅飞翔，后起亦追以十驾，岂非朝廷之福？江南管驾，但得有志之士日夕讲明而切究之，亦不患不因习而精。假令房、杜之门，人方济济，未容复来之秀插脚其中，亦可徐徐想法为之。③

八月中旬，复信勒方锜，贺赴福建新任，述江宁得雨、士子杀人案、咳喘大作等。④

八月中旬，复信庞际云，论河滩案处置，询文彬觐见事宜、

① 《李鸿章全集·信函》四，第485页。

② 林庆元、王道成考注：《沈葆桢信札考注》，第743页。

③ 林庆元、王道成考注：《沈葆桢信札考注》，第744～745页。

④ 林庆元、王道成考注：《沈葆桢信札考注》，第745页。

淮海麦苗补种，述金陵苦旱、咳喘大作、科场情形等。[①]

八月中旬，复信庞际云，闻苏杭得雨，谈地方治理、参办盐务委员、士子杀人案、查禁烟馆等。[②]

八月廿三日（10月8日），因崇厚轻率定议，划失土地，并有通商、设领事等节，清廷命左宗棠、金顺、锡纶悉心酌复界务商务各款，李鸿章、沈葆桢除详加筹画商务各条外，将界务如何办理始成周妥分别详加密陈。

八月廿六日（10月11日），赫德致信金登干，论及沈、李不合，沈葆桢对蚊子船不中意。

> 曾经在福州主持过中国船政局多年、现任两江总督的沈葆桢，上条陈诋毁所购置的装备大炮的炮艇。他说，这种炮艇不能逆风、逆浪行驶，就是顺风、顺潮也不能快速行驶；又说，艇上的大炮只有在风平浪静时才能操纵；还说，这种炮艇不适于深水域作战等等，等等。……沈可能受了日意格的蛊惑，他当然不愿眼看着福州船政局受到冷落而从异己的渠道购进战船；况且，他和李鸿章并不十分和睦，而他今天在整个朝政中也还是个有权势的认为，一旦遇到他的非难，将是很沉重的压力。我感到非常不安的是，炮艇未能在两个星期或一个月之前启航。[③]

八月廿九日（10月14日），复信吴仲翔，谈所示疏稿、重用日意格、奖励刘步蟾与林曾泰、购置快船、借洋款、蚊子船归属，述派大炮教官、沈瑶庆习性、咳喘大作、四妹北上见面等。

> 不才素以推心置腹自许，亦以是见信于公者数十年。自乙亥分襟，公之疑起。蓉台拂袖归去，公必有大不释于中

---

① 林庆元、王道成考注：《沈葆桢信札考注》，第745页。

② 林庆元、王道成考注：《沈葆桢信札考注》，第746页。

③ 《赫德、金登干函电汇编》卷二，第245～246页。

者。不讳所疑，正公之古道照人处。将来荣莅两江督任，自涣然冰释，此时唇焦舌敝徒然耳。急欲成事，谓中兴无辅，何致负人？遂聚六州铁铸此大错。自诒伊戚，夫复何言。日意格何尝不可用？争累年铁甲，如蜉蝣撼树者，为伊不招呼赫德耳。今则无可挽回矣。①

八月下旬，复信孙毓汶，谢筹药方，述折差启程日期、裕禄视事、吃药太过、不敢乞假等。

弟服暖剂太过，致虚火上炎。左颊左唇，皆生热毒。而畏寒愈剧，早晚不免披裘。缘嗜欲太深，本实先拨，恐非草根、树皮所能为功。时事多艰，不敢违旨乞假。贻误大局，内疚曷可胜言。②

八月下旬，致信孙毓汶，贺荣擢阁学。③

八月下旬，复信沈咏彤，询家中子弟县试是否有补，谈招赘完婚，嘱送奠敬，述病况、沈瑶庆得痢疾等。④

八月，致信涂宗瀛，谢淮北督销得力。⑤

九月初八日（10月22日），吴赞诚病，清廷准其开去船政差使，以前直隶按察使黎兆棠督办船政事宜。⑥

九月初旬，复信沈咏彤，谈家中子弟学问，嘱收存获赠参茸，述李端启程、近日病情、收到各处《题名录》、沈瑶庆痊愈等。⑦

九月上旬，致信吴仲翔，请测量港口、船坞水深，询铁甲冲

① 林庆元、王道成考注：《沈葆桢信札考注》，第747页。
② 林庆元、王道成考注：《沈葆桢信札考注》，第746页。
③ 林庆元、王道成考注：《沈葆桢信札考注》，第747页。
④ 林庆元、王道成考注：《沈葆桢信札考注》，第150页。
⑤ 林庆元、王道成考注：《沈葆桢信札考注》，第741页。
⑥《清实录·德宗景皇帝实录》卷一〇〇，第五三册，第493页。
⑦ 林庆元、王道成考注：《沈葆桢信札考注》，第150页。

船详情，请饬刘、林赴金陵以备面询等。①

九月上旬，复信邱镜泉，慰伤病，嘱为林廷禧择嗣。②

九月上旬，复信郭柏荫，谈明伦堂捐款、为林廷禧择嗣，述近况等。③

九月上旬，复信林鸿年，谈为林廷禧择嗣，述林寿图主讲钟山书院、江南得雨、近况等。④

九月上旬，复信李作梅，商议其孙北上与沈咏彤之女完姻。⑤

九月二十日（11月3日），会衔李鸿章上《闽省出洋生徒请予蝉联折》。⑥【按：福建船政学堂出洋学生徒至光绪六年即将期满，请予蝉联。后于十月初六日（11月19日）获准查照章程，接续遴才，派赴英法就学。】

九月中旬，复信吴仲翔，论刘步蟾、林曾泰二人前程与安排，促二人北上，述吴赞诚延请西医等。⑦

九月中旬，复信孙毓汶，述拟提前拜发万寿折、诸人官职变动等。⑧

九月二十日（11月3日），上《报车逻坝开工拨款折》。⑨

九月廿四日（11月7日），复信李鸿章，述蚊子船交接、吴赞诚延请西医、劝丁日昌赴沪、船政学生继续出洋折稿、闻黎兆

---

① 林庆元、王道成考注：《沈葆桢信札考注》，第748页。
② 林庆元、王道成考注：《沈葆桢信札考注》，第748页。
③ 林庆元、王道成考注：《沈葆桢信札考注》，第749页。
④ 林庆元、王道成考注：《沈葆桢信札考注》，第749页。
⑤ 林庆元、王道成考注：《沈葆桢信札考注》，第749～750页。
⑥ ［清］沈葆桢：《沈文肃公政书》卷七，第1537～1539页。
⑦ 林庆元、王道成考注：《沈葆桢信札考注》，第750页。
⑧ 林庆元、王道成考注：《沈葆桢信札考注》，第751页。
⑨ ［清］沈葆桢：《沈文肃公政书》卷七，第1541～1543页。

棠患病等。①

九月廿六日（11 月 9 日），赫德致信金登干，论及沈、李不和等。

> 琉球事件、沈葆桢（两江总督）和李鸿章之间的争执、左宗棠（新疆喀什噶尔的征服者）的骄横跋扈和他与李的决裂、北京官员们对李的伺机弹劾、《里瓦几亚条约》问题，各国的修约要求等等事件，已经闹得喧嚣鼎沸，势如火上加油，非使许多人焦头烂额不可！②

九月三十日（11 月 13 日），翰林院侍读王先谦以日本灭琉球深为可虑，奏请审敌情、振士气、筹经费、备船械。清廷命李鸿章、沈葆桢切实议奏。③

九月下旬，复信丁日昌，请赴沪治病，述吴赞诚用西医有神效，论格兰特调解无功、朝鲜局势、购铁甲船难获支持、遵议赫德条陈、刘步蟾与林曾泰就道、议复罗应旒条陈、黎兆棠患病等。

> 美前总统纯是虚与委蛇，未足为据。高丽局面，似较台湾为剧。盖台湾各国通商在前，高丽则倭导之先路。而中国之患，则目前伊犁尤为费手。铁甲船伯相极不以为然，江南又无独支力量。闱姓之说，曾商诸总署及合肥否？总署嘱议赫德海防司之请，伯相韪之，鄙见未敢以为可。……伯相代南洋购蚊子船四号，以为如前次先抵闽也，故札刘、林驾之来江，近闻已越福州北驶矣。武科改用洋艺，近于议复罗应旒条陈，复略言之。④

---

① 林庆元、王道成考注：《沈葆桢信札考注》，第 753 页。

② 《赫德、金登干函电汇编》卷二，第 261 页。

③ 《清实录·德宗景皇帝实录》卷一〇〇，第五三册，第 505 页。

④ 林庆元、王道成考注：《沈葆桢信札考注》，第 751～752 页。

九月下旬，复信卞宝第，述筹款万金修水利、近日病情等。[①]

九月下旬，复信梅启照，述筹饷之难、上伊犁疏稿、李鸿章訾议吴长庆、病重月余等。

伊犁胶葛，剧于琉球。复奏一疏，自知不合时宜，不敢以心之所不安，上欺君父。谨录稿并上总署函稿，奉呈冰案，伏乞指谬。幸即付丙，勿以示人也。小轩以争津贴万金，为伯相所訾议。然两边各有难处，互相体谅，成见自消。负气决裂，殊可不必。此外则并无间言。某某今年病发特早，已拥重裘、居深室者月余日。以如此情状而恋栈，殊太不伦。倭事稍有定局，不得不申前请矣。[②]

九月下旬，复信吴元炳，请会衔上奏查复英朴被参案。[③]

九月下旬，复信庞际云，论讼事、积谷，询盐运、双金闸涵洞改建等。[④]

九月下旬，复信彭玉麟，转呈议复赫德条陈，论崇厚擅自签条约、左宗棠独任其难、西征筹饷，述都天庙炮台移毕、兵船会操索然、病重而又难以乞退等。

海防司之议，合肥韪之，总署尚未有定局。近以伊犁胶葛甚于东洋，朝廷西顾之忧益亟。议复疏稿，录呈冰案，伏乞指谬。地山不候朝命画押，不候朝命驰回，举动出人意表。左帅未免独为其难。梅小岩内召，谭文卿抚浙，殆为西饷故欤？……会操委营务处，邻省船亦无至者，气象殊觉索然。[⑤]

---

① 林庆元、王道成考注：《沈葆桢信札考注》，第752页。

② 林庆元、王道成考注：《沈葆桢信札考注》，第752页。

③ 林庆元、王道成考注：《沈葆桢信札考注》，第753～754页。

④ 林庆元、王道成考注：《沈葆桢信札考注》，第754页。

⑤ 林庆元、王道成考注：《沈葆桢信札考注》，第754页。

九月下旬，复信潘霨，述病重月余、派船迎林寿图主讲钟山书院。①

九月下旬，复信林寿图，述派船迎接、闽省《题名录》收到、钟山书院授课安排等。②

九月底，复信林拱枢，论知府之责、曾国荃官声、禁种罂粟，述闽省乡试揭晓、病重拥裘等。③

十月初六日（11月19日），清廷命庆春、何璟、勒方锜查照李鸿章、沈葆桢所奏出洋章程接续遴选留学人员。④

十月上旬，复信李朝斌，述派"登瀛洲"舰送座师孙锵鸣回浙、会操变数、病重拥裘等。⑤

十月十七日（11月30日），清廷命李鸿章、沈葆桢筹练海军陆战队。⑥

十月十七日（11月30日），李鸿章复信沈葆桢，议新购四只蚊子船接收、分配等。⑦

十月十九日（12月2日），傍晚，病情加重。

> 痰喘益厉，发言则气息仅属，转动需人。⑧

十月廿一日（12月4日），上《病势日甚请开缺回籍并委员代拆代行折》，札委江苏题补道洪汝奎代拆代行。

> 无如病势日甚，兼旬不能就寝，危坐待旦，昼则神气昏然，益以饮食不进，手足浮肿，行步需人。臣早料痼疾已

---

① 林庆元、王道成考注：《沈葆桢信札考注》，第755页。

② 林庆元、王道成考注：《沈葆桢信札考注》，第755页。

③ 林庆元、王道成考注：《沈葆桢信札考注》，第756页。

④ 《清实录·德宗景皇帝实录》卷一〇一，第五三册，第511页。

⑤ 林庆元、王道成考注：《沈葆桢信札考注》，第756页。

⑥ 《清实录·德宗景皇帝实录》卷一〇二，第五三册，第516页。

⑦ 《李鸿章全集·信函》四，第493页。

⑧ ［清］沈葆桢：《沈文肃公政书》卷首，第8页。

深，非药饵所能为力，而大义所在，虽捐糜顶踵，何足以上报朝廷？用是僚友以医药进者，不惜多方求效，而每服一剂，其变象辄出所料之外。盖病体如歧途错出，又如雨中破屋，无处不漏，顾此失彼，无如何也。往年稍能勉强支持者，以病势虽深，精神尚未十分消耗。今则一举手便苦喘促，一用心便苦眩晕。属员白事，辄咳极汗出，不能自毕其词，致来者废然而退。静坐一室，即翻阅来文、判核公牍，亦复神气颓散，旋作旋辍。两江非卧治之地，洋务尤需事事躬亲，岂能以恹恹待尽之身坐而应之？臣非不慕古人鞠躬尽瘁之义，无如时艰孔棘，稍一蹉跌，则全局为之动摇。且远人观听极真，彼知疆吏病不能军，益生心而巧为尝试，则无形之隐患，实讳疾者有以招之。与其冒致身之虚名，何如收避贤之实效。伏望圣慈鉴其衰朽，恩准开缺回籍，简任贤能大吏，俾两江有磐石之固。臣虽死之日，犹生之年。计此折往返需时，臣衙门日行事件不可无所付讫，藩司公务繁赜，再令兼顾，殊恐两妨。①

十月廿四日（12 月 7 日），清廷以丁日昌奏整顿轮船水师，非择将帅、精器械不可，请延致才技精通之西人教练轮船，命李鸿章、沈葆桢一并筹办。②

十月廿四日（12 月 7 日），李鸿章复信沈葆桢，谈新晋四位管驾可堪任用及保案、黎兆棠接办船政等。③

十月底十一月初，命沈瑜庆“就榻前口授遗疏，惓惓于造铁甲船，并及日本事”。该折于逝世当日由吴元炳代为上奏。

---

① ［清］沈葆桢：《沈文肃公政书》卷七，第 1545～1548 页。

② 《清实录·德宗景皇帝实录》卷一〇二，第五三册，第 523～524 页。

③ 《李鸿章全集·信函》四，第 496 页。

奏为微臣病势垂危，谨口授遗折，叩谢天恩，披沥愚诚，仰祈圣鉴事。窃臣自十月二十一日疏请开缺后，病势日棘，群医束手，气息恹恹。臣以六十之年，先犬马填沟壑，复何所恨？独念一介书生，受列圣特达之知，简任封圻，以至今日，志事未竟，中道溘然。上念圣恩，殁有余辜。谨乘未泯之隙，披历余悃，为皇太后、皇上陈之。

窃以天下之弊，在于因循，矫其弊者，一变而为卤莽，其祸较因循尤烈。倭人夷我属国，虎视眈眈，凡有血气者，咸思灭此朝食。臣以为，兵家知彼知己之论，二者缺一不可，未有一无备豫，而可冒昧尝试者也。臣所每饭不忘者，在购办铁甲船一事，今无及矣，而恳恳之愚，总以为铁甲船不可不办，倭人万不可轻视。倘船械未备，稍涉好大喜功之见，谓其国空虚已甚，机有可乘，兵势一交，必成不可收拾之势。目下若节省浮费，专注铁甲船，未始不可集事；而徘徊瞻顾，执咎无人。伏望皇太后圣断施行，早日定计，事机呼吸，迟则噬脐。臣尤伏愿皇上以生安之资，躬困勉之学，励精图治，为臣民先。俾我国家亿万年有道之长，即基于蒙养圣功之日，臣虽不获身睹其盛，亦当无憾九原。所有报明微臣病势垂危，并披沥愚诚缘由，谨口授遗折，叩谢天恩。面交代理江宁布政使桂嵩庆恭折代递，伏乞皇太后、皇上圣鉴。臣无任涕泣依恋之至。谨奏。①

十一月初一日（12月13日），清廷从总署请，从出使经费项下两年共拨银四十万两接济南洋购船之用，着沈葆桢迅速筹办。

十一月初六日（12月18日），未刻，卒于江宁节署。

十一月初六日（12月18日），代理江宁布政使桂嵩庆上《督

① 沈成式：《沈敬裕公年谱》，载《涛园集·附录》，第173～174页。

臣因病出缺折》。

代理江宁布政使臣桂嵩庆跪奏，为督臣因病出缺，恭折由驿驰陈，仰祈圣鉴事。

窃两江督臣沈葆桢自莅任以来，于地方军务、吏治、盐漕、河海、洋务、饷需诸政，无一不苦心焦思，殚力筹办。每年入冬，便举发痰喘旧症，不胜其苦。曾两次疏吁开缺，迭蒙圣鉴俯准展假调理。自言受恩深重，非敢惜身，况痼疾日深，即归田亦万难望活。但以病躯久久恋栈，倘稍有蹉跌，负疚弥重。本年述职入都，复面奉皇太后温谕："时事艰难，毋得遽萌退志。钦此。"以此回任后绝口不提退字。虽今年病发较早，而于报明委臣《代办武闱片》内声明：其余公事，仍照常办理。盖鞠躬尽瘁之志，矢之弥坚矣。无如本原太亏，精气日耗，上月十九日傍晚，痰喘益厉，发言则气息仅属，转动需人。自知万难支持，复于二十一日沥诚疏吁开缺回籍。以臣署公务，繁赜兼顾，必至两妨，将署内公事暂委江苏题补道洪汝奎代拆代行，伏枕以待恩命。而病势日棘，遍身发肿，饮食不进。医者迭投固气养阴之剂，间有转机，旋即翻覆。十一月初六日清晨，舌根蹇涩，两目失神，即于是日未刻出缺。先是督臣自知疾必不起，于前数日口授遗折，命臣届时代递。不眠已四五十日，间或坐而假寐，口中喃喃有词，犹是议购铁甲船之事。

伏查督臣沈葆桢由翰林内转御史，出守江西九江府，调署广信，时值粤逆逼近，困守孤城，即誓以一死报国。旋蒙恩荐，擢江西巡抚，赏给头品顶戴，世袭一等轻车都尉。复荷钦派总理船政，巡视台湾，遂拜总督两江之命。其居官廉正，任事果毅，早在圣明洞鉴之中。自履任两江，弭患无形，军民爱戴。遽尔出缺，大江南北，悼惜同声。殁日布被旧衣，一如寒素，宦囊萧索，不名一钱。

督臣长子附贡生玮庆，次附生莹庆、璘庆，附生瑜庆、璿庆、瑶庆、琬庆，均随侍在署。

除会同伊子将身后一切事宜妥为经理，并一面驰禀江苏抚臣吴元炳外，谨将钦差大臣关防、总督关防、盐政印信等件照例封存。两江总督一缺，应请旨迅赐简放，以重职守。所有督臣因病出缺并代递遗折缘由，谨由驿五百里驰陈，伏乞皇太后、皇上圣鉴。谨奏。①

十一月初九日（12月21日），吴元炳上奏沈葆桢出缺事宜，请旨迅饬简放。②

十一月十四日（12月26日），清廷加恩追赠沈葆桢"太子太保"衔，入祀贤良祠，照总督例赐恤，任内一切处分，悉予开复，寻予祭葬，谥"文肃"。

两江总督沈葆桢，秉性沉毅，练达老成，历受先朝恩遇，由翰林外任知府，洊擢封圻。前任江西巡抚任内，筹办军务，悉协机宜，嗣因歼除粤匪余孽，赏给一等轻车都尉世职。朕御极后，擢任两江总督，于地方利弊，认真整顿，任事实心，不避劳怨。前因旧疾增剧，吁请开缺，当经赏假两月，方冀调理就痊，长资倚任。兹闻溘逝，悼惜殊深。加恩追赠太子太保衔，入祀贤良祠，照总督例赐恤，任内一切处分，悉予开复，应得恤典，该衙门查例具奏。灵柩回籍时，沿途地方官妥为照料。伊子附贡生沈玮庆，着赏给举人，准其一体会试；附生沈莹庆、沈瑜庆，均着以主事用；沈璘庆、沈璿庆、沈瑶庆、沈琬庆，均着俟服阕后由吏部带领引

① ［清］沈葆桢：《沈文肃公政书》卷首，第7～11页。

② ［清］沈葆桢：《沈文肃公政书》卷首，第13页。

见，用示眷念荩臣至意。寻予祭葬，谥文肃。[①]

十一月廿四日（1880年1月5日），吴元炳上《请将已故督臣政绩宣付史馆并请建专祠折》。

江苏巡抚臣吴元炳跪奏，为督臣政绩卓著，据实胪陈，敬请宣付史馆，以备采择，仰祈圣鉴事。

窃督臣沈葆桢因病出缺，当经臣于十一月初九日将出缺日期由驿驰奏，请旨迅赐简放，并声明督臣政绩，俟臣另折详细续陈在案。兹将沈葆桢历年贤劳，就臣所深知灼见者，敬为我皇太后、皇上缕晰陈之。

沈葆桢由翰林起家，擢御史。咸丰五年补授江西九江府，调署广信府。维时粤逆杨辅清自吉安潜师，连陷贵溪、弋阳等县，逼攻广信，城守兵单，闻风先溃。沈葆桢筹饷河口，飞骑驰归，坚守危城，誓以身殉。迨总兵饶廷选一军自玉山来，率同接仗，七战皆捷，围乃得解。当日曾国藩疏称“沈葆桢独伸大义于天下”，遂受文宗显皇帝特达之知，盖始于是役也。七年，补广饶九南道。十年，奉旨办理广信防务，旋奉旨补吉南赣宁道，帮办江西全省团练事务，以亲老乞终养，奉俞允。十一年冬，命赴曾国藩大营。同治元年正月，即奉巡抚江西之命。上谕：“沈葆桢德望冠时，才堪应变。朕以该抚家有老亲，因择江西毗邻省分，授以疆寄，风土不殊，迎养亦近，着即驰赴新任等因。钦此。”沈葆桢奉诏感泣，虽以两亲惮于出行，而时事方艰，义无返顾，吁俟大憝就戮，合境肃清，再乞归养。批旨有“忠孝性成”之奖。

到任伊始，值粤逆沦陷浙省，杨辅清、李世贤席方张之

---

① 《清实录·德宗景皇帝实录》卷一〇三，第五三册，第538页。

势，与皖、苏各逆南北通气，并力以窥江西，边防岌岌震动。其时，今大学士、陕甘总督左宗棠定议援浙，贼意在断左军后路，以绝饷源。羽檄飞驰，旦夕数警。沈葆桢从容肆应，躬赴广信，教民以坚壁清野之法。逆党以皖、浙无粮，非破江西以达楚、粤，更无生路。死党麇集，分道窜突。沈葆桢指挥众将，增募新营，相机堵剿，连战皆捷。论者谓："保全安庆，俾左军得以一意援浙者，沈葆桢之力也。"

军务倥偬之时，适有法国教堂被毁一案。沈葆桢以事由公愤，遍访不得主名，自请严议。其深思远虑、维持调护之苦心，于此可见。尝言："吏治之与兵事，相倚伏者也。吏治不饬，则乱源不塞，兵端不息。"故虽处仓皇扰攘之中，任廉能、惩贪劣，骄兵悍将，劾治不少假贷。地方事宜，亲为剖决。每夕至四鼓不休。是以去任之日，泣送者相属于道。士戴民怀，至今未沫。

三年，以克复金陵功赏一等轻车都尉世职，加头品顶带。沈葆桢推功诸将，并以曾国藩、左宗棠等亲冒矢石，不分畛域，济师协饷，始得转危为安，沥陈愧悚下忱，情词恳挚，吁请收回成命。温谕不允。

四年，请假回籍省亲，丁母忧。

六年，奉旨总理船政。船政之议，发于左宗棠，谓"非沈葆桢无可属者"。坚辞不获已，请俟释服视事。厂地滨江，土松潮悍，旋筑旋圮，燃脂下石，司畚锸者，咸有戒心。机器来自外洋，殊形诡制，相顾瞠目，惧不克终事。沈葆桢苦心焦思，毅然任之。竹头、木屑，皆手自布置。

九年，丁父忧。服阕，仍接办船政。成"万年清"以下兵轮船二十余艘，舟师之得所藉手者，皆沈葆桢创之。

十三年夏，日本事起，奉旨巡视台湾兼办各国通商军务。台地一岛孤悬，额兵无可用者。沈葆桢闻命即往，寝不及旦。渡台后，倭兵登岸扎营，社番伺隙待动。沈葆桢据理责之，晓谕诸社，宣布皇仁。番族欢欣鼓舞，愿遵约束。倭营为之气夺。而又修城垣、筑炮垒、练营勇、备器械，不先开衅端，而无一不为可战之计。众心益奋。倭人遵约撤兵，乃得办理善后。分南、北、中三路，披榛辟莽，以渐而进。疏请福建巡抚移驻台湾，于北路增设府县。台事粗定，于是年十二月内渡。

旋闻狮头社凶番狙杀游击王开俊之信，复于光绪元年正月东渡，破狮头及助恶各社，顽族震慑，抚番之议乃成。

在台奉总督两江之命。受任以来，兴利除弊，寝馈不遑。其大者修河堤、行海运、缓开关、筹积谷、拔罂粟、挖蝗子、整顿盐务、筹画海防，而顾全大局，尤在中外交涉之事。

臣两次署任，行抵金陵，接其言论丰采，惟虑及远人窥伺，感愤交形。今岁秋初，又与晤谈数次，见其精神如旧，而须发尽白。盖自入都陛见，面奉皇太后谕以“时事艰难，毋得遽萌退志”，上体宵旰忧勤之意，中夜不寐，三叹以兴。自是绝口不敢言退字，而旧病之剧甚于往年。万不得已，复请开缺，遗疏犹惓惓于铁甲船事。其心力已瘁，而其志亦可悲矣。

生平学问，首在不欺，凡事必求心之所安。故疾恶如仇，而爱才如不及；好谋能断，而虚己以下人。自言见义即为，无所退避。故广信之围，已万万无生理，而出艰入险，百折不回。当存亡利害之交，而能卓然有以自立者，此也。至奉身清俭，一如寒素。官俸所入，尽为地方善举、邻省振输之用。身殁之后，囊无余钱，僚属相顾叹息，市井乡曲之氓有下泪者。则其功德之入人，为不可泯矣。

在沈葆桢，受知遇之隆，一一皆职分所当为；而圣主笃念荩臣，凡赐恤予谥饰终之典，自必渥荷恩施，有加无已。合无仰恳天恩，宣付史馆，并准予江南省城及立功各省分建立专祠，以彰忠荩之处出自高厚鸿施。至该督臣子七人：玮庆，附贡生；莹庆、璘庆、瑜庆，均附生；璿庆、瑶庆、琬庆。孙八人：翊清，附生；照藜、淮深、毓衡、惠言、亮吉、永清、成鹤，均幼。合并附陈。

所有续陈督臣政绩缘由，谨缮折附驿具奏，伏乞皇太后、皇上圣鉴。谨奏。①

十一月廿六日（1880年1月7日），李鸿章复信总署，谈及沈葆桢逝世。

幼丹制军廉明刚毅，遽归道山，可胜痛惜。海内熟谙船务、军务之人本不多得，此后同志益少，不独目前购船要务略作停顿已也。②

十一月三十日（1880年1月11日），礼部咨文。

礼部为移咨事祠祭司案呈。光绪五年十一月十四日，内阁奉上谕："两江总督沈葆桢秉性沉毅，练达老成。历受先朝恩遇，由翰林外任知府，荐擢封圻。前在江西巡抚任内筹办军务，悉协机宜。嗣因歼除粤匪余孽，赏给一等轻车都尉世职。朕御极后擢任两江总督，于地方利弊，认真整顿，任事实心，不避劳怨。前因旧疾增剧，吁请开缺。当经赏假两月，方冀调理就痊，长资倚任。兹闻溘逝，悼惜殊深。加恩追赠太子太保衔，入祀贤良祠，照总督例赐恤。任内一切处分，悉予开复，应得恤典，该衙门察例具奏。灵柩回籍时，

---

① ［清］沈葆桢：《沈文肃公政书》卷首，第13～22页。

② 《李鸿章全集·信函》四，第504页。

沿途地方官妥为照料。伊子附贡生沈玮庆，着赏给举人，准其一体会试；附生沈莹庆、瑜庆，均着以主事用；沈璘庆、沈璿庆、沈瑶庆、沈琬庆，均着俟服阕后由吏部带领引见，用示眷念荩臣至意。钦此。”

钦遵抄出到部，相应移咨两江总督遵照可也。须至咨者。①

十二月初五日（1880年1月16日），清廷谕准吴元炳所请，将沈葆桢政绩宣付史馆立传，并准其在江南省城及立功各省分建立专祠。

吴元炳奏，请将已故督臣政绩宣付史馆，并请建专祠一折。已故两江总督沈葆桢，自咸丰五年出守九江，调署广信，当粤逆鸱张之际，婴城固守，力战解围，嗣补授吉南赣宁道，帮办江西团练事务。同治元年，奉命巡抚江西，该故员膺两朝特达之知，力图报称。维时粤逆并力窥伺江西，沈葆桢相机堵剿，连战皆捷，保全实多。厥后总理船政，殚心竭虑，创立规模，其巡视台湾，于抚番开山各事，尤为不辞劳瘁，弭患无形。迨总督两江，实心实力，整顿吏治，保惠民生，与巡抚江西时先后一辙，实属功绩昭彰。着将该故督政绩宣付史馆立传，并准其在江南省城及立功各省分建立专祠，以昭忠荩。②

十二月十一日（1880年1月22日），礼部咨文。

礼部谨奏，为请旨事。

光绪五年十一月十四日，内阁奉上谕：“两江总督沈葆桢秉性沉毅，练达老成。历受先朝恩遇，由翰林外任知府，

---

① ［清］沈葆桢：《沈文肃公政书》卷首，第23～24页。

② 《清实录·德宗景皇帝实录》卷一〇五，第五三册，第554～555页。

荐擢封圻。前在江西巡抚任内筹办军务，悉协机宜。嗣因歼除粤匪余孽，赏给一等轻车都尉世职。朕御极后擢任两江总督，于地方利弊，认真整顿，任事实心，不避劳怨。前因旧疾增剧，吁请开缺。当经赏假两月，方冀调理就痊，长资倚任。兹闻溘逝，悼惜殊深。加恩追赠太子太保衔，入祀贤良祠，照总督例赐恤。任内一切处分，悉予开复，应得恤典，该衙门察例具奏等因。钦此。”钦遵抄出到部。臣等查定例内开：一品官病故恩予恤典者；给予全葬银五百两，一次致祭银二十五两，遣官读文致祭。应否予谥，请旨定夺。凡予谥者，内阁撰拟谥号，工部给碑价银三百五十两，本家自行建立，祭文、碑文交翰林院撰拟。不予谥者，祭文交内阁撰拟。又例开：大臣奉旨入祀贤良祠，礼部奏请，交工部制造牌位，钦天监选择吉期，太常寺奉送入祠。按照世次序、其爵秩，安设并于本家。户部为咨行事江南司案呈准礼部咨，本部具奏《原任两江总督沈葆桢病故，请赐恤并入祀贤良祠事宜》一折，于光绪五年十一月二十三日奏。本日奉旨：“着予谥。钦此。”应抄录原奏移咨户部查照等因。前来相应抄录礼部原奏，行文两江总督查照，并希转行该故督原籍省份查照办理可也。须至咨者。计单。①

十二月十八日（1880年1月29日），礼部咨文。

礼部为移咨事祠祭司案呈。光绪五年十二月初六日内阁抄出。初五日奉上谕：“吴元炳奏请将督臣政绩宣付史馆并请建专祠一折。已故两江总督沈葆桢，自咸丰五年出守九江，调署广信，当粤逆鸱张之际，婴城固守，力战解围。嗣补授吉南赣宁道，帮办江西团练事务。同治元年奉命巡抚江

① ［清］沈葆桢：《沈文肃公政书》卷首，第27～30页。

西。该员膺两朝特达之知，力图报称。维时粤逆并力窥伺江西，沈葆桢相机堵剿，连战皆捷，保全众多。厥后总理船政，殚心竭虑，创立规模。其巡视台湾，于抚番、开山各事，尤为不辞劳瘁，弭患无形。迨总督两江，实心实力，整顿吏治，保惠民生。与巡抚江西时先后一辙，实属功绩昭彰。著将该故督政绩宣付史馆立传，并准其在江西省城及立功各省份建立专祠，以彰忠荩。钦此。”

钦遵抄出到部，相应移咨两江总督转行遵照可也。须至咨者。①

---

① ［清］沈葆桢：《沈文肃公政书》卷首，第31～32页。

附录：李元度《沈文肃公事略》

沈公葆桢，字翰宇，一字幼丹。高祖自浙迁闽，遂为侯官人。道光丁未进士，选庶吉士，授编修。咸丰四年改御史。时曾文正公帅师克武昌，有旨命署湖北巡抚。公奏曾某躬典水陆军，宜乘胜东征，不当羁以吏事。疏上，诏别简巡抚。文正亦具疏力辞，文宗手敕报曰："朝廷早见及此也。"公以贼所过无不残灭，疏请令州县吏主兵，而责以战守，部格不行，然文宗特达之知，自是始。

五年，出知九江府。郡久沦于贼，曾文正檄充营务处。六年，署广信府。当是时，江西列郡皆贼踞，自会城外，惟赣州及广信仅存，诏督学、侍郎廉兆纶典信防。侍郎赴郡属之河口，劝民输饷，以公从。别贼杨辅清，率党万余，自吉安破新城、泸溪、金溪，连陷贵溪、弋阳，防军败溃，广信岌岌。公兼程返郡，至则城门洞开，官吏军民走且尽。公夫人，林文忠则徐女也，读书明大义，尽遣其子女仆婢妇，而坚留以俟公。或绐之曰："太守已避地崇安矣。"夫人曰："吾夫子不出此也。"语毕而公至。士民请公出城暂避，图后举，公笑谢之。总兵饶庄勇公廷选领浙军驻玉山，闽人也，公未归时，夫人代公作书乞援，饶公许之。然相距九十里，无民夫运军械，势万万无及。夫人日坐井眉，躬执爨，与公相对待尽而已。忽大雨，水骤涨，饶军登舟，半日至。先是贼谍至，巷无居人，归告其酋，谓此囊中物耳，贼亦避雨兴安，留一日。诘旦薄城，则旌旐遍树城上，贼气沮，斩谍者，悉锐围攻。游击赖高翔、毕定邦等启城决战，凡七捷，斩馘近千，贼解围遁，士民庆更生，公以此名闻天下。曾文正上公夫妇城守状，谓军兴有年，郡县望风逃溃，惟沈某能独伸大义于天下云。

七年，迁广饶九南兵备道，加按察使衔，留管信防。贼数犯贵、弋，又从闽中出犯广丰、玉山，公联络客兵击走之。贼围衢州数月，卒不敢犯江境。安仁马家村，地险恶，奸民负固称乱，擅杀人、掳人口勒赎，抗粮五载。公帅练勇三百人讨之，匪党抗拒，县令以兵少止公行，不许；请济师，不许，卒夺其隘，火数十家。村民缚首犯以献，立诛之。尽完逋赋，众始知有国法。

大吏夙忌公，遇事掣其肘。公以亲老乞养归，士民数千赴行省乞留，不得请，则拟击登闻院鼓，醵金为行者资。会有旨调饶公赣南总兵，接治信防。饶公故有德于信者，公始获成行。十年，诏公仍治广信防务。寻有旨补赣南兵备道。公以亲老辞。

十一年冬，诏公赴曾文正安庆大营，办理军务，封翁趣公应诏。同治元年正月，抵瓯宁，奉旨超擢江西巡抚，即赴新任，毋庸来京请训。抵铅山，奉寄谕："朕久闻沈葆桢德望冠时，才堪应变，是以超擢巡抚。又以其家有老亲，因择江西邻省，授以疆寄，风土不殊，迎养亦近。将来懋建殊勋，尤足光荣门户，以承亲欢。经朕如此体恤，如此破格委任，谅不至仍以养亲渎请，朕亦必不能允也。"公奉诏感泣，驰莅章门，疏陈许国以身，义无旁顾，俟大憝就戮，寰宇廓清，再申前请归养。奉批答，有"忠孝性成"之褒。

当是时，杭州已失守，吴越贼联为一气。曾文正驻军皖南，军饷仰给于江西，今爵相左公时方为浙抚，由江规浙，而伪王李世贤、杨辅清等，席方张之势，毕力犯江西，冀断皖、浙饷道。公躬赴广信督防，教士民以坚壁清野，捐廉俸千金倡筑寨堡。逆党分途窜扰，公激厉主客军，若江诚恪忠义之精捷营、刘果敏典之克勇、道员席宝田之精毅营、督粮道段起之衡营、道员王文瑞之老湘营、王德榜之长左营，屈蟠、张岳龄之平江营，知府王沐之继果营、参将韩进忠之韩字营、刘胜祥之祥字营、臬司刘于浔之水师，并循公方略，遵调遣，所向克捷。元、二两年，悍酋黄文金、李远继、古隆贤、赖裕新等，以皖、浙乏食，分踞广、饶边境，先后为诸将所败。论者谓保固后路，俾江、浙两路，并得蒇功，公之力也。

当军务方殷，适有法兰西教堂被毁之狱，严旨诘问主名。公疏称事繇公愤，万众同心，百计推求，终无端绪，总繇疆臣疏于防范所致，自请严加议处，诏置不问，外夷亦慑服无辞，而士林则感颂次骨矣。

同治三年，江宁贼势蹙，分窜新城、南丰、建昌、抚州及德兴、乐平、玉山、弋阳等属，公皆遣将击走之。三年六月，官军拔江宁，江军亦克崇仁、雩都，肃清广信府境。会江宁逸贼伪侍主李世贤、伪康王汪海洋等，繇湖州越广德，分道窜入江西，提督鲍公超率所部来援，叠克金溪、南丰、新城，而伪佑王李远继、伪玕王洪仁玕、伪恤王洪仁政等，拥伪幼主洪福瑱窜至广丰、铅山，叠为诸将所败。福瑱剃发潜逃，经席宝田追至石城之荒谷，擒之。诏赏公头品顶戴，一等轻车都尉。公推功诸将，并以曾文正、左爵相济师协饷，始得转危为安，疏请收回成命，温谕不允。复以亲病求开缺，申“大憝就戮，仍求归养”之前请也。得旨，赏人参六两，仍不允。四年，请假回籍省亲，一肩行李，如始至之数，曾文正叹为不可及。及抵里，已丁母忧。

公抚江三载，肃吏治，绳悍将，民有冤抑来诉者，立为剖决，每夕漏四下不休。中因筹饷用人，与曾文正意见不合，诏引廉蔺、寇贾前事，勖以共济时艰。公之孤忠格天，所从来久矣。

六年，奉旨充总理船政大臣。船政之议，发自左公，谓非公莫肩其任。公疏辞不获，乃请俟释服后出而任事。设船坞于距会城四十里之马尾山麓，地曰中岐。坞内滨江者为船槽，若铁厂、轮厂、机器厂、斫木厂之类，皆参列其后。以洋将日意格为监督，德克碑副之，事系创举，百绪繁兴。机器来自外洋，殊形诡制，相顾瞠目，旁观者惧不克终事，祸将无底。公与日意格等坚明约束，限五年告成。总督某公数言船政未必成，虽成何益，公坚不为动。署布政使周开锡，充船政提调，为匿名帖所牵涉，总督知其诬，不为申理。延平守李庆霖，向充船政局员，总督劾其专事趋承，请夺职勒回籍。公皆抗疏力争，且云："船政虽系总理王大臣所奏请，而自强之道，断自宸衷。为臣子者，均宜激发天良，以纾宵旰。臣官非言责，分属部民，然船政系臣专责，死生以之。乞谕周开锡始终其事，李庆霖仍留局差遣。"皆得旨允行，朝廷至移某公为川督以避之。藩胥某，遇事玩抗，公以军法数而斩之，众大惊，已而大服。

八年五月，第一号轮船成，公亲出洋试演，遣官驶赴天津，请旨派大臣勘验，皆如法。未几，二三号续成，乃奏派轮船统领，随时训练，以专责成。九年丁父忧。诏百日后仍出任事，公疏请终制，谕令素服从事，公以病辞，乃许终制。十一年十二月服阕，始复出。前后造成兵轮二十艘：曰万年清、曰镇海、曰湄云、曰海镜、曰扬武、曰飞云、曰安澜、曰靖远、曰振威、曰伏波、曰福星、曰济安、曰永保、曰琛航、曰大雅，分布各海口。创立拉铁、打铁、铸铁、轮机、水缸诸厂，开学堂二所，选幼童之敏者居之，分习制造、驾驶诸艺，所学皆成。寻议酌改船式，挑匠徒试令自造，不用洋人监督。因疏陈善后事宜，非公精心果力，船政必不能成也。

居亡何，而有巡视台湾之役。台地孤悬海外，旧设一府、三县、二厅，隶于台湾道，其台北生番，未入版图也。十三年夏，有日本船避风来泊，为生番所杀，日本调集兵船，藉辞生事，觊觎台北番社地。有旨命公巡视，兼办各国通商事务，公闻命即行，寝不及旦。当是时，倭兵已登岸结营，伺隙而动。公据理诘责之，仍招谕生番诸社，宣布皇仁。番族愿遵约束，倭人为之夺气。乃修城垣，筑炮垒，练营勇，缮军械，不先开衅端，而无日不为战守之备。会提督唐定奎帅铭武军渡台，众心益奋，倭人遵约撤兵。乃通筹善后事宜，请仿照江苏巡抚驻苏州例，令福建巡抚移驻台湾，兼理学政，疏陈十有二便，且云："从前官吏所治，只滨海平原三分之二，余皆番社耳。今综前后山计之，可建府者三，建县者十，事之当创始、当变革者，非十数年不为功。且化番为民，尤当行之以渐，必须巡抚主持大局，乃能纲举目张，为国家亿万年之利。"得旨允行。遂分南北两路开山，南路以同知袁闻柝、副将李光等任之，自昆仑坳至大石岩，直抵卑南；北路以都司陈光华、总兵戴德祥等任之，自新城至大清水溪、大浊水溪直抵岐莱，统计二百里有奇，地极荒险，日光不到，古树惨碧，阴风怒号，各有凶番抗拒，经我军搜剿，互有伤亡。亦有良番叩营乞抚，愿为向导。因建碉堡十二、炮台六，屯兵以镇之。

琅璠者，故相福文襄郡王征林爽文时驻兵处也，其地可为县治，公亲往察勘，疏请筑城设官，添建恒春县，以镇民番杜窥伺。遂顺途按视淮军，凡阵亡及染瘴死者，皆躬奠其榇，众为感奋。寻为前明延平郡王郑成功疏请予谥建祠，以作台民忠义之气，许之。

初，台湾郡城经风雨坍塌千余丈，公疏请修筑，并建炮台于安平海口；又内地人民渡台及台民私入番界，向有厉禁，公以台地后山急须开垦，疏请弛旧禁以广招徕。

台事粗定，船政急待报销，公于是年十二月内渡。会狮头社凶番滋事，狙杀游击王开俊，因而琅璠各社亦有异心，公复于光绪元年二年抵台，檄提督唐定奎等伐木开道，步步为营。四月，官军攻破竹坑、本武及内外狮头等社，悉赭其巢。于是胁从各社，悔罪输诚，次第就抚。唐定奎示约七条，曰遵剃发、编户口、交凶犯、禁仇杀、立总目、垦番地、设番塾，皆稽首听命。而其分路开山者，北路已抵吴全城，中路已抵茅埔，各军鼓勇深入，莲花港南北两路番社，皆震慑就抚。计自苏澳起，开路至新城，凡二百余里，至秀姑峦又百余里，乃奏设台北府，隶县三，曰淡水、曰新竹、曰宜兰。其噶玛兰通判，则改为台北府分防通判，移驻鸡笼山。又请将原驻府城之南路理番同知移驻卑南，驻鹿港之北路理番同知移驻水沙连，各加抚民衔，以资控驭。疏陈营伍积弊，请概归巡抚节制，以一事权。又以台北产煤，请购外洋开煤机器，以兴长利，并请减煤税。又以苏澳及安平海神显灵效顺，请各加封号，诏皆如议行。

七月，疏报凯撤淮军，而总督两江之命下矣。公疏辞，不允，于是年十月莅任。下车，即承审前任留交巨案，两造皆骄蹇宿将，胶葛变幻，各执一辞。公反覆究诘，乃弭首贴服，论如律。为地方兴利，其大者则有修河堤、行海运、缓开关、筹积谷、拔罂粟、减赋则、禁民间厚殓、增书院餐钱诸政。整顿盐务，则有规引地、清老堆、浚盐河诸政。于江海防务，则有请缓裁营之疏、合操兵轮之疏、议复炮台之疏，归并旗昌洋行、买断铁路之疏。而皖南教案，尤中外交涉之最棘手者，终能力持公道，惬服群情，公之心力为已瘁矣。

会连岁旱蝗，至于寝食俱废，盛夏步祷烈日中，兼旬不少休息。于捕蝗尤三令五申，性命以之。许州县动用帑项，作正开销，防营则筹款给之。入冬，辄下搜挖蝻子之令，不净尽不已，营县皆实力奉行。盖莅任后无岁不蝗，而从不为害，公之力也。

属吏有不称职者劾去之，贤能著绩之员，则推心置腹，不少掣肘，人忘其劳。治军严而有恩，自统将迄士卒，咸乐尽死力。淮、徐等属莠民，夙称犷悍，乱后尤甚。公遇案惩治，谓去一豺狼，则鹿豕之脱其牙者，不知凡几。于是盗案为之一清，伏莽者相戒不敢发，良懦恃以无恐。积劳成疾，两次疏吁开缺，迭奉优旨不许。自陈："受恩深重，义无所逃。但入冬即须避风密室，而文武各员，司浚河、搜蝻之役者，皆奔驰冰雪中，王事独劳，耿耿内愧，且精力颓惫日甚，设办理未能妥协，一身之重谴不足惜，如大局何?"实则力疾从公，每事皆苦心焦思，无少罅漏。三载考绩，奉"任事精勤，不辞劳怨，交部从优议叙"之旨。四月述职入都，面奉皇太后懿旨："时事艰难，毋得遽萌退志。"上窥宵旰忧勤，自是绝口不言退字。而旧病之剧，甚于往年，万不获已，复吁开缺。遗疏惓惓于铁甲船一事，病中至形诸呓语。盖公谋之数年，以款绌未得藉手者也。五年十一月初六日卒于官，年六十。

公生平学在不欺，凡事必求心之所安，自少至老如一念。自言在广信时，已分万万无生理，以故当存亡利害之交，辄卓然有以自立。而经理庶务，不操切，不张皇，绝去世俗瞻徇之见。体不耐舟楫，台地风浪之险甲天下，两次东渡，虽甚眩晕呻吟，而志不少馁。自凤山犒军归，黑夜乘舴艋登岸，舟几覆，未尝惮劳也。义有不可者，毅然见于词色。朝廷数以时政下询，公侃侃独持正论，不事模棱。而虚怀善受，虑以下人，推贤让能，唯恐不及。自奉极俭约，廉俸所入，随手散给族戚辄尽；遇地方善举，邻省赈恤，必解橐为之倡。卒之日，不名一钱，僚属相顾失声，市井乡曲之民，所在巷哭。遗疏入，谕称其秉性沉毅，练达老成，实心实力，整顿吏治，保惠民生。追赠太子太保，入祀贤良祠，政绩宣付史馆，赐祭葬，予谥文肃，并准在江西省城及立功各省分建立专祠。未几，徐州府士民请建专祠，允之。

子七人，长玮庆，附贡生，钦赏举人，袭一等轻车都尉世职；次莹庆，附生，赏主事；次璘庆；次瑜庆，附生，赏主事，出嗣叔父；次璿庆、瑶庆、琬庆。孙八人，曾孙一人。

参 考 文 献

安徽省地方志编纂委员会编：《安徽省志·附录》，北京：方志出版社，1998 年

陈道章：《船政研究文集》，2006 年

陈道章主编：《福建船政大事记（增订本）》，北京：中国文联出版社，2010 年

陈霞飞主编：《赫德、金登干函电汇编》，北京：中华书局，1990 年

陈旭麓等编：《湖北开采煤铁总局·荆门矿务总局》，上海：上海人民出版社，1981 年

陈衍：《石遗室诗话》，北京：人民文学出版社，2004 年

陈云林主编：《明清宫藏台湾档案汇编》第 189 册，北京：九州出版社，2014 年

陈遵统等编纂：《福建编年史》，福州：福建人民出版社，2009 年

福州市政协文史资料委员会编：《福州古今楹联集粹》，福州：海风出版社，2005 年

高啸云、方冠英：《沈葆桢传略》，台北：台北市林森县同乡会，2003 年

龚联寿编：《联话丛编》，南昌：江西人民出版社，2000 年

顾廷龙、戴逸主编：《李鸿章全集》，合肥：安徽教育出版社，2008 年

郭嵩焘撰，梁小进主编：《郭嵩焘全集》，长沙：岳麓书社，2012 年

郭廷以：《近代中国的变局》，北京：九州出版社，2012 年

何刚德：《春明梦录 客座偶谈》，太原：山西古籍出版社，1997 年

胡林翼：《胡林翼集》，长沙：岳麓书社，2008 年

黄传新主编：《安徽历史系年辑要》，合肥：安徽人民出版社，2013 年

姜鸣编著：《中国近代海军史事日志 1860～1911》，北京：生活·读书·新知三联书店，1994 年

江苏省中国现代史学会等编：《沈葆桢生平与思想研究——沈葆桢巡台 130 周年学术研讨会论文集》，北京：中共党史出版社，2004 年

蒋启勋等修，汪士铎等纂，《续纂江宁府志》，台北：成文出版社，1970 年

金福曾等修，张文虎等纂，《南汇县志》，台北：成文出版社，1960 年

来新夏编著：《林则徐年谱长编》，上海：上海交通大学出版社，2011 年

李桓：《宝韦斋类稿》，台北：文海出版社，1969 年

李清潭：《1874 年沈葆桢的变革管理》，高雄：台湾中山大学出版社，2010 年

李元度：《天岳山馆文钞》，台北：文海出版社，1969 年

李宗言编：《福州李氏支谱》，清光绪二十三年刻本

林昌彝：《射鹰楼诗话》，上海：上海古籍出版社，1988 年

林昌彝：《林昌彝诗文集》，上海：上海古籍出版社，1989 年

林崇墉：《沈葆桢与福州船政》，台北：联经出版事业公司，

1987年

林庆元：《沈葆桢：理学德治 洋务自强》，北京：中国文联出版社，2002年

林庆元、王道成考注：《沈葆桢信札考注》，成都：巴蜀书社，2013年

林樱尧主编：《船政研究集萃》，马尾造船股份有限公司，2011年

林则徐全集编辑委员会编：《林则徐全集》，福州：海峡出版社，2002年

刘璈：《巡台退思录》，长沙：岳麓书社，2010年

刘传标编纂：《近代中国船政大事编年与资料选编》，北京：九州出版社，2011年

刘坤一：《刘坤一遗集》，北京：中华书局，1959年

罗大春：《台湾海防并开山日记》，台北：大通书局，1987年

罗耀九主编：《严复年谱新编》，厦门：鹭江出版社，2004年

马尾区政协文史委等编：《船司空雅集》，福州：马尾区政协文史委等，2006年

孟晓旭：《漂流事件与清代中日关系》，北京：中国社会科学出版社，2010年

缪荃孙纂录：《续碑传集》，台北：文海出版社，1975年

闽侯县政协委员会编：《闽侯历代楹联选》，福州：福建美术出版社，2008年

[美] 庞百腾撰，陈俱译：《沈葆桢评传——中国近代化的尝试》，上海：上海古籍出版社，2000年

彭玉麟：《彭玉麟集》，长沙：岳麓书社，2008年

《清实录》，北京：中华书局，1986年

邱秀堂编著，《台湾北部碑文集成》，台北：台北市文献委员

会，1986 年

[日] 东亚同文会编，胡锡年译：《对华回忆录》，北京：商务印书馆，1959 年

沈葆桢：《沈文肃公政书》，台北：文海出版社，1973 年

沈葆桢：《沈文肃政书续编》，载《台湾文献汇刊》第四辑第五册，厦门：厦门大学出版社，2004 年

沈丹昆：《沈葆桢手迹》，2008 年

沈瓛清修：《武林沈氏迁闽本支家谱》，沈氏家藏，1933 年

沈吕宁、沈丹昆编著：《沈葆桢家书考》，2008 年

沈起炜主编：《中国历史大事年表·古代卷》，上海：上海辞书出版社，2000 年

沈渭滨主编：《中国历史大事年表·近代卷》，上海：上海辞书出版社，1999 年

沈瑜庆：《涛园集》，台北：文海出版社，1966 年

沈兆霖等奉敕撰：《清代起居注册·咸丰朝》第二十四册，台北：联经出版事业公司，1983 年

苏振申编：《中日关系史事年表》，台北：华冈出版有限公司，1977 年

台湾银行经济研究室编：《清季申报台湾纪事辑录》，台北：大通书局，1987 年

台湾银行经济研究室编辑：《台案汇录壬集》，台北：台湾省文献委员会，1997 年

唐浩明：《唐浩明评点曾国藩奏折》，北京：华夏出版社，2009 年

汪荣祖：《走向世界的挫折——郭嵩焘与道咸同光时代》，长沙：岳麓书社，2000 年

王定安：《湘军记》，长沙：岳麓书社，1983 年

王尔敏、吴伦霓霞编：《清季外交因应函电资料》，台北："中央"研究院近代史研究所，1993年

王闿运，郭振墉等：《湘军志·湘军志平议·续湘军志》，长沙：岳麓书社，1983年

魏泉：《士林交游与风气变迁：19世纪宣南的文人群体研究》，北京：北京大学出版社，2008年

翁同龢著，翁万戈编，翁以钧校订：《翁同龢日记》，上海：中西书局，2012年

吴伦霓霞、王尔敏编：《盛宣怀实业函电稿》，香港：香港中文大学中国文化研究所，1993年

吴汝纶：《桐城吴先生日记》，石家庄：河北教育出版社，1999年

夏东元编著：《盛宣怀年谱长编》，上海：上海交通大学出版社，2004年

项怀诚主编：《中国财政通史大事记》，北京：中国财政经济出版社，2006年

谢章铤：《谢章铤集》，长春：吉林文史出版社，2009年

徐泰来：《洋务运动新论》，长沙：湖南人民出版社，1986年

薛福成：《薛福成日记》，长春：吉林文史出版社，2004年

杨国桢编：《林则徐书简》（增订本），福州：福建人民出版社，1985年

易惠莉：《易惠莉论招商局》，北京：社会科学文献出版社，2012年

佚名辑：《同治甲戌日兵侵台始末》，台北：文海出版社，1983年

佚名辑：《道光己亥科福建乡试齿录》，道光十九年刻本

尹全海等编：《清代福建大员巡台奏折》，北京：九州出版社，2011年

曾凡英主编：《盐文化研究论丛》第3辑，成都：巴蜀书社，2009年

曾国藩：《曾国藩全集》（修订版），长沙：岳麓书社，2011年

曾国荃：《曾国荃全集》，长沙：岳麓书社，2006年

曾纪泽：《曾纪泽日记》，长沙：岳麓书社，1998年

张德昌：《清季一个京官的生活》，香港：香港中文大学，1970年

张佩纶：《张佩伦日记》，南京：凤凰出版社，2015年

张世贤：《晚清治台政策》，台北：私立东吴大学中国学术著作奖委员会，1978年

张天禄主编：《福州姓氏志》，福州：海潮摄影艺术出版社，2005年

张作兴主编：《船政文化研究——船政奏议汇编点校辑》，福州：海潮摄影艺术出版社，2006年

张作兴主编：《船政文化研究》第三辑，福州：海潮摄影艺术出版社，2006年

张作兴主编：《船政文化研究》第四辑，福州：海潮摄影艺术出版社，2006年

赵春晨编：《丁日昌集》上海：上海古籍出版社，2010年

赵尔巽等撰：《清史稿》，北京：中华书局，1977年

郑丽生：《郑丽生文史丛稿》，福州：海风出版社，2009年

中国第一历史档案馆编：《咸丰朝上谕档》第四册，桂林：广西师范大学出版社，1998年

中国第一历史档案馆编：《道光朝上谕档》第五二册，桂林：广西师范大学出版社，2000年

中国人民政治协商会议福建省福州市委员会文史资料委员会：《福州文史资料选辑（第十九辑）纪念沈葆桢诞辰一百八十周

年特辑》，2000 年

中国社会科学院近代史研究所《近代史资料》编辑部编：《近代史资料》第九〇册，北京：知识产权出版社，2006 年

中国史学会主编：《中国近代史资料丛刊·洋务运动》，上海：上海人民出版社，1961 年

“中央”研究院近代史研究所编：《海防档》乙，福州船厂（二），台北：“中央”研究院近代史研究所，1957 年

朱华主编：《沈葆桢文集》，福州：福州市船政文化研究会，2008 年

朱华主编：《船政文化研究》第五辑，福州：海潮摄影艺术出版社，2008 年

朱华主编：《船政文化研究》第七辑，厦门：鹭江出版社，2011 年

左宗棠：《左宗棠全集》，长沙：岳麓书社，2009 年

后　记

本书的编写和出版得到中共福建省委宣传部资助项目、福建省社科重点基地地方文献整理研究中心项目、福建省社科规划社科研究基地重大项目、广西民族大学中国翻译文献整理研究中心项目的支持，在此谨表感谢。

编写过程中，众多前辈给予了大力支持和帮助。感谢业师张旭教授，若不是他领进门并督促、提点，本书难以顺利完稿，甚至说根本就不会进入这个领域。2015 年 12 月 7 日，台湾“中研院”特聘研究员单德兴先生到访福建工程学院，在闲聊当中得知我们正在编《沈葆桢年谱》，主动提出代为联系沈葆桢六世孙台湾大学沈冬教授。沈教授特赠扫描版《武林沈氏迁闽本支家谱》，书名承蒙同事龚任界副教授题签，在此均表谢意。

本书的完成，离不开课题组全体成员的相互支持。我们时常聚集讨论，相互鼓励，才有今天的成果。他们是张旭教授、苏建新教授，邓少平、何斯琴、李良、林天送、王亮、薛学财、赵雅丽诸博士。

编写过程中，我们还得到了领导、同事、朋友、家人的帮助和支持，分别是福建工程学院吴仁华书记、蒋新华老校长、童昕校长、戴光荣院长、黄志铭研究员、赵健研究员、刘冰泉教授、宋晓舟博士、李成华老师，湘潭大学何云波教授，中南大学孟泽教授，广西民族大学张跃军、李学宁教授，学友苏玉鑫、覃江华、唐智彬等，正是他们的勉励和支持，本书才得以最终面世，在此谨申谢忱。

肖志兵　孙　芳

庚子初春于榕城